世界传世藏书

【图文珍藏版】

世界名人百传

王书利⊙主编

线装书局

目　录

世界传世藏书

世界名人百传

目 录

二

艺术大师

世界传世藏书

世界名人百传

目 录

五

世界名人百传

科技巨匠

王书利⊙主编

导　读

　　在人类发展的历史长河中，涌现出了很多优秀的科学家。他们于浩瀚的科学之海里不断地探索、研究，有的为获知真相而夜以继日地工作，有的为捍卫真理而奋斗一生，有的为传播真知不惜奉献自己的生命……他们对科学的孜孜以求，推进了社会、文明的快速发展，为人类进入信息时代奠定了坚实的基础；他们拥有睿智的目光、深远的思想、博大精深的智慧，为后世留下了难以估量的财富；他们的丰功伟绩令我们震撼，深深影响着人类的思维方式和整个社会的进程。

　　本卷《科技巨匠》搜集、整理了几十位著名科学家的人生历程，它将带您走进一个崭新的世界，帮您更多地了解、学习科学家在求知道路上不懈追求、永不放弃的伟大精神；让您面对面地看看他们小时候是个什么模样，是如何从小学、中学、大学一步步地走过来，又一步步地走向科学殿堂、登上科学高峰的；他们的那些给人类造福的本领、让世界欢呼的业绩，又是如何一天天、一年年地炼出来、创出来的。本书力求展示科学大师的人生追求、奋斗精神、成才经验、优良学风和高尚品格，抓住各人的亮点，优点与特点，揭示他们成才的奥秘和成功的绝招，使您从中获得有益的启示与借鉴。

英国科学巨人

——牛顿

人物档案

简　　历：英国物理学家、数学家和天文学家,英格兰人。1643 年 1 月 4 日诞生于英国林肯郡的一个小镇马乌尔斯索普的一个农民家庭,牛顿出生之前,他的父亲就去世了,从小跟着祖母生活。牛顿自幼性格倔强,喜欢组合各种复杂的机械玩具、模型。他做的风车、风筝、日晷、漏壶等都十分精巧。牛顿在中学时代学习成绩并不出众,只是爱好读书,对自然现象有好奇心,并有很好的技巧,喜欢别出心裁地做些小工具、小发明、小实验。牛顿中学时期的校长及牛顿的一位叔父独具慧眼,鼓励牛顿上大学读书。牛顿于 1661 年以减费生的身份进入剑桥大学三一学院,1665 年毕业并获学士学位。1669 年,年仅 26 岁的牛顿就担任了剑桥大学的教授,1672 年他被接纳为英国皇家学会会员,1703 年被选为皇家学会主席。牛顿于 1727 年 3 月 31 日逝世,国葬于伦敦威斯敏斯特教堂。

生卒年月：1643 年 1 月 4 日~1727 年 3 月 31 日。

安葬之地：伦敦威斯敏斯特教堂。

性格特征：性格"古怪",孤僻高傲,甚至伴随有间歇性精神病,善于发现,争强好胜,不屈不挠,永不服输,聪明、刻苦、努力、憨厚。

历史功过：发明"牛顿日晷"计时仪,发现"二项式定理"。发现"万有引力定律",发明了反射式望远镜。著有《自然哲学的数学原理》。

名家点评：恩格斯评价说："哥白尼在这一时期的开端给神学写了挑战书,牛顿却以关于神的第一次推动的假设结束了这一时期。"

少年时代

在英格兰东部的林肯郡,有个名叫伍耳索普的小村庄。

这是一个小得几乎没有人知道的小村庄,在一般地图上根本就找不到。如果不是因为牛顿诞生在这里,谁也不会记住这个小村庄的名字。

牛顿的父亲是个地地道道的庄稼人。据说他的祖上曾是远近闻名的农场主,可是到了他父亲一代,只能靠自己的力气养活家庭。这个不幸的庄稼汉,还在儿子出世前两个多月,突然染上病毒性感冒,并发肺炎,不治而亡。

1643年1月4日早晨,一个科学巨人牛顿降生了。

上帝并没有赐福给这个庄稼汉的遗腹子,牛顿生下来时只有3磅,还不及别人家婴儿的一半重。虽然后来我们都知道,牛顿最终活到85岁的高龄,而且死前只掉落一颗牙齿,可是在他来到人世的最初日子里,他的母亲和他周围的人都着实为他担足了心。

"看他,连哭的声音都没有呢!"牛顿的母亲不止一次地叹息说,"真不知这可怜的孩子能不能活下来!"

由于生活所迫,两年以后,牛顿的母亲改嫁了,嫁给了邻村的一个牧师。2岁的牛顿从此与年迈的外婆相依为命。

牛顿确实是个苦命的孩子。他的童年除了令人怜悯,实在没有什么值得炫耀的地方。没有漂亮的童装,没有营养丰富的花色点心,更没有开发智力的玩具,但这一切并没有妨碍一个孩子天性的发展。

应该感谢伍耳索普。这个在地图上无法找到的英格兰东部乡村,尽管名字不起眼,可景色却十分迷人。一条发源于英格兰高地的威莎河,从南而北流过它的身旁,在伦敦入海。一年四季,从草长莺飞的春天到百虫争鸣的夏天,从五彩斑斓的秋季到银装素裹的冬日,这里就是上帝赐给小牛顿的乐园。

几乎任何一个伟人都曾在大自然的怀抱中尽情地汲取过天才的养分和生命的灵感。孩子是大自然的天然朋友。从阿基米德到牛顿,从爱因斯坦到爱迪生,从达尔文到法布尔,无一不在孩提时代接受大自然的滋养和熏陶,从而奠定了对世界的最初感觉,并进而孕育成一种投身于创造世界的强大的精神力量。

夏天,是威莎河最美丽的季节。小牛顿往往一大早就来到河边,尽情玩耍,自由探索,甚至都忘了回家。玩累了,就趴在草地上。人们常常看见,小牛顿用手托着腮帮,望着天空,望着田野,望着河水,痴痴地想着什么。

"鸟儿在天上飞,为什么不会掉下来?"

"虫儿钻在草丛中,它怎么度过寒冷的隆冬?"

"鱼儿没有手也没有脚,为什么在水中游得那么快?"

……

太多太多的问题，小牛顿怎么想也想不过来。

想得太累了，不知不觉在草地上睡着了。

在睡梦中，小牛顿梦见自己长大了，把一切的一切都弄明白了……

直到外婆把他唤醒，拉着他的小手回到家里。

在饭桌上，小牛顿还不忘把那些装在脑子里的问题连同自己的梦说给外婆和舅舅听。外婆总是付之一笑，而舅舅——哦，对了，说到牛顿的舅舅，不能不在这里重点介绍一下。

牛顿的舅舅威廉·艾斯考夫毕业于剑桥大学，被英王指派回乡当牧师。威廉舅舅特别怜爱这个外甥，每次总是不厌其烦地给他讲解各种自然现象，帮助培养他的兴趣，启发他的观察力，后来还教他识字。威廉舅舅是小牛顿的第一个启蒙老师。

最初理想

穷人的孩子早当家。几乎是从刚懂事起，小牛顿就跟着大人们在田里摸爬滚打，帮着干农活。小小的年纪，地里的很多活他都能干，很多农具他都学会了使用。

农具使用时间久了，总免不了有不听使唤的时候。小牛顿就会自告奋勇地伸出小手说："我来修！"有时候是瞎捣鼓，有时候还真让他给修好了。这时候，真不知他有多高兴！从此就更喜欢上了修理农具。

那回，独轮车坏了。不知天高地厚的小牛顿，又一次显示出他那争强好胜的个性，抢着把这活揽了过来。这可不是省心的活，别说是个孩子，就是个老木匠，也不是两下三下就能修理好的。从此，一连几天，外婆不见小牛顿的影子，却只听见家里顶楼的大储藏室里不断传来"丁丁喱喱"的声音。小牛顿把自己关在那里，不分白天黑夜，连吃饭睡觉都顾不得。"我的小木匠，"外婆心疼地爬上楼去，叫唤道，"你还要不要吃饭哪！"

小牛顿正在使劲把一枚钉子钉到一个木头接口上，看见外婆上来，正好就擦了擦额头上的汗水，向外婆讨钱。他好容易积攒下来的零花钱，已全部用来买了铁钉，现在正需要一把锯子。外婆说对了，他确实想当一名木匠，没有锯子怎么当木匠呢？他不仅要把这独轮车修好，把所有缺胳膊断腿的农具全都修理好，还要自己动手造出新农具呢！

瞧着孩子这股认真劲儿，外婆还能不答应吗？

牛顿上的小学就在村子上。村子小，学校也小。全村的孩子，从六七岁到十一二岁，全都在这里学习。教室只有一间，老师也只有一个。小牛顿一门心思全放在木匠活上，对学校里枯燥乏味的功课一点不感兴趣，所以他的成绩一直很糟糕。

牛顿的外婆和舅舅对此都很心焦。

学习成绩虽然很糟糕，可小牛顿的木工活却越干越好。那辆独轮车早已被他修好了，他不过瘾，又把它进行了改装，成了四个轮子的。四个轮子当然要比一个轮子稳当，也容易驾驭，笑得外婆连嘴巴都合不拢了。

生理学家说,手是第二大脑。一点不错,脑筋越动越聪明,双手越动越灵巧;大脑指挥手,手的活动回过头来又帮助大脑的发育。直到很多很多年以后,牛顿的家乡还流传着"牛顿日晷""彗星风筝"和"老鼠磨坊"的故事。

当时的英国农村还相当贫穷,钟表虽已发明,但仍然进不了普通的农家。没有钟表,不知道时间多不方便啊!9岁的牛顿找来一个石盘,石盘中心竖起一根木棍,根据太阳的投影,刻出时间标记,这就是后来被历史学家们称之为"牛顿日晷"的计时仪。这个"牛顿日晷"直到牛顿故世以后很久很久,伍耳索普的乡亲们还在使用。

乡间的孩子都爱放风筝。牛顿也不例外。有一天晚上,伍耳索普的乡亲们一个个大呼小叫地跑出家来,抬头瞅着天空中一颗闪闪发光的"星星"在指手画脚,议论纷纷。谁也闹不清是怎么回事,还以为是彗星落到地球上来了呢!原来是小牛顿做了一只风筝,风筝下挂了一盏小灯笼,为的是黑夜里能看得清楚,谁料却引起了一场小小的轰动。

威莎河边有不少磨坊。怎么把麦子磨成面粉的呢?那时候还没有电动机,有的靠风车,有的靠水力,也有的用牛或马拉动磨盘。小牛顿做的"磨坊"既不用牛拉,也不用马拉,而是套上一只小老鼠。拿几颗麦子撒在磨盘上,老鼠受到惊吓,撒腿就能拉动磨盘不停地打转。

小牛顿对自己的这个创造特别得意,把它带到学校里。果然,他的身边立刻拥上了一大堆人。那小老鼠一见这许多人,吓得"抱头鼠窜",跑得更快了。

平日里,小牛顿是个性格内向、自卑自闭、落落寡合的孩子,耳朵里能听见的不是老师的批评声,就是同学们的嘲弄声,只有今天,他才真正体会到受称赞的滋味。人一得意,就会忘形,更何况是一个孩子。谁也记不清当时小牛顿说了什么,做了什么,脸上是什么表情,竟引起了一个比他高出半个头的高年级学生的妒忌,这家伙冷不防伸手在一个小同学身后推了一把,使小同学一个趔趄,没站稳,就把地上的"老鼠磨坊"踩坏了。

小牛顿急得噌一下从地上站起来,找到那个故意滋事的家伙,涨红了脸,用一种从没有过的目光瞪着对方。

"怎么?想打架吗?"那个同学撇了撇嘴角,并不把牛顿放在眼里。

小牛顿迎上一步。

"读书读不进去,考试老吃鸭蛋儿,想拿这臭玩意儿来显摆自己聪明,活该!"

小牛顿又上前一步。

那家伙仗着人高力大,先下手为强,一脚踹在小牛顿的肚子上。

小牛顿吃了个趔趄,站稳后,就像一头发怒的公牛,一头撞上去,直把那家伙撞倒在一片烂泥地里。

同学们都看呆了。

这是牛顿平生第一次打架,也是最后一次打架。这一架把牛顿周围的同学们都打懵了,也打醒了。大伙这才第一次睁开眼认识了这个看似懦弱的孩子,从此再没有人敢瞧不起他,也再没有人敢欺负他了。

这一架也把牛顿自己打醒了。在此之前老师和同学们之所以瞧不起他,还不都是因为自己的学习成绩太差,我真的就不如他们吗? 从此,牛顿发奋学习,终于成为全班数一数二的好学生。

中学时代

牛顿的中学是在金格斯中学读的。这所中学位于格兰萨姆镇上,离伍耳索普有20多公里,他只能寄宿在妈妈的好朋友克拉克先生家里。克拉克先生是位药剂师,经营一家药店,脾气很好。他的夫人和女儿斯托丽都待牛顿像自己家里人一样。克拉克先生看到牛顿喜欢动脑筋,一双手特别灵巧,就让他在药店里帮忙,一边教他怎么配药,一边给他讲述有关的化学知识。

那些琳琅满目的瓶瓶罐罐和五颜六色的药品一下子就把牛顿吸引住了,神奇的化学反应更引起了他的莫大兴趣。牛顿从此爱上了化学。虽然后来他的主要成就并不在化学方面,但是他对化学的兴趣一直未减。

克拉克先生趁热打铁,送给他一本名叫《空气和自然的奥秘》的小册子。这是一本专教中学生们动手制作并讲述科学道理的书,牛顿如获至宝,从中很快学到了很多东西。

如果说,小学里牛顿制作的那些玩意还仅仅是儿童玩具,那么,这以后的手工制作就有一定的科学实验意义和实用价值了。

水钟是他在这期间的第一件得意作品。

这水钟由一个大容器和若干个小容器组成。将大容器的底部钻个小洞洞,容器里的水就会不住的滴进小容器,积满一杯需要一个时辰,积满两杯就是两个时辰,依此类推。这玩意儿道理挺简单,可是既要准确计时,又要循环不息,做起来就不是那么简单了。

第二个作品是为克拉克先生的药店做的风车。这风车安装在药店的房顶上,一年四季,转动不息,成为药店的一个特有标志。

"瞧这风车,做得多漂亮! 咱全镇子还没有一家的广告能跟它比呢!"

"听说是住在克拉克先生家的一个小中学生做的,真了不起!"

"还真稀罕! 这会儿连一丝儿风都不见,它是怎么转的?"

"这就叫聪明呗!"

……

就这样,牛顿成了格兰萨姆镇上的知名人物。直到很多很多年以后,这个风车还在药店的房顶上不停地转着。

牛顿没有辜负克拉克先生的栽培,不仅手工越做越好,读书成绩也一天比一天好。可是天有不测风云,人有旦夕祸福。上天就像是有意要磨炼磨炼这个苦命孩子似的,就在牛顿越来越想要读书的时候,家中突然送来了不幸的消息:他的继父死了,可怜的母亲带着三个年幼的弟妹回到了伍耳索普。这日子怎么过呢? 牛顿考虑再三,义无反顾地中断了学业,回到伍耳索普与母亲共同挑起了养家糊口的责任。

虽然离开了学校，但是牛顿的心却没有一天离开过书本，离开过他梦寐以求的科学知识。

清晨，牛顿挑着担子来到小镇叫卖。担子里满是新鲜的蔬菜和妈妈的手工编织品。赶集的时候总是卖的人来得早，买的人来得晚，牛顿看看没有人过来买，就掏出一本书来看。昨晚上看书看得太晚，实在太困了，一个难题没能解出来，这会儿正好没人打扰，一定要把它弄个明白！谁想这难题还真不是三下两下就能弄明白的，他转头朝左右扫了一眼，只见那墙角边有块泥地，就捡了一块碎瓦片，蹲在那里又画又算起来。

等到他好容易弄明白了这个难题，兴高采烈地回到那担子前，太阳早已升至中天，赶集的人都散得差不多了。唉！总不能原担子来原担子回啊！没奈何，只得咬咬牙，来他个大甩卖——三钱不值二钱，卖掉算啦！

这样的事几乎是家常便饭。有一次还闹了个大笑话！

也是一个晴朗的早晨。吃过早饭，母亲让牛顿把一袋小麦送到磨坊去磨成面粉。母子二人把那袋麦子搬到马背上。牛顿牵着马缰绳就出门了。

走着走着，牛顿又走神了。等到他走到磨坊门前，回头一看，哪里还有什么马什么麦子啊？只是手里一根缰绳还死死地握着。这一急，还真把他急出一身汗来！一匹马对一个农家来说，可是一笔不小的财富，绝不是一担蔬菜、几件手工编织品可以相比的；耕地、运输，哪一样少得了它！牛顿一路狂奔，一路寻找，直到上气不接下气，脸色煞白地沿原路奔到家门口，才发现那匹马正静静地站在自家的院子里。幸好，马背上的麦子还在，只是挣断了的缰绳拖在地上。

瞧，老马尚且识途，它比牛顿还能干呢！

类似的故事真是太多了！每次都叫母亲哭不得又笑不出来。天下的母亲都有一个心愿：巴望自己的孩子有出息。牛顿的母亲终于一天比一天更清楚地意识到，牛顿不是属于伍耳索普，不能只图眼前的利益而葬送了他的美好前程。

于是牛顿又回到了金格斯中学。

回到了金格斯中学的牛顿，这时才发现自己是那么渴望读书。虽然耽误了两年，很多功课不得不从头开始，但是如饥似渴的他更加珍惜这来之不易的机会，比任何人都要刻苦和努力，很快就补上了落下的功课，成了全年级最好的学生。

牛顿不是上帝的宠儿，比起其他的孩子，他没有父母为他创造的优裕条件，但他拥有很多孩子所不具备的品质，那就是专心致志，认定了目标，就一步一个脚印地走到底。

就因为专心致志，他学得比别人多，学得比别人快。

人们一般只知道牛顿是个大科学家，成天只跟数字和公式打交道，殊不知他还会画画，还会作诗。他的素描画画得相当有水平；他的诗也极有品位。若谓不信，抄录一首供你欣赏：

我蔑视那些世俗的冠冕

就像是蔑视

我的脚下那飞扬着的尘土一般

虽然在那些庸庸碌碌的人的眼里

它们虚无缥缈高不可攀

可我的眼里

它们却沉重得难以接受

与其这样

我不如接受一项用荆棘编就的冠冕

虽然扎手

但我却觉得心中充满甘甜

那就是我眼中

最光荣的所在

虽然用荆棘编就

但却幸福无边

……

这便是牛顿中学时代的作品。这就是中学时代的牛顿。

1661年夏天,牛顿中学毕业。在毕业典礼上,金格斯中学的校长这样说:"我们把毕业班里最优秀的学生称号授予伊萨克·牛顿。"

年轻有为

有人说:一个人的人生道路是漫长的,但是关键的往往只有几步。

一点不错,早在金格斯中学的时候,牛顿在舅舅的影响下,就把考取大学认定为自己的目标。

"我一定要考取剑桥大学!"他暗暗地对自己说。因为那是当时英国乃至世界上最好的高等学府。要想考取剑桥大学,第一关是拉丁文。从未学过拉丁文的牛顿就先攻拉丁文,然后再向历史、《圣经》和希腊语发起进攻。

果然,牛顿如愿以偿地考取了剑桥大学三一学院。

剑桥大学有最好的老师,有最好的图书馆。每天晚上,当剑桥的学生宿舍中只有一盏灯还亮着的时候,不用说,那准是牛顿。

在这里,他成了"欧洲最优秀的学者"巴罗教授的最得意门生。

大学四年级的时候,22岁的牛顿实现了自己科学生涯中的第一个重大突破——他发现了"二项式定理"。这个定理直到今天仍然广泛地应用于数学、天文学、物理学以及现代工程学技术。

1665年暑假,戴上了学士帽的牛顿被学校留用,聘为选修课研究员。

没料想,正当牛顿满怀信心、精神抖擞地站在科学圣殿的门口,准备向更高的科学顶峰攀登的时候,一场可怕的灾难爆发了。

这是英国历史上最为可怕的一次鼠疫。伦敦城仅仅在三个月内就死掉了十分之一的人口。剑桥大学不得不关上了大门，顿时间几乎成了一座空城。

牛顿于是又一次回到了伍耳索普。中国人有句成语叫"塞翁失马，焉知非福"，失去了好不容易得到的职位，回到偏僻的乡野，对别人来说也许是个沉重的打击，可到了牛顿身上，没想到反而成了他闭门思考、潜心研究的机会。正如他自己所说："在伦敦发生鼠疫我回乡的那一年时间里，我度过了一生最为美好的时期。那时我的思想最为活跃，精力也最为旺盛，所以才会有那些发现。"具有划时代意义的数学微积分理论是这个期间发现的，牛顿对物理学和天文学的最伟大贡献——万有引力定律是这期间发现的，把阳光分解成七色的光谱也是在这期间完成的。

微积分属于高等数学，比较难懂；苹果落地的故事早已选进小学的课本；在这里我只讲一个七彩光的故事。

其实呀，很多伟大的发明，最初的时候都有几分偶然性，可又不尽是偶然。最早引起牛顿对这问题的兴趣是从吹肥皂泡开始的。孩子们谁没有玩过吹肥皂泡？小时候牛顿玩过，现在他的弟弟妹妹又在玩。一个个肥皂泡从小妹妹嘴上的一根麦秆里吹出来，阳光一照，五颜六色。牛顿瞧着，瞧着，突然夺过妹妹手中的麦秆，自个儿吹起来。对着太阳吹呀，再吹，没有个完。

"这是怎么啦？"妈妈望着犯傻的儿子，自言自语地说。

"该不是出什么毛病了？"邻居们担心地说。

牛顿只顾一个劲儿地吹个不停。突然，他奔进房间，取出一块纯净透明的水晶石，放在太阳光下——瞧，可不！同样会闪耀出五彩缤纷的色彩。这些美丽的颜色是从哪里来的呢？牛顿一定要解开这个谜！

从这天起，牛顿把自己关在那个小阁楼里，几天不出来。他在干吗呢？

"那是多么难忘的日子呀！"牛顿后来在一些著作中这样回忆说，"我把窗户用一块厚厚的布——那是从妈妈那里找来的，遮得严严的，屋里黑暗一片。然后我在中间开了个小洞，放一缕阳光进来。再后，我把心爱的三棱镜放在光线的入口处，让光线通过棱镜再折射到对面的墙壁上。当我回头去看被折射了的光线时，奇迹产生了……"

我忘了交代，这心爱的玻璃三棱镜，就是牛顿仿照水晶石的形状自制的。牛顿就这样一会儿愁眉苦脸，一会儿欣喜若狂地研究着他的发现，经常是一待就是一个白天。

"喂，你这孩子，钻在伸手不见五指的屋里，到底在干什么呢？"

牛顿顽皮而神秘地把妈妈、妹妹和弟弟带到自己的实验室里。

门给关上了。厚厚的窗帘也拉上了。墙壁上出现了一个亮亮的光点。

突然那个光点竟然变成了一条由红、橙、黄、绿、蓝、靛、紫七种颜色镶成的彩带。

"哇，天上的彩虹怎么会落到墙壁上来了！"妹妹第一个叫起来。

三个人同时回头看，只见牛顿手里拿着一个三棱镜，正挡在那个小洞眼上，光线就是通过那个三棱镜折射到墙壁上的。

"孩子，你手里拿的是什么？难道是根魔棍吗？"妈妈忍不住问。

现在没有人不知道，这不是什么魔棍，也不是什么魔术，这是科学。白色的太阳光通过三棱镜后，分解成七色光谱，如今连幼儿园的孩子都知道这个知识。可是在此以前，谁也不知道这个秘密。没有非凡的观察力和杰出的想象力，怎么可能发现呢？

读完这个小故事，你不觉得发明和发现原来是那么有趣而令人神往吗？是的，请听一听牛顿是怎么说的：

"我好像是一个在海滩上玩耍的孩子，时而为拾到几块晶莹的石子，时而为捡到几片美丽的贝壳而欢呼雀跃。"

为了更进一步证实这个发现，牛顿又磨制了第二个三棱镜。一束阳光照射在第一个三棱镜上，在光屏上就可以看到类似彩虹的色带。然后，他又让这色带经过第二个三棱镜，结果，正如他预料的那样，七色光经过第二个三棱镜后，又还原成了白色。

白色的太阳光实际上是由多种光色组成的，这个谜终于让牛顿给彻底解开了。

功成名遂

科学是个神秘的王国，因为神秘而充满乐趣。牛顿在这个神秘的王国中探索着、寻觅着，他是那么的倾心，那么的专注，甚至连丘比特的爱情之箭悄悄射中了他的心窝，他也浑然不觉。

你一定记得，早在牛顿的中学时代，借住在克拉克先生家里的时候，牛顿的勤奋和聪明就赢得了克拉克先生一家的好感。当牛顿从剑桥学成回到伍耳索普时，克拉克先生的女儿斯托丽小姐也来到了伍耳索普，说是与牛顿母亲做伴，其实是为牛顿而来。

当年的小姑娘，如今长成了亭亭玉立的淑女。应该说，他们原是天生的一对。可当时，牛顿正为万有引力问题理不出个头绪来，成天苦思冥想，神魂颠倒。他满脑子装的都是那些数字和公式，跟斯托丽一见面，就自言自语地唠叨那些听不懂的东西。真让姑娘扫兴！

大概牛顿也感觉到不对劲，那天终于下决心向斯托丽求婚。可是，当他拉住姑娘的手，说着说着，脑子里突然又拐到他那个苦苦思索而还没找到答案的思路上，又走神了，直到姑娘痛苦地大叫一声，他才清醒过来。你道怎么回事？原来他竟把姑娘的手指当成通烟斗的通条，使劲往自己的烟斗里塞，这叫人家姑娘怎么受得了？事后，牛顿十分抱歉，他自嘲地说："天哪，看来我这辈子活该是个打光棍的命！"果然，牛顿一辈子没结过婚。他得到了他的万有引力，却失去了他的爱情。

你别笑话，几乎所有大科学家都有这类笨拙而可爱的小故事。一个人倾心专注于一项事业，是会到达这种走火入魔地步的。

有一次，为了家里养的两只猫，牛顿在墙角挖了大小两个洞，意思是：大猫走大洞，小猫走小洞。邻居提醒他，小猫也能从大洞里进出，不必如此麻烦吧？他这才如梦初醒，尔后还一个劲地感谢邻居，夸奖邻居聪明，一直把邻居都夸得不好意思起来。

这就叫大智若愚。一生憨厚的牛顿，不失大科学家的幽默。

种瓜得瓜，种豆得豆。牛顿终于以自己非凡的智慧和杰出的科学成果赢得了崇高的荣誉。

1667年复活节不久，牛顿返回剑桥大学。25岁的牛顿被任命为鲁卡斯讲座的教授。这是一个多少人为之梦寐以求的职位。

1668年，26岁的牛顿发明反射式望远镜。这架望远镜放大率达到40倍，消除了折射望远镜中普遍存在的色散现象，能清楚地看到木星的卫星。这架望远镜至今陈列在英国的皇家图书馆内，上面刻着一行小字："牛顿爵士亲手制作的世界上第一架反射式望远镜。"

1670年，28岁的牛顿成为英国皇家学会最年轻的会员。

1687年，代表牛顿力学经典的划时代著作《自然哲学的数学原理》出版。

1696年，牛顿被任命为英国造币厂监督，1699年升任厂长。

1703年，他当选英国皇家学会会长。

1727年3月31日，牛顿病故，遗体葬于伦敦威斯敏斯特教堂。古老的威斯敏斯特教堂历来是英国皇室成员以及国家元勋的安息之地，牛顿是第一位安葬于此的学者。

"我不知道世上的人对我怎样评价。但在我自己看来，我不过就像是一个在海滩上玩耍的孩子，时而为拾到几块晶莹的石子，时而为拾到几片美丽的贝壳而欢呼雀跃。可是，对于面前的那一片浩瀚无垠的大海，他却一无所知，而那才是真理之所在。"

这就是这位近代最伟大的物理学家和数学家留给我们的最有价值的遗言。

曾经有人问牛顿："你获得成功的秘诀是什么？"

"假如我有一点微小成就的话，没有其他秘诀，唯有勤奋而已。"

相对论的创始人

——爱因斯坦

人物档案

简　　历：美国和瑞士双国籍的犹太裔物理学家。出生于德国乌尔姆市。1886 年在慕尼黑公立学校读书。1888 年在路易波尔德高级中学学习。1896 年进苏黎世联邦工业大学师范系学习物理。1901 年取得瑞士国籍。1905 年获苏黎世大学物理学博士学位，并提出光子假设、成功解释了光电效应（因此获得 1921 年诺贝尔物理学奖）；同年创立狭义相对论，1915 年创立广义相对论，1933 年移居美国，在普林斯顿高等研究院任职，1940 年加入美国国籍同时保留瑞士国籍，1955 年 4 月 18 日，于美国新泽西州普林斯顿逝世，享年 76 岁。

生卒年月：1879 年 3 月 14 日~1955 年 4 月 18 日。

安葬之地：遵照爱因斯坦的遗嘱，他死后并没有举行任何丧礼，也不筑坟墓，不立纪念碑，遗体便依照遗嘱被火化了，骨灰撒在永远保密的地方。

性格特征：淡泊名利，慧眼识才，不拘小节，拥有宗教信仰，热爱和平。

历史功过：狭义相对论的创立，广义相对论的创立，还有物质不灭定律，即能量守恒定律。发现光电效应，以及宇宙常数。揭示了微观物体的波粒二象性。获得诺贝尔物理学奖，参加反战和平运动，被美国《时代周刊》评选为"世纪伟人"。

名家评点：在《相对论简史》中，霍金曾写道："在过去的 100 年中，世界经历了前所未有的变化。其原因并不在于政治，也不在于经济，而在于科学技术——直接源于先进的基础科学研究的科学技术。没有别的科学家能比爱因斯坦更代表这种科学的先进性。"

童年岁月

1879 年 3 月 14 日,阿尔伯特·爱因斯坦诞生在德国南部符腾堡的仅有 3 万居民小城——乌尔姆。这是一座位于施瓦比亚阿尔卑斯山麓、多瑙河畔的古老城市,其历史可以追溯到公元 4 世纪。中世纪它曾是斯瓦比亚城市联盟中最负盛名的政治经济文化中心。16 世纪,乌尔姆已建成为一个庞大的要塞。城周围高高耸立的 12 座炮台和要塞塔楼与阿尔卑斯山和多瑙河交相辉映,远远望去恍如世外仙境。直到近代,乌尔姆还完整地保存着古老城市的遗迹和遗风。狭窄弯曲的铺着石板的街道,带尖顶的哥特式的房屋,从建于 15 世纪的大教堂的 160 米高的塔楼上,可以一览无余地鸟瞰郊外广阔的平原、丘陵和森林。无论从自然环境上还是从人文环境上看,乌尔姆不失为一座美丽幽雅的城市,这里清新的空气和明媚的阳光对爱因斯坦的最初成长无疑将产生有益的影响。

爱因斯坦的双亲都是犹太人。父亲赫尔曼·爱因斯坦,早年跟随家人从符腾堡的另一个小城市布豪迁居到乌尔姆。爱因斯坦的祖父曾在这里定居过 10 多年,所以附近地区有不少的亲朋好友。爱因斯坦的堂叔鲁道夫·爱因斯坦就住在距乌尔姆 25 公里的海明根,他的一个女儿艾尔莎后来成为爱因斯坦第二次婚姻的妻子。1878 年,赫尔曼·爱因斯坦与富有的斯图加特面包商的女儿波林·科赫结婚,两人的新家从原居处穆斯特广场迁到班霍夫大街一所不大的临街房子里。第二年,阿尔伯特·爱因斯坦就降生在那里。这位未来的物理学天才降生到人间的时候,确实有些不寻常,爱因斯坦的头颅比一般的婴儿稍大一些,并且头骨棱角凸出,这种头型终生没有改变,后来成为爱因斯坦相貌的特征。家里的人对小爱因斯坦的头感到惊奇和不安,当祖母看到长孙的头颅时,也低声嘀咕道:"太重了,太重了! 小小的身躯怎能支撑这么大的脑袋。"后来事实表明,家人的担心是多余的,爱因斯坦正是有了这个超乎寻常的头脑,才产生出伟大的思想,创立了超群的理论。然而,爱因斯坦诞生的故居却在纳粹德国招来的战祸中,在 1944 年盟军连续的空袭下变成一片废墟。

爱因斯坦的父亲在数学上很有天赋,中学毕业后本想进大学深造,但因家道中落,没有钱供他读书,不得不弃学经商,在乌尔姆开了一家电器商行。爱因斯坦家族热爱数学的传统,也表现在他的叔叔雅科布·爱因斯坦身上。他是一名数学功底很深的电气工程师,其数学才能曾使少年爱因斯坦受到最早的数学启蒙教育。雅科布长时期住在哥哥赫尔曼家里,兄弟俩合作经营电器商行,闲暇时,雅科布经常教爱因斯坦数学知识。有一次教代数方程式时,他形象地给爱因斯坦讲:"阿尔伯特,数学可是一门有趣的科学,当我们没有找到我们猎取的动物时,我们暂时叫它 X;我们继续搜索猎物,终于把它捕获了。"于是,爱因斯坦开始在数学天地里打猎了,在解题的过程中,为了求得结果,独立思考,另辟蹊径,培养了他的创造性思维能力。许多年以后,爱因斯坦在《自述》中回忆起雅科布教他平面几何的情节和感受时,写道:"有位叔叔(即雅科布·爱因斯坦)曾经把毕达哥拉斯定理告诉了我，经过艰巨的努力以后，我根据三角形的相似性成功地'证明'了这条定理，在这样做的时候，我觉得，直角三角形各个边的关系'显然'完全决定于它的一个锐角。在我看来，只有在类似的方式中不是表现得很'显然'的东西，才需要证明。而且几何学研究的对象，同那些'能被看到和摸到的'感官直觉的对象似乎是同一类型的东西。这种原始观念的根源，自然是由于不知不觉存在着几何概念同直接经验对象的关系，这种原始观念大概也就是康德提出的那个著名的关于'先验综合判断'可能性问题的根据。"雅科布叔叔教爱因斯坦的毕达哥拉斯定理不仅使他初识几何学知识，而且也使他领略了唯物论的一个古老哲学命题，即思维与存在的关系。一个直角三角形，两条直角边的平方相加等于一条斜边的平方，这个关系不是显而易见的，但能用数学思维来证明它，这是多么奇妙啊！这件事对爱因斯坦的幼小心灵是一个很大的震撼。后来爱因斯坦的数学天赋形成是与他的父亲和叔叔的影响分不开的。

赫尔曼与雅科布共同开办的电器装配厂，对于正处在童年长知识、对世上任何事物都好奇的爱因斯坦来说，也是一个天天耳濡目染的科学启蒙的教育场地。工厂里各种机械、电器，对他认识物理世界无疑是一种最初的感性体验，其中，使爱因斯坦难忘的一件事，就是5岁的时候，父亲给他看一个指南针，这件对于一个孩子来说很平常的小东西，却引起有心的小爱因斯坦不小的惊奇。为什么指南针一头指南，一头指北呢？无论怎样改变其方向，它最后还是静止在原来的地方，这与任何无生命的事物根本不同。他后来在《自述》中写道："这只指南针以如此确定的方式行动，根本不符合那些在无意识的概念世界中能找到位置的事物的本性的（同直接'接触'有关的作用）。我现在还记得，至少相信我还记得，这种经验给我一个深刻而持久的印象。我想一定会有什么东西深深藏在事情后面。"从那时起，爱因斯坦养成对一切事物后面隐藏的秘密进行思索的习惯，当然，爱因斯坦本人没有谈到这件事的意义与他后来的科学研究的关系，但这一点是显而易见的，爱因斯坦终生对"空虚"之中的时间与空间、引力场与电磁场的奥秘不懈地追求和探索，要解决的不正是他童年时代对指南针的疑惑吗？

爱因斯坦的母亲玻林·科赫，出身于一个富裕的家庭，受过良好的教育，爱好文学和音乐。同时，她也像大多数犹太女性一样，贤惠能干，对爱因斯坦的影响很大。母亲弹钢琴的优美旋律，从小就陶冶着爱因斯坦的心灵。他3岁的时候就经常伏在凳子上，歪着脑袋全神贯注地倾听母亲弹奏的贝多芬奏鸣曲，在美妙和谐的音乐世界里遨游。当母亲弹完琴起身后发现，爱因斯坦仍呆呆地站在那里，就惊讶地说："瞧，你一本正经的，像个大教授！亲爱的，怎么不说话呀？"爱因斯坦在母亲的影响下，从6岁起就开始学习拉小提琴，14岁时已能登台伴奏。他对音乐有着异常的兴趣，小提琴就成为他终生的伴侣。爱因斯坦不仅小提琴演奏得很好，而且钢琴弹得也不错。他不止一次地风趣地对人讲："音乐是他的第二职业。"莫扎特在音乐上对他所起的作用与欧几里得几何在科学上对他所起作用是一样的。的确，音乐在爱因斯坦那里不仅仅是一种娱乐和享受，而且还是一种有特殊功能的体验。每当他紧张思索一个物理难题，思想陷入困顿的时候，他就会不由自主地拿起小提琴拉起来，琴弦源源流出的优美和谐、令人充满遐想的旋律，使他的思想立刻轻松活跃起来,迸发出灵感的火花。优美而和谐的旋律往往能激发爱因斯坦探索宇宙奥秘的想象力和灵感。小提琴对于爱因斯坦太重要了,他常对人讲:"一个人除了提琴、床、桌子和椅子之外,还需要什么!"他不仅平时在家,就是外出参加各种重大科学会议,也要随身携带小提琴。爱因斯坦喜爱音乐,利用音乐,为我们留下了许多趣闻轶事。

1919 年 11 月,爱因斯坦应布拉格科协的邀请去那里发表演讲,他在座无虚席的十分肃静的报告大厅里,竟出人意料地拿起小提琴走上讲坛,对台下的听众不无幽默地说:"女士们,先生们,这儿气氛太严肃了。让我先向大家演奏小提琴吧,那将更愉快、更易理解。"这场艺术与科学结合在一起的别开生面的学术报告,给在座的每一位听众留下了终生难忘的印象,是音乐把他们引入理论物理学的深奥玄妙的天地里。

1920 年,爱因斯坦接受荷兰的邀请,成为莱顿大学的特邀教授,住在好友物理学家埃伦费斯特家里。两位物理学家聚在一起,免不了对一些物理问题进行讨论和争论。当两人唇枪舌剑交锋之后,能够统一各自的观点当然是皆大欢喜的事,但遇到一时无法统一的争论,双方只好表示暂时休战,这时埃伦费斯特就会打开钢琴盖,弹起钢琴来。他是一位十分出色的钢琴家,美妙的琴音一响,爱因斯坦就情不自禁地拿起小提琴与埃伦费斯特合奏起来。有时,演奏中途爱因斯坦会突然用琴弓敲击琴弦,示意停下来,这是音乐旋律触及了灵感,打开了思想之门,讨论又会重新开始。当争论又卡在一个难点上时,爱因斯坦会立即走到钢琴边,用双手弹三个清脆的和弦,像叩击智慧之门,又像向天地发问:"怎——么——办?"在经过两人思想交锋之后,难点越过了,这时两人就会意地大笑,同时欢快的乐曲又响起来了。

在柏林科学院,爱因斯坦经常同量子理论创始人、著名的物理学家普朗克一起演奏贝多芬的作品,是科学界里广为流传的佳话。爱因斯坦童年养成的音乐品性,使他在后来的科学研究中,把两者密切结合起来,把理论物理学建立在完美、和谐的美学原则基础上,认为完美是自然和真实的。"凡是在数学上是美的,在描述基本物理方面就很可能是有价值的。"他对时空与物质、引力与电磁力本质的艰苦探索,实质上就是对宇宙的整体美、统一与和谐的追求。科学巨人爱因斯坦的思想和品格就是在这种高雅的音乐氛围中孕育成长起来的。

爱因斯坦的父亲虽然在文学和数学上很有素养,使家庭里的书香和文风很浓,但他在赚钱谋生方面缺乏犹太人善于经营的精明、诚实温和的秉性,加上漫不经心的生活气质,免不了在生意场上屡遭挫折。到 1880 年,赫尔曼·爱因斯坦在乌尔姆的电器商行已维持不下去了。在雅科布的建议下,他们决定迁居巴伐利亚首府慕尼黑,兄弟俩又在这里合伙开办了一家电器作坊。起初,生意还不错,生活日见起色。就在阿尔伯特·爱因斯坦 5 岁的时候,举家迁到慕尼黑郊区赞德林。他们几乎拿出全部积蓄,在那里盖了一栋房子,开办了一个装配发电机和测量仪表的电器小工厂。尽管赫尔曼·爱因斯坦为这个小工厂竭尽全力,奋斗了 14 年,但从总体上来说,在慕尼黑的生意是惨淡经营的,并饱尝了艰辛与苦涩。所以,从事业上讲爱因斯坦一家在慕尼黑的生活没有什么值得留恋的,然而,对于刚刚启蒙、个性正在形成的爱因斯坦来说,慕尼黑的这段生活经历对他后来的成长是十分重要的。

爱因斯坦6岁进小学。当时德国的启蒙教育归教会管理,学校是按各种宗教信仰设立的,学童必须接受一种宗教教育。爱因斯坦本应入犹太学校,因该校离家太远,不得不进一所离家较近的天主教学校,所以爱因斯坦幼年时受到的宗教教育主要是天主教教义的灌输。他的零散犹太教教义的学习是在家里由一位远房亲戚来传授的。因此他对犹太宗教、文化、礼仪知之甚少。由于童心的单纯和天真,他完全信仰了学校讲解的天主教教义和家庭讲解的犹太教教义。12岁以前,可以说他是一个虔诚的宗教信徒。他不仅自己严格遵守教规和教义,而且对父母亲不做祷告、吃猪肉等对宗教的不虔诚态度感到不满。但是这种强烈的宗教情绪,在他12岁那年,很快就消失了,因为这时爱因斯坦阅读了布赫纳的《力与物质》和伯恩斯坦的《自然科学通俗读本》,使他认识到《圣经》里有许多故事是不真实的,而且这时外界反犹排犹浪潮也波及学校,对犹太人的敌视和迫害,也伤害了爱因斯坦的宗教感情,使他对宗教产生了怀疑。晚年,他在《自述》中写道:"这种经验引起我对所有权威的怀疑,对任何社会环境里都会存在的信念完全抱一种怀疑态度,这种态度再也没有离开过我。"

爱因斯坦很快抛弃了世俗宗教的信仰,当他在中学读书的时候,不但对上帝和宗教失去了兴趣,而且还产生一种对犹太宗教的厌恶情绪,他说:"犹太教中上帝不过是一种虚无缥缈的迷信,是一种对不存在的东西做出的幻想。它也是一种企图将道义的法律建立在恐惧之上的努力,这是一种可悲而又不可信的努力。"他也没有按犹太教的习俗举行成年礼。在柏林时,他曾拒绝缴纳规定的犹太社团的宗教税,以此表达对宗教的反感。虽然他也有宗教感情,正如他一再表白的那样:"我还是深深地信仰宗教……你很难在造诣较深的科学家中间找到一个没有自己的宗教感情的人。但是这种宗教感情同普通人的不一样。"当有人问爱因斯坦:"你信上帝吗?"爱因斯坦坚定地回答:"我信仰上帝,我信仰斯宾诺莎的那个存在事物的有秩序的和谐中显示出来的上帝。"即"理性的上帝",上帝在爱因斯坦那里就是"自然秩序"和"自然规律"的同义语,对上帝的信仰就是对自然界秩序与和谐的理解和领会,是"对经验世界中所显示出来的高超的理性和坚定信仰,这就是爱因斯坦的上帝的概念"。

爱因斯坦对斯宾诺莎的"上帝"的忠实的爱和追求,即求得自然界秩序与和谐的理解。他相信,在人类之外存在一个巨大的世界,它离开我们而独立存在,它在我们面前就像一个伟大而永恒的谜,然而少部分的是我们的观察和思维所能及的,他将对于这个世界的深思和探索,力求解开其中的奥秘,奉为自己科学人生的最高目标。他正是在追求宇宙中存在的至高无上的规律和本质的过程中,将宗教的感情与科学的理智结合起来,把世俗的宗教的迷信演绎出一种有价值的科学探索的信念和动力。1930年,他在《宗教与科学》一文中指出:"我认为宇宙宗教感情是科学研究的最强有力、最高尚的动机。""这里提出的对宗教的解释,意味着科学对宗教态度的一种依存关系,在我们这个物欲主义占优势的年代,这种关系真是太容易被忽视了。固然科学的结果是同宗教或者道德的考虑完全无关的,但是那些我们认为在科学上有伟大创造成就的人,全都浸染着真正的宗教的信念,他们相信我们这个宇宙是完美的,并且是能够使追求知识的理性的努力有所感受的。如果这种信念不是一种有强烈感情的信念,如果那些寻求知识的人未曾受过斯宾诺莎对神的理智的爱的激励,那么他们就很难会有那种不屈不挠的献身精神,而只有这种精神才能使人达到他的最高的成就。"

那时,学校里的犹太孩子是少数,他们受到周围孩子们的歧视和欺凌。这种环境也是爱因斯坦逐渐形成沉默寡言的孤僻性格的一个重要原因。他躲避同伴,也不参加他们的喧闹和嬉戏,独来独往,在自己的精神园地里驰骋,把大量的时间用在读书和思考上。正是爱因斯坦的这种童年生活,使他后来深有体会地感受到:"一个修养有素的人总是渴望逃避个人生活而进入客观直觉和思维的世界,这种愿望好比城市里的人渴望逃避喧嚣拥挤的环境,而到高山上去享受幽静的生活,在那里,透过清寂而纯洁的空气,可以自由地眺望,陶醉于那似乎是为永恒而设计的宁静景色。"

在慕尼黑,尽管工厂的生意不景气,但爱因斯坦全家没有改变定期到城郊游玩的习惯,有时邀请许多亲戚一道参加这项活动。鲁道夫·爱因斯坦也常常携带女儿艾尔沙从海明根赶来聚会。爱因斯坦居住的赞德林郊区本来就是一处绿树环抱、浓阴蔽日、充满田园风光的美丽地方。如果从这里再往远处去,景色就更美了,眼前不仅有蜿蜒在田野上的伊萨尔河,而且还能远远地看到天边的阿尔卑斯山蔚蓝色的山峦。明媚的阳光、清新的空气,使大家完全陶醉在大自然的静穆和神秘中。每当这个时候,爱因斯坦就紧闭双目,独自一人体会着大自然的美和神奇,长时间地陷入沉思,他的思想进入了一个排除人世间一切烦恼和忙碌的清净纯洁的境界里,深深感到人在大自然中的渺小和由此产生的一种无名的孤独感。爱因斯坦对大自然的热爱和神往,使他后来养成了一种贴近自然和设身独处的个性。从某种意义上讲,这种个性正是爱因斯坦作为一个"孤独的旅客",在物理学领域里独来独往,自由思考,不为别人的意见、习惯和判断所左右,孤军奋战,不达到目的决不罢休的精神的体现。也正因为如此,爱因斯坦不论在德国还是在美国,选择住地时首先考虑的不是生活的方便,而是环境的宁静和优美。在柏林工作的时候,他住在哈裴尔河畔的四面绿荫环抱的小房子里。在美国普林斯顿工作时,他的住房就选在远离工作地点的一座大花园里,小房子坐落在偌大的园林中,犹如停泊在绿色海洋上的一叶孤舟。

爱因斯坦从小养成的超然物外、落拓不羁、独往独来的性格,在许多人的眼中,被看成是爱因斯坦的孤独怪僻,但了解爱因斯坦为人的人却认为这恰恰是他的一种刚正不阿、不从世俗的独立人格。他本人在《自述》一文中对此也做了诠释:"当我还是一个相当早熟的少年的时候,我就已经深切地意识到,大多数人终生无休止地追逐的那些希望和努力是毫无价值的。而且,我不久就发现了这种追逐的残酷,这在当年较之今天是更加精心地用伪善和漂亮的字句掩饰着的。"从这里我们可以看出,爱因斯坦对日常生活中物欲横流、争名夺利的世风世俗是多么厌恶。他与他们保持距离,洁身自好,就是要保持一种搞科学研究所必备的淡泊恬静的心态。后来,爱因斯坦在《我的世界观》一文中指出:"在这个意义上,我从来不把安逸和享乐看作是生活目的的本身——这种伦理基础,我叫它'猪栏的理想'。照亮我的道路，并且不断给我新的勇气去愉快地正视生活的理想，是真、善、美……人们所努力追求的庸俗的目标——财产、虚荣、奢侈的生活——我总觉得都是可鄙的。"

爱因斯坦的人生观不正是从事科学研究工作的科学家应具备的品质吗？以享乐为重的人是搞不了科学的，因为科学研究工作的实质就是吃苦和奉献，这正如马克思指出的："在科学上没有平坦的大道，只有不畏劳苦沿着崎岖山路攀登的人，才有希望达到光辉的顶点。"难以想象一个满脑子功利思想、追逐名利的人能在科学研究中取得辉煌成就。所以爱因斯坦说：真正的科学家都是一些"相当怪僻、沉默寡言和孤独的人"。尤其从事理论物理学研究的人，他们终生单枪匹马地在抽象逻辑思维中进行艰苦的探索，如果没有一种心无旁骛、义无反顾地投身科学事业的执着精神，则将一事无成。

科学巨人爱因斯坦，在童年的启蒙时期，就已经为他的巨人的品格和事业深深地打下了根基，的确，真正的人生是从小学教育开始的，小学时期的经历和接受的观念，往往能影响一个人的终身。

1888年10月，爱因斯坦从慕尼黑国民学校进入路易布尔德中学学习。这是一所古典中学，受普鲁士军国主义专制传统影响很深，严格的纪律和对学生思想的管制，使学校俨然成为一所军营。所谓的古典教育，就是死记硬背拉丁文、希腊文的语法和记忆干巴巴的历史大事记。后来爱因斯坦在回忆这段时光时说："对我来说小学老师好像是士官，而中学老师好像是尉官。"总之，教师仿效军官的样子，把教学变成军训，不允许学生有任何独立性和创造性。爱因斯坦是一个善于动脑筋思考的学生，在课堂上常常提出一些难题使老师不知所措，同时他的自由主义也引起教师的不快，嫌他"生性孤僻、不守纪律、想入非非"。有一次，一位教师公开地对他讲："如果你不在我的班上，我会愉快得多。"还有一次，赫尔曼·爱因斯坦先生问学校的教导主任，自己的儿子将来应该从事什么职业。这位主任毫不客气地说："做什么都没有关系，你的儿子将是一事无成的。"

学校呆板枯燥的教学方式和教师的官僚教风，不仅没有满足爱因斯坦旺盛的求知欲，使他学到多少感兴趣的知识，反而伤害和抑制了他的年少好动和思想活跃的天性。爱因斯坦对学校这种环境十分厌倦并感到难以忍受。为了摆脱学校的死记硬背式的僵化教育对自己思想的束缚，他在私下里自学起自己喜欢的数学来。这时，正巧有一位波兰籍的穷医科大学生塔尔梅走进他的生活里，成为爱因斯坦一家的常客。塔尔梅每星期五到爱因斯坦家用晚餐，这是流行在犹太人中间的生活互助的古老习俗。塔尔梅知识渊博，他不仅对自己的医学专业造诣较深，而且在自然科学和哲学方面也有深厚的基础。爱因斯坦读汇集动植物学、物理学、化学、天文学和地理学知识的数卷本的《自然科学通俗丛书》，就是在塔尔梅的建议和帮助下完成的。爱因斯坦从书中吸取了大量有关自然科学的最新知识，并初步掌握了自然科学各个领域的研究成果。这本书激起他对认识和探索大自然奥秘的兴趣，更重要的是，这本书的知识都是在自然界各种事物和现象相互联系和相互依存的辩证关系中阐述的，这对爱因斯坦日后分析问题的方法和逻辑思维能力的培养很有帮助。不久，爱因斯坦又搞到毕希纳编著的《力和物质》一书，这是一本关于物理学知识的初级读物。书中在阐述物质世界时肯定了世界的物质性，但是，对物质的结构层次和运动形式的复杂性及其相互联系的解释有很大的局限性，尽管如此，贯穿全书的朴素唯物论观点对爱因斯坦的影响是深远的，它彻底推翻了他在小学和中学教育中接受的《圣经》关于"创世说"的荒诞说教，从宗教迷信中解放出来。爱因斯坦对哲学也有浓厚的兴趣，他从13岁开始攻读康德的《纯粹理性批判》，从中吸取了理性批判的精神，为日后打破经典物理学的束缚，步入现代物理学殿堂之门准备了条件。

在爱因斯坦12岁那年，学校开设了代数课和几何课。数学对于爱因斯坦并不陌生，他在雅科布叔叔和塔尔梅的辅导下，中学课程中的数学知识早就学会了，几何课的知识也学到不少，塔尔梅送给爱因斯坦那本关于欧几里得平面几何的小册子，使他在这个学科里顿开茅塞，其印象终生难忘，后来爱因斯坦把这本书美其名为"神圣的几何小书"。总之，爱因斯坦在中学学习期间，所学到的对他以后工作十分有用的数学和物理学知识，大部分都是在课余时间里自己涉猎的。他在《自述》中总结道："在12~16岁的时候，我熟悉了基础数学，包括微积分原理。这时，我幸运地接触到一些书，它们在逻辑严密性方面并不太严格，但是能够简单明了地突出基本思想。总的说来，这个学习确实令人神往，它给我的印象之深并不亚于初等几何，好几次达到了顶点——解析几何的基本思想，无穷级数，微分和积分的概念。我还幸运地从一部卓越的通俗读物中了解到整个自然科学领域里的主要成果和方法，这部著作几乎完全局限于定性的叙述，这是一部我聚精会神地阅读了的著作。当我17岁那年作为学数学和物理学学生进入苏黎世工业大学时，我已经学过一些理论物理学了。"事实上，爱因斯坦在青少年时代，经历的音乐熏陶、罗盘针的惊奇、数学的狩猎、几何的证明和自然科学知识博览约取，使他在人生的最初道路上，一步一个坚实的脚印，最终步入理论物理学的知识海洋中，扬起科学远航的风帆。

1894年6月，由于父亲经营的电器工厂长期亏损，又一次面临破产，不得不与雅各布叔叔重谋出路。这时一位名叫加罗尼的意大利人建议把工厂迁到意大利。另外，那里有爱因斯坦母亲的娘家亲戚——热那亚富有的面包商，答应给予资助。这样，他们决定搬到意大利的米兰去碰运气。由于爱因斯坦中学尚未毕业，父亲要他仍留在慕尼黑完成中学学业并拿到毕业文凭，为进大学获得电机工程师资格做准备。这是父亲为他安排的未来的生活道路。这样，爱因斯坦寄居在一位房东老太太家里，还要在那所兵营式的学校里继续他的学业。由于家人远在异国他乡，性格孤僻的爱因斯坦没有交一个知心朋友，加上学校环境与他的性格格格不入，他备感孤独，越发渴望辍学与家人团聚。

1895年春天，爱因斯坦因想家心切，在没有同父母商定的情况下，私自决定离开德国去意大利与父母团聚。他从一位认识的医生那里搞到一张因神经衰弱必须休学半年的病假证明书。本来爱因斯坦想用这种办法暂时逃出学校的牢笼，回家轻松一下。没想到学校已走到他的前头，还没有提出请假，教务主任就把他叫到办公室，以不守校纪、有损学校形象为由，勒令爱因斯坦退学。这时离毕业仅剩一个学年了，学校没有发给他毕业文凭，只给了一份学习成绩单。当然，这份成绩单除了他喜欢的数学和物理成绩优异外，其他学科成绩平平。爱因斯坦知道这样离校的严重性，不仅对家人无法交代，而且对未来继续求学将增加更多的困难，因为没有中学文凭就没有资格参加大学入学考试。尽管如此，但对心烦意乱的爱因斯坦来说还是有一点安慰，这就是他终于离开了那所营房式的中学，心中的感觉好像出笼的小鸟一样自由舒畅，因而没有一点离别慕尼黑的伤感之情。而且他对德意志专制制度如此厌恶，以至他在离开德国前往意大利米兰前夕曾向父母请求要放弃德国国籍。

爱因斯坦来到意大利米兰市时，心情是复杂的，一方面意大利的自由政治气氛和人民豪放的感情与德国死板、呆滞的官僚专制社会面貌截然不同。他一踏上意大利的土地就对那里的古罗马建筑、博物馆、各种文艺复兴时期的绘画和雕刻着了迷。在不到一年的意大利生活期间，精神的自由和个性的发挥一刻也没有离开过他；另一方面父亲的工厂每况愈下，几乎耗尽了家里的全部积蓄。父亲不得不把家境破落的实情告诉爱因斯坦，今后家里拿出钱供他念书将越来越困难了。父亲的意见是要爱因斯坦尽快找一份工作，同时强调要从事电机工程师的职业。然而，爱因斯坦有自己的志愿，他仍坚持继续搞他的数学和理论物理，父亲对他迷恋与挣钱糊口毫无关系的数学和物理学十分生气，指责说："把你哲学上的胡思乱想统统扔掉！想办法学点实实在在的东西，将来当个电机工程师吧！"

爱因斯坦不得不接受家人的意见，进技工学校学习，毕业后做一名电机工程师。然而，全家在选择学校时又犯了难，因为爱因斯坦没有中学毕业文凭，难以进大学学习。另外，还要考虑语言问题，除了德国外，这里很少有用德语授课的学校。最后，他们终于发现在瑞士的苏黎世有一所联邦工业大学，那所学校不仅用德语授课，而且在当地也颇负盛名。这样，全家决定他到那所学校读书。

1895 年秋，爱因斯坦又一次告别双亲，来去匆匆地登上开往苏黎世的列车，奔向人生的下一个驿站。

咖啡馆大学

爱因斯坦来到苏黎世后，一切还算顺利，通过母亲的关系找人帮忙，获准参加联邦工业大学入学考试。考试科目大多是爱因斯坦平时最头疼的靠记忆才能学好的课程，如文学史、政治史、德文、法文、作文、图画、生物学，而理科课程只有数学、几何、物理学和化学。考试结果是在意料之中的，非理科的科目考得不好，但爱因斯坦的长项数学和物理考得十分出色，并引起该校校长和教授们的注意。尽管如此，考试总评成绩还是不及格，他落榜了。后来爱因斯坦在《自述片段》一文中，对自己做了清醒客观的剖析："1895 年既未入学也无教师的情况下，跟我父母亲在米兰度过一年之后，我这个 16 岁的青年从意大利来到苏黎世。我的目的是要上联邦工业大学，可是一点也不知道怎样才能达到这个目的。我是一个执意而又有自知之明的年轻人，我对那一点零散的有关知识主要是靠自学得来的。热衷于深入理解，但很少去背诵，加之记忆力又不强，所以我觉得上大学学习绝不是一件轻松的事。怀着一种根本没有把握的心情，我报名参加工程系的入学考试。这次考试可悲地显示了我过去所受教育的残缺不全，尽管主持考试的人既有耐心又富有同情心。我认为我的失败是完全应该的。"

著名的物理学家韦伯教授出于惜才之心，特地派人转告他，如果他不离开苏黎世，学校可以破例允许他到自己的课堂上旁听物理课。校长赫尔措格教授也对爱因斯坦非凡的数学才能十分欣赏，出于对爱因斯坦的厚爱，为帮助他摆脱当前的困境，建议他在瑞士找一所中学补上所缺的一年课程，毕业后再来投考工业大学。同时校长为他推荐了离苏黎世不远的阿劳镇州立中学，这所中学不论在教学条件上，还是在教师配备上都是一流的。最后，爱因斯坦接受了校长的善意忠告，但想到重新回到中学读书，内心不禁有些犹豫，因为在慕尼黑中学的读书经历给他留下的阴影现在还没有消散，不愿意刚从一所中学逃离出来又进另一所中学，但目前无所事事地在外游荡也不是长久之计。为了不再伤父母的心，他还是不情愿地插入阿劳中学的毕业班，寄住在阿劳中学历史教师温特勒先生家里。温特勒是一位很懂教育心理学的人，善于根据青少年性格特点，进行启发式教育，因此他不放过任何与爱因斯坦培养感情的机会，假日里带着爱因斯坦和自己的妻子、孩子一起到附近的山上旅行，并采集动植物标本。阿劳是一处依山傍水、景色迷人的山区小镇，而且那里富有民主自由的政治传统。这对于生性喜欢在宁静自由的大自然里漫游的爱因斯坦来说，是一个理想的生活和学习的环境。爱因斯坦很快就喜欢上这里一切，对中学的成见和在异国他乡的孤独抑郁心情一扫而光，他与温特勒一家交上了朋友，相处得十分融洽，感受到了家庭温暖。

阿劳中学民主自由之风很盛，没有任何陈规陋习的束缚，也没有对权威的强制依附。学生们完全自己管理自己，学校尊重学生的自主性，师生之间关系是平等的，教师的责任就是向学生传授知识，引导他们独立思考、培养他们的创造性，所以学生们把上课看成是一桩乐事，他们在物理和化学实验室里独立操作实验仪器，在动物解剖室里亲自使用显微镜和手术刀进行工作，这样自由轻松的学习环境使爱因斯坦平生第一次迸发出青春的朝气和活力，他的自信心和勇气在讨论课上充分地表现出来。他的同学后来回忆道：他的"不顾是否会冒犯别人而敢于表达自己意见的大无畏方式"，给我们留下了深刻的印象。爱因斯坦用不太熟练的法文写的一篇短文——《我的未来计划》也反映了这一点，他写道："我若有幸考取，我就会到苏黎世联邦工业大学去读书了。我会在那里待上4年，学习数学和物理。我想象自己成了自然科学中这些部门的教师，我选择自然科学理论部分……我倾向于作抽象的和数学的思考，而缺乏想象力和实际工作的能力。我的愿望也在我心中激发了这样的决心。"所以，爱因斯坦对阿劳中学这段生活终生难忘，对这所学校评价很高。他指出："这个学校以它的自由精神和那些毫无依赖外界权威的教师们的纯朴热情给我留下了难忘的印象;同我在处处让人感到受权威指导的路易波尔德中学的6年学习相对比，我深切地感到，自由行动和自我负责的教育，比起那种依赖训练、外界权威和追求名利的教育来，是多么地优越啊……人不是机器，要是周围环境不允许他襟怀坦白、畅所欲言的话，人就不会生气勃勃!"

正因为阿劳中学的环境使爱因斯坦如鱼得水,在一年的学习期间,他选择自然科学理论部分的研究方向,并以实际行动对理论物理学进行了最初的科学探索,他的第一篇理论物理学论文《关于磁场以太状态的研究》就是在阿劳中学完成的。同时,他在那里的自由宽松的学习环境中,开始根据经典物理学的运动相对性原理,大胆地琢磨这样一个不被人们所注意的问题:假如一个人以光速跟着光波奔跑,那将会发生什么事情呢? 是不是这个人处在一个不随时间而改变的波场中,对他来讲,时间就停止了。但实际看来不会有这样的事情,这又是为什么呢? 在阿劳中学学习期间,这个问题始终困扰着爱因斯坦。从那时候开始,他十分注意有关光学理论研究方面的书籍,并对这些书籍进行认真的阅读和思考。所以,上大学读书之前,爱因斯坦已经有目的地学习过一些理论物理学知识。但是上述问题的答案,是在他经过 10 年艰苦努力后才找到的,这就是他后来所创立的闻名世界的狭义相对论。

1896 年秋,爱因斯坦以优异的成绩从阿劳中学毕业,拿到了中学毕业文凭,不久他被免试录取到苏黎世联邦工业大学教育系。其实该校教育系是培养物理学和数学教师的,也就是物理——数学系。爱因斯坦从 1896 年 10 月至 1900 年 8 月的 4 年间,一直在这里学习。爱因斯坦像其他刚进大学校门的新生一样,以好奇和强烈的求知欲选修了许多课程,包括数学、解析几何和画法几何、物理学、天文学、投影、康德哲学、经济学、地质学、历史和歌德的著作与世界观等五花八门的课程。但是,不久爱因斯坦就发现把一些乱七八糟的东西塞进自己的脑子里,去应付考试,是一种无法忍受的学习方式。后来他深有感触地说:“大学教育不总是有益的。无论多好的食物强迫吃下去,总有一天会把胃口和肚子搞坏的。纯真的好奇心的火花会渐渐地熄灭。”爱因斯坦开始有选择地去听课。但是爱因斯坦却很少去听他的专业主课物理学和数学。讲授物理学的韦伯教授,尽管是一位杰出的电工学家,但讲授的课程内容陈旧,有许多知识是爱因斯坦早就熟悉的,所以他把大部分时间用于攻读电磁学大师麦克斯韦、玻耳兹曼、赫兹等人的著作,把对物理学的兴趣从普通物理转向理论物理,并对当时理论物理的有争论的前沿问题十分关注,如当时流行在物理学界的以太问题,他苦思冥想很长时间,对充满整个宇宙的看不见、摸不着的神秘物质,总想找个办法证明它的存在和性质。他一连几天在实验室里聚精会神地设计一种测量仪器,用来测量地球与以太的相对速度。仪器倒是设计出来了,当他将图纸送给韦伯教授看时,教授皱起了眉头。韦伯教授是一位实验物理学家,对于理论物理学的抽象思维和概念很不以为然。由于爱因斯坦常常不去听他的讲课,加上爱因斯坦平时不会客气,对他的称呼不像其他同学那样称教授先生而是称韦伯先生。韦伯教授对爱因斯坦这种不礼貌态度早就感到不满,认为这个穿着十分邋遢的青年人过于自负,不听教导,偏离科学的主流思想,向传统物理学理论挑战。现在又发现他在课外想入非非搞这些不务正业的玩意儿十分生气,对爱因斯坦的设计未置可否。他把图纸递给爱因斯坦,不客气地讲:“爱因斯坦先生,你很聪明,可以说聪明绝顶。可惜,你有一个缺点:你不让人教你!”说完起身就走了,从此师生之间关系疏远了。

数学课是由胡尔维茨、闵可夫斯基这样的著名数学家讲授,尤其后者是相对论数学工具的创立者,但是他们的课也没有引起爱因斯坦的兴趣。因为爱因斯坦已经认识到数学领域的高深莫测,分枝太多太细,每一个细小分枝都可能使研究者耗费他的一生,所以,他改变了原来对数学的看法,把主要精力投向理论物理学的学习和研究上。由于爱因斯坦经常旷课,所以一到期末数学考试时就十分焦虑不安。幸好,他的学友马尔塞尔·格罗斯曼对数学有浓厚的兴趣,他总是准时地去听高等数学课,并认真地做好课堂笔记。所以每当考试时格罗斯曼的数学笔记,就成了爱因斯坦的"救命的锚"。考试前借来格罗斯曼的数学笔记突击复习,应付考试倒也管用,不过为了考试而硬着头皮去学习数学是一件很苦恼的事。多年以后,爱因斯坦仍然深有体会地对当时学校这种考试方法评论道:"这种强制使我如此畏缩不前,以至在我通过最后的考试以后整整一年对科学问题的任何思考都感到扫兴。不过我应当指出,我们在瑞士苦于这种窒息真正科学工作的强制,比其他许多地方的大学生要少得多。一共只有两次考试,除此之外,你或多或少可以做你想做的事。谁要是像我这样有一个朋友认真地去听全部课程并仔细地整理讲课的内容,那就更好了……事实上,现在的教学方法还没有把神圣的求知欲完全扼杀掉,这差不多是个奇迹,因为这株脆弱的幼苗,除了需要鼓励之外,首先需要自由——没有自由它将不可避免地会夭折。"有意思的是,从此爱因斯坦与格罗斯曼结下了数学合作之缘,直到后来这种合作关系也没有中断。1900 年,爱因斯坦毕业后苦于长期找不到工作,还是格罗斯曼为他奔走,在伯尔尼专利局为爱因斯坦安排了工作。爱因斯坦在他为广义相对论制作数学工具的时候,也邀请格罗斯曼参加。

爱因斯坦在大学学习期间,利用学校上课的一些自由,形成了一套适合自己兴趣的行之有效的学习方法,这就是他长期以来坚持的自学方法。爱因斯坦为了争取更多自学时间用来学习自己需要的知识,他有目标地筛选学校的课程。对他喜欢的、有新意的课程,每堂课爱因斯坦都以浓厚的兴趣去听;而对一些知识陈旧或偏离自己确立的努力目标的课程,就撇开不上,把时间用来自学理论物理学大师们的专著,因为在这些著作中拥有大量的最新的、革命性的见解,能把这个领域的学习引向深入。爱因斯坦的这种学习态度和学习方法,使他在浩如烟海的科学知识中吸取了许多最新观点和信息,这对他后来破除物理学领域里的传统权威理论的束缚是至关重要的。然而,在那些思想保守的教授们看来,爱因斯坦是离经叛道、胡思乱想、不守规矩的糟糕学生,能否毕业都成问题。有一次,爱因斯坦在实验课上没有按教师规定的程序操作,结果试管爆炸,他的右手受伤,任课教师看到这种情形后,十分无奈地叹气说:"唉,你为什么非要学物理学呢?你为什么不去学医学、法律和语言学呢?"这位教授认为在学校里不能循规蹈矩的学生,将来在物理学领域里是成不了大器的。同样,数学教授闵可夫斯基先生,在自己的课堂上也没有看出来相对论的未来创立者,只是在相对论提出并轰动世界后,他才知道这位物理学大师,原来就是自己教过的那个经常旷课的大学生并惊讶不已。

在大学期间,爱因斯坦虽然与教师关系不太融洽,但他结识了许多志同道合的朋友。当时,苏黎世也像瑞士的其他城市一样,聚集了不同种族的侨民大学生,这些来自不同国度的青年学生,大都是为了逃避本国的专制统治或民族压迫,而来到瑞士这个富有民主自由传统的中立国的。他们无一例外都具有强烈的民主主义思想,他们的政治和科学热情与爱因斯坦的政治理念一拍即合,所以爱因斯坦与许多侨民大学生接近。其中有一位来自奥匈帝国的沉默寡言、举止稳重的塞尔维亚姑娘米列娃,虽然她的才华和相貌在大学生中并不出众,但由于她学的专业也是物理学,对阅读物理学家著作的兴趣,使她与爱因斯坦亲近了。爱因斯坦经常与她交谈阅读名家专著的感想和看法,她能耐心地面对爱因斯坦坐很长时间,听他滔滔不绝地发表自己的宏论,成了他的忠实的听众和朋友。爱因斯坦其他的好友还有前面已经提到的格罗斯曼、路易·科尔罗斯和雅科布·埃拉特,他们的家都住在苏黎世。当时爱因斯坦住在从一位熨衣妇那里租来的房间里,平时在家与这位妇女无话可谈,除了爱因斯坦有时拉拉提琴使这位喜欢音乐的女人快活外,其余时间大多到同学家里做客。有一次,爱因斯坦患了感冒,因外面天气寒冷,没有围巾保暖,他顺手从屋橱取下一块长条桌布围在脖子上,就这样来到了埃拉特家,当埃拉特的母亲看到他脖子上的怪模怪样的围巾时,不禁哈哈大笑起来。

爱因斯坦同朋友们的聚会除了在家里以外,还经常到苏黎世一家名叫“都会”的咖啡馆里。他们每人要一杯热咖啡,边喝边聊,话题从科学到哲学、从艺术到人生,凡是青年人感兴趣的话题,无所不谈。当然谈得最多的还是物理学。在“都会”咖啡馆里,交流和讨论的气氛十分热烈,同学们能了解到许多在学校里学不到的知识和信息。爱因斯坦阅读的恩斯特·马赫的《力学及其发展的历史批判》,就是在这家咖啡馆里从意大利同学贝索那儿搞到的。可以说,爱因斯坦学习马赫的思想是在“咖啡馆大学”里进行的。

马赫是奥地利物理学家和哲学家,在物理学领域里成就卓著。他提出的关于光学、力学和声学的许多重要原理,尤其是被称为“马赫原理”的惯性理论,指出惯性对于孤立的物理实体来说是没有意义的,惯性仅仅是作为一个物体和宇宙中甚至与其相距极为遥远的其他物体之间相互作用函数来应用的。这一理论对爱因斯坦建立相对论有直接的启示作用,所以马赫被爱因斯坦称为“相对论先驱”。在哲学上,他是经验批判主义的创始人之一。尽管在认识论上,他的哲学实质是唯心主义的,但是他在批判科学哲学领域里对当时流行的机械论自然观,发挥了积极的作用。这种机械自然观认为,牛顿力学规律是自然界唯一正确的客观规律,一切现象在本质上都是力学现象。认为物质世界从原子到宇宙,任何物体的所有运动都可以由计算者通过力学规律的公式概括出来。马赫对这种束缚人思想的形而上学观点进行猛烈抨击,强调对世界怀疑态度的独立性和认识的相对性,彻底摒弃对世界认识的机械决定论的观点,采取大胆的怀疑态度,对以往的任何权威提出挑战,这就为相对论和量子力学的建立扫清了思想障碍,从而对20世纪初一大批科学家产生了间接或直接的影响。马赫的经验批判主义思想也直接影响爱因斯坦物理学新思想的形成。

“都会”咖啡馆大学里的同学们读了马赫的《力学及其发展的历史批判》一书后,牢牢掌握了马赫提供的思想批判武器,使咖啡馆里的学术讨论已深入到关键性问题,他们开始向统治物理学界有200年历史的牛顿经典物理学体系发起冲击。贝索用马赫的观点对牛顿绝对时间和绝对空间提出质疑,他激动地说:“牛顿在他的《自然哲学的数学原

爱因斯坦演奏图

理》中说,时间是绝对,空间也是绝对。绝对的意思就是和一切事物都没有关系,既然空间、时间和任何事物都没有关系,你怎么知道空间和时间存在呢?"爱因斯坦进一步指出牛顿机械论自然观的缺陷,他说:"从牛顿到康德都为独立存在于人类之外的神留下存在的空间,牛顿把这个归结为神的意志。康德把神视为先验,而空间与时间的概念又是先验的。一旦躲进了先验的神山,我们的物理学家就无能为力了。要把绝对空间和绝对时间从先验的神山上拉下来,用我们的经验来检验它们!"

后来爱因斯坦在回忆这一时期的学术活动时,对物理学情况做了如下的描述:"当时,在各个细节问题上,虽然成果累累,但在原则问题上僵化教条仍居于统治地位。假如真有所谓'开始'的话,那么一开始是上帝创造了牛顿定律及其必不可少的质量和力,这就是一切,其余的一切,都可以用演绎法根据适当的数学方法推演出来。"在那个时代,几乎所有的物理学家都把古典力学看作是全部物理学,乃至所有其他自然科学的牢固的和最终的基础,这种形而上学的机械自然观,从伽利略、笛卡儿和牛顿开始,到1870年前后达到了顶点,从而主宰了科学领域里的一切,成为理论物理学每个研究工作者的指导思想和行动准则。

19世纪关于以太问题的理论探讨和实验研究,实际上就是物理学家在机械自然观的支配下,把经典电磁学和光学归结到经典力学基础上的持续不断的努力,为此他们挖空心思,千方百计地构造以太机械模型。尽管物理学家这种努力没有得到令人满意的结果,但直到19世纪末,大多数物理学家没有放弃力学基本定律应当是整个理论物理学的基础,每一种物理学都应该归结到经典力学体系上的观念。但到19世纪80年代和90年代,由于麦克斯韦的电磁理论和洛伦兹的电子理论深入发展,使机械自然观陷入矛盾重重的困境,出现了所谓的"物理学危机"。种种迹象显示,整个物理学界新的重大变革的发生是不可避免的。

1897年,实验物理学家测定了电子通过阴极射线的电荷与质量比的关系,也确证了塞曼效应(1896年荷兰物理学家塞曼发现,置于磁场中的光源所发射的光谱线会分裂成频率稍有不同的两条或多条谱线的现象。)理论分析的结果,这样,洛伦兹电子论预言的基本粒子——电子找到了。1900年秋,普朗克又发现了热辐射具有原子和量子结构。理论物理学界这些令人眼花缭乱的新发现和新理论,彻底动摇了牛顿经典物理学体系的基础。这股新思潮也波及学校,当时正在大学读书的爱因斯坦不能不受其影响,他的思想被打上了时代的烙印。他早在阿劳中学读书的时候,就在当时学术界激动不安的情绪感染下,小试身手,写了一篇不够成熟的有关理论物理学前沿问题的论文——《关于磁场以太状态的研究》,提出把光线发送到载流导线附近,用来检测以太弹性变形。在工业大学期间,爱因斯坦把大部分时间消耗在实验室里,迷恋于同经验直接接触,用观察和实验来探讨物理学的主要问题。

后来,爱因斯坦在总结物理学发展的这一转折时期的各种思潮的影响时,对马赫的经验批判主义采取了一分为二的分析方法。他在写给贝索的信中指出:"就马赫而论,我想把他的一般影响和对我的影响区别开来……特别是在《力学》和《热学》中,他总是努力证明概念是怎样来自经验的。他令人信服地采取这样的立场:认为这些概念,甚至是最基本概念,都只能从经验知识中得到它们的根据,它们在逻辑上绝不是必然的……我看他的弱点正在于他或多或少地相信科学仅仅是对经验材料的一种整理;也就是说,在概念的形成中,他们没有辨认出自由构造的元素。在某种意义上他认为理论产生于发现,而不是产生于发明。他甚至走到这样的地步:他不仅把'感觉'作为必须加以研究的唯一材料,而且把感觉本身当作建造实在世界的砖块,因此,他相信他能够克服心理学和物理学之间的差别。只要他把这些想法贯彻到底,他就必然会不仅否定原子论,而且还会否定物理实在这个概念。至于说到马赫对我的发展的影响,的确是很大的。我记得十分清楚,在我学习的最初年代里,你曾使我注意到他的《力学》和《热学》,这两本书给了我深刻的印象。"

爱因斯坦在联邦工业大学4年的学习生活中,从他的心路历程来看,当时他的学习方式已经开始偏离学校的主流方向,这是爱因斯坦不从世俗、不随大流性格的最初表现。他的这种生活方式和学习方式,在当时学校风气比较保守的情况下,不能不影响到师生之间关系,但是,他对这一切不以为然。后来他在《自传》中对这4年的大学生活作了简要的总结:

"1896~1900年在苏黎世工业大学师范系学习。我很快发现,我能成为一个有中等成绩的学生也就该心满意足了。要做一个好学生,必须有能力去很轻松地理解所学习的东西;要心甘情愿地把精力完全集中于人们所教给你的那些东西上,要遵守秩序,把课堂上讲解的东西用笔记下来,然后自觉地做好作业。遗憾的是,我发现这一切特性正是我最为欠缺的。于是我逐渐学会抱着某种负疚的心情自由自在地生活,安排自己去学习那些适合于我的求知欲和兴趣的东西。我以极大的兴趣去听某些课。但我'刷掉了'很多课程,以极大的热忱在家里向理论物理学大师们学习。这样做是好的,并且显著地减轻了我的负疚心情,从而使我心境的平衡终于没有受到剧烈的扰乱。这种广泛的自学不过是原有习惯的继续;有一位塞尔维亚的女同学参加了这件事,她就是米列娃·玛利奇,后来我同她结了婚。我热情而又努力地在 H.F.韦伯教授的物理实验室里工作,盖塞教授关于微分几何的讲授也吸引了我,这是教学艺术的真正杰作,在我后来为建立广义相对论的努力中帮了我很大的忙。不过在这些学习的年代,高等数学并未引起我很大的兴趣。我错误地认为,这是一个有那么多分支的领域,一个人在它的任何一个部分中都很容易消耗掉他的全部精力。而且由于我的无知,我还以为对于一个物理学家来说,只要明晰地掌握了数学基本概念以备应用,也就很够了;而其余的东西,对于物理学家来说,不过是不会有什么结果的枝节问题。这是一个我后来很难过地发现到的错误。我的数学才能显然还不足以使我把中心和基本的内容同那些没有原则重要性的表面部分区分开来。

"在这些学习年代里,我同一个同学马尔塞耳·格罗斯曼建立了真正的友谊。每星期我总同他去一次马特河口的'都会'咖啡店,在那里,我同他不仅谈论学习,也谈论睁着大眼的年轻人所感兴趣的一切。他不是像我这样一种流浪汉和离经叛道的怪人,而是一个浸透了瑞士风格同时又一点也没有丧失掉内心自主性的人。此外,他正好具有许多我所欠缺的才能:敏捷的理解能力,处理任何事情都井井有条。他不仅学习同我们有关的课程,而且学习得如此出色,以致人们看到他的笔记本都自叹不及。在准备考试时他把这些笔记本借给我,这对我来说,就像救命的锚;我怎么也不能设想,要是没有这些笔记本,我将会怎样。

"虽然有了这种不可估量的帮助,尽管摆在我们面前的课程本身都是有意义的,可我仍要花费很大的力气才能基本上学会这些东西。对于像我这样爱好沉思的人来说,大学教育并不总是有益的。无论多好的食物强迫吃下去,总有一天会把胃口和肚子搞坏的。纯真的好奇心的火花会渐渐地熄灭。幸运的是,对我来说,这种智力的低落在我学习年代的幸福结束之后只持续了一年。"

爱因斯坦在大学的学习生活,从他的《自述》中可以看出已经偏离了当时大学教育的传统,学习方式与众不同,但更与众不同的是他的物质生活条件。爱因斯坦在大学读书的时候,正是家境最困难的时期。1896 年爱因斯坦进入联邦工业大学的当年,父亲与叔叔在帕维亚合营的电器工厂又倒闭了。清理债务后,发现家里投入到工厂里的资金,大部分已经赔光了,雅科布叔叔对办企业已经完全丧失信心,他到一家大公司另谋职业,而父亲仍不甘心,决定再回米兰重整旗鼓。爱因斯坦已清楚地看到其中的风险,力劝父亲放弃这个成功希望十分渺茫的计划,然而赫尔曼对晚辈的意见没有理睬。这样,爱因斯坦就不得不为这个处境艰难的家庭操心,他专程到住在德国的另一位叔叔那里,要求他不要再向父亲提供资金的援助,然而,这位叔叔也没有听他的劝告。不久,爱因斯坦父母又迁回米兰,工厂是办起来了,但两年后又重蹈覆辙,不得不关门。这一切使正在大学读书的爱因斯坦十分难过,当时他给妹妹玛雅的一封信中袒露了这种矛盾痛苦的心情:"可怜的父母亲多年没有一刻的幸福之时,我们的不幸使我的心情十分沉重。作为一个成年人而只能消极旁观……对此丝毫也无能为力,这也使我深为苦恼。对亲人来说,我只是一个负担……我不活着,肯定还好受些。年复一年,我不让自己有半点欢乐。靠了这种思想,也就是一种分心的办法,我才得以挨了过来,常常使我不致失望的也一直是这种思想。"

爱因斯坦在大学里过着几近苦行僧的生活,一方面他感到自己已是成年人了,这样是对因仍是家庭的负担而产生对双亲的负疚心理的一种排解;另一方面,父亲的事业屡败不爽,家境十分艰难,已经拿不出一分钱给爱因斯坦了。他在大学读书期间,全部费用都是依靠几位舅舅每月 100 瑞士法郎的接济,这点钱扣除生活费用和房租外,爱因斯坦还要勒紧腰带,每月节约 20 法郎储蓄起来,作为将来加入瑞士国籍的费用,因为加入瑞士国籍需要交纳一笔数量可观的钱财。爱因斯坦在这样的经济条件下读书,生活的艰苦是不言而喻的。他从熨衣妇那里租来的陋室里,除了房东配给的一张桌子、一把椅子和一张床外,当时他的财产就是一把小提琴和到处堆放的书籍。爱因斯坦所谓在家读书就是在这种环境里苦读不辍。当他读书读到头昏眼花、饥肠辘辘的时候,才想到要吃点东西,于是他就到巷子里的一家小饭馆或一家咖啡店里,胡乱地填饱肚子,总之越简单越好,有时他干脆把每日三餐合并为两餐。他这样做是为了节省时间,尽量把时间用到读书上,当然每天少吃一顿饭也是爱因斯坦在经济上的考虑。然而,长期的劳累和饮食不周,使他患上了严重的肠胃功能紊乱的疾病,一直到晚年都困扰着他。

1900 年秋,爱因斯坦通过了毕业考试,并取得了毕业文凭。他的考试成绩按 6 分制:理论物理 5 分;物理实验 5 分;函数论 5.5 分;天文学 5 分;毕业论文 4.5 分;总评成绩 4.91 分,达到优良水平。虽然爱因斯坦大学学业成绩不错,在学校里又有优秀研究者的名声,但由于他的桀骜不驯的性格和独树一帜的学习方式,使他不能融入联邦工大的教育传统主流中,所以他不能指望像格罗斯曼、埃拉特等同学那样留校任教。爱因斯坦不得不离开工大,步入漫长而艰难的求职历程。

为了在瑞士找到一份固定工作,就必须加入瑞士国籍。1902 年 2 月,爱因斯坦花掉了自己多年的全部积蓄,填写了各种表格,回答了有关祖辈的健康和性格的质询,并向当局保证不酗酒后,才获得了瑞士国籍。这位应服现役的适龄新公民,没有被征入伍,因为医生发现他是平足,还有下肢静脉曲张,不符合参加瑞士联邦军队的条件。

爱因斯坦虽然成为正式的瑞士公民,但他的生活处境没有多大改善,仍为失业而苦恼。为了生存,他不得不为几个小钱打短工。他曾在苏黎世联邦观象台做过计算工作。1901 年 5 月间,爱因斯坦又在温特尔城的职业技术学校做了两个月的代课教师。尽管爱因斯坦接到通知书时喜出望外,快乐得"像一只小鸟",高兴地要徒步沿着斯普留本山脉去上任,"以便把接到令人高兴的职务和娱乐结合起来",但高兴得没有多久,1901 年秋,爱因斯坦又失业了。为了生活他又奔波到夏富豪森。因为在这座莱茵河畔的美丽的小城里,他的联邦工大的同学哈比希特就住在那里,在老同学的帮助下,爱因斯坦进了一所私立寄宿中学,为毕业班学生应付考试补习数学。爱因斯坦对这件工作是愉快胜任的,他在教学上破除了那些使他童年曾受其害的陈规陋习,进行了富有创造性的改革,使数学学习变得十分轻松有趣,但是他的教学自主性和创造性引起思想保守的学校总管纽易莎的不满,这样,爱因斯坦又被解雇了。

爱因斯坦再次失业,而且无望在短时期内谋到一个教师的职位,他一时有些惶惑了,也许我的失业与工大留下的阴影有关? 或许是由于自己的出身? 他带着这种困惑,于1902年春,回到意大利米兰市父母那里谋生活出路。4月,他在给格罗斯曼的信中写道:"我已在父母这里住了3个星期,为了从这儿寻找一个大学助教的工作。如果不是韦伯搞阴谋反对我,我早就可以找到工作了。但,不管这个,我决不放过任何一种可能性并且也没有失去幽默感……上帝创造了驴子并且给了它一张厚皮,这使驴子的处境比我有利。"爱因斯坦在失业的贫困和屈辱中从不低头,不向任何人乞求怜悯。他的乐观态度也使生活充满了快乐。但日益破落的家境是不容回避的现实,当时贫病交加的父亲不能不为不幸的家庭和爱因斯坦的前途担忧,他瞒着儿子,给联邦工大奥斯特瓦尔德教授写了一封求情信:

亲爱的教授:

请原谅一个父亲为了他的儿子的事情来打搅您。

……我的儿子目前失业,这使他深感难过。他越来越觉得,他的事业已经失败,再也无可挽回。而最使他沮丧的是,他感到自己是我们的负担,因为我们的境况不好……

这位教授接到这封充满长辈对晚辈一片深情的求助信后,是否回信已无从稽考,但有一点是肯定的,这一切是不会有什么结果的,"因为我原先的教授中没有一个人曾认为我是好样的",然而,不无讽刺意味的是:奥斯特瓦尔德教授本人怎么也没想到,9年之后,就是"这位被认为不是做学问的料子"的爱因斯坦,在日内瓦同他并列站在一起,接受名誉博士学位,并且不为尊者讳,是他第一个提议爱因斯坦为1921年诺贝尔物理学奖的提名人。

爱因斯坦毕业后经过两年的失业生活,备尝人间的艰辛和苦恼,他终身没有治愈的肝炎就是在这个时期患上的。但他的表现一直十分达观而不失幽默感,他没有气馁和失望,对将来从事理论物理学研究的决心始终没有动摇。在他生活最困难的时期,也没有中断对物理学的研究和理论思考,向对他紧闭的科学大门发起一次又一次的冲击。早在1900年12月,他就完成了第一篇关于分子之间相互作用的科学论文,题目为《由毛细血管现象所得到的推论》,发表在莱比锡的权威学术刊物《物理学》杂志上。在温特图尔技术学校代课的两个月中,他在课余时间里,致力于气体动力学理论研究,思考物质相对以太的运动。他给人写信说:"每天上午教完5~6小时的课之后,我依然神清气爽,下午或是去图书馆更进一步自修,或是在家研究一些有趣的问题。"1901年9月,他在夏富豪森私立住宿中学代课,他说:"在这所学校教学活动的头两个月中,我撰写了一篇以气体动力理论为题的博士论文。"

1902年4月,爱因斯坦在写给格罗斯曼的信中对这一段生活做了这样的概括,他在排解因长期失业而萦绕心头的挥之不去的苦闷心情,同时他一刻也没有忘记在科学上的思考和探索,他说:"现在我们这里正是最美妙的春天,整个世界带着如此幸福的微笑在瞧着你,这使你不得不抛弃任何忧郁。此外音乐的聚会也使我免于闷闷不乐。在科学方面——考虑几个美妙的思想,但是它们还需要好好琢磨……"当时爱因斯坦所考虑的"美妙的思想",就是分子引力关系。关于分子引力的问题,他在信中有这样一段话值得我们注意:"感觉到在直接知觉中呈现出是互不相关的诸现象的整个综合体的统一性是多么美妙啊!"爱因斯坦一生中孜孜追求的描述整个宇宙规律的和谐与美妙的统一场论,在其发展的历史轨迹中追根溯源,我们不难发现真正的发端就是在这种居无定所、为挣钱糊口而到处奔波的困难时期。从某种意义上说,1905 年的狭义相对论和 1915 年的广义相对论的发现,正是这一永恒探索的阶段性成果,爱因斯坦在此后近 50 年中,就是沿着这条崎岖道路艰难跋涉的。如果一个人没有对科学的至爱和对真理的追求,如果没有超人的坚强毅力,一切将无从谈起。

1902 年 2 月,爱因斯坦的生活发生了根本转变,这缘于他的好友和后来科学研究的合作伙伴格罗斯曼的帮助,他在伯尔尼瑞士专利局找到一份固定工作。从此,爱因斯坦结束了近两年的游离不定、居无定所的生活。他迁居伯尔尼,并于同年 6 月,受聘为伯尔尼瑞士专利局的试用三级技术员,年薪 3500 瑞士法郎。1904 年 9 月转为正式三级技术员。爱因斯坦后来,对这件事做了较详细的记载:"马尔塞罗·格罗斯曼作为我的朋友给我最大的帮助是这样一件事:在我毕业后大约一年左右,他通过他的父亲把我介绍给瑞士专利局(当时还叫作'精神财产局')局长弗里德里希·哈勒。经过一次详尽的口试之后,哈勒先生把我安置在那儿了。这样,在我最富于创造性活动的 1902~1909 年这几年中,我就不用为生活而操心了。即使完全不提这一点,明确规定技术专利权的工作,对我来说也是一种真正的幸福。它迫使你从事多方面的思考,它对物理的思索也有重大激励作用。总之,对于我这样的人,一种实际工作的职业就是一种绝大的幸福。因为学院生活会把一个年轻人置于这样一种被动的地位:不得不去写大量科学论文——结果是趋于浅薄,这只有那些具有坚强意志的人才能顶得住。然而大多数实际工作却完全不是这样,一个具有普通才能的人就能够完成人们所期待于他的工作。作为一个平民,他的日常生活并不靠特殊的智慧。如果他对科学深感兴趣,他就可以在他的本职工作之外埋头研究他所爱好的问题。他不必担心他的努力会毫无结果。我感谢马尔塞罗·格罗斯曼给我找到这么幸运的职位。"

当时,格罗斯曼在联邦工大刚当助教,尽管他对爱因斯坦的工作焦急,但没有能力在大学里为他找到一席教职。所以他求助于父亲帮忙,由于爱因斯坦与格罗斯曼的长期交往,使老格罗斯曼对爱因斯坦有较深的了解,于是答应帮忙,他找到自己的好友哈勒。哈勒是一位在实践中苦干成才的工程师,为人坦率实在,办事果断,他对老朋友介绍来的人是信得过的,满口答应帮这个忙,不过必须按正常程序通过考核才能录用。

1901 年 12 月 10 日,报纸上登出伯尔尼专利局"征聘启事",爱因斯坦立即赶往伯尔尼,呈交了应聘申请书并接受了面试考核。在局长办公室里,爱因斯坦面对办公桌后面的哈勒局长那双敏锐深邃的目光,心里紧张得怦怦直跳,因为他知道这次考核对他今后人生的重要,决不能丧失这次难得的机会。他的父母希望他过安定的生活,而相处很久并与之订婚的米列娃也期待他有个固定职业,准备日后建立一个新家庭。他自己对专利局工作的专业性质也感到满意,因为技术研究在许多方面对他有帮助。专利局对源源不断送来的各种发明的动力学原理的巧妙设计、工艺、方法的评价和研究,成为日后爱因斯坦从事科学研究的技术基础。

哈勒局长当面交给他几份专利申请书,要求他当场提出意见。爱因斯坦缺乏工程技术的实际知识,搞不懂每一个技术细节问题,这点瞒不过内行的眼睛,但爱因斯坦对新事物、新思想的敏锐反应和做出正确判断的能力,也引起了局长的特别注意,这是从事专利工作的人必备的素质。考核完毕后,哈勒局长与爱因斯坦谈起了物理学,从牛顿谈到麦克斯韦,交谈中虽然哈勒的理论素养不高,但他凭自己长期在专利局积累的辨别真伪的实践经验,洞察出老朋友给他介绍来的这位年轻人没有使他失望,决定录用爱因斯坦。

未来的理论物理学大师终于走上了通向事业辉煌之路的起点。

奥林比亚科学院

1902年2月,爱因斯坦来到伯尔尼,在一栋破旧的小房子里安顿下来。哈勒局长通知他,工作的安排还需要一段时间,待专利局一有空缺,就可以正式上班。在待职期间,可以从事私人授课,赚钱糊口。爱因斯坦接受了局长的忠告,在小报上登载了一则广告:

爱因斯坦毕业于苏黎世工大,讲授物理学,每小时3个法郎。

广告刊登后,招引来的学生却寥寥无几,这使爱因斯坦大失所望。然而令人欣慰的是,在3月底,他结识了一位应广告而来求学的罗马尼亚学生莫里斯·索洛文。他在伯尔尼大学学习哲学、文学、数学、物理学、地质学,还在医学系听课。他对阐明自然界一般观念的理论物理学深感兴趣,所以特地来听爱因斯坦的课。第一次上课,双方就发现他们的观点和兴趣完全一致,由于志同道合,两人的会面接连不断,后来他们干脆以长时间的讨论代替了上课,他们之间的关系很快就超越师生关系而成为朋友。几个星期后,爱因斯坦的联邦工大的同学哈比希特也参加了进来,他来到伯尔尼是为了完成自己的大学学业。这样,爱因斯坦的私人授课就变成了三个青年学生的学习"沙龙",三人一起读书和讨论,进行思想交流。他们通常在工余和课后见面,用爱因斯坦的话说,就是8小时在专利局工作,然后8小时的"悠闲"时间在寓所里自修和研读。他们或在室外散步,或在咖啡馆里聚会,生活丰富多彩,紧张而有趣。

从1902~1905年的3年间,这三个人的小圈子一直团结友爱如初,共同的思想志趣,相互切磋学习,形成了一个坚强的集体。他们给这个小集体取了个名字:"奥林比亚科学院"。"奥林比亚"是他们晚上经常聚会的小咖啡店的名称。

据索洛文回忆:朋友们谈够和吸够烟之后就恭听爱因斯坦演奏小提琴,有时也去散步,在途中继续讨论。他们还在午夜后攀登位于伯尔尼南面的古尔腾山。夜空的星辰把他们的思想吸引到天文学问题上,于是谈话又以新的话题重新开始了。他们在这里待到天明并观看日出。他们看见太阳如何从地平线上冉冉升起,黑压压的隐约可见的阿尔卑斯山的轮廓染上一层迷人的绯红色彩,巨大的山国以深沉的宁静感召着一群新时代精英的灵魂。清晨来临了。几个年轻人走进小饭馆,喝过咖啡,大约9点钟以前才下山,他们疲惫而幸福。有时,他们徒步到20公里外的图恩城去。步行从早上6时持续到中午,他们又置身于阿尔卑斯山脉之中。朋友们谈论着地球的历史、山脉的形成等地质学问题。他们在城里用过午饭,然后在湖畔坐下并度过整个下午,傍晚才乘火车回伯尔尼。这时的爱因斯坦,整个身心都沉浸在深深的思考中,周围一切都视而不见。

索洛文还回忆道,有一次,爱因斯坦的生日那天请大家到他那里吃饭。索洛文和哈比希特带去了他从未品尝过的鱼子酱,这也是爱因斯坦早就想品尝的东西。吃饭之前,大家一直谈着惯性原理的话题。朋友们入席后,爱因斯坦仍滔滔不绝地讲着惯性问题。他把鱼子酱送到嘴里,仍在继续评论:

"牛顿说,物体的惯性是对绝对空间讲的。马赫说,物体的惯性是对遥远的星系讲的。到底谁对呢?"

鱼子酱吃完了,演讲的人停下来,用手在桌子上画了一个大问号。朋友们问他:

"请问爱因斯坦先生,你知道你刚才吃的是什么吗?"

"不知道,是什么东西?"爱因斯坦反问道。

"是鱼子酱。"朋友们齐声告诉爱因斯坦。

"怎么?哎哟,是鱼子酱呀!"爱因斯坦惋惜地叫了起来。沉默片刻后,他又说:

"不必请我这样的家伙尝什么山珍海味,他反正也不知道它的价值。"

朋友们都大笑起来。

"奥林比亚科学院"虽然是年轻人的志愿组合,日常活动丰富多彩,学术空气自由随和,但科学院仍有严格的纪律,作为院长的爱因斯坦不允许任何人无故缺席。有一次,索洛文搞到一张音乐会的入场券,原定当天晚上在他的寓所里聚会,为了去听音乐会,他先把充当晚餐的煮鸡蛋做好,然后在桌子上留下一张便条:"亲爱的朋友们——请吃鸡蛋,并致敬意与歉意!"第二天,爱因斯坦见到索洛文怒气仍然未消,大声呵斥道:"坏蛋!你竟敢为了什么音乐会忽视了科学院会议!外国佬,蠢货!再有这种狂妄行为,你就要被开除了!"

爱因斯坦和他的同伴们,就是在这种自由而欢快的气氛中,一起广泛地研读和讨论了大量的自然科学哲学著作,其中包括:斯宾诺莎的《伦理学》、休谟的《人性论》、马赫的《感觉的分析》和《力学》及他的《力学及其发展的批判历史概论》、彭加勒的《科学与假设》、毕尔生的《科学规范》、安培的《科学的哲学经验》、黎曼的著名演讲稿《论作为几何学基础的假设》,以及亥姆霍茨、戴德金和克利福德的论文,等等。此外,他们还涉猎名家文学作品,在一起读过索福克勒斯的《安提戈涅》、狄更斯的《圣诞节的故事》、塞万提斯的《堂吉诃德》,等等。

对于思想活跃、求知欲特别强烈的青年来说,不论自然科学还是社会科学,乃至文学艺术,都会如饥似渴地博闻强记。他们对新思想、新见解着了迷。他们一连几天对某一页、某一句话进行争论,甚至达到废寝忘食的地步。米列娃从苏黎世搬来之前,爱因斯坦的生活俭朴,经常不做饭,有时三个人为了简单地填饱肚子,午间在一起吃灌肠、干酪、水果,再喝一杯加蜂蜜的茶,就算一顿大餐了。爱因斯坦授课的收入少得可怜,刚够糊口,有时,他开玩笑地说,也许走街串巷演奏小提琴更好些。但清贫生活对这些乐观好学的年轻人算不了什么,当索洛文谈及这几年生活的时候,曾引用过伊壁鸠鲁的名言:"欢乐的贫困是最美好的事。"

后来,"奥林比亚科学院"又陆续增加了新成员,一个是爱因斯坦的同事,意大利人,工程师米盖朗琪罗·贝索,他还是爱因斯坦在阿劳中学读书时的老师的女儿安娜·温德勒的丈夫,还有一个是爱因斯坦的妹妹玛雅的丈夫泡利·温德勒,他也是爱因斯坦在阿劳中学的同窗。贝索于1904年由爱因斯坦介绍进入伯尔尼专利局。两人早在"都会"咖啡馆大学里就成为好友,现在又成为同事,两人过从甚密。贝索在哲学、社会学、医学、数学和物理学方面都有渊博的知识,他与爱因斯坦的学术交流使两人受益匪浅。所以爱因斯坦在《论动体的电动力学》这篇著名的论文的结尾加上这样一句话:

最后,我要声明,在研究这里所讨论的问题时,我曾得到我的朋友和同事贝索的热诚帮助,要感谢他的一些有价值的建议。

他在评价贝索时说,他具有接受新思想和给他们增加某些非常重要的欠缺的线条的惊人能力。而贝索在评价爱因斯坦时说:

这只鹰用自己的双翼把我——麻雀——夹带到辽阔的高空。而在那里,小麻雀又向上飞了些。

"奥林比亚科学院"人数始终不多,存在的时间也不算长,但是在爱因斯坦的科学生涯中所占的地位极其重要。爱因斯坦大学毕业后,又在"奥林比亚科学院"中进行了3年之久的自学进修。在这种独立自主、富有创造性的特殊学术氛围中,没有任何权威和陈规束缚的情况下,爱因斯坦研读了许多名家最新的自然科学与哲学专著,并接受了怀疑的经验论和唯理论的哲学观念。这一切为他在物理学领域进行革命性变革,做了思想上和学术上的充分准备。这一时期是爱因斯坦学术交流最频繁、思想最活跃、科研成果最多的时期。他在"奥林比亚科学院"期间,创立了具有划时代意义的理论物理学研究成果——狭义相对论并非偶然。爱因斯坦直到晚年还留恋这段峥嵘而美好的时光。1953年,他写信给索洛文:

致不朽的"奥林比亚科学院":

你在自己的短暂生涯中,曾以孩子般的喜悦,在一切明朗而有理性的东西中寻找乐趣。我们创立了你,为的是要同你的那些傲慢的老大姐们开玩笑。多年细心的观察使我确信,我们是多么正确啊!

我们全部三个成员都表现得坚忍不拔。虽然现在都已经有点老态龙钟,可是你那纯朴天真的、朝气焕发的光芒至今仍照耀着我们孤寂的人生道路,因为你并没有同他们一起衰老,而却像莴苣根那样盛发繁茂。

我永远忠诚于你,热爱你,直到学术生命的最后一刻。

现在仅仅是通讯院士的 A.E.

普林斯顿 3.Ⅳ.53.

信中所指的"傲慢的老大姐",是对当时传统的学院式的学术环境和保守的理论权威的拟人化。"奥林比亚科学院"的年轻人对当时物理学界沉闷迂腐的学术空气所开的玩笑,就是要冲破经典物理学的思想樊篱,以怀疑的经验论和唯理论为思想武器,向一切旧的保守顽固势力挑战。

"奥林比亚科学院",是诞生相对论的摇篮。

1902 年 6 月 16 日,爱因斯坦正式得到伯尔尼专利局的任命,从此直到 1909 年 10 月,爱因斯坦在专利局工作了 7 年多。尽管他是应聘二级工程师,结果降为三级,实际上就是技术审查员,年薪仅 3500 百法郎。爱因斯坦对这一切已经感到很满足了,因为他有了固定的职业,不必再为生计操心了,并且在工作之余可以专心致志地研究他喜爱的物理学了。爱因斯坦在克拉姆胡同 49 号租了一套便宜的住房,考虑成家的问题。在这之前爱因斯坦就有和米列娃结婚的打算,两人相处几年了,但爱因斯坦的双亲极力反对这门亲事,因为米列娃是塞尔维亚的东正教徒,按照犹太教教义规定,犹太人不能与基督教徒结婚,但没有宗教意识的爱因斯坦根本不在乎这些,为此与母亲闹得不和,他母亲始终都不喜欢米列娃。1902 年,爱因斯坦的父亲患了心脏病,并于同年 10 月 10 日病故。父亲在临终前终于同意了儿子的婚事。

1903 年 1 月 6 日,爱因斯坦与米列娃在伯尔尼结婚。婚礼十分朴素简单,证婚人是科学院的伙伴索洛文和哈比希特。喜宴结束后,爱因斯坦带着新娘回克拉姆胡同的新家,走到家门口才发现忘记带钥匙了。爱因斯坦只好让新娘站在门口,自己去找钥匙。米列娃早就知道爱因斯坦有忘带钥匙的老毛病,在苏黎世读工大的时候,爱因斯坦的邻居就经常听到他深更半夜站在门口,压低嗓音向门缝里喊:"房东太太! 我是爱因斯坦! 对不起,我又忘记带钥匙了!"

一年多后,米列娃生下一个儿子,起名叫汉斯·阿尔伯特。儿子出生后,给爱因斯坦带来了不少的欢乐,但也带来了额外的负担。家庭开销的增加并没有对爱因斯坦带来多大影响,因为他对生活要求不高,再苦的日子也过得去。当 1906 年爱因斯坦晋升为二级技术员,年薪提高到 4500 法郎时,他一时不知怎么办,竟然说:"拿这么多钱干什么用呢?"家庭给爱因斯坦带来的真正的负担就是他的工作为孩子所累。从此以后,这位年轻的父亲左手抱着儿子,右手在纸上做着计算,在孩子的哭叫声和自己哄孩子的"嗯嗯"声中,进行着科学研究。在街上经常有人看到这位专利局的小职员,推着婴儿车沿着马路若有所思地慢慢迈着步子,每走十几步就停下来,从上衣口袋里拿出纸片和铅笔,写下几行数字和公式,然后低头看一眼睡着的儿子,抬头看一看钟楼上的那座大时钟,又向前走去。时间到了,已经尽到了做父亲的职责。于是他转身返回克拉姆胡同,把儿子交给米列娃,自己就钻进书房里做他未完成的计算了。

爱因斯坦结婚后家庭负担重了,但"科学院"的聚会从没有因此间断过。大家在爱因斯坦家里学习和讨论时,米列娃总是礼貌地坐在一边,专心默默地听他们激烈的争论。

由于专业方向和爱好的不一致，爱因斯坦所研究的理论物理学领域，离米列娃越来越远了。另外米列娃作为生活型的现代妇女，因为性格和志趣的原因，对爱因斯坦经常在外郊游、野餐或在家里举行各种聚会也不合心意，久而久之，就心存芥蒂。后来，米列娃患上骨结核和严重的神经衰弱，在慢性病的长期折磨下，她的病态的猜忌心理与日俱增，脾气越来越暴躁。爱因斯坦的慢性子和对家事的漫不经心的态度，使米列娃越来越反感。他们之间的感情开始疏远了，在伯尔尼期间，他们的不合还没有达到以公开尖锐的形式表现出来的程度，也没有影响到他们之间的正常生活和工作。

爱因斯坦每天早晨从克拉姆胡同步行到专利局，爬上4楼到86号办公室里，开始一天8小时的工作。他不像专利局的其他工程师那样，把椅子往后一仰，双腿跷到桌子上，悠闲自在地审查着各种发明的图纸。爱因斯坦不习惯那样的做法，他工作就像工作的样子，他喜欢伏案紧张工作。

当时，正值世界兴起以电力的应用为特征的第二次科技革命的时代，生产力突飞猛进地向前发展，同时也激发了人们的发明欲望，专业的、业余的发明家，工人和大学生，都在开动脑筋搞各种发明设计，以获得专利权。每天呈报上来的各种新发明的图纸有一大堆，但大部分都是细枝末节的小玩意儿。

爱因斯坦以锐利的目光审视一件件新发明的图纸，用他物理学知识的深厚功底和灵敏的直觉，选出那些有价值的新颖发明，一针见血地提出意见，写出准确的鉴定书，然后归档。至于那些异想天开制造所谓永动机的荒唐玩意儿，不值得在那上面浪费时间，而抛到一边。这样，爱因斯坦一天的工作，用半天就完成了。后面要干的就是自己的物理学研究。他像往常一样，拿出资料卡片，埋头于物理学的计算中，他迅速地写出一行行数字和一个个公式。一张纸片很快就写满了，一张张地写下去，很快就堆成一叠。专利局规定上班时间不准搞个人副业，爱因斯坦偷闲研究物理学是违反行政纪律的，所以他在眼睛盯着卡片的同时，耳朵还要听着门外，一有局长走来的脚步声，他就急忙地将卡片藏到抽屉里。

下班后，回到家里继续在班上的物理难题的探讨。他在以太、原子、光量子、时间和空间等困惑物理学家多年的概念中，迂回曲折、周而复始地上下求索。在伯尔尼的岁月里，有多少次在理论谜团中奋力拼搏，似乎已经接近成功的大门，但因一个难题没有解决而重新坠入黑暗中。经过彻夜不眠、殚精竭虑的苦思后，第二天他会轻声告诉"奥林比克科学院"的同伴们："以大问题的大门仍没有打开。"在下班路上，他拖着疲惫的脚步对贝索说："不行，不行！一切都是错误的，徒劳无用！"这意味着几天或几个月的辛勤劳动白费了，一切还要重新开始。这需要多大的决心和毅力啊！没有锲而不舍的科学钻研和献身精神，是不能坚持到底的。

在19世纪和20世纪之交，探讨物理学前沿问题的不仅有爱因斯坦，还有世界各国的学识渊博、声名赫赫的大科学家。他们都以各自的路径和方式向这些诱人的理论堡垒进行冲击。事实上，这场已经发生的物理学革命是一次物理学家的智力和思想素质的竞赛。有的人已开始走在研究领域的前面，但没有摆脱传统思想的束缚，多年来在原地踏步不前。普朗克早在 1900 年就提出光学理论中光量子说，认为它的数值取决于基本作用量 h——"普朗克常数"。但这一发现与传统的光学波动理论不相容，他就再没有向前迈出一步。另外，普朗克还通过分析热辐射，探索热学和电磁学之间的联系，将物理学中这两个领域的彼此不相矛盾地统一起来。在研究过程中又发现了某些辐射的不连续的量子特性。光量子理论已经在普朗克那里成熟到呼之欲出的地步，但由于普朗克学术思想的保守性，当他发现光量子理论无法纳入经典物理学体系中的时候，他不能突破经典物理学所设定的界限，而是煞费苦心地寻求一种方法和途径把自己的新发现与经典理论调和起来，没能迈出最后的一步，与该理论的创立失之交臂。

英国物理学家彭加勒早在 1900 年以前，就掌握了建造相对论的必需材料，已经提出类似狭义相对论的两个基本原理，但他并认识到牛顿的绝对时空观必须改革。他发表的《时间的测量》一文中，提出了光速不变的假设，甚至惊人地预见了新力学的未来图景："在这个全新的力学内，惯性随速度而增加，光速会变为不可逾越的极限。原来比较简单的力学依然保持为一级近似，因为它对不太大的速度还是正确的，以致在新力学中还能够发现旧物理学。"彭加勒早在爱因斯坦之前，使狭义相对论发展到水到渠成的程度，但是他最终没有迈出最后一步。究其原因，彭加勒和普朗克一样，遵循传统的机械论的自然观，当一系列新实验的结果与经典力学基本观念发生矛盾的时候，他不是积极地谋求变革经典理论的框架，而是力图把新事实纳入旧框架之中。

就在这时，一名默默无闻的伯尔尼专利局的小职员——爱因斯坦，既没有名师的指引，也没有在大学和研究机构里占一席之地，甚至连起码必备的图书资料都没有，完全利用业余时间进行理论研究。他游离到当时物理学研究的主流之外，不敬畏任何权威，不因袭陈腐的教条，独辟蹊径，出人意料地在物理学的光电效应理论、布朗运动理论和狭义相对论等三个未知领域里，齐头并进，都取得了重大突破，最终捷足先登辉煌的顶点。从 1905 年 3 月到 9 月的短短 6 个月内，爱因斯坦连续发表了 5 篇论文，这在科学史上不能不说是一个奇迹。

爱因斯坦之所以独具慧眼，取得如此辉煌的成就，其根本原因除了他勤奋地学习和掌握了理论物理学的最新研究成果之外，就是他在"奥林比亚科学院"期间研读了马赫和休谟等人的批判的经验论哲学著作，掌握了科学批判的锐利武器。

休谟是 18 世纪英国最著名的怀疑经验论的哲学家之一。他认为，人们的一切观念都来自感觉，我们的一切知识都起源于经验。在他看来宗教迷信和独断论的形而上学，应该统统加以怀疑。他旗帜鲜明地指出："在人生的各种事情上，我们还是应当一概保持怀疑的态度。"休谟的怀疑的经验论思潮，在 18 世纪激励了康德批判哲学的形成，在哲学领域掀起了一场"哥白尼式的革命"。20 世纪初这股思潮又促使爱因斯坦在物理学领域里掀起一场同样的革命。而马赫这位 19 世纪的奥地利物理学家、哲学家对爱因斯坦的影响，就是使他依据马赫的经验批判主义哲学，"把那些从经验领域里排除出去，而放到虚无缥缈的先验的顶峰上去的基本观念，一个个地从柏拉图的奥林帕斯天堂拖下来，揭露出它们的世俗血统，再把这些观念从强加给它们的禁忌中解放出来"。所以爱因斯坦在评价这两位怀疑的经验论哲学家对自己的影响时指出："至于说到马赫对我的发展的影响，的确是很大的……就我所意识到的来说，休谟对我的直接影响还要大些。"

爱因斯坦阅读大量的批判性科学哲学著作，并不是兼收并蓄，而是以批判态度吸其精华，去其糟粕。他对怀疑的经验论的狭隘性，即只承认感觉和经验，轻视和排斥理性思维的作用的缺陷作了扬弃。所以爱因斯坦利用怀疑的经验论作为武器批判机械自然观的同时，他又吸取了荷兰的唯理论哲学家斯宾诺莎的观点，即肯定人的理性思维的作用。斯宾诺莎认为，理性认识能够求得对自然界的统一性和规律性的理解。爱因斯坦很赞赏这一观点，他说："我始终是这位哲学家及其教导的诚挚的赞美者。"怀疑的经验论和唯理论在爱因斯坦那里经过结合和改造，成为他认识世界和改造世界的世界观和方法论，爱因斯坦与同时代的其他科学家相比，在认识论和方法论上得天独厚。这一切表明，他在向传统经典物理学冲击的时候，已经拥有了一个哲学批判的头脑，因此站得高，看得远，并且高屋建瓴地对物理学"理论基础作批判思考"，以便弄清"鞋子究竟是哪里夹脚的"。

从 1905 年爱因斯坦发表的 5 篇论文的先后顺序来看，无疑是当年 3 月最先发表的《关于光的产生和转化的一个启示性观点》一文。在以后的几年中，他还发表了几篇有关光量子学说的论文。

爱因斯坦在光量子理论中，以普朗克 1900 年提出的假设为基础，认为在热辐射过程中，能量的释放和吸收都是以不连续方式进行的；能量的最小数值叫"量子"，它的数值取决于基本作用量 h——"普朗克常数"。每次放出和吸收的辐射能都是这个数值的整数倍。爱因斯坦以他最少保守的思想，大胆地向各种权威和因袭的教条挑战。大大发展了普朗克的思想，在他停步的地方，勇敢地向前迈出决定性的一步，认为光虽然在空间传播是连续的波动现象，但光能集中于特定地点，产生物理作用，所以光具有不连续的粒子特性，即"光子"。从而揭示了光的"波粒二象性"的本质。

爱因斯坦的光量子学说，以最简练的方式成功地阐明了 19 世纪末发现的"光电效应"。这种效应的基础，是光与电子之间进行能量交换，这就是为什么光束照到金属板上，能从金属表面打出电子的原因。而打出电子的多少不取决于光照强弱，因为光的强弱只说明射出光量子的多少；它取决于光的频率，频率越高，光量子能量越大，打出的电子就越多。由于光量子理论的提出成功地解释了"光电效应"，因此爱因斯坦荣获了 1921 年诺贝尔物理学奖。

在爱因斯坦光量子理论的启示下，法国物理学家德布罗意把这一理论推广到一切物质粒子领域中，即认为一切物质粒子都具有波粒二象性，并在 1924 年提出物质波理论，几年后实验物理学家证实了物质波的存在。奥地利物理学家薛定谔在此基础上建立了描述支配微观亚原子粒子运动状态和规律的波动方程式，并很快被证明是正确的。随后，在一些杰出物理学家，如普朗克、玻尔、玻恩、海森堡、泡利和狄拉克等人的共同努力下，最后形成了正确反映微观世界的物理性质和规律的理论体系——量子力学。薛定谔的波动方程是量子力学的基本方程，而爱因斯坦的光量子理论则为这一理论体系的建立，发挥了革命性的开拓作用。光量子理论对现代物理学的发展具有划时代的意义。

同年 4 月和 5 月，爱因斯坦发表了《分子热运动所要求的平静液体中悬浮粒子的运动》和《分子大小的新测定法》两篇论文。前者用统计方法分析原子、分子运动问题以及运动与热之间的关系，把概率作为热力学和数学的演算基础，并在统计力学研究中有许多重要发现。爱因斯坦用研究分子运动的成果和方法，揭开 1827 年英国植物学家布朗发现的微小花粉粒子在水中的不规则运动，即布朗运动的奥秘。爱因斯坦用统计学和力学相结合的方法，论证了悬浮粒子的运动速度及其颗粒的大小与液体的黏滞系数之间，存在着可用实验检验的数量关系。认为布朗运动是液体分子运动的表征，并且做出数学表述，科学地解释了布朗运动，为尚处在争论阶段的原子论的正确性提供了证据。1908 年法国物理学家皮兰通过试验，证实了"布朗运动的爱因斯坦定律"。他因此项工作荣获了 1926 年诺贝尔物理学奖。

爱因斯坦在《分子大小新测定法》一文中，提出测定分子体积的方法，并且运用他推导出来的布朗运动的计算公式，精确地数出分子的数目，取代了过去人们使用奥地利物理学家格斯米德发明的近似法。爱因斯坦以这篇论文获得苏黎世大学博士学位。

1905 年 6 月，爱因斯坦在德国权威性的学术刊物《物理学年鉴》上发表了长达 30 页的论文——《论动体的电动力学》。这篇论文宣告了狭义相对论的创立。9 月，他还是在这个杂志上发表了《物体的惯性同它所包含的能量有关吗?》一文，对上文做了重要补充。这两篇论文从根本上否定了牛顿力学的绝对时空观，引起了时空观念的革命，也带来了整个物理学的革命，对 20 世纪的人类生活产生了深远影响。他还揭示了作为物质存在形式的时间和空间在本质上的统一性，从而揭示了力学运动和电磁运动在运动学上的统一性，提出关于物体的质量与能量的相当性的推论，并得出著名的质能关系式：$E = mc^2$，这一切成为不久以后发展起来的原子核物理学和粒子物理学的基础，并且在理论上预示了人类原子能时代的必然到来。

19 世纪末，统治物理学领域的牛顿力学中的以太理论遇到了麻烦。1877 年，美国物理学家迈克尔逊和莫雷两人通过实验证实，对光"以太"的存在产生怀疑。根据牛顿力学机械论观点，如果光沿着地球运动的方向和与地球垂直方向传播，由于受到"以太"的影响，速度应该不同，但试验结果证实，光无论沿着哪个方向传播，速度都一样。这就使"以太"说从根本上发生了动摇，这也必然波及牛顿力学的另两根支柱，即绝对时间和绝对空间的地位，使经典力学发生了危机。为了力挽经典物理学的大厦于即倾，许多科学家不是大胆地突破旧理论框架，而是提出各种假说进行修补和维护。荷兰物理学家洛伦兹提出所谓"收缩假说"，并导出从"以太"参考系的时空坐标到运动参考系的时空坐标的变换关系，即"洛伦兹变换"。这个假说已经走到新理论体系的边缘，但洛伦兹最终没有从牛顿绝对时空观中摆脱出来。这种情况正如爱因斯坦指出的那样："当时物理学在各个细节上虽然已经取得了丰硕的成果，但在原则问题上居统治地位的是教条式的顽固。"

然而，具有批判头脑的爱因斯坦，虽然尊重牛顿力学在宏观低速运动物体上所取得的辉煌成就，但他并不盲目崇拜，墨守成规，认为理论不应当同实验相矛盾，如果两者产生矛盾，应该用事实证实理论、发展理论。他大胆突破牛顿经典力学的框架，勇于创新，把分析绝对时间和绝对空间作为突破口。他首先根据迈克尔逊关于地球运动不影响光速的实验结果，把"以太"假说从物理学领域清除出去，取而代之电磁波理论，从而建立了"无'以太'物理学"，这是爱因斯坦相对论研究取得的第一个成果。其次，既然光速不变，光速有限，那么，同时性概念就不是绝对的，时间和空间也就是相对的，而相对时空观中自然就没有牛顿绝对运动的藏身之地。这样，爱因斯坦提出两个基本原理：相对性原理和光速不变原理。相对性原理认为，物理学定律在所有惯性系中是相同的，不存在一种特殊的惯性系。光速不变原理认为，在所有的惯性系中，真空中的光速具有相同的值，并把它纳入自然常数。

根据这两个相对性原理，爱因斯坦利用洛伦兹变换和麦克斯韦方程得出两个所谓"佯谬"：一个是快速运动着的尺子，它与静止状态相比，在运动方向上长度缩短；另一个是快速运动的参考系中的钟，与静止参考系中的钟相比，它走慢了，即时间的"膨胀"。

爱因斯坦的相对论在提出两个"佯谬"的同时，又得出两个结论：第一个结论是质量与运动的辩证关系，即物质随运动速度的增加而质量变大，达到光速时就变成无穷大。1901 年物理学家在进行高速运动的电子试验时，证明了电子质量随着速度增加而变大。第二个结论是质量与能量的辩证关系，即质量与能量的等价原理，并且导出质能关系式 $E = mc^2$，质能相互转换。在《论动体电动力学》发表不久，爱因斯坦写给哈比希特的信中说："我还在琢磨有关电动力学研究的结论，根据相对论原理连同麦克斯韦方程的要求，就可以用质量直接度量物体所含的能量；光可以转化为质量。铀元素必然会产生质量显著减少现象。"爱因斯坦的质能等价原理，使长期以来彼此分立的质量守恒和能量守恒定律，合并为一条定律，即对于一个闭合物质系来说，质量和能量的总和在所有过程中不变。

1905 年爱因斯坦的相对论宣告了机械自然观的彻底破产，这是自然科学发展史上的一场重大革命，也是唯物辩证法在物理学领域中的一次伟大胜利。它深刻地改变了人类对物质世界的认识和理解，并成为现代物理学的理论支柱之一。相对论所产生的划时代意义正如著名物理学家普朗克在一次演说中所指出的："爱因斯坦时空观的勇敢精神，的确超乎自然科学研究和哲学认识论上至今所取得的一切大胆成果。"

狭义相对论的发表，虽然在理论物理学界引发了巨大震动，开始了 20 世纪初物理学的第三次革命。但是作为相对论的创始人爱因斯坦的工作和生活始终没有任何变化，他仍然生活在平民的圈子里。他作为伯尔尼专利局的一名小职员照常上下班，然后回到家里听米列娃越来越厉害的絮叨和抱怨，生煤炉子或带孩子到河边散步，日子像河水那样静静地、单调地流逝。已经打开现代物理学大门的爱因斯坦，正要大展身手的时候，而自己面对无法改变的生活现实，却一筹莫展。就在狭义相对论发表后不久，爱因斯坦在写给索洛文的信中满腹牢骚地说："……我快不能动弹了，无所建树，似乎到了只能对年轻人的革命精神发牢骚的年纪了。"当年，爱因斯坦只有 26 岁。

有一次，普朗克的学生劳厄特地慕名赶到专利局拜访爱因斯坦。他回忆道：在空荡荡的走廊里他遇见一位身穿格子衬衫，领子半竖半躺着，头发乱得像一团草的人，正在来回踱步。年轻人问他："爱因斯坦博士在哪里办公？"那位梦游般的先生似乎半天才领悟到这句话的含义，不好意思地说："对不起，本人就是。"劳厄惊讶了，在他心目中的相对论创立人不应该是这个样子。

还有一次，另一位学者劳布到伯尔尼拜会爱因斯坦，遇到的场面更使人尴尬。当时，爱因斯坦正跪在自家的地上点煤炉子，看到劳布进来，他摊开两只乌黑的双手，不无幽默地说："你看，我和人谈热辐射，可是这倒霉的炉子，怎么也辐射不出热来。"

更使爱因斯坦感到难过的是，1905年就在他的科学事业发展如日中天的时候，他的伙伴哈比希特和索洛文先后离开了伯尔尼，富有创造性的"奥林比亚科学院"结束了辉煌的日子，他陷入长期的伤感和孤独中。1906年5月，他写给索洛文的信中说："你去后，我再没有同什么人交往，甚至同贝索在回家途中惯常的谈话也中止了。"

尽管，1906年4月专利局将爱因斯坦晋升为二级技术员，年薪提高到4500法郎，物质生活有了改善，但他仍然不安于这种生活。要改变自己目前的生活状况，摆在爱因斯坦面前的唯一选择就是申请大学"编外讲师"职位，然后再按规定一步一步地取得教授的职位。但编外讲师没有薪金，唯一的收入就是听课学生付给的很少一点听课费，这是拉家带口的爱因斯坦迟迟不能下决心到大学任教的原因。

1907年爱因斯坦终于决定，在兼职专利局工作的同时，向大学提出了"编外讲师"的申请。1908年2月，伯尔尼大学接受了爱因斯坦的申请，承认他的学术地位并授予大学授课资格，这样，一直游离在大学圈外的爱因斯坦终于成为圈内的一员。这时，爱因斯坦的过于超前的学术成就也慢慢被学界普遍接受。1909年7月，爱因斯坦第一次获得学术荣誉——日内瓦大学名誉博士学位，并被邀请出席这所加尔文创办的古老学府的350周年校庆。9月他又赴萨尔斯堡参加"德国自然科学家和医生协会"第81届年会，第一次与学术同行相聚，就在这次会议期间与量子力学之父普朗克教授见面。10月，苏黎世大学聘任爱因斯坦为该校物理学副教授。10月22日，爱因斯坦告别了生活7年的伯尔尼和一起共事的贝索及哈勒局长，带全家迁往苏黎世，定居在穆桑街12号。

1910年布拉格大学聘任爱因斯坦为理论物理学教授，全家又从苏黎世迁到布拉格。但1912年10月，爱因斯坦又被母校——苏黎世工业大学聘为物理学教授，这样，爱因斯坦的全家又从布拉格回到苏黎世。家庭的不断搬迁，再加上米列娃对丈夫的工作不理解，他们之间的关系越来越紧张了。1913年7月，爱因斯坦当选为普鲁士皇家科学院院士，同年在普朗克的推荐和邀请下出任新成立的威廉皇帝物理研究所所长和柏林大学教授。1914年4月，爱因斯坦迁居柏林，并且在那里一直定居到1932年12月。这一次迁居，米列娃没有跟随，他们之间紧张的关系公开化，最终导致家庭的彻底破裂。

优美的纪念碑

爱因斯坦离开伯尔尼来到苏黎世后，开始了真正繁忙的职业学术活动。爱因斯坦是编外副教授,薪金比编内副教授低得多,他在联邦工大的年薪也是4500法郎,和专利局一样,但是,副教授的头衔却要有副教授的花费。这样,手头的拮据,使米列娃不得不在家里安排几个学生住宿,用其所得贴补家用。尽管爱因斯坦的经济生活比较困难,如他对朋友开玩笑时所说的那样:"在我的相对论中,空间的每一点,我都放上一只表,可是在生活中,连自己口袋里放一只表,我都办不到。"但对于这位过去一直从事业余科研活动的专利局小职员来说,在大学工作真是如鱼得水,爱因斯坦认为他在苏黎世这段生活是美好的。

爱因斯坦为每天安排的授课而忙碌着。他在大学讲坛上的讲课与众不同。汉斯·坦奈在这期间听过爱因斯坦授课,对他特有的授课方式印象很深。他回忆道:"当爱因斯坦身着半旧上衣,下穿过短的长裤登上讲坛的时候,我们发现他胸前挂着一条铁制表链,我们对新教授不免心存怀疑。但他一开口讲话,就以其独特的讲授方式征服了我们变冷的心。爱因斯坦讲课时用的讲稿是一个如名片大小的笔记本。上面写明他在课上想要阐述的各个问题。可见,爱因斯坦讲课的内容都是来自个人的脑海,我们也就成为思维活动的目击者了。像这样的方法对大学生来说更有吸引力,虽然我们习惯风格严谨的四平八稳的讲课,这些讲课刚开始吸引过我们,但在老师和学生中间却留下一种隔阂感。而在这里,我们亲自看到科学的成果是通过什么样的独创方法产生的。课后我们觉得,我们自己似乎也能讲课了。"

更令人难忘的是爱因斯坦主持的每周一次的别具一格的物理讨论课,这是他与同学之间亲密随和关系的最突出的表现。坦奈写道:"爱因斯坦常挽着学生的手,用最亲密无间的方式来讨论未弄清楚的问题。课后,讨论余兴未尽的爱因斯坦就会问道:'谁陪我上塔拉斯咖啡馆?'在那里他们继续讨论,经常从物理学问题和数学问题转向各种不同的科学问题和生活问题。有一次,天色已晚,到了苏黎世所谓的'警察时间',咖啡馆关门了,爱因斯坦把两名学生带回家,让他们读普朗克新近发表的两篇论文,要他们找出其中的错误,而自己走出房间给他们煮咖啡。当咖啡煮好后,错误还是没找出来。爱因斯坦指着错误说,错误是纯数学上的,并不影响物理学上的结论。就此,爱因斯坦兴致勃勃地阐述了自己对数学方法和物理理论的见解。

爱因斯坦繁忙的学术活动除了例行课堂授课和参加各种学术会议外,余下的时间全部投入到科学研究上。1905年爱因斯坦创立狭义相对论后,在人们对20世纪这一革命性理论的一片赞扬声中,爱因斯坦却保持着清醒的头脑,他一刻也没有停止过对这一理论的再思考。这是爱因斯坦在大学工作的另一面,在课余时间里表现出他往日的深沉和孤独,常常独自一人陷入深深的思考之中。普朗克回忆说,有一次,他约爱因斯坦一起去参观波茨坦天文台。他们说好在指定时间在一座桥上会面。普朗克正巧有些琐事,担心不能准时到达。

爱因斯坦说:"没关系,我在桥上等你就是了。"

"不过这回耽误您的时间了。"普朗克不安地说。

"一点也不!我不论在什么地方都可以做我的事。难道我在桥上考虑问题会比在家里少吗？这不可能。"爱因斯坦有他自己的道理，他养成了随时随地思考问题的习惯。

1907年开始，爱因斯坦研究工作已经进入一个新的阶段，他全力以赴地创立广义相对论。因为狭义相对论有使他无法满意的两个内在缺陷：一是狭义相对论必须保留惯性系的优越地位，即只在匀速直线运动范围内有效；二是不可能以自然的方式把引力理论同狭义相对论联结起来，即把引力质量与惯性质量等同起来。爱因斯坦在解决狭义相对论内在缺陷的过程中，经过长期艰苦的思考，他从一个既平凡又不被人注意的经验事实中，发现其中所包含的深刻物理意义。他在《相对论发展简述》一文中写道："在引力场里，一切物体都以同一加速度下落，或者说——这不过是同一事实的另一种讲法——物质的引力质量同惯性质量在数值上是彼此相等的。这种数值上的相等，暗示着性质上的相同。"引力与惯性能够是同一的吗？这个问题直接导致广义相对论的建立。爱因斯坦依靠他独特的哲学领悟和物理直觉，就在当年发表了一篇极为重要的论文《关于相对论原理和由此得出的结论》。

在这篇论文中，爱因斯坦总结了狭义相对论的思想内容及其内在缺陷，提出了广义相对论的两条基本原理，即广义相对性原理和等效原理。他写道："是否可以设想，相对性运动原理对于相互相对做加速运动的参考系也仍然成立……我们在下面将假设，引力场同参照系的相当的加速度在物理上完全等价。"这一断言就是广义相对论的起点。这中间的发展过程表现出爱因斯坦思想方法的特征，他创立狭义相对论是从消除存在于麦克斯韦电动力学理论中的一个相对以太静止的优越参考系这一内在缺陷入手，成功地打破了相对于以太静止的参考系的优越地位，但却不能不保留惯性参考系的优越地位，从而满足不了爱因斯坦的更基本的要求："物理学的定律必须具有这样的性质，它们对于无论哪种方式运动着的参考系都是成立的。"不存在任何优越的参考系，这就是爱因斯坦创立广义相对论的出发点，也是他毕生的科学信念。

爱因斯坦考虑将引力自然地引进相对论的理论框架里，探索引力的结构和实质，寻求从根本上解决引力问题的途径。然而，他发现在传统物理学体系中使用欧几里得几何学这个数学工具，在建立广义相对论的过程中已不适用了，因为当引力场存在时，几何学就不是欧几里得几何学。由此看来，要解决引力问题，必须从非欧几何中找到一个合适的数学量来描述引力场。幸好，爱因斯坦对高斯的曲面论很熟悉，因为他在工大学习时对微分几何很感兴趣，他后来回忆道："盖塞教授关于微分几何的讲授吸引了我，这是教学艺术的真正杰作，在我后来为建立广义相对论的努力中帮了很大的忙。"经过长期艰苦的探索，爱因斯坦终于发现："高斯的曲面论与广义相对论间最重要的接触点就在于度规的性质，这些性质是建立两种理论概念的主要基础。"度规就是他寻找多年的描述引力场的数学量。这样，爱因斯坦把两个先前完全不相干的课题——度规和引力融为一体。将"引力问题归结为一个纯数学的问题了"。下一步的关键问题就是建立引力场的微分方程。为了解决这一难题，他的老同学格罗斯曼再次向他提供帮助。格罗斯曼这位数学教授在文献资料中找到了四维空间非欧几何学和张量分析，为广义相对论提供了适宜的数学工具。

1913年，两人合作发表了《广义相对论和引力理论纲要》。这篇重要论文分两部分，物理学部分由爱因斯坦执笔，数学部分由格罗斯曼执笔，这是把爱因斯坦深刻的物理思想与同它相适应的数学方法巧妙地结合在一起的典范。爱因斯坦高度评价格罗斯曼在建立广义相对论过程中的作用，他在《广义相对论的基础》一文中赞扬道："他不仅代替我研究了有关的数学文献，而且在探讨引力场方程方面也给我以大力支持。"1915年11月25日，爱因斯坦终于建立起广义协变的引力场方程，这是一个辉煌的成就。他在11月28日写给朋友索末菲的信中流露出内心的喜悦："上个月是我一生中最激动、最紧张的时期之一，当然也是收获最大的时期之一。"1916年他完成了长达50页的总结性论文——《广义相对论的基础》。这篇论文在《物理年鉴》上的发表，宣告广义相对论的诞生。

广义相对论是关于空间、时间与万有引力关系的理论，指出空间、时间本身就是物质的存在形式，它们不能离开物质独立存在，空间的结构和性质取决于物质的分布，从而提出了与牛顿引力论本质上完全不同的广义相对论的引力论，揭示了四维时空与物质的统一关系。真实的空间并不是平坦的欧几里得空间，而是弯曲的黎曼空间。光线在引力场中传播时，因引力场作用而发生弯曲，亦即物质告诉时空必须如何弯曲，而时空告诉物质必须如何运动，等等，这一切将人类认识引进一个全新的奇妙的物理世界，这是人类思想史上最伟大的成就之一。广义相对论创立之后，爱因斯坦根据引力场中时空弯曲的概念，建立了一个宇宙模型。但爱因斯坦很快发现他的广义相对论的方程式并不能描述一个在时间和空间上没有变化的宇宙，而是要么扩张、要么收缩的动态宇宙。为了设计一个他心目中的静止永恒的宇宙和谐理论，不得不通过加入"宇宙项"的办法捏造一个等式。"宇宙项"的排斥作用能在宇宙中永久地平衡物质间的引力作用。1917年，他发表的《根据广义相对论对宇宙所做的考察》一文中，提出一个有限无边的静态宇宙理论。这个理论与实际观测到的不断扩张的宇宙不相符。后来，爱因斯坦承认"宇宙项"是一生中犯的最大错误。然而，广义相对论所提出的三个可供实验论证的著名推论，即水星近日点的运动、光的引力频移、光线在引力场中的偏移，都先后得以证实。

1919年5月，英国天文学家爱丁顿带领的两个考察队，分别在西非普林西比岛和巴西北部的索布拉尔，对29日发生的日全食进行观测，观测结果完全证实了广义相对论关于光线在引力场中弯曲的效应，而且两地观察的平均值在误差范围内与广义相对论的预言基本相符。观察结果发表后，引起整个世界的轰动。爱因斯坦创立的广义相对论，的确"是人类思索自然中的最伟大的功绩，是哲学领悟、物理直觉和数学技巧最惊人的结合"，"应该作为20世纪数学物理学的一座最优美的纪念碑"。

当爱因斯坦科学成就达到顶峰的同时，他的生活的另一面，家庭与身体健康出现了问题。1914年他迁居柏林4个月后，第一次世界大战爆发了。德国作为战争的发动者，军国主义和民族沙文主义思潮席卷全国，城市里全副武装的军人队伍堵塞了街道。爱因斯坦是一个和平主义者，他反对战争的态度招来了许多人对他的攻击，精神十分压抑。在战争期间极其困难的物质条件下，他在科研上仍然苦干不辍，研究成果累累。就在一战期间，他出版了一本专著并发表了《广义相对论的基础》等50多篇重要论文。然而，爱因斯坦在苏黎世和伯尔尼的穷困生活中搞垮的身体,终于支撑不住了。1917年初,爱因斯坦病倒了。1917年2月,他在写给埃伦费斯特的信中说:自己已患肝病,病情很重,不能去荷兰访问了。医生严格的饮食控制和卧床休息,使爱因斯坦情绪低落,体力不支。两个月里,体重竟减轻了十几公斤。医生劝他到环境较好的瑞士疗养,但爱因斯坦有碍于米列娃的关系,他拒绝了医生的劝告。

幸好,孤独的爱因斯坦病中得到堂姐艾尔莎的悉心照料,使他大难不死。艾尔莎自幼就熟悉爱因斯坦。那时,在乌尔姆的两家人经常聚会,一起到郊外游玩。后来,艾尔莎与丈夫离婚。带着两个女儿来到柏林住在她父亲家里。她是一位举止温柔、质朴能干、善于理家的女人。她有许多与爱因斯坦相同的爱好和志趣,并理解爱因斯坦孤独的个性,尊重爱因斯坦的意志。在爱因斯坦病重期间,艾尔莎对他无微不至的护理,使两人的感情日益接近。

1917年夏,为了艾尔莎护理的方便,爱因斯坦从威特尔贝彻大街搬到哈伯兰大街,住到艾尔莎一家的隔壁。在艾尔莎的精心调理下,爱因斯坦的健康恢复得很快。12月,爱因斯坦给朋友的信中写道:"多亏艾尔莎的精心护理,我一夏天重了4磅。他亲自给我烧饭,看来也需要这样做。"但到年底,由于气候的寒冷,爱因斯坦又患上胃溃疡,病情突然加重,不得不在床上又躺了几个月,直到1918年4月,医生才允许爱因斯坦下床活动。1918年5月,爱因斯坦胃溃疡病情好转,但肝病又出现了黄疸。很明显,爱因斯坦长期的劳累和饮食不周使他的身体彻底垮了,他甚至对自己的身体状况失去了信心。这年12月,在写给埃伦费斯特的信中说:自己可能再也不会恢复健康了。

1919年2月14日,爱因斯坦病愈后,到苏黎世办理了与米列娃正式离婚的手续。判决书中规定,爱因斯坦将来的诺贝尔奖奖金全部归米列娃,但米列娃恢复娘家姓氏未被允许。这个女人在最后一刻不仅要彻底摆脱爱因斯坦,而且还要透支爱因斯坦未来的钱财,由此可见米列娃的为人。两人感情的破裂,孰是孰非,一直是许多传记作家见仁见智的问题。然而,爱因斯坦本人对其评价是始终如一的,认为米列娃是一个十分难以相处的女人,她从来不相信别人,心理阴暗狭隘。爱因斯坦多年以后谈到米列娃时说:"她从不原谅我们的分居和离婚,她的性情使人联想到古代的美荻亚(古希腊神话中恶毒的女巫)。这使我和两个孩子的关系恶化,我对孩子向来是温情的,悲观的阴影一直持续到我的晚年。"家庭的不幸影响了爱因斯坦的终身。1948年米列娃病逝于苏黎世。

1919年6月2日,爱因斯坦与艾尔莎结婚。新家选在哈伯兰大街5号一套有9个房间的高等住宅里。爱因斯坦与艾尔莎及其两个女儿住在一起,后来爱因斯坦的母亲因病迁居柏林,也住在这栋房子里,她于1920年去世。

爱因斯坦是个生活上马马虎虎的人,这也与米列娃持家无方、一切搞得乱糟糟有关。可是在哈伯兰大街5号的新家,艾尔莎把一切安排得井井有条,甚至爱因斯坦每天抽多少烟都给准备妥当。爱因斯坦在一封信中给家庭主妇下了一个有趣的定义:"好的家庭主妇既不是肮脏的母猪,也不是打扫房间的洁癖女人,她应该站在两个极端的中间。"米列娃接近第一个极端,艾尔莎则与第二个极端相近。

爱因斯坦每天早上8点左右起床，穿上晨衣便鞋，坐在钢琴前面，等待浴缸放满水。当妻子说"阿尔伯特，准备好了"，他就走进浴室，艾尔莎随后赶紧关上门，因为爱因斯坦自己经常忘记关门。早饭后，他装满烟斗就走进自己的工作室。他在阁楼上的工作室里写作、阅读，而更多的是思考。有时，他把头垂向右边，把一绺白发绕在手指上，爱因斯坦不时从放在他面前的填满烟草的三只烟斗中，拿起一只叼在嘴里。爱因斯坦一天到底工作多少时间，自己也说不清，因为对他来说工作就是思考，而思考对爱因斯坦来说是随时随地进行的。有时他问朋友："您一天工作多少小时？"当对方回答是8小时或10小时的时候，他耸耸肩说："我可不能干那么长时间。我一天工作不超过四五个小时，我不是一个勤奋的人。"

爱因斯坦生活极其简朴，不注意穿着打扮，不修边幅。因为长期不理发，蓬乱的头发引起一个13岁小女孩的关注，她童言无忌地写信给爱因斯坦说："爱因斯坦伯伯请你理理发，那样更好看些。"他常年身穿咖啡色旧皮夹克，这是艾尔莎的礼物。天冷时加一件灰色的英国羊毛衫，这也是艾尔莎的礼物，并且也是很旧的了。有时，有客人来拜访，他会光着脚走到客厅里，或者不穿袜子把脚塞在那双磨歪了后跟的旧皮鞋里，坐在招待客人的大餐桌旁。艾尔莎有时佯装生气，向他提出抗议，他就会笑眯眯地说："不要紧的，夫人，客人都是熟朋友，对吗？"

1936年，爱因斯坦的密友和学生英费尔德到美国普林斯顿的研究院拜访他。当时在场的还有一位年近60岁的意大利数学家勒维·契维塔。英费尔德回忆道："当他们指着黑板上的公式，自以为在讲英语时，我仔细地观察从容沉着的爱因斯坦和那位使劲做手势的瘦小的勒维·契维塔。这样的场面，加上爱因斯坦不时提一提裤子（没系腰带或吊带）的模样是如此之妙，如此滑稽，以致我大概永远也不会忘记。"

有人曾问英费尔德，为什么爱因斯坦不理发，穿一件不可思议的上衣，不穿袜子，不系吊带、腰带和领带的时候，英费尔德就以爱因斯坦要摆脱日常琐事为由来解释："答案是简单的，也可以从爱因斯坦的孤独、从他减少同外部世界的联系中得出。在把自己的需要减少到最低限度的同时，他力求扩大自己的独立性、自己的自由。须知，我们乃是万事万物的奴隶，而且我们的奴隶的依赖性愈来愈增长……爱因斯坦决心把这种依赖性减少到最低限度。长发使他免除经常找理发师的必要性，不穿袜子可以将就，一件皮夹克可以在许多年内解决上衣问题，没有吊带确实就像没有衬衫和睡衣一样过得去。爱因斯坦实现了最低限度的纲领……"

而爱因斯坦本人在《我的世界观》一文中，则从更深的道德思想的层面上予以说明："我每天无数次地提醒自己：我的外部和内在的生活都依赖于我的同时代人和我们先辈的劳动；我必须尽力以同样的分量来报偿我正在领受的东西。我深感必须俭朴，并且时常痛心地发觉自己占有了比需要更多的我的同胞的劳动产品。"当然，这种高尚的道德品质的形成，也与爱因斯坦出身于平民家庭和青少年时代长期在困难生活和紧张工作的环境中拼搏所养成的勤俭爱物、珍惜时间的习惯有关。

尽管，爱因斯坦建立的第二个家庭还算美满，艾尔莎深深地爱着他，无微不至地关怀着他,把自己的一切都献给了这个家庭。而爱因斯坦也豪放大度,不计较琐事,与艾尔莎的两个女儿关系也很融洽,艾尔莎对自己的二次婚姻是满意的。但有心人一看就会发现,爱因斯坦与艾尔莎的关系并不是那么亲密无间的。艾尔莎卧室在楼上,隔壁是两个女儿的卧室,而爱因斯坦的卧室则在楼下大厅里。平时两人之间总是保持着一定礼貌的距离。有一次,艾尔莎给埃伦费斯特的信中说,爱因斯坦的意志是"难以揣测的"。爱因斯坦也不隐瞒这一点,他在许多场合流露出作为一个结过婚的人,对神圣婚姻是有保留的。爱因斯坦在《我的世界观》一文中坦率地承认:"我实在是一个'孤独的旅客',我未曾全心全意地属于我的国家,我的家庭,我的朋友,甚至我最接近的亲人。在所有这些关系面前,我总觉得有一定距离并需要保持孤独——而这种感觉正与日俱增。"所以1955年3月在爱因斯坦去世的前一个月写给挚友贝索家人的信中,再次流露出自己在婚姻问题上的遗憾:"我最钦佩贝索的是,作为一个人,他多年来不仅与爱人和平相处,而且一直相亲相爱——很惭愧,我每次都没能做到这一点。"然而,事实上,爱因斯坦与艾尔莎的关系是融洽的,他始终把艾尔莎作为理想的生活伴侣,直到1936年12月20日,艾尔莎于普林斯顿病逝。

也许,爱因斯坦深邃的思想和抽象思维的工作特点,太需要孤独了。长期以来,他把自己封闭在孤独的内心世界里,无法全身心扑在常人的那种家庭生活中。他一再表示,一个修养有素的人总是渴望逃避个人生活而进入客观知觉和思维世界里。这就像他常年置身于书房里一样。这是一间由堆放杂物的阁楼改建而成的,房内一张圆桌上堆满书籍、杂志和纸张,四壁都是放满书的书架,自己一人光着脚,只穿一件薄毛衣和毛线裤子,坐在安乐椅里,从窗户望出去,是一片屋顶的海洋,他仿佛在一个孤岛上。这里除了助手外,谁都不准进去。爱因斯坦需要这种与世隔绝的、离群索居的个人世界。在这种孤独中,他的思想才能和整个宇宙融为一体,在自己的科学研究的崎岖道路上默默地攀登着。这种孤独对创立相对论时期来说,是理论超前的科学家的孤独,而对他后半生来说,则被认为是迷途和偏离当时科学发展主流的孤独,总之,这是一位终生探索宇宙奥秘的科学巨人所具有的独特的品格。

爱因斯坦在完成广义相对论后不久,就开始了他后半生建立统一场论的工作。他在绞尽脑汁地思考,如果把引力和空间的弯曲看成是统一的,那么可否找到空间的另一些几何属性,把它和除引力场以外的另一些力场看成是统一的呢?可否用这种方法把所有的力场归结为统一的几何关系式,并把它们统一到表现为空间的某种几何属性的统一场之中呢?即建立一个引力场和电磁场的统一理论,作为现代物理原理的基础。建立统一场论的意义就在于此。

20世纪20年代中期,反映微观世界运动规律的量子力学创立起来。其后不久,在认识论的原则问题上,爱因斯坦与几位主要的量子力学家产生严重的意见分歧。爱因斯坦虽然对玻尔和玻恩为代表的量子物理学家的成就十分钦佩,但他又不满足于微观世界的测不准关系,即越精确地确定基本粒子的位置,就越无法精确地判断它的速度,反之亦然。他认为量子统计力学所具有的偶然性,并非什么新东西,只不过是我们长期以来还不能"完整地描述事物"而采用的权宜之计，这是无法让人接受的。他指责玻恩说，他信仰的是"掷骰子的上帝"。但是爱因斯坦既不能以自己的观点说服玻尔等量子力学家，也不能使海森堡等年轻的量子物理学家心悦诚服。当时爱因斯坦的统一场论所遇到的困难正如海森堡指出的："这个气势宏伟的尝试似乎一开始就注定要失败。在爱因斯坦致力于统一场论问题的那段时间里，新的基本粒子不断被发现，而与此同时也发现了与之相应的新的场。其结果，对于实现爱因斯坦的纲领来说，还不具备牢固的实验基础，爱因斯坦的努力也就没产生什么令人信服的成果。"爱因斯坦本人也承认："对我来说，对科学兴趣限于研究原则性的东西，最好用这一点来解释我的活动的特点。我发表的东西这样少，原因就在于上述情况：认识原则性的东西的强烈愿望，导致了我把大部分时间耗费在无结果的努力之中。"

爱因斯坦从 1923 年起，主要致力于试图进一步推广相对论，建立一个包括引力场和电磁场的统一场理论，用以解释物质的基本结构。对此，他先后提出过不少设想和方案。1929 年发表的《统一场论》、1945 年发表的《相对论性引力论的一种推广》和 1954 年发表的《非对称场的相对论性理论》等论文，虽然在理论上取得一定进展，但都停留在数学的表述形式上，没有得到具有物理意义的结果。1948 年爱因斯坦写给索洛文信中对自己的工作总结道："我完不成这项工作了，它将被遗忘，但是将来会被重新发现。"他把自己的理论研究成功的希望寄托在未来一代科学家身上。

这样，爱因斯坦离同时代的理论物理学家的主流思想越来越远了，支持爱因斯坦的人越来越少了。这使玻恩、玻尔这样的老朋友感到惋惜和遗憾。玻恩说："……这对爱因斯坦本人、对我来说都是悲剧，因为他在孤独地探索他的道路，而我们则失去了领袖和旗手。"

1953 年，爱因斯坦在为他 74 岁诞辰举行的记者招待会上，对建立统一场论工作做了总结，他说："广义相对论刚一完成，也就是在 1916 年，出现了内容如下的新问题。广义相对论极其自然地得出引力场论，但是未能找到任何一种场的相对性理论。从那时以来，我尽力寻找引力定律的最自然的相对论性概括，希望这一概括性的定律将是一个场的普遍理论。在后来的年代里，我成功地获得了这一概括，弄清了问题的形式方面，找出了必需的方程。但是，数学上的困难不允许从这些方程中得出可以同观察对比的结论。在我有生之年，完成这件事希望甚微。"直到爱因斯坦去世，统一场论始终未取得具有物理意义的结果。

20 世纪 70 年代，发现了这样一些基本粒子，这种粒子很容易嬗变为其他粒子，相应的场也转变为另一种场。统一场论现在是从量子观念中成长起来的，一种场向另一种场的转化——这是一种场量子向另一种场量子、另一种类型的基本粒子的转化。我们可以设想，一种关于超相对论性效应的"亚量子"世界的思想和统一场论，将汇合为某种作为宇宙基本过程的基本粒子嬗变的完整理论。近年来，爱因斯坦统一场论的思想重新受到物理学界的重视，并取得一些有意义的研究成果。

20 世纪 20 年代后爱因斯坦与物理学研究相对沉寂相比，他对当时世界政治问题越来越关注,影响也越来越大。由于广义相对论的创立,以及随后英国天文学家对日全食观测结果证实了广义相对论所预言的光线在引力场中的弯曲效应,广义相对论被人们普遍誉为"人类思想史中最伟大的成就之一",从而掀起了世界性相对论热。1919年11月后,世界各地发来的请帖像雪片般地飞来,爱因斯坦伉俪风尘仆仆,从一国首都赶往另一国首都,成为穿梭访问的巡回大使了。

爱因斯坦于伯恩的故居

1920年夏,爱因斯坦访问了斯堪的那维亚半岛。10月,访问荷兰莱顿,接受莱顿大学的邀请并兼任特邀教授,发表《以太和相对论》演说。爱因斯坦访问教授第一任期为3年,可是后来任期一延再延,一直到1952年9月才正式结束。

1921年1月,他访问了布拉格和维也纳。2月赴阿姆斯特丹参加国际工联会议。4月至5月,同魏茨曼一起首访美国,为耶路撒冷的希伯来大学创建募集资金。在白宫接受了美国总统哈丁的接见,并在芝加哥、波士顿和普林斯顿等地就相对论作了4次讲学。6月又访问了英国伦敦,拜谒了牛顿墓。

1922年3月至4月,爱因斯坦夫妇访问法国,为促进德法关系正常化而努力。10月从法国马赛乘轮船赴日本访问,途经科伦坡、新加坡、香港和上海做短暂停留。

1923年2月,从日本返回途中,到巴勒斯坦访问,成为特拉维夫市的第一个名誉公民。从巴勒斯坦回德国途中,又访问了西班牙。7月,到瑞典哥德堡接受1921年度的诺贝尔奖奖金并做了相对论的讲演。

这个时期,爱因斯坦像一个宣传推广相对论的使者,到世界各地弘扬科学与民主。所到之处人们把他看作宇宙的化身来欢迎和崇拜,刮起了爱因斯坦旋风。他走到哪里,哪里的记者、摄影师、画家和无孔不入的商人前簇后拥。新闻媒体的评论、报道为相对论热推波助澜,市场上立即出现了什么"相对论牌香烟"和"爱因斯坦式雪茄",使爱因斯坦啼笑皆非。他对新闻媒体和商业炒作如此反感,有一次记者正在为他拍照,他突然冲着镜头吐出了舌头,结果照片上脸的中部是一条巨大的舌头,爱因斯坦这张鬼脸照片在新闻界盛行一时。他说:"我从不擅长说'不'。但现在,报界文章和信件不断地向我询问、邀请和要求,我每晚都梦见自己在地狱里被火焚烧。"

传奇般的经历给爱因斯坦带来荣誉、声望,也带来了苦恼和愤懑。而20世纪30年代初德国纳粹分子出于种族主义的需要对犹太科学家攻击和迫害,给名人爱因斯坦所带来的则是另一种危险的经历了。

巨人的品格

1914年4月,在优厚的条件下爱因斯坦接受了普朗克的邀请,不顾米列娃的阻挠去了柏林,并且在柏林一直定居到1932年12月被德国纳粹分子逼迫出走美国为止,整整生活了18年。爱因斯坦从青少年时代就对德国社会上歧视和排斥犹太人的现象十分反感,他在中学尚未毕业离开德国去意大利时,毅然放弃了德国国籍。而这一次赴德国,爱因斯坦的心情自然是复杂的。尽管出于对普朗克的一番盛情和优厚条件,以及为自己的科学理想和生活理想考虑,他接受了邀请,但是他对德国的隐隐的忧虑和不安心情一刻也没有消失过。他去德国后不久给苏黎世的朋友们写信说:"柏林的先生们把我当成豢养产卵的鸡,可连我自己也不知道,我还能不能下蛋。"

爱因斯坦到德国4个月后,第一次世界大战爆发了。德国是这次战争的主要策源地,整个国家上下弥漫着狂热的军国主义和民族沙文主义情绪,在疯狂的战争叫嚣中,当时德国许多著名科学家如普朗克、哈伯、伦琴、海克尔等人起草了一个《告文明世界书》,公开为德国的侵略暴行进行辩护。而作为民主派左翼的爱因斯坦坚决反对德国的君主政体,反对战争。就在战争鼓吹者的包围中,他直言不讳地公然声明自己是和平主义者。1914年10月中旬,包括爱因斯坦在内的4人签署了《告欧洲人民书》,这是欧洲第一个反战政治宣言。11月爱因斯坦又作为创始人之一参加了在柏林创建的反战知识分子政治组织——新祖国联盟,并与法国著名作家、反战的社会活动家罗曼·罗兰建立了战斗友谊。他们两人发表的许多反对战争、维护世界和平的言论,在狂热的战争年代里是唯一的理性的声音,对一代人的思想产生了深远的影响。

1917年11月,列宁领导的俄国十月社会主义革命取得了胜利,引起世界资本主义一片恐慌,咒骂围攻无所不用其极。而爱因斯坦很快就理解了十月革命胜利的划时代意义,他作为当时德国唯一的一位著名的自然科学家,对十月革命的胜利表达了由衷的喜悦和对无产阶级革命家列宁的崇敬心情。他著文说:"我崇敬列宁,因为他是一个为争取实现社会平等而献出自己一切的伟人。虽然我认为暴力革命的手段欠妥,但有一点应该肯定,像他这样的伟人是人类良心的再造者和捍卫者。"爱因斯坦对十月革命的手段的看法有一定的保留,这是当时知识分子普遍存在人道主义的一种天真的想法,但这也不能抹杀爱因斯坦对无产阶级革命的难能可贵的同情和支持。1921年初,列宁派往德国的文化使者菲德斯曼教授来到柏林拜会了爱因斯坦,他转告爱因斯坦,年轻的苏维埃俄国在国内极端困难的条件下,列宁提出将出版一批科学技术书籍,其中就有您的大作《相对论》一书。爱因斯坦十分感动,他握住客人的双手说:"请替我问候列宁。"他没有想到正在挨饿受冻的俄国无产者,在革命胜利之初百废待兴的困难时期,对他的抽象的相对论十分关注,说明无产阶级革命家的远见卓识和广阔的胸怀。爱因斯坦对来访者表示:"你们伟大的社会主义政治实践,对全世界有决定性意义,谁都应该帮助你们。"此后,爱因斯坦一直以实际行动支持和帮助被资本主义包围的苏俄。当时苏联派到德国学习的留学生、科学工作者经常受到一些对俄国有偏见的人的冷落和歧视，但爱因斯坦不论在学校里还是在家里对他们都予以热情的接待。

1918年秋天，德国爆发了工人和士兵的革命，前线崩溃了，威廉二世皇帝被迫退位，仓皇出逃。魏玛共和国诞生了。爱因斯坦对德国共和国成立感到无限的喜悦并寄予厚望。11月10日，他给居住在瑞士的母亲写信说：他第一次在柏林感到心情舒畅。德国军事上的失败却创造了政治上的奇迹。但德国的战败，割地赔款、丧权辱国，使全国上下笼罩在一片悲观失望的气氛中，加上来临的冬季的严寒与饥饿，共和国一诞生就面临着严峻的挑战。这时正在患病的爱因斯坦，收到从瑞士的苏黎世和荷兰的莱顿等中立国发来的热情洋溢的邀请信，但那里的优厚报酬和富裕的生活条件没有打动爱因斯坦，他是一个忠实守信的人。1919年9月，他在写给埃伦费斯特的信中说："我答应普朗克，决不背弃柏林……我在政治上的希望正在实现，如果不必要地出走，这是小人的行径……在大家感到屈辱的时刻，离开那些对我有深情厚谊的人们，将使他们加倍痛苦。"然而，严酷的事实使爱因斯坦天真的想法碰壁了。

魏玛共和国成立后不久，政府的领袖们向反动势力投降并与他们同流合污，这使爱因斯坦再次陷入失望。由于战争期间，爱因斯坦的反战言论和他的犹太人身份，激怒了德国民族主义知识分子，他成为反犹主义分子的攻击重点，一场迫害爱因斯坦的阴谋正在酝酿。第一个信号就是1920年2月，柏林大学右翼大学生在爱因斯坦讲课的课堂上捣乱。8月一批反犹主义分子成立了一个名叫"德国自然哲学家研究小组"，其活动宗旨就是攻击爱因斯坦，搞臭相对论。爱因斯坦面对战后德国掀起的反犹、排犹恶浪，尽管自己孤立无援，但他以大无畏的精神起而迎战。他作为人类进步事业和犹太人平等权利的勇敢卫士，在报刊上以及各种会议的场合里，与形形色色反犹主义分子展开了针锋相对的斗争。

爱因斯坦作为犹太民族的一员（他从不回避自己的犹太身份），发现不仅德国、法国，而且整个欧洲的反犹活动都十分猖獗，严峻形势使他开始关心犹太民族未来的命运。他认为欧洲的犹太人被排斥在主体民族之外，隔离在歧视性的犹太社区里，在这种情况下提出与当地民族同化的主张纯属一种梦幻。他说："我已经从我的许多犹太朋友身上看到那种不讲尊严的同化的渴望和努力，这常常使我恼火……我反对民族主义，但是我赞成犹太复国运动。"他认为犹太民族的真正出路就是在祖居的巴勒斯坦建立犹太共同体。所以爱因斯坦积极参与犹太复国主义运动。为此，1924年，爱因斯坦参加了"柏林犹太教全体以色列人大会"，成为缴纳会费的会员。虽然他没有参加犹太复国主义组织并担任任何职务，但是他认为犹太复国运动是世界犹太人争取民族生存和解放的最重要的斗争形式。他对巴勒斯坦最初的犹太移民所创建的集体农场——基布兹给予高度评价。长期以来犹太人被剥夺了拥有土地的权利，而回到土地上劳动是犹太人世世代代的梦想。他们在巴勒斯坦提出这样的口号："让我们来建设这块土地，也让这块土地来建设我们。"所以他说："犹太复国主义运动在犹太人中恢复了共同体意识。这种共同体意识所实现的事业超过任何人们能期待的。遍及全世界的自我牺牲的犹太人都做出了贡献,在巴勒斯坦的这种事业,把我们很大一批兄弟从极其悲惨的困境中拯救出来。"

然而,爱因斯坦对政治复国倾向提出了自己独到的看法。他说:"只是在分治问题上我还要讲一点个人意见。我非常愿意看到同阿拉伯人在和平共处的基础上达成公平合理的协议,而不希望创立一个犹太国。除了实际考虑以外,我所认识到的犹太民族的本性是同犹太国的思想相抵触的,而不管它的边界、军队和世俗权力多么有节制。我怕从内部损害犹太民族——特别是由我们自己的行列里发展起来的一种狭隘民族主义所造成的损害——会持续下去,甚至没有犹太国的时候,我们就已经不得不同这种狭隘的民族主义进行坚决的斗争。"后来历史发展的事实证明,犹太立国方案没有体现爱因斯坦的理性信念,以色列国在巴勒斯坦建立之初,民族沙文主义猖獗,这不仅破坏了犹太共同体的传统本性,而且它的存在彻底打破了中东地区的和平格局,使那里的犹太人和阿拉伯人陷入了长期的血腥冲突中,爱因斯坦对犹太政治复国的担忧不幸被言中。也正因为如此,1952 年 11 月,以色列第一任总统凯姆·魏茨曼逝世后,以色列政府总理本·古里安再三邀请爱因斯坦继任总统职位,爱因斯坦还是婉言谢绝了。

1925 年以后,爱因斯坦很少出远门旅行了。除了每年例行去荷兰莱顿大学作访问教授进行学术交流,夏季去瑞士海边休养外,他的大部分时间都是在柏林自己家里度过的。其间,爱因斯坦于 1926 年接受了苏联政府授予的科学院院士头衔。1927 年,爱因斯坦参加国际反帝大同盟,被选为名誉主席。当时在柏林反犹排犹活动十分嚣张的情况下,柏林市政府为了安抚爱因斯坦,在他的 50 寿辰时准备送一套别墅作为生日礼物,但是具有反犹倾向的市议会没有通过。这样,爱因斯坦为了躲避反犹排犹活动的骚扰,寻找一块安静的地方从事自己的科学研究。1929 年末,在波茨坦附近的卡普特村,自己掏钱建了一栋别墅。建房花费了几乎全部积蓄,花钱买安全。正如艾尔莎对普朗克所说的:"现在,我们没有钱了,但有自己的房子。这使我们感到更安全了。"爱因斯坦的房子在村子后面,周围是茂密的森林,门前离湖滨只有几分钟的路程,在湖畔小码头旁停靠着一艘小游艇,爱因斯坦经常乘坐游艇,扬起风帆,在湖面上几小时几小时地漫游,观赏恬静宜人的湖光山色,陷入深深的科学遐想中。这里是爱因斯坦的不通电话、无人造访的避难所。

1930 年初夏,爱因斯坦在瑞士的小儿子爱德华患了日益严重的精神忧郁症,苏黎世以及后来的维也纳的精神病专家都未能遏制住他的大脑功能的迅速衰退,病情不断恶化,康复无望。爱因斯坦返回柏林后骤然苍老,郁郁寡欢。

1930 年 12 月,爱因斯坦以访问学者的身份第二次赴美国加利福尼亚州立理工学院做学术交流。这次旅行本想消释心中郁积的颓丧情绪,在加利福尼亚待了整整一个冬季,但是没有达到预期目的。他在美国仍然是"身穿黑色大衣,头发斑白蓬乱,心慌意乱,脸色苍白的人"。1931 年春,爱因斯坦夫妇返回柏林,但年末又赴美国。这一时期爱因斯坦之所以频繁访美,除了与美国校方签有协议外,主要原因是德国纳粹分子活动的日益猖獗,使爱因斯坦有一种大灾难正在逼近的直觉。他去美国就是想通过长途旅行抹掉在柏林不愉快的印象,并为将来移居美国做准备。这一次赴美途中,他在日记中写道:"我决定不再定居柏林,变成一只飞鸟度过余生。"这就是他当时这一心态的真实写照。

1932 年春,爱因斯坦从美国又回到德国。此时的柏林在 30 年代初席卷世界经济危机的沉重打击下,工厂倒闭,失业大军流落街头,人民陷入水深火热之中。然而,早就觊觎国家政权的纳粹党头子希特勒视国难为夺取政权的天赐良机,而德国大资产阶级也为希特勒上台铺平了道路。魏玛共和国已处在风雨飘摇之中,法西斯势力在柏林的活动已成黑云压城城欲摧之势。爱因斯坦清楚地认识到德国已经没有自己的立足之地了。12月,他与艾尔莎离开卡普特别墅再次赴美时深有预感地说:"这次你好好看一眼你的别墅吧!你再也看不到它了。"

1933 年 1 月 30 日,魏玛共和国垮台了。希特勒上台执政,开始了法西斯统治。冲锋队、党卫军到处横行,暗杀、拷打、抄家、焚书,犯下种种滔天罪行,整个德国笼罩在一片恐怖之中。作为犹太人科学家爱因斯坦首当其冲地成为他们的攻击目标。柏林开始了对爱因斯坦的缺席审判,查抄了卡普特别墅,没收了他的财产,焚毁了他的著作,并悬赏 2万马克杀害他。

3 月 10 日,爱因斯坦在美国加利福尼亚通过《纽约世界电讯报》发表声明,抗议希特勒的法西斯暴行。3 月 28 日,爱因斯坦夫妇从美国乘船抵达比利时,来到布鲁塞尔德国大使馆,他们把德国外交部签发的护照交给德国大使,正式声明放弃德国国籍。同日,爱因斯坦发表退出普鲁士科学院的声明。与德国法西斯势力进行了顽强不屈的斗争,充分表现了一位科学伟人不顾个人安危、肩负人间道义的品格和气节。爱因斯坦一生都坚持这种崇高的道德立场,在社会灾难面前,知识分子不能放弃自己的社会责任感和正义感,更不能与恶势力同流合污。所以爱因斯坦后来对希特勒统治时期留在德国的著名科学家,不论是自愿还是被迫屈服于希特勒的,深感失望和不满。甚至在科学界德高望重的普朗克,也天真地去劝说希特勒不要迫害犹太科学家,但遭到一顿粗暴的臭骂。所以,他说只有劳厄一人有气节,没有向希特勒投降。

1933 年 10 月,爱因斯坦应聘新泽西州普林斯顿高级研究院研究员一职。1940 年,爱因斯坦加入美国国籍,定居在普林斯顿梅塞街 112 号一栋二层楼的住宅里。他在美国的22 年中继续为人类的进步事业而奋斗。

第二次世界大战爆发后,爱因斯坦成为世界著名的反法西斯战士,与世界各国人民并肩战斗。早在 1931 年中国"九·一八"事变爆发后,爱因斯坦强烈谴责日本帝国主义的侵略罪行,呼吁世界各国人民联合起来,用经济抵制办法来制止日本对华的侵略,并以各种方式援助中国。1937 年,爱因斯坦又声援中国人民的抗日战争,并谴责国民党反动派迫害知识分子的"七君子事件"。

1939 年 1 月 17 日,他从柏林《自然科学》杂志发表的哈恩、施特拉斯曼合著的《论铀在中子轰击之下……》一文中,得知德国正在研究原子武器后,作为科学家他深知问题的严重性,因为根据他导出来的相对论著名质能关系式 $E = mc^2$ 这种武器一旦发明出来威力无穷,对整个人类文明将是一大威胁。于是,他与费米等科学家在同年 8 月上书美国总统罗斯福,建议美国应抢在法西斯德国之前研制出原子弹。总统在爱因斯坦建议下实施了曼哈顿计划,加紧原子弹的研制工作。1945年,当原子弹制造出来后,此时爱因斯坦担心的不是德国法西斯用原子弹轰炸美国,而是担心美国用原子弹轰炸别的国家了。法西斯国家只有日本仍在战争中做最后的顽抗,所以爱因斯坦又给罗斯福写信,竭力阻止对日本实施原子弹轰炸,但没有达到目的。这种非理性地利用理性的科学成就造成的原子弹悲剧,使爱因斯坦长期陷入痛苦之中,他经常对人讲:1939年写给罗斯福总统建议发展核武器的信是他"一生中最令人痛心的回忆",并一再发出警告:"战争是赢得了,但和平却还没有。"对人类社会的责任感使他在战后始终不渝地积极投身于反对美国核讹诈和军备竞赛的斗争中,直到1955年4月11日,爱因斯坦去世的前一个星期,还与英国数学家、哲学家罗素等12位学者(其中10位是诺贝尔奖获得者),联名发表了《科学家要求废除战争的宣言》,即《罗素·爱因斯坦宣言》。这个最后的政治宣言充分体现了爱因斯坦毕生追求人类社会美好和谐的崇高理想,并为实现这一理想,鞠躬尽瘁,死而后已的精神。

爱因斯坦作为一位成就卓著的自然科学家,他的难能可贵之处,不仅仅在于为世界和平进步事业呕心沥血,贡献了毕生的精力,为世人树立了学习的楷模,而且他作为一名普通的科学工作者所走过的不平凡的人生道路及其所表现出来的独特品格,也为人类文明宝库中留下一份珍贵的精神财富。

正是因为爱因斯坦有正确人生观,他的生命之树永葆青春。死就死得自然,活就活得有声有色,生活快活而充实,俗中见雅,平中见奇。无论他在逆境中还是在顺利的时候,他都保持着生活的乐观态度。这一切表现在他无所不在的幽默,幽默使人年轻。1936年在美国普林斯顿,艾尔莎在他最后的日子里曾对人说过:"由于受内心渴望与外部作用的支配,我们全部与日俱变……相反,阿尔伯特却犹如童年时一样。"

作为一个著名的科学家,爱因斯坦有一颗永不泯灭的童心。一个最典型的事例就是在1920年9月,他到斯图加特讲学逗留期间,他的妻子艾尔莎邀请她的表亲一起去游玩。遗憾的是他没有把他们的孩子一起请来。爱因斯坦知道其中有一位8岁的伊丽莎白·莱的小女孩很幽默,因此他于1920年9月30日给她寄去一张明信片。这张明信片被收藏至今:

　　亲爱的莱小姐:
　　艾尔莎告诉我,你因为没有见到爱因斯坦叔叔而很不满意。请允许我把自己的模样告诉你:苍白的脸,长长的头发,肚子有点鼓。另外,走起路来显得有些笨拙,嘴里叼着一支雪茄(如果凑巧有一支雪茄烟的话),口袋里揣着笔,有时握在手里。但他既没有肉赘,也不是罗圈腿,因此看上去还挺帅的呢——再说他手上也不像丑八怪那样长满了毛。因此你没有见到我的确是一件憾事。
　　致以热烈的问候!
　　　　　　　　　　　　　　　　　　　　　　　　　　　你的叔叔:爱因斯坦

还有一次,那是20世纪30年代末在普林斯顿,邻居有一个12岁的小女孩放学回家后,总爱到爱因斯坦家里玩。她母亲发现后,狠狠训斥孩子说:你怎么能浪费爱因斯坦的宝贵时间呢？然后带着孩子亲自到爱因斯坦家道歉。爱因斯坦笑着说："噢，不用道歉。她带甜饼给我吃，我帮她做算术题。我从她那儿学到的东西，恐怕比她从我这儿学到的东西还多呢！"

1933 年，柏林的街头巷尾随处可见以 2 万马克之价悬赏爱因斯坦头颅的告示。在生命受到严重威胁的时刻，他仍以惯有的幽默对妻子说："我以前也没想到，我的脑袋能值那么多钱！"甚至在他弥留之际，他还像孩子一样问医生："临终时是否会很痛？"

在爱因斯坦的一生中，不管是在学生时代，还是在伯尔尼专利局工作时期，及其后来成为世界著名的大科学家，他都始终如一地过着简朴甚至可以说是清贫的布衣生活。在晚年，爱因斯坦地位高了，钱也多了，但他淡泊明志，不骛名利，生活需要仍然不变，还是那几样：一支笔、一张纸、一个烟斗，加上小提琴和散步的好环境。他反对任何生活的特殊化和奢侈。在金钱万能的现代资本主义社会中，爱因斯坦从不看重个人钱财，但并不否认金钱的重要性。

1933 年 10 月，当爱因斯坦应聘普林斯顿研究院教授时，院方向他征求工资收入的要求，爱因斯坦提出的年薪收入只有 3000 美元，不如一个普通工人的工资水平，并且补充道："倘若在普林斯顿一年生活费不需要 3000 美元，还可以再低一点。"这就是说爱因斯坦向院方要求的只是基本生活费。这使院方十分为难，世界著名的大科学家给如此低的薪水怎样能对世人说得过去呢？经过再三地协商和说服，爱因斯坦总算接受了 16000 美元的年薪，这个收入标准也不过是当地教授的低收入。尽管如此，爱因斯坦在伯尔尼专利局养成的一种习惯，即工作之外的时间才是属于自己搞研究的时间，从苏黎世到柏林这段时间，讲课时间越来越少，但总还是有一些。在普林斯顿作为专业研究人员拿薪水心里总感到不安。对此，英费尔德回忆说："他多次对我说，他倒是乐意干体力劳动，从事某种有意义的手艺，比如，制鞋手艺，而不是靠在大学教物理学挣钱。这些话背后蕴藏着深刻的思想。"正因为如此，爱因斯坦的一些关于钱的趣闻轶事流传甚广。有一次，他把 1500 百美元的支票当书签用而未察觉。有人提出作一小时报告付给 1000 美元，他说我不需要钱。当年，专利局把他的年薪从 3500 法郎提高到 4500 法郎，他说不知道怎样用这么多钱。1931 年春访美归来时，友人赠送的礼物只要不是太贵重的，他都收下。只是谢绝像古尔涅尔小提琴那样的无价之宝，他说："应该由真正的大师来用它演奏。"但是 1944 年，在堪萨斯州，他将 1905 年狭义相对论论文手稿以 600 万美元拍卖，然后把这笔钱全部捐献给世界和平事业。

爱因斯坦从来就把生活中的各种繁复的礼节和偶像崇拜看得荒唐可笑。1929 年 3 月 14 日，是他的 50 岁寿辰。人们都在为生日的祝寿庆典奔忙，他在寿辰的前几天看到一群一群的身挂照相机、手拿采访本的记者时，吓得逃之夭夭。他躲到柏林近郊的一个花匠的有独门独院的小屋里，而通向那里的小路只有身边最亲近的少数几个人才知道。生日那天，艾尔莎和他的女儿们带来爱因斯坦喜欢吃的午餐，这使他非常快乐。

他也讨厌参加葬礼，因为那里经常出现不真诚的肃穆，这使他反感。有一次实在难以推脱，不得不参加一次葬礼。在葬礼上，爱因斯坦对站在他身旁的一位助教语惊四座地说:"参加葬礼只是为了使人高兴,它本身并没有意义。我觉得,这就像人们每天干劲十足地把靴子擦干净,从而周围的人就不会说,这人穿着一双脏靴子。"他在生活中有时甚至不拘小节,在朋友家吃饭,灵感来了,没有纸就在主人家的新桌布上写下一行行公式。

正因为爱因斯坦有上述的品格,这就使他再也没有什么比由于财产和地位而妄自尊大更使他厌恶。他不喜欢被安排到显赫的上流社会的地位上。有一次在去纽约的途中,人们为他准备的客舱,同其他旅客的舱位不同,那是一套有舒适和方便设备的房间,原以为爱因斯坦会高兴,但事实全然不是如此。他强烈抗议这种特权,反对脱离同行的旅客。经过一番耐心的解释,说这是轮船公司想使他高兴,而他的拒绝会得罪人后,才平静下来。终身喜欢一切都自然的爱因斯坦反对骄奢造作,喜欢发自内心的真正有人情味的社交生活,他谈话时绝不以科学家自居,什么都说,说话的语气不会因为对方是总统或乞丐而有所不同。

爱因斯坦平时的穿着打扮十分随便简单,反对在衣着上费神。他平时穿的那件过时陈旧的皮夹克和毛线裤子成为他十几年不变的形象特点。他在专利局上班时米列娃总是责怪他穿着太随便。爱因斯坦反驳道:"这没关系,那里每个人都认识我。"此后不久,爱因斯坦去参加科学家大会,他的夫人认为这次实在不能穿得太马虎,但爱因斯坦却嚷起来:"这没关系,那里还没有人认识我。"爱因斯坦嘲笑世俗礼仪的同时,拿出时间阅读他喜欢的名家文学作品和哲学专著,他有收藏各种图书的癖好。特别对音乐的钟爱,爱因斯坦把科学与音乐最完美地统一在一起。他把音乐当作劳动之后的消遣,或者是新工作开始之前的娱乐。

总之,爱因斯坦一生的为人是平凡与伟大的统一体,正如1943年大哲学家罗素所评价的。他写道:

> 同爱因斯坦交往可以得到异乎寻常的满足。他虽然很有天才,满载荣誉,确保持着绝对的朴实,没有丝毫的优越感……他不仅是一个伟大的科学家,而且还是一个伟大的人。

爱因斯坦50岁生日那天收到了世界各地寄来的生日贺礼和信件有几大筐,但最使他关注的礼物是一位失业工人用节省下来的几个硬币给他买的一小盒烟草。爱因斯坦并不缺烟,但他被这些小礼物深深地打动了,第一位收到他致谢回信的就是这位失业工人。当有人问这位老人这样一个问题:"对爱因斯坦科学著作内容毫无所知的人为什么如此仰慕他呢?"老人回答说:"当我想到爱因斯坦教授的时候,我有这样一种感觉,仿佛我已不是一个孤单单的人了。"这充分说明爱因斯坦的心始终与人民的心连在一起,他是平民百姓中的普通一员。

爱因斯坦老了。自从1917年那场大病以来,他一直有胃痉挛、肝炎和头晕恶心的毛病。1945年和1948年接连做了两次手术,在手术中还发现了腹部主动脉瘤。

1955年4月13日,爱因斯坦右腹部感到阵阵剧痛。医生的诊断是腹部主动脉瘤病情发作,并建议手术治疗。爱因斯坦拒绝了。当医生告诫他,那个主动脉瘤可能随时破裂时，爱因斯坦微笑着说："那就让它破裂去吧！"爱因斯坦已经知道自己的身体不行了，自己应该走了。他的生死观是豁达大度的，这是一生从事宇宙空间、时间与物质三者之间的联系及其本质的研究，在对自然界和人生的认识大彻大悟之后，所达到的一种超越自我的崇高境界。爱因斯坦对人生意义和价值有如此深刻的认识和理解，他的生命和广大人民融为一体，在人类生生息息的历史长河中看待生死问题，一个人的生命的存在或消失又算得了什么呢。

爱因斯坦生前受到唯理论哲学家斯宾诺莎的思想影响，他对斯宾诺莎这句话话特别欣赏："自由的人最少想到死，他的智慧不是表现在对死而是在对生的研究中。"爱因斯坦在人的生死问题上讲了许多寓意深刻的话，表达了他的生死观和人生观。当有人问他："你在临死之际会如何回答这样一个问题：您的一生是成功的还是虚度的？"爱因斯坦像往常一样毫不在意提出这样的唐突问题，他坦率地回答道："无论在临死之际还是在临死之前，这类问题都不会使我感兴趣……我不过是自然界的微不足道的一小块东西罢了。"他还说："我同所有活着的人是融为一体的，所以在这个无穷无尽的人流中，个别的成员开始了和终结了，我觉得都无关宏旨。"

有一次，他对英费尔德谈到生命问题时说道："生命——这是一出激动人心的辉煌壮观的戏剧。我热爱生命。但如果我知道过 3 小时我就该死了，这不会对我产生多大影响。我只会想，怎样更好地利用剩下的 3 小时。然后，我就会收拾好自己的纸张，静静地躺下，死去。"这句话说明爱因斯坦热爱生命，珍惜生命，然而，他没有把生命看得高于一切，他对生命的意义的理解有与众不同的地方，这就是活着为了工作，事业重于生命。1917 年爱因斯坦大病之后坦然对朋友讲："我死不死无关紧要。广义相对论已经问世了，这才是真正重要的。"所以，这次爱因斯坦住进医院后，就立即打电话给家里人，要他们把他的老花镜、钢笔、一封没有写完的信和一个没有做完的计算，送到医院里来。当他把这一切应做的事做完后，爱因斯坦松了一口气，嘴角浮起一丝满意的微笑，对周围的亲人们说："没什么，这里的事情，我已经做完了。"在这人生的最后时刻，充分反映了爱因斯坦品格的光辉独特之处。

1955 年 4 月 18 日凌晨 1 点 10 分，住在医院里的爱因斯坦的呼吸突然感到困难，护士急忙找医生来，便向房门走去，但听到爱因斯坦用德语说了几句话，护士没听懂，便走到床前。就在这一瞬间，他深深地呼吸了两下，便溘然长逝了。

上午 8 时消息对外公布，当天早晨，遗体解剖的结果表明。死因是"主动脉大破裂，它像一根用旧了的内部管道，终于爆破了"。下午 3 点半，爱因斯坦的遗体被悄悄地送到特伦顿附近火化，没有举行追悼仪式。跟随灵车的只有儿子、女儿以及几位最亲近的朋友。尸体被悄悄火化，骨灰撒在未向外界透露的秘密地方。火化前，在一个古朴的小教堂里，爱因斯坦遗嘱执行人那旦教授走到棺椁前，讲了几句悼词，然后轻轻地吟诵了一首《席勒丧钟之跋》中歌德为悼念挚友席勒而写的诗：

> 我们全都获益不浅，全世界都感谢他的教诲；那专属于他个人东西，早已传遍了人类。他像行将陨灭的彗星，光辉四射，把无限的光芒洒向四方。

世界著名的物理学家狄拉克教授高度评价爱因斯坦,他说:"爱因斯坦的工作从根本上带有开创性的特征。他从意想不到的方向打开新的思路,他创造了奇迹。其他物理学家然后发展了他的思想。爱因斯坦做出了三大革新:(1)狭义相对论;(2)波与粒子的关系;(3)广义相对论。每一个革新都意味着一个新纪元的肇始,都在科学史上享有不朽的地位。我们把这三个成就全部归功于爱因斯坦。"

葬礼之朴素,仪式之简单,如同他生前一样俭朴平常。这符合他生前的遗愿。他的遗嘱要求不举行宗教仪式,不举行任何官方仪式。按照他的愿望,甚至下葬的时间和地点除了护送爱因斯坦遗体去火葬场的12位最亲近的亲戚朋友外,一概没有通知。他去世前还一再叮嘱,切切不可将梅塞街112号变成朝圣的纪念馆,他在研究院的办公室一定要让给别人使用。不要设立坟墓、不要建立纪念碑,并希望死后将他的大脑献出来进行科学研究。除了他的科学理想和社会理想之外,一切都将随着他一同死去。

爱因斯坦本想做一个默默无闻的人,安安静静而去。但他走后,世人却不容他平静,许多国家报纸在头版登出了大幅的讣告和悼词,各国学术刊物出版纪念爱因斯坦的专号。中国科学院机关报《科学通报》发表了爱因斯坦的学生、中国物理学会理事长周培源教授写的纪念文章。当时正在印尼万隆召开的亚非会议临时增加了议程,举行了特别追悼仪式。在仪式上,参加会议的周恩来总理代表中国人民致了悼词。

现在,我们以崇敬的心情回眸这位隐没在历史深处的、不愿为喧闹所打扰的睿智的老人时,我们的耳畔会萦绕他生前的那句名言:"死去的我们将在我们共同创造的于我们身后的事物中得到不朽。""政治是暂时的,而方程式是不朽的。"同时,我们也会看到爱因斯坦所创立的相对论等科研成果在20世纪已造福人类,下个世纪必将继续造福人类。他的光辉业绩与日月同辉,与永恒的宇宙共存。

放射性现象的研究先驱

——居里夫人

人物档案

简　　历:法国著名波兰裔科学家、物理学家、化学家。全名玛丽亚·斯克沃多夫斯卡·居里,1867年11月7日生于波兰王国华沙市一个中学教师的家庭,6岁进入私立寄宿学校。14岁转入俄国管理的公立中学,17岁回华沙,在城内担任家庭教师。24岁赴巴黎求学。26岁获物理学学士学位。在她的指导下,人们第一次将放射性同位素用于治疗癌症。由于长期接触放射性物质,居里夫人于1934年7月4日因再生障碍性恶性贫血在法国上萨瓦省逝世。

生卒年月:1867年11月7日~1934年7月4日。

安葬之地:巴黎的先贤祠。

性格特征:淡泊名利,珍惜时间,献身科学,探讨真理,生活简单,保持安宁,不图财富,爱好和平。

历史功过:一生两度获得诺贝尔奖,第一次获诺贝尔物理学奖,第二次获诺贝尔化学奖。10项奖金、16种奖章、104个名誉头衔。研究放射性现象,发现镭和钋两种天然放射性元素。被称作镭的母亲。

名家评点:哈定总统在热情洋溢的致词中赞扬居里夫人是一个"高尚的人、忠实的妻子、慈爱的母亲。除了她那极艰辛的工作之外,还尽到了妇女的全部天职"。

童年失学

居里夫人原名玛妮雅,1867年11月7日生于波兰华沙。她的父亲乌拉狄斯拉·斯可罗多夫斯基是位中学数学和物理学教师,懂八国语言,有着渊博的知识。她的母亲受过良好的教育,曾担任一所女子寄宿学校的校长,还是位音乐家。

　　玛妮雅是这个波兰家庭中最小的孩子,她有四个哥哥姐姐。小玛妮雅从小做什么事都很专心,有惊人的记忆力。那一年夏天,全家都去乡下度假,8岁的姐姐布罗妮雅觉得独自一个人念字母太乏味,就跟小妹妹玛妮雅一起玩拼字游戏。姐姐将写着字母的纸板随意地在草地上排列成单词,一边排,一边认。

　　一天,父亲检查孩子的功课,对布罗妮雅说:"我来看看,你的书念得怎么样?"

　　布罗妮雅打开书本,结结巴巴地拼读着单词。冷不防小玛妮雅在一旁听得不耐烦,夺过姐姐手中的书本,很流利地读起来。

　　斯可罗多夫斯基和夫人同时惊奇地望着洋洋得意的小女儿。要知道,小玛妮雅当时才4岁,还没有上过一天学哩。她心里准在想,爸爸妈妈一定会美美地夸自己一番。没料想当她抬起头时,只见他们彼此交换了一下眼色,妈妈用一种虽然平静、却是不容违拗的口气对她说:"行啦,孩子,去玩你的积木吧!"

　　小玛妮雅当时还不能理解爸爸妈妈为什么不让她念书识字。对波兰人来说,那是一个最困难时期。她的祖国被普鲁士、奥地利和俄国一分为三,华沙属俄国统治。沙皇下令把俄语规定为正式用语,波兰人不准再讲他们的民族语言。每所学校都有俄国学监。谁胆敢反对俄国统治者,就要被处死刑,或被流放到冰天雪地的西伯利亚去。谁家父母不指望孩子早读书、多读书?就因为小玛妮雅太聪明,童言无忌,爸爸妈妈怕她过早地接触书本,懂得的事太多,会惹出祸来。

　　话虽这么说,但是小玛妮雅毕竟生活在这样一个知识分子的家庭里,怎么可能躲开书本呢?每天,斯可罗多夫斯基家的孩子都围坐在大书房的一张桃花心木的法国式大写字台周围,在那里做功课。斯可罗多夫斯基常说:"罗马征服了世界,但希腊文化征服了罗马。"要想热爱祖国,就要努力学习知识,用丰富渊博的知识报效祖国。

　　小玛妮雅多么希望自己快快长大,也能在那个大写字台旁有一个属于自己的位子啊!

　　书房里的墙上有个气压表,每隔几天,爸爸总要当着孩子们的面拨正那镀金指针,并把它擦得干干净净。那里还有一个特别的玻璃橱,里面摆放着许多漂亮别致的小天平、矿物标本、玻璃器皿,甚至还有一个金叶检电器……小玛妮雅常常睁大了一对好奇的眼睛,踮起脚尖注视着它们,问父亲它们叫什么名字。

　　"这是物理仪器。"父亲爱抚着她的头说。

　　"物理仪器?"小玛妮雅重复着这个名字,并牢牢记住了这有趣的名字。她怎么也想不到自己在以后的日子里会一辈子和它们结下不解之缘。

爱国少年

　　满6岁,玛妮雅进了学校。虽然她比班上的同学小两岁,但是她的成绩比任何同学都要好。只要有考试,她总是考第一:算术第一,历史第一,文学第一,德文第一,法文第一，教义问答第一——……

这是一堂历史课。历史老师虽然长得算不上美丽，但她是波兰人，她正在偷偷地用波兰语给孩子们讲波兰历史。

25个学生听得那么出神。他们一只耳朵在听老师讲波兰王奥古斯特的故事，另一只耳朵却随时在倾听走廊上的动静。

"玛妮雅·斯可罗多夫斯基。"

"到！"

"请你告诉我们斯塔尼斯拉斯·奥古斯特的事迹，好吗？"

"1764年，斯塔尼斯拉斯·奥古斯特被选为波兰王。他受过良好的教育，智慧过人。他爱自己的国家，他了解这个王国一天天衰弱下去的种种弊病，他要为它寻求拯救的方法。但是不幸的是，他是一个缺乏勇气的人……"

突然，从楼梯平台那边传来了一阵轻微的电铃声。

"动作快一点，同学们！要镇静，不要害怕。"老师立即下令收拾所有桌子上的书籍、笔记本，把它们全包裹在五个学生的围裙里，溜出通向宿舍的后门，悄悄藏好。

当这五个同学喘着气回到自己的座位上时，教室的门打开了。

戴着金边眼镜的霍恩堡先生腆着他的大肚子出现在教室里。他是沙皇派来的督学——华沙城内私立寄宿学校的视察员。站在他旁边的是校长西科尔斯卡女士。

视察员看见25个小女孩都毫不例外地低头做针线，手上戴着针箍……校长从容地用俄语对视察员说：

"督学先生，这些孩子每星期有两个小时的缝纫课。"

这位督学先生连看都不看一眼校长。

"那是一本什么书？"他盯住女教师。

"克雷洛夫寓言。"女教师镇静地把书本递给督学。

督学当然认识书本上的俄文字。他把脸转向全体学生，看得出他要考察一下女教师讲的是不是真话。女教师抢先一步，目光落在玛妮雅的脸上：

"玛妮雅，请你给督学先生背诵一段克雷洛夫寓言。"

"不。"督学突然打断说，"还是背一遍祈祷文吧！"

这是沙皇的发明。强迫波兰孩子每天用俄语背诵天主教祈祷文，以便将俄罗斯文化不知不觉地渗透到他们的信仰之中。玛妮雅虽然一百个不愿意，但还是满足了督学先生的要求。

"好。"没料到督学先生还不满足，"再回答我，从叶卡捷琳娜二世起，统治我们神圣俄罗斯的皇帝是哪几位？"

"叶卡捷琳娜二世，保罗一世，亚历山大一世，尼古拉一世，亚历山大二世……"

"现在，谁在统治我们？"

玛妮雅紧紧地咬着嘴唇。校长和老师同时低下头去，玛妮雅明白，这是为了掩饰他们的愤怒。

督学生气了，提高了声音："我在问你，现在，谁是我们的最高统治者？"

"亚历山大二世陛下，全俄罗斯的皇帝。"玛妮雅声音打战地说。

督学走了。教室里又恢复了往日的平静。但是玛妮雅却哭了，哭得那样地伤心。她恨自己不得不撒谎，更恨那些令自己受屈辱的侵略者。

童年，本该是天真烂漫、无忧无虑的岁月，可是带给玛妮雅的似乎尽是噩梦和悲哀。

6岁时，她父亲因为为一个学生说话，顶撞了俄国校长，被撤掉了副校长的职务。

9岁那年，她的大姐姐被斑疹伤寒夺走了娇嫩的生命。

10岁的时候，可恶的肺结核又夺走了她的母亲……

多少次她颤抖地跪在上帝的面前，祈祷上帝把生命和健康赐给她最亲爱的人，她愿意用自己的生命代替他们的死，可是上帝始终没有听到她的声音。

是的，她的力量实在太单薄了，她的声音太微弱了。看来，她唯一能做的只有读书。只有在她埋头读书的时候，她才能忘掉这一切烦恼和痛苦。她坚信"罗马征服了世界，但希腊文化征服了罗马"这一真理。

无论是在教室里，还是在宿舍里，同学们都能看见她，玛妮雅那么用心专注地在读书，以致同学们高声地喊她，跟她说话，她都听不见。一天，一些寄宿生和她的姐姐们共同策划了一个恶作剧，悄悄地在她周围用椅子搭起了个"脚手架"，两边各放一张，后面放上一张，头上再加一张、两张、三张，把她夹在中间，然后神不知鬼不觉地离开，看她怎么办。

过了很久，玛妮雅看完了书，抬起头来，那个庞大的"建筑物"轰然压在她的头上、肩膀上，于是招来一片笑声……

1883年，玛妮雅从克拉科维中学毕业。由于成绩优异，她得到了一枚金质奖章。

永恒学生

中学毕业的玛妮雅多么渴望上大学啊！可是，当时的波兰当局规定，女孩子不能上大学；要上大学只能到国外去。可到国外去，得花一大笔钱。父亲挣的那点微薄工资怎够供得起呢？她的姐姐布罗妮雅就是因为没钱上大学，不得不去做一名补习教师。

16岁半的玛妮雅也像姐姐一样当上了补习教师，专门为一些成绩不好的学生补课。这份工作不好干，一小时才半个卢布，还常常受气。一天，玛妮雅对姐姐说：

"布罗妮雅，我把事情仔仔细细想了一遍，照这样下去，只怕咱俩一辈子都别想上得了大学。"

"难道你有什么更好的办法？"

"你不是已经积蓄了一笔钱，够你去巴黎的旅费和一年的大学生活费？还等什么呢！你先去，我留在这里，找一户供我膳宿而又不花钱的人家去当家庭教师，你以后几年的生活费由我每月按时给你寄去。"

"这不行！这太委屈了你。"

"我的傻姐姐,我不是白供你,等你大学毕了业,当上了医生,回头再帮助我完成大学学业。这不是两全其美吗?"

"可是,我的小玛妮雅,为什么我应该先去?你的天资这么好,先走的应该是你。"

"傻姐姐,你真糊涂!你都20岁了,我才17岁,你已经等了很久了。我不急。等你开了业,你就可以往我身上撒金子了。这事我已拿定主意了,咱别再争了!"

就这一决定,使玛妮雅付出了6年的代价。6年中,她用当家庭教师挣得的一个个卢布,既帮助姐姐完成了学业,也为自己积蓄了一笔前往巴黎的路费。

1891年11月3日,玛妮雅终于坐在巴黎大学理学院的教室里,取得了听课的权利。不过,从这天起,她不再用玛妮雅的名字,因为这个名字用法文念起来很拗口,她用法文拼写成玛丽。这个名字一直沿用到她成为居里夫人——玛丽·居里。

从这天起,巴黎大学宽敞的物理实验室里,每天都可以看到一位年轻的金发姑娘,穿着灰色的实验工作服,或者在聚精会神地探身注视着曲颈瓶,或者埋头在摆满仪器的长桌上记录数据。她一向是来得最早的人,也是最晚离开的人。

从这天起,每天晚上,人们都会在图书馆里见到她,不到关门的时候她是不会离开的。

起初,玛丽住在布罗妮雅姐姐家里。布罗妮雅已经结婚,姐夫是她的波兰同学,也是个医生。一个医生的家里,随时会闯进个病人,使得玛丽无法安静读书。加上离开学校又远,她不愿把宝贵的时间浪费在路上,后来就在学校附近租了一间房子。

这是七层楼上的一间小阁楼。斜屋顶上有一个天窗透进光线,没有煤气,没有水,更没有暖气。全部的家具就是一张折叠铁床、一只大箱子、一张松木桌子、一把椅子、一个脸盆、一个火炉、一盏油灯和一个木桶;木桶是用来到楼梯口的公共水龙头去打水。要是来了客人,她就把那只装衣服用的棕色大箱子拉出来当椅子,上面能坐两个人。

为了省下买取暖木炭的钱,天一黑她便跑到图书馆去看书,那里有煤气灯,而且比较暖和,一直用功到图书馆关门。回到家里,只要灯里的油足以点到凌晨2点就够了。

有一天晚上,实在冷得不行,她把箱子里的所有衣服都拿出来堆在被子上。半夜里还是把她冻得醒过来,只得将那唯一的椅子拖过来压在最上面。这么一来,你想象得出,她还能动弹吗?她就这么个一动不动地蜷缩着过了一夜。

吃的就更加马虎。常常一连几个星期,只吃些抹了黄油的面包,喝茶。有一次,晚饭只啃了几个萝卜和半磅樱桃,然后用功到清晨3点多,只睡了4个小时,就去学校做实验了。回到家里,看到桌子上有几个小萝卜,抓在手里才啃了几口,就昏

居里夫人在做实验

过去了。

用今天年轻人的眼光看来,或许你会说:这也太苦太亏待自己了! 不,玛丽在给哥哥的信中写道:我只惋惜一件事,日子太短,过得太快。她在一首诗里这样自豪地写道:

……啊,这个女学生的青年时期过得何等顽强,

而她周围,别的青年正以一种有增无减的热情

贪婪地把轻易得到的快乐找寻!

可是在孤独中

她过着默默无闻然而非常幸福的生活,

因为她在自己的小屋子里找到了

出自她那宽广胸怀的热诚……

人们称玛丽为"永恒的学生"。学生永远是年轻而贫穷的,愈是贫困的学生常常愈有出息。为了迎接老天将要降大任于他们,他们甘愿尝遍人世间苦难,付出任何代价!

1893年和1894年,玛丽先后以物理第一、数学第二的成绩,取得了物理和数学学士学位。不久,她又获得了两个硕士学位。

夺镭之战

玛丽一生的最大成就无疑是镭的发现。说到镭的发现,必须要提到另一个人。这就是比埃尔·居里。

比埃尔·居里是巴黎市立理化学校的实验室主任。玛丽在攻读硕士学位期间,在李普曼教授的实验室里从事各种钢材磁性的研究。由于需要测定的金属样品实在太多了,李普曼教授的实验室实在容纳不下,可巧居里的实验室比较空,在巴黎大学朋友的介绍下,玛丽把那些金属样品搬到他那儿去。真是天赐良机,此时居里也正在准备磁学方面的博士论文,由于共同的志趣,两人情投意合,成了终身伴侣。

从此,玛丽小姐成了居里夫人。

尽管成了居里夫人,而且很快有了第一个孩子,但是并没有影响她从事科学研究的决心。当时,世界上还没有一个女博士,她居里夫人执意要成为第一位女物理学博士!

在准备博士论文的日子里,居里夫人读到了法国物理学家贝克勒尔的最新实验报告。贝克勒尔第一次发现铀在黑暗中放射出一种射线,能穿透物质。居里夫人立即将自己的博士论文研究课题定为:这射线从何而来? 经过大量测试研究,居里夫人发现,这种射线来自铀原子的本身。除了铀,还有钍也能释放出这种奇特的射线。她于是把这种现象称作"放射性",把铀和钍称作"放射性元素"。

不久,她又发现,沥青铀矿石中,不只是一种放射性元素,还含有另外的放射性元素。

这一发现引起了比埃尔·居里的极大兴趣,他连忙放下原先的研究工作,与夫人并肩战斗,全身心投入新元素的研究。

1898 年 7 月,居里夫妇发现了第一个新元素。为了纪念居里夫人的祖国波兰(Poland),这种新元素被命名为"钋"(Polonium)。

1899 年 10 月,他们又发现了第二个新元素"镭"。

一口气发现了两个新元素,对年轻的居里夫妇来说,该心满意足了?不,居里夫人仅仅把这看成是工作的开始。她立刻给自己提出了第二个目标:一定要提炼出纯净的镭!

要知道,沥青铀矿中镭的含量少得可怜,要把它分离出来,至少要几吨重的矿石。而沥青铀矿又非常珍贵,在欧洲,当时只有奥地利的波希米亚才有,价格昂贵,居里夫妇哪能买得起?好不容易通过维也纳科学院的说情,奥地利政府才同意让出几吨提取过铀之后的废矿渣给他们做实验。

原料有了,工作场地呢?他们四处奔走,终于在巴黎理化学校找到一间被遗弃的木板房。从此,就在这间连搁尸体都不合格的棚屋内,这一对科学伴侣开始了持续四年之久的夺镭之战。他们成天穿着被酸腐蚀的旧工作服,在熏眼和呛嗓的烟雾中工作着。就像居里夫人自己写的:

"洛蒙街的棚屋里,夏天,由于房顶是玻璃的,闷热得像温室。冬天——不知究竟是雨水还是严寒更可怕些。"

"我每一次炼制 20 公斤左右的原料,不得不使整个棚屋塞满了装溶液和沉淀渣滓的大罐子。从早到晚搬挪容器,倾倒溶液,在铁锅边一连几小时地搅拌熔浆。"

"但是,就在这个破旧简陋的棚屋里,度过了我们生活中最幸福的年代,我们的全部精力都用在工作上。有时候我一整天都在院子里搅拌煮沸的溶液,使用的搅拌棍跟我的个子一样高。到傍晚,我累得站也站不住了。"

就这样,日复一日,年复一年,经过 45 个月的鏖战,他们终于在 1902 年 3 月提炼出了 0.1 克纯净的镭。为了得到这 0.1 克镭,他们总共处理了 8 吨沥青铀矿渣。这个新发现的金属,原子量为 226。

那是一个值得纪念的夜晚。居里夫人照看女儿睡着后,下楼来到比埃尔的身边。看得出来,白天提取到镭的那种兴奋还无法平静下来。

"难道真的过去四年了吗?"她激动地望着比埃尔说。

"别去想它了,现在需要休息。睡一觉,明天早上你又可以看到你的宝贝镭了。"

"明天?为什么不是今晚呢?我们再到棚屋去看看好不好?"

其实,比埃尔又何尝不想现在就去,去看看那个结晶体!于是他们穿上外衣,走向棚屋。打开门时,他们故意没有开灯。黑暗中,一幅奇异的景象呈现在他们的眼前:只见盛镭的玻璃管内放射出美丽的蓝色荧光,宛如神奇的宝石一般,足以能看书写字。对,镭拥有的热能是煤的几十万倍。这就是凝聚了他们四年的心血才诞生的宝贝!

他们把这宝贝装在一个小玻璃管内,放在铅盒里保管,因为只有铅才能挡住镭的射线。然后激动地相互拥抱起来。

任何语言都难以形容此时此刻这对科学家的心情。就像居里夫人后来回忆说:"就在这间可怜的破棚屋里,我们度过了一生中最美好、最幸福的时刻。……我将永远——

直到生命终结——也不会忘记这个荧光之夜。"

镭的发现和提炼成功,具有划时代的意义。从此,不仅诞生了一门新兴科学——放射学,还为人类打开了探索原子世界奥秘的大门,引发了科学和哲学研究的新突破。

在此以前,科学家认为,原子是物质的最小组成单位。居里夫人的镭和她关于放射性来源的研究,为人们打开原子结构这扇大门提供了一把钥匙,大大地缩短了人类通往核时代的进程。

镭的用处太大了! 利用镭的射线,可以治疗癌症。还可以制成各种混合剂,用作钟表和仪表刻度上的发光涂料,用作地质勘探等。如何获取镭,这个秘密只有居里夫妇知道,很多人建议他们申请专利权,从而获得最大利益。居里夫人不假思索地拒绝了这个建议,她说:"科学是属于全人类的。我们发现了镭,又把它据为己有,这违反科学精神。再说镭能治病,我们就更该无条件地献出它的秘密。""镭不应该使任何人发财致富。镭是化学元素,应该属于整个世界。"她毫无保留地把提取镭的全过程公诸于世。

当时,1 克镭价值 75 万金法郎,10 万美元,比最贵重的珠宝还要昂贵。但是居里夫妇毫不犹豫地把它们贡献了出来。

勇敢战士

1903 年 6 月,居里夫人获得了物理学博士学位。同年 11 月,英国授予居里夫妇戴维金质奖章;12 月,瑞典斯德哥尔摩科学院颁发诺贝尔奖,一半授予贝克勒尔,一半授予居里夫妇。

崇高的荣誉改变了居里夫人的科学研究条件,他们惜别了简陋的小棚屋,搬进巴黎大学的实验室大厅。

正当他们全力以赴投身于新的研究工作时,不幸的事发生了:比埃尔·居里在大街上被一辆载货的马车夺去了生命。噩耗传来,如晴天霹雳。可怕的打击,没有把居里夫人击倒,她拒绝接受给予她的抚恤金,认为自己是个还可以工作的人,她要将她和比埃尔共同而未竟的事业继续下去。她接过巴黎大学为比埃尔·居里设立的教席,走上讲台。

在当时,还从没有一个女人走上大学讲坛。这一天,巴黎大学的阶梯教室内,120 个座位座无虚席,后来者只好站在过道上、走廊里甚至广场上。

1911 年 12 月,居里夫人由于在化学方面所做的出色成绩,第二次获得诺贝尔奖。

居里夫人的声誉传遍了五大洲。她的书桌抽屉里装满了名誉博士学位证书和外国科学院通讯院士的证书。她是法国医学科学院的第一位女院士,同时被聘为其他 15 个国家科学院的院士。她的一生中共获得 10 次科学大奖,16 枚奖章和勋章,先后有 25 个国家授予她 104 个荣誉职位。可是她从没有把荣誉当回事。

有一天,她的一位女朋友来她家做客,忽然看见她的小女儿正在玩英国皇家学会刚刚奖给她的一枚金质奖章,不觉大吃一惊,忙问:"玛丽,能够得到一枚英国皇家学会的奖章,是极高的荣誉,你怎么能给孩子玩呢?"居里夫人笑了笑说:"我是想让孩子从小就知道,荣誉就像玩具,只能玩玩而已,绝不能永远守着它,否则就将一事无成。"

难怪爱因斯坦说:"在世界所有的著名人物中,居里夫人是唯一没有被盛名宠坏了的人。"

1914 年 7 月,居里夫人亲自主持设计并建造的镭研究院终于竣工了。视科学为生命的居里夫人正准备大干一场的时候,第一次世界大战爆发了。眼看德军一天天向巴黎逼近,作为一个母亲,居里夫人没有跑去同自己的女儿们待在一起,而是毫不犹豫地锁上了实验室的门,带着病弱的身体,同许多勇敢的法国妇女一起,投入了保卫祖国的战斗。因为法国是她的第二祖国。

当然,居里夫人不可能拿枪上战场。"让我的科学知识为法国发挥出最大的效益。"她这样对自己说。

当时所有前线和后方的医院,还都没有 X 光检查设备,而恰恰只有 X 光可以帮助医生迅速准确地找到射入人体内的子弹或弹片。战地医院最需要这种设备。居里夫人利用自己的名望,四处奔走和动员,用最快的速度装备了 20 辆 X 光轻便流动车、200 个 X 光检查室,培养了 150 名专业人员,救助的伤病员总数超过 100 万。

在战地救护所或野战医院的战士们,人人都熟悉这位两鬓斑白的白衣战士。她亲自为伤员透视,在暗室里一干就是几个小时,有时甚至几天。整个前线都认识她的汽车,战士们都亲切地称呼它为"小居里"。她把第二次获得的诺贝尔奖奖金全部捐给了国家,却从不要求别人对她格外优待。忙得顾不上早餐或午饭,就随便啃一个干馒头;夜里错过了住宿点,就胡乱裹一件军大衣睡在汽车里或随便支个露天小帐篷对付过去。

她常常自己开车,亲手清洁油污的汽化器。有人看见她冒雨站在泥泞的马路上,在敞开的汽车头前弯腰检查冷凝器;也有人看见她用自己瘦弱的身体吃力地压住千斤顶,给汽车换轮胎。

有一次,她坐的汽车翻到沟里去了。车子里装满了 X 光片和各种仪器、药品,大大小小的匣子立刻把她埋了起来。那个年轻的司机看不到居里夫人,急得叫道:"夫人! 夫人! 你死了吗?"她醒过来,第一个念头不问自己伤到没有,而只顾问:"那些 X 光片子,还有那些仪器,是不是摔坏了?"

战争持续了四年,居里夫人一直战斗在最前线。使她尤感欣慰和自豪的是,她 17 岁的大女儿伊伦娜成了她的助手,始终与她并肩战斗。

万众敬仰

战争终于结束了,居里夫人又回到了她的实验室。镭研究院虽然可以正式启用了,但是由于战争带来的创伤,百废待兴,经费短缺,连他们研究的对象——镭,原先全法国就这么 1 克镭,也在战争时用于医学治疗了。居里夫人尽管四处奔走,发表演说,仍是杯水车薪,无济于事。

1925年5月,一位著名的美国新闻记者麦朗妮夫人访问居里夫人,问她:"如果现在把世界上所有的东西任您选择,您愿意要什么?"

"一克镭。"居里夫人说,"以继续我的研究。但是我买不起,它太贵了。"

这位记者深深地为居里夫人的朴素心愿感动了,她一回到美国,就到处写文章和发表演说,发起了一场空前规模的为镭的发现者募捐活动。

一年后,早已忘记了那次谈话的居里夫人突然接到来自美国的邀请信:"款已凑足,镭是你的了。合众国的总统将在白宫亲自把1克镭赠给你。"

1921年4月27日,巴黎为居里夫人举行了盛大的欢送仪式。

几天之后,奥林匹克号轮船把居里夫人和她的两个女儿带到了美国。码头上,成千上万的群众穿着节日盛装,手持鲜花,举着巨幅标语:"欢迎人类的造福者"。

5月20日,美国政府高级官员、陆海空将领、大学生代表以及各界杰出人士云集白宫,举行了具有历史意义的赠镭仪式。哈定总统在热情洋溢的致词中赞扬居里夫人是一个"高尚的人、忠实的妻子、慈爱的母亲。除了她那极艰辛的工作之外,还尽到了妇女的全部天职"。然后亲手将一把用以打开锦匣的金钥匙连同一卷用三色带扎着的文件,授予居里夫人。

锦匣内装着1克镭。那文件是赠送证书,头天晚上居里夫人就看到了这个证书,她阅读后坚决要求予以修改。她说:"美国赠送我的这1克镭,应该永远属于科学。在我有生之年不必说,它将被完全用于科学研究。按照现在的说法,就意味着我死之后这克镭将成为私人财产,即我女儿们的私产,那是绝对不行的。"麦朗妮夫人只好连夜找律师把证书做了修改。

也许居里夫人自知不久于人世,从美国回来以后,她的身体一直很糟糕。长期的镭辐射损害了她的身体,导致白血病。但是居里夫人依然没有停止她的研究工作。

1934年7月4日,一颗伟大的心脏停止了跳动,居里夫人走完了光荣的一生,终年66岁。

第二年,在她众多的科学著作中又多了一部不朽巨著——《放射学》。

如果居里夫人地下有知,她一定会感到欣慰,由她开创并领导的镭研究院的科学家们,从1919年到1934年的15年间,共发表了483篇科学报告。他们的研究成果越来越令世界瞩目。其中包括居里夫人的大女儿伊伦娜和她的丈夫弗雷德里克·约里奥,由于他们在人工放射方面的出色研究成果,而被授予诺贝尔奖。居里夫人的二女儿伊芙的丈夫亨利·拉布伊斯,由于在联合国儿童基金会的出色工作,获得1965年度诺贝尔和平奖。一个家庭之中居然有这么多的人得到这一被公认为世界上的最高荣誉,不能不算是一个奇迹!

现代科学之父

——伽利略

人物档案

简　　历：意大利天文学家、物理学家和工程师、欧洲近代自然科学的创始人。伽利略被称为"观测天文学之父""现代物理学之父""科学方法之父""现代科学之父"。1564年2月15日出生于意大利比萨,17岁在比萨大学医学系读书。25岁回到比萨大学担任数学教授,1592年担任威尼斯帕多瓦大学的数学和天文教授。他是为维护真理而进行不屈不挠的战士。晚年伽利略继续接待游客,直到1642年,在遭受发烧和心脏病之后,他于1642年1月8日去世,享年77岁。

生卒年月：1564年2月15日~1642年1月8日。

安葬之地：意大利佛罗伦萨市区南部的圣十字圣殿(也称"圣十字教堂")。

性格特征：勤奋、聪颖好学,聪明能干,勇敢多谋,出言不逊,锋芒毕露,好奇心强,喜欢刨根究底提问题。

历史功过：做过著名的"伽利略落体实验"。发明了酒精体温计和水银体温计,计算出月亮表面山脉的平均高度4英里,发现了木星周围的四个卫星,出版了著名的《星空使者》,发现了太阳黑子。著名著作《关于托勒密和哥白尼的两大世界体系的对话》。

名家评点：爱因斯坦中肯的评价说"伽利略的发现,以及他所用的科学推理方法,是人类思想史上最伟大的成就之一,而且标志着物理学的真正的开端。"

伽利略与摆钟

众所周知,意大利的北部西海岸,有一座比萨斜塔。这座 54.5 米高的八层大理石圆柱形钟楼,从 1174 年开始建造,1350 年方才竣工,耗时近 200 年,落成时却发现塔顶中心点偏离垂直线 2.1 米。年复一年,倾斜度不断加剧,而今已增加到 4.9 米。

世界上的事有时真不可思议,一座端端正正的塔不会引起很多人的注意,造歪了,塔斜而不倒,反倒成了世界一大奇观,吸引来不少好奇的观光者。比萨城因此出了名。

1564 年 2 月 15 日,伽里莱·伽利略就诞生在比萨城的一个普通的没落贵族家庭里。伽利略的父亲是个音乐师,虽有才气,却收入有限。他希望儿子将来当一名医生,既有社会地位,又能赚大钱。

伽利略从小聪颖好学,有莫大的好奇心,喜欢刨根究底提问题,更爱闷着头儿制作一些小玩意,诸如小车、小船、小玩具,常常把家里的一些东西拆过来装回去。17 岁那年,他果然如愿以偿地进了比萨大学医学系。

可是读了一阵子,他就感到十分失望。他发现自己的老师只会在讲义和黑板上为病人治病,而从不去临床给病人治病。跟这样的老师学医,哪怕一辈子也成不了一名真正的医生。

然而幸运永远不会抛弃勤奋的人。正在伽利略感到迷惘之时,一个偶然的机会,他旁听了宫廷数学家奥斯蒂里奥·里奇做的一场关于欧几里得几何学的演讲,使他兴奋不已。啊,原来数学里面有多么奇妙的学问啊!从此,伽利略对数学产生了浓厚的兴趣。

从这一天起,伽利略想方设法主动接近里奇,他准备了一大堆问题上门求教。这回他的运气好极了,里奇是个诲人不倦的老师,他看见年轻人这么好学,而且天赋极高,自然非常乐于用心指导,并主动借书给他。伽利略很快从数学家那儿学会了平面几何、立体几何,并且更深入掌握了阿基米德关于"杠杆""浮体比重"等理论。扎实的数学功底为伽利略后来的科学研究道路奠定了基础。

就像每一座万丈高楼总是从最低一层一点点往上砌的,所有卓有成就的大科学家也都是从看似不起眼、极易被人忽略的小处起步,一步步跨进科学殿堂。机遇对于每个人都是公平的,就看你善不善于把握。

那是 1583 年,伽利略在读比萨大学三年级的时候。一个星期天,伽利略在比萨大教堂里做弥撒。与其说他是个虔诚的天主教徒,还不如说教堂中那种肃穆气氛和四周栩栩如生的绘画、雕刻,深深吸引了他。

教堂里灯火辉煌,乐声悠扬。他挤在一大群男女信徒之间,嘴里唱着赞美诗,眼睛却注视着教堂半空中的一盏古老的吊灯。一阵微风吹来,吊灯轻轻飘荡,一来一回左右摆动起来。

自从有了比萨教堂,就有了这盏吊灯,它在空中摆动是司空见惯的事,可今天却引起了伽利略的浓厚兴趣。

为什么呢？"你看，多奇怪！不管这吊灯怎么摆动，幅度大或小，但看上去每次摆动的时间都相等，这是怎么回事？"为了证明自己的判断是否正确，他早已忘记自己正在做弥撒，只顾东张西望，希望能找到一样能帮助自己确定时间的东西，可是教堂里除了壁画和神像……哦，他突然想到了自己的脉搏——医学院的课程毕竟没有白读！于是他一边摸着自己的脉搏，一边注视着吊灯的摆动。很快他就发觉，一点不错，吊灯的摆动有等时性的特点，每次摆动时间完全相同。

伽利略为自己的发现感到十分惊喜。回到家后，就动手做了一个实验。

他找了一根绳子和几块铁片。把铁片固定在绳子的一端，另一端绕在一个木架上。一会儿，他把绳子收短，本来摆动缓慢的铁片变得急促起来；再把绳子放长，铁片又开始慢悠悠地摆动了。他继续实验，用同样长的绳子拴上大小不同的铁片，结果，摆动的速度一个样。

伽利略还根据脉搏跳动的次数，在绳子上做出不同的标记。他分别在 50、60、70 下的几个地方做上记号。当绳子上标"70"的地方对准木架的横木时，说明绳子的摆动每分钟是 70 次；对准"60"，绳子就摆动 60 次。这根绳子和铁片就成了这个仪器的"摆"。

世界上最原始机械摆钟的设计——绳子和铁片，就这样诞生了。由于伽利略忙于各种实验，没有来得及把自己设计的这种摆钟制造出来。几年后，一个叫海更斯的荷兰商人，根据伽利略的设计，制成了世界上第一座带有钟摆的钟，近代钟表业由此发展起来。

而今，当人们充分享用钟表带来的无限乐趣时，千万不要忘了这是伽利略的功劳。

当然，你也该记住，摆钟的祖先就是那盏挂在比萨教堂里的吊灯。但如果没有伽利略的善于观察和勤于思考，吊灯和钟摆就永远联系不到一起。

落体实验

一位哲人说："打开一切科学的钥匙毫无异议的是'？'。"好奇心是科学家的一种重要品格，也是走向成功的一把钥匙。如果你能不断强化自己的好奇心，锲而不舍地"打破砂锅问到底"，那么，你便有望获得新的发现。

伽利略在比萨大学读书期间，因为经常向老师提出诸如"行星为什么不沿着直线前进而要圆周运行"一类怪问题，老师嫌他"提问太多了"。可这并不能挫伤他的求知欲望，也不能遏制他探索新鲜事物的好奇心。

1589 年，25 岁的伽利略回到母校比萨大学担任数学教授。他原以为今非昔比，没想到这里的学术气氛还是那么保守、腐朽和沉闷。

深夜，意大利比萨大学的校园里静悄悄的，连小鸟都睡着了。远处只亮着一盏灯光，青年伽利略正在灯下聚精会神地读书。此时他在读一本亚里士多德的著作。大哲学家渊博的知识、精辟的见解，深深吸引了他；他忘记了时间，忘记了周围的一切，如饥似渴地

科技巨匠

在知识的海洋里遨游。

突然，他的目光在一句话上停住了。好一会儿，他的目光才从书本上慢慢移开，独自沉思着，嘴里念念有词地在琢磨着这句话："重的东西落地快，轻的东西落地慢……"果真是这样吗？

伽利略反复做了多次实验，都证明这个结论是错误的。

"'重的东西落地快，轻的东西落地慢'，这是伟大的亚里士多德说的，你怎么敢怀疑呢？"同事们不假思索地指责他说。

"为什么？难道亚里士多德的话就句句都正确，永远永远不能怀疑吗？"

"怀疑我们的先哲，就是对真理的背叛，是有罪的！"

于是争论变成了一种无知的冷笑和恶意的攻击。伽利略明白，挑战权威需要勇气，更需要用事实来证明。

几天后，比萨大学的校园内贴出了一张醒目的海报：

各位同仁、各位同学：

为了证明亚里士多德关于一轻一重两物下落速度有快有慢之说正确与否，本人定于本周四在比萨斜塔上做实验，希望大家前往参观。

伽利略

比萨校园沸腾了！有人认为伽利略大逆不道、胆大妄为，有人以为他哗众取宠、沽名钓誉；很多人对此嗤之以鼻，纷纷嚷道："伽利略疯了，他会当众出丑的。"但也有许多年轻人佩服伽利略的胆量和勇气，希望伽利略取得成功。

预定的日子终于到了。这是 1590 年夏末初秋的一个中午，阳光明媚，晴空一碧。伽利略和他的助手带着两个铁球，登上了 54 米高的比萨斜塔，向成千上万围观的人宣布道：

"各位先生，各位朋友，大家请看，我手上有两个球，左手上的小球重 1 磅，右手上的大球重 10 磅。现在我把这两个球同时扔下去，请注意，它们会不会同时落地？"

说罢，伽利略松开双手。

顿时，万众仰视蓝天下的塔顶，两个重量相差 10 倍的铁球，牵动着千万颗心，越落越快，越落越快，"砰"的一声，同时落地！

比萨斜塔下人们欢呼雀跃，奔走相告：伽利略胜利了！伽利略胜利了！

这就是流传几百年的著名的"伽利略落体实验"。

发明体温计

1592 年，伽利略接受威尼斯帕多瓦大学的聘请，担任该校的数学和天文学教授。

帕多瓦大学以医学教育出名，学校里有许多一流的医生，他们知道伽利略在物理学上的成就，都喜欢跟他交朋友。著名医学教授桑托里奥就是其中的一位。

有一天，不知从哪个话题引起，他对伽利略说，自己长期与病人打交道，却有个问题一直解决不了，深感苦恼。

伽利略立刻感兴趣地问道："像你这样大名鼎鼎的医生，难道还有什么病症把你难住了不成？"

"倒不是什么疑难病症。"这位医学教授说，"很多人生了病，体温就会升高。显而易见，体温对于及时诊断病情、对症下药是个十分重要的依据。只可惜直到现在为止，我们还没有办法准确地测出人体的体温，如果能有一种测量体温的体温计就好了。"

说者无意，听者有心。伽利略于是便在心里琢磨开了，并开始了实验。

有了温度计的今天，谁都会说这小玩意儿太简单，但是，在它还没有被发明出来之前，却像一个瞎子来到一个从未到过的地方，不知方向。一连好多天，伽利略都没有找到合适的方案。

一天，课堂上，他为学生讲解热胀冷缩的原理。伽利略问学生："这里有一罐子水。请注意，当水的温度升高时，水的体积会发生什么变化呢？"

"水温升高，体积增大，水就会膨胀上升。水冷却，体积缩小，水面又会降下来。"一个学生回答说。

没想到学生的这句回答，同时也启发了老师。伽利略突然想到："既然水的温度发生变化时，水的体积也随着变化，那么反过来，从水的体积的变化，不是也能测出水的温度的变化吗？"这就叫逆向思维！想到这里，伽利略完全忘记了自己还在上课，就匆匆离开教室，回到实验室，继续做起了他的温度计实验。

就像世界上的很多发明，从开始动手，直到实验成功，之间有一个非常非常漫长的过程。伽利略不知又做了多少次实验，直到他终于用一根很细很细的试管装进水，排出里面的空气，加以密封，并在试管上刻上刻度——世界上第一个体温表总算艰难地诞生了。

大夫们开始使用体温表。他们让病人握住这种密封试管，从水的上升刻度测出体温。

可是，过了几天，桑托里奥教授又来找伽利略，对他说："亲爱的伽利略，你的温度计有个毛病，到了冬天，试管里的水结成冰，把一个个体温表都撑破了，叫我怎么再去测量人的体温呢？而冬天，人们恰恰最容易生病。"

伽利略一听，可不是吗？我怎么就没想到呢！他于是又试验了多种液体，经过反复实验，最终选择用耐寒的酒精代替水，制成了酒精温度计。

由于酒精是透明的，伽利略又将它染成红色，使人们更容易看得清楚。这种酒精温度计一直使用到今天。

后来人们发现，酒精也不是最理想的。虽然它的冰点在零下114度，但沸点却只有零上78度，不适宜测量有些物体的温度。于是又发明了水银温度计。如今，人们用酒精温度计测量低温，用水银温度计测量高温。

天上的哥伦布

如果要问第一个发明望远镜的是谁？认真推究起来，应该算是两个小童工。大概在公元 1600 年前后，一个名叫利伯希的荷兰商人在一个名叫立帕塞的小城里办了一家眼镜作坊。一天，两个小童工在屋里玩耍，其中一个小孩不知怎么的拿起了两块镜片，重叠起来向窗外看。天哪！他突然发现前边的一棵树变得又高又大，吓得他连忙放下镜片。再定睛看时，那树又恢复了原样。好奇心驱使两个孩子，一次又一次地试验，都是这样，谁也闹不懂是怎么回事，还以为是遇上了魔鬼呢！

这件事传到老板利伯希那儿，他琢磨了好些日子，终于试制成了一副粗糙的"望远镜"。不过，当时他并没有给它起个名儿，所以知道的人也不多。

伽利略从一个荷兰朋友的来信中得到了这一信息，根据他所有的光学知识，抓住时机，找来一个短管子，一端安上一个凹镜，另一端安上一个凸镜，几个折腾，就做成了一个仪器。通过这个仪器，他发现看到的东西，要比肉眼看到的东西放大 3 至 9 倍。

1609 年 5 月，伽利略把这个仪器作为礼物送给威尼斯总督。总督和官员们见到这新奇玩意儿，都兴奋不已。因为凭借这玩意儿，他们的海军和商船上的瞭望哨，就能比训练有素的瞭望员用肉眼观察提前两小时发现目标。

"这玩意叫什么名字？"总督问伽利略。

"我还没想好，就请总督给它赐个名字吧！"伽利略说。

总督环顾左右，大臣们七嘴八舌，最后命名为"望远镜"。

伽利略的最可贵之处，就在于他永远不会满足已经取得的成就。受到总督奖励的伽利略回到帕多瓦大学后，他没有因此沾沾自喜而故步自封，他想到的第一件事是：有了望远镜，不就可以看到天上的东西了吗？

而要看到天上的东西，那么这镜片至少要放大 30 倍。

于是，伽利略又开始制作能够放大 30 倍以上的天文望远镜。

终于在 1609 年 7 月，伽利略如愿以偿地制成了一架能放大 30 倍的望远镜。这就是人类有史以来的第一台天文望远镜。

打从小起，伽利略就爱仰起一张小脸，睁大一双好奇的眼睛，久久地凝视着神秘的星空。那皎洁如雪的月亮上面有些什么东西？闪闪发光的星星干吗要眨眼呢？现在好了，有了这架天文望远镜，就能一一揭开这些谜团了。

1609 年 8 月 21 日夜晚，威尼斯明月当空，天晴气朗。伽利略来到威尼斯钟楼，登上当时威尼斯最高的建筑，站在楼顶上，当他把这台自制的天文望远镜对准月亮时，他着实惊呆了：月亮上面有无数的山丘、谷地，还有环形的火山。多少年来，人们都认为，月亮是完美圣洁的象征，月亮表面必然是光滑平整的。圣哲亚里士多德就是这么说的，他伽利略在此之前也是这么认为的，没料到这回又一次跟亚里士多德较上劲了，因为这位圣哲又说错了！

　　冒犯大权威也只好冒犯了！他伽利略只服从科学，而科学永远只尊重事实。伽利略根据每天观测到的月亮表面山脉阴影的变化，计算出月亮表面山脉的高度为4英里。他还将月球上两个最大的山脉分别命名为"阿尔卑斯山"和"亚平宁山"。

　　这个新发现，确实让世界爆炸了！

　　1610年1月7日，伽利略又发现了木星周围的四个卫星。同年出版了著名的《星空使者》。

　　之后，他还发现了金星的位相，证明金星不是绕着地球运行，而是环绕太阳在旋转，从而第一次为哥白尼的日心说提供了直接的实验证据。

　　与此同时，他还发现了太阳上有许多大小不等、形状奇异的黑子，成为世上观测到太阳黑子的第一人。

　　差不多经过了五年的酝酿，1632年，伽利略的另一部伟大著作《关于托勒密和哥白尼的两大世界体系的对话》终于诞生了。这部著作以亚里士多德、托勒密和哥白尼三个人对话的形式，通过充分的论据和大量无可争辩的事实，彻底宣告了亚里士多德和托勒密的地心说理论的破产。

　　整个意大利都为伽利略感到骄傲，称他为"天上的哥伦布"。人们到处在传颂："哥伦布发现了新大陆，伽利略发现了新宇宙。"帕多瓦大学聘请伽利略为终身教授。佛罗伦萨大公紧随其后，聘请他为宫廷数学家和哲学家，并兼任比萨大学教授。

　　然而，科学永远在与愚昧和无知的斗争中前进。一生追求科学真理的伽利略，晚年过得并不轻松。由于屡次激怒了亚里士多德学派，更因为他的日心说理论验证惹恼了罗马教廷，因此招来了一场荒唐的迫害，将他判处终身监禁，弄得他心力交瘁、贫病交加。

　　但是，伽利略从来不曾屈服。

　　"总而言之，地球还是在转！"他说，"真理就是具备了这样的力量，你越是想要攻击它，你的攻击就愈加充实了和证实了它。"

　　这桩千古冤案直到三百年后的1979年1月10日，罗马教皇保罗二世才不得不公开为之昭雪。一年后，一个由教皇直接任命、以七名不同信仰的诺贝尔奖获得者组成的委员会重新审理，宣布17世纪30年代罗马教廷对伽利略的审判是错误的，从而正式为伽利略平了反。

　　这在世界史和宗教史上都是绝无仅有的。这也足以证明，科学是不可战胜的，伽利略的伟大贡献和崇高荣誉是无法抹杀和任意玷污的。

　　为了纪念伽利略的功绩，人们把木星一、木星二、木星三和木星四命名为伽利略卫星。

自学成才的科学家

——法拉第

人物档案

　　简　　历: 英国物理学家、化学家,也是著名的自学成才的科学家。1791 年 9 月 22 日出生于萨里郡纽因顿一个贫苦铁匠家庭,仅上过小学。1831 年,他作出了关于电力场的关键性突破,永远改变了人类文明。是英国著名化学家汉弗里·戴维的学生和助手,他的发现奠定了电磁学的基础,是詹姆斯·克拉克·麦克斯韦的先导。1831 年 10 月 17 日,法拉第首次发现电磁感应现象,并进而得到产生交流电的方法。1831 年 10 月 28 日法拉第发明了圆盘发电机,是人类创造出的第一个发电机。1867 年 8 月 25 日,法拉第因病医治无效逝世,享年 76 岁。

　　生卒年月: 1791 年 9 月 22 日~1867 年 8 月 25 日。

　　安葬之地: 海洛特平民公墓。

　　性格特征: 性格内敛,感情单纯,热爱真理,热爱人民,真诚质朴,作风严谨,认真好学,手脚勤快,聪明伶俐,倔强、脾气古怪甚至有点暴躁。

　　历史功过: 1821 年提出电子产生电的设想,1833~1834 年连续发现电解第一和第二定律,为现代化电化学工业奠定了基础,1845 年他发现了磁致光效应,1846 年发表了《关于光振动的想法》一文,最早提出了光的电磁本质思想。

　　名家评点: 爱因斯坦评价说"对于我们,迈克尔·法拉第的一些概念,可以说是同我们母亲的奶一道吮吸而来,它的伟大和大胆难以估计。"

学徒岁月

1791年9月22日，迈克尔·法拉第诞生在英国伦敦城南萨里郡的一个名叫纽英顿的小镇上。他父亲是个铁匠。虽说天天跟火打交道，可到了冬天，家里却生不起火。小法拉第常常抖颤着冻得通红的小手，呆呆地趴在结满冰花的窗后，盼着妈妈带着面包归来。

后来一家搬到了伦敦城内，日子仍然过得十分艰难。法拉第从头到尾，断断续续只读了5年小学。

因为生活所迫，13岁的法拉第不得不离开学校，去当学徒。

伦敦布兰福德街2号有间不大的店铺，经营书籍装帧和图书、文具销售，兼营出租报纸。老板里波是个和善厚道的人，见小法拉第懂事、机灵，就收下了他，让他给那些报纸订户送报纸。

法拉第每天起早贪黑、手勤脚快、守时守信，从没出过半点差错，因此常常得到里波先生的称赞。年轻的法拉第很喜欢这份工作，因为他可以借送报的空隙，偷偷地拿着报纸读上一会儿。报纸上每天都有新鲜有趣的事，这是他一天中最快乐的时光。可他毕竟只上过5年学，有时候会遇到不识的字和不懂的问题，他就用废纸钉了一个小本儿，把它们记下来。忙完了一天的工作，回到店铺时，看准里波先生有点空闲的时间，就虚心向他求教。里波先生挺喜欢这个好学上进的小徒弟，不仅不厌其烦地为他一一作答，还不断给他以鼓励。

一年后，法拉第正式成为书店的学徒。现在他的工作就是在店铺里装订书籍。成天跟书籍打交道，读书的机会当然就更多了。每天下班以后，他总是用最快的速度把该收拾的收拾好，常常连干活穿的围裙、袖套都来不及脱，就急忙爬到书店楼上的小阁楼里，如饥似渴地看起书来。

《大英百科全书》就像一个无所不知的老博士，几乎没有回答不了的问题；玛西特夫人的《化学漫谈》写得生动浅显，让你翻开第一页就不想放下来。比如说：拿一根玻璃棒在毛皮上摩擦几下，就能放出电来。再用这根玻璃棒去接近纸屑，纸屑就会被吸引到玻璃棒上来。法拉第好奇地找来一根玻璃棒和一块羊毛皮，试了试，嘿，还真是这么回事！然后他又按玛西特夫人的指导，将一块铜片和一块锌片浸在盐水中，电便源源不断地流动起来。真是太神奇太有趣了！

法拉第完全被迷住了。他对自己说：我要把书里介绍的每一个实验都要做一遍！

你一定会问，要做实验，必须有实验器具和材料，一个小学徒，上哪儿去弄到这些东西呢？这确实是件难以想象的事。按照当时的规矩，学徒不但没有工资，还要付给老板食宿费。因为里波先生心地善良，他见法拉第干活勤快，又聪明机灵，这才免了他的食宿费。法拉第最"富有"的时候，掏出全部"家当"，也只有几个便士。怎么办呢？

天下无难事,只怕有心人。在法拉第的那个卧室兼作实验室的小阁楼里,绝大部分实验用品,都是靠他捡"破烂"捡来的。药房里扔掉的瓶子,垃圾箱里的一段铜丝,地上的一小块铜片,都是法拉第寻找的目标。

有一次,法拉第在小切斯特尔德街的旧货店里发现了两个玻璃瓶,大小正好可以用来制作"起动机"和"莱顿瓶"。他如获至宝,恨不能马上把它们抱回到他的"实验室"去。但一看标价,傻眼了:就是倾其所有,也不够买半个瓶子! 悻悻地退出店门,还一连几次回过头去。从这天起,他几天没有吃早饭,每天都要偷偷地跑到旧货店去张望一回,暗暗地祈祷:千万别叫别人买走呀! 直到终于有一天他攒足了钱,才把两个宝贝瓶儿抱了回来。

每天晚上,法拉第就钻在那个小阁楼里,点上一支蜡烛,置身于那些瓶瓶罐罐的世界里。他忘记了自己,也忘记了时间。四周早已一片漆黑,只有他那个小窗户里还亮着烛光。

如饥似渴

光阴似箭,日月如梭。不知不觉法拉第在书铺里已经工作了5年。

1810年2月的一天,他去给一位先生送两本书,路过大街,突然橱窗里的一张广告跳进了他的眼帘。

自然哲学讲座
主讲者:塔特姆

法拉第读过塔特姆的文章,他多想能面对面地听一听他的演讲啊! 可是当他的目光一接触到那一行小字——"每次收费1先令"(当时英国币制,12便士等于1先令,20先令等于1英镑),下意识把手伸进自己的口袋。唉,空空的口袋里别说是1先令,连一便士也摸不出来。他不得不叹着气走开了。

可是,那个广告却一直在法拉第的眼前挥之不去。

直到星期天,他回到家里,比他年长3岁的哥哥看出了他的心事,塞给他几先令的银币,才实现了他的心愿。

从此,在塔特姆先生的客厅里,每逢讲演的那一天,人们总能在前排正中的座位上找到法拉第。他总是那么全神贯注地倾听着,记录着,甚至把塔特姆先生做实验用的仪器都仔仔细细地画下来。

说到法拉第画图的本领,还有一段小故事哩。有位法国画家,名叫马克思埃,曾经给法国皇帝拿破仑画过像,后来不知为什么得罪了那位不可一世的皇帝,偷偷横渡英吉利海峡,流亡到伦敦来避难。他碰巧正好借住在里波先生铺子的楼上。好学不倦的法拉第十分欣赏这位邻居的画技,就缠住他求他教自己绘画。可怜的画家拗不过法拉第的韧劲儿,反正也闲着无事,就破例收下了这位学生。不过,有个交换的条件,那就是法拉第必须每天给他擦皮靴，帮他收拾房间。

法拉第满口答应。没想到这位画家非常任性，稍不如意，就暴跳如雷。明明是他自己把皮靴弄脏了，却骂法拉第偷懒，没把皮靴擦干净。有好几次，法拉第真想朝那家伙脸上来一拳："去你的吧！你这个法国佬……连同你那该死的皮靴，统统见鬼去吧！"可转而一想，如果没有他，只怕自己至今还不知道怎么捏画笔呢！终于忍住了这口气。

任何技能，都自有用处。瞧这会儿不是就派上用处了吗？谁见过法拉第的笔记，都会竖起大拇指感到吃惊。

从1810年2月到1811年9月，法拉第一共听了塔特姆先生的十几次讲座。他把全部笔记誊抄一遍，装订成册，加上标题《塔特姆自然哲学演讲录》，送给里波先生。

里波先生正在对之啧啧称赞时，门口进来一位客人。

"嗨，什么书让您这么高兴？"

里波先生随手把这本讲演录递给这位客人。因为这个人在法拉第以后的人生道路上起着十分重要的作用，我们不妨在这里认识一下。他叫当斯，一个科学爱好者，家里很有钱，喜欢社交，因此结识了不少学术界的朋友。他爱好收集报刊杂志上的文章，常拿到里波的店铺里来装订成册，成了这里的常客。当斯先生接过记录本，从头至尾翻了一遍，连称"了不起"。的确，谁也没见过如此完美的听讲笔记本。

几天后，当斯又一次来到店铺，径直走到法拉第身边，拍着他的肩膀说："你到皇家学院去过吗？"

"没有。"

"你想去吗？"

"当然……"法拉第不知他葫芦里卖的什么药，迷惑地打量着这位不速之客。

"再过一小时，戴维先生就要在皇家学院大厅里做学术报告，还有实验演示，我好不容易弄到两张票。"

"是吗？"法拉第简直不相信自己的耳朵。戴维何许人也？英国皇家学会会员，皇家学院的化学教授，由于他对氯气的研究和对钾、钠、碘的发现，赢得了全世界的尊敬。法拉第早就听说戴维的演讲棒极了，他甚至连做梦都想着什么时候能有机会亲自去听一听戴维教授的演讲！

这是1812年1月20日。吃罢晚饭，法拉第像一个虔诚的朝圣者那样，换上一件干净的衣服，早早来到艾伯马尔街21号。

一幢灰色的4层大楼，正面有14根高大庄严的柱子，正中石檐上刻着"英国皇家学院"几个大字。这就是法拉第朝思暮想的科学殿堂。此时，又有谁能预料，日后这位热爱科学的青年将会在这里度过他生命中最辉煌的时光。

法拉第来得太早了，他在门口足足徘徊了半个小时，才随同人流进入会场。他在第七排中间坐了下来，坐在这里居高临下，能看得最清楚，记笔记也方便。

就这样，法拉第在这里一字不漏地听了戴维教授的四场报告。回到宿舍，他继续伏在昏暗的烛光下，整理笔记，并配上插图。他多么希望，自己也能像戴维教授那样去进行科学研究,可是到了第二天,他又不得不与那些纸张、胶水、铅字打交道……

他在一封给朋友的信中这样写道:"先生,我需要的是时间,我要大声疾呼——我需要时间!我们现代上流社会的先生们闲得无聊,要是我能出低价买钟点——不,论天,买一些他们的时间,该有多好!"

时间当然是买不来的。他对自己说,只要能谋得一个可以进行科学工作的职位,他什么都干。可是有谁肯帮助他这个未受过正规教育的人呢?

有志事成

法拉第的第一封自荐信是写给皇家学会会长兼皇家学院院长班克斯爵士的。

可是一星期过去了,如石沉大海。他忍不住了,跑到皇家学院。按了好几次门铃后,门才拉开了一条小缝,伸出一张冷冷的面孔,扔出了一句话:"班克斯爵士说,你的信不必回复。"说完,"砰"的一声关上了门。

法拉第十分失望,但并不灰心。装订书籍工作最大的好处,就是可以把书带回家去读。他把《大英百科全书》读的滚瓜烂熟,《化学漫谈》前后看了七遍。他白天装订好艺术画廊的善本,晚上就读那本画册;一旦把《电动机器》装订完毕,他就成了电动机器的学徒。他甚至连爱尔兰猪的关节炎、矿物与植物学、地下水道、桥梁建筑等方面的书,都不肯放过。他的口袋里总是放着一本书,这就是撒·华滋博士的《悟性的提升》。因为这本书中有个章节专门为失学和愿意上进的青年介绍系统的学习方法。例如:

一、读书要随手做笔记。

二、坚持去上课。

三、要有读书的同伴。

四、要成立读书会。

五、仔细观察……

法拉第奉为信条,每一条都做到了。

1812 年,法拉第满师出徒了。在当斯的鼓励下,他决定给戴维教授写一封信。他把这封信连同自己的听讲记录本,在封面上烫上金字——《戴维爵士演讲录》,一并寄给戴维教授。

戴维收到了书和信,大大地吃了一惊。自己的四次讲演,总共不过四个小时,竟被详细记录了 368 页!整洁娟秀的字体,还配上了漂亮的插图。该记的一字不漏,有些地方还做了恰当的补充。这是谁干的? 迈克尔·法拉第? 自己怎么从没听说过……

读完信他才知道,原来他是个书籍装订工。大教授不由得想起自己的身世。戴维出身贫寒,父亲是个木雕工,在他 16 岁的时候就去世了。戴维不得不退学去一家药店当学徒。他也是完全靠自己的刻苦自学成才的,24 岁便当上了皇家学会会员。也许是惺惺惜惺惺吧,戴维十分欣赏这位渴望迈进科学殿堂的青年。

这天中午，戴维拿着这封信去向皇家学院的一位资深的理事征求意见。也许是当时为了求职不惜玩出各种花样的人见得太多了，这位老资格的理事不屑一顾，随口傲慢地说："让他去洗瓶子吧！要是他肯来，说不定还真是个人才；如果他不想干，那肯定是个骗子！"

当天晚上戴维就给法拉第写了一封回信。

迈克尔·法拉第先生：

承蒙寄来大作，读后不胜愉快。它展示了你巨大的热情、记忆力和专心致志的精神。最近，我不得不离开伦敦，到1月底才能回来。到那时我将在你方便的时候见你。

我很乐意为你效劳。我希望这是我力所能及的事。

先生，我永远是一个顺从、谦恭的仆人。

亨弗利·戴维

戴维一生发表过无数论文，也曾发表过不少优美的诗篇，这一封信被公认是其中最伟大的一篇。

被称为"历史性的会面"安排在1813年1月的一天。法拉第如约来到皇家学院大讲演厅，戴维教授请他在一张靠窗的沙发上坐下。

"你想献身于科学吗？"教授问，"年轻人，你没有弄错吗？牛顿说过，科学是一个厚颜无耻而且好斗的女人，对于为她献身的人，只能给予很少的报酬。当然，有时她还很凶呢。"说完，他指了指自己的手和脸上的伤痕。就在不久以前，为了研究一种氮和氯的化合物的实验，发生了爆炸，使戴维受了重伤，而当时，戴维还正在蜜月中呢。

戴维又告诉他，如果他真得到一份科学工作，报酬也十分低微。

"我不在乎金钱的回报。我对做买卖不感兴趣，先生。买卖人只是为了赚钱，可是科学工作是为了追求真理，哲学家是为了高尚的思想道德。"

他的回答很令戴维满意。

不久，22岁的法拉第终于获得了实验室助理的职位，周薪25先令，外加皇家学院顶楼上的两间睡房。

从此，他成了戴维的助手。从洗瓶子到吹玻璃管，从实验室的助手到自己独立研究、独立写研究报告，他样样都干，样样都干得非常出色。

从此，戴维的实验室里，玻璃器皿总是擦得锃亮，仪器安放得井井有条，窗明几净。戴维离不开法拉第，皇家学院也离不开法拉第了。

戴维是法拉第的恩师。可以这么说，没有戴维，就没有科学家法拉第。虽然后来师生间也发生过不愉快的事，但是每当提起自己的老师，法拉第都会永远怀着一种感激之情，充满了他对这位恩师的崇敬。

同样，只活了50岁的戴维，在日内瓦病重的最后日子里，一个朋友问他："戴维先生，您一生中最伟大的发明是什么？"这位英国皇家学会会员说：

"我最伟大的发明是一个人，是迈克尔·法拉第。"

成功时刻

电能生成磁,早在法拉第之前,已有很多人的实验作了证实。但是磁能生成电吗?

还在 1822 年,法拉第便在他的一个小笔记本上写下了这句誓言:我相信能把磁变为电!

设想不等于现实,誓言不等于成功。要用实验证明自己的观点,需要勇气,更需要毅力。

实验,失败,再实验,再失败……日复一日,年复一年,法拉第的日记本上写满了一个又一个"NO""NO"。

"我想,我捞到了一样好东西,可是没有把握。或许我花费了那么多劳动,捞到的不是一条鱼,而是一团水草。"他在给一位朋友的信中这么说。

直到 10 年后,1831 年 8 月 29 日——一个值得记忆而载入史册的日子。

法拉第又一次准备好了仪器。他把绕有铜丝的两个线圈环绕一根磁棒,接上电源后,摆弄来摆弄去,电流计上的指针就是一动不动。他已经精疲力竭了,顺手把磁棒往两个线圈中间一插,突然,一个意想不到的现象发生了——电流计上的指针动了一下。他兴奋地瞪大了眼睛,仔细观察电流计,怎么回事? 指针又不动了。

他没有灰心,打算再试验一次。就在他抽出磁棒的时候,电流计上的指针又动了,而且向着相反的方向。法拉第如此反复地插入又抽出,指针果然摆动不止。他终于明白了是怎么回事,高兴地跳起来:"我成功了! 我成功了!"

这就是举世闻名的电磁感应实验。法拉第有史以来第一次成功地将磁变成了电。

随后,他又经过多次反复地修正,使这个实验更加完善。1831 年 10 月 17 日,他的日记本上终于写上了一个"Yes"。

一个月后,世界上第一台感应发电机诞生了。读者朋友,你只要想一想如今这地球上有多少只马达在工作,你就能想象法拉第对人类的贡献。

在理论体系上,法拉第同样做出了划时代的贡献。牛顿以发现了万有引力定律把物理学科学带入了一个崭新时代。法拉第第一次提出了"磁场""电场"的新概念。这个新概念后来被麦克斯韦和爱因斯坦继承发展。爱因斯坦这样说:"对于我们,迈克尔·法拉第的一些概念,可以说是同我们母亲的奶一道吮吸来的,它的伟大和大胆难以估计。"

人格魅力

1831 年圣诞节,法拉第在皇家学会上为人们表演他的电磁感应实验,一位无知的贵夫人挑衅地问:"迈克尔·法拉第先生,你发明这个玩意儿有什么用处呢?"

法拉第付之一笑，反问道："夫人，请问，一个新生儿又有什么用处呢？"

还有一次，法拉第正在兴致勃勃地介绍他的电磁感应实验，一位财政大臣也提出同样的问题："法拉第先生，它到底有什么用处？"

法拉第同样用微笑回答他说："啊，阁下，也许要不了多久，你就可以收它的税了。"

一个半世纪以来，人类充分享受法拉第的研究成果。环顾这个世界，哪里不需要电呢？正是伟大的法拉第，把人类领进了电气时代。因此，有人把这一年——1831年，称作电气时代的新纪元。

据资料记载，在英国维多利亚女王时代，每一个想发明一些东西的科学家，手头都有一本法拉第的《电学实验研究》。著名的发明大王爱迪生就是在波士顿的一个旧书摊上买到了这本著作，如获至宝，虽然当时已经残缺不全，却正是这本书指导了爱迪生一生的发明。

两年以后，法拉第又完成了意义巨大的发现——电解定律。这个定律为"电化学"奠定了基础，也为半个世纪后电子论的发展照亮了道路。法拉第一生勤奋自勉，不仅在科学上取得了卓越成就，而且在人格道德上赢得了世人的尊敬。

他33岁那年成为英国皇家学会会员，34岁升为皇家研究院的实验室主任。如果不是他本人的坚持不肯接受，他应该是皇家学会的会长。世界各国赠给他的荣誉头衔有94个之多，但是法拉第从不把它们当回事，他说："我承认我的价值，不过我从没有为追求这些荣誉而工作，科学家不应该是个人的崇拜物的崇拜者，对真理的探求应该是他唯一的目标。"他把这些奖状和奖章放进一个盒子里，连最亲近的朋友也无缘得见。

随着法拉第的名气越来越大，找上门来的工业家越来越多。有的是请求他帮助解决生产技术上的难题，有的则是拿着他们生产的新产品，请求他分析鉴定。工业家比科学家阔气，他们常常一掷千金，作为对他的咨询顾问工作的报酬。但是这些钱法拉第一分也没有要，都归了皇家学院的司库。

有一度，法拉第在研究光学玻璃上取得了成果，皇家学院建议他制造一个尺寸最大的光学玻璃，变为商品出售，可以赚大钱。他认为自己有更重要的研究工作在等待着他去做，那100英镑年薪已够他一家开支了，没有心动。尽管法拉第的年俸微薄，但他照样经常帮助有困难的人，拿钱帮助亲友或捐给慈善机构。有时，一些亲友不好意思收下他的钱，法拉第就偷偷地到邮局把钱寄给他们，不留姓名和地址。

1855年，英国决定授予他爵位，却被他拒绝了，理由是"法拉第教授出身平民，他不想变成贵族"。他说道："我爱铁匠铺，爱一切和铁匠铺有关系的东西，因为我的父亲是铁匠。"

1857年，英国皇家学会一致推举他出任会长，对于这个本应享有的荣誉，法拉第坦然推辞了。他非常谦逊地说："如果我接受了这一荣誉，我不能保证我本性的正直和诚实，甚至连短短的一年也不敢保证。"他最了解他自己。

法拉第夫妻一直住在皇家学院顶楼的两间屋子里，靠微薄的年薪生活。直到1858年维多利亚女王赠给他一套住宅，可晚年他却因为无力支付必要的维修费而大伤脑筋。

后来女王得知情况后，派人为他将房屋修葺一新。

1867年8月25日，迈克尔·法拉第走完了他的一生，安详地睡着了。简朴的葬礼，普通的墓碑，上面只有三行字：

迈克尔·法拉第

生于1791年9月22日

卒于1867年8月25日

"尘世上失去了一位巨人，天堂里多了一位圣人。"

英国生物学家进化论奠基人

——达尔文

人物档案

简　　历：英国生物学家,进化论的奠基人。1809年2月12日出生在希鲁兹伯里镇。1817年在希鲁斯伯里私立中学就读,1825年在苏格兰爱丁堡大学攻读医学,1828年在英国剑桥大学就读。1831年随贝格尔号军舰环球考察。出版《物种起源》,提出了生物进化论学说。1882年4月19日,达尔文在达温宅逝世,享年73岁。

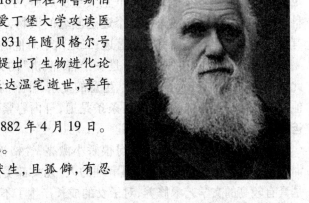

生卒年月：1809年2月12日~1882年4月19日。

安葬之地：威斯敏斯特教堂墓地。

性格特征：敢于冒险、探索、献生,且孤僻,有忍耐力。

历史功过：1859年出版了震动当时学术界的《物种起源》。书中大量资料证实了形形色色的生物不是上帝创造的,而是在遗传、变异、生存斗争中和自然选择中,由简单到复杂,由低等到高等,不断发展变化的,提出了生物进化学说。恩格斯将"进化论"列为19世纪自然科学的三大发现之一(其他两个是细胞学说、能量守恒转化定律),对人类有杰出的贡献。

名家评点：心理学史家D.舒尔茨在1981年评价说："在达尔文的理论中,物种进化的心理因素的重要性是显而易见的,而且他经常引证人类和动物的意识反应。由于心理学与进化论中的意识相一致,因此心理学不得不接受这一进化的观点。"

热爱大自然

在英格兰西部的一个叫希鲁兹伯里的小镇,坐落在风景如画的塞文河畔,非常幽静。就在小镇西北郊的陡峭的河岸上有一座漂亮的三层红砖楼房,房前还修了一个大花园,里面种满了各种花草、果树、观赏树和灌木丛，花园里还有二间五彩缤纷的暖房。1809 年 2 月 12 日，伟大的科学家、生物进化论的创立者查理·达尔文就出生在这座楼房里。

达尔文家族与科学有着不解之缘。小达尔文的祖父伊拉兹马斯·达尔文是一位具有新颖思想的、非常杰出的医生和科学家，曾与蒸汽机的发明者瓦特以及美国政治家和发明家富兰克林共同成立了科学俱乐部"月球协会"。该协会设立在伯明翰，当时被认为是仅次于皇家学会的组织。而他又于 1761 年成为皇家学会这个英国最具权威的科学组织的会员，主要著作有《植物园》《生物规律学》和《植物学》等。他于 1802 年去世，查理并未见过他，而且查理相信祖父对他并没有太大的影响，但伊拉兹马斯的观点却深植在达尔文家族的文化传统中。查理从小便被其祖父的观点影响着，成长着。

父亲罗伯特·瓦林·达尔文也是著名医生和科学家，也曾被选为皇家学会会员。他身材魁梧，体重大约有一百二十公斤。他有着敏锐的观察本领、高明的医术、极大的同情心，而且又乐善好施，求诊病人络绎不绝，全郡闻名。因此他收入颇丰，为子女的成长奠定了经济基础。多亏了父亲打下坚实经济后盾，小达尔文以后才能进行环球科学考察、科学研究工作。达尔文医生是个远近闻名的人物，一是由于他在诗歌、自然哲学、医学、有机界生命规律等方面有很多著述；二是由于对他的医学工作极为有利的那份耐心。

不过，达尔文医生在家里可是一个善"演讲"的大夫。他出诊时很少有机会开口，因此回来后政治事务、人类的天性、生意的复杂、朴素的哲学都成了他大发议论的话题。但他并不是信口开河地胡诌，而是条条是道，且内容紧扣中心论点。小达尔文很愿意听爸爸讲演，也从中学到了不少东西。

母亲苏珊娜·韦奇伍德长得很娇小漂亮，性格极其温柔，不愿长篇大论或板起面孔训斥孩子。外祖父是个开通、明事理的人，儿女都受过良好的教育。小达尔文的母亲更是具有较高的文学艺术修养，对子女的成长产生了不可磨灭的影响。

查理·达尔文从小就生长在一个富裕的知识家庭中，良好的家庭为他的成长提供了客观条件。幼年的达尔文对新奇事物有着强烈的好奇心，记忆力较强。并且活泼好动，经常就一些问题向妈妈刨根问底。

有一次，小达尔文在园中玩着玩着，突然问妈妈：

"猫也像这花一样，是从泥土里长出来的吗？"

妈妈笑着告诉他："不，孩子，小猫是猫妈妈生的。"

"那我和妹妹是你生的，你是外婆生的，对吗？"受到启发的达尔文动起了小脑筋。

"呃，不错，所有的人都是自己的妈妈生的。"

"那最早的妈妈又是谁生的呢？"

"《圣经》里说，最早的妈妈叫夏娃，是上帝造的。"

"那上帝又是谁造的呢？"

"宝贝，世界上有许多事情还没有人能说清楚。将来等你长大了，也许能比我说得更清楚。"

小达尔文眨眨眼睛，听着母亲的解释。那个"上帝造人"的谜却深深地印在了他幼小的心灵里。

达尔文从小对自然界的动植物就有兴趣,周围的绿色世界就是达尔文最早的课堂。

他十分热爱这个天然的大课堂。母亲教儿子怎样根据花蕊来识别花草,怎样记住各种花草和树木的名称。在妈妈的启发和引导下,达尔文的知识逐渐丰富起来,尤其对花草感兴趣。

达尔文一家都爱读书,只要家里有人去伦敦,总会带回一大批书来看。在天气寒冷的那几个月里,一家人围坐在噼啪作响的火炉前读书是很好的消遣。外祖父一家一直都有互相朗读书籍的习惯,妈妈把这一传统带到了达尔文家,因此孩子们从小就受到良好的文学熏陶。

小达尔文兄弟姐妹一共六人,有三个姐姐、一个哥哥和一个妹妹。

由于过度操劳、生育频繁等原因,体弱多病的妈妈在小达尔文刚满八岁时就去世了。对于失去妈妈这位"最早的"老师,小达尔文十分伤心,因为只有妈妈最理解他,最支持他,只有在妈妈那里他才能得到安慰。

在苏珊娜去世之前,达尔文医生就把照管和教育小达尔文的责任交给了二女儿。大女儿结婚早,孩子多,家务繁重,顾不上娘家。二女儿卡洛琳非常和善,富有才能,而且待人热忱,但是对弟弟管教很严,总是指责他这也不好那也不对。小达尔文每次被叫进她的房间时,心中都不禁会暗暗想着:

"她这一次又要来数落我的什么过错呢?"

他任凭她去说教,根本不在乎,把一切都当作耳旁风,仍然凭兴趣行事。

达尔文喜欢看《鲁宾逊漂流记》《格列佛游记》《世界奇观》等儿童读物,尤其喜欢收集各种植物、贝壳、化石、昆虫等标本,并开始对博物学产生兴趣。他在自己的小卧室里办起了"博物馆",天生就是一个小收藏家。他从自己的爱好中寻找更多的乐趣。

小达尔文尽管淘气,却是个非常仁慈善良的孩子。

他喜欢搜集鸟蛋。当他看到整整一窝鸟蛋时,非常想全部拿走。可当他想到鸟妈妈回来后发现孩子全丢了,会非常伤心,便决定只拿走一个鸟蛋。

有一天,他正在门外欣赏他的搜集品,一条小狗向他跑过来,他心里一急,就踢了小狗一脚,小狗马上逃走了,一声都没叫。于是小达尔文却立刻意识到自己太残忍了。这件事一直留在他的记忆中,一想起来就觉得良心不安。

达尔文医生认为小达尔文整天玩耍,怕他浪费时间,虚度年华,便决定把他送到寄宿学校,接受严格的正规教育。

学校所进行的是一种严格的古典教学,学的是古文,读的是古罗马和古希腊人的著作,并且还要背诵。对这一切,达尔文十分反感,他除了只对莎士比亚的历史剧和拜伦的长诗感兴趣外,仍醉心于各种收集。每天他都要趁学校两次点名的空档时间跑回家去欣赏、整理自己所收集的"珍品"。这期间,他一面照旧收集矿石,一面千方百计地找到一些新的名称的新矿石。他还经常到野外去考察各种昆虫的生态,收集各种昆虫标本。在读了鸟类学方面的书籍之后,又开始了对鸟类习性的观察。每当刮风天的傍晚,他就沿着海滨散步,观赏那些沿着奇怪而又错误的路线回家去的海鸥和鸬鹚,每次观察回来都要把结果详细地记录下来。

过了不久,校长在一次早祷以后,当着全校师生的面训斥达尔文,再次批评他在科学方面的兴趣,说他是一个"不可救药"的学生。当时达尔文没有听懂这个成语的意思,在很长一段时间里他总以为是一句非常可怕的话。

达尔文在学校里受到校长严厉批评的事很快传到了他父亲达尔文医生的耳朵里。达尔文医生非常生气,这位医学博士对自己的儿子一向要求很严,但是他不理解小儿子的兴趣和爱好的意义。在对待青年教育问题上,他也显得比较保守和固执,他不允许儿子对当时的教育制度进行任何形式的反抗。有一天他盘问儿子达尔文:

"查理,听说校长又批评你了,怎么回事?""因为我和哥哥搞化学试验。"

"我早就对你说过,主要是把学校规定的功课学好,不要把时间花在那些没有用的事情上去。现在不用功,将来后悔就晚了。"

"爸爸,我对学校里那些功课毫无兴趣。"达尔文一向敬爱他的父亲,坦白地说出了心里话。不料父亲听了这话,火冒三丈:

"兴趣、兴趣,除了打猎、养狗、捉老鼠、抓小鸟、玩瓶子、采花草,你对什么都不感兴趣! 这样下去,你会给自己、给我们整个家庭丢脸的! 你会成为一个叫人痛心的败家子!"

对老师的严厉批评,达尔文都不在乎,但是父亲这样说,他感到非常难过。

妈妈去世以后,达尔文由于和当家的二姐关系非常紧张,1818 年夏天,他同哥哥一起被送进当地的另一所学校——希鲁兹伯里中学——住校学习去了。达尔文在那里待了七年,直到 1825 年夏天为止。

曲折的学涯

达尔文 1818 年上中学时。进的是一所旧式学校。学校所进行的是一种严格的古典教学,除了古代语文课程以外,还讲授古代史和地理。达尔文认为学校里简直没有什么东西可学。

校外的达尔文兴趣爱好却很多,他不但和童年时一样热心搜集矿石,还特别希望找到新奇的矿石,他还观察昆虫,把一切他所能找到的、从未见过的死昆虫收集起来。10 岁的达尔文就不满足于仅从书本上获得知识,当他读了鸟类学方面的著作后,就十分高兴地去观察鸟类的习性,还写了一些观察笔记。至于和哥哥一起做化学实验,和大人们一起去打猎,则更是到了入迷的程度。

中学时代的达尔文。在他父亲和老师们的心目中,都把他看作是一个极其普通的孩子,既不是高才生,也不是低差生。

1825 年 10 月,父亲又把达尔文送到了哥哥伊拉司马斯所在的苏格兰的爱丁堡大学学习。他哥哥在那早已经读了一年了。

父亲的初衷是希望达尔文在大学医学系通过系统的学习，走子承父业的道路，将来成为一名高明的医生。父亲的这种想法，可能来源于发现儿子对医护工作的兴趣。

达尔文在进爱丁堡大学以前的那个夏季，曾经帮助父亲护理过一些病人。那些病人主要是希鲁兹伯里的穷苦人。那时，他把病人的一切症状记录下来，念给父亲听，父亲再进一步提出问题，告诉他应该用什么药。经过他们父子治疗和护理的病人，一个个都恢复了健康。病人们临走时候说的那些感激的话，使达尔文受到鼓舞，相信他自己将来也许可以成为一个好医生，救死扶伤，去挽救更多人的生命。

在爱丁堡大学里，教师们上课多是照本宣科似的，以致使达尔文认为，还不如让大家阅读课本。枯燥乏味的讲授，简直使人难以忍受。唯一使他感兴趣的，是霍普的化学课。由于讲授人体解剖学的蒙罗博士讲得单调乏味，使达尔文对这门课程十分厌恶，对自己动手解剖也就不上心了。

他上爱丁堡大学以后，亲眼看到有些病人在经过治疗以后，还是痛苦地死去了。医生在旁边却束手无策，更不应该的是，医院竟把许多交不起医疗费用的病人推出门外。他不理解医学为什么不能减轻病人的痛苦，更不明白医学这样崇高的事业，为什么也被金钱所左右。因此，他对学医也渐渐地动摇了。

达尔文上大学二年级的时候，进了一次解剖室。解剖台上陈放的尸体虽然已经用福尔马林液浸泡过，但是仍旧发出难闻的气味，使他感到恶心。特别是当他知道这些尸体都是在爱丁堡济贫院里度过余生的穷人的时候，就再也无法忍受了。从此，他再也不到解剖室去。

在一次医院实习中，他亲历了一次外科手术观摩教学。达尔文和同学们坐在阶梯式的位子上，每个人都能够看得清楚手术的情况。汉密尔顿先生先给大家讲话：

"医学发展到现在，腹部对外科手术来说仍然是一个挑战，不过，用最现代的方法摘除膀胱结石、切除表面肉瘤的把握已经大大增加了。今天是给一个两腿患有严重骨髓炎的病人做手术。"

这时候，一个小女孩被推进来放在手术台上。她发着烧，两眼露出恐怖的目光，望着大夫手里的手术刀，害怕得全身发抖。

"姑娘，叫什么名字？"汉密尔顿为了镇定她的情绪，故意找个话题来转移她的注意力。

"我叫玛丽。""啊，玛丽，多么好听的名字！"汉密尔顿说。"姑娘，你把嘴张开，给你喝点酒。"

助手给玛丽喝了些酒，汉密尔顿趁机向学生提问："请注意这块红肿的部位，谁能说出我是根据什么诊断出她患了骨髓炎？福克讷，你回答！"

"肉眼可见的炎症，里面可能还有脓液，体温也很高。"福克讷站起来回答。

坐在福克讷旁边的达尔文看到这次手术又不用麻药，只是喝几口酒就算麻醉了，于是上一次做腹部手术的惨状又浮现在眼前，他的脸上露出十分紧张的表情。

汉密尔顿凭经验断定达尔文思想不集中，为了引起他的注意，就向他提问："查理，你回答，我应该在什么地方做第一个切口呢？"

"最红的，或者是最软的地方……"达尔文颤声地回答。

玛丽眼泪汪汪地苦苦哀求说："医生，我怕疼，我不开刀，我要回家！"

"好姑娘，勇敢些，"汉密尔顿挥着手术刀，若无其事地说，"为了保住你的生命，就不能怕疼。"他转过脸去吩咐他的助手："珍妮，再给玛丽喝口酒，准备好纱布！"

玛丽又喝了一口酒，她的嘴里被塞进了一团纱布。汉密尔顿没有用麻药就开始做手术了，他在玛丽的腿上切了一刀。玛丽被人按住四肢，再也动弹不得，鼻子里发出凄惨的单音，豆大的汗珠布满了她那可爱而又可怜的小脸蛋。

平时，达尔文在制作动物标本的时候，哪怕是一只昆虫，在弄死以前，也要先用自己发明的月桂树和夹竹桃叶子的汁液进行"麻醉"，让它没有痛苦地死去，决不忍心看到它痛苦挣扎的情景。现在，一个活泼可爱的小姑娘竟在没有麻醉的情况下就做手术，这种惨景，他怎么忍心看下去呢！他不顾一切，推开众人，冲出外科手术示范教室，奔下楼梯，他决心永远不再进那可怕的手术室了。

达尔文鼓起勇气，把自己的看法和要求写信告诉父亲，希望掌握着他命运的父亲能够宽恕他，允许他另选专业。

课堂上学习的乏味，使达尔文的目光移向了学校的图书馆。在这知识的海洋里达尔文贪婪地吮吸着他感兴趣的各种知识，他跑图书馆借书的次数在同学中是最多的。

同时，达尔文在业余爱好方面已崭露头角。他和另外两个同学情趣相投，常在一起研究生物，共同去海边采集标本，进行解剖，向渔民请教、讨论切磋。达尔文童年时代对生物的热情复活了。

在爱丁堡大学学习了两年后，父亲已经清楚地意识到，要儿子在医学上有所作为的希望已经无法实现，他担心如果达尔文再这样继续下去，就可能变成一个懒懒散散，游戏人生的人。于是，就与达尔文做了一次严肃的谈话，并且提议让他去当牧师。由于达尔文对教会的事了解甚少，而且对英国教会的信条一直抱着怀疑的态度，所以他请求父亲允许他考虑一些时候再做答复。此后，达尔文十分细心地阅读了《皮亚逊的信条论》和其他几本有关神学的书籍。

英国教会的教义也是确切的真理，自己实在没有拒绝的理由，于是接受了父亲的提议。要成为一名牧师，就必须获得大学神学系的文凭。可是，达尔文从离开别特列尔学校后就不曾翻过一本古典的书。所以，经过一段补习后，才正式进入剑桥大学神学系，那年是 1828 年。

在剑桥大学也和在爱丁堡大学一样，达尔文也没有认认真真地去学神学，仍然热衷于收集昆虫，只不过他这时年龄稍大一些，能够约束自己的行为，尽量不让父亲生气。他不是循序渐进地进行学习，而是长期不上神学课、语文课和数学课。特别是对于古典文学的科目，他只选两三门必修课去上，而且上课也只是一种形式，做做样子，下了课他就丢下书本不肯再摸一次。每到考试临近时，他只好迫不得已地把甲虫的事放到一边，开始临阵磨枪,着手温习功课,应付考试。考试及格了,他会像小孩子一样欢呼雀跃,并在整张纸上写满"及格"这个令人愉快的字眼。他写信告诉他的朋友们,再没比考试过关后的心情让人舒畅和愉悦了。然而,考试一结束,达尔文便又暂时扔下必修课的学习,全神贯注地转到他那些心驰神往的兴趣上来,精心设计收集和制作昆虫标本。

在剑桥读书时,达尔文最热心做的仍然是收集各种甲虫。当他给自己收集甲虫的工作起一个十分时髦的名字——"为科学服务"。假期中,他吸引赫伯特加入了"为科学服务"的行列,他们每天或乘船去旅行,或到山林里去游玩。在平缓的山坡上,达尔文经常收集昆虫,特别是收集甲虫。他交给赫伯特一个装有酒精的瓶子,要赫伯特帮他收集各种他认为是罕见的甲虫。热心肠的赫伯特十分认真地去做,可是当他把所收集的一些"罕见的甲虫"拿给达尔文时,达尔文却毫不客气的全都扔掉,并且说:"你收集的这些甲虫都不是新奇的,全都没用。"赫伯特从不生气,仍然继续帮助达尔文收集甲虫。达尔文对昆虫学孜孜不倦的钻研精神,极大地感染着赫伯特,在以后的日子里,他时常帮助达尔文收集捕获各种昆虫,其中还发现了一些特别罕见的昆虫类型。达尔文十分感谢他的这位朋友。

达尔文一直把收集昆虫当作最大的乐趣。为了捕捉到更多更新的昆虫品种,他想出了许多收集昆虫的好办法。他专门雇用一个人给他从老树上刮藓苔,把刮下来的苔藓装进一只口袋里,或者是把运芦苇的驳船船底上的垃圾扫在一起。然后,由他一点一点地细心查找,从中发现新品种。有一次,他剥开了一块树皮,看到两只罕见的甲虫,于是两手各提了一只。就在这时,他又瞧见了第三只新品种的甲虫,腹部带有大十字的花纹,他不忍心把它放走,急忙把右手抓住的甲虫放进嘴里用牙轻轻咬住,腾出右手准备去抓第三只甲虫。可是被咬在嘴里的那只甲虫本能地分泌出一种极其难闻的液体,使他感到一阵呕心,他大叫一声把这只甲虫吐了出来。这样一来,第三只甲虫也乘机溜掉了,结果只捉到一只甲虫。每谈到这件事,达尔文都为溜掉了那只腹部带大十字花纹的甲虫而感到非常遗憾。

艰辛的科考

1831 年 8 月,亨斯洛教授收到剑桥天文学教授皮克的一封信。信中说:

"菲茨·罗伊舰长要为测量火地岛的南岸运河做一次旅行,然后将访问南海中的许多岛屿,再经印度群岛返航。所乘的军舰特别适于进行与测量有关的科学研究工作,因此这次航行将为一个博物学家提供难得的机会……不过现在还没有一位理想的博物学家,您能否热心推荐一位呢?他应当是一个不辜负于您的推荐的人,请考虑一下这个问题,如果失此良机,那对自然科学将是一种严重的损失。"

接到信后,立刻想到了达尔文,认为达尔文具有充分的条件可以去收集、观察和注意自然史方面一切值得注意的事。所以他向皮克教授推荐了达尔文。皮克教授听了汉斯罗对达尔文的介绍后，非常赞赏这个年轻人，并且很快向达尔文发出了聘请书。达尔文读了聘请书后，马上表示接受聘请。但这一旅行计划遭到了父亲的坚决反对。他认为到南美洲去是一件不幸的事，航行将要担任牧师的达尔文不仅没有多大的帮助，而且有生命危险。达尔文与父亲争执好长时间，最后在舅舅的帮助下才说服了父亲，同意达尔文去南美洲旅行。听到这个消息，达尔文激动得几乎一夜未睡，第二天一大早便奔赴剑桥。他找到亨斯洛教授告诉了他结果。

达尔文带着恩师教授他的知识和给予他的鼓励去伦敦见菲茨罗伊船长。

菲茨罗伊船长是个瘦高个儿。他黑色的卷发向前梳着、留着长长的鬓角，穿着一双漂亮的皮鞋，显露出贵族的身份。他的耳朵紧贴着脑袋，黑色的剑眉下，一双黑眼睛炯炯有神。他留着漂亮的小胡子，身穿眼下最时髦的衣服，不过看得出来，他是个阅历丰富很有威严的人。

达尔文钦佩船长那种彬彬有礼、热情而又坦率的作风，并且很快就和舰长成为亲密的朋友，他们一同讨论了这次旅行的问题。菲茨·罗伊舰长把自己的书籍交给达尔文阅读，把自己船舱里的用具和武器供给达尔文使用。他还建议达尔文同他一起用餐，并告诉他旅途中的饮食很简单，要准备吃苦头，准备经受许多考验和艰难险阻。他们的谈话持续了很长时间。

因为要做遥远的航行，达尔文认真编制了航海必需物品的清单，而且每天忙于购买和包装这些物品。菲茨·罗伊舰长劝达尔文尽量节约开支，东西尽量少带，只带最必需的衣服和其他东西，在这一方面达尔文是完全按照舰长的劝告做的。但是另一方面，菲茨·罗伊劝他一定要花 60 镑买一箱手枪，说如果不带手枪决不能上岸去。达尔文对这样一笔开支很不理解，在写给姐姐的信中说，他宁愿吊死，也不想花这么多钱买这种东西。结果他还是花了 50 英镑买了一支非常好的背枪和一箱好手枪，花 5 英镑买了一个望远镜和一个指南针。而菲茨·罗伊舰长自己在购买火器上至少花了 400 英镑。同时，达尔文还写信给姐姐，请她把自己的几件衬衫、轻便布鞋、拖鞋、一些西班牙文的书籍、显微镜，以及地质学用的指南针寄来。在准备行装的紧张忙碌之余，达尔文还挤时间学习了如何确定地方的经度和纬度。

一切行装准备停当后，菲茨·罗伊舰长带达尔文参观了将载着他们出海远航的"贝格尔"号军舰。这是一艘排水量为 230 吨的小型军舰，外表看上去比较陈旧。舰长介绍说，这艘小小的军舰曾不止一次地经受住了狂风暴雨的袭击。在这艘军舰上，除了领导勘察工作的菲茨·罗伊外，还有 1 名负责绘图工作的助手，2 个尉官，1 名医生，10 名军官，1 名水手长，42 名水兵和 8 名少年见习水手。此外，还有 1 名专门看管仪表、天文钟和其他仪器的人，1 名美术家，1 名绘图员，1 名曾去过火地岛的传教士和 3 名火地岛人。在军舰上，达尔文很快就同这些将要同行的人们相识了，他同他们一起闲聊，散步，一起用餐，并且帮他们做一些必要的准备工作。不久，"贝格尔"号被油漆的全然一新，所有甲板都已清扫干净，各种物品摆放得井然有序。总之，"贝格尔"号已经做好了启航的准备。

好不容易盼到了贝格尔舰启航的日子——1831 年 12 月 27 日。雪后的早晨，万道霞光映得海面五彩缤纷,寒风推着波浪向西南方向涌去。这一天,在达尔文的生命史上揭开了新的一页,他感到无比的美好和幸福!

英国女皇陛下的贝格尔舰在海军部任命的菲茨罗伊舰长的率领下,它将穿过大西洋,沿着南美洲东西两岸和附近的岛屿横渡太平洋,顺着澳大利亚南侧进入印度洋,然后绕过非洲的好望角,回到大西洋,再经过南美洲东岸返回英国。

这是一次具有重要意义的航行。贝格尔舰将被称为"光荣的小舰"载入史册。它所以享有世界性的荣誉,并不是因为它完成了英国海军部那些有价值的测绘任务,而是因为随航的人中有一位将要成为十九世纪最伟大的生物学家查理·达尔文。

达尔文参加这次环球考察的原订计划是研究地质学和无脊椎动物学,因此参加航行不久,他就在船尾设置了一张网,捕获各种各样的水生动物,然后挨个地鉴定,把它们登记到册子里。对有的水生动物,他还做了解剖,绘成解剖图。他整天忙个不停。可是,晕船的痛苦常常迫使他不得不暂时中断工作。这是他参加这次远航首先遇到的最大威胁。

"海洋的壮观景象使我讨厌了,威克姆先生,"达尔文指着无边无际的海洋说,"这使我想起阿拉伯人的一句话,它是水的荒漠。我想,大多数水手也不见得真正喜欢海洋吧?"

"为什么?达尔文先生,"威克姆奇怪地问。

"晕船的痛苦远远超过了我原来的想象。人们说,晕船是一星期里就能够痊愈的小毛病,可为什么直到现在我还不能适应呢?"

是的,达尔文从登上贝格尔舰以后就时常感到晕眩,不舒服。他记得贝格尔舰准备驶出德文港的时候,一阵暴风忽然从西南方吹来,贝格尔舰好象弯腰鞠躬一样前俯后仰地颠簸起来,狂风的呼啸声,海涛的咆哮声,军官们嘶哑的命令声和水手们的叫喊声,把他这个第一次参加远航的人吓得魂不附体。后来贝格尔舰被迫改变了航期,可是晕船的痛苦却一直在折磨着他。

威克姆为了安慰这个初次参加远航的青年,劝他说:"不要紧,每个新参加航海的人都会感到不舒服的,有些人还晕得像烂醉如泥的醉汉一样。就是我们这些经常参加航海的人,也不会像坐在家里的沙发上那样舒服啊!"

"我不是想舒服,主要是晕船使我精疲力尽了,稍微动一下就像要昏死过去那样。"

"那么您就回去躺一躺吧!"

"不!让我把这一网小动物取上来再回去。"

达尔文继续忙碌着。这时候。贝格尔舰离开锡利群岛已经有一百海里,掉头驶向变幻莫测的比斯开湾了。忽然天空开始阴沉下来,狂风骤起,海面上巨浪翻滚,贝格尔舰剧烈地颠簸起来。达尔文渐渐觉得远方岛屿的轮廓在视野中模糊了,顿时感到天旋地转,再也站不住了,接着他就一个劲儿地呕吐起来。

有个水手担心地说:"航行才开始不久……"

不等那个水手的话说完,达尔文坚定地回答说:"放心吧,我一定会战胜……"说到这里,"哇——"的一声又吐开了。

大家急忙把他扶进舱房，让他躺在吊床上休息。达尔文看到水手们为他担心的样子，再次表示决心说："请放心吧，我这次航行决不半途而废。否则，将来我在坟墓里也不会安息的！"

达尔文咬紧牙关忍受着吃不下、睡不着，晕眩、干呕的痛苦，减轻痛苦的唯一办法就是躺在吊床上看书。洪堡关于热带风景的描写，对于安慰他这个晕船人的心是最适合的了。

贝格尔舰不停地向前行驶。

"达尔文先生，达尔文先生，舰长问您能不能到甲板上去一下？"一个水手跑进舱房来说，"在甲板的一个角落里发现了一堆灰尘，舰长想请您上去看一看。"

"好，我一会儿就到！"达尔文说着，就起身向甲板上走去。

"您能站起来了，我很高兴，达尔文先生，"菲茨罗伊说，"听说您还没有吃东西，是吗？"

"没有什么，舰长，"达尔文回答说，"谢谢您托人给我送去了白兰地和水，可是我不能喝，刚喝一口就吐出来了。"

"等到了南美洲海岸，您的胃口就会像海军上将一样了，"舰长一面说一面用手指着那堆灰尘，"您看这是什么？"

"啊，这是熔岩灰，可惜太少了，"达尔文捏起一小撮灰尘放在手心里说，"要是能够再多一些，就太好了。"

"前樯的桅帆顶上落满了这种灰尘。我是早晨爬上去的时候看到的，"斯托克斯插嘴说。

"您能再爬上去给我多弄些下来吗？"

"当然可以！"斯托克斯抢着回答。

舰长说："不行，只有为了完成比搜集熔岩灰更重要的任务，才能让我的军官冒这样大的风险去爬前桅杆。您想过没有，这样大的风，稍一疏忽人就完啦，达尔文先生。"

"那么，您能允许我自己爬上去吗？舰长。"

菲茨罗伊还在犹豫，达尔文已经向桅杆上爬去。水手们个个都为他捏一把汗，惊讶地仰望着他。

"斯托克斯，快点跟上去，眼看他就需要帮助了，"舰长不放心地说，"达尔文先生，小心点。"

达尔文的行动，完全出乎舰长的意料。这时候，菲茨罗伊内心不得不承认，当初自己根据达尔文鼻子的形状断定他不具备参加这次远航的足够的信心和精力，是错误的。

达尔文和斯托克斯很顺利地弄到了许多熔岩灰。舰长和他俩一道来到舱房。达尔文在显微镜下仔细寻找熔岩灰里的小生物。

嘴里不住地说道："你来看啊，有许多小动物呢！是南美洲吹来的……"他的一只手还在紧紧地按住胃部。

舰长闭上一只眼睛，凑近显微镜，只见显微镜下呈现出好几种栩栩如生的小动物。

他用钦佩的眼光扫视了达尔文一眼说："怪不得你那样不要命地爬到桅杆顶上去呢！"舰长又说道，"我们很快要到特纳里夫岛了。上岸后，你会采集到大量的化石标本，还有植物、昆虫……"

"要做的事情确实很多，不但要采集标本，还要对它们进行整理，编目录、贴标签。"达尔文兴致勃勃地说着。一谈起他心爱的工作，他又把病痛忘得一干二净了。

舰长想达尔文是个有出息的年轻人，他有决心、有毅力，对工作认真有热情。这次带他出海没有错，他肯定会有一番作为的。

"贝格尔"号经过十天的航行第一次停泊在了一座被船长称为"大西洋之巅"的热带小岛，风景如画，但是他们没被批准上岸，说是英国正在流行霍乱，怕船上的人把瘟疫传到小岛上。于是，"贝格尔"号继续向南，驶向圣地亚哥。在那十天路程里，达尔文一直在不停地工作。他请船上的缝帆匠、木匠和制绳匠为他制成了一个四英尺深的大口网兜，以及三根二十五英尺长的绳子，并把绳子的一端系在网兜上，另一端拴在船尾。达尔文以及一些看热闹的船员一起站在船尾，他把网兜用力一甩，网兜就慢慢地沉入水中，三根绳子一拉，网兜就成了直状开口浸在水下几英尺深的地方，被船拖着以每小时八海里的速度在大西洋里前进，没多久网兜里就兜满了各种各样的东西。达尔文接连捞了三次，每次拉上来都把捞到的东西倒在一块旧帆布上，很快就堆了一堆。

达尔文把捞到的东西分了类，最多的海洋动物是水母，属于无脊椎动物类群。

达尔文把分好类的动物一一放进小玻璃瓶里，倒上他自己配制的防腐剂。他在每一个瓶子上都贴上标签，标签上写明发现地点和所处的纬度。然后再把每个瓶子编上号码，把存放物品的名称和日期都填在"浸入酒精液的动物目录"里。

达尔文一丝不苟地做着这一切，根本没有察觉到周围水手们钦佩的目光。

说完，他又走向船尾，去打捞新的海洋动物。船身还有些颠簸，但他的注意力都集中在工作上了，晕船恶心的感觉居然消失了。他整天都做着打捞、分类、储存的工作，临睡前又拿出海洋生物学笔记本，记下这一天当中给他印象最深的动物和这些动物的特征。在后来的航海中，达尔文始终都这样做着。

"贝格尔"号乘风破浪地向佛得角群岛驶去，把达尔文带向一个他渴望已久的崭新世界，揭开了这位坚韧不拔的年轻博物学家科学考察的序幕。

1832年1月上旬，"贝格尔"号开足马力，向南美洲大陆驶去。

1月16日，"贝格尔"号驶进佛得角群岛圣地亚哥岛的普拉亚港，在那里停泊了二十三天。从海上向港口望去，达尔文觉得这里十分荒凉，不免有些失望。他发现在黑色熔岩的大块地层之间，有了条水平的白色夹石出现在海边峭壁的表面上，不由地觉得很奇怪，不知道是什么原因。而上岸之后，越向岛中走地势越是高起来，逐渐出现一些圆锥形小山，地平线远远地耸立着一连串参差不齐的高峰。

走进这些热带丛林的怀抱，达尔文听到了一些不熟悉的鸟儿在啼叫，看见许多新奇的昆虫围绕着不知名的花儿在飞舞。太好了！他梦想的一切就在眼前。陶醉之余，他并没有忘记自己的职责，先研究起那条四十五英尺高的水平白色夹石。它是由石灰质构成的,其中嵌着无数贝壳,白色夹石下面是古老的火山岩。

在"贝格尔"号停泊在这里的这段时间里,天气异常炎热。达尔文总是早出晚归,进行科学考察,回到船上的时候总是口干舌燥,满身灰尘。但他并不感到怎么累,总是满载而归,带回各种标本,口中直嚷着:"大丰收了!"每天晚上,达尔文都对这些岩石、植物和海洋生物进行检查、归类、包装、储藏。

在圣地亚哥岛停泊的最后一天上午,达尔文考察了岛上的地质构造,意识到这里不可能像传统的地质学家所描述的那样是在一次灾难性剧变中发生的。那道白岩石地层丝毫无损,嵌在地层中的脆弱的贝壳和珊瑚也没有损坏。这个岛屿一定是经过一连串的火山运动才得以形成——每次运动都将这道地层推得离海面再高些,而又不使它受到损坏。看到自己琢磨出了那白色夹石成因,他的脑海里突然闪过一个念头——自己可以写一本书论述所到之地的地质情况。不过立刻又觉得自己初出茅庐,这个想法太可笑了。但是他已经开始向传统的地质学提出质疑。

"贝格尔"号又启程了,继续向南行驶。达尔文给父亲写了一封报告平安的信,告诉父亲:"这里的日子快活极了!我忙得很。我真的感到在船上(当我不晕船的时候)差不多和在家里一样舒适……"

在这次漫长又艰辛的旅途中,达尔文亲眼目睹了许多美丽奇异的自然景观,观察了火山和若干原始部落,经历过地震,发现了大量的动植物化石,观察了种类繁多的动植物生长及生活情况。更为重要的是,他对此做了大量的航海日记,把自己的所见所闻一一详细记录。这些经历奠定了他以后研究的基础。

1836年6月18日,"贝格尔"号驶离西蒙斯湾,准备向西横越南大西洋,到达对面美洲的东海岸,然后再从那里向北穿越北大西洋,返回英国。

1836年10月2日,"贝格尔"舰靠岸了。

离开家已经5年了,达尔文无时无刻不在思念着家乡。他思念年迈的父亲,为家操劳的姐姐妹妹,还有他的好朋友亨斯罗教授。

考察的时候,达尔文总不忘寄上几封家书,告诉亲人们他很好,有哪些收获,哪些发现。而每每收到亲人的来信时,他也高兴万分。现在,经过5年的考察,"贝格尔"舰已经返航了,达尔文的思乡之情也更浓了。

达尔文的归来,使大家感到格外高兴。父亲询问儿子今后有何打算,妹妹则缠着他要他讲海上航行的趣事。

而达尔文心中又有了新的打算,那就是实现他献身科学的心愿。现在他要做的事情很多,他要对环球考察采集的大量标本分类、整理,要在已有日记的基础上撰写出"比格尔"舰环球考察记,还要把大量地质资料写成论文。

现在的父亲已经能够理解儿子了。达尔文航海期间就曾写过论文寄回伦敦发表,得到过专家的好评。父亲为儿子取得小小的成就而自豪。父亲决心支持儿子的事业,让他在科学道路上取得应有的成就。

父亲的话里有很多是正确的。五年的旅行生活使达尔文大大变了样。不但改变了他的人生观与生活习性，而且决定了他未来的人生旅途应起的方向。在航海期间，达尔文所做的专门性研究成果非凡，但他觉得最重要的是，在这期间养成了一种非常好的习惯，那就是尽心尽力、孜孜以求的钻研精神。在研究问题上，不做实际考察，决不以书本和主观推论随便定论，这种习惯使他获益良多。航海最初几年，他仍旧不改昔日喜爱射击的毛病，每次到野外狩猎或采集时，总要随身带一把枪，以便射小鸟和野兽。后来，他发现射击会影响研究工作，就断然地放弃了这个爱好。在旅行中，每到一个新地点，第二天就登上山顶，观察新地方，并着手搜集材料，渐渐地，他对科学的喜爱与日俱增。每日的奔波忙碌，也使他逐步放弃了一些与科学无关的嗜好。这种良好的心理修养，为他今后的成长奠定了坚实的基础。

进化论研究

航海归来后，达尔文只在家里住了几天，就去了剑桥。他租了一所公寓，专心整理和研究自己的岩石、矿物标本和地质资料。同时，他还埋头撰写《观察日记》和地质学论文。

不久，达尔文和舰长合著的《皇家军舰冒险号和贝格尔号考察航行记》出版了。接着，达尔文又组织出版关于他采集到的动物标本的研究著作，最后出了一部巨著——《贝格尔号航行中的动物学》。

1837年早春，达尔文又搬回伦敦，一直到9月，他每天几乎都关在房间里，埋头撰写《贝格尔号航海日记》。因为他在航海期间的日记记得非常详细，因此整理起来并不困难，只要把他的一些科学结论加入，便完成了主要工作。在整理时，他所遵循的不是时间的顺序，而是地理的顺序。他认为，把注意力放到对访问国的描写方面，这对读者来说更容易理解一些。在这种描写中，他有意包括了动物的生活方式、地质考察、风景描写以及个人的印象。6月份写完日记之后，在尚未发行前，他临时装订了几册，寄给一些熟识的朋友，他们不仅赞赏日记写得精彩，而且对日记的整理速度感到惊奇。一位叫呼克尔的教授每天晚上都把册子放在枕头底下一睡醒马上就阅读，爱不释手。专家们赞赏并没有使达尔文满足，稍事休息后，他又对日记做了仔细、认真的整理，直到认为满意才送去复印。

在这段日子里，和达尔文来往最频繁的就是赖尔教授。他是经常关心和非常赞赏达尔文的几个学者之一。赖尔教授天资聪颖，举止稳重，创造力和判断力都别具一格。尤其令人可敬的是他有一种非常难得的雅量，他对别人所提出的主张，虽然不表赞同，但他还是愿意去协助别人。在达尔文提出三种珊瑚礁形成原因的见解后，最先支持的人就是他。达尔文热烈地拥护赖尔的地质学思想，他们经常在一起讨论地质学方面的问题，并互相交换意见，把所有的可能性，反复地思索探讨，直到搞懂为止。因此，每次讨论结束后，达尔文脑海里总有一个新的世界出现，他觉得没有赖尔教授的协助和鼓励，就不会顺利地完成许多工作，就不会使自己的地质学研究和生物学研究有所进展。他认为赖尔教授所带给他的收获是难以用笔墨来形容。他决心在地质学方面刻苦探索,做出成就,以回报赖尔教授的帮助。

从此,达尔文和赖尔的交往频繁,赖尔成了达尔文"最有力的朋友"。他们常常在一起畅谈南美洲的地质情况,交换各自的研究心得和体会。达尔文提出地质学方面的任何疑难问题,赖尔总是不厌其烦地加以解答。赖尔还常常对达尔文的一些新见解提出各种各样的异议,迫使他把问题想得更周到一些。

达尔文不但在学术上十分推崇赖尔,就连赖尔那种"工作强度以不损害身体健康为限度"的治学精神,也成了他效法的榜样。他仿照赖尔的办法,安排了自己的作息时间。他把一天的时间分做几个阶段,每工作两小时就上街去办一些事,回来再继续工作。这种用改变工作内容来代替休息的安排,真是一种积极休息的好办法。经过一段时间的试验,果然非常有效。

不久,达尔文关于珊瑚礁形成的论文写好了。按照达尔文的观点,珊瑚礁不是由于火山口上升才造成的,而是海底下降,把珊瑚虫带到海洋深处形成的。它和赖尔的"火山口上升"理论是针锋相对的。赖尔看过这篇论文的原稿以后,好些天里一直都在想着珊瑚礁形成的问题。他没有以地质学权威自居,去压制达尔文。相反,他还创造条件,让达尔文到地质学会上去宣读这篇论文。最后,他高兴地接受了达尔文的观点,放弃了自己曾经用来解释过许多地质现象的"火山口上升"理论。

在达尔文发表了几篇地质学和动物学的论文以后,赖尔又介绍他参加了英国科学协会,推荐他担任地质学会秘书的职务。为了鼓励这个年轻的地质学工作者,赖尔还把他心爱的地质锤送给了达尔文。这件不寻常的礼物后来成了这两个密切交往约四十年之久的伟大科学家之间真诚友谊的见证。

老一辈科学家赖尔那种令人钦佩的崇高品质和优良学风对达尔文的成长起了十分巨大的作用。为了感激赖尔的支持和帮助,后来他在给赖尔的信里说:

为了您在地质学方面给我的巨大帮助,我早就想用一种比仅仅提到您的著作更直接的方式来表示对您的感谢。

达尔文把自己得意的著作——《考察日记》第二版献给了赖尔。

达尔文和赖尔在地质学研究中互相尊重、互相切磋,在共同的奋斗中建立了深厚的友谊。这为他们后来在物种起源问题上互相帮助,共同提高,推动科学的发展,打下了牢固的基础。

1837年盛夏的一个夜晚,伦敦的天气格外炎热,许多人都在户外纳凉,住在大马尔勃罗街三十六号公寓里的一个年轻的科学工作者,正汗流浃背地在灯下奋笔疾书。他就是当年春天从剑桥搬到这里来的达尔文。

不久以前,他在地质学会上宣读了几篇论文,那些"大人物"终于用赞许的态度接受了它们。随后,地质学界的权威们也十分关注地经常谈论着他。

尽管这样,达尔文一点也没有忘记自己神圣的职责——探索生物进化的问题。因为他在环球考察期间发现的三个事实经常盘旋在他的脑际,第一个事实,在巴塔哥尼亚发现的动物化石，它的年代虽然久远，却和今天的动物很相似；第二个事实，美洲大陆上的同种动物，从南到北，它们的形态逐渐不同；第三个事实，加拉帕戈斯群岛的大多数生物都具有南美洲生物的特征，而群岛各个小岛上的同种生物却又多少有些不同。这些事实，虽然使他产生了物种可变的思想，但是物种为什么会变化，变化的规律又是什么，也就是说，物种到底是怎样起源和发展的，还是个不解之谜。

为什么生物能够那样巧妙地适应它们所处的环境？加拉帕戈斯群岛上的海龟能够在干燥缺水的地区生存，啄木鸟和雨蛙可以攀缘树木，一粒种子能够借助小钩或者茸毛而传播出去……难道这些都是上帝设计的吗？如果不是万能的上帝的安排，那又是什么原因呢？

这些复杂而深奥的问题困扰着他，看书的时候常常被打断思路，躺在床上又难以入睡。他决心揭开这个"秘密中的秘密"，把注意力集中到生物进化的研究工作中来。

所谓"遵循赖尔在地质学方面的范例"主要是按照赖尔在《地质学原理》中运用的"将今论古"的方法，来解释物种起源和变化的原因。赖尔是用现在起作用的因素来说明地球表面过去的变化，决不和创世论相混淆。再通俗些说，就是今天看得到的自然界力量，来说明地球在漫长的历史长河中变迁的原因，从而在科学史上写下了光辉的一页。

赖尔这种科学方法促使达尔文想到现在物种是怎样变化的？家养动物和栽培植物中品种繁多，琳琅满目，而且还在不断地增加，它们是怎样形成的？他决定面向现实，面向实践。他首先选择了家养动物和栽培植物这条生产实践的道路，去探索奥秘。1837年七月，他开始写第一本关于物种起源的笔记，搜集动植物在家养条件下所发生的一切变异事实，认真总结劳动人民和育种家们培育新品种的经验。

达尔文废寝忘食地进行了十五个月的系统调查，经常和育种家、园艺家交谈，通信，或者向他们发去调查表，从他们那儿搜集各种家养动物和栽培植物的变异材料和培育方法。他还亲自参加实践，认真考察和研究小麦、玉米等农作物的选育过程、动手搞移植实验，仔细地分析比较鸡、鸭、鹅、牛、羊、猪、狗、猫等家禽家畜各个品种之间的差异。通过调查研究人民群众创造出来的这些奇迹，使他清楚地认识到，这些优良品种都是"培育者可惊的技巧和坚持不懈的精神"所留下的"永久纪念碑"。

后来他着重研究各种家鸽品种之间的差异和起源问题，参加了伦敦两个养鸽俱乐部，饲养各种品种的家鸽，甚至设法从美洲、波斯和印度购买当地的鸽子标本，还有人从中国的福州和厦门给他寄去鸽子标本和资料。达尔文把各种家鸽的品种和野生岩鸽进行比较，研究它们在外部形态和骨骼构造等方面的差异和共同特征，结果证明所有家鸽品种虽然差异很大，其中有二十个品种从外形上看简直就像不同种的鸟类一样，但是它们都起源于共同的祖先——野生岩鸽。

各种家鸽都起源于同一种野生岩鸽，为什么它们之间的差异会这样大呢？

达尔文认为，这都是人工选择的结果。岩鸽从野生到家养，生活条件发生了很大变化，由于在不同地区放养，可能会发生不同的变异。有的嗉囊大些，有的尾羽多些，有的鼻子高些，有的腿长些，人们根据不同的爱好，选择符合自己需要的变异个体来饲养。比如：有的人喜欢嗉囊大的个体，就选择那些嗉囊比较大的鸽子放在一起饲养，并且不让它们和嗉囊小的鸽子交配。这样一代一代地向嗉囊大的方向选择下去，终于培育出嗉囊像皮球一样大的球胸鸽来。同样，扇尾鸽、大鼻抱、凤头鸽、大毛脚等品种，都是根据同样的原理选择、培育出来的。

在人民群众选育良种和他自己亲身实践的基础上，达尔文根据人工选择的作用在同种动植物中所造成的区别，常常比那些公认为异种动植物的区别还要大，终于得出了人工选择的理论。物种在人工干预下是能够改变的，具有明显不同特征的品种可以起源于共同的祖先。

他根据赖尔的方法进行科学研究，赖尔那个闪着智慧之光的方法果然向他的研究工作投射了光明，使他的思想豁然开朗起来。原来家养动物和栽培植物的各种优良品种并不是上帝为了恩赐人类而分别创造出来的，它们是人民群众经过世世代代人工选择的结果。这种人工选择的作用，说明了物种在人为条件下能够发生进化，具有明显不同特征的品种可以起源于共同的祖先，在家养动物和栽培植物的进化过程中，人起着主导作用。

"可是，在自然条件下又是什么力量在起选择作用呢？"达尔文自言自语地说，"自然界的生物并没有人在那里年复一年地进行选择，那么新的物种又是怎样形成的呢？"

顿时，他在环球考察期间发现的生物由于生活条件变化而引起的数量增减或死亡的现象，又纷纭地出现在他的眼前。有些物种在连续几个生活条件适宜的季节，数量猛增起来，而在另外一些不利条件下，数量就急剧减少，甚至使整个物种绝迹。那么，物种的数量增减或者灭绝，究竟是受什么法则支配的呢？

他听任自己的各种想象随意驰骋。1838年十月的一天，他十分困倦地坐在椅子上，顺手从书架上拿起一本《人口论》来随便看看。这是英国神甫、资产阶级经济学家马尔萨斯（1766~1834）为统治阶级和殖民主义者服务的反动著作。马尔萨斯认为人口是按照几何级数（1、2、4、8、16……）增长的，而食物（主要是动植物）却是按照算术级数（1、2、3、4、5……）增加的，因此出现"人口过剩"的现象。在他看来，这种"人口过剩"的问题是一种自然的、永恒的规律，只有通过贫困、饥饿、疾病、独身生活，甚至战争，才能够得到解决。

马尔萨斯认为，资本主义制度下劳动人民遭受灾难、饥饿和贫穷的根源，不是资本主义制度本身和剥削阶级的残酷剥削，而是因为劳动人民人口太多。因此，剥削阶级过着花天酒地的生活，劳动人民受到贫穷和疾病折磨以致死亡，都是天经地义的事情。这种把一切社会弊病都归结为"人口过剩"的理论，是公开为资产阶级残酷剥削无产阶级和其他劳动阶层进行辩护的理论，直接掩盖了资本主义制度的罪恶，从根本上否定了阶级斗争、否定了一切社会革命的必要性。

达尔文只是为了消遣，没有也不可能深刻悟出这些道理来。他随意地翻了一页又一页。忽然下面几行字引起了他的注意：

自然，用最浪费最自由的手，在动物界、植物界撒布种子。但是育成这种生命种子所必要的场所和营养，它却给得比较吝啬。这地上含有的生命的芽，如果能够有充分的食物、充分的场所供它繁殖，几千年以后就会充塞几百万个世界了。但是自然法则的必然性将把这种生物限制在一定的界限里。植物的种类和动物的种类完全处在这种限制的大法则之下……

达尔文只怕自己没有看清楚，又认真地看了一遍。虽然马尔萨斯在这里并没有做出任何考证，但是达尔文自己长期观察所积累的事实却和这几行字十分吻合，于是他在书里继续寻找类似的内容。他又想起自己曾经写到过的，关于巴姆巴斯草原地区的动物由于干旱而大批死亡的那些事实。

他翻开《贝格尔舰航行日记》的底稿，上面记着：

在1827年到1830年期间，因为雨下得非常少，溪水干涸见底，整个地区看来很像尘土飞扬的乡村大道。这种情形在布宜诺斯艾利斯一省的北部和圣非的南部一带特别显著，大批飞鸟、野兽、牛和马都由于缺少食物和水而死亡了。

他又想到几个月以前，自己曾经在日记里写过的一段话：

至于说到死亡，我们很容易看到，鸵鸟的变种由于不适应恶劣的条件而灭亡，相反，它们处在良好的条件下就会大量地繁殖起来。根据上述情况，可以得出这样的结论，生物在有限的土地上繁殖，在变化着的条件下发生经常性的变异，由于对这些条件的适应而得到发展。可见，物种的灭亡是对条件不适应的结果。

达尔文长期以来百思不解的问题——自然界究竟是什么力量在起选择作用。猛一下省悟了。他说：

1838年十月，就是我开始做系统调查的十五个月以后，我偶然阅读马尔萨斯《人口论》来作为消遣，并且由于长期不断地观察动物和植物的习性，我具备了很好的条件去体会到处进行着的生存斗争，所以我立刻觉得在这样的环境条件下，有利的变异将被保存下来，不利的变异将被消灭。它的结果大概就是新种的形成。我终于得到了一个可以用来指导工作的理论。

达尔文眼前立刻展现出一幅到处都在进行生存斗争的画面。在自然界里，植物结出了大量的种子，昆虫繁殖了大量的幼虫，而相当一部分种子和幼虫都被鸟类吃掉了。可是，鸟类的卵和幼雏又常常被鸢鸟或猛兽所残食。两只犬类动物在饥饿的时候，为了争夺食物而进行拼死的搏斗。生长在沙漠边上的植物，它们为了抗旱也在进行生存斗争。一株植物一年结出一千颗种子，而平均只有一颗种子可以长成。更确切地说，植物的种子是在和已经铺满地面的同种或者别种植物斗争中成长的。

达尔文认为，在复杂的生存斗争中，对生存有利的变异，就会使物种有比较好的生存和发展的机会，而对生存有害的变异，却会使物种难于生存，甚至灭绝。为了和"人工选择"相对应，他把这种对有害变异个体的淘汰和对有利变异个体的保存，称作"自然选择"或者"适者生存"。自然选择每日每时地在自然界检查着生物最微小的变异，它象人工选择一样在起着汰劣留良的作用。后来他说：

如果有利于任何生物的变异一旦发生，具有这类性状的个体就会在生存斗争中得到最好的保存机会。根据遗传原理，它们将会产生具有相似性质的后代。这项保存原理或者适者生存,我称它作"自然选择"。它使每个生物对于有机的和无机的生活条件的关系得到改进。因此,在许多场合,这种结果必定是生物体制的一种进步。

可是,达尔文在把自己多年观察结果进行理论概括的时候,没有考虑到马尔萨斯《人口论》是抄袭别人的资料拼凑成的。正像马克思(1818~1883)所说的:"他这本书最初的版本不过是对笛神福、詹姆斯·斯图亚特爵士、唐森、富兰克林、华莱士等人的小学生般肤浅的和牧师般拿腔作调的剽窃,其中没有一个他独自思考出来的命题。比如富兰克林(1706~1790)曾经看到,植物和动物的再生能力是无限的,只是由于食物的限制,才使它们的繁殖受到制约。汤生德(唐森)也看到,当山羊运送到某个岛上的时候,由于有了丰富的牧场,繁殖很快,后来山羊越来越多,牧场不够了,尽管山羊还在继续繁殖,可是它们当中的弱者就死亡了,只有强者能够生存下来。这些都被马尔萨斯窃做例证。达尔文没有认识到,自己是从富兰克林和汤生德等人的思想得到启发的。另外,达尔文也没有想到,他在动物界和植物界发现了几何级数的增长,正好驳斥了马尔萨斯关于人类食物(主要是动物和植物)只能够按照算术级数增长的说法。因此,达尔文在总结生物进化规律的时候,还天真地说自己是在读了马尔萨斯《人口论》以后,结合自己的实践,才得到了一个可以作为科学研究根据的学说。他后来甚至说:"全世界一切生物的生存斗争现象,是生物按照几何级数繁殖所造成的必然结果,这是马尔萨斯的学说应用到整个动物界和植物界。因为每种生物产生的个数,远远地超过了它们所能生存的个数,所以常引起生存斗争。"

达尔文这个失误使后人产生了误解,甚至利用它来反对进化论。

《物种起源》问世

1839年1月,达尔文和他的小表姐爱玛结婚了。他们共同生活了43年,生了10个儿女,家庭生活幸福美满。但是,由于他们是近亲,对生育的儿女的智力有很大影响。

结婚以后,达尔文继续工作,他开始写"物种起源"的笔记,并开始搜集动植物在家养情况下所发生的一切变异事实。他发现各种家养动植物的优良品种,不是上帝造出来的,而是人民群众经过世世代代人工选择的结果,说明在人工选择下,物种能够发生变异。

接着,他又研究了自然条件下的变异,那是"适者生存""优胜劣汰"的结果。

从1842年开始,达尔文正式写《物种起源》的提纲,写了《1842年概要》,后来又写了《1844年概要》,其中列举了很多事实来证明物种是变异的,而他的生物进化论的精华就是自然选择。

由于过度劳累,严重的心悸、头晕,使达尔文不能坚持工作了。

为了达尔文的健康,爱玛陪达尔文到乡下去住了一个月。经过一个月的休养,达尔文恢复了健康。他该继续工作了。

然而,达尔文并未逃脱疾病的折磨,他的后半生都是在疾病的困扰中度过的。可他并未因此停止工作。幸运的是,达尔文有一位温柔体贴的妻子。时刻在照料着他的健康。

达尔文花了近10年的心血准备《物种理论概要》。

1854年9月起,达尔文开始花全部精力研究物种起源问题,并进行了一些必要的观察和实验。他从爱好养鸽的人培养出不同的品种的事实受到启发,对养鸽子发生了浓厚的兴趣。在给表兄福克司的信中请求他帮助观察一下雏鸽的尾羽在什么年龄才充分长到可以计数的程度,以证明他物种演变的观点。福克司十分支持达尔文所进行的工作,给他送来了一些刚出生一个星期的小鸽和供研究用的老鸽。后来,达尔文还参加了两个养鸽学会,结识了一些养鸽专家。通过实践,他观察到鸽子身上特别鲜明地表现出亚种和变种的多样性,使他更加相信选配供杂交用的种畜的意义。更加专注地对鸽子进行详细的研究工作。此时,他阅读了许多有关鸽子方面的大量旧著作,并同著名的家禽专家捷格特迈耶尔就很多细小问题和琐事进行了频繁的书信来往,进一步探讨家禽变异的问题。

达尔文不光对鸽子一类家禽感兴趣,而且还亲自开辟了一块6平方米的小小"种子植物园",对植物进行仔细观察。他在这里注视每一棵从种子中生出来的幼芽的命运。大量的幼苗对他产生了强烈的印象,而更强烈的印象是大量死亡的幼苗。经过仔细观察,这些幼苗都是被蜗牛弄死的。在慕尔公园,达尔文认真观察了长有青松的山丘那些被围起来的和未被围起来的地段之间的差别。在被围起来的放牧地段上的一群松树周围,长出了很多小树,就好像是有意被人栽在那儿的。而在未被围起来的地段上,什么都没有,找不到一棵小树。但是,当他走到跟前时,在那里找到了几千棵全都比帚石南要矮的松树,因为牲畜经常把这些树尖啃光。研究它们以后,他深信,这些3英寸高的小松,据年轮判断却在25年以上,这一观察结果,被达尔文作为生存斗争复杂性最好的例证写进了《物种起源》的书中。

虽然已经拥有大量的事实,但达尔文仍然不停地搜集和实验,他向凡是与自己有通讯联系的人提出各种各样的问题。在思索细小生物身上表现的返祖特征时,他请朋友帮助提供各种品种的马、驴等背上的黑条纹和肩上的横向条纹的事实,为了要解决大海是不是使动物植物分迁的真正不可克服的障碍问题,达尔文决定研究植物的种子和动物的卵在海水里是否会漂流,它们在盐水里究竟能活多长时间,以便证明在被大海隔开的一些地方有某些相同植物存在的根本原因。他把莴苣、萝卜、白菜、山莴苣、胡萝卜、芹菜和洋葱的种子统统装在放盐水的瓶子里。过了一段时间,尽管水发臭了,可是所有这些种子,除了部分白菜籽外,都长得非常好。虽然许多种子很好地经受了盐水的浸泡,但是很快就被浸透而下沉。这种情况使达尔文大失所望,他觉得以前自己所下的功夫都是徒劳的,纯粹是自找麻烦。

失败并没有使达尔文丧失信心,他仍然不厌其烦地继续工作,继续各种新的实验。为了弄清植物方面的问题,他不光同虎克商议、探讨,而且还向其他植物学家请教。这期间,他联系最多的就是美国植物学家爱沙·葛雷。

爱沙·葛雷出生于纽约州,比达尔文小两岁。他大学读书时成绩非常出色,尤其热衷于植物学。1834 年,他出版了《北美的禾本科和沙草科》一书,由于这本书,他开始同一些欧洲学者通信,此后又以教授的身份到了欧洲,观看了欧洲的植物园和各种收集品,并同著名的植物学家建立了私人关系。在伦敦,他结识了罗伯特·布朗、奥温、植物学家林德雷和其他许多博物学家。爱沙·葛雷刚刚返回美国,就被聘为旧哈佛大学的植物学教授。因为他努力钻研植物学的课程,内容讲的新颖、丰富,很快成了美国植物学家的首领。

达尔文十分钦佩爱沙·葛雷这位精力充沛的植物学家,并且主动与他进行通信交往。达尔文在第一封信里告诉爱沙·葛雷,自己从事研究生物的变迁已经好几年了,已经对动物得出了一些结论,恳切地征求爱沙·葛雷对他的结论意见,同时表明自己对美国高山植物非常感兴趣,希望他能提供一些资料。爱沙·葛雷收到达尔文的信后,非常乐意地答复了他所提出的要求,除了写信和邮寄美国高山植物统计表外,还把自己的新版植物学课本寄给了达尔文。达尔文当时正致力于地理分布和类型的种属关系问题的研究,因此建议爱沙·葛雷在课本再版时,能在美国植物统计表里,指出哪些植物是当地的,哪些植物是从欧洲移植过来的,还要指出这些植物的产地在哪里,他感兴趣的还有各种植物区系"相近的"物种,他请葛雷为他指出这样的物种,哪怕是在旧的校样里指出也行。

爱沙·葛雷由于受到达尔文询问的影响,撰写和刊出一篇《北美合众国的植物区系的统计》。达尔文在收到这篇论文后,对爱沙·葛雷所做的关于大属的物种总是有着广泛的分布范围的结论非常高兴。因为这个结论同达尔文从分析其他植物区系所得的结论以及他的理论观点是一致的。与葛雷在学术上的频繁交流,更加激发了达尔文研究植物的热情,然而,坚持不懈的工作,使他的健康状况恶化了,他不得不放下手里的工作,到慕尔公园的温泉疗养院进行水疗。医生告诉他必须多散步,多吃饭,少思考。他自己也下决心绝不思考"鸟兽是怎样形成的"这些问题,而实际上他根本无法忘记自己所关心的理论问题。这期间,他除了尽量充分休息外,还常常写信,与各方面的专家、学者围绕物种起源问题进行不间断的探索,为尽可能完整地阐述进化论观点,做着积极的准备。

1858 年,他开始写作《物种起源》,只用了一年多的时间,就完成了这部震惊世界的名著。

1859 年 11 月 24 日,伦敦几家书店门庭若市,人们在争相购买新出版的《物种起源》,1250 册一天之内销售一空。整个英国受到了达尔文进化论的冲击,刮起了"达尔文旋风"。

《物种起源》一书详细地介绍了达尔文的进化理论。他推翻了上帝创造万物的宗教学说,认为生物都是从低等到高等逐渐进化而来的。在自然界中,可利用的生存空间是有限的,各种生物为了食物,进行着你死我活的竞争,也就是永恒的生存斗争。最能适应环境的就能够生存下去,而其他的就要死亡。这被称为"适者生存"。但是,随着时间的推移,环境也随着变化,因而生物也随着变化。就是说,从一个种类演化到另一个种类,以便在新环境中生存下去,这被称作"自然选择"。

《物种起源》的出版是自然科学史上的一个最重大的事件,它成了19世纪绝大多数有学问的人改造世界的开端。世界上的万物不是上帝创造的,而是地球上的原始生物不断繁衍进化而来的,达尔文为此收集了不少事实。《物种起源》为科学界提供了驳不倒的证据,它还用变种和选择的观点来解释化石、地质分布、发育不全的器官、胚胎学上的类似和分类等。

进化的学说不是达尔文首创的。但是,达尔文却提供了有力证据,丰富了进化学说的内容,从而在科学的基础上建立了自然选择的物种起源说。

达尔文理论对于生物科学,就像哥白尼革命对于宇宙科学一样,它将人们引向了一个正确的研究生物科学的途径,刺激和鼓励着人们在此基础上再去实验和观察。它的影响是全社会都感觉得到的。《物种起源》是不朽的,达尔文的名字也将永垂史册。

《物种起源》的出版,立即在社会上引起了轰动。不过这种轰动主要是反对,而不是赞同。教会的大小牧师一片咆哮,科学界的保守势力一片叫喊。

极力维护神学的教士们,斥责达尔文的进化论是异端邪说,叫嚷着要"打倒达尔文","扑灭邪说,拯救灵魂"。

在科学界,那些保守的科学家也加入攻击达尔文的行列。号称生物学界权威的欧文,原来是达尔文的好友,也成为反对进化论的代表人物。甚至连达尔文的地质学老师都说他的学说是荒唐的。

真理是不可战胜的,达尔文学说终于被越来越多的人接受。

《物种起源》一书建立了自然选择的物种起源说。这本书的出版,使达尔文的名字不但可以同牛顿的名字并列,而且他的工作将永远被看成是19世纪自然科学的最大成就之一。

《物种起源》一书出版的这一天,不只是在达尔文的个人生活中具有重大意义,这也是19世纪50~70年代大批有学问的人对生物界的观点和对人在生物界中的地位的观点开始转变的一天,这种转变就像哥白尼在16世纪因指出地球在宇宙中的位置而实现的转变一样。然而,在此之前,为捍卫达尔文主义这一进化论学说,曾不得不进行了10年的尖锐斗争。在10年的斗争过程中,达尔文的思想以及达尔文本人,曾经不断地受到攻击,这些攻击常常是粗暴的,恶毒的和不公正的。达尔文的为人一向很温和,甚至对自己的对手也十分彬彬有礼,他并没有和反对者进行针锋相对辩论,而是以他那部不断地发行新的版本和译本的出色著作《物种起源》,不知不觉,不声不吭地击败了各个对手,说服了那些动摇分子,在越来越多无私地寻找真理的人们中间,为自己争得了许多朋友和信仰者。

"风格则是人的本身",这是一位早期进化论者,达尔文的一位前辈的名言。那么,《物种起源》一书是以怎样的风格体现达尔文本身的风格呢?赖尔教授的评价是:"整个书就是一个长的论据,它被用来论证整个进化论理论,特别是用来论证对这种进化原因给予最完美的说明的自然选择理论。"达尔文所阐述的观点是以事实为依据的,他认为,人们通过对种公畜的人工选择,或者通过对留作种子用的最接近理想的植物的育种选择,能够培育出许许多多家畜的品种或数千种栽培植物的亚种来。他证明,由于变异和遗传,人们能够获得这些结果。由于变异,也就是说,由于一对动物的后代,或者由同一个菜的种子生长出来的植物,彼此之间略有区别这种情况,选择是可能的;而由于遗传,即经常看到的亲本将特性传给后代这一情况,通过选择优良的植物种子,就能够获得具有这些改良特性的后代。

达尔文在写作《物种起源》时,一时一刻也没有忘记书的基本目的是要读者相信,各种类型的物种借助于自然选择而进化的观点,优越于每个物种是由创造而产生的旧观点。因此,每一个前提和结论,达尔文都必须极其严肃认真地和最有说服力地加以论证,并用一些实例证实。达尔文以他自己饲养的家鸽为例,来证明人工选择能够引起各种之间的差别。从家鸽腿的长度,喙的长度和形状,尾羽的数目、腿部羽毛的差别和头部羽毛分布的差别,可以把家鸽划分为不同的物种,甚至不同的属。由此,达尔文证明出家鸽是起源于一个野生种——岩鸽。同时,为了使读者能够比较容易地抓住全书的思路,不仅在绪论中做了扼要地叙述,而且几乎在每一章的最后,都有一句看来是达尔文特别精心编写的结束语,在这句结束语里他再一次对有关选择和进化的思想加以强调,以便进一步提醒读者。

《物种起源》一书以深入浅出的论证,平白如话的叙述,使众多读者很快地就在一定的广度和深度上承认了达尔文的学说。于是就出现了一些全部接受达尔文理论的狂热的崇拜者。植物学家华生写信给达尔文说:"您的主导思想,即'自然选择',一定会被当作科学上的确定真理而为人们所接受。它有一切伟大的自然科学真理所具有的特征,变模糊为清晰,化复杂为简单,并且在旧有的知识上添加了很多新的东西。您是本世纪的、甚至是一切旧世纪的博物学家中最伟大的革命者。"也有一些人觉得,尽管物种起源的基本理论还存在一些细小的弱点,但这一理论的意义是不容否认的。他们从这个基点出发,按各自的设想,提出很多补充性的意见。虽然这些意见中有些与物种起源的理论观点距离很远,但达尔文对这些善意的、友好的建议,始终都是以虚心的,诚恳的态度去听取,去接受。

达尔文晚年时已誉满天下,金钱富足,但他视金钱名誉为身外之物,从不放弃科学研究。他的《物种起源》被译成了53国文字,在全世界传播。他获得的奖章、奖金多得无以计数。

最后的日子

达尔文的晚年是在病痛中度过的,但是,他仍旧完成几部著作。

不间断的写作、研究,使达尔文的疾病日趋严重,有时甚至什么事情也做不下去,但他始终以顽强的毅力和严谨的态度坚持著书立说，先后出版了《攀缘植物》《动物和植物在家养下的变异》等著作。按照原来的设想，完成"巨著"的写作，还需要花费近30~40年的时间，但此时，病痛折磨得他不得不中断写作，再度去温泉疗养。然而，这次疗养没有把他的病治好，开始他情绪十分沮丧，几乎对继续写作失去了信心。但当他想到自己在最困难的时候，有那么多真诚的朋友和他站在一起，为捍卫真理并肩而战，他就觉得自己没有理由颓丧，没有理由向疾病低头。于是，他又振作起来，一方面积极治病疗养，一方面以十分高兴的心情与学术界的朋友们通信聊天。那段时间里，达尔文虽然暂时中断了写作，但却把全部精力和心血花在关心他的朋友和好学有为的年轻人身上了。

随着《物种起源》一书的广泛发行，进化论的观点逐渐为越来越多的人所接受，英国皇家学会也越来越认识到这一理论的重大意义，并决定授予达尔文英国科学界最高的荣誉——柯普雷奖章。给获奖者本人颁发柯普雷奖章的隆重仪式一向都是在11月30日学会的年会上举行。达尔文由于患病而未能亲自出席。皇家学会在授奖中指出，达尔文荣获柯普雷奖章是由于他撰写了有关动物学、植物学和地质学的著作，还由于他进行了大量的观察，这些观察都收进了《物种起源》一书中。有些人或许倾向接受这种理论，还有一些人或许倾向于摒弃这种理论，或者至少是把他们的决定推延到将来，到那时，知识增加了，还将为最后的接受或摒弃提供一个更可靠的基础。达尔文被授奖后，接到了许多朋友们的至诚的贺信，他把这些信视为真正的奖章，他也意识到，这种公开的奖赏对于传播他的观点是有益处的。

柯普雷奖章等于向人们宣告了进化论学说获得了胜利。然而唯心主义者却不甘心最后的失败，他们把斗争移到了关于进化原因的问题上，并用不完善的法则和其他抽象的原则，来代替自然选择。面对新的挑战，达尔文认为，在神学家们特别反感的关于人类起源的问题上，公开宣战的时机已经到来，他在完成了其他专著之后便又开始着手写关于人类起源的书。他以无限的耐心和严谨的态度，反复整理研究了各种浩繁的实际材料，通过对这些实际材料的叙述，得出带有独创性的新的理论思想和结论。达尔文新选择的实际材料涉及人的身体构造，涉及人类发展中那些阐明人类起源于低等生物的特征。其内容新奇，结构独特，想法大胆，引起了同行们的瞩目。他们认为，达尔文对人类起源问题所做出的结论将成为科学史上的奇迹，那些翔实的材料将成为可靠的基本科学文献留给后人，他们期待达尔文的成功。

《人类的起源》一书于1871年2月14日问世了，并且取得了无可置疑的成功。因为2500册书很快就销售一空，及至年底又印了5000册。这本书的出版又掀起了一股既有愤怒，又有赞赏和惊讶的浪潮。因为此书触及了人类在自然中的位置这一极为根深蒂固的宗教观念，不能不引起五花八门的争议。起初的评论都是零零碎碎的，其中有彬彬有礼的，富有同情心的，也有粗野的、尖刻和愚昧无知的。以往大量的评论随达尔文的每一部新著作出版一拥而上，这已经是司空见惯的事了，并没有使他感到不安。而这一次，给达尔文的新观念以重大打击的是著名动物学家迈弗特，他出版的《物种的发生》一书，书中指责达尔文的自然选择论缺乏证据，矛盾百出，并列举了一大串他认为从自然选择的观点看来是完全无法解释的例证。这本书的出版，受到了宗教观点的卫道士们及唯心论者们的极力推崇。

1881年10月10日，达尔文的最后一部著作——《经过蚯蚓作用的壤土的形成》，简称《论蚯蚓》出版了。读者对这部书的热情，超过了当年的《物种起源》，第一天就销售了2000册。青年们十分喜爱这本书，因为达尔文详尽地讨论了人们十分熟悉却又常常忽视的小动物。

达尔文在写完了《论蚯蚓》后，感到自己的身体越来越虚弱，原来还有许多研究的想法，只怕难以实现了。

一天，达尔文和爱玛两个人坐在沙发上聊天。达尔文说："这些日子以来，我越来越感到力不从心了。"

"你的身体不好，也该休息休息了。"一直以来，爱玛都时时刻刻地关心、照顾着达尔文的健康。

"可是，这里还有这么多的工作，我真希望能够把它们都做完。不过，看来肯定是有好多来不及完成了。"

"不要这么说。休息一段时间，等你的身体好起来，就可以继续你心爱的研究工作了。"爱玛心里十分难过，她克制着自己的感情，尽量设法安慰达尔文。

到了冬季，达尔文的身体更加衰弱了。爱玛陪他去伦敦看医生，住在女儿家。

有一天，天气晴和，达尔文自我感觉还好，便去拜访一位生物学家。想和他讨论一些关于生物学的问题。谁知主人不在家，他在门口突然感到一阵晕眩。

"先生，让我扶您进去坐会儿吧！"仆人扶住达尔文说。

"不用了。既然主人不在家，就不必给您添麻烦了。"达尔文从不愿给人增加麻烦。

"那我送您回去吧！"仆人很关心地说。

"谢谢！我自己坐马车回去就行了。"达尔文没有让仆人帮他叫马车，而是自己艰难地朝可能碰到马车的方向走去。

第二年的春天，他时常感到胸部疼痛，同时脉搏也不正常，几乎每天下午都会感到不舒服。3月7日，天气晴朗，春光明媚。达尔文已经很久没出去散步了，他感觉身体似乎好一些，就拄着拐杖向花园走去。

他预感自己不久就要离开人世了。回忆往事，心潮起伏。"当初父亲和老师都认为我是个平庸的孩子，甚至低于一般人的智力水平。可出人意料的是，我这样一个才智平庸的人，居然在很大程度上影响了人们的信仰。"

达尔文沿着小路慢慢向前走着，"当然，我曾经不断地追求科学，并且把我的一生献给了科学，我相信这样做是正确的。但是使我感到遗憾的是，我没有使人类受到更直接的好处。"

想不到，从此，达尔文的病情日见加重，卧床不起了。经过医生的诊治，4月初，达尔文的病情又比较稳定了。

1882年3月18日上午，达尔文感觉身体舒适一些，就想看看儿子弗朗西斯正在进行的实验情况。

"弗朗西斯早晨出去办事了，你有什么事吗?"一直守在他床边的爱玛问。

"今天的实验记录还没有记呢。"达尔文挣扎着起来，在爱玛的搀扶下，来到儿子的房间，帮助儿子把正在进行的实验情况记录下来。

回到房里，他气喘吁吁地躺到沙发上，晚餐也没有吃就上床睡了。

夜间，达尔文感到严重的胸痛、翻胃。不一会儿就昏迷了。

"查理! 查理!"爱玛伏在他的床边，呼叫着。儿女们也围在床边哭喊着。

达尔文苏醒过来，他拉着爱玛的手说:"我一点儿也不怕死。我死以后，你要拿出一部分钱来，资助出版我那第一本关于'物种起源'的笔记，还要继续资助植物名汇的出版工作……"

一阵可怕的翻胃打断了他的嘱咐。爱玛不停地劝说:"安静些，等一等再说吧!"

女仆老贝西正流着泪打扫着达尔文吐出来的食物。"谢谢! 老贝西!"他又对爱玛说:"她已经在我们家干了30年了，在她退休的时候要送给她一幢小房子，每周养老金至少十先令。"

"我知道，你放心吧!"爱玛不停地流着泪说。"好……好……"达尔文又昏迷过去，再也没有醒来。

26日，许多科学界人士参加了隆重的葬礼。作为一个不断追求真理，并且做出划时代贡献的伟大科学家，达尔文被安葬于威斯敏斯特教堂。这里安葬着许多著名人物。在这里，他与伟大的物理学家牛顿的墓并排在一起，他将和牛顿一样永远受到人们的怀念和敬仰。

最伟大的科学家和发明家

——爱迪生

人物档案

简　　历：世界著名的发明家、电学家、物理学家、企业家，被誉为"世界发明大王"。拥有众多知名重要的发明专利超过2000项。1847年2月11日出生在俄亥俄州米兰镇。1869年与友人合设"波普·爱迪生公司"。1870年在纽约自设制造厂，1880年成立纽约爱迪生电力照明公司，1894年在纽约开创第一家活力电影放映机影院。1931年10月18日凌晨3点24分，在美国新泽西西奥兰治的家中逝世，享年84岁。

生卒年月：1847年2月11日~1931年10月18日。

安葬之地：靠近美国新泽西西奥兰治的一棵大橡树下。

性格特征：性别刚强、坚毅，有着极强的进取心和好奇心。努力学习，大胆想象，勤于思考，爱好实验，敢于创新，爱问为什么，爱动脑筋。

历史功过：他除了留声机、电灯、电报、电影等方面的发明和贡献以外，在矿业、建筑业、化工领域也有不少著名的创造和真知灼见。一生共有约两千项创造发明，被传媒授予"门洛帕克的奇才"称号，为人类的文明和进步做出了巨大的贡献。

名家评点：美国第31任总统胡佛评价说："爱迪生是美国最负盛名的人，是美国的国宝，也是人类的恩人。"

巨人降世

　　1847年2月11日，在美国俄亥俄州的一个叫米兰的小镇上，一个长着圆脸蛋、蓝眼睛、淡色的头发的小男孩降生了。这个小男孩就是后来闻名世界的"发明大王"托马斯·阿尔伐·爱迪生。爱迪生祖居荷兰，父亲山墨尔是个勤劳耕作的农民，母亲当过乡村教师。他在家中排行第七,是最小的一个孩子,因此备受妈妈的宠爱。

爱迪生从小体质比较弱,后来在妈妈耐心周到的照料下,身体一天天壮实起来。爱迪生体质虽弱,却爱动脑筋。他的好奇心特别强,老爱问为什么,看见想不明白的事情就问,问了就转着眼珠想。"为什么锅上冒蒸气?""为什么凳子四条腿?""金子是什么?"父亲常常被儿子的问题弄得张口结舌。

小爱迪生爱"打破砂锅问到底"的兴趣得到了妈妈的充分肯定。妈妈当过小学的教师,她知道,好奇是打开神秘知识宝库的一把万能钥匙,没有好奇心的孩子成不了大器。所以每当爱迪生问她为什么时,妈妈总是微笑着,细心地开导他,把其中的道理讲给他听。这个时候,爱迪生总是歪着大脑袋,睁大眼睛听着,听完后,还会有一大堆新的"为什么"从他的头脑中冒出来。

爱迪生不仅爱问为什么,而且什么事都想亲自试一试,也闹过不少笑话。

四岁的时候,有一次,他和小伙伴们一起在大树下玩儿,不知是谁发现了树杈上有一个马蜂窝。

爱迪生一心想弄清楚其中的奥秘,于是找来一根长树枝,硬是把马蜂窝给捅了下来。顿时,一群大马蜂都向爱迪生涌来。片刻之间,爱迪生已被马蜂蜇得满脸红肿,几乎连眼睛都睁不开了,即使这样,他还要把蜂巢的构造看清楚。

还有一次,那是六岁的时候。一天早饭后,妈妈正在做针线活儿,爱迪生"咚"一下撞开了门,连跳带蹦跑进来了,吓得妈妈把手都扎了。

爱迪生气喘吁吁地问:"妈妈,大母鸡趴在鸡蛋上做什么呀?"

妈妈笑着说:"在孵小鸡呀!鸡妈妈就是用自己的体温、用自己的身体一天天将鸡娃娃孵出来的。"

"噢,原来是这样,太有趣了。"爱迪生拍拍大脑袋,一脸恍然大悟的表情,推开门出去了。

到了中午吃饭的时候,也不见爱迪生的踪影。妈妈很着急,一家人四下寻找。一直到傍晚时分,大家才发现这个小家伙竟然在后院鸡舍旁边做了个"窝",里面放了几个鸡蛋,他正小心翼翼地趴在鸡蛋上,一动也不动。

妈妈看他专心致志的样子问:"孩子,你在做什么呢?"

"我在孵小鸡呢!"他一本正经地回答。

一家人笑得前仰后合,想不到他居然饿着肚子,从早到晚趴在鸡蛋上,整整"孵"了一天。就是如此浓厚的兴趣以及超人的耐心,成了爱迪生一生事业成功的重要因素。

爱迪生一家不久就被迫离开了米兰。铁路的铺设导致了河运和运河运输的萧条,米兰也就失去了其原来作为粮食经营中心的作用,工商活动中止了。1854年,小山墨尔·爱迪生全家搬迁到休伦埠市,在那里开始经营粮食和木材。

爱迪生的童年就像他的同龄人一样,无忧无虑地在欢乐中度过。孩子们都喜欢在休伦埠巨大粮仓附近的码头上玩耍,但时常由于不小心而掉到运河里,通常他们总是由一些偶然的过路人救起,爱迪生也没有幸免。他很善于观察,从小就喜欢画画儿,而且画得不错。可以想到,他在孩提时曾做出了与他的年龄极不相称的大胆和不够谨慎的事来。但他在幼年所遭受的挫折,使他学会了谨慎和肯思索。他由于用火不小心,无意中把父亲的粮仓点着了,于是就在市场上当众受责打。他在用斧子截皮带时,把一个手指剁去了。他常进行非常危险的化学试验,而这些试验只是由于偶然的原因才没有以悲剧告终。因此,爱迪生在幼年起就逐渐接触"实践",积累了对于他的发展极为有利的也往往是痛苦的经验。

爱迪生年龄越大,他对各种试验就越感兴趣,而对各种游戏和娱乐越来越淡漠。在爱迪生已成为著名发明家时,他父亲对他所做的评语是:"托马斯·阿尔伐·爱迪生没有童年。拨弄蒸汽发动机和机械就是他幼年的娱乐。"援引这一评语是很有意义的,即使这种评语有点过分渲染,但小孩子兴趣的总方向,在这里还是十分明显地表现了出来。

艰难经历

爱迪生对实验的兴趣一天比一天浓厚。渐渐地,妈妈给的零花钱已经不够用来购买实验药品了。这可怎么办呢? 思来想去。爱迪生终于想出了一个好主意。

那时,小镇上刚通了铁路,许多人到火车上做买卖。爱迪生心想,我要是能去火车上卖卖报纸和糖果,既能到城里图书馆看书,又能挣钱买实验用品,多好的事啊!

于是,爱迪生将自己的想法告诉了妈妈。

听了儿子的想法,妈妈有些心酸,可一想到爱迪生是这样懂事的孩子,又欣慰地笑了。妈妈千叮咛万嘱咐,才不舍的放儿子走了,爱迪生当时只有 12 岁。

到城里后,他先去报馆买厚厚一叠报纸,接着再去图书馆,找个座位,埋头看他心爱的书籍。饿了啃几口面包,渴了喝几口水。直到天快黑了,图书馆只剩下他一个人时,他才不得不离开。然后慌忙跑到火车站,挤上返回的列车。

车厢里,又响起爱迪生清脆的吆喝声:"看报! 看报! 看今天出版的新报!"

从此,12 岁的爱迪生学会了自立。他用自己挣来的钱购买实验用品,每天晚饭后,就一头钻进他的小实验室做实验。

爱迪生在火车上跑来跑去又卖水果又卖报,渐渐地,和车站上的工人以及列车上的乘务员都混得很熟。他机灵勤快,大家都很喜欢他。

于是,他灵机一动,请求车长把他的实验搬到火车上来做。看到爱迪生这么好学,老车长同意了。

听了老车长的话,爱迪生高兴得不得了。他立刻跑回家,把他的那些东西搬上了火车。

过了几天,老车长到行李车上一看,哟,简直像新开的药店。各式各样的大瓶小罐,粗细不一的玻璃试管,以及里面装的五颜六色的液体、粉末等。小爱迪生看看这个,拿拿那个,一会儿看看书,一会儿又摆弄摆弄他那些玩意儿,一个人忙得不亦乐乎。老车长欣慰地点了点头,心想:有出息的孩子!

就这样,爱迪生在风驰电掣的火车上建成了他的实验室。每天,报纸和水果一卖完,爱迪生就乐滋滋地躲进行李车厢里,做他的化学实验。

爱迪生的学生时代特别短。他共上了几个月学,就由于他常提无数各种的问题而使老师们感到厌烦,同时由于他当时对学习表现得不特别努力,而被认为是不聪明和愚蠢的学生。他的学生时代,确切些说,就是那几个月的学习生活就这样结束了。此后,就由母亲来教他。母亲是一位很有学问的妇女,一位教师。由于母亲的耐心和温柔态度,爱迪生学会了识字和算术。他的字练写得工整秀丽,他养成了工整记笔记的习惯。他的"系统"教育,实际上只是这样。后来,在进行设计工作时,他常常感觉到他所受教育的不足,而不得不随时在工作过程中弥补这一缺陷。在这位发明家的以后工作中,很需要物理、化学、数学和电工学等方面的理论知识。这些方面的不足,不能不给他的工作造成困难。当他需要深入和全面了解某一问题时,他就开始研究它,以此来弥补自己所受教育的空白。

流浪岁月

爱迪生从 12 岁就开始独立工作挣钱了。最初,他在来往运行于休伦埠和底特律间的火车上卖报纸、杂志、糖果和水果。父母没有阻挡他从事这些工作,而使他完全能够按照自己的志向行事。不久他就开始出版了世界上第一份在火车运行时印刷的报纸。在各中间站上,担任"本报通信员"的少年们给他送来了当地新闻。而有的消息则是他从车站报务员那里得到的。他这样小的年纪,在这里就第一次接触到电报,并对电报的众多优点和可以大加运用的范围做出了很高评价。

爱迪生这个小孩,就这样成了记者、编辑、排字工人、校对员、印刷工和报童。报纸的发行份数达到了几百份。该报不只是报道地方新闻而且还报道最有意思的世界时事(这时是美国 1861 年爆发的国内战争的前夜)。爱迪生在自己的报纸上,刊登了他从书中所摘抄来的技术资料,报道了各种技术和科学新鲜事物。

爱迪生在进行出版工作的同时,仍继续做生意。爱迪生在铁路上工作了一段时间后,便在休伦埠开设了两个售货商亭:一个是出售报和其他刊物的售货亭;另一个是卖蔬菜、浆果、油等物品的售货亭。当国内战争开始时,爱迪生关闭了第二个售货亭,因为对报纸的需求量增长了,因此爱迪生赚得的钱也大大增多了。爱迪生后来就再也没有从事过写作和出版工作。因此,应把他的报业工作,评价为他少年时代就已有首创精神和踏踏实实要干一番事业的愿望的表现,而且他的这种首创精神和愿望是经过深思熟虑和合理的商业性核算后才产生的。看来,他一生中这一时期最重要的成果是,他熟悉了电报机并开始对电和电工技术感起兴趣来。

爱迪生称自己是化学家,而且说一向使他最感兴趣的是化学。每当爱迪生乘坐他的

"印刷厂"所在的那个行李车厢去旅行的时候,他总是在那里进行各种不同的化学试验。一次,由于磷起了火,车厢里失火了,火被乘务员扑灭。而到下一个站上,爱迪生的所有试验用品被从充满浓烟的车厢里全抛了出来。试验者本人也随同试验用品一起被抛了出来。这是爱迪生青年时代最痛苦的时刻,直到很久,他也没有忘掉这一不愉快的事件。

在这件令人不快的但结局还比较满意的事件之后,年轻的爱迪生就很少从事化学试验,不久他就停止出版报纸,而改为学习电报业务,开始担任报务员工作。

虽然报务员这个工作在当时很吃香,但他总是在一个地方没干几个月就被辞退了。主要原因是:爱迪生在工作的同时,总是搞一些创造发明。他利用一切机会学习新知识,做各种实验,这在老板眼里无疑是"不务正业"。然而,爱迪生也并不满足于做一个电报员,他的理想是要当一个给人类造福的发明家。所以他也并不在乎在哪里工作,工作挣钱只不过是作为他搞实验的经费来源而已。

爱迪生在被休伦港铁路局解雇后,先在盛因堡做了两个多月的白班报务员,之后又通过考试,被西方联邦公司录用为白班电报员。

爱迪生的工作是白班业务,晚上他应该踏踏实实地在家里好好休息。偏偏他是个闲不住的人,他想多学一点儿。每天晚上,他都替换晚班的报务员接收通讯稿。这可是晚班报务员求之不得的事儿。

刚开始。爱迪生收发报的速度还能跟上对方。没过多久,对方换了一位高水平的人,他可就应付不了了。真是"天外有天,人外有人",连爱迪生拥有这么好的技术都有点儿招架不住了,怎么办呢?爱迪生发明创造的天分又开始蠢蠢欲动。

爱迪生想出了办法。他把两台接收电码的仪器安装在一起,一台按原来速度接收,另一台转换成他可以接受的速度,从而将速度降到大约一分钟25个字左右。这就是二重电报机。这一发明确实解了燃眉之急,可只能是暂时的,到关键时候可就出问题了。

那一年正赶上美国总统大选,有关大选的消息如同雪片般飞来,二重发报机招架不住了,爱迪生更是有点儿手忙脚乱。最让人着急的是消息都是第二天要发的,报纸正等着呢。新闻部门的人催了一遍又一遍,几乎踏破了门槛儿。

事情终于传到了公司经理那儿,经理大怒,他可容忍不了这既有损公司声誉又影响公司收入的事。就这样,随着二重电报机命运的终结,爱迪生又开始寻找下一个栖身之地。

他从事过电报业的地方有:斯特雷特福(加拿大)、休伦埠、印第安纳波利斯、新奥尔良、路易斯维、孟菲斯和美国的其他许多地方。实际上他是一个流浪报务员。他用莫尔斯电码收发的技能,达到了炉火纯青的地步。他的薪金微薄,但他紧缩日用必需品的开支,而把大部分薪金用于电工技术试验。爱迪生很少注意生活享受,对于他来说,电的研究和试验以及制造各种仪器和装置的尝试,越来越成为他生活中的主要事情了。

爱迪生的这种漂泊生活持续了5年。1868年,他迁徙到波士顿,在那里他在一家电报公司找到电工技师的工作。他作为报务话务员的生涯永远结束了。

早期发明

　　由于亚当斯的帮助，爱迪生被准许参加美国最大电报业"西部联合电话电报公司"的招收职员的考试。一向不注重衣着外貌和刚刚从外省来的爱迪生，使所有参加者和列席者在测试爱迪生时都认为他必定名落孙山，更何况在测试线路的另一头坐着本公司一位最有经验的报务员。但爱迪生在收发报的质量方面超过了对方，出人意料地被录用了。

　　这个时期，爱迪生把所有业余时间都用在他和亚当斯所居住的斗室里进行各种试验。他得到一本麦克尔·法拉第的著作，开始仔细地研究它。爱迪生喜欢这位天才的科学家、电学奠基人的著作，因为这些著作说得一清二楚，对于像爱迪生这样理论基础差的人来说没有难于理解的数学计算方法。研究法拉第著作及了解他的试验和推论，对爱迪生来说具有巨大的意义。当时他产生了要把电应用于各种实际目的的一个又一个想法。他特别敏锐地感到有必要进行某些设计，但他没有能力建立自己的能进行设计工作的工厂，因为他既无资金，又无地盘。

　　波士顿电学家这时已组织了一个相当大的团体。他们经常相聚，交换自己的意见和经验，有时还相互进行力所能及的帮助。不久，爱迪生就得到了波士顿著名的电工学家查理·威廉士的许可，在他的工厂里对自己的设计进行研究。1868 年底以后，爱迪生的全部空闲时间经常是在威廉士的工厂里度过的。这一年，可以被认为是爱迪生的发明家生涯的正式开始的一年。他毕生研究自己的技术设想，并以一种经过精心研究而得出的适宜于采用的设计形式加以实现。他私人的家务事，总是被他放到次要的地位。爱迪生的生平活动可以分为三个时期，每一时期都有一定的特点。第一时期包括从发明活动的开始(1868 年)到他在门罗园建立实验室和工厂(1876 年)为止。第二时期(1876 年~1887 年)是他进行了极其重要的一些发明，并从此而被科学家、技术人员和广大的社会各界人士称之为"门罗园的魔术师"的时期。就在门罗园他用新原理和新方法开始并展开了自己的工作。第三时期(1887 年~1931 年)是最长的时期，这一时期他的工作都是在他西奥伦治市(新泽西州)内他所建立的工业化发明活动中心进行的。

　　爱迪生第一时期的活动，就是准备力量，积累经验，着手组织大规模的发明工作。在电报局供职，使爱迪生有机会实地研究这一领域，学会报务员工作，获得报务技艺高超的名望。他在这一时期所进行的一切发明，就其结构原理来说都与电报有密切关系。1868年他在波士顿工作，而 1869 年他就来到了纽约。他这时已获得了第一个发明即投票记数机的专利特许证，这种投票记数机可以大大加快计票程序，在投票时随时都可以准确地计算出"赞成"和"反对"的票数。爱迪生表示愿把这一机器供给美国国会，但他的建议未被采纳。尽管爱迪生第一次取得专利权的发明没有得到应用，而且也没有给他带来任何好处，但他还是毅然决定要继续从事发明活动，然而只限于在那些确实能够使他得到利益的领域里进行。

在纽约,爱迪生曾在交易所一片混乱的困难时刻运用了自己电报学方面的知识,修理了损坏了的交易所黄金行情标示机。在顺利完成了这一任务之后,"布劳德大街劳斯黄金行情标示公司"给爱迪生提供了固定工作,因为他在紧要关头使这个商行免遭破产。

爱迪生不想再继续当一名普通的电工技师。他为了求得独立自主,总想自个儿办一个企业。他在空暇时,致力于改进交易所行情标示机。他成功地把这一种标示机改造成能打印出字码的机器。劳斯公司被一个搞竞争的同行"黄金股票电讯公司"所吞并。该公司经理姆·勒斐兹用为数 40000 美元,从爱迪生那里买来了使用这一发明及其他某些发明的专利权,其中包括一种可以从一个中心把所有发报机发出的读数都转换成零的仪器,这对于检验各发报机是否正常工作是很重要的。这一交易使爱迪生能够再从事某些新的发明。为了生产所发明出的各种仪器,爱迪生和弗兰克利翁·列奥纳尔德·鲍普以及《电讯报》杂志的编辑约翰·艾希礼一起组建了一个电学技术和电学咨询处。卖交易所行情自动记录机所得的款项,能够购买某些用来生产仪器的机器设备。这就促使爱迪生建立一个他自己曾在纽瓦克市(新泽西州)所开办过的那样的工厂,以接受订货。订货踊跃,业务扩大,工厂定员增加到 150 人。在爱迪生的助手中出现了一些多才多艺的机械专家:约翰·克留济、济掐蒙德·伯格曼、济格蒙德·舒克尔特、约翰·奥特。

根据美国自动电报公司的建议,爱迪生致力于改进英国人约翰·利特尔的自动装置,这种装置可以充分利用电报传送能力和提高电报线路利用率。爱迪生彻底改造了这一装置,使它达到了能够用字母记录电文的水平,使它适于在商业上使用。试验得到成功,但在美国没有得到推广。爱迪生因而没有从这次发明中得到物质利益。所以爱迪生就到英国(1873 年)去演示经过改进的这种装置,试验很成功,但爱迪生还是没有从中得到物质利益。

在研究改进利特尔装置过程中,爱迪生需要为记录机弄到比较结实的纸张,以便拍发电文和接收电文。这一装置中的纸带应该快速移动。爱迪生对各种纸作了各种各样的试验,其结果是石蜡纸最适合使用。有几名助手其中包括他的未婚妻斯季尔韦尔·梅丽,都参加了这些试验。

1871 年圣诞节,24 岁的爱迪生结了婚。据说,结婚那天他因为埋头实验,把举行婚礼的时间都忘了。

也是在这个时期,从休伦港家中来了一封电报:妈妈去世了。

这个消息令爱迪生非常难过。妈妈去世了,曾经引导他进入科学世界的最好的老师,世界上最好的妈妈,没见上他一面,便离开了这个世界。

他日夜兼程,赶回家乡。在妈妈的墓地前,爱迪生默默地低着头。妈妈不仅给了他生命,而且教育了他,培养了他。在他退学时,妈妈没有责怪他,一直鼓励他,理解他,帮助他自学。在他小时候因为做实验而闯祸时,妈妈从来没有责怪过他,而是耐心地教导他。在他 12 岁开始独自一人出外谋生时,妈妈在他身后一直关注着他,妈妈就是他的强大后盾。是妈妈的爱和理解保护了他又动脑筋、又动手的天性,这对他的发明创造无疑是极大的帮助。没有妈妈.就没有我们今天所熟悉的发明大王——爱迪生。

爱迪生在妈妈的墓碑前暗暗地发誓：一定要再发明些大众需要的东西，来报答妈妈的养育之恩。

妈妈对爱迪生的期望没有落空。1872年到1875年短短几年中，爱迪生经常是睡在实验室里，很少回家，废寝忘食地工作，先后发明了自动电报机、四重发报机，还和别人合作完成了世界上第一台英文打字机。

1874年秋，爱迪生一直研究的四重发报机终于与大众见面了。为了检验其性能，爱迪生决定在纽约和另一个城市之间进行测试。好像上天想故意考验这件"作品"，实验那天是个大风暴天，这给实验带来了困难。

"要么改日再试吧？"有人向爱迪生建议说。

如果换了别人，也许会改日进行，新发明毕竟还很"脆弱"，万一它经不住考验，不就前功尽弃了吗？但爱迪生坚持按原计划进行。他认为，一个成功的"作品"应该是不受气候影响的。

为此，他做了周密的安排。他选派了最出色的电报员执行这一不同寻常的任务，并叮嘱他们："你们是最出色的电报员，如果遇上风暴天，千万不要慌。"

实验伴随着风暴开始了。爱迪生虽然嘴上那么说，可心里也敲着小鼓，毕竟它是新鲜事物。渐渐地，爱迪生一直紧皱的眉头松开了，四重发报机依然清晰、迅速、准确，它没有受风暴的影响，完全经受住了考验。

观看的人们脸上都露出了笑容。实验一结束，爱迪生立即忍不住紧紧地拥抱了两名电报员。

青年发明家爱迪生在电信领域崭露头角，大显身手。

改良电话

1876年托马斯·爱迪生迁居到门罗巴克公园，在以后的10年中，这个村庄已为全世界所熟知。北美合众国的这个小小角落很快就成了吸引全世界的学者、演员、艺术家、实践工作者的中心。

爱迪生在他一生中都保持了青年时代的散漫而无规律的自由生活习惯。他的全部生活，他的全部力量都集中于一个目的。这个目的就是工作，就是专心致志搞发明创造。

爱迪生在门罗公园做的第一项工作就是电话。

电话的发明，也和其他许多重大发明一样，不能完全归功于某一个人。

我们应该当承认亚历山大·格雷厄姆·贝尔是电话的发明者。贝尔（生于1847年，逝于1922年）是英国人，他一生的大部分时间是在美国度过的，曾在波士顿任教授。贝尔经过5年的顽强工作，终于制成了可以实际应用的电话，以后，又不断改进它。

1876年3月7日，贝尔的申请经过审核，承认了其发明权并准予登记。但是，在贝尔和格雷之间发生了长期的诉讼案。只是到了1888年，美国最高法院终于肯定了贝尔的新发明具有优先权。

爱迪生于1876年迁至门罗公园时,贝尔正好在这一年获得了电话机的专利权。爱迪生在他的新实验室着手解决第一批问题之一,就是改善贝尔的发明。

要在商业方面采用贝尔电话还存在的困难,这就是传送过来的电话声音微弱,并由于种种原因电话线里有不相干的噪音。

最大的不便之处是不能把听筒和发话机连接在一个筒上。必须一会儿把听筒送到嘴边,一会儿又送到耳边。正在说话的人听不到对方声音,听话的人不能答话。

贝尔继续为改善自己的电话机而努力工作。他向西方联合公司建议,出让自己的专利权,但遭拒绝。贝尔一步步地改善自己的电话机并获得了金融界的支持。对电话发明的兴趣逐渐增强,许多企业开始以电话通信代替电报通讯。贝尔的背后,有一个大工业公司组织起来了。

西方联合公司感到电话与电报竞争的威胁并且看到电话的发展前途日益宽广,便去找爱迪生,答应他在5年之内,由公司给他每周150元,以获得首先使用在电话方面做出的新发明的权利。因为他在纽瓦克时已开始进行这方面的一些试验,而在门罗公园又大大向前推进了这些试验,所以爱迪生高兴地接受了这个建议。

爱迪生所做的改善工作,从电话的原理了解开始。

送话器和电话是借助于电流把人的声音传送到任何距离去的主要机器。为了把声波振动传送到远距离,首先必须把声波振动转变为电流振动。这项任务是由送话器执行的。这样一来,送话器就成为传声器了。传声器是由装满炭黑的金属盒制成的,盒盖是由用硬碳制成的薄片(薄膜)。在薄膜振动时,送话器里的电流性质也在变化。比如,在炭精送话器里,薄膜对与它接触的炭粒压力发生变化时,连接送话器的电路抗阻也在变化。连接送话器的电路抗阻变化使电路的电流发生变化。电流的这些变化恰好与声波施于薄膜上的压力变化相符并作用于电话和磁体。电话是接收器,它由薄膜(形状像一个小圆铁片)和磁力系统构成。这两件装置——送话器和电话——是由铜线连接起来的,沿着这些导线传送电流。

电流的变化作用于电话的磁体。磁体对薄膜的吸引力一忽儿强,一忽儿弱,并使它振动。这些振动与送话器薄膜的振动完全符合,耳朵可以听到声音。所以整个说来,我们接触到这样一个过程:声音通过电流又变为声音。

爱迪生在成功地设计出可以实际应用的第一个炭精送话器之前付出了不少劳动,因为这个送话器并非一次就能制成的。他曾试验过用水、海绵、湿纸、毡、石墨薄膳等作为送话器盒的填充料,但结果均不佳。爱迪生一连数月继续进行试验。有一天,爱迪生看到煤油灯罩上的烟炱,便想用烟炱做试验。最初几次试验结果不错,采用了纯炭精解决了问题,声音扩大了很多。爱迪生制出了第一个可以实用的电话受话器。但并非所有问题都解决了。

最初制成的送话、受话器有着很弱的抗阻。谈话在这些送受话器中电流波动更减弱了。因为爱迪生做出一件新发明而有了很大改进:在电话中安装了一个感应线圈(变压器),把送话器电路的低压电流改为高压交流电,从而轻而易举地克服了导线的抗阻现象。

由于采用感应线圈,传输功率大大增强。这次改进使得建立长途电话通讯成为可能,并给电话技术的发展奠定了基础。

由于爱迪生所做的各项改进,贝尔电话的声音扩大了。采取这些措施后,电话事业迅速发展起来了。布达佩斯的西奥多·普斯加斯首先建议成立中央电话局。到处都在建立中央电话局连接的电话网。各电话公司竭尽全力要把人的声音在技术上可能达到更遥远的地方去。

西部联合公司买下了爱迪生的各项专利权,以便用来与成立于波士顿的贝尔企业进行竞争。

爱迪生把自己的发明权以 10 万元售予西部联合公司,他向这个公司建议于 17 年内分期付款,每年支付 6 千元。后来,爱迪生提到此事时说到"我的功名心比手中的钱多再多。我知道,如果这笔钱一都交给我,我会一次全部都花在试验上,之所以我要这样安排,就是为了在 17 年内,保证在生活上不致遭遇太大的困难。"

在英国使用电话的人逐渐增加,爱迪生委派古罗上校(搞自动电报时期的老搭档)去那里担任代理人,成立了专门的公司,准备好大量电话机。

爱迪生想到的不是自己究竟能拿多少钱,而是只要以后能有足够的经费,保证他安心地做实验、搞创造发明就够了。他从来不在钱的问题上与人计较,他在乎的是能否为人类创造出有用的东西。这也是这个伟大的发明家的高尚之处。

爱迪生的新式电话音响效果特别好。因此,在市场上备受欢迎。没承想,这一发明却又引起了爱迪生与贝尔之间的一起纷争。

原来,贝尔创建了贝尔电话公司,生产并出售他自己发明的电话,市场一直看好。可是,爱迪生经过对电话的改造,也将其产品推向了市场。这样两个人之间不可避免地产生了矛盾。

在彼此的"交战"中,爱迪生曾在公开场合说过:"我研制这台设备并不是想和贝尔的电话对着干……"他想与贝尔言归于好,他认为改造电话机是为了更好地为大众服务,而不是为了与贝尔争什么。但是他们俩之间还是没有避免正面交锋。

那一天,首先是两位电话发明人展示自己电话的功效。有人朗诵了一首诗,然后又唱了一首歌。在使用贝尔电话时,声音只有主席台上那位把听筒贴在耳边的人才能听到。而使用爱迪生的送话器则效果明显不一样,在设备附近的人都可以听到。

接下来是爱迪生和贝尔各自登台讲述电话的原理。贝尔出身教育世家,修养极深,又是一个大学教授,他特有的讲课技艺吸引着听众,由不得你不为之喝彩。而爱迪生则没有贝尔的"风度翩翩",既不讲究服饰,也谈不到气质,只是他那双异常生动的眼睛,活泼而充满生命力。他自有他的与众不同的风度,观众同样为之倾倒。

这一仗下来,他们彼此间谁的电话也没有占绝对的优势,只是看起来似乎是爱迪生略胜一筹。虽然贝尔的电话送话器欠缺一些,但他的听筒性能却很优越,这一点爱迪生的听筒是比不上的。

爱迪生与贝尔进行了长达三年的斗争,但后来他们合好了,并将贝尔的"好听筒"配上爱迪生的"好送话器",这一回电话可称得上完美了。两个伟大的发明家就这样从斗争走向联合,并且二人携手成立了联合电话公司。

机械录音机

爱迪生关于电报转发、电话机、扬声电话机对声波与膜片振动之间的关系进行深入的研究,使他产生了一个想法:把声波引起的膜片振动记录下来,然后再把它重播出去。爱迪生想制造一个能记录人的声音并把它重播出去的机器。爱迪生这一想法给世界献出了一个最出色的新发明——机械录声机。

1877 年,爱迪生发明的机械录音机先在伦敦后在美国的专利局进行了登记,这时他仅 30 岁。但他发明的机械录声机在登记后的 10~12 年间经不断改进才臻于完善。与此同时,爱迪生发明的录音机及其各种元器件共获 200 项专权。

第一台机械录音机是由爱迪生的一位同事约翰·克鲁济技师制成的。克鲁济接受爱迪生给他的任务和图纸(爱迪生在图纸的边缘上注明了做这项工作的报酬是 18 元)时并不知模型的用途是什么。克鲁济几乎是废寝忘食地连续工作 30 个小时制成了世界第一台机械录音机。在伦敦的工业知识博物馆,现在还可以看到这台机械录音机。这台世界上最初制成的机械录音机播出在当时流行的一只歌曲时,只有时断时续的微弱声音。

机械录音机的出现首先使得实验室的同事们大为吃惊。第二天爱迪生携带机械录音机去纽约,在《美国科学杂志》编辑部编辑比奇办公室演示了机械录音机。次日清晨各报刊登了对机械录音机的详细描述。参观者潮水般地涌入门罗公园,火车站增开了特快列车。

不久,爱迪生成立了专门生产和推广机械录音机的公司。第一批在市场出售的机械录音机是由纽约的齐格蒙特·伯格曼制造的。伯格曼在爱迪生设于纽瓦克的工场工作,表现了出色的工作能力,伯格曼挣到一笔钱,就把它投入自己经营的企业用来制造爱迪生的机械录音机和炭精送话器。后来伯格曼成了设在柏林以他的名字命名的电气公司的创始人。

1879 年,爱迪生因要在电气照明和电工学方面进行一些新的实践研究,所以暂时中断了机械录音机的研究工作,但在 1887 年又恢复了这项工作。爱迪生在他一生中把机械录音机看作是自己最喜爱的宠儿。1926 年,在我们拜访爱迪生时,看到他正在为改进机械录音机、留声机及其个别部件而继续工作。我们根据下列事实可以判断爱迪生在 80 年代末是怎样为机械录音机紧张工作的。1888 年 6 月,他用了五个昼夜的时间夜以继日地进行试验。截至 1893 年止,在机械录音机方面,爱迪生获得了 65 项专利,而到 1910 年止,已获得 100 余项专利。

能发出声音的神奇机器引起人们极大惊讶。爱迪生的任何一件发明也没有使欧洲和美洲留下如此深刻的印象。

1878年3月11日，著名的物理学家德蒙塞尔在法国科学院召开的会议上演示爱迪生的机械录音机时，出席会议的院士布约为这位发明家的勇敢的行为所激怒，突然从座位上跳起来大声喊道："恶棍！骗子！你们以为我们会容忍能腹语者欺骗我们吗！"同年9月30日重新讨论机械录音机时，布约仍然不相信对机器做过试验的专家们的结论，并且说。"难道能设想可鄙的金属会发出高尚的人的声音吗！"

机械录音机首次在俄国公开演示时，"会说话骗人的机器"的主人竟然被法庭判处三个月监禁和巨额罚款。

但不久，机械录音机就开始胜利地进入市场。

1888年，机械录音机第一次在伦敦演示时，出席仪式的有格莱斯顿。机械录声机播出了爱迪生实验室的致词、发明家的致词和他对伦敦各报刊的致词。

虽然早期的机械录音机在播音时发出一些杂音，但它还是作为播送歌剧和音乐会的工具逐渐推广了。

在未知的路上探索。像爱迪生这样经历过无数次失败的痛苦，最终却还能经得住考验的人确实不多。

有一回，爱迪生和他的助手们进行一项实验，这项实验已经做了几千次，依然一无所获。一个年轻的助手失去了耐性，发起牢骚来："这样重复、重复、失败、失败，真是浪费时间。"

爱迪生听了，语众心长地对助手说："不要这样想，我们是有收获的，至少我们明白了这条路无法通行，那么再试下一条路，也许就成功了。"

"就这样一次次试下去，什么时候才是个尽头啊？"年轻的助手叹了口气。

"只要我们有耐心，肯努力，没有完不成的事情。"爱迪生鼓励他说。

"可是经历了太多的失败，我总是不能看到成功的希望。"

谈到失败，爱迪生对年轻的助手讲了自己的看法："成功与失败只有一步之遥。别灰心，别丧气，坚持住，你就会成功。"

助手从爱迪生的一番话中受益不少。他又重新拿出勇气，全身心地投入了实验中。功夫不负有心人。在他们又经历了无数次失败后，成功终于向他们招手了。助手高兴得手舞足蹈，激动地对爱迪生说："我终于明白了，科学研究需要耐心与毅力。只要肯坚持，就一定会达到目标的。"

爱迪生见这个年轻的助手终于懂得了从事科学工作的正确态度，不禁会心地笑了。

从此，年轻的助手以爱迪生为榜样，在科学的道路上摸索前进，也有了不少的发现。

发明电灯

60 年代,电报是使用电气的主要领域。而 70 年代却是电气照明的时代。

不断发展的城市里的高楼大厦和工厂厂房需要新的光源来提供更充足的照明工具并分配给众多的分散用户。

照明逐渐成为使用电气的主要领域。同时,电气照明导致了工业型发电机的制作和中央发电站的建立,并且给电力打开了通往工业动力的道路。

在电气初期胜利发展的道路上,爱迪生的工作起了重要作用。首先,爱迪生被誉为现代电气照明之父。

爱迪生最初对电灯的研究开始于 1877 年秋天。当时,已有众多的科学家为电力照明耗尽了毕生心血。直到 18 世纪末,美国科学家富兰克林用放风筝的方法引发出电的火花,人们才看到了电世界的曙光。1831 年,英国科学家法拉第成功设计出的一架发电机,才从根本上解决了电源不足的问题。

可是,真正能为大众夜间照明的发明依旧没有重大突破。虽然有些灯已被发明用来照明,可大多数都是价钱太高,寿命不长,无法走入寻常百姓家。他想发明一种大众夜间用的而且不贵的电灯。

在当时,对瓦斯灯最有研究的是另外一位发明家露沙,他不但自己有实验室,还写了许多有关瓦斯灯方面的文章。

有一次,两人在一个偶然的机会相遇,爱迪生便向露沙询问了许多自己不知道的有关瓦斯灯知识。

露沙非常吃惊,他想若是对瓦斯灯没有相当的研究或缺乏这方面的实际经验一定不会问出这样的问题。他说"你是我遇到过的第一个对瓦斯灯知识掌握得这么多的人。"随后,两人就许多问题进行了分析探讨。

经过这次研讨,爱迪生解决了许多问题,他仍觉得自己的知识还不足以进行新的试验。因此,他还是尽量收集有关论述瓦斯灯的书籍,并对瓦斯灯的材料玻璃,炭棒等深入的研究。

这种积累大约持续了 1 年多,到 1878 年初,爱迪生认为可以进行实验了,这时,他才开始真正对电灯进行研究。

对瓦斯灯的学习结束后,他认为应该首先解决的问题是,如何使炭棒通电后仍保持原状。

原来瓦斯灯是根据炭棒通了电流之后就会因发光而制成的。但是,当时炭棒通了电流后因为电阻非常大而产生高热以致热化而成为蒸气,因此,碳素就会化成灰。

爱迪生研究发明电灯,也是按此原理。他利用相同的方法,在真空的玻璃管中做实验,结果,成功了!

他按照这一方法去做，使燃烧的时间变长了，但是没有超过 8 分钟。白热电灯的原理在这种情况下产生了。此时，是 1878 年，爱迪生 32 岁的时候。

虽然这种原理是正确的，但是还不能算是完全的成功。因此，他更加努力地按此思路继续实验下去。

他先在玻璃管中放入通电用的芯，而要使之在 2000 度上不融化，为此，他不知花费了多少心血……

为了找到这种材料，爱迪生真可谓呕心沥血了。

他翻阅了大量的书籍，又重新开始了有关材料学的学习与研究，许多坚硬的物质他都思考试验过，但都无法达到预期的效果。

有时，他也十分苦恼，甚至扪心自问，这种物质是不是不存在，或者是根据自己现在的知识还发明不了电灯。但只要他一想到他在亚克灯厂所看到的一切，一想到这种新式照明工具对人类的作用，他便又振奋起来，一头钻进书本和实验中去。

不分四季，不分昼夜，爱迪生在不断研究探索着，他几乎每天都泡在实验室里钻研，在 1878 年的一年时间里，他共实验了 1600 多种材料，平均每天实验 5 种之多。

正是在这种忙碌中，爱迪生迎来了新的一年。他暗自祈祷：但愿在新的一年里，他能找到合适的物质。

面对各方面的压力，爱迪生和他的助手们没有退缩。他们继续关在实验室里，夜以继日地干着。实在需要休息的时候，他们就在实验室的桌子上躺一会儿。爱迪生虽然还年轻，身强力壮，可由于劳累过度，两眼常常布满血丝显得疲惫不堪。

还记得麦肯基站长吧？他就是那个教会爱迪生电报技术的人。爱迪生将他接到了门罗公园。此时，麦肯基已经上了年纪，爱迪生为了报答他的情谊，特地接他来门罗公园，表面上请他来实验室工作，实际上不过是让他挂个闲职养老罢了。

有一天，爱迪生正在为灯丝材料冥思苦想，麦肯基走进了实验室。他那满脸的红胡子，不由得使爱迪生眼睛一亮。

"老站长，为了电灯实验，能不能借用您的一样东西？"

"你需要什么？只要我能做得到的，我一定会帮你。"老站长依旧像十几年前那样。

"不是别的，我看上了您的胡子，也许这是一种好的灯丝材料。"爱迪生笑着对老站长说。

"这当然没问题。"麦肯基站长立刻用剪刀剪下一撮胡子来。

爱迪生怀着极大的兴趣挑选了几根粗胡子，先进行炭化处理，然后装进灯泡里做实验。

麦肯基站长在一旁津津有味地看着。他想看看爱迪生能用这胡子搞出什么名堂来。

遗憾的是，实验结果表明，用胡子做灯丝，效果也不理想。爱迪生脸上露出失望的神色。

"不要失望，要不，再试试我的头发吧！"麦肯基把胸口一拍说。

"不用了，头发和胡子的性质一样，不必再试了。"爱迪生看着这位老人，心想他的献身精神是感人的。

爱迪生正深情地望着麦肯基,目光偶然地落在了他的粗线外套上。青年发明家立刻对助手喊起来:"快! 找一卷棉线来。"

麦肯基听了,毫不犹豫地解开外套,从里层撕下一大截粗线,递给爱迪生。

助手们看见爱迪生接过棉线时候的激动神情,每个人脸上都露出了兴奋的神色。他们知道,每当爱迪生有了新的发现时,他总是这种表情。

爱迪生对棉线进行炭化处理,一丝不苟。大家目不转睛地看着他操作。然而,炭化棉线又细又脆,一碰就断,爱迪生试了几次,都没有能够将炭化棉线放进灯泡里。直到第三天傍晚,这一任务才顺利完成。

这时夜幕已经降临,窗外漆黑一片,实验室里只有微弱的煤油灯光在闪烁。爱迪生让人把煤油灯熄灭。

激动人心的时刻就要到来了。爱迪生接通电源,顿时,他们日夜盼望的情景出现在眼前,灯泡放射出明亮的光芒!

爱迪生沉醉在巨大的欢乐之中。他和助手们坐在那里,出神地看着那盏灯继续燃烧着,如同小心看护自己刚出生的孩子。他们忘记了十几个月来的失败,忘记了连续苦战的疲劳,一直守着这盏灯。灯泡燃烧的时间越长,他们越觉得情绪亢奋。电灯持续亮了45个小时。每个人都没有休息,静静地坐着,心满意足地注视着那盏倾注着心血和汗水的电灯。

这一天是1879年10月21日,诞生了人类第一盏有实用价值的电灯。后来人们就把这一天定为电灯发明日。

爱迪生没有陶醉,为了进一步提高电灯的寿命,他继续寻找更有效的灯丝材料。经过两年的努力,在试验了世界上6000多种植物纤维后他们发现日本的竹子做灯丝材料最好,电灯的寿命提高到了上千小时。

1882年春天,第一批实用的电灯问世了。爱迪生还在纽约创建了发电所,正式向用户供电。

人们对新发明都有个接受过程,像留声机一样,电灯开始也遭人拒绝。

爱迪生供电所给用户架好电线后,一夜间都被割断了。

"大家为什么要这么做呢?"爱迪生不解地问着人们,"架好电线,通了电,夜晚将不再黑暗,而同白天一样光明,这样不好吗?"

"你们这样,扯的空中都是电线,会把雷电引下来伤人的,"有个比较胆大的人回答说。

"噢,原来是这样。大家不要害怕,其实电线和打雷完全是两码事儿……"爱迪生给大家讲了一些关于电的知识,然后还补充说:"凡是愿意使用电灯的人,可以免费使用3个月。"

听了爱迪生的解释,再加上这一项优惠,人们热烈地鼓起掌来。

看着一家一户逐渐安上了电灯,爱迪生心里别提有多高兴了。他一心想着要为大众进行发明创造,他的理想慢慢地实现了。

夜幕降临，望着千家万户点点灯光，爱迪生想起了死去的妈妈："妈妈，我没有辜负您对我的期望。如果您还活着，见到这明亮的灯光，您一定会为我高兴的。以后我还会在这条路上继续努力，发明出对大众更有益的东西。"

每有一项新的发明，爱迪生都会想起妈妈。是妈妈将爱迪生领进了科学之门。他怎么能忘记伟大的妈妈呢！

晚年悲剧

爱迪生的晚年是在炮声中开始的。1914年，第一次世界大战爆发。一开始，美国并没有卷入战争，而是在一旁观战。

爱迪生是一个讨厌战争的人，他希望世界尽快变得和平起来。

但是，战争所涉及的国家越来越多。最后，美国也加入战争。

一天，美国一位海军官员找到爱迪生，对他说："爱迪生先生，我们想邀请您出任海军顾问一职，并想请您帮忙研究战争武器。"海军官员抱着希望而来，没想到爱迪生严肃地说："我对战争武器深恶痛绝，制造杀人的东西与我的天性格格不入。我最想做的是发明一些能为大众所使用的东西，使人们的生活更方便，更幸福。"

海军官员一听，爱迪生还是个倔强的老头儿，得想办法说服他才是。"爱迪生先生，我知道您总是为了大众着想，可是战争已经危及了我国人民的生命安全，您能看着置之不理吗？"

"是你们那些爱好战争的人，把美国人民推入了火坑！"爱迪生气愤慨地说。

"事实不是您想象的那样。是敌人先打沉了我们的船我们才不得不反抗的。现在我们的人民正处在水深火热当中，您能眼睁睁看着他们受苦受难吗？"

听了这位官员的一席话，爱迪生犹豫了。作为一个美国人，他深深地爱着自己的祖国和人民。在这个时刻，他将做出怎样的决定呢？

爱迪生背着手，在客厅里踱来踱去，考虑了很久。然后他说道："为了我们的国家和人民，我愿意把我的时间贡献给政府。"

海军官员听了，非常高兴，说："我们会给您最优厚的待遇。"

"不需要。我愿意将我的全部时间无条件地献给海军研究出有用的武器，保护我们的人民。"

海军官员深深知道，爱迪生是一个热爱祖国和人民的人，为了祖国和人民，他会牺牲自己的一切的。

不久，一座海军实验室就建成了。这座实验室里聚集了全美的人才，由爱迪生率领，着手改良军备设施，研制新式武器。

爱迪生首先进行了水下蓄电池应用的试验，并成功地将新型蓄电池用在了潜水艇上。接着改进了鱼雷……

在这座实验室里，爱迪生他们搞出了许多新发明，其中被军方采用的就有40多项。这些发明大大增强了海军战斗力，为美国取得胜利做出了贡献。

进入晚年的爱迪生，看到了战争的残酷。无数将士为战争送了命，很多难民亲人失散，无家可归。他体会到了亲情的重要性。

是啊，几十年来，他一直全身心地投入他的发明研究，几乎没有闲暇和家人及朋友共享天伦之乐。大家一直认为他冷漠，不近人情，实际上爱迪生是一个内心充满温情的人，他一直向往温馨的生活，但时间对于他来说真是太宝贵了。

"那么，我该怎样补偿一下我的亲人和朋友呢？"爱迪生在问自己。"对了，不如去旅行吧！"

他把这个想法告诉了亲人和朋友："这么多年来，我一直专心搞研究，把时间都给了实验室，而给你们的是那么少。现在，不如我们一起去旅行，一方面可以增进彼此间的感情，另一方面也为圆我多年的梦想。"

"好主意！"大家都举手赞成。

爱迪生共组织了三次旅行。旅行使他展现了自己的内心世界，他有孩子般的纯真、活泼和质朴，以及对友情和亲情的珍惜。

跨入晚年后的爱迪生由于精力有限，从事发明研究的项目少了，但他仍以顽强的毅力坚持工作。

75岁时，有个记者冒冒失失地问爱迪生："爱迪生先生，您什么时候告老退休啊？"

爱迪生风趣地说："在出殡以前的那天。"

记者笑了："您要多保重，大家都关心您的身体。"

爱迪生乐呵呵地说道："请转告大家，我的身体还很好呢！"

在爱迪生80岁高龄的时候，他又满怀信心地开始了一项崭新的研究项目，这就是研制橡胶轮胎。为此，他又在实验室里，进行着不懈的努力。

1931年10月4日，爱迪生由于劳累昏倒了。从此，他的健康状况开始恶化。

爱迪生叫人将一位朋友叫到了病床前："我不想离开这个世界，我还有许多事没有做完，还有许多未完的实验等着我去做……"爱迪生已经苍老的脸上，充满了无奈。

"我知道。你还是好好休息吧！"朋友见爱迪生在生命垂危的时刻，还想着他的实验，还继续想在科学之路上探索，他感动地落下泪来。

"不，我还有一件事，你一定要答应我。"爱迪生紧紧拉住朋友的手，好久不放。

"只要我能做到，我什么事都答应你。"

"你知道我正在研制橡胶轮胎，现在，我恐怕不能再继续研究了，我希望你能够完成这项工作。"爱迪生一副期待的眼神，等待着朋友的回答。

"嗯，我答应你。你放心吧！"

这就是爱迪生最后的嘱托。在生命的最后时刻，他还念念不忘他所研究的橡胶。他把他的一生都交给了他的发明事业。

1931年10月18日，世界著名科学家和发明家爱迪生，走完了84年的人生旅程，带着满足的微笑，永远地闭上了眼睛。

10 月 21 日,隆重的葬礼在美国举行。那天晚上,全国人民为表达对爱迪生的尊敬和感谢,决定在部分城市熄灯一分钟为爱迪生默哀。全国人民陷人悲痛之中。

　　爱迪生虽然离开我们了,但是他留给人类的不仅仅是一批发明创造,使人们常常怀念他的却是对科学锲而不舍,对真理永远执着的精神。如今这种精神已经成为丰富的人类文化遗产,永励后人。

蒸汽机发明家

——瓦特

人物档案

简　　历：英国发明家、企业家,第一次工业革命的重要人物,与著名制造商马修·博尔顿合作生产蒸汽机。1736年1月19日生于格林诺克市,8岁在姆亚与学校上学,1754年18岁中学毕业,1755年在伦敦拜师学艺。结束后回家工作,1757年再次回到格拉斯哥任命其为正式"数学仪器制造师"。1776年制造出第一台有实用价值的蒸汽机。以后又经过一系列重大改进,使之成为"万能的原动机",在工业上得到广泛应用。1819年8月25日,83岁的瓦特于英国斯塔福德郡的汉兹沃斯的家中去世。

生卒年月：1736年1月19日~1819年8月25日。

安葬之地：家乡汉兹沃斯的圣玛丽教堂后的公墓。

性格特征：从小性格就很倔强,好奇心强,善于观察,善于思考。

历史功过：发明了第一台有实有价值的蒸汽机,又发明了自动调节蒸汽机运转速度的离心式调速器、压力计、计数器、节流阀以及许多其他仪器。

名家评点：在瓦特的讣告中,对他发明的蒸汽机有这样的赞颂:"它武装了人类,使虚弱无力的双手变得力大无穷,健全了人类的大脑以处理一切难题。它为机械动力在未来创造奇迹打下了坚实的基础,将有助并报偿后代的劳动。"

少年瓦特

詹姆斯·瓦特1736年1月19日出生于英国苏格兰格林诺克市镇一个造船工匠的家里。他的父亲经营着一个制造、修理船用设备和各种相关仪器的小作坊,他的母亲出身望族,有着良好的家世与教养。瓦特是他父母生下的第六个孩子。

18 世纪初期的英国,从环境保护情况到卫生医疗条件,都是比较落后的。煤炭和矿产资源的大量开采,纺织、印染、造纸、机械等各种手工业的大肆发展,给生态环境、特别是英国的水资源,造成严重破坏和污染。城市人口的急剧增加,住宅条件的异常恶劣,造成疾病盛行,瘟疫不断,严重威胁着人们的生命安全。也不知道是由于当时的这种社会环境,还是由于他父亲的遗传基因存在某种先天性的弱点,先于小瓦特出生的 4 个哥哥和 1 个姐姐,都在很小的时候便死去了。5 个孩子的相继夭折,给他们的父亲带来了极大的悲痛。特别是小瓦特的母亲,她从 20 多岁嫁给詹姆斯以来,尽管丈夫对她关怀备至,但是,接连不断的怀胎与分娩,沉重的家庭负担,已经压得她喘不过气来;而一个个孩子在他们来到这个世界没有多久的时候,便突然地离开人世,使她再也看不到那一张张可爱的小脸,听不到他们召唤母亲的哭声,更使她要忍受难以想象的揪心痛苦。孩子毕竟是母亲身上的一块肉啊,丢一个也不舍得,何况连续失去 5 个!

作为父亲的老詹姆斯,自从 1730 年告别了工匠师傅,自己独立门户之后,便开始营业制造木器家具和木船,整天忙得不可开交。他既是老板,要招揽生意,应酬客户,管理账目,负责盈亏;又是工匠,要亲自设计,选择木料,着黑画线,指挥加工。更多的时候,他是同请来的工人们一起干着拉锯、刨木、凿孔、组合等木工活。因为多年学徒,加上年轻有文化,为人又诚实厚道,老詹姆斯很快便在格里诺克站稳了脚跟。他住宅后院直达克莱德河畔的那片空地,则成了他的木工作坊,在那里搭起了一排工棚,摆放着木工用的长凳、长桌等工作台;工棚外面,还有造船用的船台及木架。在这块天地里,老詹姆斯是核心人物,一切都要围着他转。好在他从他父亲托马斯那里继承了一副好脾气,可以整天不紧不慢地埋头工作。家里的事,则全都交给他的那位贤内助。就连孩子生病,他也没有时间去帮助照顾。孩子死了,作为父亲他心里自己也很难过,可又有什么办法呢?给死去的孩子精心制作一只小棺材,就算是尽了他做父亲的心意。男人,毕竟要面对生活。

母亲艾格尼丝在 5 次怀胎分娩和丧儿丧女的折磨与打击下,身体明显的不如过去了。可是,在她 34 岁那年,他又怀上了第六胎。人到中年,她和丈夫一样,多么希望能有一个孩子啊!她默默地向上帝祈祷,希望能保佑腹中的孩子平安地诞生,健康地成长。也许是真诚祈祷的结果,圣诞节过后不到一个月的时间,她的第六个孩子出世了!是个男孩,用什么名字给他在教堂里的出生簿上注册呢?父亲想了一想,高兴地说:"就用我的名字给他登记吧!叫詹姆斯,小詹姆斯!!圣经里叫詹姆斯的,可都是些了不起的人物啊!"母亲面带笑容表示同意。她轻轻地吻了一下刚刚来到人世的小詹姆斯·瓦特,满怀深情地说道:"只求小詹姆斯能像他父亲那样强壮,长大了能接他父亲的班,我也就心满意足了!"

由于先他出生的孩子一个个因身体太弱而夭折了,而瓦特又自幼身体很弱,他的父母很为他的健康担心,生怕养不活他,因此,他们对小瓦特呵护有加。瓦特天生十分胆小,忧愁善感,不像其他孩子那样终日奔跑嬉戏。一转眼瓦特到了该上学的年龄了,父母考虑到他的体弱多病,不忍心让他冒着风雨去上学,便依旧让瓦特待在家里,由母亲教他读书写字,父亲教他书法或算术。好在瓦特聪明好学,爱动脑筋,没多久便认识了不少字。就这样,瓦特在家里接受了他的启蒙教育。

受家庭的影响,瓦特从小就爱摆弄机械,他常在父亲的作坊里玩耍。大人们修理东西时,他常站在一旁,摸摸这,问问那,大人们嫌他碍手碍脚,就让他到一边去玩。可小瓦特却没有心思去玩,他的求知欲很强,什么事都想弄明白。他常默默地一个人在房边拾些边角废料模仿着摆弄,这些便是他幼年最喜欢的玩具。

瓦特8岁时身体稍好些,被家人送到学校去上学。在学校他表现得沉默寡言,并不引人注意,他甚至一直被认为是一个"愚钝不聪明的孩子",常被其他淘气的孩子弄哭,被他的同学骂作"软蛋包""不中用",连女孩子也嘲笑他"像个孤独的稻草人,又在哭啦",这可能与他孤僻的性格和不善言辞有关。

小瓦特在姆亚当学校待了两年,日子虽然不太好过,却是从家庭到学校、从父母教育到教师教学、从封闭的安乐窝到开放的小社会的必然应合。这种跌打碰撞,对于他的意志锻炼是大有好处的。儿童的可塑性毕竟很大,通过这段学校生活,使他逐渐去掉了一些娇气,对集体生活开始适应起来,学习成绩也有了一定的提高。

在瓦特13岁那年,他终于完成了小学的学业,开始进入中学了,考进了格里诺克市威克尔刻街的那所文法学校,这在全市算是最好的一所中学了。

在这所文法学校里,小詹姆斯的聪明才智开始显露出来了。他不仅遵守纪律,懂得礼貌,而且在学习成绩方面也总是名列前茅,所以深受老师们的喜爱。校长约翰·马尔对小詹姆斯特别赏识,因为他对马尔教授的数学课领会得很快,在历次考试中,他的数学成绩都是全班的第一名。这使他的数学老师对他赞不绝口:"这个孩子呀,以后很有出息!"

因为当时局势的动荡,外面社会很乱,所以直到上中学的时候,父母仍然不允许他随便出去活动。每天放学以后或在假日期间,他都只能待在家里。好在瓦特是个性格内向和好静的孩子,他也能够在家里待得下去。除了复习功课和阅读杂书以外,他最有兴趣的是待他父亲的工作间里,或者站在旁边观看大人们干活的情景,或者给大人们当个小帮手,而他在作坊里潜移默化所学到的东西,也许比在学校里从书本上所学到的全部知识对于他后来的工作都有着更为深远的意义。

也不知是出于应和孩子的兴趣,还是来自培养孩子的目的,老詹姆斯专门给他儿子安排了一个工作台,一些常用工具,还有一个铁匠炉。由于瓦特对各种手艺活都有着深厚的兴趣,加上秉性聪敏,悟性较高,又有父亲的耐心指导,所以,小詹姆斯的手艺进步很快。最初,他通常是学着制造某些简单的东西,例如炉灶上的吊钩、儿童玩的小风琴,或者用一枚银币打成一把小饭勺等等。后来又学会了修理船上用的指南针、象限仪及其他航海仪表,而且这些从废品堆里捡来的仪器、仪表,经他修理后都在他父亲的造船工场里派上了用场。作坊里的工人叔叔看到他小小年纪竟有这么高超的技术,常常夸奖他有一双巧手。小詹姆斯的心灵手巧,使得他后来比较容易地说服父亲,让他离开家门去寻师学徒,以便日后能成为一名仪器仪表制造者。这在当时的各种工匠中,地位和收入都属最高的一行,因而最受人们羡慕。

英国过去的文法学校,是一种专为那些准备将来升入大学的学生开设的中学,入学学生必须经过严格的考试,只有那些得分最高的学生才被录取。好在詹姆斯·瓦特在威克尔刻街的那所文法学校里,学习成绩一直名列前茅。校长约翰·马尔和老师们,普遍期待着他能顺利地步入大学,成为一名受过高等教育的知识分子。他的父母更是望子成龙,希望他能成为一名给瓦特家族争光的接班人。

可是,"天有不测风云,人有旦夕祸福"。就在小詹姆斯中学毕业的前夕,他的家庭连续遭到了几场意外的劫难。先是他父亲的一艘木帆船在去美洲的途中,不幸遇上了坏天气,被风浪打得粉碎。船上的人,全都落水身亡,包括他的弟弟约翰。

约翰的死,给这个家庭带来了巨大的悲痛。特别是对他的母亲,更是一场致命的打击。这位可怜的母亲艾格尼丝·米尔黑德,在所生的 8 个孩子中只有后 3 个,詹姆斯、约翰及小女儿玉存活了下来。在这位母亲的精心照料下,3 个孩子逐渐长大了,母亲的心血也差不多熬尽了,她再也经受不住沉重地打击了。可偏偏就在这个时候,小约翰在大西洋里遇难的消息传到她的耳朵里,使得她如疯如痴,一病不起,终于在 1753 年告别人世,年仅 52 岁。

对于父亲詹姆斯来说,除了丧妻丧子之外,所遭受的打击还有经济上的巨大损失。他的一只可以跑远洋的大帆船被打碎了,船上的货物全都损失了,还有船员们的死亡抚恤,所有这一切,都要落到他这个船主身上。他只好变卖家产,该赔偿的赔偿,该抚恤的抚恤,咬着牙把这个苦果吞咽下去。

小瓦特在母亲去世以后,似乎一下子变得懂事起来。他同母亲的关系非常融洽,连做梦也没有想到,一直疼爱他的母亲会突然地离开他,而且是一去不返。

埋葬了母亲之后,他便主动提出要放弃学业,出去拜师学徒,以便能学到一门赖以谋生的手艺。他的父亲在百般无奈的情况下,也只好放弃了原来准备供他念大学的打算,同意他去学门手艺,以便将来能回格里诺克继承他的事业。

学徒生涯

1754 年的 6 月,18 岁的詹姆斯·瓦特在中学毕业以后,便立刻收拾行装,动身到格拉斯哥去。然而遗憾的是,在这样一座著名的城市里,竟然找不到一位有资格做他师傅的手艺人。最初,他跟着一位自称光学仪器商人干了一些时候,但很快便发现那位"师傅"不过是一名普通机匠而已,他能教的手艺技术,瓦特早就掌握了。

但是,瓦特在格拉斯哥待的这段时间,并没有白白浪费。他住在外祖父的家里,认识了这个家族里一位名叫乔治·米尔黑德的远房舅舅,当时在格拉斯哥大学任人文学教授。他经常带着瓦特去参加一些活动。通过这种关系,瓦特结识了苏格兰的一些最有学问的人。这所大学的教授们,也都很喜欢这位年轻人。那些教授们看到他小小年纪,竟有着那么渊博的知识,而且头脑敏捷,记忆力也强得惊人,可以非常准确地说出某件事情的来龙去脉,所以无不为之赞叹。那些欣赏他的教授当中,有一位是物理学教授罗伯特·迪克博士。迪克博士邀请瓦特到物理系去,帮他安装一批刚刚运到的教授天文学用的仪器。在完成这项工作任务期间,瓦特表现出的聪明热情和熟练的技巧,给迪克博士留下了深刻的印象。瓦特对这位既有高深学问又很平易近人的教授,也从心眼里敬佩不已。就这样,他们俩成为终生的好朋友。

迪克博士显然认为瓦特作为一个急需拜师学艺的年轻人,继续在格拉斯哥待下去,是没法得到进一步提高的。为了学到真本领,他必须到伦敦去,因为伦敦集聚了一批举世闻名的仪器制造商,只有拜他们为师,才能学到真手艺。他把这种想法告诉了瓦特,并且表示如果瓦特能够取得父亲的同意,他将给瓦特写一封介绍信,也许人家会收留他。

1755 年的 5 月,瓦特回到格里诺克,找他父亲商量去伦敦拜师学艺的事。他的父亲高兴地说:"既然有迪克博士引见,那你就及早动身去吧,因为能跟那些大名鼎鼎的仪器制造商学徒,是一件非常难得的事情。"很快,他就给儿子准备了足够的盘缠。

6 月 7 日,詹姆斯·瓦特骑上父亲给他准备的一匹马,动身到伦敦去。

瓦特是第一次出远门,到一个完全陌生的地方去。在他的衣袋里小心翼翼地装着迪克博士的一封介绍信。这封推荐函是写给著名的仪器制造商詹姆斯·肖特的。

整整用了 14 天的时间,瓦特终于到达了伦敦。

首都伦敦是一个繁华的大都市,从小地方初来的瓦特,从开始就遇到了不少的困难。他费了好大劲才找到了詹姆斯·肖特,把迪克博士的那封荐举信恭恭敬敬地交给了他。肖特虽然很友好地接待了瓦特,但却不肯收他为徒。他指点瓦特去找了另外几名仪器制造商,得到的回答却都大致相同。他们不肯收留瓦特的主要原因,是因为他没有正式学过徒,而现在才开始当学徒工显得年龄太大了。而如果把他作为一名出了徒的工匠留下干活,他又不符合当时雇佣规定。

可怜的瓦特在伦敦街头白白跑了一个月,失望了一次又一次。但是,功夫不负有心人,他那种坚持不懈、忍辱负重的精神,最后终于得到了如意报偿。在瓦特的真诚恳请下,科恩希尔地区芬奇巷的仪器制造商约翰·摩根,终于同意留下他当一年学徒工,条件是要付给他 20 个便士的学费,还要为他无偿地干一些活。为了学艺瓦特痛快地答应了他的条件。

摩根是一位学者,是当时伦敦有名的数学家,同时又是掌握操作技术的手艺人。在仪器制造业这个行当里,像他这种理论和实践都在行的能手并不多见,自然他会成为一名佼佼者。

也正由于摩根的名气大,才有足够的胆量,敢于藐视时钟仪表制造商行会那些神圣的规定。伦敦的这个行会曾明文规定,任何外来人,不管他是外国人还是英国人,都不准加入仪器仪表制造商行会,也不许在这一行业里当学徒。很明显,他们是想通过技术垄断,来为自己谋取高额利润。

瓦特在伦敦找到肯收留他的师傅以后,心里非常高兴。在给他父亲的一封信里,瓦特曾这样谈论他的师傅摩根:"虽然他主要是一位黄铜匠人,但在这门行当的很多方面,他能够教我学会不少东西,例如各种产品的规格、比例和象限等。"

瓦特在伦敦 12 个月的学徒期间,曾给自己的生活节奏安排得十分紧张。他决心要在这为时一年的学徒生涯中,掌握别人通常要用 3—4 年的训练才能学会的技艺。为此,他必须兢兢业业,埋头苦干。师傅的耐心指点,加上他原有的功底,再加上他的刻苦努力,勤学苦练,使得他的手艺进步很快。

年近20岁的瓦特,已经懂得生活的艰辛。他知道父亲为他提供的生活费用来之不易,因此必须在生活上精打细算,每周只安排8个先令的花销,决不浪费一个铜板。他每周要在芬奇巷摩根的店铺里工作5天,每天都是从清晨一直干到晚上9点钟。尽管这么长的工作时间,往往会把他累得精疲力竭,但在回到寝室以后,瓦特仍然不肯马上休息。他要利用夜晚和清晨上班前的时间,揽点零星的修理活来干。

经过几百个日日夜夜的努力瓦特以惊人的速度学到了手艺。

辛勤的劳动,终于结出了丰硕的成果。为时一年的学徒生涯,现在到了结束的时候了。1756年7月学徒期满,告别那位尊敬的师傅,并且永远离开他那个狭窄的工作间,瓦特感到非常快慰。带着采购来的价值20英镑的金属材料,收拾好平时为自己制造的一些小工具,还特地买来了一部宝贵的由斯通翻译的尼古拉斯·拜昂的专业教科书《数学仪器的制造和使用》,风华正茂的詹姆斯·瓦特,踏上了返回苏格兰的漫长道路,去迎接新的生活挑战。

初试蒸汽

很快,瓦特回到了阔别一年的家乡,见到了深爱他的父亲并且在家里休养了一段时间,身心得到了放松和恢复。为了开始新的生活,瓦特首先到了格拉斯哥,想去见见他在大学里的那些老相识,特别是那位德高望重、乐于助人的良师益友迪克博士。说来也真凑巧,不早不晚,正在这个时候,有一位名叫亚历山大·麦克法兰的富商,给他的母校格拉斯哥大学,捐赠了一批天文仪器。这批刚刚运抵格拉斯哥大学的天文仪器,在漫长的海运过程中,显然是由于保护不周而遭到损坏。负责接受这项捐赠的迪克博士,决定把清洗和修理这批天文仪器的工作,交给瓦特来干,并且在这所大学的自然科学教室楼附近,给他找了一个工作间。急于试试身手的瓦特,自然很高兴地接受了这项任务。

瓦特在这个工作间里,埋头工作了两个多月。他把麦克法兰捐赠的这批天文仪器,一件一件地擦洗干净;对于那些受到损坏的部件,也都设法加以修理,或者换上新的配件。这批天文仪器从拆卸、清洗,到修理、组装,全部都是他一个人干。学校当局给了他5英镑的劳务报酬,这在当时算是一笔可观的收入。更重要的收获也许不在于这笔酬金,而是通过修理这批精密仪器,显示了他高超的工匠技艺,从而把他和这所大学更加紧密地连在一起。

当瓦特在格拉斯哥大学完成了那批天文仪器的修理任务以后,一年一度的圣诞节也快来临了。

瓦特告别了他在格拉斯哥的亲戚和朋友,又回到了格里诺克他父亲身边。

瓦特的父亲老詹姆斯,自从3年前心爱的妻子死去以后,也显得衰老了许多。他本来想让小瓦特去念大学,因为他身体单薄,生性怯弱,不是块经商做买卖的材料,只好随着他的爱好,让他去多啃几年书本,将来好在知识界里混碗饭吃。他对瓦特的弟弟,也就是那个身体健壮、生性好动、机灵活泼的小约翰,十分喜爱。他想能够接自己的班,继续经营好他的作坊和商务业务的,只有小约翰一个人了。也许正是为了培养这个儿子,他才同意让小约翰随着他的一条船去美洲。本来想通过这次远洋旅行,可以增加他的阅历,锻炼他的意志,万万没有想到的是,偏偏让他遇上了那场海难。商船被风浪打碎了,儿子和老船长葬身大海,生意赔本了。接着,几十年来日夜相处的妻子也撒手人寰。这接二连三的严重打击,使得老詹姆斯这位意志坚强的汉子,也有些经受不住了。

现在,老詹姆斯只有小瓦特这一个儿子了。不管愿意还是不愿意,都得靠他来支撑老一代开创的事业了。詹姆斯也看透了父亲的心意,为了能在家照顾年近花甲的父亲,他决定留在格里诺克,就地开创自己的事业。

然而,事情并不尽如人意。像瓦特这样一位有着高超手艺的仪器工匠,除了在重仪器制造和修理行业里修理以外,港湾停泊的船只有些仪表仪器需要,其他方面的主顾便寥寥无几。看到这种情况,老詹姆斯再也不能沉默下去了。他通情达理地对瓦特说道:"儿子,你不能总这样待在格里诺克,否则,会荒废掉你来之不易的手艺。到格拉斯哥试试看,能闯出局面,就留在那里,实在混不下去,再回来也不迟。好在我还不算太老,一时也用不上你来照顾。"

瓦特经过再三的考虑,终于接受了父亲的劝告。

1757年的8月2日,瓦特又回到了格拉斯哥,再次受到了那批有影响的朋友们的欢迎和帮助。

在帮助迪克教授修理和安装好麦克法兰捐赠的那批天文仪器之后,詹姆斯·瓦特变成为这所大学的"知名人士"。人们都知道他是曾在伦敦跟着名师学过徒的一名工匠,而且通过修理天文仪器,已经表现出他果然技艺高超。任何一所文理医工各科齐备的综合性大学,都有许多教学和科研用的精密仪器,需要经常有人负责维修。因此,像瓦特这种工匠,正是格拉斯哥大学急需的人才。加上他所结识的那些教授们的帮助,学校当局终于同意在校园里给他一个工作间,并且给了一个"大学数据仪器制造者"的头衔,成了这所大学的"编外员工"。

大学的环境对于瓦特来说,显然是非常有益的。他失去了上大学读书的机会,但却交结了几位大学教授和一批有学问的朋友。同这些当代精英相处,可以学到知识,开阔眼界,活跃思路,知道很多外部世界的事情。所有这一切,都对瓦特的工作有着长远的影响。

他后来借以成名的蒸汽机,从一开始就是在这批有头脑的朋友们的支持、鼓励和帮助下,通过他的刻苦钻研改进成功的。瓦特蒸汽机这项伟大的技术成果,之所以能够转化成震撼世界的生产力,也是他周围那批有眼光的朋友们,坚定地把他赶出工作间,逼近他自称毫无兴趣的商业领域的结果。

瓦特是一个性格内向的人,好静不好动,这也是他喜欢大学环境的一个原因。他在大学里的那间工作室,成了他工作、读书、会友的小天地。他在这里虽然过得愉快,但在经济上却相当拮据。他不是这所大学的正式员工,没有固定工薪可领。仅靠大学里的修理活显然难以维持生计。

1759年，瓦特同格拉斯哥的一位名叫约翰·克雷格的建筑师，合伙在盐市大街开了一家经营仪器制造和修理业务的店铺。这家商店的开业资本，主要是由克雷格提供的，而日常的仪器制造、修理和销售业务，则由瓦特来全面承担。

格拉斯哥大学里最爱到瓦特店里来的人中，有一位叫约翰·鲁宾逊的。他是个才华横溢的青年，尤其是在科学方面，更是一位热心的研究者。

这一天，鲁宾逊来找瓦特，对瓦特说：

"瓦特先生，我有一个特别的生意想和你谈谈！"

"噢？什么特别的生意？"瓦特好奇地问。

鲁宾逊说："你知道，在古代，人类尚未具有高智慧的时候，只知道凭借自身的力量办事，到人类渐渐地变聪明后，就想到利用动物的力量了。"

"譬如说搬运东西，最初人类是把东西扛在肩背上来搬运的，到了明白把东西放在车子上用马来拉的时候，人类的力量已增加了几倍，甚至几十倍了。"

"但是这还不行，除了动物之外，必须再想出其他更强的动力来移动车子。究竟有没有这种动力呢？"

说完，鲁宾逊等待瓦特的答复，可是一看到瓦特默然不语，鲁宾逊又继续说下去。

"有的，我想是有的，那就是蒸汽的力量。我想，用蒸汽来推动的车子一定会被发明出来的。"

用蒸汽来推动车子前进，这简直是异想天开！

瓦特把眼睛睁得圆圆的，望着他的脸，可是鲁宾逊越讲越有劲儿，又继续说了下去。

"用蒸汽来推动车子的构想虽然让人感到诧异，可是那绝不是梦想啊！不是早就有纽可门所发明的抽水蒸汽水泵，被人们普遍使用着吗？使用于抽水的动力和用作推动车子的动力原理是相同的啊！"

"你说得挺有道理的。"瓦特听得津津有味。

事实上，我不过是今天才学到有关纽可门蒸汽机的知识的，虽然对于它的原理与构造方面都已有所了解，但是，这种了解是无济于事的。要想从中产生一种新的东西来，非得具有非凡的想象力与发明能力不可。

"瓦特先生，只要我们两人肯合作，哪有办不到的事情？你想不想尝试以蒸汽推动车子呢？"

"当然想！"瓦特对这一新的目标产生了浓厚的兴趣。

不知不觉地，工厂里面已经慢慢地暗下来了，兴致正浓的鲁宾逊和瓦特，在没有灯光的屋子里，还在滔滔不绝地谈着。

第二天，瓦特马上跑到格拉斯哥大学的图书馆，找出有关蒸汽机械的书籍，然后根据原理开始实验起来。

他设法找到一个蒸煮器（就是现在高压锅的最初的雏形），把它用作产生蒸汽的装置，他把一个装有密封活塞块的小注水器连接到蒸煮器上，并在蒸煮器和注水器之间装上一个阀门，这个阀门可以朝上、下两个方向转动；根据阀门的转动方向，既能使蒸汽进入汽缸（即小注水器），也能把它全部排放出去。

瓦特将阀门扭动，蒸汽进入汽缸，小活塞被蒸汽往上顶，居然举起了7公斤重的东西。

"啊，动起来了！动起来了！"瓦特和鲁宾逊都控制不住自己的惊喜。

正当他们打算同心协力大干一场的时候，鲁宾逊毕业了，他要去海军服役，离开了格拉斯哥大学。瓦特只好独自继续蒸汽机械的研究。

要想真正改进前人的不足之处，最有效的办法就是先了解前人的研究成果，瓦特深深地明白这一点。因此，他最先要了解的自然是蒸汽机械的来历。

最早利用蒸汽的力量的人名叫巴巴恩。他设计的装置很简单，只是一个由铁制的汽筒、活塞以及活塞杆组成的简单机械，连锅炉都没有。他在汽筒里面放入一些水，底下用火烧，水慢慢就沸腾而变成蒸汽，这些水蒸汽就把汽筒里的活塞往上推。活塞上升到汽筒顶部时，就用活塞杆的一头把它拴住。这时把水移掉，而汽筒内的水蒸汽就会自然地冷却凝结，汽筒内就变成真空了。把活塞拴在活塞杆上的栓子除掉，活塞就被强有力的大气压回汽筒底部去了。

如果将活塞用一条铁链通过一个滑轮与一个汲水装置相连，当活塞被大气压力压下去的同时，活塞向下拉动铁链，铁链另一头已经汲满了水的桶就被吊起来了。

巴巴恩用这种方法做了个大的装置，想利用它来抽取煤矿坑道内的积水，结果，它的速度太慢，而且汽筒里容易漏进空气，根本不能使用。

那个时候，英国的矿业界最感到苦恼的就是矿坑内的排水问题。开矿的时候，在地面上挖，或者是往横的方向挖，都不成问题，但是当挖到地表下面几公尺时，从坑内不断渗出地下水，因此时常发生矿工被淹死的事情。

"谁能够发明一种替代人力抽水的机器，把水从矿坑里抽出来呢?"矿山的工人们发出了求助的信号。

应声而起的是汤玛斯·舍巴利，他对巴巴恩的机械加以改进，配备了两个锅炉。

锅炉一大一小，大的锅炉只加入三分之二的水，并与一个汽筒相连。

大锅炉中的水加热沸腾之后，待水蒸气一满，就移动它与汽筒之间的阀门，把蒸汽导入汽筒。然后关上阀门，往汽筒里注冷水，水蒸气一凝结，汽筒内就成了真空，汽筒上的活塞又会下落了。两个锅炉可以轮流使用，这就使速度加快了许多。

正为排水问题焦头烂额的矿区立即采用了这种装置，确实方便了许多，矿工也能到较深的地方去作业了。

但是随着矿井越挖越深，需要的蒸汽压力也越来越大，而高温度的锅炉由于直接承受的压力过强而爆炸了。

这时，一个叫纽可门的人又做了改进。

首先，他用一个可以转动横梁代替了滑轮，随着活塞的一上一下，横梁就像跷跷板一样运动，将另一头的汲水装置提升，再放下。

另外，为了增大蒸汽压力，他增加了汽筒的长度，并采用冷水喷射装置，使蒸汽更快地冷凝，大大加快了速度。

这样，就制成了纽可门的蒸汽机械，但它只应用于矿区的抽水工作。而且，纽可门式发动机燃料消耗量很大。但是纽可门式发动机确立了科学原理的实际应用，就是大气具有重压作用。

模型启示

了解了蒸汽机械的历史，瓦特迫切要看到的就是纽可门的机械。

刚好就在这个时候，瓦特听说格拉斯哥大学的标本室里，有一架纽科门机的模型。

正在此时大学的自然教授突德森在四处托人修纽可门式发动机操作模型，找了许多人修理但发现它仍然转动不了。因此，安德森便派人把这台小型模型转送到了瓦特的作坊，并吩咐他使其恢复正常运转。不难想象，瓦特对于这一突如其来的天赐良机感到喜出望外，精神振奋。对瓦特来说，手头有了这么一台模型，要比只看一下与原物大小一般大的发动机要宝贵得多。他通过阅读资料，获得了知识，这就使他很快能让这台发动机运转起来，但是他对这台发动机的运转情况却很感失望。

瓦特发现这台发动机模型耗费的蒸汽如此之多，以至超出了那只使之运转的小锅炉的能力，而一次只能完成几个冲程而已。他决心要找出造成这种状况的原因，而他解决这个问题的方式与前人相比，则要根本得多，科学得多。在此之前，德萨古列斯并没有对如此过度耗费蒸汽这一问题给瓦特提供过完整的答案，但他意识到在做深入研究之前，他必须从已知的常数中确定某些测量的基础。在大气压力下，一定数量的水能产生多少数量的蒸汽？而要蒸发这样数量的水又需要多少

瓦特革新的蒸汽机

热量？并且在产生了这样数量的蒸汽之后，又需要多少冷水才能使蒸汽冷凝还原为水？

瓦特的第一次试验是用一把水壶，从壶嘴上接一根管子，通进一个带刻度的并盛有冷水的烧瓶里。然后，他把水壶里的水烧开，直到烧瓶里的水的温度达到沸点，此时就再也没有一点蒸汽会冷凝了。他注意到烧瓶里的水的数量已增加了1/6，这便是蒸汽冷凝下来的水。由此他做出了正确的推算：如果要把水变成蒸汽，那么在水达到沸点时，它就能比原来它本身的体积增加6倍。然后，他又把这一结果转换成温度的形式，他的办法是把1克水从零摄氏度提高到100摄氏度所需要的热量，作为100个热量单位。试验开始的时候，烧瓶里冷水的温度是11摄氏度，因此要把这1克水的温度提高到沸点，就需要89个热量单位。然而，这项试验却表明：从水壶里出来的蒸汽，能够将与其等量水的温度提高到沸点，并使其体积增加6倍，其结果是所耗费的热量单位为534个。瓦特无法对这现象做出解释。

瓦特想到解决的办法，是在偶然的机会里，一个星期天下午散步时产生了灵感。

那是一个美丽的四处漫溢草香的1765年5月。和风徐来，吹动格拉斯哥草地上的低

矮丛林。这是一块河边的广阔草地，羊群在这儿啃食青草。洗衣妇们都在这儿晒床单。工作之余，大家也都来这儿沿着河岸散步，并且享受新鲜的空气。由于苏格兰严格规定星期天不准工作，于是瓦特会穿上他星期天的最佳行头，离开他的工作台，和其他人一样，来到河边草地呼吸新鲜空气。

"我走过那家老洗衣房，然后又通过夏洛特街尽头的大门，进入了这个公园。当时，我正思考着那台发动机的问题。当走到赫德剧场时，有一个想法浮现在我的脑海里：由于蒸汽是一种具有弹性的物体，因此，凡是有真空的地方，它就无孔不入；如果在汽缸和排气室之间有一条通道的话，那么蒸汽就会涌进这个排汽室里，并且可能在那里冷凝而不需要冷却汽缸。然后我又领会到，如果我使用一个像纽可门式的发动机上的那种喷嘴，我就准能解决冷凝蒸汽和注水的问题。为了做到这一点，我想到了两条途径，其一，如果能制成一条向下延伸三十五六英尺长的排水管，那么水就可以从这条管道流走，而所有的空气则可由一个小气泵抽出；其二，制造一个大到足以把水和空气一起抽走的泵……当我还未走过高尔夫球场的时候，对这件事情的整个安排便已经胸有成竹了。"

瓦特的这一重大构思就这样形成了，他急得手指发痒，跃跃欲试，想先搞出模型来，可是出于对苏格兰安息日的考虑，他不能马上就到他那个靠近牛肉市场尽头的一个小院中的小作坊里去——这个小作坊就是他当时进行试验工作的地方。第二天，他便开始动手制造了一个装置，尽管这个装置设计简单、制作粗糙，但却能够使他对他的新理论进行检验。

他首先是往冷凝器里倒冷水。只要临时去掉气泵缸上的活塞，就能够做到这一点。然后，他使蒸汽通过一条管子以及与汽缸顶部相连接的管子注入汽缸，里面要排除的空气便从冷凝器顶上一个简单的单向阀泄出。当蒸汽开始从这个阀门喷出时，就表明汽缸里已经充满了蒸汽。于是关闭蒸汽开关，气泵活塞便升起，在冷凝器里造成部分真空。这就使得蒸汽从汽缸进入了冷凝器，并在这里通过冷却，水得到冷凝，这样就在活塞上部的汽缸里造成了真空。由于在蒸汽缸套里处于大气压下的蒸汽是与活塞下面的汽缸相通的，所以必然会把活塞推向汽缸顶部。当蒸汽再次进入汽缸顶部时，活塞两面的压力便均衡了，结果，加在活塞杆上的重压就会使活塞再次返回底部。于是，这种循环就又开始了。

显然，这个小模型用这种方式只能运转几个冲程而已，因为冷凝器里的水很快就会变得太热，从而无法使蒸汽有效地冷凝下来。不过这运转几个冲程，就足以向这位欢欣鼓舞的发明家证明：他的设想是行得通的，他使两种看来互相对立的条件一致起来，即既要保持汽缸的恒热，又要在汽缸里造成有效的真空。

瓦特在证实了自己的观点之后，他的当务之急便是设计和制造一个高效率的冷凝器。蒸汽冷凝器有两种：一种是喷射型的，另一种是表面型的。纽可门运用的是喷射原理，他采取喷洒冷却水的办法，使发动机的汽缸里的蒸汽冷凝。表面型冷凝器原理，是给进入的蒸汽提供最大的冷却面积。它除了冷凝的是蒸汽而不是冷却水之外，其他的功能和设计都与汽车上的散热器类似。

瓦特采用了喷射式冷凝器，然而，他最初试验的却是表面型冷凝器，它是用马口铁皮焊成一些小桶,在小桶上安装着小圆管或狭长形的槽,冷水可以通过它们而循环流动。这就是瓦特最早发明的分离式冷凝器。

这期间,瓦特非常兴奋和自信,以为他的发明成功了,从他对朋友罗比森的讲话中可以看出:"老兄,你就用不着再操这份心了;我现在已经制成了一台一点蒸汽都不会浪费的发动机了。它将全部沸腾发热,咳,要是我高兴的话,还可以注进热水。"

瓦特高兴太早了,他虽然已经取得了重大的发现,但是他所提到的那台发动机,只不过是一个并不完美而且粗糙的玩具而已,它仅适于说明一个理论罢了。要将这个玩具变成一台大功率的、实用的机器,还需要很多年的时间。瓦特在这段充满了困难、沮丧和挫折的岁月里需要从他的朋友那里得到一切帮助和鼓励。

寻求资金

从设想到现实之间,有着漫长而艰险的道路。瓦特经过无数次的科学实验后,极力想寻求一位既有商业头脑,又有经济实力的人合作。把他的蒸汽机推向市场。

如果说"科学"是发明之母,那么"资本"就应该是发明之父了。

瓦特由于专心于发明,店里的生意也清淡了,他在数学仪器上所赚的钱都用光。此外向迪克博士所借的钱也有 1000 英镑了,可是瓦特的蒸汽机械还没有完全成功,为了新装置的实验,还得用上一笔庞大的费用,这笔钱由谁出呢?

有一天,迪克博士对瓦特说:"对于你的发明,只要我能做得到的,绝对给予帮助,但可惜的是,我已经没有资本了。"

"我只是对你感到不好意思……"瓦特感激而歉疚地说。

"这样吧,你认不认识罗伯克博士?"迪克博士打断了瓦特的话问。

"哦! 就是那位有名的化学学者……"瓦特说。

"是的,我跟他很熟,他是一个了不起的实业家,慷慨而且不畏困难,我想,作为你发明的支持者,绝没有比他更适合的人了!"迪克博士兴奋地说。

罗伯克是一家名叫加伦铁工厂的创始人,有着雄厚的资本。那个时候,他正在从事煤矿事业,所以非常关心煤坑内的排水问题。

这是一个多么难得的机会啊!

由于迪克博士的介绍,罗伯克与瓦特建立了合作关系。

瓦特高兴得马上着手实验新的模型,直至新的模型也试验成功。

"这样准没有问题了,马上去申请专利吧!"

瓦特就在那年的 8 月,到伦敦去申请专利。

之后,1769 年初,瓦特的蒸汽机的专利被批准下来。

那时瓦特已经 33 岁了,从最初开始实验起,足足费了将近 10 年的悠长岁月。这 10 年间,瓦特忍受经济上的压力,承担着生活上的困苦,碰到了许多困难和挫折,但是他并不气馁。因为他深深地知道,这种新机器将是伟大而有用的发明。

他决定在罗伯克的一所大房子里进行新机器的改进和制造。那座房子位于山谷中的小河边，用水方便，而且不被人注意。

材料方面，一部分从格拉斯哥的瓦特工作室运来，另一部分则从加伦铁工厂运来。

可是，由于工人技术不熟练的缘故，工作进行得非常缓慢。

1769年9月，花了6个月的时间，好不容易才把第一台机器完成了。

但瓦特的第一台蒸汽机并不成功。

凝结器的作用不大好，加伦铁工厂所送的气筒，也因铸造不良，根本不能使用。最大的困难在于保持活塞的紧密，瓦特把软木、油布、麻布、旧帽子、牛皮纸，统统用来包活塞。但是蒸汽照样漏出来。那些方法一点用处也没有。瓦特十分灰心。

他的朋友鲁宾逊写信来鼓励他："这次的失败，过错并不在你的发明，这完全是工厂的制造技术太差的缘故。只要有可靠的工人，一定会成功的。"

瓦特这才鼓起勇气，打算重新开始。而这时，支持他的罗伯克却因做生意赔了钱，不能再资助他了。

瓦特不由叹息自己："我现在已经35岁了，在这个世界上，所做的事恐怕还不值35个便士呢！"

其实瓦特的这种悲叹，只是过度地热衷于发明的一种感慨而已，并非是真正的失望。

瓦特具有一种绝不后退的意志，在研究蒸汽机械期间他还从事着其他方面的研究和发明呢！

但是，这种多方面的研究或发明，在金钱上根本就得不到什么报酬。

发明家陷入了真正的困境。他不得不去从事一些测量师、工程师的工作来维持家庭的生计。

偏偏这时候，他的妻子也因生病离开了人世。瓦特坠入了人生的最低谷。但他却仍然热心地从事蒸汽机的研究，因为，这才是他的人生目标。

功夫不负有心人，瓦特的艰苦努力终于引起了一个大事业家的注意。

他是罗伯克的朋友博尔顿，他接替了罗伯克的位置与瓦特合作，使得瓦特终于有机会再一次制造他的蒸汽机。如果说博尔顿把具有发明创造天才的瓦特，看成是一棵取之不尽的"摇钱树"的话，那么，瓦特则把具有商业头脑和开拓精神的博尔顿，比作为能够点石成金的"魔术师"。这一对伙伴的结合，注定了他们会取得丰硕的成果。

是的，有了千里马，还需要遇到伯乐。否则，再好的神马，也只能老死荒漠，一事无成。现在可喜的是，瓦特这匹千里马，已被博尔顿这位伯乐发现。只是把这匹千里马弄到手，还需要经过耐心的等待。对于瓦特来说，眼前也还有一段漫长曲折的路要走。

在1769年前几个月内写给威廉·斯莫尔的一些信件中，瓦特屡次抱怨缺乏进展和健康情况不佳，这表明他确实意志消沉，但事实上，这一时期他已经在三个方面取得了一定的进展。罗伯克答应了给马修·博尔顿为斯塔福德、沃里克和德比三郡制造蒸汽发动机的权利；1月5日已向瓦特颁发了具有历史意义的蒸汽发动机专利证书，并且决定从卡伦炼铁厂里挑选几名协助人员在金内尔公馆后面一间屋里，建造一台大型的瓦特式发动机。

无论是在 1769 年春夏之际在金内尔制造这台发动机的过程中，还是在 9 月完工后紧接着的试转过程中，都充满了对粗糙工艺缺陷无休止的争斗。瓦特曾对铁匠工作的低劣质量怨声不绝，但又一次感到最难办的事情，仍然是制造安装在 18 英寸汽缸里的那个活塞。成败在此一举。除了他常用的那种特制胶纸板之外，瓦特还用过软木和其他材料作为活塞的衬垫，但是所有这些材料，都只能经受几个冲程而已。在人们懂得了汽缸筒必须是椭圆形的这一道理时，这也就没有什么可惊奇的了。后来，他又试图采取在活塞上部油封的办法来改进这种情况，他安装了一个小油泵，把通过活塞流到汽缸底部的油，送回汽缸的顶部。但是，他所能够取得的油只不过是在蒸汽作用下乳化了的，用瓦特自己的话来说，变成了"白色浓粘胶状"的东西。这种乳胶不能起到封闭的作用，而且还会堵塞泵筒并流到冷凝器里去。瓦特把这件事和有关这些试验的许多情况通过信件都告诉了斯莫尔，而斯莫尔又肯定会转告博尔顿。从博尔顿所表达的意见来看，瓦特的这些困难并不使他感到意外。

瓦特在金内尔进行这项工作期间，时而信心百倍，时而沮丧失望，情绪在两个对立的极端之间波动。斯莫尔为了鼓起他朋友的勇气继续前进，曾把伦敦的一位亚麻布商人取得了一种蒸汽车的发明专利权的消息告诉了他，瓦特当时反驳说："如果亚麻布商人穆尔不用我的发动机来驾驶他的四轮车，那他就不可能是用蒸汽发动机来驱动的；如果他真用了，我就要加以制止。我猜想他由于进展迅速，自鸣得意，过分轻浮，因而是危险的。"

然而，他不久却用大不相同的口吻说道：

"我遇到了很多扫兴的事情。如果没有罗伯克博士的支持，那我一定会因此受到压抑而消沉。现在，我这台发动机已接近于完工；但是我却不像 4 年前那样，接近于我所希望得到的消息。在人生一切事情中，没有比搞发明创造更愚蠢的了。"

很显然，罗伯克在经济上的支持，并不像他所预期的那样慷慨，他仍然坚信博尔顿能被说服成为这个项目的合伙人。

罗伯克向博尔顿提出给他 1/3 的股份，要他在一年之内做出选择，支付的代价不少于 1000 英镑，但是博尔顿却拒绝了这一建议。他希望在这项发明中获得较多的利益，否则就不干。在金内尔制造发动机的工作就这样停顿下来了。在 1769—1770 年的晚秋和冬季期间，瓦特完全忙于为那条 9 英里长的蒙克兰运河勘测线路，这条运河旨在把拉纳克群的产煤区同格拉斯哥连接起来。直到 3 月份，才在金内尔做了进一步的试验，这次使用的是瓦特于 11 月份设计的一种新式管型表面冷凝器。

这些试验也是仅仅取得了部分成功。试验证明瓦特的原理是正确的，但由于技术条件不足，使得他的这些努力仍旧归于失败。很显然，在这台发动机能够进行实际工作之前，还有许多事情要做。然而，用新式冷凝器进行的试验，的确使瓦特向前迈出了重要的一步。在此之前，他一直认为，由于有那么多的空气同蒸汽一起进入冷凝器，因此，要取得完好的排气效果，就必须在发动机每一个冲程之间用水灌满冷凝器。要做到这一点，就意味着要使用一个或几个空气泵，这些泵又很大，因此，要消耗发动机很大一部分的输出功率。此时，他终于发现这样重复灌水是不必要的，而只要用一个小得多的空气泵，就可以保持有效的真空。

4月初,瓦特动身去北部为一条运河勘测路线,这条运河从珀思穿越斯特拉斯莫尔,经过库巴安古斯到达福法尔。瓦特在珀思曾写信给罗伯克,建议对金内尔的那台发动机再做些改进,不过这些改进是否有效却是令人怀疑的。罗伯克曾力劝瓦特回来继续进行他的试验,但却枉费心机。在瓦特的斯特拉斯莫尔勘测之行结束之后,瓦特想得很周到,打算继续进行试验,可是他一回到格拉斯哥,却改变主意,接受了委托,对改善克莱德河及格拉斯哥港口和码头的情况,进行了勘测并提出了报告。在此后的4年里,瓦特把全部精力都投入到土木工程工作之中,在他的朋友们看来,他准是永远不会再搞蒸汽机了。

不仅博尔顿和斯莫尔,而且还有伊拉兹马斯·达尔文和乔赛亚·韦奇伍德以及英格兰中部其他一些有影响的人物,都从来没有对瓦特的发明功绩丧失过信心,他们仍然迫切盼望他的试验能够取得成果。对于他们来说,似乎瓦特的这种做法既是不可理解的,又是令人恼火的;然而说句公道话,他们对瓦特处境的困难并不完全了解。在这个时候,只有他才知道罗伯克的经济情况已经变得多么不稳定。因此,不久便出现了瓦特被迫由自己来支付后来的试验费用的情况。所以当试验的结果表明要迅速取得成功是毫无希望时,为了要维持妻室儿女的生活,谨小慎微的瓦特,就感到自己没有勇气再进行深入的试验了。此时,他只能用通过担负一些短期的勘测任务的办法,才可以在举棋不定的两种职业之间避免做出最后的抉择。然而,目前出现的情况,又使他非做出决定不可。等到他的克莱德河勘测工作完成时,蒙克兰运河工程也得到了批准,并向他提出签订一项监督修建这条运河的长期合同,瓦特接受了这项合同。

假如瓦特真是像他所指的那样多病和无能,那么显然他就绝不可能完成他于1770年至1774年间在苏格兰所承担的勘测工作项目。任何一个身体虚弱的人,都无法经受得起常常在骇人听闻的气候条件下在苏格兰高地进行的勘测工作。1771年,他勘测了埃尔港,他所提出的改良措施得到及时采纳执行。同年,他还勘测了从吉尔背湖修到克雷格尼什拥的克里南运河。此外,他还勘测了一条类似"捷径"的运河线路,那就是从洛蒙德湖畔的阿罗查尔通往朝湖畔的阿德里斯海格。1772年,他为他的故乡格里诺克勘测了一套新的供水系统,这项工程在第二年根据议会批准的法案予以实行。1773年,他比过去更忙,曾经为福思河、古迪河和德文河的航道改良工程以及从佩斯利到赫利特、从坎具尔镇穿越金蒂尔海峡到马奇里哈尼什的新的运河线路进行过勘测工作。这些计划虽然没有实现,但是,苏格兰唯一的一条公共窄轨铁路终于建成,穿过金蒂海峡。他在1773年秋季承担的最后也是最大的一项工程,是为那个没收财产管理委员会勘查一条运河线路,这条运河线路是从因弗内斯经过大格伦通到威廉堡的。尽管瓦特的这项计划和估算又一次被搁置起来,但是在后来,约翰·伦尼和托马斯·特尔福德都请教过他。负责实际修建卡里多尼亚运河的特尔福德,曾经采用了与瓦特的计划很接近的线路。

然而,所有这些活动和他所表达的种种见解,都没有能够阻止瓦特继续进行创造。像他这样的人是永远也不会满足于现状的。不管他遇到什么任务,都总是立刻为做好这件工作而思索改进工具和方法。他总是很快就全神贯注地思索去另辟蹊径。因此,他在这一时期写给斯莫尔的信里,谈的都是对他的勘测仪器和水平仪所做的改进,即对叉线远距离测量仪,也就是他所说的"微距计"以及用作制造精密天平的分度机所做的改进。

可是对于他那台放在金内尔土棚里已生锈的倒霉的蒸汽机,他却似乎没有花费什么心思去考虑。

瓦特在 1773 年虽然为他的勘测工作忙得如此不可开交,但是,实际上他的运气却坏到了极点。1772 年至 1773 年的商业金融大恐慌使得苏林兰所有的私人银行几乎家家破产。蒙克兰运河工程停工了,他的朋友罗巴境也在 1773 年 3 月破产了,并且从此一蹶不振,在穷困潦倒中默默无闻。他在博内斯的那宗时运不济的投机买卖已使他日益濒临破产,这次金融危机终于使他不堪一击而垮台。瓦特想要帮助朋友却无能为力,这使他陷入极度痛苦之中。他力所能及的只能是向罗伯克退还按照协议的条款他所应该支付的全部款项,然后取回在金内尔的那台发动机。他在 5 月份通知斯莫尔说,他正在把这台发动机拆卸装箱,准备运到伯明翰这个"唯一适合完成试验的地点"。

马修·博尔顿耐心等待已久的时机现在即将来临,然而,他却仍在踌躇不前。尽管罗伯克欠了博尔顿及其合股人福瑟吉尔大约 1200 英镑,但博尔顿不愿显得他在乘朋友之危或借此利用其他债权人的股份。因此,在罗巴克同他的债权人达成了结债务的协议而且他能够同罗伯克财产托管人谈判以前,他一直在等待。正如瓦特所说,罗巴克的财产托管人对于蒸汽机的发明专利并不重视,而福瑟吉尔也拒绝参与此事。于是,博尔顿在 1773 年 8 月终于把这项专利的 2/3 的股份集中到了他的手里。

9 月,最后一次沉重的打击落到了瓦特身上。当他正在大格伦进行勘测的时候,传来了关于他妻子病危的消息,当时她正怀着第五个孩子。瓦特闻讯后,立即冒着倾盆大雨动身赶往威廉堡。第二天他到了蒂恩德拉姆,第三天,也就是 28 日,他在晚上 10 点抵达丹巴顿,他在那里写道:"我必然丧妻的预感是如此的确切强烈,以至我再也不能继续往前走了。"次日上午,卡伦公司在格拉斯哥的代理人吉尔伯特·汉密尔顿乘坐一辆轻便马车前来接他。瓦特说:"从他的黑色外衣和他的面部表情可以看出,我已不能抱任何希望了。"他把车赶到汉密尔顿在格拉斯哥的家里,因为正如瓦特伤感地写道的那样:"回到已失去了欢迎我的亲人的地方,我感到心惊胆战。"当威廉·斯莫尔听到这个消息后,他恳求瓦特:"请您尽快到我这里来。"而瓦特则回答说:"我并不感到孤独和悲伤,但是我对这个世界,甚至对我自己的发明物,几乎都已失去了深切的爱。我十分渴望见到您,想听听您的闲聊,也和您谈谈我自己的想法;但是,眼下还有那么多的事情要做,可我又是这样的穷困。我对这片故土感到十分沮丧。"

从他那些经常怨天尤人的信件来看,瓦特对自己的故乡并不喜欢。但是,他却始终不那么愿意做出深谋远虑的决定,以至使人会问:如果不是由于他妻子的去世而使他对周围熟悉的环境产生痛苦的感情的话,那么他是否会真的狠心离开那熟悉的环境呢?虽然他料理事务要花去一些时间,但他还是在 1774 年 5 月 17 日动身到伯明翰去了。在那里,友善的博尔顿把他安顿在自己的纽霍尔路他的旧居。不久他把留在格拉斯哥亲戚家的两个年幼的孩子,即小女儿玛格丽特和 5 岁的詹姆斯接来住在一起。

移居伯明翰这件事,在瓦特一生中是一个重大的转折点。此时他已 39 岁,然而,前面仍然困难重重。

收获成功

当瓦特于1776年去苏格兰时,带回了在苏格兰安装第一台瓦特式发动机的订货单。这就是为邓弗姆林附近托里伯恩的彼得·科尔韦尔制造一台44英寸抽水发动机。虽然这台发动机在1778年1月之前并未投入使用,但瓦特早在1776年就把设计准备好了。作为第一台新型发动机,它的特点是开始把瓦特为蒸汽吸入和排出而设计的分别下落式阀门,安装在前面已经说过的单摆式扇形阀的地方。这些下落式阀门的动作是由"塞杆"控制的,而塞杆又与穿过蒸汽阀室里的密封垫伸出来的轴和联轴器相连。阀门、阀座和操作装置的设计,后来经历了很大的变更和改进。但是,应用分别下落式阀门的原理,现在已成为所有瓦特发动机上的标准设计方法。这种改进是合理的。虽然扇形阀是极其精巧的,但在当时要不使这阀门和气门把接口处蒸汽泄出,那一定是很困难的。此外,单一阀的根本缺陷是,它有可能在一项功能起作用的时间有所改变时,不影响另一项功能的作用。后来代替它的滑动阀也同样有不足之处。由于使用了分立式的阀门来控制蒸汽的吸入和排出,发动机的工作和经济实用性得到了改善,因为这些阀门的相关出口能够独立地定时,从而提供了最佳效果。在有必要用手控制机械阀装置来操纵这些阀门时,这种新的阀门便使得启动发动机这个并不简单的任务,也变得方便起来了。

为托里伯恩制造的那台发动机,在其汽缸底下装有一个小火炉。但是,瓦特决心保持他的汽缸热度的这一模式,并没有固定下来,而且后来人们认为蒸汽套本身,就足以达到这一目的。现在,冷凝器已经接近于它的标准形式,即将冷水注射到一个排气管里,在这个排气管外面,也用冷水喷注。排气管弯曲地卷进一个冷水槽,它的终端是一个与双联气泵底部相连的匣子。这两个气泵把热气抽上来,通过单向阀门进入与气泵筒顶端相连的第二个匣子里,再用水泵把热水从第二个匣子里,送到锅炉加水的水箱中去。

在这里,还必须提到另外两个发动机,因为它们表明:即使是马修·博尔顿,也不能完全制止瓦特对试验的强烈欲望。在1776年至1777年,威尔金森在新威里建造了第二台瓦特式发动机,用来把水抽回到为一台镗床提供动力的轮机内。这台发动机的详细说明和图纸,现在都不存在了,但大家都知道,那是一台按照瓦特的早期试验模型演化而来的发动机。也就是说,它没有横梁,活塞杆直接与泵杆相连。当博尔顿与瓦特采取行动反对爱德华·布尔在康沃尔制造类似发动机时,这台机器曾被戏称之为"一团糟引擎",但由于后来没有再提到它,所以显然前途无望。

第二种试验,更是别出心裁,富有情趣。那是一种蒸汽膨胀的尝试,并且得到博尔顿的全力支持。这台发动机有一个33英寸的汽缸,是1777年在索荷安装的,用来把水抽回到水轮机,像先前在金内尔的发动机一样,因此,它在索荷被称之为"小引擎"。这第二台索荷式发动机的运转情况,与任何其他的瓦特式发动机截然不同,其设计似乎是来自瓦特提出的使用独立下落式阀门的想法。两个这样的阀门控制着进入汽缸上部,蒸汽再从那里排出进入冷凝器。在活塞下面,汽缸下部始终通向冷凝器,进气阀提前关闭,用瓦特自己的话来说,这样可以使"蒸汽只在(活塞)下降的阶段被吸入,在冲程的其他时间内则靠蒸汽的弹力发挥作用"。当活塞完成向下冲程且膨胀的蒸汽已排入冷凝器时,汽缸上部由此而产生的真空就形成了必要的平衡状态。在这种情况下,活塞就能在泵杆重量的作用下又被提升起来。

在人们了解它的前途,并认为它取得了极有希望的进展时,瓦特对这台发动机的运转情况不满意。他认为这台发动机还不如他早期所设计的那么经济实用,它的运转不仅是没有规律,而且还如此猛烈,因而索荷的工人们给它起了一个名字叫"恶魔号"。十分奇怪的是,博尔顿这位商人却更有效地掌握利用蒸汽膨胀所能取得的好处,因此,他当然不愿像瓦特那样去指责这台"恶魔号"。瓦特虽然在理论上对膨胀作用的优越性十分明了,但不可思议的是,他自己总是表现出不愿承认它的实用性。他曾向博尔顿表示过这样的意见:如果把进气减量,不过早切断,从而让少量蒸汽进入整个冲程的话,那么,这台"恶魔号"的运转就会比较平稳,并且还能节省消耗。后来,只是在那些同瓦特竞争的工程师用了或威胁要用蒸汽膨胀的办法作为避开他的发明专利权的一种手段时,他才又回到这个设计的想法上来。这种消极的态度,毫无疑问是与瓦特拒绝使用高压蒸汽的做法有密切联系的,因为在他所偏爱的低压冷凝发动机里,由膨胀作用所获得的益处是被公认为很小的。

1782年,瓦特又获得"双动作蒸汽机"专利。1784年,瓦特在他的一份专利里提出"平行连杆机构",有了它,蒸汽机具有更广泛的实用性。4年后,瓦特又发明离心调速器和节气阀。1790年,他又完成汽缸示功器的发明。到此,瓦特才算完成了对蒸汽机的整个发明过程。到19世纪三四十年代,蒸汽机已在全世界广泛应用,人类社会进入所谓的"蒸汽时代"。

瓦特成功了!瓦特的成功是靠他强烈的求知欲和勤奋的精神换来的。尽管他从小身体就弱不禁风,性格也比较内向,但他确实是一个勤奋学习的人,他的聪明才智在他所喜爱的工作中得到了充分的发挥。他对许多事情都有着强烈的兴趣,也正是这种兴趣成了他不懈前进的动力。

瓦特除了蒸汽机的发明外,还发明一种先进的液体比重计,一种新的信件复印机,他还最先提议用螺旋桨来推进轮船,第一个采用"马力"作为功率的单位。

荣誉纷至沓来。他在1784年当选为爱丁堡皇家学会会员,翌年又被选为伦敦皇家学会会员。格拉斯哥大学于1806年授予他法学博士荣誉学位,他谢绝了由首督提议的封他为利物浦勋爵的准男爵勋位。他于1814年得到了一项最大的荣誉,那就是当选为法国研究院的8名外国成员之一。马修·博尔顿有一次曾对一位来索荷的参观者说:"我向人们提供的是他们最需要的东西——动力",而现在当蒸汽机有节奏的转动正在到处加快改变着人们生活的方式的时候;当汽船已经诞生,而火车头则刚刚出现在地平线上的时候,人们会以崇敬的心情把詹姆斯·瓦特誉为这种动力的创造者。

成功与赞颂,对于瓦特的影响是不容忽视的。在通常情况下,逆境和困难将锻炼一个人的性格并激发出一个人的最优良的品质;而财富、荣誉、奉承和对英雄的崇拜,则往往会使人堕落,仿佛酸性物对优质物品腐蚀之后剩下的只是徒有其原来那华丽而自鸣得意的外表而已。然而,对瓦特却是适得其反。财富给他带来的是心境安宁,头脑冷静和自知之明,而承认给予他的是极大的尊严,以及保持谦虚而无丝毫傲慢和装腔作势的作风。

晚年余晖

在瓦特和他的合伙人博尔顿上了年纪后,他们迥然不同的性格,表现得再清楚不过了。性格内向的瓦特是极不愿意离开他那与世隔绝的工作室而去涉足于繁忙的经商领域的。因此在他取得成功之后,就首先抓住机会,重新退居到自己先前的那个小天地去了。瓦特虽然把自己大量的精力耗费在他那个阁楼工作室里,但若以为他变成了一位隐士则大错特错了。恰恰相反,在他的一生中,老年时期比他先前任何时期旅行的地方都多,也更好交际。在1802年的那个昙花一现的亚明和约期间,他和后来的妻子曾走遍了比利时,并沿着莱茵河北上到了法兰克福,又从那里去斯特拉斯堡,然后才经巴黎回英格兰。他回故乡苏格兰是很频繁的,他在爱丁堡和格拉斯哥的大学既重叙旧谊,又结交新友。他的足迹遍布英格兰和威尔士的许多地方。在霍恩布洛尔和马伯利打输了那场官司之后,原来的发动机专利税的欠款都交付,这使瓦特得到一笔相当可观的资金,他决定用它在乡间购置房地产。瓦特曾对德文郡、多塞特和蒙默思郡的房地产都进行过了解,最后才在多尔窦罗德购置了一幢农场住宅和一些田地,那是位于拉德诺郡的拉亚德和纽布里奇之间的怀河上游河谷。退休后,他曾在这个优美的环境里,度过了夏天许多愉快的时光。然而,每次住留的时间都不长,因为对他来说希思菲尔德工作室的吸引力简直太大了。

迁居到希思菲尔德后所度过的岁月,无疑是瓦特漫长一生中最幸福的时光。然而,在这期间也伴随着一份最大的不幸,那就是他失去了续弦后所生的两个孩子。他的女儿珍妮特于1794年15岁时死于肺结核病,此后不久,她那已进入青春期的前途远大的哥哥格雷戈里也开始染上同样可怕的病症。他于1804年10月在埃克塞特夭折,年仅27岁,被葬于当地的一座大教堂里。他父亲的悲痛尽管没有这样外露,但感情显然也是同样深切的。瓦特把他儿子所有的书籍、手稿和图纸都收藏在一只箱子里,并把它保存在那间阁楼工作室里离他最近的地方,一直到去世。他写道:"每当我望着我儿子的书籍、手稿和图纸时,我总要自言自语地说:想出这些东西的那个头脑和做出这些东西的那双手,现在何方?"

由于小詹姆斯·瓦特还没有结婚,因此格雷戈里的死意味着这位伟大的工程师已经没有传宗接代的儿子了。在他的孩子中唯一有后代的是他前妻生的女儿玛格丽特。他的曾外孙詹姆斯·吉布森,于1856年经皇家许可增加了瓦特的姓。

在当时曾经夺去无数年轻人生命的可怕的肺结核病,虽然现在几乎已经被消除了,但是没有任何一门科学或技术,能够减轻对老人造成的一种无法逃脱的折磨——减轻因失去老友与同辈而带来的悲恸。

约瑟夫·布莱克于1799年去世,当瓦特听到这一消息后,便给罗比森去了一封信,信中写道:"我可以这么说,我所取得的成就大部分应归功于他。他曾在自然科学方面教我推理和试验,他是一位挚友……"罗比森并未比布莱克活得长多少,他的生命停留在1805年,瓦特曾用这样的话来描述过他:"他是一位头脑最清楚的人,而且是我认识的人中最有学问的,他对我的友情,在持续了近半个世纪之后,只是随着他的生命结束而告终的。"与此同时,"月亮社"的队伍也很快缩小了。达尔文于1802年逝世,而侨居在宾夕法尼亚州的普里斯特利,也于次年去世。最后一位,虽然并非是没有料到的,但对于瓦特来说,却是最沉重也是最终一击的,就是他那位奋斗到底的伟大伙伴博尔顿,于1809年8月逝世,享年81岁。随着博尔顿的去世,瓦特便成了"月亮社"的最后一名幸存者。当瓦特听到马修·博尔顿亡故的噩耗时,他正在格拉斯哥附近的格伦纳巴克,他随即给在索荷的小博尔顿去了一封哀悼信。他写道:"具有他那种才能者为数不多,而像他那样发挥自己才能者更是寥寥无几。但即使在他们身上增添了他那种对待他人的彬彬有礼、豁达大度和满腔热忱的品质,也难以造就一个能与他媲美的人物来。"

一场风暴就这样过去了,这位明智、慈祥而又令人爱戴的老人继续在人生的旅途上跋涉。

晚辈们对瓦特的友情与赞美,弥补了他由于老朋友们的去世而产生的失落感。

瓦特那活跃而敏捷的思维一直持续到他生命终止。1819年7月,当他83岁的时候,他还去伦敦游览了一次。但回到希思菲尔德之后不久,他就病倒了,而且情况很快便表明他的日子不多了。8月19日,他安详地离开了人间,葬在汉兹沃思教堂,也就是离他的伙伴马修·博尔顿不远的地方。

瓦特去世后,他所发明的实用蒸汽机,不断地被后人发展应用于各种工业和交通部门,从而使生产方式和生活方式都发生了翻天覆地的变化。

现代电子计算机之父

——约翰·冯·诺伊曼

人物档案

简　历：美籍匈牙利数学家、计算机科学家、物理学家，是 20 世纪最重要的数学家之一。罗兰大学数学博士，是现代计算机、博弈论、核武器和生化武器等领域内的科学全才之一，被后人称为"现代计算机之父""博弈论之父"。1903 年 12 月 28 日出生于匈牙利的布达佩斯。1911~1921 年在卢瑟伦中学读书，1921 年到苏黎世大学学习，1926 年获布达佩斯大学博士学位。1927~1928 年在柏林大学任兼职讲师，1929 年转任汉堡大学兼职讲师。1930 年他首次赴美，成为普林斯顿大学的客座讲师，一直到 1933 年担任普林斯顿高级研究院教授为止。1943 年起他成了制造原子弹的顾问，战后仍在政府诸多部门和委员会中任职。1954 年又成为美国原子能委员会成员。1955 年的夏天，X 射线检查出他患有癌症，1957 年 2 月 8 日在华盛顿的沃尔特·里德医院逝世，享年53 岁。

生卒年月：1903 年 12 月 28 日~1957 年 2 月 8 日。

安葬之地：新泽西州的普林斯顿公墓。

性格特征：个性活泼，喜欢沉思。聪明、好学、刻苦、有毅力，持之以恒。

历史功过：在经济学方面，他有突破性进展，被誉为"博弈论之父"。在物理领域，撰写的《量子力学的数学基础》，1946 年发明了计算机，被誉为"计算机之父"。

名家评点：冯·诺依曼的多年老友，原子能委员会主席斯特劳斯曾对他作过这样的评价："从他被任命到 1955 年深秋，冯·诺依曼干得很漂亮。他有一种使人望尘莫及的能力，最困难的问题到他手里都会被分解成一件件看起来十分简单的事情，用这种办法，他大大地促进了原子能委员会的工作。"

天才降临

约翰·冯·诺伊曼是 20 世纪最杰出的数学家之一。由于他在研制世界上第一台电子数字计算机方面的开创性工作,使他赢得了"计算机之父"的美誉。他在纯粹数学、应用数学以及计算数学的许多分支都有巨大的贡献,他在算子理论、量子理论、集论以及博弈论方面的建树流芳于世。他只活了 53 岁,但却写了大量的论文,已出版的《冯·诺伊曼文集》共 6 大卷,收集了他在纯粹数学、应用数学和物理学等方面的论文 150 篇。而他未面世的遗稿更是不计其数,仅收藏在美国国会图书馆的,就达 8000 份之多。

1903 年 12 月 28 日,约翰·冯·诺伊曼出生于匈牙利首都布达佩斯的一户殷实的犹太人家庭。他的父亲麦克斯·冯·诺伊曼是当地著名的银行家。1913 年,麦克斯受奥匈帝国皇帝弗朗西斯·约瑟夫一世的册封,成为贵族,从此,诺伊曼家族的姓氏中有了"冯"这一代表贵族身份的称号。

家庭的富裕和钟爱,使他较早地从家庭教师那里接受了系统的教育。冯·诺伊曼从小天资聪颖,有极强的记忆力。有关他的童年有不少传说。他自幼爱好历史学,读书几乎过目成诵,对拜占庭史、圣女贞德的审讯和美国南北战争的细节都十分谙熟。大多数的传说都讲到了他在吸收知识和解题方面的超凡能力。他 6 岁时就能心算 8 位数乘除法,8 岁就掌握了微积分。

第一次世界大战爆发的 1914 年,冯·诺伊曼刚满 10 岁,他考入了路德兰预科学校,开始了正规学校的学习。他在数学方面的过人才智引起了数学老师 L.瑞兹的注意。瑞兹觉得,让冯·诺伊曼接受传统的中学教育是在浪费时间,应该对他进行专门的数学训练,使其天才得到充分的发展。他把冯·诺伊曼推荐给了布达佩斯大学的 J.屈尔沙克教授。屈尔沙克则安排了他的助教菲克特担任了冯·诺伊曼的家庭教师。在菲克特的指导下,冯·诺伊曼的数学才能得到了进一步的提高。12 岁时,诺伊曼已经能读懂法国大数学家波莱尔的专著《函数论》;中学时期,他在匈牙利数学竞赛中名列第一。17 岁那年,刚刚中学毕业的冯·诺伊曼就和菲克特合作,完成了他的第一篇数学论文,推广了切比雪夫多项式求根的费耶尔定理。年轻的冯·诺伊曼已经是匈牙利数学界小有名气的人物了。

第一次世界大战以后,匈牙利的经济文化得到了飞速的发展,它的首都布达佩斯,更是成了科学巨擘辈出的沃土。"超音速航空之父"冯·卡门、"氢弹之父"特勒、"全息术之父"加保、诺贝尔奖获得者维格纳都是这一时期在这片土地上成长起来的科学巨人,国际一流的数学家在这里也是灿若群星。

出于经济上的考虑,冯·诺伊曼的父亲不同意他继续在毫无实际经济收益的数学上花太多时间。后来,父子俩达成了妥协,冯·诺伊曼按照父亲的意见,去攻读化学,但仍然保留他在布达佩斯大学数学系的学籍。从 1921 到 1925 年,冯·诺伊曼先后在柏林大学和苏黎世同业高等技术学院攻读化学课程。每到学期末,他都要从德国或瑞士赶回匈繁重的学业不仅没有拖垮冯·诺伊曼,反而使他的聪明才智得到了巨大的发挥。冯·诺伊曼心算能力极强,不用笔和纸就能熟练自如地进行运算和几何估算。他思维敏捷,据他的老师、著名数学家波利亚回忆:"约翰是我唯一害怕的学生。如果我在讲演中列出一道难题,那么当我讲演结束时,他总会手持一张潦草写就的纸片说他已把难题解出来了。"冯·诺伊曼兴趣广泛,除数学外,还格外钟情于历史,对历史进程有敏锐的分析力和惊人的预测力。在欧洲,匈牙利语是最难懂的语言,所以所有受过教育的匈牙利人必须能操比他们本国语言更有广泛使用价值的一种或几种语言。冯·诺伊曼这方面的天赋也是极其明显的,他使用德语几乎和母语没有什么区别,法语也非常流利,对拉丁语和希腊语相当熟练。他讲英语速度很快,尽管"语感"不是尽善尽美,让人听起来有点像在讲德语,但熟练程度并不亚于德语和法语,语法上也是经得起推敲的。他酷爱下棋,尽管他不是常胜将军。他待人友善,不矜持、不高傲,但与人不过分亲密,有一点所谓"天才的孤独"。

4 年的奔波辛苦,终于没有白费,1926 年,他双双获得瑞士化学工程学位和布达佩斯大学数学博士学位。那一年,冯·诺伊曼年仅 22 岁。

虽然遵循父命改学化学,但冯·诺伊曼对数学的兴趣丝毫不减,反而因与德国和瑞士的一些数学大师的接触和交往而得到升华。在柏林,冯·诺伊曼在攻读化学之余,参加了爱因斯坦的关于统计力学的讲座并跟随 E.施密特学习;在苏黎世,他与著名数学家 H.外尔和 G.波利亚过从甚密。冯·诺伊曼以后曾回忆说,外尔和施密特是对他早年学术思想的形成影响最大的学者。

他数次前往哥廷根大学,结识了大数学家 D.希尔伯特。哥廷根大学聚集了很多的著名数学家,可以说是当时世界数学的中心,而希尔伯特则是数学界的无冕之王。1900 年,希尔伯特在巴黎第二次国际数学家大会上发表了他的历史性演说,提出了新世纪中数学家应努力去解决的 23 个问题,这些问题包罗万象,有数学基础的问题,也有数论、代数、分析等方面的问题。他提出的这些问题,在进入 20 世纪以后,逐渐发展成为一个新的庞大的领域。直到今天,他提出的一些问题还在被数学家们孜孜不倦地研究着。当时人们认为,希尔伯特的这 23 个问题,是 20 世纪数学发展的指南。

尽管冯·诺伊曼和希尔伯特年龄相差 40 岁,但在数学领域中的共识使他们成为忘年之交。同样,希尔伯特对这位年轻学者也极为赏识,大力提携。1926 年初,冯·诺伊曼还没有取得数学博士学位时,希尔伯特就设法为他谋到了哥廷根大学访问学者的资格。希尔伯特的量子力学和证明论深深吸引了冯·诺伊曼,使他成为希尔伯特的形式主义(也称公理主义)纲领的热情拥护者。

冯·诺伊曼早年的学术兴趣主要集中在集合论上。20 世纪初,在对数学基础的理性探究中,人们发现,G.康托尔的集合论在表达繁多的数学结构和艰深的数学思想方面是一个非常便利的工具,然而却含有"悖论",即自相矛盾的命题,由此引发了著名的"第三次数学危机",数学大厦的根基面临被动摇的危险。如何用恰到好处的公理化方法重建康托尔的集合论,使之免受悖论的侵害,同时又不失其数学上的丰富表达能力,成了 20

世纪初数学界的一项艰巨的任务。1923 年，还在苏黎世读书期间，冯·诺伊曼就发表了他的论文"超穷序数引论"，力图将康托尔的序数概念"具体化、精确化"，他借助于 ZF 公理系统中初始截断的概念和无穷公理，给出了序数及超限序数形式化的新定义。此后，他积极传播公理化的思想，并试图建立更具形式化和精确性的公理系统，完成了他的长篇论文"集合论的公理化"，这篇论文于 1925 年发表于德国著名的《数学杂志》上，并成为他的博士论文。冯·诺伊曼用"变量"和"函数"作为不加定义的基本概念，构筑起了一套集合论的公理化体系。这一体系经贝尔纳斯和哥德尔完善之后，形成了公理化集合论中又一新的系统——NBG 系统。直到今天，NBG 系统仍是集合论最好的基础之一。

作为追随和执行希尔伯特形式主义纲领的先锋派人物，与集合论公理化的工作相适应，冯·诺伊曼在 20 世纪 20 年代的后期参与了希尔伯特的元数学计划。1927 年，他在"关于希尔伯特的证明论"一文中，对数学形式主义的基本概念进行了阐释，认为希尔伯特元数学计划所提出的各种问题，虽经希尔伯特本人以及贝尔纳斯和阿克曼等人的努力有所进展，但从总体上而言仍未得到令人满意的解决。他决心以公理化的方法将数学的各个分支的形式化基础逐一加以澄清，特别是证明相应公理系统的无矛盾性。但是，1931 年哥德尔不完全性定理发表之后，使希尔伯特计划完全落空了。冯·诺伊曼敏锐地感觉到，哥德尔的工作实际上否定了希尔伯特的形式主义纲领，而在他的研究中也确实发现了后者所存在的局限性，他开始赞同哥德尔的理论，认为："由哥德尔的结果应当引出一条新的途径，去理解数学形式主义的作用，而不应把它当作问题的结束。"尽管从感情上，他仍对形式主义的纲领恋恋不舍，但实际上他已经开始抛弃了这一纲领。他在课堂上中止了关于形式主义纲领的内容，改为讲授哥德尔的新理论。与自己追随多年的学术道路决裂是需要勇气的，但冯·诺伊曼做到了。这正是他的非凡之处。

冯·诺伊曼的眼光并未只局限于数学方面，他对物理学同样有着浓厚的兴趣。可以说，对数学和物理学之间内在联系的探讨，在他的科学成就中占有重要地位。

在跟随希尔伯特研究数学基础的同时，冯·诺伊曼被哥廷根大学内正在开展的量子力学研究深深吸引住了。当时，量子力学在数学上的表述有两种体系，一是海森堡从微观粒子的粒子性出发建立的矩阵力学，一是薛定谔从波动性出发建立的波动力学。对于探测原子的性质这一目的来说，这两种体系已经足够了。但是，冯·诺伊曼等人对此并不满意，他们希望从中提取更多的共性，把希尔伯特倡导的公理化、形式化的方法用于建立量子物理的形式化的理论基础。

1926 年的冬天，希尔伯特就量子力学的新发展做了一次演讲，讲义中关于数学形式化部分，是由冯·诺伊曼来完成的。量子理论的一个基本特点，是对原子状态的数学描述。冯·诺伊曼对理论中的数学表述做了改进，并产生了更为深刻的想法。他认为，海森堡的方法和薛定谔的方法分别是算符代数方法和方程方法，这两种方法必定反映了一个共同的本质。他要从数学上对这一本质进行公理化的刻画。从而，他构造了基于公理之上的后来被称为"希尔伯特空间"的数学结构。这是一种无穷维的"空间"，其中的向量和变换（算符）恰好对应于量子的"状态"及其"迁移"。他最后的结论是：量子力学的一种合适的形式语言，由抽象希尔伯特空间的向量（代表系统状态）、某类算子（代表系统中的可观察量)及其代数规则构成。量子物理中薛定谔的方程方法和海森堡的算符代数方法分别成了冯·诺伊曼的公理化理论的特例,这些方法极好地体现了希尔伯特的公理化纲领,称为量子力学数学化的序曲。

冯·诺伊曼对数学和物理学之间内在联系的探讨,在他的科学发展过程中具有重大的意义。这些研究不仅使他在数学界崭露头角,奠定了他在学术上的地位,也为他今后的研究工作奠定了基础。1929 年他到美国后,他相当的一部分成果是在德国的研究工作的继续和深化。

在普林斯顿有人认为,冯·诺伊曼之所以能在学业上和研究工作中取得突出的成就,是因为他总是在最适当的时候、最适宜的地方从事最适当的工作。确实,他是幸运的,不过幸运的机遇还需要自己来把握,正确地说,冯·诺伊曼总是很好地把握了机遇。

结束了在哥廷根大学的访问学者之后,冯·诺伊曼先后在柏林大学和汉堡大学担任义务讲师。这时期,由于集合论、代数学和量子力学的论文先后发表,使他成为数学界的后起之秀。当时,德国的许多著名大学中教授、讲师都有严格的席位限制,义务讲师实际上就是临时人员,承担讲师的实际工作但却无职称,其工资由学生的学费支付。尽管冯·诺伊曼已经取得了一些成就,但是在德国取得讲师的席位已经很不容易,25 岁就当大学教授根本是不可能的。

1930 年,在他的老师外尔的推荐下,冯·诺伊曼来到了大洋彼岸的美国,以客座讲师的身份,受聘于普林斯顿大学数学系,从此,他与美国结下了不解之缘。第二年,他即成为该系的终身教授。1933 年,普林斯顿高级研究院成立,冯·诺伊曼成为该研究院数学所的 6 名教授之一,并在这一职位上终其一生。那一年,他刚刚 29 岁,因此他也是全研究院最年轻的教授。

冯·诺伊曼在美国如鱼得水。这里的学术环境与欧洲相比轻松而自由,很少陈规陋习。但是,第一次世界大战以后的美国,经济虽然处于世界前列,但学术水平与欧洲相差甚远,根本不能同日而语。冯·诺伊曼虽然在美国任职,但他毕竟来自欧洲,他的学术生涯奠基于德国。从学术角度考虑,冯·诺伊曼没有任何理由在美国长期工作和生活下去。但是欧洲大陆政治风云的变幻,不仅使他留了下来,并最终成了美国公民。

1933 年,希特勒领导的纳粹党在德国大选中获胜,并出任总理,开始了他的法西斯血腥统治,象征着纳粹主义威严的卍字旗在德国到处飘扬。在他的推动下,由来已久的排斥犹太人浪潮更是掀起狂飙。1933 年 4 月初,德国政府正式颁布了法律,要把犹太人从国家雇员中清洗出去。宁静的大学校园也不是绿洲,连身为普鲁士科学院院士、威廉大帝物理研究所所长的爱因斯坦也未能幸免,竟被柏林政府吊销了"普鲁士公民身份"。虽然希尔伯特、海森堡、弗兰克等仗义执言,公开声援受迫害的犹太籍教授,但在狂热的纳粹分子面前,他们的一切努力也难挽狂澜。在巨大的压力下,他们最终也不得不沉默了。

对犹太人的迫害从政治领域进一步扩展到了学术领域。德国著名数学教授、函数论权威毕伯巴赫是民族主义数学论的鼓吹者,1934 年春,他在一次演说中大肆攻击犹太人,认为,只有希尔伯特、克莱因才是德意志数学的杰出代表,而犹太人的抽象数学把德国引入了"智力游戏"的圈套,犹太人的数学全是抄袭来的。在纳粹主义者的眼中,政治问题在数学领域也是不可避免的。

在德国纳粹分子的迫害下，大批的犹太科学家纷纷逃离了生于斯长于斯的这片土地，流亡到了美国。"凤凰台上凤凰游，凤去台空江自流"，曾经被誉为世界数学中心的德国从此一蹶不振，而在美国，则是群星璀璨、人才云集，仅数学界，库朗、哥德尔、诺特、费勒、阿廷、弗里德里希、外尔等知名学者都是在这一时期落户美国的。1937年，冯·诺伊曼也是在这样的背景下，决定加入美国国籍。

与其他的高等学府一样，大批的欧洲流亡学者的到来，使普林斯顿大学名人荟萃。高级研究院教授们的办公室设在校内的"优美大厦"，这里宁静而幽雅，汇集了大批出类拔萃的学者和权威。美国良好的学术氛围，使这些来自欧洲的智慧的头脑，有了进一步发挥他们的聪明才智的广阔空间。

20世纪30年代初，世界正处在严重的经济危机之中，欧洲为战云所笼罩，美国也陷入了经济大萧条。但是美国的大学却似乎处在这一风暴之外，学术界的精英们的生活基本上是安定的。浓厚的学术气氛和安定的生活，使他们有更多的精力投入到学术研究中去。这也是冯·诺伊曼的学术成就达到最高峰的时期。在普林斯顿期间，他发表了大量的文章和著作，进一步完善了他早年的思想和理论。

在普林斯顿大学，冯·诺伊曼主讲过量子统计学和流体动力学课程。他惊人的思考问题的速度，和他平易近人的作风，给人留下深刻的印象。冯·诺伊曼在语言上的素养，使他的演讲以其良好的文学修养而著称，他的学生回忆道：他从不备课，只在课前粗略地在一张卡片上写上只言片语；他讲课的速度很快，习惯于依照自己的推理过程滔滔不绝、才智横溢地讲个不停。他喜欢把问题的"全部图景"描绘出来，比如，如果一个课题可能有4种公理方法，大多数教师只满足于展开一个或最多两个系统，最后再附带提及其他两个，冯·诺伊曼则不然，他会具体地描述从第一导致第二的最短捷径，从第一至第三，然后再继续下去……他的讲述平易自然，所以，即使不是数学行家，也能听懂他的讲课。但是，他讲授的内容博大和深奥，思维快捷，听讲者即使是数学的专门研究者，几小时后也会感到跟不上他的思路，而需要听取他的进一步讲解。

在进入高级研究院以后，冯·诺伊曼基本上脱离了讲坛，一心从事他的研究工作，因此他的嫡传弟子不是很多，一生中只指导过一篇博士论文。不过通过他的演讲和举办的各种讲座，在他的周围还是聚集了一批年轻的追随者。

作为一个数学家，诺伊曼一生有大量的著述。他的文章思路非常清晰，行文有力，而且有鲜明的特点。不过，他很喜欢细枝末节和不必要的重复，各种数学符号运用得过于详尽，因而有时会使人摸不着头脑。比如，他在一篇论文中首次使用了一种普通函数符号的引申，以此来保持逻辑上的正当区分，除了运用 $\varphi(x)$ 的标准符号以外，还用了一种 $\varphi((x))$ 的符号。读者必须进行琐细的分析，由 $\varphi((x))$ 求得 $\varphi(((x)))$，最后再求得 $\varphi((((x))))$，所以会出现这样的方程：

$$(\varphi(((((a))))))^2 = \varphi(((((a)))))$$

要消化吸收这种方程，一定要先除去外皮才行，一些学生开玩笑地把这篇论文中的公式称为"冯·诺伊曼的洋葱头"。

冯·诺伊曼的运算能力之强,结果之准确,是尽人皆知的。可能是他感到自己动手运算求证要比引用一些人们熟悉的定理、定规要简单得多的缘故,他很少援引一些现成的结论,哪怕是人们最熟悉的,他也总是全力以赴,从最基本的符号下定义开始,逐步展开,一直到他能加以运用。如果另一篇文章中需要运用这一定理,他又会从头做起。因此他的论文,有一个明显的标志,就是有一长串的尾标,添标上又加上添标,充满了可以避免的代数计算。

不过他的这种习惯也是有好处的。他乐于考虑数学的各个方面的问题,使思维更缜密了,而他的著作,也没有了一种居高临下的感觉,使读者感到,他只是在告诉你他的见解而已。因此,很少人能找到机会对冯·诺伊曼的著作提出批评意见。

1932年,他的名作《量子力学的数学基础》一书由德国斯普林格公司正式出版了。这是他在德国期间的研究工作的继续,是对以前的方法和结论的综合和完善。

在书中,冯·诺伊曼证明:变换理论能够建立在清晰的数学基础之上,他成功地将算子谱论由有界推广到无界情形,最终完成了量子力学的形式化工作。他还从统计学的角度,阐述了量子力学中的"因果律"和"测不准原理",他的结论是:量子系统的不确定性并非由于观察者的状态未知所致,即使在系统中引入假想的"隐参量",使观察者处于精确的状态,最终仍会因为观察者的主观意识而导致不确定的观察结果,这一观点得到了大多数物理学家的赞同。此外,他还在这一著作中解决了量子力学中的一些特殊问题,如遍历假设在量子系统中的表述和证明,等等,这成为他后来开辟遍历理论的先声。

该书先后被译成法文(1947年)、西班牙文(1949年)、英文(1955年),至今仍是理论物理学的经典之作。诺贝尔奖获得者维纳在一篇讲演中认为:冯·诺伊曼在量子力学方面的贡献,就已经足以确保他在当代理论物理领域中的特殊地位了。

为完成量子力学的数学化的工作,冯·诺伊曼还在算子理论和遍历理论等领域进行了深入的研究,取得了重要的理论成果。

遍历理论是这一时期冯·诺伊曼研究的主要课题。19世纪70年代,玻尔兹曼提出了统计力学中的遍历性假设,并希望以此为前提,推导出保测变换的空间平均等于(离散)时间平均,即玻尔兹曼计划。从数学上实现这一计划,首先需要证明作为时间平均的极限的存在性。1931年,冯·诺伊曼尝试用希尔伯特空间的自共轭算子去解决存在性问题。很快他便提出并证明了遍历理论的第一个重要定理——平均遍历定理。

从这一基础出发,1932年,他在《数学纪事》第33卷上发表了他颇具影响的论文"古典力学中的算子方法",推导出6条重要的定理。对于冯·诺伊曼在遍历理论方面所取得的成果,著名数学家哈尔莫斯曾给予了这样的评价:"从文献数量上看,他们不及冯·诺伊曼全部科学论著的1/10,但就质量而言,即使他从未在其他方面做过研究,这些成果也足以使他在数学界享有永久的声望。"

遍历理论只占冯·诺伊曼研究课题的一小部分,而对算子理论的探索,则贯穿了他的整个科学生涯,有关算子理论的论文,占了他所有著述的1/3。早在德国期间他已开始了这项工作。他首先给出了希尔伯特空间的抽象定义,然后,对希尔伯特空间上自共轭算子谱理论从有界到无界的推广,做了系统的奠基工作。冯·诺伊曼刚到美国时,正值诺特和阿廷两位数学家发表了非交换代数理论。冯·诺伊曼意识到这是对矩阵论极好的阐释和简化,他尝试将有关概念扩展到希尔伯特空间上的算子代数中,由此产生了"算子环"的概念:关于弱(或强)算子拓扑为闭且含有恒等算子 I 的子代数成为算子环。算子环是有限维空间内矩阵代数的自然推广,后来被人们称为冯·诺伊曼代数,作为对他的纪念。

从 1935 年开始,冯·诺伊曼在默里的协助下,对算子理论做了进一步的研究,写了题为《论算子环》的系列论文。他们首先认为,算子环可以表示为因子的连续直积分,因此,对算子环研究可以归结为对因子的研究。过去的研究者,受经典非交换代数理论的启示,曾推测,所有的因子均同构于 B(H)。但冯·诺伊曼认为,这种情况只有当因子包含极小射影的前提下才成立。他们应用遍历理论的技巧,构造出了一类重要的例子,说明并非所有的因子都有极小射影,因此,有关因子的性质远非原先人们推测的那样简单。为了进一步认识算子环,使他们在因子的射影之间建立序关系,使之具有可比性,并将这种序关系用维数函数来表述,并根据维数函数值域的不同情况,对因子作了分类。通过群测度空间的构造,他们得到了 II$_1$ 型和 II$_\infty$ 型因子,1940 年在《论算子环III》一文中,又给出了 III 型因子的例子,并进一步证明了即使在同一类型的全体因子也有非同构的。

冯·诺伊曼的算子环是算子理论在技术上最重要的发展之一,它推广了许多有限维代数的结果,也是量子物理中最有用的工具之一。尽管有些物理学家对此不以为然,但今天物理学界中"公理化"学派之所以能和"物理化"学派分庭抗礼,与冯·诺伊曼的贡献是分不开的。

冯·诺伊曼在群论方面的一个著名成果,是在 1933 年解决了希尔伯特第 5 问题。早在 1929 年,他曾证明,对于 n 维空间中的线性变换群,它有一正规子群,可以被解析地且按有限个参数——一对应的方式局部表现出来。1933 年,他将这一结论进一步完善,在《数学纪事》杂志上发表了《拓扑群中解析参数导论》,这篇文章证明了每个局部同胚于欧氏空间的紧致群允许——李群结构。这样,希尔伯特第 5 问题在紧致群的条件下得到了肯定的回答。

1940 年以前,冯·诺伊曼的研究工作主要集中在纯粹数学方面。他的成就是多方面的,不仅在上述集合论、遍历理论、算子理论和群论方面有突出的贡献,而且在测度论、格论方面,也有不少引人注目的成果。他的不懈努力得到了学术界的认可,1937 年,年仅34 岁的冯·诺伊曼成为美国科学院院士。

冯·诺伊曼蛰居普林斯顿整整 10 年,过着宁静平和的学者生活,取得无数的学术成果,而在个人生活中几乎很少有引人注目的地方。像许多匈牙利的犹太人一样,冯·诺伊曼并不信奉犹太教而改信天主教。他的脾气出了名的好,从来不发火,每当他要骂人时,他总是把怒气使劲地往下压,并说:"这样,我将来在灵狱里就能少受 200 年的罪。"他喜欢社交,他的家因经常举办社交聚会而闻名。他饮酒不多,偶尔也玩扑克,不过他打牌的水平很一般,经常是输家。可能是因为贵族出身的缘故,冯·诺伊曼和那些不修边幅的科学家不一样,他长得高大、粗壮,永远是衣冠楚楚。当然,他也有心不在焉的时候,他的夫人以后曾谈到过他的一些轶事:"他对自己家的屋子连一点几何头脑都没有,连个位置都搞不清……一次我叫他去给我取一杯水,过了一会儿他回来了,问我玻璃杯在哪里。我们在这所房子里住了17年了,他从来没有用过锤子和螺丝刀,家里的事,除了修拉链以外,他什么也不做。不过他修拉链可以说是'手到病除。'"

唯有两次婚姻,可算是他在这一时期生活中的一点花絮。1930年,他与玛莉埃塔·科维茜结婚,他们的女儿玛丽娜于1935年出生。但是两年以后,这段婚姻终告破裂。1938年夏,冯·诺伊曼回故乡布达佩斯进行短暂的讲学和探亲,迎娶了他的第二任妻子克拉拉·丹,并于年底回到了美国。克拉拉随诺伊曼学习数学,以后成了第一批著名的计算机程序编制专家。

数学成就

1940年,是冯·诺伊曼学术生涯的一个重要转折点。在此之前,他是一个通晓物理学的著名的纯粹数学家,而在此之后,他则成了一位牢固地掌握了纯粹数学的应用数学家。从纯粹数学转向应用数学,使数学从象牙之塔步入社会,服务于社会,这是以冯·诺伊曼等为代表的20世纪数学家的一个重要的特点。随着第二次世界大战中政治、经济和军事形势的发展,冯·诺伊曼开始把更多的精力投注于实际问题之中。

冯·诺伊曼使数学应用于社会的一个重要的尝试,就是将对策论的原理,运用到经济学领域。

对策论所研究的是具有相互冲突目标的多方选择—决策过程,对策过程的一个典型的例子是下棋,所以对策论又称为博弈论。作为一种数学抽象,对策论不仅可以描述下棋,还可以概括人类社会中的各种对抗性、竞争性的行为,例如,军事行为和经济行为等。在对对策过程进行数学抽象时,必须舍弃那些无关的、次要的东西,突出反映对策本质的东西,即可供选择的行为——策略及其相应的收益——得分(在具有不确定因素的情况下,这里的"得分"指"平均得分")。

冯·诺伊曼是对策论的主要创始人之一。早在20世纪20年代,数学家波莱尔就用数学语言刻画了博弈问题,他引进了纯策略与混合策略的概念,提出了解决个人对策与零和二人对策的数学方案。年轻的冯·诺伊曼对这一问题极感兴趣,他在1928年发表的文章《关于伙伴游戏理论》,就是对对策论研究的最初尝试,也是他在这一领域的奠基之作。冯·诺伊曼着重研究了这样一种类型的对策过程:有两个对策者,双方收益即得分的总和不变,譬如说,甲胜了,乙要付钱给甲,而甲乙二人"钱"的总数不变,甲之所得即乙之所失,他把这一类过程称为"二人零和对策"。冯·诺伊曼还证明了对任何"二人零和对策"都普遍适用的"极大极小定理":$m \times n$ 矩阵 A 是正规化零和二人对策的支付矩阵,x 和 y 是对局双方采取的回合策略的概率向量,存在唯一数值 v,使得

$$\max_{x}(\min xA) = v = \min_{y}(\max Ay)$$

$$\max_{x}(\min_{y} xAy) = v = \min_{y}(\max_{x} xAy)$$

同时,存在最优策略 x^* 和 y^*,使

$$\min x^* A = v = \max Ay^*$$
$$= \min_{y} x^* Ay = x^* Ay^* = \max_{x} xAy^*$$

以极大极小定理为依据,冯·诺伊曼首先讨论了合作对策问题,特别是零和三人对策中有两方联合的情形。为了给出合作对策解的概念,他引入了特征函数的思想。最后又明确表述了 n 个游戏者的一般弈奕方案,从而得出结论:在附加条件下,n 人对策问题的解是存在的并且是唯一的。

极大极小定理是对策论的基石。20 世纪 30 年代,冯·诺伊曼本人和其他数学家继续在这一问题上进行研究,陆续给出了这一定理的一些新的证明方法。到 20 世纪 40 年代,A.瓦尔德以极大极小定理为基础,把决策过程视为人与环境进行的二人对策问题,从而确立了统计决策理论,从此,对策论成为应用数学中的一个活跃的研究领域。

1940 年,奥地利经济学家摩根斯坦来到了普林斯顿大学,他使冯·诺伊曼对经济问题,特别是货物交换、市场控制和自由竞争等问题产生了兴趣。在 20 世纪 40 年代,经济学尚处于初期发展阶段,与数学分属于两个不同的学科,过去,经济学模仿的是经典数学物理的技巧,所用的数学工具主要是分析(特别是微积分),将经济问题当作经典力学问题处理,这种方法的效果往往不太有效。

冯·诺伊曼和摩根斯坦决心抛弃力学的类比,代之以新颖的观点,即对策论,以及新的工具——组合和凸性的思想来重新阐释经济学。1944 年,经过 4 年的努力,冯·诺伊曼和摩根斯坦合作的《对策论与经济行为》终于完成。这部著作,从某种意义上说,是对冯·诺伊曼 1928 年的关于对策论的论文的进一步深化,其中增加了"分配""控制"等概念,定义了冯·诺伊曼—摩根斯坦解。全书有将近 2/3 的篇幅是研究合作对策问题的。

对策论在未来的数学和经济学究竟有什么作用?这在当时并不是人们轻易能回答的问题。冯·诺伊曼和摩根斯坦则认为,如同 16 世纪的物理学一样,经济学最终也将发展成为一门严密的数理科学,公理化数学体系能对诸如经济学这样的社会科学学科做出最好的解释。而在这方面,数学中的对策论,就是迈向综合性的数理经济学的第一步。

1940 年第二次世界大战激战正酣,整个世界烽火连天。战争初期,美国虽然置身事外,但也不得不为即将到来的战争准备一切。

战争为科学提出了许多新的课题,也对科学提出了新的要求。战场上瞬息万变的形势,已经不容许科学家安坐于实验室,按部就班地进行研究工作了。它要求对各种问题进行快速的估计,并迅速提出解决方案。

面临这样的情况,数学的作用开始日益明显。冯·诺伊曼认为,如果以数学语言来表达描述物理现象的方程,就可以从数值上直接解决问题,而无须用常规的方法和重复

试验。为了解决实际问题,他开始对把数学应用到物理领域去的最主要工具偏微分方程发生了兴趣。在这一阶段,他的论文主要集中在统计、冲击波、水动力学、空气动力学、弹道学、爆炸学、气象学方面,希望用数学的方法,来解决现实生活中尤其是战争中所面临的这些迫切的问题。他开始为这些现实的问题出谋划策。1940年,他被阿伯丁弹道实验研究所聘为科学顾问,1941年又受聘为海军兵工局顾问。

1943年底,冯·诺伊曼忽然和一大批科学家"失踪"了。他受"原子弹之父"奥本海默的邀请,担任了洛斯阿拉莫斯研究所的数学顾问,参与了绝密的研制原子弹的"曼哈顿计划",指导原子弹最佳结构的设计,探讨实现大规模热核反应的方案,穿梭往来于华盛顿和洛斯阿拉莫斯等地,肩负着重要的使命。他对原子弹的配料、引爆、估算爆炸效果等问题,都提出过重要意见。作为一位数学家,在"曼哈顿计划"中,自然是物理学家的配角。可是物理学家都乐于和他交流思想,听取他的意见,他善于把实际问题转化为数学模式,提出解决途径。在洛斯阿拉莫斯实验室曾流行着这样一句话:约翰能求证出所有的问题,他求证出的所有结果都是正确的。冯·诺伊曼学识广博,他的统摄宏观、总揽全局的战略头脑,甚至也得到了军事当局的赞赏。

参与这些实际工作,使冯·诺伊曼在应用数学领域的研究取得了很大的进展。战争迫切需要对实际问题进行快速的估计,这些问题往往涉及一些不能忽略的外部扰动,必须借助数值方法进行定性分析。冯·诺伊曼从数值稳定性分析、误差估计、矩阵求逆和含间断性解的计算等数个方向进行了探索。

1946年,冯·诺伊曼和巴格曼、蒙哥马利合作,向海军武器实验室提交了题为《高阶线性系统求解》的报告,对线性方程组的各种解法进行了系统的阐述,并探讨了利用计算机进行实际求解的可能性。1947年,他又同哥德斯坦研究了高阶矩阵的数值求逆,并给出严格的误差估计,特别是对150阶矩阵求逆所能达到的精确程度给出了有意义的结果。

在解决可压缩气体运动尤其是存在间断性的情况时,冯·诺伊曼创始了人工粘性法。在物理学上的系统守恒律为

$$U_t + \nabla F(U) = 0 \text{（U 为热量，F 为流量）}$$

它所描述的系统即使在初值光滑的情形下,也会自发地产生间断性(激波)。冯·诺伊曼把它看成分布方程,求解的过程相当于寻求有效的数值算法来计算分布导数,他以抛物正则方程 $U_t + \nabla F(U) = \varepsilon \triangle U$ 代替原方程,使分布导数成为普通导数,从而可用有限差分来近似,这样,得出的解总是光滑的。这种在计算公式中人为加入"粘性"项的方法,使激波间断成为光滑的过渡区,激波的位置与强度便很容易确定了。人工粘性法是现代流体动力学中拉格朗日方法的第一个例子,提供了在电子计算机上对流体力学进行数值模拟的有力手段。

冯·诺伊曼在应用数学上的成就,有不少都是在研制原子弹的过程中取得的。不过他对于核武器的态度,与"自由主义"的科学家不同。奥本海默被称为"原子弹之父",但是他对于原子弹的研究,仅仅是为了在战争期间能够尽早地找到打败法西斯国家的有力武器,对于原子弹给人类造成的威胁他是比较清醒的。因此,在1946年,美国继续试验

原子弹和氢弹计划遭到了以奥本海默为首的反对者的激烈批评。但是，冯·诺伊曼却认为原子弹和氢弹是必需的，并且极力敦促美国政府在苏联掌握该项制造技术之前，就着手大量建造原子弹。以后，冯·诺伊曼被任命为美国原子能委员会的委员，参与了美国核能和核武器计划的制定。作为科学家他不得不思考那些不可思议的政治问题，但总的来说，他对于发展核武器是持赞成态度的。当时，在太平洋上进行的原子弹试验，造成了放射性物质外溢事件，引起 1 人死亡，200 多人受伤，这一事件引起了全世界的关注，一时间舆论大哗。但冯·诺伊曼却为之辩护，他将这次事件与日本的一次渡船事件造成的损失做了对比。渡船事件中有 1000 人死亡，损失大大超过了核物质外溢事件，于是他断言，为了用先进的技术来装备工业，承受某些尽可能小的损失，是难免的。

计算机问世

电子计算机和自动化理论，是冯·诺伊曼一生研究的最后一个课题，这也是使他名震世界的最重要的一个研究项目。

电子计算机的出现，是科学技术发展史上的一个里程碑，它影响了人类生活的各个领域。电子计算机的历史并不长，但人们希望用工具来帮助进行复杂的计算的欲望却是由来已久。

17 世纪，钟表技术在欧洲取得了长足的发展，从钟表的机械原理中得到了启示，发明家们开始制作最早的机械计算机。17 世纪初，德国天文学家开普勒就曾设计过一台用于天文计算的计算机，它可以做乘和除的运算，并有一个逢十进位的自动装置。以后这些用于计算的机械装置在欧洲不断涌现，其中最著名的是俄国的机械师维尔戈特·奥德纳，他设计的一些重要零件今天仍用在计算机上。1874 年，他表演了他的机器，以后就在自己的工厂里生产这种计算机，还向国外出口，并在国际展览会上多次获奖。

英国数学家查理·巴贝奇将早期的计算机设计思想推向了高峰。1822 年，他设计了一种用于数表计算的"差分机"，它能根据设计者的安排自动完成整个运算过程，这一设计已经包含了程序设计思想的萌芽。1833 年，他又构思了一种新的计算机——"分析机"，这是历史上第一个具有运算器、存储器、控制器、输入输出器等基本器件的通用数字计算机，它已经包括了现代计算机设计的一些主要思想。但是由于没有经费，巴贝奇在他的机器上花了整整 50 年的心血，最终也没有能获得成功。

随着计算技术与理论的发展，以及穿孔卡片、特别是电磁继电器的成功应用，到 20 世纪 40 年代，出现了一批能执行复杂的科技计算的通用电子计算机。1941 年，德国工程师康纳德·朱斯制成了 Z—3 型机，这是世界上第一台全部采用了电磁继电器、也是首次应用二进制的程序控制通用自动式电子计算机。在机电式计算机中，影响最大的是美国哈佛大学的霍华德·艾肯在 1944 年制成并投入运行的 Mark—I 计算器。

19 世纪末以来，电子技术获得了飞速的发展。电子技术的发展是加速计算机技术发展的重要技术前提。热电子三极管的发明，为电子技术的进一步发展开辟了广阔的领域。到了 20 世纪 40 年代,设计和制造电子计算机的主要技术条件已经具备了。

在洛斯阿拉莫斯研究所参与"曼哈顿工程"期间,原子核裂变过程所提出的大量计算任务,促使冯·诺伊曼关注着电子计算机的研制情况。1944 年,在氢弹的研制项目中,内向爆破的计算问题驱使他求助于机器的计算能力。一开始,冯·诺伊曼看中了哈佛大学的"Mark—I"自动程序控制计算器。不过一个偶然的机会使他对计算机设计项目产生了浓厚的兴趣,并亲自参与了计算机的开发工作。

1944 年夏天,冯·诺伊曼在阿伯丁火车站等车时,碰到了宾夕法尼亚大学摩尔学院的青年数学家哥德斯坦,在两人的攀谈中,冯·诺伊曼得知,哥德斯坦正在参加该学院的"电子数值积分及计算器"(简称 ENIAC)的研究计划,这引起了他的极大关注,这台计算机共用了 1.8 万多个电子管,重达 30 吨,运算速度为每秒 5000 次。几天后,冯·诺伊曼专程赶到位于费城的这所学院,向主持这项研制工作的 24 岁的总工程师埃克特和负责总体设计的 37 岁的物理学家莫克莱了解 ENIAC 的情况。他当即指出了 ENIAC 存在的主要缺点,并参加了改进方案的研究。

ENIAC 的主要缺陷,是仍采取以往机电式计算机的"外插型"程序,在按给定程序执行运算时,每个问题都需要一个特殊的线路系统,因而缺乏计算所必需的灵活性和普遍性。另外该机的内储容量很小,至多存储 20 个 10 位的十进位数,大大限制了计算机的效能。

1945 年 3 月,冯·诺伊曼为宾夕法尼亚大学起草了离散变量自动电子计算机EDVAC的设计方案初稿,1946 年 6 月,他又与伯克斯、哥德斯坦联名提出了更为完善的报告"电子计算机逻辑设计初探",从而揭开了计算机发展史上新的一页。

在冯·诺伊曼的报告中,他建立了计算机组织的最主要结构原理——存储程序原理。它确定,计算机由计算器、控制器、存储器、输入和输出装置这五部分组成。程序由指令组成并和数据一起存放于存储器中,机器按程序制定的逻辑顺序,把指令从存储器中读出来并逐条执行,从而完成程序描述的处理工作。

根据这一原理设计的计算机与原先的 ENIAC 相比,做了如下重大的改变:

将十进制改为二进制。用电子元件开与关表示"0"与"1",采用二进制,可用"0"与"1"的组合表示任何的数,充分发挥电子元件高度开关变换,实现高速运算。

利用包含水银柱的特殊电路作为存储器,这样可将电信号转换成超声波信号存储起来,从而以等量的电子管,存储能力大大提高,达到 1024 个 44 位数字。

把程序外插变成程序内存。即把计算数据和计算程序一起输入到计算机,存储在存储器里,保证计算机从一个指令自动进入下一个指令。当更换算题时,不需变换接线板,只要更换计算程序就可以了。

冯·诺伊曼对计算机的研究工作,在美国引起了极大的重视。1945 年起,他被任命为计算机设计局局长,在计算机研究领域投入了大量的精力。

从 1946 年开始,冯·诺伊曼组织哥德斯坦等人在普林斯顿高级研究院对"完全自动通用数字电子计算机"进行了实际建造,1951 年制造成功,它的运算速度达到每秒百万次以上,终于实现了冯·诺伊曼的设想。由存储原理构造的电子计算机称为存储程序计算机,由于冯·诺伊曼的重大贡献,以后又被称为冯·诺伊曼型机。现代计算机的组织结构虽然有了一些重大的变化,但就原理而言,占主流的仍是以存储程序原理为基础的。这一原理是由冯·诺伊曼提出和发展的,它深深地影响着现代计算机的存储、速度、指令选取和线路设计等各个方面。冯·诺伊曼的名字永远与计算机联系在一起。

冯·诺伊曼是世界上第一个清楚地意识到计算机的本质在于其逻辑功能,电子学只能在其中起辅助作用。在冯·诺伊曼以前,人们大都看重计算机的电子工程方面的问题,以逻辑手段来处理计算机问题,是从冯·诺伊曼开始的,在他看来,计算机只是逻辑和数学的一个分支。

冯·诺伊曼并不以设计和制造计算机为满足,他所关心的是如何利用这种新型的科学工具,开创现代科学的新天地。

古典的数值分析方法,对于计算机来说未必是最好的选择,而一些在算术上极为复杂的方法,编制为程序后反而容易在新型的计算机上得以很好的应用。从这一实际情况出发,冯·诺伊曼为计算机程序设计做了大量工作,他和哥德斯坦发明了流程图以沟通数学语言和计算机语言;他引入子程序和自动编程法,大大降低了程序员编程序时的繁琐程度。矩阵特征值计算、求逆、多元函数极值和随机数产生等数十种计算技巧,也都是他在战后的几年内首创的。它们在工业部门和政府计划工作中有着广泛的应用。1956年,美国原子能委员会在向冯·诺伊曼颁发费米奖时,特别提到了他在计算机和计算研究上的贡献。

20世纪三四十年代,信息工程、理想计算机理论和对人脑的研究取得了相当多的成就,这也引起了冯·诺伊曼对信息处理理论的兴趣,使他看到了将人脑信息过程数学定律化的潜在可能,此后,他参加了一系列有关信息论、控制论的会议,同数学家、物理学家、电工学家和生物学家进行广泛接触,逐渐形成了自动机理论。1948年,他在《自动机的一般逻辑理论》中提出了自动机的自繁殖和迭代阵列等新概念,并对计算机和人脑进行了比较,通过计算说明,计算机中电子元件的数量不过是人脑神经元数目的百万分之一;同时,信息在电子元件中的传递速度大约是在脑神经中的一万倍。这样,计算机以速度取胜,而大脑则在复杂性上占优;而计算机在执行运算时一般是依顺序进行的,而人脑则倾向于平行运算,因此在"逻辑深度"上人脑不及计算机。

以此为基础,冯·诺伊曼创立了著名的冗余技术:对带有一定故障发生率的不可靠元件,通过适当的方法,建造出任意规模和复杂程度的自动机,使不正确输出的概率能被控制在一定范围之内。同时,他又仿照微生物组织的结构来描述自繁殖系统,提出了诺伊曼细胞空间的概念,利用许多互相连接的小计算机并行运算,形成了更大规模的自动机。这些理论为20世纪70年代形成的容错自动机理论和细胞自动机理论奠定了基础,对当代的计算机技术的发展,具有极大的影响。冯·诺伊曼直到生命的最后一刻,仍在为计算机理论的发展而工作。1955年初,应耶鲁大学的邀请,冯·诺伊曼开始为美国历史最悠久、最著名的科学讲座——希利曼讲座编写讲义,系统地阐述他关于计算机、自动机和人脑的理论体系。但是这时他被查出患上了骨癌,不久因病情加重而去世,这次讲座的计划没能实现。1958年,为纪念这位20世纪最伟大的数学家,耶鲁大学将他未完成冯·诺伊曼1947年在其论著《数学家》中，表达了这样的数学观念：数学的发展与自然科学有着密切联系，数学的方法渗透于并支配着自然科学的所有理论分支。数学有其经验来源，不可能存在绝对的、脱离所有人经验的严密性概念，而另一方面，数学是创造性学科，受审美观的支配，选择题材和判断成功的标准是美学的。他认为，必须防止纯粹美学化的倾向。为此，应该不断在数学中注入一些"或多或少直接来自经验的思想"。

冯·诺伊曼的科研活动，明显地受到上述思想的影响。他涉猎了众多的学科，力求保持数学理论同物理学及其他自然科学中日益增多的复杂现象之间的联系。这同时也是对实现数学的普适性和有机统一性目标所做出的贡献。

冯·诺伊曼涉猎数学科学的广泛领域，远远超过了大多数同时代的数学家，他之所以四面出击，不是为了猎奇，更不是浅尝辄止，而是为了使数学联系物理学和其他科学，而不处于封闭的营垒中，孤芳自赏。他认为数学如果在纯形式的基础上去寻找统一性，注是要失败的。

冯.诺伊曼是他所处的时代的杰出人物。他接受了各种荣誉学位，包括普林斯顿大学、哈佛大学和伊斯坦布尔大学的学位。他在1951至1953年间，担任美国数学协会的主席，他也是好几个国家科学院的院士。他晚年的公职头衔达十几个，不仅是美国海陆空军有关机构的顾问，还是政府的高级官员，直到1955年被总统任命为国家原子能委员会的委员。学术界对他的成就也给予了高度的评价，1956年，他获得了首次爱因斯坦奖和费米奖。

在冯.诺伊曼的身上，集中着多种的科学才能：对数学思想的感知，对分析和几何的经典数学的本质的理解，以及发掘现代数学方法的潜在威力并应用于理论物理问题的深刻洞察力。这些才能之间并不矛盾，但是它们能汇集于一个人的身上，却是非常罕见的。

氢弹之父

——爱德华·特勒

人物档案

简　　历：美国著名理论物理学家，杨振宁名义上的导师，被誉为"氢弹之父"。1908年1月15日生于匈牙利的布达佩斯，1926年游学德国，1930年在莱比锡大学获得物理学博士学位。1934年任职德国著名学府哥廷根大学，1935年特勒同妻子移居美国，在华盛顿大学当教授，一直到1941年。就在那年，他成为美国公民。1942年参加在新墨西哥州的洛斯阿拉莫斯科学实验室的曼哈顿计划，研制美国第一颗原子弹，同时又回到洛斯阿拉莫斯科学实验室研制氢弹。1952

年美国第一颗氢弹爆炸。于2003年9月9日在美国加利福尼亚斯坦福大学的家中去世，享年九十五岁。

生卒年月：1908年1月15日~2003年9月9日

安葬之地：美国加利福尼亚的斯坦福。

性格特征：思维敏捷，创造力强，想象力惊人，精力充沛，才华坚韧，好学、有毅力。

历史功过：参加了著名的曼哈顿计划，为原子弹的制造做出了重要的贡献；同时，他开始了氢弹的研究工作。1986年被授予美国军事学院西尔瓦努斯·塞耶奖。他同时是美国艺术与科学学院、美国科学促进会及美国核协会的会员。他得过的奖项中包括爱因斯坦奖、费米奖及国家科学勋章。他还是《时代杂志》1960年度风云人物的"美国科学家"当中的一人，以及小行星5006特勒就是以他命名的。他去世前两个月内被总统乔治·W·布什授予总统自由勋章。

名家评点：有关他对氢弹的研究，美国物理学家、诺贝尔物理学奖获得者贝特评价说："没有人会因为泰勒在1946年的错误计算而责怪他，尤其是因为当时洛斯阿拉莫斯并没有适合的计算机器。但是他在洛斯阿拉莫斯受到了指责，因为他引领实验室，以及确实地整个国家，去做一个有关基本计算的冒险计划，而他本人肯定知道过往自己在这方面大有进步空间。"

游学德国

爱德华·特勒 1908 年 1 月 15 日生于匈牙利首都布达佩斯,他的父亲马克斯·特勒是一名律师,母亲伊洛娜·多伊奇则出生于银行世家。小爱德华并没有什么让人称道的出类拔萃之处,唯一与众不同的地方是,他直到 3 岁还不会说话。家人对此十分担心,尤其是外祖父,他用尽了一切方法想从他的外孙口中哄出几个完整的词来,但爱德华就是不开口。外祖父完全失望了,他提醒伊洛娜和马克斯:"你们这个孩子的脑子可能有毛病,你们要有思想准备。"可是有一天,爱德华终于开口说话了,他说的不是单词,而是完整的句子。

1914 年,6 岁的爱德华上学了。也就在这一年,爆发了第一次世界大战。欧洲各国之间的战争经常发生,但是 1914 年的情况与以往的战争有着根本的不同。当时科学技术的发展已经使战争成为一场大灾难,而各国政府的首脑们仍然死抱着战争是外交政策的延续这一陈腐观念不放,结果整个欧洲生灵涂炭,陷入了血与火的地狱。战争持续了整整 4 年,奥匈帝国崩溃了,通过战后的特里亚农条约,匈牙利被肢解了。它的许多土地割让给了邻国,这个多民族国家的领土,从战前的 12.5 万平方英里缩小到 3.6 万平方英里,人口从 2100 万减少到 800 万。民族起义、革命运动风起云涌,带来的是街垒战、恐怖和粮食短缺。

不过战争对年幼的爱德华·特勒来说,并没有太深的印象,他的童年生活平静得出奇,除了 1915 年冬天沙皇俄国军队向匈牙利大举进攻,造成布达佩斯煤炭短缺而使学校停课,以及街上来来往往的军车和从前线回来的伤兵外,一切与平时没有任何变化。这要归功于马克斯·特勒,他勤奋地工作维持着他的律师事务所,使家里在经济上能够得到起码的保障,并使孩子们能够得到良好的教育。犹太人长期的颠沛流离,造就了他们适应一切艰难困苦生活的能力,在动荡不定的形势下,以犹太人为主体的布达佩斯中产阶级,仍然在努力追寻着自己的目标。几十年以后,爱德华·特勒在回忆他的父亲时仍心怀感激:"在人生道路上,他给予我的最重要的东西就是:使我受到良好的教育。"

处于崩溃和混乱之中的战后匈牙利,却涌现了大量的科学奇才,其中大部分是犹太人,尤金·维格纳、利奥·西拉德、冯·诺伊曼这些日后震撼科学界的人物,都来自布达佩斯,这是一个非常值得研究的现象。这些人以后都辗转到了美国,为美国科学的发展,尤其是核子物理的发展,做出了巨大的贡献。人才辈出,很大程度上得益于布达佩斯浓厚的学术氛围,尽管这是一个动乱和令人灰心的年代,但人们却在拼命地追求学问。尤金·维格纳曾不无感慨地谈到,在当时的布达佩斯,"人们能听到的有学识的谈话要比现在美国的多得多——人们更多地谈论文化、艺术和文学"。

爱德华·特勒受益于这样的学术氛围。他很喜欢读书,尤其是科幻小说,除了枯燥无味的拉丁文外,他对所有学科都感兴趣。他的各门功课成绩都很优秀,不过可能是因为他上课时太喜欢提问的缘故,老师们并不喜欢他。特勒不喜欢上数学课,这不是因为他不喜欢数学，而是因为他自学过数学，还没有上中学前，他就在父亲的帮助下，学完了初等代数，因而，他在数学领域远远地走在其他同学的前面。姐姐埃米在中学里比特勒高两个年级，但埃米在数学上遇到难题时还往往求教于弟弟。特勒对数学的领悟能力非常出色，甚至超过了他的老师，他的同学曾回忆道：有时特勒使得老师在课堂上很下不来台。特勒的中学校长兼数学老师卡尔·奥伯尔就遇到过这种情况。他在黑板上解了一道挺难的代数方程式，很是得意，可是等他刚转过身来，特勒的手就举起来了。"有什么地方错了吗？特勒。"奥伯尔问道。特勒说，还有一个更好的办法来解这方程式。"那么，你上来解！"奥伯尔不免有点恼怒。特勒站到了黑板前，解开了方程式，而且比老师解得还快。奥伯尔很尴尬："特勒，看来你是个天才了。不过，我并不喜欢天才。"尽管不喜欢"天才"，奥伯尔校长还是同意，特勒可以免修中学一年级的数学。

十几岁的孩子不可能光与书本做伴，特勒还有一批很要好的朋友，他是这群伙伴的中心人物。在他的伙伴中，关系最密切的，是一个外号叫"苏基"的犹太小男孩。"苏基"有一个妹妹，大家都叫她"米茜"。米茜小时候长得很一般，但长大以后变成了一个非常美丽、活泼的女孩。特勒已经记不清是什么时候第一次见到了米茜，他们从童年一起长大，到了十六七岁，出双入对，海誓山盟，从此，特勒一生再也没有去留意别的姑娘。

1925年，爱德华·特勒中学毕业，考取了布达佩斯大学数学系。在入学考试中，他的物理和数学成绩都取得了第一名。特勒一心想当一个数学家，这次可以说是遂了他的心愿。但是他的父亲坚决反对他留在匈牙利，更反对他选择数学。他的反对是有理由的：研究数学，将来最多只能当个大学教授，仅能勉强维持生活而已。而且，马克斯认为，爱德华·特勒不应该留在匈牙利，他预感到，匈牙利是一条即将沉没的船，这是一个已经被瓜分的毫无希望的国家，国家的灾难必将转嫁到孤立无援的犹太人的身上。在匈牙利，反犹太人的情绪已经越来越强烈，国家制定了一系列歧视犹太人的政策，例如，犹太人进入布达佩斯大学的人数比例不能超过犹太人占总人口的比例，犹太人进入政府机关工作也受到很大的限制。社会性的歧视，使犹太人当时在匈牙利要谋到一个好的职业都十分困难，更不用说想在事业上取得成功了。马克斯为爱德华·特勒做出了决定，他应该到德国西南部莱茵河畔的卡尔斯鲁厄理工学院去，攻读一门可以赖以维生的实用学科——化学工程。

1926年1月1日，年仅18岁的爱德华·特勒登上了开往卡尔斯鲁厄的火车。

像许多欧洲的城市一样，卡尔斯鲁厄的中心是一座宏伟的城堡，那座城堡原先是巴登公爵的官邸，围绕着城堡的旧城宁静而美丽。不过，自19世纪晚期，这座城市成了一个繁忙的铁路中心和工业重镇，变得日益嘈杂和丑陋。卡尔斯鲁厄理工学院就是由德国著名的化学联合企业法本公司创建的。

爱德华·特勒第一次去卡尔斯鲁厄是由父母陪伴的。连鸡蛋都不会煮的特勒要独自在远离家乡的一座陌生的城市生活，让双亲处处不放心。许多年以后，特勒的朋友回忆当时的情景时，打趣说："来了两个大盘子同一个小盘子，大盘子担心小盘子会被打碎。"（在德文中"特勒"意为"盘子"）不过，特勒读书很用功，这方面无须父母担心。他的化学学得很好，用他自己的话来说，"我几乎一直在学习"。除了偶尔出去散散步、滑滑雪,或者打一会儿乒乓球,特勒非常专心地攻读他的课程。但是,特勒最终没有在化学领域继续他的研究,他的视野为一场以德国为中心的科学革命所吸引。

20世纪初,是一个激动人心的时代。马克斯·普朗克有关辐射和能量的发现,开创了物理学的黄金时代。1900年,他做出了假设:辐射的放出和吸收不能以无限小的量来进行,而只能是多次地、不连续地、成束地进行。这种多次不连续的成束单位,普朗克称之为量子。这一理论,冲破了物理学的常识,与人们的感觉不相符合,也违反了牛顿的经典物理学。因此,要研究量子物理,物理学家必须消除人类传统的思维方式,必须以数学和抽象的概念重新思维。1905年,爱因斯坦提出了他的狭义相对论,他假定:光不是一个连续性的波动,而是一系列像普朗克所说的辐射束那样的能束。他的这个假定进一步充实了量子理论。

对相对论和量子理论研究的不断深入,在人们的面前展开了科学研究的新图景。以前,人们只能依靠自己感官的有限能力来观察、预测和预言世界上的事物,但是相对论打开了人们观察宇宙的新视野,而量子理论则打开了人们观察物质的新视野。这两门理论组成了现代物理学的基础。人们发现在不同的现实后面包含了一种新的、抽象的数学计算。

特勒在卡尔斯鲁厄结识了赫尔曼·马克。马克是一位年纪还不到30岁的年轻助教,教化学,但是他对物理化学和量子力学也很有研究。他在法本公司的资助下,专门研究新兴的量子力学将对化学产生什么样的影响。特勒深受马克的影响,更为量子力学这门学科无法抗拒的魅力所吸引,下决心脱离化学转攻物理学。

1928年春,年方20岁的特勒转入慕尼黑大学,开始了他成为物理学家的第一步。但是一场突如其来的灾祸,差点断送了他的前程。7月14日,在第一个学期将要结束时,特勒与几个朋友相约去郊外游玩,他乘有轨电车前往火车站。特勒心不在焉地坐过了站,当他急急忙忙下车时,电车已经启动了,特勒被重重地摔出车外,整个右脚被车轮切断了。

父母把特勒接回了布达佩斯,他在医院里整整待了4个月。特勒的右脚被截去,装上了一只假脚,只能借助一根手杖一跛一跛地走路。特勒一度非常沮丧,他曾写信给米茜,表示他将终身残疾,他们之间的爱情应该结束了。但是米茜回信表示,一切都不会改变。这使特勒感到极大的安慰。特勒是坚强的,他并没有因为这次事故而自暴自弃。少了一只脚并不影响他的学习,他仍然可以弹钢琴和下棋。装上假脚后,特勒甚至可以外出散步和打乒乓球,这更使得他喜出望外。

经过几个月的疗养,特勒的精神和身体得到了恢复,在父母的同意下,特勒回到了德国,继续攻读他的物理学。不过这次他没有去慕尼黑,而是去了莱比锡大学,因为那里有一位特勒所仰慕的人物——维尔纳·海森堡。海森堡年纪很轻,比特勒大不了几岁,但在当时他已经以矩阵力学和测不准原理闻名世界了。海森堡对特勒十分欣赏,认为特勒很有才华,对有才华的学生,海森堡认为他们不仅仅需要在课堂上听老师讲课,而是要对他挑战,让他解决一些学科上的难题。当时海森堡手中正好有这样一个问题:海森堡正在研究两篇论文,这两篇论文对氢分子内的原子在正常情况下所具有的能级有截然不同的看法，几位丹麦的物理学家用实验证实了关于能级的某些结论，但是英国的一些物理学家则认为丹麦人的见解是错误的。海森堡向特勒提出了挑战："研究一下，看看是丹麦人正确呢，还是英国人正确。"他还建议特勒将研究范围扩大，对氢分子在受激状态下所具有的能级也进行计算。这个问题无论在独创性和复杂性方面都足以成为一篇博士论文。特勒接受了这一挑战。

与其他的学生一样，特勒在莱比锡的贫民区租了一间房间，吃饭则上便宜的小饭馆。但是不要小看这些地方，由于悠久而丰富的历史，莱比锡留下过许多伟人的足迹。马丁·路德、歌德、巴赫、莱布尼兹、舒曼、门德尔松的遗迹在这座城市中比比皆是。特勒搭伙的一家小饭馆，就是150年前歌德常常光顾的。

特勒以后认为，在莱比锡的这段时间，是他学生时代最快乐的："尽管饭菜简单，住房狭小，但是生活非常愉快。"当时，大多数学生对政治都不大感兴趣，物理系的学生更加与世隔绝，沉浸在自己的世界中。在海森堡的学生中聚集了一大批物理学界的精英，特勒最要好的朋友是卡尔·冯·魏茨塞克(二战中，当特勒在洛斯阿拉莫斯为美国研制原子弹时，海森堡和魏茨塞克作为纳粹德国的主要科学家也在进行着类似的研究，不过战争过后，他们很快又恢复了以往的友谊)。另外，美国人拉比和俄国人列夫·朗道当时也都追随海森堡进行研究，以后他们俩都获得过诺贝尔奖。

特勒工作的地方在物理系大楼的一楼，海森堡的单身宿舍就在楼上。有时候，工作累了，他就到海森堡那里去喝茶聊天，或者打一阵乒乓球。特勒尽管少了一只脚，可球艺在莱比锡大学是数一数二的，海森堡总是输在他的手下。海森堡对此很感动，他从打乒乓球这件事，看到了特勒的内在力量，"一些他自己无法改变的外界因素给他带来了不便，他作了最大的努力来弥补——他确实弥补了"。

不过，特勒的生活习惯，有时也让人受不了。他是个夜猫子，早上睡懒觉，晚上工作。他使用一台陈旧不堪的手摇式计算机，计算机的把手每摇动一下，就会发出"咔嗒、咔嗒"的声响。夜深人静，在空荡的物理系大楼，这台讨厌的计算机发出的声音一直能传到楼上，搅得海森堡无法入睡。以后，特勒开玩笑说，海森堡之所以授予他博士学位，是为了让他早点毕业，可以好好地睡一觉。当然对这一说法海森堡从来没有同意过。

1930年，特勒刚刚获得博士学位，就收到了哥廷根大学的聘书，邀请他前去担任助教。当时哥廷根大学在世界上被视为科学家的圣地，是德国科学家的摇篮，它拥有众多科学界的泰斗级人物。能得到哥廷根大学的聘请，说明特勒在物理学界已经小有名声了。

远离纳粹

1929年，德国纳粹分子在大选中取得了胜利，在国会中取得了107个席位。同时，从美国开始的、席卷世界的经济危机也影响到了深处欧洲腹地的德国。经济大萧条、飞速的通货膨胀使得德国人急于寻找一位救世主来率领他们走出困境。1933年1月30日，阿道夫·希特勒上台，从此开始了"德国走向地狱的日子"。

作为物理学家，特勒对政治并没有什么热情，他后来回忆说："对于这些现在看来是那么可怕的情况，我当时并不怎么感兴趣，我更多的是想要了解从长远来说到底会发生什么事情。"尽管纳粹的迫害不断加剧，但大多数的犹太人尚未感到纳粹对他们的生命安全构成威胁，因此特勒离开德国更多的是从事业上考虑的，他感到，继续待在德国不会有什么前途："犹太人在德国取得学术成就，这在希特勒上台以前是有希望的。但是他一上台，这种希望便破灭了。我对日常的政治仍然不太感兴趣，我只是想要使自己的工作继续下去。很清楚，我必须离开德国。"

离开了德国到哪里去呢？特勒最想去的地方，是哥本哈根。1919年，著名的物理学家尼尔斯·玻尔在哥本哈根大学创建了理论物理研究所，从而形成了哥本哈根学派。在以后的30多年中，玻尔的研究所一直是一个新思想的交流场所。特勒对玻尔有很高的评价，他认为："使科学思维发生真正变化的人不多，而玻尔就是其中的一个。他解释原子结构的路子一开始就是正确的。后来使这一成就得到圆满成功的是他的学生和属于他这一学派的学者。"特勒的老师海森堡也属于这一学派。特勒感到去哥本哈根，对他的学业会有很大的帮助，他认为玻尔所钻研的是量子力学的哲学问题，与之相比，他自己所研究的有关分子结构问题，只是物理学中一些低级的内容。因此，特勒很希望能参加到那极具魅力的玻尔的研究班子中去。

特勒了解到美国的洛克菲勒基金会能够提供这方面的奖学金。1933年，在辞去了哥廷根的教职后，特勒正式向纽约的洛克菲勒基金会总部提出了奖学金的申请。洛克菲勒基金会的人员感到特勒很有水平，但是他们还是拒绝了他。没有工作，没有一个固定的居所，也没有固定的收入，他们不可能把奖学金发给一个流浪汉。

要取得奖学金，首先需要一份职业。在詹姆斯·弗朗克的推荐下，特勒来到英国伦敦大学担任物理学助教。这只是一个临时职位，但是它终于使特勒有了一个安身之处。他再次向洛克菲勒基金会提出了申请。在等待奖学金的日子里，特勒与从小青梅竹马的米茜订了婚。1931年，米茜决定到美国匹兹堡大学攻读研究生，这使特勒感到十分意外，两人吵了一架，从此两年不通音信。但是这种分离并没有影响他们之间的感情，两年后，当他们双双回到布达佩斯时，反而更加如胶似漆了，8月他们向家人宣布，他们已经订婚，并准备在圣诞节结婚。如果特勒得到奖学金，那么他们将在哥本哈根开始他们的新生活。

但是问题不是那么简单，就在特勒兴致勃勃准备婚礼的时候，收到了洛克菲勒基金会寄来的一张表格。表格上有一栏是"已婚或单身？"这着实让特勒为难。在接到表格时，特勒还没有结婚，但奖学金的颁发日期是每年的1月1日，那时特勒应该已经结婚了。特勒实在无法断定怎么填，于是他在这一栏边上画了一个漂亮的星号，并附加了整整一页纸，充分说明了他的境况。但基金会的官僚们似乎看不懂特勒的解释，几个星期后，他们又给特勒发来了一封电报：奖学金颁发在即，急欲了解你是否准备结婚。敏感的特勒感到了问题的严重性：如果他已经结婚或不准备结婚，他都能得到奖学金，但如果他准备结婚，他将失去奖学金。

特勒以最快的速度赶到了位于巴黎的洛克菲勒基金会分部,试图向基金会的工作人员当面做出解释。但接待他的美国工作人员当头给他浇了一盆冷水,他说得很委婉:"特勒博士,我不想让你有这样的印象,好像我们美国人反对结婚。但是我们遇到了一些问题,我们这里有一个匈牙利小子,他不是去工作,而是结了婚去度长期蜜月了。我们洛克菲勒奖学金不是供匈牙利人去度蜜月的。"特勒完全听懂了那个人的意思:美国是个自由的国家,洛克菲勒基金会是信仰自由的,有接受奖学金的自由,也有结婚的自由,但就是没有两者兼得的自由。

从基金会出来,特勒昏昏沉沉地给未婚妻打了电话,用和缓的方式把这个不好的消息讲了出来,最后委婉地表示由米茜来下决心。米茜虽然心里不高兴,但是还是善解人意地要求他接受奖学金,毕竟他们已经等了很长的时间了,再等一些时候也没有什么不可以的。于是圣诞节结婚的计划取消了。

1934年1月初,特勒作为洛克菲勒基金会的研究员单身去了哥本哈根。但是由于米茜未能同行,这使特勒在哥本哈根的学习生活失去了很多的光彩。不过事情并没有完结。在到达哥本哈根后不久,特勒给正在美国任职的老朋友、诺贝尔奖得主詹姆斯·弗朗克写了一封信,这只是一封朋友间问候的普通信函。特勒告诉他,自己已幸运地获得了洛克菲勒的奖学金,但也对为此不得不推迟婚期感到伤心。弗朗克接到信后大为恼火,非常气愤,他跑到纽约洛克菲勒基金会的总部,大发雷霆,认为必须是单身汉才能获得奖学金这种规定是极其荒唐的。

基金会在弗朗克的要求下,最终同意改变态度。一个星期后,洛克菲勒总部给特勒寄来了一封正式的回信,信的内容依然是这种官僚式的公文,而且含糊不清,信的第一句话说:洛克菲勒基金会有一个坚定的政策,那就是奖学金领取者不得在这期间结婚;第二句话又好像在说:还是有一些例外的;第三句却又坚定地表示:基金会从来不改变自己的政策;而第四句话则又否定了第三句。整封信翻来覆去,让人摸不着头脑。但信的最后一句,特勒看懂了:"请告知你结婚的日期。"也就是说特勒可以结婚了。1934年2月26日,爱德华·特勒和米茜·哈坎伊终成佳偶。

特勒在哥本哈根工作了1年。20年后,他在给玻尔的信中这样说道,那一年是"我一生中最重要也是最精彩的时期之一"。特勒对1934年的生活有这样深刻的回忆,不仅仅是因为他的婚姻经历了一场起伏跌宕的"国际风波",更因为他的生活从此摆脱了纳粹和反犹太主义者的阴影,从而在学业和学术地位上取得了突飞猛进的提高。这一年,在玻尔的指导下,他完成了科学论文:《顺磁性气体正交换的催化理论》。根据特勒的同行们的评论,这篇论文是他到那时为止写得最出色的。这也证明了洛克菲勒基金会不让获得奖学金的学生结婚的保守做法是错误的。哥本哈根科学英才云集,在社交聚会上有时能见到许多过去和以后的诺贝尔奖得主。特勒与许多著名的物理学家建立了亲密的关系。年轻时的特勒有一些孤傲,他的父亲对此很不满,常常教导他:"一个人最重要的是,在生活中要有朋友。"特勒对父亲的这句话,牢记在心,他有许多科学界的朋友。这些朋友往往在他最危难的时候给予了他很大的帮助。

结束了在哥本哈根的研究生活后,特勒再次到了伦敦。不过这次不再是担任助教,而是担任了伦敦大学的化学讲师。特勒很喜欢伦敦的生活环境,当然结婚后,生活方式也有了很大的变化,以前在德国读书的时候,特勒所有的家当装一只箱子就够了,但这次从哥本哈根到伦敦,他们的行李竟装了满满的 17 个箱子。特勒和米茜渴望有一个安定的生活环境,他们打算在伦敦定居下来。在高尔街的一幢翻修过的老房子里,他们找到了一套三房的套间,感到非常满意,于是就签了一份长达 9 年的租借合同,准备在这里安居乐业了。

　　1935 年 1 月,特勒夫妇过完新婚后的第一个圣诞节,从布达佩斯回到了伦敦,收到了两封从美国寄来的信。一封是普林斯顿大学寄来的,邀请他去担任讲师;另一封则是特勒的朋友——乔治·华盛顿大学物理系主任格奥尔基·伽莫夫寄来的。伽莫夫比特勒大 4 岁,他们是一年前在哥本哈根认识的,他所创建的"穿透理论"对量子力学的发展做出过重大的贡献。他是一个俄国人,身材高大,金黄色的头发粗浓而蓬松,不拘小节,性格幽默,也有俄国人所特有的暴躁性格。对伽莫夫来说,生活既是一种快乐,也是一场闹剧,他交友广泛,能吃善喝,但有时候常常喝得大醉。伽莫夫有一辆摩托车,他和特勒两人利用假期,开着摩托跑遍了整个丹麦。他们共同的兴趣使他们建立了牢固的友谊。他来信的目的,是邀请特勒到乔治·华盛顿大学担任正式教授。米茜在美国匹兹堡生活过两年,因此兴高采烈地要特勒接受邀请。但是,特勒却对美国抱有偏见。20 世纪 30 年代,美国的高等教育并不发达,研究条件与英国不能同日而语,而且,特勒刚刚在伦敦大学就职,这么快就离开,似乎不是很合适。最后,还有那套定了 9 年租约的房子,实在让特勒伤脑筋。但是教授的职务对一个 26 岁的青年来说,实在是太有诱惑力了,而且一切问题也很快解决了。伦敦大学方面因为收容了许多从德国逃出来的科学家,已经不堪重负,因此他们对特勒的离去,表示了谅解的态度;米茜也顺利地把房子转租了出去。1935 年 8 月,特勒夫妇登上了轮船前往大洋彼岸的美国,开始了他们的新生活。

　　20 世纪 30 年代中期,美国刚刚度过经济大萧条,社会处于相对的不稳定,但对科学家们来说,那是一个颇有成效的时代。美国成了欧洲优秀学者向往的地方,他们的学术成就得益于这里自由的学术氛围。当时的科学家有某种局限,他们除了自己的圈子外,和外界基本上没有什么接触。他们对于政治和世界局势,几乎漠不关心。30 年代的美国与 20 年代的德国一样,都是科学家留恋的时代。在这个时代中,学术的自由得到了充分的体现。不过,当时美国的科学研究水平与欧洲相比,还是比较差的,一些学科还刚刚起步。特勒前往任职的乔治·华盛顿大学除了法学院和医学院在美国稍有名气外,其基础学科相当薄弱,因此有一些科学家常常贬称它为"乔治街上的中学"。

　　雄心勃勃的克洛伊德·马文校长决心改变华盛顿大学的这种形象,其中,他为物理系筹集了 10 万美元的经费。但是,如果物理系的研究方向为实验物理,10 万美元只能买一些实验设备,余下的钱连一个物理学家也雇佣不起。马文的顾问向他建议:为什么不去请一些著名的理论物理学家呢? 他们不需要实验设备,只需要一些纸和笔以及出差、开会的费用。这一建议正合马文的心意,于是他请来了伽莫夫。伽莫夫很快接受了邀请,他提出了接受聘任的两个条件,一是允许他模仿玻尔在哥本哈根的方式,每年举行一次理论物理会议;二是让他自己选择一个理论物理学家同他一起在华盛顿大学工作。伽莫夫请来的著名物理学家就是当初同他在丹麦一起乘摩托车旅行的爱德华·特勒。

伽莫夫和特勒虽然年纪很轻,却都担任了教授职务,他们的薪水一年大约 6000 美元,在那经济不景气的年代,这样的工资是非常高的了,甚至超过了许多年龄和资历在他们之上的教授,因而也引来了不少非议。但马文校长仍然坚持这样的安排,他这样做是要这两位名角深入地钻研理论物理,为乔治·华盛顿大学争光。他们也确实没有辜负校长的期望。

每年一度的理论物理会议按期召开了,直到第二次世界大战爆发时才终止。由于美国其他地方没有这种理论物理学家的聚会,因此,华盛顿大学的会议对许多人来说有很大的吸引力。每次与会的人数不多,很少超过 20 人,但他们都是美国最优秀的物理学家。特勒位于加菲尔德路的家也成了华盛顿科学家们聚会的场所,来的人中有特勒的研究生们、请教问题的年轻教授,以及包括詹姆斯·弗朗克在内的一些资深的科学家。

这一阶段,特勒的研究仍然放在玻尔、薛定谔和海森堡等人提出的量子力学的基本理论上。要了解量子力学,就需要进行烦琐的数学计算。特勒在其中曾做出过重要贡献,他算出了最小的一种分子——即氢分子——的离子能级。而到了 20 世纪 30 年代中期,这项研究正在深入下去,人们试图了解某些较大的有机物分子的能级,特别是当这种分子吸收了光之后,分子内的原子结合得不那么紧密的情况下的能级。特勒以及一些科学家们正在为这些问题而绞尽脑汁。科学家们在宽松的氛围中,享受着平静的学术生活,在科学的领域尽情地发挥着他们的想象力。

但是学术自由的黄金时代很快结束了,由于战争的需要,基础科学从学术探讨变成了军事商品。对于特勒这样的物理学家来说,他们宁静的学术生活不会像以前那样平静了。科学家最终也卷入了政治漩涡中。物理学的这一转变是从核裂变的成功开始的。

1939 年 1 月 26 日,尼尔斯·玻尔来到华盛顿大学参加第五次理论物理会议。那天原来的议题是要讨论低能物理,主持会议的伽莫夫却把原来规定的议程推后了。他宣布玻尔有重要的事情对大家讲。玻尔向在场的 50 多名世界上最优秀的物理学家讲述了一个惊人的消息:就在他到达美国前的一个月,德国科学家哈恩和斯特拉斯曼做了一个实验,他们用中子对铀进行轰击后发现,铀的一些部分已变成了另一种完全不同的元素——钡。这一现象唯一能说得通的解释是:铀的原子核已被分裂,其碎片变成了几个更轻的元素。哈恩的前助手、逃亡到瑞典的犹太女科学家迈特纳对这一实验作了反复的分析,认为如果一个原子被分裂了,那么它的某些部分将受到破坏,这被破坏的部分将会根据爱因斯坦提出的质能关系 $E = mc^2$ 转化为能量。她重复了哈恩的实验,在被轰击的铀上不仅测出了化学反应,而且还测得了释放出来的能量。原子核被分裂这一事实获得了证实。其实,哈恩和迈特纳的实验做起来相当简单,"这个发现很多年来一直就藏在物理学家的鼻子底下"。甚至有人认为,在哈恩等人的实验成功之前,已经有一些科学家,曾经实现了原子核的分裂,只不过谁也没有将这一现象记录和分析、解释。许多科学的发现,有时候就是一层薄薄的窗户纸,一经捅破,便一览无余。

参加会议的科学家们兴奋异常,都急切地希望自己也来做一次同样的实验。离华盛顿最近的约翰·霍普金斯大学的物理学家们马不停蹄地赶回了他们的加速器旁,当天下午就分裂了原子核。消息已传遍了全国,整个物理学界热闹得像开了锅的水。芝加哥大学和加利福尼亚大学伯克利分校也成功地完成了原子核分裂的实验。卡内基研究所地磁部主任默尔·图夫邀请玻尔和特勒来到他的实验室。他们把一小块铀靶放在加速器内,然后用中子轰击。加速器上的示波器测到了突然产生的能量。铀原子分裂产生能量这一事实在他们的眼前得到了证实。原子核的裂变,预示着一个时代的到来。1938 年,柏林实验室内进行的这一实验,改写了人类历史的进程。但是这在当时只有很少的人意识到这一点。

理论物理会议结束的那一天,特勒和米茜送走了最后一个客人,精疲力尽地坐在了沙发上,一个星期以来,他们第一次有了这一清闲的时刻。就在这时,电话铃响了。打电话来的是正在美国访问的剑桥大学教授利奥·西拉德。西拉德是特勒的匈牙利同乡,也是一位犹太人。早在 1934 年他就开始对核的链式反应进行了研究。他认为,一个原子核在受到外来的中子打击后,本身有可能又释放出一些中子,这些中子飞出来又打击了附近的原子核。如果这个过程一直持续下去,那么就会出现链式反应,前所未见的巨大能量将得到释放。当时,西拉德曾向著名的物理学家、剑桥大学的卢瑟福提出过这一问题,但是卢瑟福不相信存在这种可能性,西拉德回忆说:"我被赶出了他的办公室。"原子核被分裂的消息使得西拉德再次振奋起来,他希望解决这个问题:如果中子使原子核产生裂变反应,那么裂变反应产不产生中子呢? 他到华盛顿来的目的就是要求特勒对他的实验计划给予道义上和实际上的支持。

两个月后的一个晚上,西拉德打来了电话,信息很简单,他的实验取得了成果。他在原子核分裂的过程中发现,每个原子核至少发射出了两个中子,也就是说,他在 5 年前推算出的链式反应完全是有可能的。特勒至今还能清晰地回忆起当时他接到西拉德的电话时的矛盾心理:"我对核能是担忧的,我完全知道它将产生,而且产生的很快。我也完全知道,它将带来很大的危险。"核分裂的链式反应,会产生巨大的能量,如果对它加以控制,那么它将会产生有益的能源,如果不对它进行控制,那么它很可能会变成一场巨大的灾难。当然,产生核链式反应现在还只是一种可能,许多问题还有待解决。一些科学家认为核裂变不会在铀-238 中发生,而只能在铀的同位素铀-235 中发生,而铀-235 只占普通铀的 1/140,要进行一次核爆炸,就必须从铀-238 中分离出一小部分铀-235,这一过程既复杂、费时,又昂贵。许多人甚至认为,造出一颗裂变炸弹是非常困难的,"除非把整个美国变成一座巨大的工厂,否则是做不到的",所以原子弹对人类的威胁还是很遥远的事情。

当特勒等科学家在迅速地积累有关核裂变的知识的时候,总是带着担忧的心情回头去看德国。尽管科学家们不十分关心政治,但是,他们对于世界局势的发展,对德国的威胁是十分敏感的,尤其是那些在德国亲眼目睹纳粹暴行的科学家们。他们感到,核裂变是德国科学家发现的,虽然由于希特勒的政策使德国的科学研究遭到了沉重的打击,但德国在这方面的实力还是世界一流的。哈恩的发现很快会得到海森堡等一流科学家的赏识,德国很可能会从这一基础出发,研制和拥有核力量,如果那一天到来,对世界的打击将是毁灭性的。他们认识到,他们的工作已经不再是纯粹的追求知识了。他们的研究,可能造福人类,也可能给人类带来巨大的灾难。因此,科学家和政治家的沟通就显得十分重要。

1939 年 3 月 16 日,希特勒入侵捷克斯洛伐克,德国人马上终止了捷克的铀的出口。这引起了科学家们的警觉。恩里科·费米等人为此致信给美国海军作战部长,提醒政府注意,铀有被用作炸药的可能性,并认为尽管目前制造这种炸药的可能性不大,但一旦成功,其爆炸力将超过现有炸药的 100 万倍。但是,他们的呼吁并没有引起美国政府的重视。西拉德也是较早认识到科学家必须与政府加强沟通的重要人物之一。他曾与海军方面的人士联系。要求海军对他的研究项目给予支持。但是海军方面更希望能将铀作为潜艇燃料,以使潜艇能在水下有更长的作业时间,而对于将铀做成炸药,他们并不感兴趣。连连碰壁,使西拉德感到,要促使美国政府来支持核研究工作,必须想方设法同罗斯福总统取得联系。同时,他们的呼吁如果得到德高望重的爱因斯坦的支持,将会更加受到重视。

爱因斯坦致罗斯福总统的信,已作为 20 世纪最重要的文件载入了史册。特勒也有幸参与了这一历史事件,但是他不是作为主角出场的。1939 年 7 月 30 日,来自匈牙利的两位科学家西拉德和维格纳在长岛佩克尼克拜会了爱因斯坦,在得到了爱因斯坦的同意后,他们起草了这封信件。但 8 月 2 日当他们拿了信件要去给爱因斯坦签名时,正巧维格纳因事无法脱身,西拉德自己又不会开车,所以他想到了他的另一位同乡,正在哥伦比亚大学讲学的特勒。特勒有一辆 1935 年出厂的“普利茅斯”牌汽车。他们开着这辆车到了长岛。“我们已经把信打好了,所以西拉德把它交给爱因斯坦。爱因斯坦出来见我们时身上穿的衣服是旧的,脚上穿了一双拖鞋。他给我们斟了茶,他一边看信,一边也喝着茶。然后,他在信上签了名。他说,这将是人类第一次直接地而不是间接地利用核能。利用太阳辐射的能量,那是间接的,虽然太阳也是一种核能。”

爱因斯坦签署的这封信向罗斯福讲述了核研究的状况和这种研究有可能造出一种威力巨大的炸弹,同时,他提醒总统,德国人正在加紧这方面的研究工作。两个月后,1939 年 10 月 11 日,这封信辗转地到了罗斯福总统的手中,即刻受到总统的高度重视。他立即采取了第一个步骤,任命了一个由国家标准局和军方代表以及科学家们组成的铀咨询委员会,爱因斯坦、西拉德、维格纳、费米被邀请参加了委员会。但是爱因斯坦礼貌地拒绝了这一任命,因为他最不善于在公众场合讲话。费米也不愿参加,他和西拉德虽然在事业上是合作者,许多重要的实验都是由他们合作完成的,但两人的性格不合,时常争吵,因此,费米请特勒代替他出席会议,转达他的意见。

总统虽然重视,但和政府官员打交道却不是那么简单。他们不相信这些乱七八糟的发明,甚至认为,决定战争胜利的是道义因素,而不是新式武器。经过长达 4 个月的争吵,1940 年 2 月 20 日,委员会终于通过了 6000 美元的拨款。6000 美元这一数字是由特勒提出的,他为建立原子反应堆作了预算,其中 2000 元用于购买慢化中子的物质——石墨,4000 美元作为其他的费用。原子时代的启动资金,就是这区区 6000 美元。

说起这段经历,特勒觉得十分有趣:“刚开始的时候,我是给人家开车的,后来替费米当通讯员,在铀委员会上,我又成了财政专家。”但是,这 6000 美元的拨款对特勒来说是一个具有象征意义的转折点。他由一个对政治漠不关心的物理学家转变成了科学界的活动家。他曾说过："我所喜欢的专职工作是物理，要使我的兴趣从物转到武器研制，那是很不容易的，好几次，我都下不了决心。然而，我可以说在 20 分钟之内就作了决定，类似的情形是不多的。"

当然，特勒学术生涯的重大转变，也是与当时的世界政治局势联系在一起的。1939年 9 月 1 日清晨，德国军队入侵波兰，英、法先后对德宣战，美国也宣布全国进入有限的紧急状态。在蹂躏和屠杀了 100 万波兰人之后，纳粹德国又将矛头指向了北欧和西欧的荷兰、比利时。刹那间，纳粹的威胁像一个巨大的阴影笼罩了全世界。

在德军入侵荷兰、比利时之际，第四次泛美科学大会在华盛顿召开。特勒受到邀请参加了这次大会。罗斯福总统的演说深深打动了这位长期与政治分离的科学家。在来自南北美洲的科学家面前，罗斯福总统对荷兰、比利时等国家遭到德国的侵略表示了愤怒，他赞扬了科学家们在战胜疾病、贫困和痛苦过程中所表现出的那种追求真理、坚持进步的精神。他接着说：

同我们这个十分简单的理想憧憬相对立的同时，在世界其他地方的教师和学者却不能去追求真理，因为真理一旦公诸于世，它会触犯他们主子的心意。他们常常不能如实地讲授真理，因为真理会使人们获得自由。

今天，我们大家知道，就在几个星期以前我们美洲国家的许多公民还都认为，他们在各个方面——人身、经济、社会——都是安全的，认为其他地方正在发生的对文明的进攻不会影响他们。这种错觉可能出于地理方面的一种虚假的说法——战火弥漫的欧洲同和平的美洲相隔数千英里，所以我们就产生了一种永远不会受到侵犯的神秘感。

你们这些科学家可能听到过这种说法：你们要对目前出现的灾难负部分的责任，因为你们从事了毁灭时间和空间的发明。但是，我们可以向你们肯定地说，要负责任的不应该是科学家，因为你们所抱的宗旨是：各国应以合作和交流知识的精神来建立更加密切、更加友好的关系。

科学上的成就——甚至艺术上的成就——都可以被用来从事建设或破坏。这些成就只不过是人们要实现其最大理想的手段而已。如果想要制造死亡，科学能够做到；如果想要实现一个充足、富裕和有益的生活，科学也能办到。

如果其他各洲在自愿或被迫的情况下采取了一个截然不同的生活准则，那么我们能不能把我们的和平建设继续进行下去呢？我认为，不能。

确实，现在该是我们美洲各国正视这个问题的时候了。这个问题，我们要进行分析，提出疑问，寻求答案，运用我们所掌握的知识和科学，并应用我们的常识。最重要的是，我们要同心协力地行动。

我是一个和平主义者。你们——来自 21 个美洲国家的同胞们——也都是和平主义者。

但是我相信，从长远来说，绝大多数的美洲人——包括你们和我——在必要的时候将会一起行动，以我们所掌握的科学、文化以及其他一切手段来保护和保卫我们美洲的自由和文明。

对纳粹德国迫害犹太人有过亲身经历的特勒,对罗斯福的这篇著名演说有比常人更深的感受。与许多人一样,他感到,只要纳粹存在一天,世界就不可能得到和平与安宁,对纳粹德国的不安情绪始终萦绕在他的心头。"在第二次世界大战真打起来以后,我的心情倒反而平静下来了,因为我相信,最终只有战争才能制止希特勒独霸世界"。罗斯福总统的这番讲话,不是在讲科学家在未来可以做些什么事情,"而是在谈我们应该和必须做什么事情,那就是要研究军事方面的问题,因为如果科学家不去做这些工作,战争就会输掉,世界就会失去"。一个科学家的政治观彻底改变了,他不再是置身于政治之外,而是努力将科学与政治结合在一起。特勒回忆道:"罗斯福的话好像是针对着我的。不管怎样,我做出了决定,而且后来从未改变。"

两弹元勋

随着铀研究的不断深入,人们更加清楚地看到了它在军事方面潜在的用途。在珍珠港事变爆发后,美国政府和军方对该项研究越来越重视。同时,情报部门获悉,德国可能正在以同样的速度发展核武器,因此,这场竞赛就显得更加重要,美国在这场比赛中无论如何也不能输给德国。为了使铀的研究得到更多的人力和财力支持,美国政府决定把这一项目纳入军事的轨道。1942年6月18日,美军后勤部下令,成立由工程兵负责监督原子弹计划的实施。这一工程的代号是DSM("代用材料的研制")。后来大家都把这一工程称为"曼哈顿计划"。特勒自始至终是铀研究计划的参与者。

1941年3月,特勒和米茜正式加入了美国国籍。入籍后,可能是由于一种可以长期居住下去的稳定心理的驱使,他们退掉了在加菲尔德路租住的住房,搬到了华盛顿城外的一个名叫农村俱乐部群山新区的新居。米茜当上了新居的女主人,感到特别高兴。但是,他们的安定生活只有3个月,就又要搬家了。

6月,特勒接到了哥伦比亚大学的邀请,去进行1年的讲学和研究。哥伦比亚大学邀请特勒的主要原因,是因为费米和西拉德进行的原子反应堆项目需要更多的人手,而另外的一个目的是希望特勒充当费米和西拉德之间的调解人。费米和西拉德两人长期地进行合作,但他们之间的争吵也是年复一年、日复一日。以后,为了保密的需要,原子反应堆的研究工作迁到了芝加哥,特勒也随之迁居到了那里。1942年12月2日,在芝加哥大学废弃的斯塔格体育场的看台下,西拉德、费

"美国氢弹之父"爱德华·特勒

米和特勒以及他们的小组取得了一项伟大的成就,进行了世界上第一次自持的核链式反

应，即建成了第一个核反应堆。当曼哈顿计划开始实行时，特勒理所当然地被邀请加入了这一计划。

曼哈顿计划的总负责人是工程兵上校莱斯利·格罗夫斯，而理论研究则由来自加州大学伯克利分校的罗伯特·奥本海默负责。奥本海默原来一直在伯克利埋头于教学和理论研究工作，直到1942年才参与到铀研究计划中来。但是他具有非凡的科学天才和卓越的领导能力，因而，他是领导曼哈顿计划的最适合的人选。

在芝加哥期间，特勒没有什么具体的工作，当以后人们问特勒在这段时间里干了什么时，特勒的回答是："打杂。"但实际上，特勒完成了一篇论文。这篇论文是在哥伦比亚大学的时候开始写的，他对核反应中的中子"截面"（也称为概率或频率）进行了复杂的计算。这篇论文以后得到了广泛的应用。但是，特勒忘了在论文上签名，后来这篇论文作为无名氏的文章发表了。同时，他还开始了热核反应的理论研究，这为以后氢弹的制造打下了基础。

以前的核研究是分散在美国各个大学进行的。1942年11月，奥本海默和格罗夫斯做出了一个重要的决定：把分散的研究工作集中到一个地方进行。这样做的目的不仅仅是为了研究的方便，更重要的是为了保密，是为了把研究工作与外界隔离开来。他们挑选了一个非常偏远的地方——新墨西哥州圣菲西北20英里的洛斯阿拉莫斯农业专科学校。奥本海默邀请特勒一同前往洛斯阿拉莫斯协助他工作。但是特勒犹豫不决，因为他已非常习惯于芝加哥的舒适生活，而且米茜也怀孕快要生产了。但是，特勒还是决定把自己的生活贡献给他的国家。1943年2月10日，在特勒的焦急等待中，米茜在芝加哥大学医院生下了他们的第一个孩子。他们给他取名保罗。保罗长大后没有像他的父亲那样成为一名物理学家，而是成了一名哲学家。6个星期后，爱德华·特勒带着米茜和尚在襁褓中的保罗登上了开往洛斯阿拉莫斯的火车，等待他们的是洛斯阿拉莫斯空旷的高地和无法预料的未来。

洛斯阿拉莫斯实验室建立得十分仓促，因而开始时条件很艰苦。光从别处去那个地方就很困难。从圣菲到洛斯阿拉莫斯只有一条狭窄弯曲的土路，据一些科学家的回忆："科学家及其家属拥挤地居住在圣菲附近的农庄里，每天，工作人员要通过那条难走的道路才能到达工作地点。他们在那里还吃不到饭，同在圣菲的指挥部联系也只能通过林业局一条很不清楚的电话线，实验室还没有建好，甚至最基本的设备都没有抵达。"

据许多人回忆，在洛斯阿拉莫斯期间，特勒并没有与其他的科学家很好地合作。特勒自己也爽快地承认了这一点。造成这种状况的原因，与其说是因为特勒与奥本海默等人之间存在矛盾，还不如说是他们之间不同的理念所致。

洛斯阿拉莫斯给人的感觉是：那里汇集了世界上最伟大的科学家。但是这些科学家担当的是在成品装配线上的普通工人的角色。当然这并不是说他们在劳动中不需要发挥自己的想象力和才能，而是他们是在别人的指挥下进行这样的工作的，对于经历了二三十年代自由学术空气熏陶的欧美科学家来说，这是从没有经历过的事情，因为在他们看来，科学最重要的一条原则就是科学家要能自由地思想，自由地选择道路——包括一条与别人完全不同的道路。

因此,原子弹之所以能制造成功,很大程度上要归功于把这项工作和来自四面八方的科学家们协调起来的工头罗伯特·奥本海默。在这方面,特勒对奥本海默的评价很高:"对于一个知识分子来说,他干得非常出色。他要了解实验室内上千件事情的进展情况,对于这些事情他都必须懂行,并要设法使这些工作做得更好。此外,他也了解手下所有人的性格,他运用自己的知识来获得成果,并影响手下的人。"但是,特勒在刚到洛斯阿拉莫斯的时候就与奥本海默发生了"微妙的分歧"。这一分歧后来发展成为两个具有很大能力的天才人物之间的一场激烈斗争。

特勒后来是这样解释他与奥本海默之间的分歧的:"在我参与曼哈顿计划之前,我是不属于任何组织的。我研究我所喜爱的东西:我研究它们,那是因为我喜爱它们。我不是由于职业的原因去从事某项研究。我从来没有想过要影响我周围的人——除非有非常纯洁和正当的理由。我不准备、也不想要成为某个组织的一部分。"特勒也承认:"像原子能那样的工作,一个人不参加一个组织是无法进行研究的。在哥伦比亚时,我参加了比较松散的组织;在芝加哥我参加的组织就更为严密了。但是,那些地方在组织系统、命令指挥以及耍弄心理权术方面都不如洛斯阿拉莫斯。这些现象使我非常反感。"对于洛斯阿拉莫斯的研究方式,特勒也不很习惯。从一个科学家的角度,特勒认为,科学研究应该以互相讨论的方式进行,但是,在洛斯阿拉莫斯,这种方式是不实际的。因为时间紧迫,科学家们必须坐在办公室里实实在在地解决一个又一个问题,这与特勒的风格是背道而驰的。他反对以某种宗旨和目的来指导实验室的工作。更大的分歧在于:特勒希望研究的不仅仅是核弹,他认为核弹的研究应被看作是发展热核弹的一个过渡中间站。但是实验室建立的目的,仅仅是为了建造原子弹。因此,特勒的许多想法无法实施,这使得他很苦闷。

研制热核弹的想法,特勒早在哥伦比亚大学时期就已开始酝酿。在一次午餐时,特勒和恩里科·费米聊了聊核裂变实现以后的前景。当时,他们对实现链式反应和造出原子弹已经满怀信心,于是他们想到了另外一个问题:核裂变产生的炽热会不会引发核聚变。按费米的观点,原子弹在裂变爆炸时,可能会在地球上产生出能与星球内部相比的炽热的热能,如果是这样的话,在具备氢原子的情况下,原子弹所产生的巨大热量就能使氢原子发生聚变,即热核反应,其结果是:聚变所产生的能量将大大超过裂变的巨大能量。费米的这一想法,在特勒的心中引起了极大的震动,在科学领域中,许多思想往往是在不经意中产生的。谁也没有料到,费米和特勒在午餐中的闲聊,会在 10 年以后导致氢弹的出现。特勒推测:重氢(氘)要比普通氢更易发生聚变。氘在天然氢中只占 1/5000的比例,但是人们已经知道:从氢内提取重氢原子是不难的,耗资也不大。特勒后来回忆说:"在那时,物理学同严酷的战争现实靠得更近了。我们许多人已开始在研究裂变弹。事情已经十分清楚,原子弹的威力将是巨大的,但造价也是昂贵的。如果氘能够引爆的话,那么将会出现一种便宜得多的燃料。"

在洛斯阿拉莫斯,特勒的其中一项工作是与热核爆炸有关的。在第一次核爆前几个月,奥本海默希望特勒仔细研究一下核爆炸会不会造成出乎人们意料的灾难性的后果。早在两年前的伯克利会议上,这一问题曾引起了激烈的讨论。当特勒讲到他算出了核爆炸热量以及为什么这些热量能够导致重氢聚变的时候，与会的一些科学家想到了这样一个恐怖的问题：核爆炸的炽热的温度，会不会引起海水中处于自然状态的重氢的爆炸，或者会引起占地球大气层80%的氮气发生聚变反应？如果这样，大海和天空就可能会燃烧起来，所有的东西都可能会毁灭。尽管所有的物理学家都认为这样的可能性是非常非常小的，在数学上不会超过 $1/3 \times 10^6$，但是这个问题实在是太重大了，不允许做试验，也不允许有任何差错，因此，即使有极小的可能性也必须排除。因此直到第一颗原子弹爆炸之前，奥本海默还是无法拂去心中的疑虑。

特勒很愉快地接受了这一任务。他要研究的这一难题是可怕的，但是特勒如此热心于这个问题的研究，并不是因为他像一个猎奇博士，只要遇到科学难题就高兴，即使这个难题意味着世界的毁灭，而是因为这一问题与特勒的思路相吻合，从而挑起了他丰富而广阔的想象空间，能为氢弹的研制做理论上的准备。自然，特勒最终的结论，否定了这种可能性。

特勒与别的科学家很难合作，但是与冯·诺伊曼的合作却十分愉快。他们合作的一个项目是研究内爆扳机，这是涉及原子弹装配的一个问题。要解决原子弹的引爆问题，有两种方法。一种是枪式扳机，这种办法是：在弹壳内放置两部分次临界质量的铀。把其中一部分造成像子弹一样的东西，可以射进另一部分去。另一种引爆方法是内爆法，应用这种方法时，要把次临界质量的铀放到一个球体的中间，球体周围放上普通炸药，炸药四周是一层结实的弹壳。炸药被引爆后产生一种向内力，裂变的物质通过挤压和聚拢达到临界质量，于是发生核爆炸。这种内爆扳机在物理和技术上，比起枪式扳机来说，要复杂得多。但是，在进行了实验和理论方面的各种研究之后，人们最后得出结论：铀—235可以用枪式扳机来引爆，而钚弹因为在装料中存在钚240的提前引爆问题，非要用较为复杂的内爆扳机不可，因为内爆扳机将使钚受到压缩，而这种压缩将大大增加爆炸力，也就是说，使用内爆扳机可以使同样数量的裂变物质产生出更大的效应。在当时钚的产量非常有限的情况下，这一点非常重要。

特勒和冯·诺伊曼一起，研究了有关内爆的计算方面的问题，他对其中的压缩问题，十分有兴趣。以后，枪式扳机和内爆扳机在原子弹爆炸中都派上了用场。在阿拉莫戈多引爆的第一颗原子弹，使用的就是内爆扳机。在原子弹的研制过程中，特勒虽然与一些科学家合作得不好，但是，他在其中的贡献还是得到大多数人的承认的。不过他的许多研究成果（包括洛斯阿拉莫斯实验室的许多成果）一直是美国政府的保密材料，我们无法得知特勒在原子弹研究中具体做了哪些工作。

1945年6月16日，世界上第一颗原子弹在美国新墨西哥州的阿拉莫戈多100英尺高的铁塔上引爆了。特勒和其他参与曼哈顿计划的科学家在距爆炸地点20英里以外，目睹了这一景象。他描述了当时的情景："我看到了一个不太亮的光点，后来分成三个——一个居上，另外两个位于两侧，接着就出现了蘑菇云。""我当时的感觉就好比你在漆黑的房内撩起窗帷突然看到了太阳光一样。这爆炸的情景可能持续了几秒钟的时间，当然这还是在20英里以外所观察到的。毫无疑问，到这个时候，我感到了这场面的壮观。火光渐渐地暗淡下去了，我把眼镜取了下来，我们看到了蘑菇云，此时云层翻滚，疾风四起。"蘑菇云升上了 4 万英尺的高空,风把金黄色的云层吹散开来,在天空中留下了一个问号式的形状。原子弹的爆炸,也给人类留下了一个巨大的问号。

1945 年 8 月 14 日晚上,洛斯阿拉莫斯宁静的夜晚为一片近乎疯狂的喧嚣所打破。几十辆汽车一起按响了喇叭,人们高声呼喊,奔走相告:日本投降了,给世界造成重大灾难的战争结束了。

同洗去征尘的士兵一样,沉浸在胜利和和平喜悦中的科学家们也渴望回家同亲人们团聚,重新享受他们平静的学术生活。对于在一起工作了 3 年的同事们的这种心情,特勒是完全理解的。他自己也接受了芝加哥大学的邀请,到那里任教,与他的老朋友恩里科·费米一起工作。1946 年 2 月 1 日,爱德华·特勒将他们所有的行李装上了货车,带着全家离开了洛斯阿拉莫斯这座奇迹般的城市。他重新开始了正常得出奇的学校生活,从事教学和基础研究工作,闲暇时就到费米那里玩玩桥牌,打打乒乓球。但是,特勒并不像其他人那样感到轻松和高兴。原子弹在战争中体现了巨大的威力,顷刻之间将广岛和长崎夷为平地,数十万生灵涂炭,同时也在人们的内心引起极大震撼。

其实,早在决定轰炸广岛之前,科学家们对怎样使用和研制原子弹就产生了巨大的分歧。他们争论的焦点,集中在两个方面:一是对原子弹的研制是否需要进行国际管制,二是是否要对日本进行原子弹轰炸。1944 年 9 月,德高望重的尼尔斯·玻尔在拜会罗斯福总统时就提出,至少要让世界了解美国正在研制原子弹,他感到对核研究的国际管制,是避免战后各国进行核军备竞赛的最好的办法。西拉德也附和玻尔的观点,1945 年 3 月,他向国会提交了一份很长的备忘录,认为实现国际管制是符合美国国家利益的,在原子弹亮相后,美国应尽快地与同样有研制能力的苏联进行接触。同时,对于原子弹的使用,科学家们也提出了各自的意见。回旋加速器的发明者欧内斯特·劳伦斯曾建议邀请日本人来观看核弹的爆炸表演,爆炸可以安排在无人地区,这样生命不会受到损失,而原子弹向日本人所传达的信息却十分明显:要么投降,要么毁灭。以詹姆斯·弗朗克为首的一个委员会也提出了一个报告,他们认为,美国如果突如其来地对日本使用原子弹,将会在政治上失去支持。原子弹的保密是不会奏效的,这种保密不会避免军备竞赛,因此,原子弹研制的安全问题,唯一希望就只能寄托于国际的监督上,而对日本城市进行轰炸,将严重影响国际监督。他们也同意劳伦斯的建议,认为这样足以使战争结束。

西拉德以他的独特方式采取了行动。他准备搞一个请愿书,请科学家们签名,其中最主要的内容是要求美国在战争中不突如其来地对敌国使用原子弹。尽管以后特勒和西拉德在政治上产生了严重的分歧,但是在当时他们的观点基本上是一致的,对于准备用原子弹去轰炸日本城市感到震惊。不过,特勒没有在西拉德的请愿书上签名。他虽然反对用原子弹轰炸日本,但是,在思想上他与其他的科学家有着不同的看法,这些看法也是造成日后科学家们严重分歧的一个触发点。1945 年 7 月 2 日,他给西拉德的信,很完整地说明了他的想法:

自我们那次谈话后,我花了些时间对你不同意在军事上立即使用我们可能造出的武器的态度进行了考虑。我决定不采取任何行动。我想给你讲一讲我之所以这么决定的原因。

首先我想说,我们无法使我们的良心干净。我们正在研制的东西是太可怕了,因此抗议或玩弄政治都不能挽救我们。

实际的情况是,我从事这一工作并非出于极端自私的原因。我从这工作中得到的烦恼要大大多于快乐。我参加进去了,因为我对那些问题发生了兴趣。要我放弃对这些问题的研究,那是需要很大的自制毅力的。我不能说,我干这项工作只是为了要尽义务,即使有义务感,我也还是可以脱离这项工作的。但我却不能参加到目前这种违反我意向的活动中去。如果你能让我信服地看到你在道义上的异议具有充足的根据,那么我将退出这项工作。我并不认为我应该采取反对态度。

然而,你的异议没有使我真正信服。我并不认为某种武器会被列为非法武器。如果我们的生存尚有一点希望,那么这点希望就在于是否能够消灭战争。武器越是具有决定性的作用,那么它在真正的冲突中就越可能得到使用。任何协议都无济于事。

我们唯一的希望在于如何把我们有关研制成果的情况告诉人们,这样做可能有助于使人们相信:下一场战争将是致命的。为此目的,在战斗中实际使用这一武器可能是最适宜的。

这里,我就触及了问题的要点。由于某种偶然的原因,我们研制出了这一可怕的武器。然而,这不等于说我们就有权对如何使用这一武器发表意见。这个权利最终应该交给人民,而要做到这一点我们只有把事实真相告诉人们。正由于这一原因,我感到我应该采取某种行动:至少必须在我们工作的大的方面取消保密制度。我觉得,只要军事局势允许,这一点会很快地实现的。

你可能觉得以上这些看法都是错误的。我希望你能把我这封信给尤金和弗朗克也看一看。他们俩的意见看来是倾向你而不是倾向我的。我想听取你各位的意见:你们是否认为继续在这里工作下去是有罪的。然而我感到,如果我对应该怎样把刚从瓶子里放出来的魔鬼重新装到瓶里这一问题发表意见的话,那将是不合适的。

但是,不管科学家们的意见如何,杜鲁门政府还是决定在广岛和长崎引爆了原子弹。尽管美国政府对做出这一决定有许多不同的解释,最为流行的说法是为了促使日本投降以及在进军日本的过程中拯救美国人的生命,但据历史学家们分析,还有一个很重要的原因,就是苏联因素。不幸的是,原子弹并没有形成对苏联的威慑,反而使已经趋于脆弱的美苏关系进一步恶化了。美苏关系的不断恶化,对业已卷入政治漩涡中的科学家们产生了很大的影响,引起了他们精神上和行动上的一系列复杂的反应。

战争结束,刀枪入库,马放南山。随着科学家们的纷纷离去,洛斯阿拉莫斯实验室也日益凋零。然而,世界上所发生的事件在特勒的心中产生了一种感觉,那就是:危险并没有过去。他感到苦恼的是,科学家和华盛顿的官员对核武器的研究都已不再关心了,"我那时意识到,洛斯阿拉莫斯实验室的瓦解可能会危及美国的前途。"洛斯阿拉莫斯实验室继续存在着,曾邀请特勒前去担任理论物理部的领导人,特勒表明:"我可以留下来工作,但是,实验室必须继续大力开展理论研究工作,并使理论研究应用到研制氢弹或改进原子爆炸这两个目标中的任何一个方面。"更具体地说,特勒的要求是"要在尽可能短的时间内大力研制氢弹,或者对制造裂变爆炸物的新方法进行研究——为加快实现后一个目标,每年至少要进行十几次的试验。"但是,在当时的政治形势下,特勒的这些要求是根本做不到的。战争已经结束了,每个人都想回家,在经历了这么多年的浴血奋战之后,谁还会对研制新式武器的紧急计划发生兴趣呢?特勒内心的忧虑,来自对苏联的恐惧。在与其他科学家的谈话中,他对美苏关系的发展流露出了极大的悲观情绪。他认为,美国必须继续进行核武器的研究,科学家们纷纷离开新式武器研究领域,是不正确的,战争并没有结束,俄国是和德国一样危险的敌人。

不过,特勒的观点在当时是不合时宜的,因为在许多科学家看来,任何其他国家想要造出原子弹,至少需要20年的时间。奥本海默就认为:"就我所知,目前苏联不具备有效地攻击美国本土的能力。这一状况将能维持多久,人们的看法不一,材料也很不足。苏联执行原子能计划、造出有分量的原子兵器所需要的时间,可能是上述问题的一个重要因素。我知道,在做出这种估计时必须谨慎,但我倾向认为苏联在一个长时期内不能实现这一目标,甚至也不可能取得低水平的、然而仍是危险的成果——具有进行放射性战争的能力。"持这一看法的科学家占大多数,中央情报局直到1949年还在预言,苏联要造出原子弹最快也要到20世纪50年代。许多美国人不相信苏联能在短时间内打破美国的核优势,因而,大多数的科学家们认为,在战争结束的情况下,重振大学教育,培养新的年轻物理学家,比进行新式核武器的研究更为重要。在这种形势下,特勒的政治观点很难得到大多数科学家的认同。一些人对他严重的反苏情绪感到迷惑不解,甚至把他的这种情绪与他童年时的经历联系起来,认为1919年共产党在匈牙利短暂的上台,使特勒一家蒙受了磨难,所以他对俄国人有很深的仇恨。在科学家中,赞同特勒的观点的,只有约翰·冯·诺伊曼、尤金·维格纳这两位与他遭遇相同的匈牙利同乡,以及欧内斯特·劳伦斯等少数的几位。在科学领域,他们都是显赫的人物,但在政治上,他们无法起到扭转局势的作用。

在世界大战结束后的几年,美国核武器的研究工作还是取得了很大的进展,最初的原子弹造得十分粗陋,体积很大。随着技术的改进,原子弹的体积减小到了可以用战斗轰炸机来运载的水平,内爆技术也有了很大提高,铀-235弹后来也采用了以前只用于钚弹的内爆扳机,枪式扳机基本上被淘汰了。但是这些成就,基本上是裂变技术的改良和延伸,特勒所希望发展的聚变炸弹的研究计划,则没有任何进展。

1948年,事情出现了转机。8月29日,美国空军的B-29飞机在日本附近执行大气监测任务时发现,空气样品中含有多得不寻常的放射性物质。于是整个美国的监测系统立即进入了紧急状态,派飞机对含有可疑物质的云进行追踪,从北太平洋一直跟到了英伦三岛上空。杜鲁门总统特地任命了一个特别委员会来研究这一事件。委员会最终得出了结论,这次爆炸不可能是出于苏联某个实验室发生的事故,而是他们进行了一次原子弹爆炸试验。后来,人们把苏联首次进行的这一原子弹爆炸称为"乔一"试验。苏联的第一次原子弹爆炸,从某种意义上来说,就像是一个触发器,它触发了美国国内的一场政治斗争。这场斗争使美国的科学界受到了震动并发生了分裂。斗争的焦点是:美国是否需要比原子弹威力更大的氢弹?制造氢弹从科学的角度来说是否可能?有没有这个必要?氢弹的制造在道义上是否正确?

从理论上来说,制造氢弹是有可能的,原子核都蕴藏着能量,任何重原子核(例如铀)如果一分为二、二分为四地不断分裂下去,那么巨大的能量就会得到释放,原子弹的制造就是从这一原理出发的,所以原子弹又称为裂变弹。同样,如果两个或两个以上的轻原子核(例如氢)合而为一,那么可观的能量也会释放出来,在这种情况下能量的产生不是由于原子核的裂变,而是由于聚变。按科学家们的推断,太阳的能量就是由于氢原子核聚变反应而产生的。但是,要使两个原子核互相结合,并发生核反应,那是很不容易的,只有在它们以非常高的速度互相碰撞时,聚变才能形成。因此,有些科学家推断,在地球上进行核聚变是不可能的,因为太阳中心的温度大约为2000万摄氏度,这样的高温使粒子达到产生自持热核反应所需要的速度,而在地球上,为了使反应的速度达到这个水平,所需要的温度必须比太阳中心的温度还高。在不断的争论中,有待于人们去发现的热核反应被束之高阁了。

苏联"乔一"试验,引起了科学家们的不安。加州大学伯克利分校的欧内斯特·劳伦斯等人感到忧心忡忡。他们认为热核爆炸在理论上是可行的,而且苏联一旦拥有了原子弹,他们很自然地就会制造氢弹,苏联的科学能力非常强,如果美国不首先造出热核武器,苏联就将取得优势。劳伦斯首先想到了特勒。他知道,特勒一直对氢弹有兴趣,认为特勒最有资格向人们来介绍氢弹的技术情况。特勒对氢弹的制造是乐观的,他认为只要热核计划得到放行的绿灯,这个计划成功的希望是很大的。感到不安的不仅仅是少数几个科学家,美国原子能委员会的成员刘易思·施特劳斯也是主张制造热核武器的。施特劳斯和特勒一样,也是犹太人,出身贫苦,没有上过大学,后来靠自己的天赋,不到30岁就成了拥有百万资产的银行家。二战期间,他参加了海军,在海军中担任过好几个高级职务,最后晋升为海军少将。特勒和施特劳斯的首次会面是在1948年。在生活上他们有很大的区别,施特劳斯尽管是个有权有势的大富翁,但生性腼腆,而特勒却热情洋溢、交友广泛;施特劳斯是个正统的犹太教徒,而特勒虽是犹太人,但却从不遵守犹太的礼教。不过这些并没有影响他们成为很好的朋友和政治上的同盟者。施特劳斯向原子能委员会提出了一份备忘录,他担心由于苏联在原子武器研究方面取得了明显的进展,美国在这方面的优势将遭到削弱,因此他认为:"我们应该下大功夫来进行研制超级弹(氢弹)的工作,即要有当初制造第一颗原子弹时在人力和物力方面所下的那种决心。只有这样我们才能保持领先的地位。"他最后建议,原子能委员会应该马上同由科学家组成的总咨询委员会商量,了解他们对如何进行这项工作的意见。

但是,热核计划遭到了来自科学家们的激烈反对。总咨询委员会的成员们几乎一致地反对推行这一计划。洛斯阿拉莫斯实验室前主任、在科学界具有崇高威望的奥本海默,当时是拥有很大权力的总咨询委员会的主席,他反对制造氢弹的态度是非常坚决的。1949年10月,他给哈佛大学校长科南特的信,明确表明了他的立场,他认为,他之所以反对制造氢弹"并非是技术上的问题。这个可怜的东西能否造得出来,它能否不用牛车而用其他方式运载到目标地区,我没有把握,我感到,这样做有可能会使我们目前的国防计划进一步失去平衡,使我感到担忧的是,这一计划似乎已经迷住了国会议员和军界人士的心窍,好像这样就能解决由于苏联取得进展而产生的问题。如果我们反对就这个武器进行探讨,那将是愚蠢的。我们非常了解,这种讨论在过去是非进行不可的,现在也是非进行不可的——但从目前看来这不大会导致某种形式的试验。然而,我感到,如果我们为了保卫国家和保卫和平而对这一计划承担义务的话,那将是非常危险的。"

1949年10月下旬,以奥本海默为首的总咨询委员会召开会议,委员会最后提出了一份报告,这份报告认为,热核炸弹在军事应用方面的价值是有限的,它只能用来摧毁城市及其百姓。着手执行这么一个计划在政治上将给美国带来很坏的影响,它在全世界的形象将会受到损害。报告的最后部分是这么写的:

我们都希望,这些武器的研制能够通过某种方式得以避免。我们不愿让美国首先来进行这种研究。我们都认为,我们现在不应该竭尽全力地从事这方面的研究。

我们认为,不搞超级弹的决定将给我们一个绝好的机会,使我们可以具体地对战争的各方面予以限制,从而可以消除人类的忧虑,增加人类的希望。

他们的结论是:

这种武器的破坏性是无限的,因此它的存在以及生产这种武器的知识对整个人类都是一个威胁。由于这些原因,我们认为,美国总统必须告诉美国人民和整个世界:从基本的道德原则出发,我们觉得不应该发展这种武器。

科学家们反对继续大规模制造热核武器,当然出于多方面的考虑。1954年,在奥本海默案件的国会听证会上,一份备忘录讲述了当时科学家们反对氢弹的理由:

一个理由是,我们没有听说军方需要这样的武器。第二个理由是,氚同钚相比生产成本要高得多,生产每克氚的费用可能是每克钚的造价的80~100倍。

第三个理由同第一个理由有关。众所周知,炸弹的破坏力同爆炸威力不成正比,因此造一个大炸弹很可能是一种浪费。相反,数颗小炸弹所产生的效果将会更大。

还有一条理由:我们正在进行的裂变工作同正在争论之中的聚变工作之间有一个不同点,那就是裂变具有一些有益的因素,然而到那时为止人们从聚变中还找不出任何有益于人类的地方。

这只是问题的表面,而实际上,他们所质疑的是:美国需不需要制造这样一种可怕的武器?伤害世界人民的炸弹威力还得增加多少?难道敌人的军事目标大到需要用百万吨级的炸弹来摧毁?氢弹是否会引起美国与苏联的核军备竞赛?而一旦核军备竞赛形成,苏联拥有了氢弹,则美国由于人口密集度高于苏联,同他们相比,美国的城市更难以承受打击。这些担忧,与当年轰炸广岛和长崎是有关的。总咨询委员会的大多数成员都是曼哈顿计划的参与者,广岛和长崎的悲剧多多少少与他们有关。尽管硝烟已经散去,烧焦的尸体已被掩埋,但这两个被毁灭的城市所投射出的阴影压在科学家们的良心中,永远挥拂不去。

而支持氢弹制造的人,则坚持着这样的观点:氢弹是武器发展过程中很自然的步骤,如果美国不制造,俄国人也将采取这一步骤,甚至他们可能已经开始了这一步骤,随着技术的发展,这一武器成功的可能性在增加。热核武器是武器发展方面的一个飞跃,它对国家安全的意义十分重大。1949年11月29日,施特劳斯在写给杜鲁门总统的信中,以不顾一切地语气强调:"我认为,美国应该掌握任何潜在敌人所拥有的武器。正因为如此，我觉得如果我们单方面放弃敌人很可能会有的那种武器，那将是不明智的。"

特勒对反对的声音极为不满，认为："广岛使许多科学家感到不安，也使不少决策者的判断受到扰乱。"同时，特勒一直潜心于热核武器的研究，加上他对苏联威胁的恐惧心态，使他坚定地站在主张制造氢弹一方。当然，与政客和军人不同，特勒希望研制氢弹，不仅仅是为了政治和军事目的，他还带着一份科学家的执着。当后来有人问他为什么坚持要搞氢弹时，他的回答是："我不是一个百事通，但是如果出现一种新的可能性，我就想使这种可能性得到探讨和发展。应用同发展应该区分开来。今后情况怎样，我是不知道的。那时，我并不知道热核炸药将发展成为一种无污染的炸药，也不知道他们将来可以建设性地、和平地应用到一些项目中去。我相信科学和进步，相信可以找到解决的办法。我也相信下面这种可能性至少是存在的，即：我们所研制的东西将能够得到正确的而不是错误的应用。"

赞成制造氢弹的一派，主将是参议员麦克马洪和原子能委员会成员施特劳斯，而他们观点的科学依据则来自特勒。特勒从技术方面对氢弹作了估价，他没有夸下海口，保证氢弹一定会成功。他认为在实验之前，无法保证聚变就一定能够实现，为此，他提出了一个计划，按这一计划，第一次热核试验可以在1951年进行，试验的目的只是求证一个原理——如果用原子弹爆炸产生的高温来引爆氘和氚，聚变将会发生。特勒告诫说，即使这一实验成功，也并不说明氢弹就一定能制造得出来，但这一实验将大大地推进热核武器的研究，使制造氢弹成功的几率提高到50%以上。特勒对氢弹研制成功的乐观情绪，对那些主张制造氢弹的人士却是极大的鼓舞，赞成这一派意见的人也越来越多。原来未置可否的军方也开始倾向于主张制造氢弹的一方。国防部所属的研究和发展委员会主席卡尔·康普顿给杜鲁门总统的信，代表了这样的观点：

在达成一个充分的国际解决方案之前，我觉得：为了保证我国的安全，为了维护我们珍惜的那种文明，我们应该研制可能实现的那种最有威力的原子武器。我们可以"向上帝祈求这些武器制造不出来"，但我感到只要制成这些武器有一定可能性，我们就必须对这些项目进行研究和发展，因为我们意想中的敌人也可能正在进行这方面的研究。

科学家出于道德的原因反对制造氢弹，政治家和军人从政治和外交的角度出发，坚持氢弹的研制。而身为科学家的爱德华·特勒站到了科学家们的对立面。

面对两种不同意见的激烈争执，杜鲁门总统一度犹豫不决。然而一个偶然的事件使整个局面完全扭转了过来，这就是福克斯间谍案。克劳斯·福克斯在第二次世界大战期间是洛斯阿拉莫斯实验室英国工作组的成员，同特勒是好朋友。特勒对他的印象很不错，"福克斯在洛斯阿拉莫斯实验室内同人们的关系很好，因为他待人和气，给人帮助，而且很关心别人的工作，同他谈论有关的工作，令人感到轻松而愉快"。1950年1月，这位"待人和气、给人帮助"的科学家在英国被捕。福克斯供认，他曾经把美国核武器研究，包括他所了解的有关热核武器的物理理论和技术知识的情报交给了苏联。福克斯间谍案给杜鲁门政府造成了极大的压力。1950年1月31日中午，杜鲁门总统发表声明："作为武装部队的最高统帅，我的部分职责是使我国能够抵御任何可能的侵略者。因此，我已指令原子能委员会把有关各种原子武器的工作——包括所谓氢弹方面的工作——继续进行下去。"

卷入政治

爱德华·特勒重回洛斯阿拉莫斯,急切地开始了他的氢弹研制计划。计划的第一步是进行名为"温室"的系列试验。这次试验的目的是要证明液态氘和液态氚在原子爆炸产生的高温下将能发生聚变。

但是总统的声明,引起了科学界的轩然大波,许多科学家仍然保持着他们的反对态度。著名物理学家拉比就认为,杜鲁门总统的决定"是建立在非常荒谬的理论之上的","总统作了决定——而且公开予以宣布——要推行一个我们都认为不会成功的计划"。他指使"特勒不惜一切代价要干下去,要把行动置于总能使它成功这一信念的基础之上"。奥本海默也坚持他原来的看法,他曾私下对一些科学家说过:"这个东西是成功不了的。即使它成功,它的成本也太大;即使成本不大,制造它所需要的科学人才也太多;即使不需要太多的人才,它的体积也太大,无法运载;即使体积不大,能够运载,它将更有利于苏联,而不利于我们。所以,我们不应着手制造。"

《科学美国人》是一份有极大影响的杂志,在 1950 年 3、4、5 月出版的这份杂志上,有关氢弹问题的讨论占了很大的篇幅。路易斯·赖德诺尔在一篇名为《这种武器的理论背景》的文章中认为:氢弹是美国政府强加给美国人民的"一个有关公众政策的大问题,一个很可能会影响到我们国家存亡的大问题,仅仅通过纯粹的权力机构就决定了"。他对核聚变能否转变成和平的用途感到怀疑,认为:"聚变在目前来看除了进行爆炸以外不会有任何其他用途。"而且,他认为,由于氢弹具有巨大的爆炸力,因此它只适合于摧毁大的目标,因而在这种情况下,就用途来说,氢弹更有利于苏联,而不利于美国。他最终的结论是:"我们更为需要的是如何把我们已经能够制造的原子弹可靠地、准确地运载出去,而不是去研制更先进的、破坏力更大的炸弹。"

另外一些科学家尽管承认,威力无限的氢弹在理论上是可能实现的,但是他们从道德的角度,激烈地反对制造这种武器。汉斯·贝特是特勒多年的老朋友,他的观点具有代表性。他写道:"最重要的问题是道德问题,我们这些人在国际和国内一直都强调道德和为人正直,难道我们能让这种毁灭性的武器在世界上出现吗? 我们失去的将不仅是许多人的生命,而且是我们全部的自由和人类的准则。"他更担忧的是:美国制造氢弹的决定可能会促使苏联也这么干。贝特认为:"我们要造氢弹的决定很可能使苏联人也做出了同样的决定。所以我感到,即使一定要做出那么一个决定,也应秘密进行。"因此,贝特也认为把氢弹用作武器,是无益的:"它真能像某些人说的使战争经历一个革命性的变化吗?"他争辩说,裂变炸弹已足以使我们能够毁灭很多人了,聚变炸弹的作用只是使我们毁灭更多的人。他与 12 名科学家发表公开声明,对氢弹计划进行了指责:

"我们认为,任何国家无论它的事业具有多么重大的正义性,都无权使用这种炸弹。这种炸弹不再是战争的武器,而是灭绝整个人类的手段……我们要求美国……庄严声明:我们绝不会首先使用这种炸弹。"

德高望重的爱因斯坦也发表了一个声明,对那些反对研制氢弹的科学家表示支持,他指出:"如果氢弹获得成功,那么从技术上来说很可能就会造成大气层的放射性污染,地球上的一切生命会因此而灭绝……这样做越来越明显地会最终导致总的毁灭。"

面对同行们的激烈反对,特勒仍然坚持他的观点。1950年3月,特勒在《原子科学家通报》上发表了《回到实验室》一文,明确表明了他在科学和政治方面的信念:

从事原子弹工作的任何人无不怀有一种严肃的责任感。没有人愿意发明新的燃料使将来的战火烧得更旺。但是,科学家必须以谨慎的方式去研究尚难确定的未来。自然规律不是科学家创造出来的。科学家的任务是要了解这些规律是怎样起作用的以及人类怎样才能驾驭这些规律……至于是否应该制造和使用氢弹,至于该怎样来运用氢弹——这些都不是科学家的职责。就这些问题做决定的应该是美国人民和他们选出的代表。

每个科学家都应该有权力从事他自己愿意从事的研究,这是特勒坚持必须制造氢弹的一个理由。另一方面,特勒对苏联威胁的判断,比其他的科学家要严重。在这篇文章中,有两段话反映了他的这一看法:

我认为,我们当前面临的形势并不比1939年时安宁,认识到这一点是最为重要的。我们必须了解,纸上的计划并不等于炸弹;我们还必须了解,光是理想拯救不了民主。

氢弹不会自己产生,火箭和雷达也是如此。如果我们光吃二次大战的技术老本,那么我们将退居第二。我的意思不是要忽视研究或者教学。如果我们现在就干,那么有1/4的科学家来从事国防科研也许就足够了。在这方面的工作负担还可以通过轮流的办法减轻。如果我们耽误的时间太长,那么将来即使全部科学家都投入工作也不够用……

自然,特勒坚持认为,氢弹的研究不涉及道德问题。20多年后,当一切都已尘埃落定,特勒在回忆当时的那场争论时,仍然坚持他自己的看法:

"在经过了许多年发展以后的今天,如果有人认为我们摧毁苏联的能力也包含了'大屠杀'的意思的话,那么我感到这种想法是没有道理的。只要俄国人继续大力发展国防,那么这种想法将永远是没有道理的。

"确实,我对氢弹的好奇是我从事这方面的工作的一个重要原因。至于氢弹对未来将产生什么样的影响,我是不清楚的。作为一个科学家,另外也由于一些实际的原因,我想了解它的效果到底会怎样。有些人可能会认为这么做是不负责任的,因为他们装出一副能够展望未来的姿态。我觉得,我不相信哪个人能够预见到未来的事件。然而,有一件事我觉得是可以肯定的,即:俄国人很快将拥有氢弹。我这一个预言看来是有道理的。"

以后所披露的材料证明,特勒的预测是正确的。在美国进行"温室"试验之前,苏联于1951年初,实现了首次热核爆炸。美国不制造氢弹苏联就不会发展这方面的武器,这样的论点显然是站不住脚的。

特勒的主要工作不是为制造氢弹辩护,他的主要精力还是放在了研究方面。他的首要目标是要为他所设想的热核试验打下理论基础。在解决了一系列技术上的问题后,

1951年5月8日,"温室-乔治"试验在太平洋上的埃尼威托克岛进行,火球和蘑菇云再次升起,试验取得了成功。

严格地说,"温室"试验并不能算是一次氢弹或热核装置的试验,但是它表明了氢弹是能够制造出来的,更重要的是,这次试验的成功,意味着人类拥有了新的途径来获得能量。"温室"试验是在洛斯阿拉莫斯实验室的主持下进行的,许多人为这次试验做出了贡献。特勒对诸如"氢弹之父"之类的称号是不喜欢的,他曾一再地声明,氢弹是"众人努力的结果"。但是特勒在氢弹研制过程中的作用是极其重要的,他是这次试验的主要设计者。奥本海默是特勒长期的宿敌,但是在评价特勒为氢弹所做的贡献时,奥本海默是公正的:"所有这方面最为主要的发明者是特勒……整个工作不是一个人做的,但是特勒出了非常、非常好的主意,他后来继续不断地出了很多主意。""温室"试验为氢弹的制造奠定了基础。但是特勒对洛斯阿拉莫斯缓慢的工作进度极为不满。因此,他希望在洛斯阿拉莫斯之外,开辟第二实验室,专门从事氢弹的研制。他在华盛顿到处游说,希望能获得政府官员们的支持。但政府官员们都不置可否。

1952年初,一个新的机会出现在特勒面前。加利福尼亚大学的著名高能物理学家欧内斯特·劳伦斯邀请特勒到那里访问。2月2日,特勒同劳伦斯一同到了设在利弗莫尔的加州大学辐射实验室。利弗莫尔位于伯克利以西40英里的一个美丽的山谷中。劳伦斯告诉特勒,他支持成立第二实验室的计划,希望实验室设在利弗莫尔。他而且希望特勒辞去芝加哥大学的职务到加州大学来担任教授,这样他就能专心致志地主管他的氢弹研究了。劳伦斯表示:如果特勒能运用他的影响力使第二实验室设在利弗莫尔,他将大力给予合作,甚至他可以亲自负责来为实验室招募必要的人才。对劳伦斯的邀请,特勒一度有些迟疑。不是因为劳伦斯提出的条件不优厚,而是因为劳伦斯的政治态度。1950年,加州议会曾通过法令,要求所有公办学校的教授们必须在效忠美国的誓言书上签字,为此,一些不愿签字的教授们遭到了开除。加州最高法院最终宣布效忠宣誓为非法,那些被开除的教师也一一收到了复职的邀请。劳伦斯在这件事上的态度使特勒感到遗憾。劳伦斯不仅对那些不愿签字的教授进行威胁,而且还将他们的名字透露给小富尔顿·刘易斯。刘易斯是著名的电台评论员,在政治上属于极右,是臭名昭著的麦卡锡参议员的辩护士。特勒对劳伦斯与刘易斯之间的合作深为反感。尽管此时特勒在政治上明显地向右转,许多人认为他与劳伦斯属于同一战线,但实际上他们是有区别的。特勒的一些朋友也奉劝他不要去。恩里科·费米与劳伦斯之间的关系势如水火。冯·诺伊曼在对苏联问题上与特勒观点一致,对于劳伦斯也同样反感,他劝特勒:"爱德华,别同那些人混在一起——他们太反动了。"

然而,特勒没有什么选择余地。他曾希望把新的实验室设在芝加哥大学。从历史的象征意义上说,这个地点是合适的。1942年,原子时代就是在芝加哥大学的斯塔格球场的看台下揭开序幕的。但是,受到广岛和长崎原子弹爆炸的震动,特勒的同事们对核武器的研究不再感兴趣。特勒能够集中心思来研究他心爱的氢弹,并能受到大家欢迎的地方,也就是利弗莫尔了。在向芝加哥大学的同事们告别时,特勒心情十分复杂,说道:"我离开了绥靖主义,加入法西斯的队伍中去了。"1952年3月,利弗莫尔实验室由国家安全委员会创立,并得到了原子能委员会的确认,他在业务上从属于加利福尼亚大学领导,但经费主要来自原子能委员会。

特勒尽管离开了洛斯阿拉莫斯,到加利福尼亚去寻求他的新天地,但是他所开创的工作仍然得以继续。1952 年秋,"迈克"试验的准备工作已经接近完成。一个装有热核燃料和冷冻装置的巨大的圆柱体在埃尼威托克群岛的一个名叫埃卢杰勒博的小岛上兴建起来。这个装置非常庞大,足有 65 吨重,它是由特勒所构想与设计的。在那个装置里,热核材料(即液态氘和氚)被放在正中。在这两种氢的同位素的四周放上冷却剂,在冷却剂的周围再放上制造原子弹的裂变材料,最后,可裂变材料用普通炸药包住。当这一装置被引爆时,就会出现以下这样一个过程:普通炸药所产生的压力使裂变材料朝里压缩,使之达到临界质量并产生原子爆炸,这一爆炸又使热核材料受到压缩并获得高温,于是发生释放出空前巨大能量的热核聚变。"迈克"试验的成功之处,不在于它所用的材料,而在于它的设计。在此之前,人们无法为聚变的发生和持续提供足够的高温,特勒所设计的是一种裂变—聚变内爆炸弹。而特勒所设计的这一装置,排除了人类同热核聚变之间的这一障碍,这是一个巨大的突破,而且在技术上是极为完美的。"迈克"试验的威力究竟有多大? 这个问题直到今天还有争论。实际的情形现在仍属保密范围。人们最初在理论上预计,"迈克"试验的威力将达到几百万吨 TNT 当量,但爆炸时,火球扩展得如此之大,如此之快,以至把在 40 英里之外观看过多次核试验的科学家们都吓呆了。这颗炸弹的威力估计达到了 1000 万吨。当巨大的火球消失后,直径 1 英里的埃卢杰勒博岛不复存在,剩下的只是大海中的一个大窟窿。后人认为,"迈克"试验是有史以来第一次真正意义上的热核爆炸。这一说法是有道理的。65 吨重的迈克装置是无法运载的,因此它不能算是一颗炸弹。但是这一装置一旦成功,那就证实,可运载的氢弹是能够制造出来的。氢弹的一切基本设计构想在这次试验中都已完成,剩下的只是加以改进的问题了。

作为这一装置的设计者的爱德华·特勒却无缘亲眼看到他的作品,他已经离开洛斯阿拉莫斯了利弗莫尔,他只能在几千英里之外的加利福尼亚大学的一个地下室里,用一台地震仪,遥测他的作品所发出的信号。《圣经》中,摩西流落荒野 40 年不准进入迦南,他只能在远处遥望这个极乐世界。这一故事套用在特勒的身上,倒是比较合适的。氢弹的成功给予了爱德华·特勒以极高的名誉,但是正是因为他对于制造氢弹的执着,造成了他在科学家队伍中的孤立。

特勒与其他科学家因氢弹的研制而引起的分歧和对峙,到了 1954 年,因为奥本海默案件达到了白热化的程度。20 世纪 50 年代初期,美国在战后对苏联的失望情绪达到了顶峰,对苏联力量的增长也比以前任何时候都更为担忧。约瑟夫·麦卡锡参议员利用了这一情绪并加以大肆发挥,从而在美国燃起了一场仇视共产党的熊熊烈火。他把苏联力量的增强和共产党在中国夺取政权归咎于美国国内出了叛徒;苏联之所以掌握了原子弹,也是因为有美国的叛徒在递送情报。这一切当然事后被证明都是胡说八道,但在当时狂热的情绪下,许多美国人都信以为真。一系列的政治迫害也接踵而来。1954 年 4月,为美国原子弹的制造做出过巨大贡献的罗伯特·奥本海默受到了政治审查。奥本海默反对氢弹的研制也成了他的一大罪状。隶属于原子能委员会的人事安全委员会（即格雷委员会）开始了对此案的审理工作。奥本海默在科学家中具有很高的威望，在许多人看来，他是忠心耿耿、自我牺牲和学术自由的象征，因此，大多数的科学家都齐心协力地为他说话，他的处境更引起人们的广泛同情。

特勒也是奥本海默案的证人之一，他与奥本海默的长期分歧是尽人皆知的。他们的最主要分歧在于对氢弹的研制计划的不同观点。原子能委员会的一名官员在给其主席刘易斯·施特劳斯的备忘录中讲述了他与特勒的一段谈话。这份备忘录清楚地显示了特勒对奥本海默一案的态度：

特勒认为，不应该把那个案子提到政治上是否可靠的高度，因为他感到这么做缺乏依据。他对奥本海默的人生哲学有些看法，很难用言语表达出来。但他坚信，奥本海默并非不忠，更确切地说，他更像是一个"和平主义者"。

不过对于把奥本海默赶下台，特勒还是十分感兴趣的，因为这样他的热核计划就能减少很多的阻力。他甚至认为，在科学界有一个所谓的"奥本海默"体系，他们对热核计划的开展构成威胁：

特勒说，"大约只有1%以下"的科学家才知道真实的情况，才了解奥本海默在科学界的"政治"影响如此之大。因此"要在他的教堂里免去他的圣职"将是困难的。

特勒深深感到，那个"圣职"必须"免去"，否则——无论这次听证会取得什么结果——科学家们将会失去对热核计划的热情。

带着这样的心理，特勒在格雷委员会的秘密听证会上对奥本海默做出了极其不利的证词。特勒不认为奥本海默有对美国不忠的行为，但是他在政治上是不可靠的：

"我所知道的奥本海默是一个十分机敏和非常复杂的人。如果我硬是要对他的动机进行分析，那么我认为这么做是冒昧和错误的。然而，我一直认为——现在也这么认为——他对美国是忠诚的。在我看到有确凿的反面证据以前，我现在和将来都不会改变这一看法。

"我注意到奥本海默博士在很多事情上的表现——也可以这么说，我过去觉得奥本海默博士的表现——是很难理解的。在很多问题上，我同他的观点有着根本的分歧。坦率地说，他的行动在我看来是混乱和复杂的。就这一点来说，我觉得我们国家的重大利益最好还是掌握在我更为了解因而也更值得我信任的人们手中。从这个非常有限的意义出发，我想表达我这么一个心情：如果国家大事由别人来掌管，就我个人来说，我将会感到更加放心。"

奥本海默案在1954年6月29日审理完毕。美国原子能委员会根据格雷委员会的建议宣布：罗伯特·奥本海默是一个忠诚的美国公民，但在政治上并不可靠。特勒与奥本海默之间的这场争执似乎以特勒的胜利而告终。右翼势力对奥本海默的垮台兴高采烈，对于特勒则大加赞扬。1954年7月，《生活》杂志的一篇文章把特勒捧为"忠心的爱国者"。同年出版的一本名为《氢弹》的书更是巧妙地把奥本海默描写成了一个反面人物，而特勒则成了与这些反面人物斗争的英雄。他战胜了奥本海默，为氢弹的诞生扫清了道路。

然而，事情不是那么简单。正如一位不愿透露姓名的科学家所说的，"这件事造就了奥本海默，毁了特勒"。特勒的证词，引起了许多科学家的愤怒。对于大多数科学家来说，奥本海默是一位年长的、受人尊敬的导师，也是一个出色的科学家和无私的公仆，他曾经为自己的国家呕心沥血地进行过工作。他们对 20 世纪 50 年代初期美国社会所弥漫的反共狂潮和政治迫害感到愤慨。为奥本海默辩护的科学家们认为，奥本海默如同苏格拉底和伽利略一样，也是科学祭坛上的牺牲品。而特勒正是利用了这样的机会，对奥本海默反对氢弹研制进行报复，因而他不是一个正派的人。

在科学界，特勒遭到了孤立。奥本海默案审理完毕后不久，特勒前往洛斯阿拉莫斯参加一次学术会议。旧友重逢，人们往往都是很高兴的，但是特勒的老朋友们对特勒不理不睬。在以后至少 10 年的时间中，他不止一次地经受了这种遭人唾弃的滋味。因为在许多科学家看来，毁灭奥本海默的就是特勒。许多过去的老朋友与特勒形同陌路，而那些支持特勒的朋友们在这几年中也先后离开了他。恩里科·费米、冯·诺伊曼、欧内斯特·劳伦斯、西拉德、伽莫夫都在这一时期先后去世。这更加重了特勒的孤独感。奥本海默案之后，特勒所承受的内心痛苦是巨大的，不过他一直回避谈论这个问题。直到 20 年后，在一次不经意的谈话中，特勒吐露了他内心的积怨："一个人尽管离开了他的祖国和他生活过的大陆，离开了他的亲戚和朋友，但有一些人他总是忘不了的，这些人就是他的同事。要是这些同事中有 90% 以上的人对他突然改变了态度，把他看作是敌人和贱民，那么这不可避免地会对他产生影响。事实上，这种影响是很深的。我受到了影响，米茜受到了影响。甚至她的身体也受到了影响。"这种状况直到 1963 年，特勒在该年度的费米奖颁奖典礼上与奥本海默正式和解后，才有所改变。

自 20 世纪 50 年代中期开始，特勒就一直在东奔西走。据说，在正常情况下，他每星期只有两天在利弗莫尔，其余的时间，他奔波于华盛顿、纽约及美国各地，出席会议、发表讲话、拜访政界要人，甚至还要挤出时间到国外访问。他担任着至少 10 家国防工程承包公司的顾问，他还是 10 多个政府机构和组织的顾问。以特勒的天赋和在物理学上的造诣，他应该获得更高的学术成就。特勒所交往的那些同行，许多都获得过诺贝尔奖，他至少与不下 11 位诺贝尔奖获得者合作写过论文。他的学生中也有不少诺贝尔奖的获得者，如：杨振宁在获得博士学位以前，一直在芝加哥大学接受特勒的指导。但是特勒本人却与诺贝尔奖无缘。特勒认为，他在科学上的最大成就，在于对亚原子粒子方面的研究，但是他的成名却在武器制造——即氢弹的研制——方面。为了氢弹的诞生和使热核研究继续深入，他花费了太多的时间，而且这使他深深地卷入了政治斗争。在他看来，热核研究涉及国家利益，而凡是这方面的事务，他都应该积极地直接参与，他整天忙于给美国朝野有权势的人物出主意、提建议，对他们好言规劝，甚至与他们争吵。

作为犹太人，特勒并不是一个虔诚的犹太教徒，但是他对于犹太人的命运却越来越关心。20 世纪 60 年代，以色列已经成为西方重要的前哨，在这种情况下，他越来越感到他应该发挥一个犹太人应有的作用。他敦促和帮助特拉维夫大学建立了应用科学系和工程系，使该大学摆脱了局限于理论科学的倾向，并被选为特拉维夫大学理事会的成员。此后，特勒每年要去以色列两次，在特拉维夫大学讲课，担任以色列政府在科学基础工业方面的顾问,他提出了种种办法让该大学开设合适的课程,让工业部门充分利用大学的人才,从而使两者的合作达到了最理想的程度。1973年,他甚至担任了以色列科学基础工业理事会的一个委员会的主席,负责兴建特拉维夫工业园。

特勒对于应用科学是极其重视的。他认为,美国的基础科学已经发展到了一个相当的高度,但是人们对应用科学越来越不感兴趣了,"如果他们失去在这方面的兴趣,那么美国将失去技术方面的领先地位。就武器来说,目前的状况是很危急的,因为俄国人正在赶超我们。在民用经济方面,可以说情况也是如此。我们将要落后到西欧——特别是德国和日本——的后头去了"。他对于正在兴起的环保主义特别反对,认为,"如果我们的兴趣被声称要回到大自然去的口号所代替,那么我们迎来的将不是大自然,而只是中世纪"。他在利弗莫尔建立了应用科学系,进行受控聚变、材料性能、激光和其他尖端技术的研究,这是一门"不受重视但却是很急需的学科"。

20世纪50年代后期,禁止核试验的运动正在日益壮大。1958年10月,美苏英三个核大国在日内瓦开始谈判,准备起草一个禁止核试验的条约。经过长期艰苦的谈判,条约终于在1963年8月签订。特勒是坚决反对禁止核试验的。他认为,"停止试验这种办法将产生灾难性的后果。在军事上我们仍占优势的只剩下核武器这一方面了,停止试验将成为俄国人使我们丧失最后这个优势的有效工具"。同时,他认为,所谓禁止核试验只能是纸面上的,苏联在一些偏远地区进行的试验,尤其是地下核试验,是难以监察的。他在给英国一名海军将领的一封信中表示了这样的担忧:

我对我们正在倾向同意禁止核试验这一点感到担心。现在已经可以断定:进行地下试验以及在星际空间进行试验都是可行的,这些试验在很大程度上可以被隐蔽起来。战术性武器的试验毫无疑问地也可以秘密进行。因此,试验的停止只会是单方面的。如果俄国真是打算秘密进行试验,那么要不了几年它在核打击力量方面就会遥遥领先。

在不断地重复苏联核武器的发展对美国造成威胁的同时,特勒还认为,美国还必须拥有足够的防卫力量,美国必须对苏联的第一次核打击有足够的防卫能力,特勒早在20世纪50年代的末期就提出了这样的观点。1957年2月的国会政府活动委员会的听证会上,特勒提出了他的想法:如果美国对苏联的核打击有所准备,那么对方进攻的可能性就会大大地减少。苏联有十分完善的防卫计划,一旦面临核打击,它能在48小时之内将大城市中的居民全部疏散。但是特勒不主张美国也搞类似的计划,因为他认为,实行城市人口疏散不仅会产生不战而败的效果,而且会造成极大的混乱,因此美国应该发展一种"完善的防卫体系",使美国在遭受苏联的核打击的时候,能够有效地自卫,能够拦截苏联的热核导弹,甚至是多弹头再入大气层导弹。

对苏联的态度,特勒是十分强硬的,甚至一些人认为他得了反苏妄想症。他对苏联抱有很深的成见,总是采取怀疑的态度,他不断地举出苏联人可能会采取的种种欺骗手段,甚至认为:"只要苏联人有进行欺骗的可能,他们就会进行欺骗。"他认为,如果苏联在军事力量上会超过美国,将意味着危险和困难。

特勒极端右翼的政治倾向,引起了青年一代的强烈不满,尤其在20世纪60年代越南战争以后,特勒更成为左翼青年的声讨对象。1970年11月初,激进的学生们在加利福尼亚大学内广泛散发着一份传单,传单的上方用黑体字醒目地写着:爱德华·特勒——战犯。传单的正中是一张特勒的照片,照片上特勒的形象看上去格外的阴暗、粗野和凶狠。传单上列举了他的罪状:

在第二次世界大战期间研制原子弹。

氢弹之父。

对利弗莫尔实验室的建立要负主要责任。

军备竞赛的主要鼓吹者。

核讹诈的主要鼓吹者。

第二次世界大战以来,他一直为华盛顿的官员——包括尼克松总统在内——充当鹰派顾问。

传单上的这些"罪状"虽然言语尖刻,但也道出了一些实情。确实,特勒在对苏联的战略上,是一名典型的鹰派人物。

不过,特勒并没有因为这些反对的声音而改变他的立场。1981 年,特勒以逾古稀之龄,再次出山,积极奔走,为美国与苏联的军备竞赛出谋划策。他联合了几十名科学家,向里根政府提出了一份名为《高边疆:国家生存的战略》的报告,认为,利用现有的和潜在的太空技术,可以在 21 世纪建立确保美国安全的战略防御系统,从而夺取对苏冷战的全面优势。里根政府接受了这一建议,1983 年宣布,将实施《战略防御倡议计划》,用来抵御苏联大约 3500 枚导弹,以图使核武器变成"不起作用的、过时的"东西。这一计划在全国引起了激烈的争论,被美国国内的反对派戏称为"星球大战"计划。"星球大战"计划使苏联陷入了进退两难的境地,为追上美国的步伐,它每年要耗费数 10 亿的美元来采购军备,终于导致了经济的凋敝,被最终拖垮了。

特勒是一个复杂的人物。他是一个出色的物理学家,一名好教师,这一点即使特勒的政敌也从来没有否认过。但是,二战以后,特勒游离出物理学研究领域,越来越深地卷入美国国内外政治斗争的漩涡。只要我们回头看看他留给世界的一件难以评论的作品——氢弹,和世界武器库中形形色色的核弹头,我们就会想起特勒,因为这些武器源于特勒的奇思妙想。核武器留给我们的,是至今无法解开的两个谜:核战争可能造成人类的巨大灾难;核大国也有可能在核威慑下形成恐怖平衡,放弃武力,转而探求缓和以至和平。这两种可能性的存在,恰恰反映在爱德华·特勒科学研究和政治活动的两个方面。对这样一位人物,做出一个绝对的评价,实在是很困难的。所以,特勒的一生毁誉参半,也在情理之中。

原子弹之父

——罗伯特·奥本海默

人物档案

简　历：著名美籍犹太裔物理学家、曼哈顿计划的领导者，美国加州大学伯克利分校物理学教授，被誉为人类的"原子弹之父"。1927 年进入哈佛大学化学系。1940 年成为原子弹研制计划的总负责人。1941 年被选为美国科学院院士，曼哈顿计划期间，1943 年奥本海默主持创建了美国洛斯阿拉莫斯国家实验室并担任主任，而后于 1945 年 7 月主导制造出了世界上第一颗原子弹。第二次世界大战后，奥本海默曾短暂执教于美国加州理工学院，之后来到美国普林斯顿高等研究院（IAS）工作并担任院长（1947 年～1966 年）。1967 年 2 月 18 日，奥本海默因喉癌于美国新泽西州普林斯顿市去世，享年 62 岁。2006 年 12 月，奥本海默被美国的知名杂志《大西洋月刊》（The Atlantic）评为"影响美国的 100 位人物"第 48 名。

生卒年月：1904 年 4 月 22 日～1967 年 2 月 18 日。

安葬之地：遵遗嘱火化，骨灰撒到维尔京群岛的大海里。

性格特征：没有私心，具有贡献品质，忠厚平实，真诚坦白，不骄人，没有小心眼，拔尖又锋芒毕露。

历史功过：最早提出"黑洞"概念，主持第一颗原子弹的制造，领导曼哈顿计划。

名家评点：派斯评价说："他的任何贡献都足以标志奥本海默作为一个最杰出的科学家，我们记住他是 20 世纪最杰出的人物之一。"

早年经历

在纽约河滨大道有一幢俯视哈德逊河的高大建筑,这里环境幽雅、景色宜人,房间里摆放着精美的欧洲家具,墙上挂着维亚尔和梵高的名画,这是一个典型的美国中产阶级的居住区。奥本海默在这座大楼的第11层的一套公寓里度过了他的童年。

1888年,罗伯特·奥本海默的父亲,17岁的朱利叶斯只身从德国来到纽约闯世界。最初,他在一家专门为成衣业进口布料的商行打工,以后开设了自己的公司,30岁时已经成为一位相当富裕的实业家。他衣着整洁、知识渊博、爱好艺术,是一个风度翩翩的绅士。朱利叶斯在一个艺术展览会上认识了画家爱拉·弗里德曼,她也是欧洲犹太人的后裔。1903年,朱利叶斯和爱拉结为夫妇。奥本海默一家给人以一种端庄、华贵的感觉,他们的朋友在谈到对这一家人的印象时说:"爱拉是一位品德高尚而感情内向的妇女,在餐桌上或其他场合举止优雅,雍容大方;朱利叶斯是一位非常可亲的人,与人相处时总力图使人愉快,他心地十分善良。家中的陈设看上去华丽而又简朴,处处使人感到舒适、人时而令人喜爱……然而,他们家总使人觉得有点感伤:在那里带有一种忧郁的情调。"罗伯特·奥本海默就是在这一生活方式极其正派的家庭中长大的,以致他无从沾染任何恶习,用他自己的话来说,长成了一个"乖得令人害怕的小男孩"。

奥本海默的双亲虽然都是犹太人,但他们摒弃了正统的犹太社交圈和生活方式,因此,罗伯特·奥本海默和他的弟弟弗兰克都被送入了纽约道德文化学会主办的德育学校上学。这所学校的创办人是阿德勒博士,他的教育理论是以尊重人的个性为出发点的。他相信人并不需要某种信条来使自己的生命有价值,也不需要依靠神学作为判断是非的标准,他认为,人应当自己形成对待未知世界以及人生奥秘的观点。阿德勒博士的这种价值观念无疑对奥本海默这位严肃而又十分聪明的高才生产生了相当大的影响。5岁那年,奥本海默回德国故乡旅行,祖父送给他一批矿物标本,从此,他有了一个特殊的爱好——研究矿石,11岁时,他就成了纽约矿物学俱乐部的会员,并发表了他的第一篇论文。

但是,这样的家庭背景也养成了奥本海默孤僻的性格。他彬彬有礼,勤奋好学,但同时却骄傲自大,几乎从来不笑,他童年的一位朋友回忆说:"我们虽然常常在一起玩,但却并不亲密。他总是对他正在做的或正在想的事情出神。"他的这种固执的脾气使他脱离了同龄的伙伴。他不喜欢运动,以至学校的老师经常批评他逃避体育活动。有一次,奥本海默受到了学校的通报批评,因为他从不走楼梯上下楼而非要坐电梯,经常因为等电梯迟到而影响上课。父母试图鼓励他进行户外运动,但他都不感兴趣。父亲教他打网球,结果他打得很糟,并从此厌恶球类运动。尽管奥本海默非常不喜欢运动,但却十分喜欢冒险。他常常会独自一人进入山区进行地质考察,他对航海十分在行。他们家在长岛的海边有一座度假别墅,父亲专门为奥本海默兄弟买了一艘单桅帆船,奥本海默常常驾着帆船穿过峡口进入波涛汹涌的大西洋。一次,他驾船出海,遇上了风浪,整整与海浪搏斗了 5 个小时,才把船开回来,朱利叶斯对儿子的鲁莽十分焦急,甚至通知了当地海关巡逻队到海上去寻找他,但当他回家后,却一句责备的话也没有说。还有一次,他利用回德国的机会,一个人跑到哈尔茨山区采集矿石,结果得了严重的痢疾,这场重病引起了结肠炎,使他一生都受到消化不良的毛病的困扰。

奥本海默中学毕业考试的成绩是 10 门课程全部"优秀",优异的成绩使他得以进入哈佛大学化学系。在大学期间,他读书十分用功,用 3 年时间学完了 4 年的课程。他废寝忘食,每天早晨 8 点就进入了实验室,只在午餐时才稍停片刻,啃一片涂上花生酱和巧克力的夹心面包。由于过分沉迷于学习,他与同学之间的关系疏远了,据他的同学回忆,在哈佛的 3 年中,奥本海默从来没有陪一位姑娘出去玩过。"他发现自己很难适应社交活动,因此我认为他经常是不愉快的。他非常孤独,与周围的人们难以相处。我们虽然是好朋友,但他缺乏某种品质,也缺乏我们通常具有的私人感情的相互交流;他与我们之间只有理性上的交往,可以说完全是这种理性关系……"他学习化学,但是在即将结束大学课程的时候,他选修了著名实验物理学家帕西·布里奇曼的高等热力学,这门课触动了他心灵深处的哲学家气质,改变了他的一生。他被这位教授的课程深深打动,第一次对物理学发生了兴趣,他感到物理学不像化学那样过分偏重于实用,而是偏重于基本理论,他认为:"这是一门研究自然规律与秩序的学科,它探索物质和谐地存在与运动的根源。"

1925 年,在布里奇曼的推荐下,奥本海默来到英国剑桥大学卡文迪许实验室继续深造,这里是世界上最著名的物理研究中心之一。但是奥本海默在哈佛学的是化学,他必须补习理论物理和数学,以弥补他在哈佛大学学历上的不足,同时,他还被安排参加汤姆森教授所领导的一项实验计划——制作一种用于研究电子穿透能力的极薄金箔,繁重的学习使他感受到巨大的压力,一度心情十分沮丧。不过,他的目光很快被当时迅速发展起来的理论物理所吸引,在这一领域,奥本海默找到了适合自己兴趣的新天地,他决定接受马克斯·玻恩的资助,到哥廷根大学去继续他的学业。哥廷根大学也是世界物理研究的中心之一,所不同的是,剑桥大学偏重于实验物理,而哥廷根大学偏重于理论物理。这一决定对奥本海默的一生有重大的影响,他回忆道:"当我决定到哥廷根去时,我对自己的各方面都感到担心。但我心里明白,如果有可能的话,我最好从事理论物理工作……我对于能摆脱实验室工作感到非常高兴。我在实验室里从来就做不好工作;别人对我不满意,我自己也不感兴趣;我感到这些事只是别人强迫我去做的。"恰在此时,他在量子力学方面的第一篇论文《关于振动—转动谱带的量子理论》发表了,它证明了根据新的量子力学理论可以确切地得出分子带光谱的频率及强度;紧接着,他发表了第二篇论文《关于类氢原子的连续态跃迁》,他提出了连续谱的问题,并且讨论了在连续谱的情况下,如何将波函数归一化。两篇论文都发表在剑桥哲学学会的学报上。论文的发表使奥本海默大为振奋,加强了他的自信心,也使他在理论物理学界小有名气。他发现,哥廷根大学的学风很适应他的特性,在那里的学习使他感到如鱼得水,由于量子力学是一个新的研究领域,教授与学生都相互学习,无拘无束地进行讨论,这正是像他这种思维敏捷的美国人的理想工作环境。

　　不过,在交朋友方面,奥本海默还是没有任何长进。当时,在哥廷根学习物理的学生,年龄没有超过25岁的,而奥本海默比他们还年轻,仅有22岁,又长得面嫩,因此,被戏称为"神童"。每当开讨论会时,"神童"奥本海默就会成为众矢之的,因为他的发言常会滔滔不绝,喜欢独占讲坛,以至他的同学们不得不向教授呼吁,对"神童"高谈阔论加以限制。奥本海默家庭十分富有,而他自己从来不知道掩饰,因此出手十分阔绰,其他学生花钱买书都感到困难,而奥本海默则想买什么书就买什么书,而且有些书还是书店专门为他装订的。奥本海默彬彬有礼,出名的举止高雅,使得其他的同学与他相比,犹如没有教养的粗鲁人,而且奥本海默无法容忍别人粗俗的举动和愚蠢、虚伪的言辞,一旦他认为旁人的谈话太庸俗时,他会毫不客气地打断他的发言。奥本海默交友十分挑剔,只有那些智力上与他相当或高于他的人,才可能成为他的挚友,在哥廷根期间,他最要好的朋友是保罗·狄拉克,后者10年后获得了诺贝尔奖。他们经常待在一起,全部时间几乎都用来讨论物理问题。奥本海默的骄傲和美国优越感,曾激怒了不少的同学,但他总是我行我素,他的同学评论道:"奥本海默的思想过于敏捷,他老是把对手置于不利的地位。而且,该死的是,他往往是站在正确的一方,或者至少是相当的正确。"

　　哥廷根的经历,使奥本海默在学业上有了很大的长进,1927年,他同玻恩合作发表了题为《分子的量子理论》的著名论文。他们证明了在研究分子时,可以将问题分解为电子绕固定的原子核的运动和原子核的运动(振动和转动),加以分别描述。他们提出的玻恩—奥本海默方法成为量子论的经典方法,至今仍是研究分子光谱的基础。直到1929年,奥本海默的主要兴趣仍是连续谱理论。这是一个过去从未探索过,由他所开辟的并为他首先掌握的领域。他除了发展连续谱本征函数归一化的方法外,还计算了跃迁概率,计算了X射线在氢原子中引起的光电效应。这些计算,即使在今天看来也是异常复杂的。尽管他的计算后来又做了改进,但他仍正确地得到了X射线在K吸收限附近的吸收系数及其对频率的依赖关系。当时令人不解的是,尽管他的理论和X射线吸收系数的测量结果符合得很好,但却和太阳中氢的不透明度不一致。后来才知道,这是由于当时对太阳大气知识的局限性所造成的。当时误以为太阳大气和地球大气一样,是由氧以后的较重元素组成的。直到许多年后,斯图姆林格提出太阳大气的主要成分是氢,才解开了这个谜,从而奥本海默的计算结果就与天体物理的计算数据一致了。现在计算不透明度,主要仍是按奥本海默的方法,这是对恒星内部情况了解的主要内容之一。同时他还计算了电子在原子核场中发出的韧致辐射。他最具有独创性的贡献是关于场致发射的理论,这是由势垒穿透引起的效应的第一个例子。奥本海默发展了一套非正交态的微扰论并用它计算了氢原子在电场中的蜕变,随后他又把他的结果应用到所观察到的强电场中金属表面萃取电子的现象。

　　由于奥本海默那瘦长的身形、漂亮的蓝眼睛和卷曲的黑发,这种"拜伦型"的外表与绅士风度,以及智力上的出类拔萃和人格上的独特魅力吸引了不少女孩子,奥本海默与其中一位芳名为夏洛蒂的女孩交往甚密,他们是在火车上认识的,奥本海默用最传统的方式向夏洛蒂求爱,整天围着她转,体会她最微妙的暗示,满足她的一切要求,甚至到了谈婚论嫁的地步,但是这段恋情仅维持了一年多,夏洛蒂发现奥本海默不够成熟,他的双亲对他过于娇宠，而且过分琐细地干预他的私生活，而奥本海默根本不愿意向她谈论他过去的历史，并且认为夏洛蒂的许多问题有违礼仪，因而他们的关系渐渐疏远了。

读书、恋爱，奥本海默在德国的生活基本上还是愉快的。但是他对于德国却也有另外的看法："虽然这个国家十分富有，并显得对我十分温暖与有益，但这些都受到一种令人难堪的德国情调包围——痛苦、沉闷以及据我看来还带有不满与愤怒的情绪；这些情绪交织在一起，将会导致一场大灾难。我个人深深感觉到这一点。"也许正因为这种感觉，奥本海默十分思念家乡。1927年春天，由于奥本海默忘记了注册，使他失去了取得博士学位的资格，大学当局给予了他一个名誉博士学位。于是奥本海默起程返回了美国。

奥本海默回到美国后的一段时间，收到了不少大学的聘书，在众多的机会中，他选择了一所西海岸的大学——加州大学伯克利分校，职务是助理教授。这所学校对他具有特殊的吸引力，正如他所说："那儿还是一张白纸。伯克利没有理论物理基础，我可以从头开始干一番事业。"同时，伯克利分校还同意他每年春季到加州理工学院从事一段教学工作。从1929年到1942年，奥本海默都是在伯克利和加州理工学院度过的，这是他科学研究工作的全盛时期，他的绝大部分创造性的科研论文都是在这个时期发表的。

在加州工作期间，奥本海默发现了自己的一些数理知识的欠缺，特别是数学基础不足，因此他在获得了国家研究基金的资助后，再次到欧洲进修了一年。这次，他去了苏黎世，与著名物理学家泡利共同进行研究工作。泡利一生都强调要研究物理学最前沿的问题，这对奥本海默产生了深远的影响。和泡利相处之后，奥本海默的兴趣转到了物理学中更为基本的问题上。这时，量子力学已经比较成熟，物理学的前沿已经转移到狄拉克的相对论量子力学和量子电动力学，这也就成了奥本海默这一时期的主攻方向。

早在1930年，奥本海默的一篇重要论文，实质上就预言了正电子的存在。在此以前，狄拉克根据自己的电子相对论性方程存在负能解，提出了空穴理论，指出空穴为与电子电荷相应的带正电粒子，他认为这粒子就是质子。奥本海默根据对称性的分析，令人信服地论证了这个带正电的粒子，不可能具有质子的质量，而应该具有电子的质量。这意味着在1932年安德森从宇宙线中发现正电子以前，奥本海默就预见了正电子的存在。可惜当时奥本海默并没有做出这个结论，原因是他在研究 ThC″γ 射线的反常吸收问题中，他和他的学生算出的相对论性光电效应与实验不符，一项失误导致了他怀疑狄拉克方程在能量高于 mc^2 时的正确性。不过他确认电子不是质子的反粒子，而质子应有其自己的反粒子，从而第一次预言了反质子的存在。

1931年，奥本海默试图像狄拉克对电子所做的那样把光子的理论线性化，得到光子的一阶微分方程，但没有成功。但在这过程中，他认识到具有整数和半整数自旋的粒子，其理论结构是不同的，这个不同后来成为泡利证明自旋和统计关系的基础。

20世纪30年代初，加州理工学院的实验物理学家们正热衷于研究宇宙线。奥本海默一贯主张理论物理应该和实验研究紧密结合，他和他的学生卡尔森一起，为了探索宇宙线的强大穿透性，计算了相对论性电子的电离损失，但计算结果否定了电子是贯穿成分。在安德森发现正电子后，1933年奥本海默和他的学生普莱塞特第一次对 γ 射线引起的电子偶的产生机制，给予了正确的描述，并且证明了他们的理论对 ThC″γ 射线在重元素中的过剩吸收能够做出定量解释。稍后,他又将电子偶产生的理论扩展到宇宙线簇射理论。奥本海默和他的学生卡尔森和斯奈德发展了一个非常精致的关于宇宙线空气簇射多重性的数学理论,被誉为对物理现象作数学描述的杰作。

在相当长的一段时间里,由于当时以为在海平面的宇宙线主要是电子和正电子,宇宙线的实验观测中出现了矛盾。奥本海默怀疑量子电动力学在能量大于 $137mc^2$ 时会失效。这种思想支配了他,为此发表了不少文章,直到 1937 年发现这些粒子是 μ 子而不是电子后,这矛盾才解决。实际上后来证明,比这再高的能量,量子电动力学仍然有效。奥本海默的怀疑给他在量子电动力学方面的工作带来了不利的影响。

1934 年,他在把电子和正电子看作处于同等地位的基础上,发展了狄拉克方程的场论形式,这篇论文实质上包含了电子—正电子理论的现代形式。他发现,所观察到的电子电荷并不是真电荷,从而预示了电荷重正化。他还指出了在强电场中形成的虚正负电子偶的真空极化效应,类似的概念狄拉克等人也讨论过,但是真空极化最明显的计算是由奥本海默和他的学生尤林做出的。

1937 年,当安德森等人从宇宙线中发现 μ 子后,奥本海默提出:能贯穿到海平面的宇宙线中的硬性成分是由 μ 子组成,而软性成分则按已取得成功的簇射理论,是由电子和正电子组成。奥本海默立即转而研究这种 μ 子的性质,他和他的学生们证明了这种介子的自旋不能等于 1 或更大。

他研究了大气上层初级宇宙线中介子的产生问题,提出:贯穿的带电介子和其他粒子,应该是在大气上层产生,其寿命很短,很快衰变成 γ 射线,从而构成宇宙线中的软性成分。1947 年,他在 π 介子被发现前就假定了这些中间粒子是中性 π 介子(π^0)。

在理论物理学研究方面,奥本海默做出了许多优秀的成果,许多诺贝尔奖获得者都承认,奥本海默是当代最聪明的科学家之一。但是他从来没有能够进入诺贝尔奖的最高水平科学家的行列,这是因为他的独特性格所决定的。奥本海默的一位学生认为,他在研究中不成体系,恰恰是他教学上获得成功的原因,"他博学多才,但不求甚解。他不愿意集中精力去钻研一个具体问题。他具有这样的才能,但却缺乏必要的耐心"。奥本海默研究的课题很分散,他似乎更擅长于评论别人的成果,而不是自己发表独创性的见解,他特别善于理解别人的创造性思想的实质并加以发挥。因此,奥本海默不仅是一个研究成果丰富的科学家,他更是一名受学生欢迎的成功的教师。

刚开始在伯克利讲课时,奥本海默的教学工作极其失败。他对学生估计过高,以致学生们常常抱怨他讲课速度太快,听不明白,许多学生不得不向物理系主任反映意见。但是,两三个月以后,奥本海默开始了解了他的听众,放慢了速度,肯在课堂上花力气把各种概念之间的关系讲清楚。尽管后来他并没有成为讲课受到普遍欢迎的教师,但是一小批最优秀的学生被他吸引了,他们认为奥本海默是前所未有的最能引人入胜的教员,他的讲课极富启发性,他传达给学生的不仅是物理学逻辑结构之美,而且是对物理发展的激情。甚至有些学生不止一遍地选修他的课程。对此,奥本海默自己解释道:"在开始阶段我并不是在讲课,也没有想吸引学生,而实际上只是在宣传一种理论,即量子理论。我非常喜爱这种理论,还在不断地研究它;这种理论的全部内容还并未被人们完全认识,但它确实是异常丰富的。"

奥本海默为人处世的苛刻，也是他与诺贝尔奖无缘的原因，他在同辈人中，不是十分讨人喜欢的人物，他对同行的尖刻讽刺，常常使人下不来台而心怀怨愤。一次，在哥廷根教过奥本海默的老教授詹姆斯·弗兰克到伯克利做题为"量子力学的根本意义"的讲演，同时参加奥本海默主持的课堂讨论，在讨论时，他提了一个不是很恰当的问题，奥本海默对他也毫不客气："我不想讨论什么'量子力学的根本意义'，不过刚才你的这个问题提得实在愚蠢。"还有一次，日本科学家汤川秀树到伯克利访问，奥本海默邀请他向研究生们介绍他最新发现的粒子——介子，但是，汤川讲了没有几分钟，奥本海默可能认为他自己的理解和讲解比研究者本人更好，就打断了汤川的话头，自己讲了起来，把汤川撇在一边发愣。

但是，奥本海默和学生之间的关系却非同寻常。他不仅以他的讲学感染着学生，而且，在课堂以外的日常生活中也是他们的楷模。奥本海默在欧洲留学4年，曾经向当代的许多最伟大的物理学家学习，并与他们共同工作。他从这些科学巨匠那里不仅学习了许多新颖的概念，同时在他的生活的各个方面也彻底地被"欧化"了。他熟知各种欧洲名酒与佳肴，通晓中世纪的法国诗篇。他甚至学习了梵文，为的是阅读东方古代哲学书籍。从任何标准衡量，奥本海默都称得上是富于教养而又博学多才的风雅之士；而且他家境殷实，收入充裕，足以使他的种种爱好变成现实。因此许多学生都喜欢和他接近，并崇拜他。奥本海默的一位同事曾评论说："罗伯特很难与他水平相当的人处好关系，他只尊重一两位像爱因斯坦那样伟大的科学家。但他最喜欢有一批崇拜他的学生围着他团团转。"

从奥本海默开始当教师那时起，在他的周围就聚集了一圈密友，一般说都是他的最有才能的学生，其中许多人都不自觉地模仿奥本海默的举止和癖好，他们学奥本海默那样懒洋洋地散步，模仿他掏打火机为别人点烟的特别姿势，甚至发展到学他讲话的习惯，当别人讲话的时候，奥本海默常用带着德国音的口头禅搭腔"是的，是的"，他的许多学生也养成了同样的习惯。这个圈子里的人举止简直成了当时伯克利校园内引人注目的一种时尚，人们很容易从他们的风度上识别谁是奥本海默的学生。这些学生与奥本海默形影相随，奥本海默让他们乘坐自己的汽车，开到华贵的"海鲜饭店"去进餐，他把这一切都看作是全面教育的一部分。他向学生们介绍各种名酒，以及各种佳肴的烹调方法。在冬季，这批学生跟随奥本海默到加州理工学院去参加他的短期教学活动。在夏季，这批学生又应奥本海默的邀请到他的农庄度假。在局外人看来，他们是一个特殊的小圈子。许多人认为，他们高谈阔论，对物理学和其他文化问题评头论足，实在是有些狂妄自大。但是，奥本海默从来不顾别人的议论，仍然坚持他的一贯作风，我行我素，而那一大批聚集在奥本海默周围的优秀青年，后来大部分都成为美国物理学界的中坚。

1930年，随着实验物理学家欧内斯特·劳伦斯的到来，加州大学伯克利分校的物理系更出名了。1930年9月，劳伦斯研制成了世界上第一台"回旋加速器"，它能使荷电的原子核在磁场内不断地回旋并被加速，高速粒子最后打到一个原子靶上。这样的轰击所产生的原子核碎片，可以提供有关原子核内部结构的线索。这种机器在当时是空前昂贵的科学研究设备,完全依靠劳伦斯的无比热情与非凡活动能力才保证了这项计划所需要的资金。劳伦斯的发明,也为奥本海默提供了一个继续扩大他的研究领域的平台,从1933年起,奥本海默和他的学生们转向了实验原子核物理领域,他计算了质子和原子核碰撞的激发函数,从而大大帮助了对实验结果的解释。1935年,奥本海默做出了在这一领域最重要的贡献,他和菲利普斯合作,计算了所谓"奥本海默—菲利普斯过程",既一个氘核进入一个重核后,分裂成一个质子和一个中子,其中一个粒子被核截住,而另一个粒子则重新发射出来的过程。他们对这一重要的过程,第一次作了定量的描述,成功地解释了劳伦斯等人实验的结果。这在战后成为研究核能级及其性质的重要依据。这个时期奥本海默发表了一系列的论文讨论轻元素的核反应,其中他指出了同位旋选择定则作用的第一个证据。1938~1939年期间,奥本海默对天体物理和广义相对论发生了兴趣,他和沃尔科夫合作发表了有关中子星,以及有关引力塌缩的重要论文。1940年和1941年,他致力于介子理论的研究,他试图处理考虑到惯性和辐射阻尼效应在内的强耦合问题,在一篇论文中,他将强耦合理论应用到赝标量介子,并预言了激发能稍低于介子静能的原子核同量异位素的存在。

劳伦斯的性格虽然在许多方面与奥本海默恰好相反,他爱好运动,并喜欢看电影,他是一个地地道道的实验工作者,然而,他们在科学上却是挚友。他们相互支持,劳伦斯为理论物理学家们提供了进行理论工作所需的数据,而以奥本海默为首的理论物理学家们又反过来对劳伦斯的实验工作方向提出建议。他们之间的这种密切合作取得了丰硕的成果,取得了许多极其重要的科学成就。在此以前,美国在理论物理方面尽管也有杰出的代表人物,但在世界上却没有什么地位,远远落后于欧洲,正是由于奥本海默和劳伦斯的合作才把美国的物理学推向了高峰,在10年之内,伯克利成为国际闻名的物理学主要中心之一,并在奥本海默的指导下,一大批学生获得了博士学位,继而成为当代最优秀的理论物理学家。到20世纪30年代末,美国已经不再需要把有培养前途的大学生送到欧洲物理学中心去深造了,他们可以在伯克利或加州理工学院完成他们的学业。

身陷指控

1936年以前,奥本海默对政治是漠不关心的。在他的公寓里没有电话也没有收音机,他从来不看报纸,不读杂志。劳伦斯曾讲过这样一桩轶事:奥本海默居然对席卷全球的1929年华尔街股市风暴一无所知,直到半年后劳伦斯和他聊起这件事时,奥本海默才第一次听到这则"新闻"。奥本海默自己解嘲道:"我感兴趣的是人的本身与人的经验,但我对于人与社会的关系则毫无所知。"不关心政治,是科学家的通病,而早年的奥本海默在这方面尤其突出。但是,人们有时无法决定自己的生活,30年代以后,奥本海默不仅卷入了政治,而且陷入得很深。

有两件事冲击了他,唤醒了他的政治觉悟,一是他留居在德国的亲属直接遭受到纳粹党反犹太运动的迫害,从而激起了他的"满腔怒火";二是美国陷入经济大衰退,对他的许多学生毕业后的就业产生了严重的影响。奥本海默认识到："通过这些事件，我开始懂得人们的生活是如何密切地受到政治与经济状况的影响。我开始感到有必要进一步参加社会活动。"但是，当时的奥本海默没有"任何政治信仰或政治经验"，在政治问题上必须依靠别人指点。一位与他热恋中的姑娘成了他在政治中的指路人，把他引进了左派政治活动的天地。琼·塔特洛克是伯克利一位中世纪文学教授的女儿，是一个共产党员。在琼的引导下，奥本海默参加了许多左翼的政治组织，如"中国人民之友社""消费者同盟（西海岸分部）"和"美国争取民主和知识分子自由委员会"，他甚至积极参加了筹建"教师联合会"地方分部的工作，并担任了文书。为这个组织，奥本海默经常工作到深夜，做一些在邮寄宣传品的信封上写地址和贴邮票等事务性工作。当时，美国很多人都认为，只有共产主义才能在欧洲抵抗法西斯主义的蔓延，英法等资本主义国家在国际舞台上似乎已经衰弱不堪，它们对法西斯德国干涉西班牙内战袖手旁观，放任不管。反之只有各国共产党才真正组织与输送人力物力到西班牙去协助民主势力抵抗佛朗哥。但是奥本海默从来没有成为共产党员，他聪明自矜、非常坚持个人自由，不愿受党纲的约束。在一段激情过后，他的政治热情再度冷却下来。他和琼的关系也渐渐疏远了。奥本海默卷入左翼政治活动，不是因为信仰苏联式的共产主义，他虽然没有参加美国共产党，但他把美共看作是社会改革的希望。1939 年 8 月，苏德互不侵犯条约的签订使美国的左翼人士大失所望，而美国国内也掀起了一股反对共产党的高潮，报纸上刊登了大量的对共产党歇斯底里的批评文章，但奥本海默并未随波逐流。当时，伯克利校园内广泛流传着一本由奥本海默执笔的名为《告同仁书》的小册子，它反映了作者的观点，其中写道："有人攻击美国共产党支持苏联的政策。但取缔美共丝毫不能改变苏联的政策；相反，这种取缔只可能产生一个后果，即扼杀了美国国内当前最为明智的一种主张，这就是呼吁美苏之间不要进行战争。事实上，攻击美共的直接后果——也正是这种行动的真实目的——就是瓦解民主力量，破坏工会，企图削减救济金，并迫使人们放弃争取自由、安全与劳动权利的伟大行动计划——这种计划正是我们所主张的民主阵线运动的基础。"

但是，奥本海默没有全力投入他的社会改造活动中去，因为他发现，世界上发生了更加紧迫的危机，有更重要的事情要他去做。

1939 年，奥本海默参加了在华盛顿大学召开的一次理论物理学会议，在这次会上，刚来美国访问的尼尔斯·玻尔带来了德国科学家发现铀核裂变的消息，立即引起了轰动。美国一些著名的实验室竞相展开对核裂变过程的研究。包括奥本海默在内的许多科学家开始认真考虑释放核能的实际可能性，这一研究在人们的面前展现了一幅可怕的图景，这就是，人们可以利用核裂变所释放的巨大能量，制造出前所未有的巨型炸弹——原子裂变弹。在 1940 年和 1941 年之间，这已经成为必须严肃对待的问题，因为纳粹德国已经在开始这方面的工作。当美国科学家和美国政府还在为是否进行这方面的研究，这项研究需要多少经费的问题在那里讨价还价的时候，德国人已经取得了卓有成效的进展，他们设计和建造了核反应堆，每月能生产一吨铀作为反应堆的燃料。负责这项工作的德国科学家海森堡后来回忆说："从 1941 年开始，我们眼前就展现了通向原子武器的康庄大道。"美国科学家也不得不加快了行动，他们感到必须抢在德国之前造出原子弹，否则人类文明的命运将不堪设想。制造新的裂变元素钚，用各种方法分离铀-235 的工作在一些大学实验室加紧进行。

　　1941 年，奥本海默的老朋友劳伦斯开始在伯克利改建他的新型加速器，以承担用电磁方法分离铀-235 同位素的工作。劳伦斯请奥本海默从理论上帮助他进行分析。这是奥本海默第一次参与核武器的发展计划，以后的两三个月中，奥本海默出席了一系列的最高级会议，参与讨论与编制发展这种新式武器的战略计划。其中最重要的是 1941 年 10 月 21 日在斯克内克塔迪的通用电气公司实验室内召开的一次会议，在这次会议上，奥本海默提出了制造一枚原子弹所需铀-235 数量的计算结果，那次会议的总结报告成为原子弹设计的一份蓝图，其中明确地描述了他们所设想的原子弹的机理，奥本海默所计算的数据被引用在内。这份报告的结论是："将足够数量的铀-235 迅速压拢到一起，就可以构成一枚具有空前巨大破坏力的裂变炸弹。"这一结论中"足够数量"一词是全部关键所在，它就是原子弹设计的奥秘。中子与铀-235 核产生的裂变反应是引起链式爆炸的核心过程：

　　　　$n+U^{235} \longrightarrow 2Ba^{116}+3n+$能量

　　第一次裂变所产生的新中子穿越，知道它们与另一个铀-235 相撞而引起另一次裂变，如此反复地进行下去。难以想象坚硬的金属铀竟有那样大的空隙。实际上它是由许多相距很远的原子核组成的，而这些核是由巨大的原子间的力量结合在一起的。这样的原子结构意味着每个中子与一个铀核相撞而引起裂变的机会是很小的。因此，铀块尺寸必须足够大，才能使中子有足够的机会击中另一个铀核而产生裂变，引起足够迅速的链式反应。这种足够大的尺寸，就是由奥本海默算出的，他估计，大约 100 公斤左右那样大的铀-235 块，就足以引起爆炸。这个质量成为"临界质量"，低于这一质量的铀块就没有足够的碰撞机会来产生链式反应，因为大部分中子都泄漏到铀块以外的空间去了。超过这一质量的铀块将在一瞬间爆炸。

　　在这次会议后的几个月内，奥本海默继续进行计算工作，并向劳伦斯提出建议。奥本海默的工作受到美国铀委员会负责人康普顿的赞赏，他于 1942 年 1 月聘请奥本海默全力参加原子弹计划，让他担任项目协调人布莱特的助手。但是奥本海默与布莱特很难合作。布莱特谨小慎微，严守保密制度，因而奥本海默不得不与布莱特的固执己见的个性和束缚自己手脚的保密意识进行斗争。当时的一名小组成员回忆道："布莱特总是害怕在小组中泄露了什么意图，而奥本海默则相反，他唯恐这些意图没有让小组成员所理解。我们支持奥本海默的观点并要求布莱特放宽检查制度。布莱特责备我们麻痹大意，故意与他作对。因此这些讨论会上什么问题也不能谈，开得空空洞洞，一无所获。"

　　由于康普顿对奥本海默的支持，布莱特最终提出了辞职，奥本海默单独负责这一计划。1942 年 5 月 18 日，新上任的原子弹研究理论小组负责人奥本海默邀请了一批第一流的科学家，包括特勒、范弗莱克、贝特、阿洛宾斯基等人，在伯克利的利肯大厅，研究原子弹的机理和进一步用原子弹触发氢弹的可能性。他们研究了原子弹爆炸的破坏力及其后果，研究了原子弹的基本形状、结构、尺寸等问题，还给出了压缩与引爆一颗原子弹所要求的"极短"时间的精确数值——小于百万分之一秒。几周之内，这个小组不仅已研究与整理了已有的研究成果，而且弄清楚了最后制成原子弹之前还需要经过多少步骤。许多科学家对奥本海默非凡的领导才能感到出乎意外。爱德华·特勒认为："奥本海默作为全组的领导人，表现出一种精明能干、稳重而有平易近人的气质。我不明白他是如何学会这种领导才能的。凡是过去了解他的人都为他这种变化吃惊。只有一个政治家或行政官员才会具有这种才能。"不仅如此，奥本海默所固有的那种天赋——思维敏捷，能领会别人思想而加以阐明并进行指导的能力，对他的工作同样是非常宝贵的。他早年那种彬彬有礼的风度，现在更为老成，形成了一种既严肃而又使人感到温文有礼的魅力；而且他善于利用这种风度待人接物，使对方产生最好的印象。

但是，随着研究工作的展开，科学家们发现，他们所进行的研究工作规模十分庞大。他们可以在科学理论和实验中应付一切问题，但是难以应付可怕的战时官僚体制。当时，每一样军事订货都需要"头等优先权"，驱逐舰的制造乃至高射炮的制造都有"头等优先权"。科学家们对华盛顿的这一套烦琐的订货程序毫不熟悉，而他们所承担的任务却是研制一项制造方法都不甚清楚的新式武器，照这样下去，他们的计划注定是要失败的。因此科学家们只能邀请陆军参加他们的制造原子弹的工作。1942 年，军方接手这项研究工作，并命名为"曼哈顿计划"，这是因为它的第一任军事长官乔治·马歇尔将军的办公室位于纽约的曼哈顿区而得此名。但是，马歇尔将军在华盛顿争取优先权的本领并不比那些科学家们强多少。因此，这项任务落到了格罗夫斯将军的身上。很难设想任何两个人之间的差异能有奥本海默和格罗夫斯更为显著的。奥本海默身材修长，面容清癯，是典型的书生模样。而格罗夫斯体格魁梧大腹便便，他出身一个长老会家庭，先后在华盛顿大学、麻省理工学院和西点军校读了将近 10 年的大学，是一个十分老练的工程师，但是对文学艺术毫无爱好。然而尽管两人在外表上与性格上有这样大的差异，但相互之间却有一种合作的默契。

1942 年 10 月 8 日，奥本海默和格罗夫斯在伯克利首次见了面。在返回纽约的狭窄的火车包厢里，他们两人做出了一个重大的决定。当时奥本海默遇到的问题之一，就是这项计划的高度保密要求对于研究工作产生了极为不利的影响。他发现，如果在实验室工作的科学家对于自己所从事的研究工作的最终目的一无所知，则对于该项研究必定毫无积极性。奥本海默认为不应容许再发生类似的情况，因此，他建议把所有的研究人员集中到一个实验室里，这样就可以在那里面完全自由地讨论问题，而这个实验室对外界则应绝对保密。这个建议很合格罗夫斯的胃口，他认为奥本海默提出的这种组织一个综合性实验室的想法，至少可以保证每位科学家只限于做本计划之内的工作，他按奥本海默的建议采取行动，并选择奥本海默作为科学方面的负责人。但是，保安方面的问题，使格罗夫斯的选择差点夭折。由于奥本海默参加过左翼组织，美国联邦调查局出面对他的任命进行了阻挠，不过格罗夫斯不理那一套，"对于这类重要的保安问题，我向来有自己的做法。我亲自阅读了所有的原始材料，我不想依靠保安官员来代替我做出结论"。1943 年，格罗夫斯力排众议，任命奥本海默为新成立的实验室主任，成为原子弹研制的技术总负责人。他们乘坐不带标志的汽车，翻山越岭，在洛斯阿拉莫斯找到了一块建造实验室的理想地方。

刚开始建立实验室时，奥本海默毫无经验可言。如果按他最初的设想办事，很可能闹出一场大笑话。他最初估计，只需要三十几个科学家，就能把原子弹给造出来。因此，洛斯阿拉莫斯最初的建设工作一片混乱。但是，就像奥本海默 12 年前开始讲课讲得一塌糊涂而立即有了改进那样，他在洛斯阿拉莫斯的工作改进得也非常的迅速。1943 年 3 月，奥本海默重新编订了实验室人员组织表，总人数由原来的 30 人扩充到了 1500 人，同时他亲自动手解决当时面临的最主要问题——招聘科学家。这是一项非常棘手的工作，当时，许多优秀的科学家已经参加到别的军事项目中去了，要把他们吸引到原子弹项目中来谈何容易，而且，由于保密制度的原因，在进行初步试探的时候，他甚至不能向招聘对象透露到底要他来做什么性质的工作，同时他还要向他说明，参加这项工作的人都必须离开家庭，并与外界断绝一切联系，只有已经结了婚的才被允许带上家属，而未婚的人则在战争结束之前不许与他们的女友和家人见面。但是奥本海默很巧妙地完成了这项工作。他首先集中精力聘请了一小批最有名望的科学家，然后利用他们的声誉去吸引别人。他最先邀请了汉斯·贝特，同时又聘请了芝加哥大学的恩里科·费米。当然，他也不限于聘请最高的科学权威，那些精明的科学管理人员也被他招聘来了。奥本海默还解决了一个十分棘手的问题，当时军方规定，参加计划的人都必须参军，为此奥本海默访问了旧金山的征兵处，着手为科学家们办理入伍手续。但是一些人根据自身的经验不愿意取得军衔，他们认为军事管制必然会使科学研究工作失去灵活性，而科学研究本身却要求有最大限度的灵活性，要军队内的长官认错或改变决心是非常困难的，同时，军队可能过分强调保安问题，以致限制了科学的发展。在听取了科学家的意见后，奥本海默向铀委员会写了一份报告，要求不要强迫科学家们参加军队，这一问题最后得到了解决。激励奥本海默克服困难努力工作的动力，是他的爱国情绪，一些科学家回忆道："他已经受高度的爱国情绪所支配，因此，他的思想已经转变，不再对教师联合会或西班牙退伍军人组织感兴趣。他深信这场战争是推翻纳粹与法西斯主义的伟大群众斗争，因此他总是提到人民军队与人民战争，认为这是美国爱国运动的高潮。他的这一举动使我们更容易理解他早年的活动。在过去，他的行为带有激进主义的色彩，而现在，则更多的带有爱国主义的色彩，但他对自己这两种行为动机的解释却是相同的。"

新的实验室工作千头百绪，有很多问题需要解决。许多的杂务事都需要奥本海默来协调，奥本海默成了这里的大管家。管理者和施工人员的摩擦，科学家和军人之间的争吵，人们对生活设施的抱怨，对邮件检查制度的不满。科学家和科学家之间的争吵是最难处理的，尽管格罗夫斯将军称洛斯阿拉莫斯是"前所未有的智者大聚会"，可是，正因为聚集了太多的"智者"，有些事情反而不好办了，这些科学家都是在他们的学科领域的翘楚，个性又都十分强，往往坚持他们自己的意见而不肯放弃，因此他们之间的争执，往往最难平息。当然，最艰巨的任务还是如何尽快地造出原子弹。一开始，科学家们除了链式反应的基本概念外，对其他问题都一无所知，没有时间等待实验结果，没有裂变材料可资利用，为了设计原子弹，必须从理论上对核爆炸加以预测，研究裂变过程、中子在物质中的慢化，以及全新条件下爆炸和爆聚的理论。核物理学家还必须成为一些他们所不熟悉的，诸如冲击波、水力学等领域的技术专家，奥本海默亲自领导了这些理论的和实验的研究。他能以神奇的速度,迅速抓住问题的要点,并熟悉各个环节的关键细节。他深入现场,总是和大家在一起。尽管当时洛斯阿拉莫斯有严格的保密制度,但他倡导民主管理,具有学士学位以上的技术人员都能够了解情况并参加讨论,因而每一个人都感到自己是整个工作的组成部分,有责任为计划的成功做出贡献。经过艰苦的努力,原子弹研究计划终于接近了尾声。1944年春,两辆军车颠簸着穿过了新墨西哥州南部的干旱沙漠地区,开进所谓的"死亡之途"——这是400年前西班牙殖民者向北入侵北美洲时对这一地区的称呼。两辆军车的目的是要在这里寻找一处理想的场地,以便试验绰号为"胖子"的内爆式原子弹。奥本海默也在车队中,少年时代他和弟弟漫游过新墨西哥,曾到过这片沙漠,这次旧地重游,暂时摆脱了洛斯阿拉莫斯的种种烦恼,他感到格外的轻松。试验场最后选定在美国空军阿拉莫戈多靶场的一角,有18英里宽,24英里长。这里人迹罕至,但离洛斯阿拉莫斯并不太远,交通还算方便,试验场内没有固定的居民,只有少数几个牧场。奥本海默用三一圣体的名字将新墨西哥沙漠中的这片不毛之地命名为"三一试验场"。

但是,就在原子弹即将完成之时,1945年3月,大批B—29轰炸机对东京进行了一次空袭。它们投掷的燃烧弹引起大火,使83800人死亡。这些牺牲者中的绝大多数在远离火场的开阔地带上死于窒息,因为空前的大火耗尽了空气中的氧气。整个城市有16万平方英里面积上的建筑物被毁,150万人无家可归。这表明了当时常规武器已经具有的破坏力,而有关原子弹用途的辩论,也以此为背景展开了。引起这场辩论的科学家是莱奥·西拉德。1945年春,芝加哥冶金实验室的科学家们由西拉德领衔发表了一份冗长的备忘录,认为:"我们所面临的最大危险,可能就是在显示了原子武器的威力之后,导致美苏之间的原子军备竞赛。"按照他们的观点,只有通过精心设计的国际管制体系,才有可能阻止这场军备竞赛的发生。同时他们相信,如果美国出其不意地使用原子武器,必将大大损伤美国的形象,以致无权再提出国际管制原子能的建议。但是由于罗斯福总统的去世,这份备忘录没有引起美国政府高层的注意。新任总统杜鲁门对核武器知之甚少,甚至连曼哈顿计划的存在还不知道。1945年5月7日,德国向盟国无条件投降,对于从事原子弹计划的大多数科学家来说,这个消息无疑宣布了他们的任务发生了根本性的变化,他们不再是与纳粹德国在发展原子弹方面进行生与死的搏斗,而是在为美国军火库研制一种更为致命的新式武器。甚至像洛斯阿拉莫斯这样任务繁重的科学家,也开始议论这一问题了。不过正如一位科学家所说的,"大家仍然受到这项计划进展的顺利和所涉及的精湛技术的鼓舞,继续努力工作"。很少人能够像西拉德那样富于远见地评价使用原子弹对于战后政治形势产生的深远影响。多数科学家的忧虑仅仅是处于人道的观念。他们明白,必须尽可能快地结束对日战争,然而,除了用原子弹对日本的目标突然袭击外,有没有其他方法呢?1945年5月31日,奥本海默参加了在华盛顿举行的临时学术委员会的联席会议,委员会最终做出了三项建议:1.对日本使用原子弹;2.目标应是周围有居民区的军事设施;3.在使用之前不进行任何预先警告。奥本海默在这次会议上自始至终没有支持科学家们在对日使用原子弹的道义方面的主张,而完全从政治与战术角度上处理了这个问题,他可能认为,科学家们的慈善观点根本不会得到支持,也可能是由于他过于陷入了当前的迫切问题之中,而缺乏更广阔的视野,不管什么原因,尽管科学家们继续进行努力以争取不使用原子弹,这次临时委员会的决定却向广岛悲剧迈出了关键性的一步。

但是,对原子弹的争论仍未平息。以诺贝尔奖得主詹姆斯·弗兰克为首的一个委员会于 1945 年 6 月 11 日提出了一份极具远见卓识的报告,他们在报告中预见到原子武器的无限威力,同时指出,企图用保密的措施来防止军备竞赛必然是徒劳的,因为原子弹主要依据基本科学规律,无法制止此种知识的扩散,同时,对原料进行垄断也不可能。报告认为,未来的唯一希望在于对原子武器进行国际管制,并主张在目前各国尚处于战争的压力之下时,就应不失时机地采取一系列措施,使这种国际管制成为现实。在报告中,最明确提出的意见就是认为,对日本进行一次未加警告的原子弹袭击,无论从道义、政治或外交等任何角度来看,都将是不明智的。不仅由于这种袭击不加区别地毁灭军事与非军事目标,从而使美国在全世界的名誉受到损害,而且它必然导致军备竞赛,并减少了缔结国际管制原子弹武器协议的可能性。不过,尽管许多科学家们对这些问题提出了他们的见解,奥本海默仍然不能同意他们的观点。西拉德在华盛顿遇见奥本海默,向他阐述了他们的担忧,但奥本海默的回答使人感到他根本没有看到这种长远的影响。他说:"你真的认为如果我们事先告诉苏联,然后再对日本使用原子弹,苏联就会领受我们的好意吗?"奥本海默的心情十分矛盾,以后他曾描述了他当时的两难处境:"我们想到正在准备在日本登陆作战的美国士兵们,理解到今后的战斗还要牺牲多少美国人与日本人的生命。我们决心尽一切可能,寻求一种使日本军国主义者能够信服,而同时又不牺牲生命的显示原子弹威力的途径。我们多么希望能找出这种方式啊!我一方面陈述了反对投掷原子弹的理由和担心,但是另一方面又不能赞同其他人的主张。"从当时实际情况看,关于应否使用原子弹来结束战争的争论似乎已经终结了,但事后看来,还很难说这场争论已经开始。因为在洛斯阿拉莫斯的科学家们正全神贯注地在进行原子弹研制,而弗兰克的报告却被美国政府官员用巧妙的手腕压了下来。对原子弹问题最有发言权的奥本海默,基本上没有参加争论,而只是从实用主义的立场阐述了自己的观点。他本人曾在以后公开对 6 月末的这次学术委员会上所表现的缺乏远见与政治上的勇气表示遗憾——而他的这种失败感中必然混杂着自己的悔恨,当时如果他在这个问题上能采取更多的主动,恐怕他比任何其他人都具有更大的可能性去改变历史的进程。

原子弹爆炸试验的准备工作仍然在按部就班地进行。奥本海默感到压力巨大,在最后这几个月,他看上去愁眉苦脸、心事重重,而且脾气暴躁,完全不像过去那样处处待人彬彬有礼。以前他还能抽空骑着马到附近的山岗漫步,但最近几个月却完全不可能了。凑巧的是,他偏偏不早不晚在这个关头害上了水痘,因此减少了体重整整 28 磅。他本来身体不算健壮,现在更消瘦了。体重仅有 115 磅,对一个 6 英尺高的男子来说,这样的体重简直是轻得可怜。

1945 年 7 月 16 日清晨,第一枚原子弹在新墨西哥州阿拉莫戈多试验场试爆成功。奥托·弗里斯描写了当时的壮观景象:"这时,万籁俱寂,忽然出现了一片耀眼的强烈阳光——或者说是像太阳一样的强光。这是一股炽热的、无定型的白光,把沙漠边际的小沙丘照得雪亮,仿佛要将它们全部熔化。正好几秒钟之内,光线的亮度没有变化,然后开始减弱。这时我才转过身去,想看看这个小太阳似的火球究竟是什么模样,但它的光度仍然太强,不可能正视。我眯着眼睛,想看个清楚,大约又过了10秒钟左右,火球开始膨胀,同时亮度减弱,这时看起来好像用石油燃起的一片大火,其形状犹如一个大草莓。火球由地面缓缓上升,下面连着一个急剧旋转着的,由尘土构成的长尾巴。我当时想到一个不恰当的比喻,这像一只烧得通红的大象用它的鼻子支撑着倒立在地上。然后,当灼热的烟云逐渐冷却而且红光减弱之后,可以看到在它四周有一圈蓝光环绕,这是由离子化空气产生的光芒……这真是无比壮观的景象:任何亲眼见过原子弹爆炸的人,对此都将终生难忘。所有这一切都在一片宁静中出现,直到几分钟之后,才传来一声巨响,我赶紧堵住自己的耳朵,但声音仍然震耳欲聋。接着是一片隆隆的轰鸣,就像远处有载重火车开过来那样。到现在我耳边仿佛还能听见这种响声。"奥本海默站在S.10000坑道里看到了他的杰作,他非常激动,但是激动之后,他的内心更多地受到了震颤,他回忆道:"有几个人笑了,有几个人却哭了,大多数人惊呆了,一声不响。我心中浮上了古印度圣诗伯哈加瓦基达中克里希那试图说服王子执行他的使命的一句诗:'我成了死神,世界的毁灭者。'"

1945年8月6日早上,在太平洋关岛附近的提尼安岛空军基地,一架美国空军B—29轰炸机从这里起飞。4个小时后,日本西部有30万人口的广岛被原子弹炸成了一片废墟。3天以后,日本的另一个城市——长崎遭受了同样的命运。8月14日,日本投降了。像世界其他地方一样,洛斯阿拉莫斯实验室也举行了盛大的庆祝活动,汽笛与电气喇叭齐鸣,人人都喝得酩酊大醉。由于原子弹的成功,洛斯阿拉莫斯在美国名声大噪,全美国都衷心感谢这里的科学家们在结束这场恐怖的、代价高昂的战争中的卓越贡献,杜鲁门总统本人也在公开场合盛赞这个实验室说:"他们所完成的事业是一项历史上前所未有的大规模有组织的科学奇迹。这个奇迹是在战争的重担下实现的,而且一次成功。美国在这个史无前例的最大科学冒险事业中,投进了20亿美元——但我们最后胜利了。"有一些科学家获得了奖章和嘉奖令,而且现在用不着再保密了,这些在战时被亲友们怀疑为逃避战争义务的人,现在被看作是英雄。

但是激动过后,从广岛所传来的消息却使这种荣誉蒙上了一层阴影。一个月后,阿尔伯克基广播电台从广岛发回了报道:"我们最后在广岛上空低飞盘旋,几乎不相信自己的眼睛。在飞机下面原来是一座城市,现在是一片烧焦了的瓦砾……但这并不是用几百架飞机在一整夜里夷平的。而只是用一架飞机和一颗炸弹,在相当于一粒子弹飞过城市的一刹那间,就把这座有30万人口的城市变成了一个可怕的大火葬场。这真是前所未见的恐怖景象。"在战争期间,洛斯阿拉莫斯的科学家们想的一直是全神贯注地攻克技术难关,很少有时间考虑他们的成果所带来的后果。现在他们这项重大任务业已完成,他们的思想由任务的重压之下解脱出来,立即发现他们所做的是如何可怕的一种罪孽。

奥本海默本人也对这项伟大的科学成就表示了怀疑,他曾对一批到实验室来采访的记者说:"对自己所完成的工作有点感到惊慌失措。"当然他补充说:"科学家不能由于害怕人类可能利用他的发现做坏事而拒绝推动科学前进。"不过他的这种负罪感是明显的,他写信给格罗夫斯将军明确提出,洛斯阿拉莫斯不能再像目前这样办下去了,特别是"实验室主任本人非常渴望知道何时能解除他目前的工作,因为他对此事极不胜任,而且只是由于战争期间为效忠祖国而勉强接受了这一重任"。1945 年 10 月 16 日,格罗夫斯将军代表陆军授予洛斯阿拉莫斯实验室嘉奖状。颁奖仪式在小学校的一幢古老建筑的"漂布房"前,四周插满了彩旗。格罗夫斯将军首先致辞,盛赞实验室的丰功伟绩。然后,奥本海默以他在公共场合讲话时常用的低沉而缓慢的语调致答词,他首先希望将来在洛斯阿拉莫斯的每一个人都要以这份感谢状而自豪,但他接着却说:"如果原子弹被一个好战的世界用于扩充它的军备,或被准备发动战争的国家用于武装自己,则届时人类将要诅咒洛斯阿拉莫斯的名字与广岛事件,全世界人民必须团结,否则人类就将毁灭自己。这场引起如此巨大破坏的战争,已清楚地表明了这一点,原子弹更向所有的人揭示了这一真理,令人无可置疑。在此之前,其他人在其他场合,在其他战争中,或针对其他武器,都说过类似的话。但那些话从来不像原子弹这样具有说服力。也还有一些人,为了人类历史上的偏见所蛊惑,仍然不承认这一真理。但我们不能同意这种偏见。由于我们所从事的工作的性质,使我们在人类的共同危险面前更有责任根据法律与人道立场促进这个世界的大联合。"正是由于这样的心情,奥本海默离开了洛斯阿拉莫斯。

暮年时光

1948 年,是奥本海默一生中最为风光的一年。人们称他为"原子弹之父",《时代》杂志在封面上刊登了他的巨幅照片,他在洛斯阿拉莫斯的成就受到了广泛的赞扬,在政府中也担任了显赫的职务,最重要的是他受到了科学界绝大部分人的衷心尊敬。但是,奥本海默对原子弹所造成危害的内疚,仍然表露无遗,在当时各报刊广泛引用的他的一段非常得体的谈话中,他表达了这种忏悔心情,他说:"无论是指责、讽刺或赞扬,都不能使物理学家们摆脱本能的内疚,因为他们知道,他们的这种知识本来不应当拿出来使用。"

不过这一时期,奥本海默十分热心地参与了政府的活动,这使他的一部分同事开始对他产生了怀疑,难道奥本海默也开始对权力有了愈来愈大的兴趣?罗伯特·奥本海默的弟弟弗兰克是了解他的兄长的,他并不认为他哥哥的行为背离了共同的基本目标,相反,分歧在于达到目标的方法。他回忆道:"罗伯特希望更直接地从政治方面入手解决这个问题,即对政府系统之内的官员以及其他人士进行宣传教育。从一开始,他就认为我们没有花费足够的时间去争取他认为最重要的目标——即签订原子军备国际管制协议,因此,他认为必须集中力量影响政府系统以内的人士。"确实,奥本海默的工作作风完全与其性格相符合,他无论在当教师还是在领导洛斯阿拉莫斯实验室期间,都希望能全心全意地从事一项工作并得到完全的信任,现在他全心全意地开始从事新的任务,仍然希望再次得到完全的信任。

为了制定原子能政策,美国政府成立了特种委员会,在此委员会之下,建立由大卫·利连撒尔为主席的顾问委员会。在顾问委员会中,奥本海默自然是具有最丰富的核科学知识的人,利连撒尔与他建立了非常密切的关系。经过两人的详细讨论,他们写出了名为艾奇逊——利连撒尔报告,呼吁建立对原子能的国际管制,报告中大部分是奥本海默的意见:"国际管制意味着承认这样一个出发点,即美国的核垄断地位不会持久……因此,必须建立一种现实可行的国际保安体系,使任何个别的国家或公民只有在国际管制之下才允许合法地从事原子能方面的工作。因为我们认为,这类工作都存在着导致生产原子弹的潜在危险。"但是,奥本海默对国际管制原子能的前景太乐观了,科学家们相信,如果不按照他们所建议的那样去做,世界将面临十分恐怖的局面。但是,政治家们从来不会从科学的角度来考虑问题,奥本海默随美国代表团出席了联合国原子能委员会的会议,他目睹了美苏之间在原子能国际管制问题上的意见针锋相对,而不是互相合作。美国代表首先提出在国际原子能委员会的内部必须废止大国一票否决权,并表示,如果在其他条件都能得到满足的前提下,美国将停止生产原子弹,而苏联代表立即进行了反击,要求首先禁止一切武器生产,并拒绝接受废止否决权的建议,双方根本不能达成一致协议。奥本海默原来以为,他所坚持的理想,对于一切明智之士都具有不可抗拒的吸引力,但在国际原子能会议上所看到的一幕使他心灰意冷,心情压抑,他向利连撒尔说:"我愿意到任何地方去干什么都行。而且我发现,过去我把物理学研究和教学看作是我的生命,现在它们似乎对我已毫无意义了。"

但是,依照奥本海默的性格,他也不是一个轻言放弃的人,在调整了自己的心态后,奥本海默又重新活跃起来。战争结束后,参议员麦克马洪敦促国会通过了一项法案,迫使军方放弃了对原子能计划的领导权,使原子能计划的控制在美国原子能委员会的手中。在原子能委员会之下,设置了一个由9人组成的总顾问委员会作为科学技术方面的顾问,奥本海默被选为委员会的主席。总顾问委员会对美国战后的原子能发展计划起了很大的作用,这与奥本海默的领导是有直接关系的。委员会的兼职秘书约翰·曼利回忆说:"从某种意义上说,虽然奥本海默从来不独断专行,但总顾问委员会就等于是他的委员会;而且,虽然总顾问委员会不向原子能委员会发号施令,但原子能委员会实际上等于是总顾问委员会的执行机构。原子能委员会内所有参加过战时原子弹计划的高级人员都包括在总顾问委员会中。因此它们也负有决定大的方针的责任。许多人只知道奥本海默战时在洛斯阿拉莫斯为美国做出了重大贡献,却不知道战后的四五年间他继续完成着同样重要的任务。而且在他这第一任期间,在进行每一件工作时都必须顶住那些自私的、短见的歇斯底里式的巨大压力……"总顾问委员会在成立后,做了大量工作来恢复原子能计划。汉福特的反应堆由于火灾而停止了钚的生产,现在恢复了运行。橡树岭巨大而昂贵的电磁分离工厂,在战时为争取时间很好地完成了它的使命,现在决定关闭。洛斯阿拉莫斯不再进行日常的生产工作,使得物理学家们可以集中精力去改进原子弹的设计。在布鲁海文与阿贡新建了两个实验室,与洛斯阿拉莫斯共同进行基础研究,它们在总顾问委员会的监督下逐步发展到相当于洛斯阿拉莫斯的规模与水平。与此同时,奥本海默仍然继续为国际管制原子能的主张奔走,虽然实现这一点的希望愈来愈渺茫。他当时担任政府与国防部门的顾问,用关切的心情关注着联合国内美国与苏联之间愈演愈烈的宣传战,他公开声明,他担心这种宣传可能导致过分热心的政治家做出无法兑现的承诺。当然,作为一个美国人,奥本海默对苏联的态度进行了尖锐的批评,认为苏联坚持"冲突是不可避免的"论点,不利于国际和平。

1949年9月初,苏联试爆第一枚原子弹,消息传来,在美国引起了"政府及人民的一片近乎歇斯底里的反应"。以特勒、劳伦斯和阿尔瓦雷斯为首的一批物理学家联合原子能委员会中的刘易斯·施特劳斯等人开始努力推动美国的氢弹计划,并提出了一份备忘录,要求美国的原子武器计划来一个"飞跃":"我们必须全力以赴地推进超级弹的研制工作。所谓全力以赴,我指的是在必要时不惜花费与研制第一枚原子弹时相同的人力与物力。这是保持美国的领先地位所必须做的。"

有关氢弹的争论,由来已久。早在1942年的伯克利会议上,爱德华·特勒就提出利用裂变反应产生足够的热量以引起两个氘原子的聚变,从而产生更巨大的能量,导致空前强大的爆炸。在洛斯阿拉莫斯时期,特勒一心要实施他的超级弹计划,因此与贝特和奥本海默发生了直接的冲突。当苏联爆炸原子弹的消息传来,使特勒等人信心大增,准备借此机会推进他们的计划,因此纷纷到华盛顿来游说。但是以利连撒尔和奥本海默为首的原子能委员会和总顾问委员会明确反对这一计划。10月21日,奥本海默在给哈佛校长科南特的信中,坦率地表达了他的看法。首先,奥本海默指出,氢弹目前的发展状况在实际上是"与过去7年多以前没有太大区别:这种武器目前无论在设计上、成本上、载运性能以及军事价值方面都还难以确定。但所不同的是,舆论上有了很大改变。一方面,两位富有经验的发起人正在从事这方面的工作,这就是劳伦斯和特勒"。在阐明了参众两院联合委员会与认真考虑氢弹问题的科学家如贝特等人的态度之后,奥本海默进一步说出了自己真正担心的问题:"真正使我担心的还不是技术问题。虽然我还不能肯定这种炸弹是否能够成功,或者能否不用巨大的拖车就能将它运向目标,我认为更重要的是它可能进一步加剧我国目前军事计划的不平衡。我担心这件事过分吸引了国会议员和军事人员,好像只有超级弹才是回答苏联挑战的唯一途径。当然反对研制这种武器是不明智的。虽然到目前为止还没有实验能够证明氢弹能够成功,我们过去一直认为必须发展它;而当前也认为必须发展它。然而如果我们把拯救美国与世界和平的全部希望完全寄托在这样一件武器上,那将是一条极为危险的道路。"奥本海默的观点影响了总顾问委员会成员的态度。10月29日,总顾问委员会一致通过了一份报告,指出:"我们全体委员希望采取某种措施,能够使两种武器都停止发展。我们不愿看到美国率先加速核武器发展。我们一致认为目前全力以赴地发展核武器将是错误的。"同时,总顾问委员会在报告的后面加了两份附件,一份是费米和拉比写的,他们从人道的角度要求美国不要率先发展氢弹这种危险的武器。另一份是由科南特起草并由奥本海默等6名委员签署的,他们认为:"我们绝对不应研制超级弹。除非目前世界舆论彻底转变,否则我们最好不要显示制成这样一种武器的可能性。做出停止发展超级弹的决定,就树立了一个典范,表明还有一线机会避免一场不分前方后方的总体战争,从而消除人类的恐惧,为人类前途带来希望。"

奥本海默和总顾问委员会的报告实际上犯了一个错误,他们没有更多地从技术角度来否定氢弹计划,而用了大量的篇幅来讨论制造氢弹可能造成的后果,结果,他们虽然言辞恳切，但无法打动人们的心，也使政府在否定氢弹的问题上没有有力的依据。在总顾问委员会开会之后的一天，奥本海默与国务卿艾奇逊进行了会谈，艾奇逊对奥本海默的论点深为不满，事后，他向一位助手说："我尽可能细心地听了他的意见，但我确实不知奥本海默究竟想说明什么问题。你怎样能劝说一个敌对的国家按照某种'典范'就解除自己的武装呢？"尽管有这些不满，但是美国政府在1949年的最后两个月所采取的立场是支持总顾问委员会的决定，不支持发展氢弹计划。这是一个了不起的成就。回顾1945年，书生气十足的科学家们也曾天真地希望美国政府在使用原子弹的问题上做出明智的决定，但是他们的努力没有起到任何的作用，这次却不同了，奥本海默和他的总顾问委员会担负起了决策的责任，而且在这两个月中，使军备竞赛的最主要组成部分暂时停止了下来，科学家终于在美国政府的决策中有了发言权。只有奥本海默能够做到这一点。

但是，奥本海默的所有努力，因为福克斯间谍案而功亏一篑。1950年1月，英国谍报部门在伦敦逮捕了苏联间谍克劳斯·福克斯，此人战争期间作为英国科学家小组成员，曾在洛斯阿拉莫斯工作过，熟悉原子弹的制作过程，并对特勒等人的氢弹计划有深入的了解，因此，人们相信，苏联已经知道了有关裂变弹与聚变弹的所有重要的机密。主张氢弹计划的人们立即行动起来，1月30日，特勒和劳伦斯写信给国会联合原子能委员会，表示目前已经别无选择，只能尽快推进氢弹计划，国会议员们也紧急行动起来，向总统施加压力，迫使杜鲁门总统做出决定。第二天凌晨，白宫发布了总统的如下声明："我作为美国军队最高统帅有责任使美国保持抵抗任何可能侵略者的实力，因此我已指示原子能委员会继续研制各种原子武器，包括所谓氢弹或超级弹。"从而使奥本海默为争取终止军备竞赛的种种努力化为泡影。杜鲁门不仅打开了热核军备竞赛的大门，而且改变了美国政府内部各派力量的平衡。

就在杜鲁门宣布声明的那一天，恰好是主张发展氢弹的主将刘易斯·施特劳斯的54岁生日，奥本海默作为被邀请的客人参加了这次聚会。奥本海默独自一人愁眉不展地站在人群之外，一名专栏作家林德莱走近他："你似乎有些不高兴。"奥本海默沉默了很久，最后说了一句话："真是一场底比斯的瘟疫。"

奥本海默反对氢弹计划的坚决态度，自然得罪了美国政府内外和科学界中的不少有权有势的人，一个针对奥本海默的阴谋也正在酝酿。1953年，艾森豪威尔政府上台后，美国的右翼势力急剧膨胀，反共狂人麦卡锡参议员被提升为参议院调查委员会的主席；奥本海默的宿敌刘易斯·施特劳斯成了总统原子能事务方面的特别助理；同时新的总统保安规程颁布，这一条例规定，政府不仅要审查其雇员是否"忠诚"地为国家服务，同时还必须提供这样一种背景材料，表明政府雇佣的人员与"国家安全的利益完全一致"。这对于奥本海默来说无疑是一个凶兆。

1953年5月，《幸福》杂志发表了一篇未署名的文章，标题是《氢弹背后的斗争——关于奥本海默博士坚持反对美国军事战略的故事》，文章描述了近4年来所发生的事件，在此期间军事当局与"一个很有影响的美国科学家组织"进行了斗争，这个组织拼命贬低战略空军司令部，而奥本海默就是这批人中间的"主谋"。文章在结尾处提出了"一个严肃的问题，即科学家自己并不负责执行军事计划，却企图单独决定这样重大的国家问题是否恰当"？与此同时，麦卡锡提出了审查奥本海默的动议，施特劳斯和联邦调查局长胡佛对此也非常热心。更为严重的是，前国会两院联合原子能委员会行政主任威廉·博登收集了奥本海默大量的黑材料，精心整理，向联邦调查局直接指控奥本海默是一个为反对美国利益而工作的共产党员。这封控告信分为四个部分：它首先指控，奥本海默在战前就是共产党员，而他的亲属和最亲密的朋友都是共产党员，他们为共产党扩大队伍，与苏联间谍有密切接触；接着，控告信列举了奥本海默 1942 年以后到政府部门任职后的情况，指责他不断伪造他的私人材料，以欺骗格罗夫斯将军和联邦调查局，骗取信任；在第三部分，指控信无中生有地指责奥本海默在洛斯阿拉莫斯期间录用了一大批共产党员，而且反对开展氢弹的研究，在战争刚结束时就鼓吹解散洛斯阿拉莫斯实验室；第四部分是整个控告信的重点，博登指出，奥本海默一直不遗余力地反对氢弹计划，对原子能委员会和军事当局施加影响，使氢弹研究完全停顿，直到杜鲁门总统发布了声明后，奥本海默仍不遗余力地阻碍美国氢弹计划的执行，他利用自己的影响来反对战后扩大生产原子弹的原料，并反对在战后发展以原子为动力的主要项目。最后博登在他的文件中得出了结论：1.自 1939 年至 1942 年期间，J.罗伯特·奥本海默非常可能是一个相当坚定的共产党员，他或是自愿地向苏联人提供情报，或是应他人要求而这样做（其中包括以下的可能性，即他是按照苏联的指示才以原子武器发展计划作为个人专业方向的）；2.更可能的是，他从那时起一直执行着间谍的任务；3.更可能的是，从那时起，他一直按苏联的指示行事，从而影响美国的军事、原子能、谍报机关和外交政策。

从博登的指控信，我们可以看到，通篇都是毫无根据的造谣中伤，一派胡言。但是在当时美国反共狂潮愈演愈烈的情况下，这类指控却有很大的市场。联邦调查局花了整整 3 个星期的时间来核实这些指控，他们完全相信博登对奥本海默的指责。11 月末，厚达几英寸的有关奥本海默的材料送到了艾森豪威尔总统在白宫的椭圆形办公室。1953 年 12 月 3 日，艾森豪威尔总统在与施特劳斯磋商后，下令在奥本海默周围筑起一道"无形的墙"，以使他不能再进一步接触机密，并指定保安审查委员会审理他的案件。针对奥本海默的一张大网已完全撒开。

原子能委员会成立了一个专门委员会，以安全听证会的方式对奥本海默进行审讯。它实质上类似于法庭的 3 人委员会，主席是北卡罗来纳大学的校长，前陆军部长格雷，因此这一委员会又称"格雷委员会"。审讯从 1954 年 4 月 12 日开始到 5 月 6 日结束，成为轰动全世界的"奥本海默案件"。在听证会上，一些著名的科学家，诸如费米、拉比、劳里森、科南特都出庭作证为奥本海默辩护，唯有奥本海默的宿敌、氢弹计划的鼓吹者爱德华·特勒做出了对奥本海默不利的证词。5 月 27 日，在经过了长达 4 个星期的听证过程后，格雷委员会做出了裁决，这份报告分成两个部分，涉及氢弹计划的指控为单独一个部分，另外 23 项有关奥本海默早年活动的指控为一个部分。他们分析了奥本海默在"早年与左翼的各种联系"之后，委员会"没有发现他对国家有过不忠诚的行为"，一致的结论是"奥本海默博士是一个忠诚的美国公民"。但对于涉及氢弹问题的这一项单独指控，委员会的 3 个委员——委员会主席格雷和另一委员，前斯佩里公司主席托马斯·摩根与化学家埃文斯之间有不同的意见。他们一致的意见是，委员会没有发现任何足以说明奥本海默之所以反对氢弹计划的事对美国不忠以及与"苏联有任何联系",然而格雷和摩根做了一个与他们所获得的证据完全相反的结论,他们一方面认为,"应当说,奥本海默博士看来是高度谨慎的,他对保守重大机密显示出有着异乎寻常的能力",但是又认为,奥本海默对美国的忠诚是次要的,重要的是不论他的动机如何,"美国安全"的利益已经受到他的影响。因此,他们虽然承认奥本海默过去是一个"忠诚的美国公民",但是,"我们现在已经无法得出这样的结论,即恢复奥本海默博士保安认可是符合美国国家安全利益的。因此,我们不建议批准他重新接触机密"。委员会的另一名委员埃文斯投了反对票,他的报告阐述了他的立场,可谓一针见血:"大部分有损奥本海默名誉的材料都是在他1942年获得保安认可时原子能委员会业已掌握的材料。当时需要他继续进行他那出色的工作,所以即使有这些材料,仍然批准他涉密。现在他的任务完成了,不需要他了,就又反过来要我们重新拿出这些诽谤他的材料来审查他,指责他,诋毁他的功绩与毁灭他的前程,我,决不能做这样卑鄙的事。"他认为:"奥本海默并没有阻碍氢弹的发展,而且也没有任何事实证明他是这样做了……如果他反对氢弹引起有些人不参加这一工作,这是由于他学术上的威望以及他对科学界人士的影响,而并不是他搞了任何颠覆阴谋。"最后,埃文斯以他个人的强硬声明作为这份报告的结束:"我个人认为,我们若拒绝批准奥本海默博士恢复保安许可证,这样做将会成为我们国家名誉上的一个污点。"但是,以施特劳斯为首的原子能委员会在1954年6月底以4比1的多数决定剥夺奥本海默的安全许可证。奥本海默从此退出了美国的政治舞台。

这场审判对奥本海默的打击是巨大的,它的阴影一直伴随奥本海默的一生。他留在普林斯顿高级研究院担任院长,从1947年担任这一职务,直到1965年因病辞职。这个研究院有一些大名鼎鼎的物理学家,爱因斯坦从1933年起就是这里的成员,尼尔斯·玻尔和狄拉克多次来访,泡利在战争期间也是在这里度过的。奥本海默的到来,使这里的物理学研究焕发了朝气和生机。现在华盛顿不再打电话来要他去开会了,他有了更多的时间用于管理研究院的行政工作。奥本海默偏爱物理学,他从加州带来了一批能力很强的学生与他一起工作,并在此基础上筹建了一个研究室,从而吸引了大批充满活力的优秀年轻物理学家。1957年,这批学生中的两个中国人李政道和杨振宁因为他们在量子力学研究方面的卓越成就获得了诺贝尔奖。奥本海默对此感到十分欣慰,他承认,看着他们两人在研究所的院子里走路都感到自豪。研究院对来自美国和世界各地的一批博士后开放。一些杰出的物理学家来这里定期工作,盛况超过了20世纪30年代的伯克利。普林斯顿高级研究院在奥本海默的主持下,成为战后世界理论物理学的一个中心,是继二三十年代丹麦哥本哈根玻尔理论物理研究所之后,理论物理学的又一个圣地,对高能物理和量子场论的发展,做出了重大贡献。

奥本海默晚年的生活相对来说比较平静,他的威望并没有因为"奥本海默案件"而受到损害。由于来访的人太多,普林斯顿当局专门在研究所内设立一处宾馆,用来接待前来拜访奥本海默的客人,这里几乎成了知识界的一处旅游胜地,人人都想与他会面和交谈。这再好不过地说明了奥本海默以后10多年中的处境。他还在继续进行科学研究工作,第二次世界大战以后,他发表的论文有125篇之巨,不过大量的论文都属于一般性的。他讨论原子能及由此带来的各种问题、有关的政策和原子能的国际控制。他写了许多总结分析物理学发展的论文。但他最关心的是,在我们这个时代,现代科学和一般文化的关系、科学家和社会的关系,他作了很大的努力想促使知识界取得共同的了解。但是,奥本海默的心情仍然无法轻松。自那次听证会后,奥本海默明显地衰老了,他喝酒喝得很凶,事实上已经到了糟蹋自己身体的地步。紧张的生活和不公正的待遇不可避免地摧垮了他的健康。奥本海默越来越多地应邀到各个大学做课题讲学,参加宴会,出国访问。法国人授予他荣誉勋章,他被称为当代最杰出的人物,甚至日本也邀请他前去访问。然而这些荣誉并不能掩盖他内心的愤懑,奥本海默在洛斯阿拉莫斯创造了举世无双的成就,并企图用他所掌握的权力来实现他的理想,但结果却一败涂地,现在成天忙于这些动机良好却成效不大的国际友好交流活动,这在某种程度上确实是一种悲剧。

1961 年,肯尼迪在大选中获胜,成为新一届美国总统。奥本海默的地位也有了很大的改善。曾经有人提出恢复奥本海默职务的建议,但并未为政府采纳。当时任原子能委员会主席的西伯格向奥本海默试探,问他是否愿意召开另外一次安全听证会来恢复名誉,但奥本海默不感兴趣,回答说:"在你有生之年,我是不会重提此事了。"为奥本海默恢复名誉的另一个机会是由原子能委员会授予他一年一度的费米奖。1963 年 4 月,原子能委员会一致通过了对奥本海默的提名,肯尼迪总统将出席授奖仪式。奥本海默本人对此感到欣慰,他立即发表了一项简短的声明:"我们大家都指望得到同事们的好评与政府的嘉奖和信任。我也并不例外。"很多记者要求他多说几句,但他拒绝了:"今天不是该我多说话的日子,我不想伤害那些目前尚在这方面工作的人。"奥本海默是个有争议的人物,对于他的得奖,国会内的共和党议员提出了批评,但肯尼迪没有理会这些批评。

但不幸的是,在授奖仪式前夕,11 月 22 日,肯尼迪总统遇刺身亡。12 月 2 日,在白宫内阁会议厅举行的仪式由继任总统约翰逊主持。这一天是第一座费米的反应堆达到临界的 21 周年纪念日,也是艾森豪威尔总统下令对奥本海默进行保安审查的 7 周年。约翰逊总统做了简短的讲话,他说:"肯尼迪总统的一项重要措施就是批准了这次授奖。"然后,他"代表美国人民"授予奥本海默荣誉状、奖金和奖章。奥本海默站了起来,礼貌地接过奖章,然后对总统说:"总统先生,您今天来为我颁发费米奖,表现了您的仁慈和勇气。依我看来,这对我们国家是一个好的预兆。"

奥本海默从贬黜的生活中得到了解脱,反倒磨炼了他的性格,他周围的人注意到他的傲慢态度消失了,代之以自我嘲笑和更加谦虚与和蔼,变得更加慈爱了,他在与别人交谈时不再那样目空一切。人们仍然没有忘记奥本海默对美国对科学所做的一切。1964年,奥本海默回到阔别已久的洛斯阿拉莫斯,参加玻尔逝世两周年的纪念会,当主持人向与会者介绍这位"洛斯阿拉莫斯的老前辈",并对大家说,洛斯阿拉莫斯完全是依靠奥本海默个人"坚忍不拔的信念与性格建造起来的",话音未落,全场热烈鼓掌,起立欢呼,掌声经久不息。这真是激动人心的"荣归故里"的场面。同年,当他返回伯克利时,1.2 万名群众又以同样的热烈欢呼对他表示欢迎。这些激动人心的场面深深地感动了奥本海默,使他百感交集。在与一名记者的谈话中,表明了他的心迹。他讲述了一位将军的轶事,在一次战斗之后,将军问一名士兵:"你在战斗进行时干了些什么?"这位士兵的回答是:

"我活了下来!"

　　战后,奥本海默活得实在不那么轻松,长期的劳累与精神打击,使他心力交瘁,健康状况日益恶化,但奥本海默活了下来。

　　1967年2月18日星期六的晚上,奥本海默因喉癌与世长辞,享年62岁。葬礼于2月25日举行。这一天气候特别寒冷,但与奥本海默一生各个时期有交往的人都参加了葬礼。奥本海默的骨灰用飞机运到了他最喜欢在那里度假的维尔京群岛,抛撒在大海里。

现代航天之父

——韦纳·冯·布劳恩

人物档案

简　　历：德裔美国火箭专家,被称誉为"现代航天之父"。曾是著名的 V2 火箭的总设计师。移居美国后主持设计了阿波罗 4 号的运载火箭土星 5 号。1912 年 3 月 23 日出生于德国的东普鲁士维尔西茨的贵族家庭。1925 年进入寄宿学校学习,1932 年毕业于柏林工业大学,受聘于德国陆军军械部从事火箭研究。1934 年获柏林大学物理学博士学位,研制 A—2 火箭并在库默斯多夫附近的试验场试射火箭成功。1937 年转到佩内明德研究中心,领导设计 A—4(即 V—2)火箭。1950 年转到红石兵工厂研制弹道导弹,先后研制成功"红石""朱庇特"和"潘兴"导弹以及"朱庇特"C 火箭。1958 年 1 月 31 日,用他设计的"朱庇特"C 火箭(改名为"朱诺"1 号火箭)成功发射了美国第一颗人造地球卫星"探险者"1 号。1969 年 7 月,用他领导设计的世界上最大的火箭("土星"5 号)第一次把人送上了月球。1977 年 6 月 16 日,冯·布劳恩因大肠癌在弗吉尼亚州亚历山德里亚逝世,终年 65 岁。

生卒年月：1912 年 3 月 23 日~1977 年 6 月 16 日。

安葬之地：美国弗吉尼亚州亚历山德里亚的 Ivy Hill 公墓。

性格特征：严谨好学,勤奋努力,天资聪颖,异于常人。

历史功过：V—2 火箭计划的主要创造者,参与探险 1 号计划及后来的阿波罗登月计划,阿波罗 11 号登月成功是其事业顶峰。

名家评点：。NASA 用以下的话来形容冯·布劳恩:"毋庸置疑的,他是史上最伟大的火箭科学家。他最大成就是在担任 NASA 马歇尔太空飞行中心总指挥时,主持土星 5 号的研发,成功地在 1969 年 7 月首次达成人类登陆月球的壮举。"

火箭天才

1958 年 2 月，在素以反映当代国际重大事件的晴雨表著称的美国《时代》周刊的封面上，出现了一位典型的日耳曼人的头像。在他的身后，耸立着一枚巨大的火箭。一行简洁的文字标明了这个人的身份和姓名：导弹之父冯·布劳恩。与此同时，白宫举行了一个盛大的庆祝仪式，艾森豪威尔总统在这个仪式上亲自向这位冯·布劳恩颁发了"美国公民服务奖"以表彰在他发射美国的第一颗人造卫星"探险者一号"上所做出的杰出贡献。全国到处都在为卫星的上天举行庆祝活动，布劳恩一下子成了一位美国人心目中的民族英雄。然而很有意思的是，在 15 年前，第二次世界大战的战火正炽的时候，也正是这位"导弹之父"，当时纳粹德国的首席火箭专家所研制的 V–2 导弹毫不留情地倾泻在同盟国的城市、港口和阵地上，使盟军头痛不已，并遭受了巨大的人员伤亡和物质损失。毫无疑问，当时谁也不可能想到，这位被希特勒亲自授予"荣誉教授"称号、差点儿为第三帝国扭转了战局的人，会在 15 年后成为一名美国的民族英雄。

冯·布劳恩几乎是从小就显示出了他对火箭的异乎寻常的兴趣和创造性天才。他于 1912 年 3 月 23 日出生于德国一个显赫的贵族家庭。在他还只有 13 岁时，他就兴致盎然地进行了他的第一次大胆而鲁莽的火箭实验。他将买来的 6 支特大号的焰火绑在自己的滑坡车上做成一辆火箭车，然后就在柏林豪华宁静的使馆区大街上点燃发射。车子在雷鸣般的巨响声中以惊人的速度冲了出去，完全失去了控制，直到焰火燃尽才停下来。实验的成功吓坏了街区的警察，却使小布劳恩感到欣喜若狂。在这以后，他更是没完没了地试验他的自制焰火，闹得四邻不安。

1925 年，布劳恩第一次接触到了德国火箭发展的先驱者，当时著名的火箭专家赫尔曼·奥伯特写的《通向星际空间之路》一书。这本书给他以极大的影响，并从此毫不犹豫地选定了征服宇宙的终身事业。

1930 年时，布劳恩幸运地成为奥伯特的一名助手，开始接受一些专业化的实验训练。这一时期，他与其他一些热心火箭事业的人一起在十分简陋的条件下进行了几次实验性发射。虽然成功率不高，但却取得了宝贵的经验。1934 年布劳恩 22 岁时，获得了柏林大学的物理学博士学位。他的论述液体推进剂火箭发动机理论和实验的毕业论文被评为最高等级的特优级。甚至在 30 年后，该文还被德国宇宙飞行协会作为其正式期刊的特刊重新出版，向全世界的火箭工程界发行。

V–2 火箭

年轻的布劳恩在火箭研究方面取得的成就逐渐引起了人们尤其是正在寻求发展远程新式武器的德国军方的注意。1932 年，布劳恩接受了德国军方的要求，在继续柏林大学的学习的同时,成为德国陆军的一名火箭技术部门的成员,负责研究发展液体推进剂火箭。到 1935 年,他们所取得的成功促使德国政府开始成百万地拨给经费,从而使火箭研究第一次有了巨大的财政支持。1937 年起,布劳恩成为德国最大的火箭基地佩内明德陆军研究机构的技术指导。在佩内明德.他表现出了杰出的组织才能。他改变了原来几个火箭热心者独自埋头研究的状况,转而依靠政府(军队)的资助,大批招揽专业的科学家和工程技术人员共同工作,分工研制,终于使火箭从一种实验探索性的"玩具"逐渐变成了威力巨大的运载工具和新型武器。

V-2 火箭的研制成功无疑是二战期间布劳恩所取得的最大的研究成果之一,他也因此一下子名扬世界。V-2 的出现虽然没能改变德国战败的命运,但作为第一颗大型实用型火箭,它却在火箭技术发展史上具有划时代的意义,几乎以后所有重要的导弹和火箭都是在 V-2 的基础上发展起来的。V-2 飞弹的惊人威力和发展潜力也第一次引起了各国领导人对火箭技术的格外关注。当时欧洲盟军总司令艾森豪威尔将军曾写道:"当时似乎可能发生这样的情况:如果德国人提早六个月完善并使用这些新式武器,我们要侵入欧洲将是极端困难的,甚至是不可能的。"

侨居美国

1945 年 1 月,在佩内明德一所普通农舍里,布劳恩和他召集来的几位高级行政、科研人员正在神情严肃地开着会。远处苏军的大炮声这时已隐约可闻,佩内明德不日就将失守已成定局,现在布劳恩他们所讨论的,就是今后的出路问题。

全体一致通过:向美国投降。

决定虽然做出了,但要实现它谈何容易。在此后的三个多月里,冯·布劳恩靠着他杰出的组织才能,指挥着装满两列火车和大约 1000 辆卡车的近 5000 名人员和大批资料,到处躲避苏军和法军的追赶和防止垂死挣扎的盖世太保对这一批科学家的毁灭计划,而巴顿将军指挥的美国第 3 军却似乎总是遥遥无期。直到 5 月份,这一令人焦急不安的等待才告结束,他们终于在巴伐利亚如愿以偿地向美军实现了和平投降。正在受命搜索他们的美军很快就将冯·布劳恩及其研究班子连同装满 16 艘万吨货轮的 V-2 零件和资料一起运往美国,所有这些人员和资料基本上就成为战后美国航天事业起步的发展的基础。

这些德国专家们初到美国并不是十分愉快的。尽管美国十分需要他们的知识和技术,但他们毕竟是战俘,并不能被完全信任。这一时期冯·布劳恩尽管仍在实际参与主持控制和发射 V-2 火箭,但在其他方面的实际进展是缓慢而有限的。他提出的许多设想也未受到公正认真的重视,就连他根据对大规模探测的可能性进行科学研究的结果写成的一本小说《火星计划》也到处碰壁。在被第十八家出版社拒绝以后,他只好失望地将书稿藏到了阁楼的顶上。直到 1955 年他与其他一些德国科学家归化为美国国籍,特别是50 年代后期美苏空间竞赛开始激烈化以后,这种状况才有了真正的改变。

1957 年 10 月 4 日，在美国陆军负责火箭研制的雷德斯通兵工厂，满面春风的冯·布劳恩正在接待美国新任国防部长厄尔·麦克尔罗伊的来访。在视察结束以后的鸡尾酒会上，气氛十分轻松愉快。麦克尔罗伊与冯·布劳恩等不时闲谈着什么。正在这时，突然有人冲了进来，连礼节也不顾就气喘吁吁地大声说："电台刚刚宣布，苏联已经成功地发射了一颗人造卫星。"

顿时，热闹的酒会厅内一下子寂静下来，所有的人都被这一突如其来的消息惊呆了。

冯·布劳恩脑子里也似乎"嗡"地响起来，这位一向温文尔雅的学者好像一下子变了一个人。用他的上司梅达里斯将军的话说，"听到这个消息以后，冯·布劳恩讲话就像用维克特罗拉式唱针种了牛痘似的。因为过分急于倾吐自己的感情，他说的话语无伦次。"

"我们早知道他们要发射卫星！"冯·布劳恩对麦克尔罗伊说，"我们的架子上就有导弹构件，放手让我们干吧！我们能在六十天之内发射一颗卫星，麦克尔罗伊先生！只要给我们开绿灯，六十天就行！"

开创宇宙时代

要是我们回过头看一下冯·布劳恩过去已有的研究成果和他为寻求美国成为世界上第一个发射卫星的国家所做的努力的话，那么冯·布劳恩的这种激动就完全可以理解了。早在 40 年代末 50 年代初，美国就已拥有发射科学卫星所必备的基本条件了，在火箭推进、电子、空气动力学和核科学等领域，美国拥有世界上最先进的技术。在 1953 年时，冯·布劳恩就认为已具备一切基本知识和实践经验，如果全力以赴的话，最迟五年就可以发射一颗小型卫星，十年可以造出载人航天站，并且操纵它。1954 年 6 月，冯·布劳恩在一次会议上提出，只要得到支持，那么把他研制的"红石"导弹和"火神式"导弹结合在一起，在 1956 年 9 月就可以把一颗小型卫星送入轨道。到 1956 年 10 月，冯·布劳恩指导研制的完全具有发射卫星能力的丘比特—C 型运载火箭甚至已经完成静态点火实验，随时可以将卫星发射上天。布劳恩在各种会议和报告中都力陈美国首先发射卫星在政治、军事和科研上的好处。但遗憾的是，美国政府、国防部对此都毫不热心，一再加以否决，才使得苏联抢到了前面。

苏联第一颗人造卫星的成功发射，使美国公众万分震惊。他们无法相信，那些"布尔什维克农民"正在超越强大的美国，苏联的导弹随时可以击中美国本土了，整个西方昂贵的防御结构也似乎一下子突然显得过时了。美国在国际上的声望大受影响。在国内外暴风雨般的指责下，美国政府被迫匆忙开始了它的卫星发射计划。但是妄自尊大的美国人却要坚持使用另一套"先锋号"火箭系统，因为冯·布劳恩毕竟还只是一名刚刚归化不久的"二等公民"。然而，"先锋号"发射却在众目睽睽之下惨遭失败。无可奈何，美国只好回头求助于冯·布劳恩。

1958 年 1 月 31 日上午 10 时 55 分，由于风速过急已推迟两天发射的"探险者 1 号"卫星终于在卡纳维拉尔角点火升空。它所使用的运载火箭正是冯·布劳恩在 1954 年时提出的用"红石"导弹和"火神式"导弹拼结而成的"组合"火箭。在五角大楼一间冷丝丝的小房间里，冯·布劳恩在焦急不安地等待着，各地跟踪介绍的人们也都在紧张地准备接收卫星的无线电讯号。上午12时48分，在迟到了8分钟以后，卫星终于安然进入轨道并发出全球都可以收听到的嘟嘟声，冯·布劳恩紧张的心情一下子放松下来。这时，正在佐治亚州和朋友打桥牌的艾森豪威尔总统离开牌桌，对着摆好的话筒宣布："美国已经成功地把一颗科学地球卫星送入地球轨道"，从而表明美国已经跨入了一个新的时代——太空时代。

"探险者1号"的发射成功，使冯·布劳恩的声名大震，也使他得以开始放开手脚在"探险者号"和"先驱者号"计划完成以后，很快投入了"土星号"计划的研制工作。以往发射卫星所用的运载火箭都是借助原有的小型火箭拼凑而成的，有效负荷远远不及苏联。而现在冯·布劳恩决心要研制出一种世界上推力最大、最先进可靠的火箭，使美国在空间竞赛中真正取得长久的领先地位，这种火箭就定名为"土星号"。

从后来"土星号"的设计看，这一新的空间庞然大物，在很多方面依然与它的祖先 V-2 十分相似。它仍然具有 V-2 发动机的一切主要特点，如涡轮驱动的燃料和液氧泵，过氧化氢涡轮传动装置，用 75%的酒精做燃料以及复壁燃烧室等，甚至连平顶喷射头也是根据在佩内明德广泛试验过的一个模型仿造的。只是冯·布劳恩在传动系统、制导系统等方面做了重大改进，在功率上也大为加强而已。

1959 年 12 月，"土星一号"结构获批准进行生产。从 1961 年开始，在多次实验发射中，取得了空前的成绩——所有实验飞行百分之百成功。这表明这种火箭已具有高度的可靠性了。在这以后，冯·布劳恩又研制出新一代的"土星 1B"，其工作性能经多次实验也都被称为"完美无瑕"。1962 年 1 月，"土星 5 号"研制计划被批准，其性能更为先进和可靠。后来它在充当"阿波罗"8—17 号飞船运载火箭的过程中，性能几乎都表现得十分完美，在保证历次飞行的成功方面做出了重要的贡献。"土星号"的研制成功，充分显示了冯·布劳恩的杰出才能。而有了"土星号"这样的巨型运载火箭，冯·布劳恩对月球甚至火星进行载人探险的幻想就都有可能实现了。

1961 年 4 月 12 日，苏联宇航员尤里·加加林乘坐"东方一号"宇宙飞船进入地球轨道，从而成为世界上第一个进入太空的人。美国公众再次大哗，对美国在空间竞赛中的落后深为不满。5 月 25 日，美国总统肯尼迪对国会发表讲话，宣称"现在是美国在空间成就方面取得明显领先地位的时候了"，保证"在这个十年内"美国将把一个人送上月球，从而正式宣布了"阿波罗登月计划"。这一计划虽然在很大程度上是出于政治需要，但它却动员起了美国雄厚的财政、科技和工业等力量，成为继研制原子弹的"曼哈顿"计划之后的又一空前规模的科技工程。全权负责研制火箭运载系统并分管这一登月工程的冯·布劳恩全力投入了这一庞大的计划之中。

1969 年 7 月 15 日晚，一向从容不迫的冯·布劳恩回到自己房间休息时，显得与往常大不相同。他心不在焉地处理完例行事务之后，只穿着衬衫，盘腿坐在地板上，出神地望着窗外佛罗里达湿热而漆黑的夜晚。很久以后他才上床，将两只手交叉垫在头下，闭着双眼做起祈祷来，神态谦恭而认真。但是他一夜依然是无法入睡。第 2 天天没亮他就起了床，因为他的心思早已飞到几英里外的卡纳维拉尔角去了。在那里，由冯·布劳恩和政府与工业界的 15 万名工程师、科学家设计和研制的，由 8000 家美国公司制造的零件组装起来的 363 英尺高，640 万磅重的巨型"土星号"月球火箭已经竖立在发射架上。人类历史上最富有划时代意义的巨大冒险——载人登月飞行，就要开始了。

7 月 16 日这天一早，肯尼迪航天中心就已聚集了大群的人。在离发射场外约 4 英里处的看台上，包括美国前总统林登·B·约翰逊、206 名众议员、30 名参议员、19 名州长、49 名市长，联邦最高法院的法官和政府的部长以及 69 名大使和 102 名外国科学使节和武官等贵宾早已就座。

来自全世界的大约 3000 名记者和成千上万的普通公民也在翘首以待。

3 名宇航员走下高高的人行栈桥，进入火箭顶端的指挥舱。控制室里的气氛更加紧张，这时离发动只剩几分钟了。

坐在中心控制室里的冯·布劳恩戴上收送话器，同时仔细审视着高挂在他面前墙壁上的几个电视屏幕和他眼前控制台上的刻度表。虽然"土星号"历次发射工作性能都是完美无瑕的，但这一次毕竟是载人飞行，责任重大。它不仅要一直飞上月面，而且还要安全返回地球。整个任务中只要有一丁点儿疏忽，结果都是不堪设想的。难怪冯·布劳恩也抑制不住他紧张的心情了。

最后的倒计数开始了。"10……9……8……发射！""土星号"第一级的 5 台发动机霎时间以 760 万磅的推力猛烈地冲击着发射台。这一推力相当于 1.8 亿匹马力，或者说相当于北美洲全部河流发电总量的两倍，每秒钟消耗的液体燃料就达 3500 加仑！

巨大的飞船徐徐上升，然后速度越来越快，渐渐就冲进了云层。消失在人们的视野之外。监视系统的信号表明，飞船一切运行正常。冯·布劳恩才稍稍放下心来。

在这以后的三天里，全世界都在焦急地注视着阿姆斯特朗、奥尔德林和科林斯这三名宇航员危险而漫长的月球旅行。

7 月 20 日下午 4 时 19 分，"这里是静海基地，'鹰'号已经着陆。"阿姆斯特朗的声音穿过遥远的太空送入地球，安装在"鹰"号登月轮外面的电视摄影机向地球上亿万守候在电视机前的人们证实了这一千真万确的事实：人类终于到达了月球！

在肯尼迪指挥中心里的人们脸上都露出了笑容。突然间，坐在控制台后面的每一个人都拿出一面小小的美国国旗，许多人的眼睛湿润了。

1969 年 7 月 20 日美国东部夏令时间晚上德国哲学家弗里德里希·恩格斯称赞达·芬奇是"巨人中的巨人"，他"不仅是伟大的画家，同时也是伟大的数学家、力学家和工程师，他在物理学各种不同的部门中都有重要的发现"。10 时 56 分，尼尔·阿姆斯特朗站在登月舱舷梯最下面的一级上，伸出他的靴子，在月球上踩出了第一个人类的脚印。它同时表明，地球人类在征服宇宙的进程中也迈出了历史性的一步。

全球亿万电视观众注视着所有发生的这一切，整个美国的一切活动都停止了。作为一项对于整个人类都具有重大意义的事业，它甚至超越了当时严格的意识形态的沟壑。在南斯拉夫、捷克斯洛伐克、波兰等地的人们都为这一人类壮举而庆祝和祈祷。美国总统尼克松说："这是自上帝创世以来世界历史上最伟大的一星期。"

早在 1951 年，在一篇提交给斯图加特国际航天联合会的论文中，冯·布劳恩充满激情地写道："航天旅行最有意义的使命是：将来有一天，我们的卫星飞船绕着地球转；轨道站上的人可以看到，在布满繁星的无限黑暗之中，我们的行星只不过是许多行星中的一个；到了那一天，我说，在我们居住的星球上将不会再发生自相残杀的战争。整个地球上的人都把眼光转向太空，以热切的心情去从事新冒险家进入最深空的事业。那时候，人类将准备进入漫长的、迄今只是在地球上的历史的第二阶段——宇宙时代"。现在，冯·布劳恩的这一思想似乎正在阿波罗登月工程这一壮举中全人类所表现出的对和平和进步的认同与渴望中体现出来。

冯·布劳恩对阿波罗登月计划的圆满成功所做出的贡献得到了人们的高度评价。其中也许最有意义的就是首次登上月球的 3 名美国宇航员在赠给冯·布劳恩的一本书的扉页上的题字了：

"献给韦纳：是您的主张和预言、您的宣言和研究、您的扶持和促进，使我们捷足先登月球。"

在这次阿波罗登月计划完成以后不久，1970 年 2 月，冯·布劳恩从亨茨维尔火箭基地调到华盛顿，被任命为国家航空航天局代助理局长，在总部负责制定未来的计划。但是，在登月取得巨大成功以后，正在为越南战争和国内问题烦躁不安的美国政府和国会就再也不愿意为以后大型的航天计划拨款了。冯·布劳恩精心设计了很久的超级阿波罗计划——载人火星计划被迫搁浅。不仅如此，由于拨款大为减少，一些发射计划，如"阿波罗 18 号""阿波罗 19 号"将被缩减，某些研究中心将被迫关闭，国家航空航天局的工作人员必将在一年内裁员 5 万人之多。对此冯·布劳恩颇显得有些心灰意懒。但是不久他还是开始着手开展剩下的两项大型计划的研制工作——完成天空实验室航天站和复用航天飞机。

主持航天

天空实验室航天站一直是冯·布劳恩最喜欢的计划之一。实际上，和冯·布劳恩长期共事的阿图积·鲁道夫说："30 年代，在库默斯多夫军官俱乐部——冯·布劳恩住的地方，他就已经在不止一个晚上谈到这种宇宙飞行的设想了。"1952 年 3 月 22 日，冯·布劳恩在他发表于《柯里尔》杂志上的一篇文章中，对建立航天站所需的技术就已经进行过仔细的估计，并设计出了基本构想的蓝图。在"水星"计划结束，"双子星座号"飞行已经为载人宇宙飞行积累了不少经验的时候，有关天空实验室航天站的具体计划和初期设计工作便正式启动。"土星号"计划开始以后，这一计划也随之发展，而阿波罗飞行又为形成实验室飞行任务的许多方面提供了重大帮助。

天空实验室计划的内容比以往任何其他航天计划都要丰富，它包括有多种相当复杂的任务，如宇航员最长时间的失重、载人操作的高级太阳观测台、一系列工程任务、天空实验室内部的科学实验、对地球的观测、宇航员进行的生物医学研究和对宇航员进行的生物医学研究。天空实验室在它 8 个月的使用期中，将支持 270 多项不同的科学和技术调查的进行。

天空实验室的主要目的是要使宇宙飞行为人类在地球上的努力服务。它将把阿波罗计划期间发展起来的知识、经验和技术系统广泛地应用于科学和技术训练，把宇宙飞行实际应用于地球上的需要。这些需要遍及人类活动的广泛领域，包括扩大我们在物理学和天文学方面的科学知识、我们的天体环境研究、加工和生产新材料、对地球表面进行观察和监视、对长期失重状况下的活的生物体，包括人在内，进行研究等等。

1972 年 5 月 14 日美国成功地发射了天空实验室航天站。虽然它一度曾出现过一些故障，但很快就被赶来的宇航员修理小组修复。到 1972 年年底，天空实验室已经绕地球飞行 3350 多圈，先后有三组每组三人的宇航员在里面工作过。总的看来，天空实验室航天站计划取得了极大的成功。正如一位专家所说的，单是在太阳研究这一方面，地球上的科学家们所得到的材料就是"车载斗量"的。它在其他某些新兴科学领域，如失重加工和制造、新药品的合成等方面以及对人在持久失重状态下的医学研究等方面提供了大量宝贵的资料和数据。而且它也最终证明了，将来建造一座永久性的航天站不仅是完全可能的，而且是具有很高实用价值的。

在天空实验室计划正在顺利执行的时候，冯·布劳恩又开始对预算惊人的复用航天飞机的设计进行深入研究。当时，国家航空航天局的设计人员所设想的航天飞机，是由两艘互相重叠的有翼飞船组成的。比较大的一艘包括助推器部分，驮在上面的比较小的一艘用作载人轨道飞行器。这两级都可以靠滑翔回到飞机场上，供下次再用。但是布劳恩认为，这样设计的航天飞机预算太过庞大，会挤掉其他许多有益的航天科学计划和航天应用计划，所以他与一些科学家和工业公司密切合作，对设计进行了新的重大改进。一个月以后，冯·布劳恩就提出了一种新的大大简化的航天飞机构型，其研制成本从原来的 100 亿美元一下子降为 50 亿美元，节约了一半的研制经费。1972 年 1 月 5 日，尼克松总统宣布，国家航空航天局将研制一种低成本的复用航天飞机，从而最后批准了这一新的设计方案。此后不久，最初的研制工作就开始了。

1972 年 6 月 10 日，冯·布劳恩突然宣布辞去国家航空航天局代理局长职务。此时冯·布劳恩已经 60 岁了，但却还远未达到 65 岁的法定退休年龄。冯·布劳恩之所以辞职，是因为他当时认为，在政府中已没有什么大规模的工作可做了。载人火星计划被搁置了、阿波罗登月计划正接近尾声、天空实验室计划正在顺利实行、他也已经完成了航天飞机的重新构型任务，因此冯·布劳恩认为他对国家航空航天局已无多大用处了。所以冯·布劳恩退出了政府机构，试图在私人公司中再寻求新的发展天地。同年 7 月，冯·布劳恩即受聘就任美国一家著名的私人航空公司费尔柴尔德公司负责工程和发展的副总经理。在他生命的最后几年里，冯·布劳恩在费尔柴尔德公司为直接电视广播卫星的研制和应用倾注了大量的心血。1977 年 6 月，冯·布劳恩终因肠癌不治在华盛顿亚历山大医院病逝，终年仅 65 岁。十分可惜的是，当由他手里发端的航天飞机于 1981 年 4 月首次试飞成功时，冯·布劳恩已经离开了人世，没能亲眼见到这一天的到来。

艺术大师

世界名人百传

王书利⊙主编

导　读

　　您看过著名的《向日葵》吗？您知道名画《向日葵》《鸢尾花》《日出印象》《舞蹈课》等的来历吗？本卷《艺术大师》将带您用好奇的眼睛观察世界艺术大师——梵高、高更、德加和莫奈等等各自的生活经历，还原了大师们风采各异的创作过程，揭开了蒙在这些经典名作上的神秘面纱。

　　了解艺术大师的故事，欣赏艺术大师的作品，就像站在巨人的肩膀上可以开阔我们的眼界，提高我们的艺术素养。读一本世界名人传记，可以说是经历了一次影响深远的思想之旅，打开了一扇启迪成长的智慧之门。本卷《艺术大师》选择了世界上最知名的艺术名人，以传记故事为载体，选择真实可信的素材，记录传主一生的传奇经历，以优美简洁流畅的文字，通过生动有趣的故事，全方位地讲述其成长历程，将主人公坚毅的品性、过人的胆略、恒定的信念与执着的勇气展示给您。在他们不灭的梦想中找到努力的方向；在他们奋斗的历程中破译成功的密码；在他们成功的故事中汲取我们成长的力量。

现代艺术的创始人

——毕加索

人物档案

简　　历：西班牙画家、雕塑家。是现代艺术的创始人，西方现代派绘画的主要代表，当代西方最有创造性和影响最深远的艺术家，是 20 世纪最伟大的艺术天才之一。1881 年 10 月 25 日出生在西班牙的马拉加，童年是在充满关怀和溺爱的环境里度过的。受父亲的影响，绘画、看斗牛成了毕加索后来一生的嗜好。1973 年 4 月 8 日，毕加索于法国穆然去世，享年 91 岁。

生卒年月：1881 年 10 月 25 日～1973 年 4 月 8 日。

安葬之地：法国南部的沃温那格堡。

性格特征：性格开朗、乐观，尖刻挑剔，清高孤傲，喜欢画画，喜欢模仿。

历史功过：具有源源不断的创作灵感，为后世留下了几万件作品，其中包括油画、雕塑、陶瓷作品、铜版画、石版画、麻胶版画、素描等，被誉为"美术界的爱因斯坦"。

名家评点：菲利西昂·法格斯称赞毕加索"是位名副其实和富有魅力的画家，他那善于识破事物本质的才能足以证明这一点"。

童年岁月

1881 年 10 月 25 日晚上 11 点 15 分，毕加索出生在西班牙的海港城市——马拉加。他一离开母体，几乎就成为一个死婴，既听不到他啼哭，也看不到他运动。尽管接生婆采取一切挽救措施，可是毫无效果。正当全家人处在绝望之时，这个婴儿的叔叔——东·萨尔瓦多医生匆匆赶来。他对着婴儿的鼻孔使劲喷了一大口雪茄烟，霎时间，婴儿缓过气来，突然哇哇啼哭起来。全家人都高兴得不得了。

第三天,他的父亲满心欢喜地来到马拉加市政局,给儿子报了户口,登记注册。市政局的新生婴儿注册簿上写有这样一串名字:帕布洛·迪戈·约瑟·弗朗西斯科·保罗·瑞安·纳波缪希诺·西伯里安诺·德·拉·山迪西马·特里尼达。后来,又在这孩子的姓名中加上了他母亲的姓——毕加索。他真正使用的名字是:帕布洛·毕加索。

毕加索的母亲——玛丽娅·毕加索·洛佩斯出生在意大利的热那亚,是位有犹太人血统的女人。她随父母迁居到西班牙南部。她父亲早年前往安的列斯群岛,一去就没有回来。残酷的生活在幼小的玛丽娅心灵上留下了深深的创伤。她的母亲承担了抚养4个女儿的重担。她的大姐英年早逝,母亲为教养女儿们吃尽了苦头。

毕加索的父亲——约瑟·理兹,出生在一个大家庭,他们兄弟姐妹共有11人,他排行老九,他有两个姐姐和两个妹妹。他父亲死后,他的哥哥帕布洛·理兹就成为家中的顶梁柱。他这位哥哥是马拉加大教堂牧师会的成员,是一位牧师和神学博士。他为人开朗、善良,既善解人意,又肯无私地帮助别人,因此,他在这个大家庭中享有很高的威信。不幸的是,他46岁就离开了人世。他的死亡给这个大家庭带来了痛苦和悲伤,约瑟更是痛心疾首。理兹比约瑟大6岁,他是约瑟的精神支柱和靠山。

约瑟·理兹如醉如痴地热爱绘画,并且深深地陶醉在绘画艺术之中。他的这位长兄积极支持他学习绘画,鼓励他对艺术的追求,为他提供资金。约瑟的绘画水平有了很大的长进,因此在工艺美术学校得到了一个职位。

在约瑟的长兄帕布洛·理兹逝世之前的几个月,他的10个兄弟姐妹曾建议约瑟应该尽快解决自己的婚姻大事。他自己也认为,是到了该结婚的时候,他已经是接近40岁的人了。他们这一辈人中尚未添过男孩。家里人都希望约瑟能与他的堂妹艾米莉娅结合。可是约瑟却看上了堂妹的女友玛丽娅·毕加索。两个人一见钟情,这对年轻人很快坠入情网。玛丽娅·毕加索比约瑟小17岁,她体格短小健壮,长着一双动人的黑眼睛,上嘴唇上长着一颗小小的黑痣。她遇事沉着冷静,很有主见,从不轻信别人的花言巧语。这位沉稳的姑娘接受了约瑟的求婚。他的长兄帕布洛·帕布洛打算让他们尽快完婚,可是他却于1878年10月病逝。他们的婚期被推迟了,因为全家人都陷入了悲痛之中,约瑟不能在这种悲痛的气氛中结婚。约瑟还觉得,自己在学校拿到的工资太微薄,不足以维持一个家庭的生活。约瑟必须寻找新的收入来源。长兄去世后,他的弟弟萨尔瓦多成为全家人心目中的家长。

萨尔瓦多当时是马拉加市一家第一流医院的主治医生,同时还兼任牧区卫生检查官。在萨尔瓦多的帮助下,约瑟在刚建成的马拉加市博物馆谋到馆长的职位。1880年6月约瑟开始了博物馆馆长的生涯,同时为结婚做准备。

约瑟和年方25岁的犹太女郎玛丽娅·毕加索于1880年12月8日在圣地亚哥大教堂举行了婚礼,当时约瑟已经42岁。这对新婚夫妇搬进了梅尔赛德广场附近的一套舒适的公寓,一年之后,20世纪的天才绘画大师帕布洛·毕加索就出世了。

毕加索的童年是在充满关怀和溺爱的家庭环境中度过的。在这个家庭中除了他母亲玛丽娅,还有他的外祖母多娜·伊妮丝。两个尚未出嫁的姨妈和一个女佣人。她们简直把毕加索视为掌上明珠,对他百依百顺,关怀备至,满足他各种不合理的要求。

应该指出，当时这个家庭并不十分富裕，毕加索父亲的工资也不高。他父亲除了要养活毕加索这个娇儿，还要供养岳母、两个小姨子和一个女佣人。人生中往往祸不单行。有一天，毕加索父亲所担任的市博物馆馆长职务突然被撤销了。这对于本来就不怎么富裕的家庭来说，无疑是雪上加霜。这一家的生活当时遇到了极大困难。他们只好借债度日。

约瑟向市议会提出抗议，要求恢复他的职务。新的市议会研究了他的抗议书后，决定恢复他的馆长职务，并且提高了他的薪俸。

这样一来，约瑟一家的生活勉强可以维持，但是仍然比较困难，不得不长期拖欠房租。在这种情况下，房东只好同意以约瑟先生的绘画作品代替房租。

尽管生活艰难，但是全家人并没有减少对帕布洛的疼爱；小帕布洛仍然是全家人的关爱中心。他母亲常常满怀慈爱的心情，凝视着他那双炯炯有神的大眼睛和他那毛茸茸的满头黑发。母亲时常自豪地说："他简直漂亮得既像天使又像魔鬼，谁都忍不住想多看他几眼！"

1884 年 12 月 24 日，西班牙突然发生了强烈的地震。当时约瑟·理兹正在马拉加城的一家药店里。他顿时感到大地摇晃起来，药架上的药瓶子哗啦啦掉在地上。他立即跑出药店，向家里奔去。小帕布洛还清楚地记得，他爸爸急急忙忙奔回家中，一只手挽着当时已有孕在身的母亲，一只手抱起他，匆匆从家里跑出来。帕布洛的两个姨妈和外祖母也都跑了出来。

他们一家人，暂时住在约瑟朋友的一所很坚固的房子里。当天晚上，小帕布洛的妹妹劳拉出世了。全家人都十分欢喜，3 岁的帕布洛更是兴奋不已。劳拉的出世，给这个不富有的家庭增加了开支。全家人只能靠辛苦的劳作来维持略高于普通人家的生活水平。当时毕加索的父亲已是一位颇有名气的画家，他特别擅长画花草鱼虫之类的风景动物画。他的绘画作品能换回一笔笔收入，对家庭的经济生活也是一项重要补贴。

毕加索从刚刚学会说话的时候起，就喜欢在梅尔赛德广场上的沙坑里画出各种奇怪的图画，过路人见了都赞叹不已。

毕加索的父亲常常把他带到自己博物馆内的画室，让儿子观看自己作画。约瑟·理兹是位有天赋的画家，他继承了西班牙人热爱现实生活的传统。他非常喜欢画鸽子。为了使画面结构和谐、严谨，他常常在单张纸上画出姿态不同的鸽子，然后把它们剪下来，再在画上配贴。

小毕加索在观察父亲作画过程中，逐渐受到艺术熏陶，并且懂得借用各种材料和手段进行艺术创造。小帕布洛 4 岁时，就开始使用剪刀制作各种花草和动物图片。他甚至剪出小姨妈偷偷爱上一位年轻美男子的剪纸图片，并且把剪纸投影到白色墙壁上。他的这一举动引起了家里人一片哄堂大笑。小帕布洛更喜欢用铅笔绘画。

毕加索的父亲约瑟·理兹除了带他常去观看他的绘画以外，还带他去看斗牛。父亲的爱好也传染到儿子的身上。绘画、看斗牛成了毕加索后来一生的嗜好。帕布洛·毕加索从孩提时代起就受到斗牛场气氛的感染。在他的眼里，斗牛场不仅充满悲壮的气氛，而且表现出西班牙民族的大无畏的英雄主义气概。有一次，父亲带他去看斗牛士闪高斗牛。斗牛结束后，毕加索却要求父亲带他去抚摸闪高的斗牛士服装，父亲开始没有答应，他就大哭不止。约瑟·理兹没有办法，只好带他找到斗牛士闪高的住处，请求那位斗牛士允许他儿子摸一摸他的斗牛服。

1887年10月30日，帕布洛的第二个妹妹孔塞茜昂出世了，当时他已经满6周岁。小妹妹的出世，又给小帕布洛内心增添了喜悦。

毕加索是一个非常好动的孩子，因此，他对学校的刻板的学习生活很是反感。他觉得，坐在教室里，静静地听老师讲课，简直是一种磨难，他对学校的规章制度深恶痛绝。他在小学学习的时候，是个有名的淘气鬼。上课的时候，小帕布洛常常随意站起来，走到窗前，一边用手轻轻地敲着玻璃，一边望着窗外的风景。

每天早晨，当父亲把他送到小学校的门口时，小毕加索总是悒悒不乐地走进教室。他仿佛觉得，教室就是牢房。他望着空中飞行的一群群鸽子，内心里充满自由飞翔的渴望。

有时在课堂上，毕加索全神贯注地望着挂在教室前面墙上的那架时钟，盼着钟上的指针走得快一点儿。他后来回忆说："我就像傻瓜似的盯着挂钟，两眼朝上，脑袋来回摆动……几乎与白痴一样。……我当时也拼命想集中自己的注意力。我常常对自己这样说：现在我要集中注意力了，二加一等于……啊，一点钟啦！顷刻间注意力又分散了。我满脑子只想着回家的时间，考虑家里人是否会忘记接我。接着，我未经允许就去上厕所或前往其他地方。"小毕加索对于学习算术和认字毫无兴趣，但是他却很喜爱画画，喜欢模仿。在这一方面，他父亲及其一些画家朋友的绘画生活给予他极大的影响，他们是小毕加索学习绘画的启蒙老师。

在毕加索8岁的时候，他就画了第一幅油画《马背上的斗牛士》，上面画了两个男人和一个女人，画面显得协调、明快、清晰。不过，这幅画中人物的眼睛都被毕加索的妹妹用针刺破了。在他9岁的时候，他画了一幅鸽子和斗牛场面的图画：一群鸽子翱翔在斗牛场的上空。

1890年年底，毕加索的父亲失去了马拉加市博物馆馆长的职务，因此也失去了博物馆内的画室，因为市政府财政拮据，决定撤销市博物馆的馆长编制。这样一来，毕加索的一家就陷入了困境。

翌年4月，毕加索的父亲被任命为科鲁尼亚美术学院的人物画和装饰画教授。科鲁尼亚是位于西班牙西北的一个海港，这里风景秀丽，环境优美，一年四季分明，属于海洋性温带气候，终年潮湿多雾。这个小港口又是加利西亚省的省会，濒临比斯开湾。

1891年10月，毕加索一家迁往美丽的海港城市科鲁尼亚，而他们的亲戚朋友都留在马拉加，在这里他们举目无亲。不过，小毕加索倒很喜欢这个城市。不久，他就找到了自己的乐趣和玩耍的伙伴。在这里，毕加索开始进入中学学习。他与同学们在学校前面的广场上组织特殊的"斗牛"比赛，他和小伙伴们在大街上追逐野猫，邻居们纷纷告状，玛丽娅只好严加管教自己这个不听话的儿子。

艺术之光

　　1892年9月,毕加索已经跨入自己生命的第十一个年头。他进入父亲执教的那所美术学院的装饰画班,接受正规美术训练。小毕加索很快适应了插班的紧张学习生活,他和同学们一起临摹石膏像,进行人物写生。他在学习实践中显示出惊人的才华和洞察力,考试成绩不是"优"就是"特优"。小毕加索在自己的画册中已展露自己的独创性,他把自己的独创画法与传统画法和工笔画法巧妙地融合在一起。他画的大力神赫克勒斯显得雄心勃勃,甚至有点肆无忌惮。他为妹妹劳拉画的肖像画《老两口》,就体现出这种特点。1895年伊始,毕加索的小妹妹孔塞茜昂得了白喉病。1月10日,他眼睁睁地看着活泼可爱的小妹妹永远闭上了眼睛。

　　同年,父亲约瑟·理兹被巴塞罗那美术学院聘为教师。在搬家之前,父亲为毕加索组织了一个画展,地点选在一家小商店及其后堂。这是为小毕加索第一次举办个人画展。所有展品都是他创作的肖像画,大多为女人的肖像,如戴着黑色纱巾的劳拉和女仆的肖像画。

　　1895年夏天,毕加索一家决定先回马拉加度假,然后再前往巴塞罗那。他们到了马拉加后,就住在他叔叔萨尔瓦多医生的家里。叔叔一家人非常喜爱小帕布洛,他当时仍然是他们家族这辈人中的唯一男孩。4年多不见,小帕布洛长大了。离开马拉加时他还是一个考试不及格的调皮的孩子,如今他已经是个14岁的少年,并且能画一手好画。他父亲把他带回来的一些绘画作品,如《裸脚姑娘》《加利西亚女人头像》《加利西亚老人》《老香客》等,都挂在萨尔瓦多家里的墙壁上。全家人都惊喜地看到了小帕布洛在作品中所表现出的不同凡响的才华。他叔叔十分高兴,于是就在卫生局给他腾出了一间房子作为画室,并且雇请了一位老海员给小帕布洛当模特。小毕加索就是在这间画室里创作出一幅老海员的肖像画,这幅画画得很出色,后来成为被广泛复制的一幅名画。

　　毕加索一家迁入巴塞罗那之后,父亲决定让小帕布洛转入巴塞罗那美术学院学习。但是进入这所学院需要进行入学考试。考试的方式是校方让帕布洛在一个月内完成一部绘画作品。小帕布洛提前完成了两幅画的创作。他顺利地通过了考试,升入高年级班学习。他要在这所学院学习两年。

　　小毕加索来到巴塞罗那不久,就创作了一幅人物画卷,题名为《基督赐福魔鬼》。从这幅画上可以看到,基督头部四周闪烁着光环,他伸出左手为一个受宠若惊的魔鬼赐福。1896年,他15岁时创作了一些有关宗教题材的画,例如,圣母教子读书,基督会见修女,基督接受天使崇拜等作品。

　　巴塞罗那美术学院不仅为毕加索的绘画创作打下了坚实的基础,而且也结识了不少朋友,其中马缪尔·帕拉利是他结识的最要好朋友。他经常去毕加索家做客,他们一起讨论艺术问题。后来帕拉利回忆毕加索时写道:"他非常有个性。他有极强的感染力……他掌握任何事物都非常快,对于教授所讲的东西毫不费力就掌握了。""不论在什么事情上，他都与众不同……有的时候，他非常激动；在另一些时候，他可以连续工作好几个小时而一言不发。他会立即生起气来，但马上又会平静下来。看起来，他经常处于犹豫、沉闷之中，仿佛在思索某种悲伤的事情，他的脸上笼罩着阴云，而他的眼睛则变得更幽暗。"帕拉利说，他作为毕加索的朋友，只好迎合他的情绪和任性的要求，甚至在1896年巴塞罗那的狂欢节上，他们两人竟然乔装成为漂亮的女郎。就在这期间，他和帕拉利经常光顾有歌手演唱的伊登乐厅咖啡馆，在那里又结识不少新朋友，其中有安琪·索托、拉蒙·雷万多、雕塑家马图——安琪·索托的哥哥。他们一起逛大街，出入酒吧、咖啡馆，过着无忧无虑的放荡生活。但是成为名画家的欲望又迫使他勤奋地学习，疯狂地创作。

1896年4月举行的巴塞罗那全市美术展览会上展出了他的作品《第一次圣餐》。次年，他又在马德里美术展览会上展出了他创作的《科学与博爱》，并且获奖，尔后该作品又在马拉加市美术展览会获得金像奖。从这幅画上，可以看到躺卧在病榻上的一位母亲，她那憔悴的脸上一双失去光泽的眼睛正在凝望着一个护士怀里抱着的孩子，在她身旁坐着的老医生在为她量脉搏。这幅画的主题所表现的是一位垂危的母亲仍然在关怀着下一代，体现出伟大的母爱精神。

1897年的秋天，毕加索第一次孤身一人离开家前往马德里。由于《科学与博爱》这幅画获奖，毕加索在首都的绘画界已小有名气。

毕加索的父亲希望儿子能进入当时西班牙的最高艺术学府——马德里圣费南多艺术学院继续深造。他父亲的一位朋友恰巧在该学院任教，由于这位先生的周旋和毕加索的绘画才华，他被学院破格录取了。

毕加索进入圣费南多艺术学院不久，就开始对这里的学习生活感到厌倦，对一些教师枯燥无味的讲授感到很失望，于是他就经常不去听课。从此他开始懒散起来，经常睡到中午才起床，然后就去蹓大街、逛公园，很少坐下来作画。亲属们得知毕加索这种放荡不羁的生活作风之后，都很失望，萨尔瓦多叔叔、姨妈、姑妈等亲属停止了对他的经济资助。

1898年春天，毕加索病倒了，他患上了猩红热。稍微康复了一点，他就离开了马德里，回到巴塞罗那父母的身边。他一边在家里继续养病，一边开始练习作画。这期间他创作了自画像《彷徨中的毕加索》，画中的毕加索容颜憔悴消瘦，一双眼睛忧虑地注视着未来。

毕加索痊愈之后，就和自己的朋友帕拉利前往霍尔塔乡村——帕拉利的家乡。这是毕加索平生第一次真正接触乡村生活。他很喜欢这里旖旎秀丽的风光和纯朴的民风，乡民和工匠的真诚纯朴感染了他的心灵。他同这里的乡民和工匠一起劳动，向他们学习耕作和手工技术，亲身感受到人与人之间那种亲密的关系。他在这里自由自在地度过了8个月的田园生活。

毕加索及其朋友帕拉利和一位吉卜赛青年一起前往桑塔巴巴拉山中去探险，起初在此山的一个洞穴里住了几天，然后继续向更高的波兹米斯特拉山攀登。到了山上之后，他们在一口山泉附近的一个山洞里住下来。帕拉利的弟弟每隔几天就骑着骡子上山给他们送来些食物。

那位吉卜赛青年教他们俩如何适应野外大自然的生存环境,向他们传授自然界的许多知识,教他们分辨各种鸟类的叫声和花草树木。毕加索与这位吉卜赛人结下了深厚的友谊。在毕加索的眼里,他简直成了神秘世界的化身。按照古老的习俗,毕加索和他的这个新朋友用刀子割破了手指,让他们俩的鲜血溶合在一起,以此来表示两个朋友彼此之间的忠诚。

3个朋友每天的多数时间都在山上临摹,作画。毕加索深深地陶醉在大山之中。在这里他描绘了美丽的山川风光,创作了一批质朴而隽秀的山水画。

1899年2月,17周岁的毕加索一个人回到了巴塞罗那的家里。父亲本打算让他进入劳嘉美术学院学习,可是他拒绝了父亲的安排。他自己在一家小服装店里租了一小间画室。这期间,毕加索创作了一些反映死亡的画作,如《死亡之吻》《牧师探望垂死人》《死亡临近》,等等。这类作品反映出他当时那种忧郁、悲观的心态。

毕加索与父亲的关系开始紧张起来,他居然离开家人,搬到巴塞罗那郊区一家妓院去居住。那里环境十分恶劣,既没有电,也没有自来水,床铺很脏,床单污秽不堪。可是他竟然在这里住了几个月,以表示自己对旧习俗的反叛。

这一年毕加索结识了乔马·萨巴泰。他是一位诗人和作家。这位加泰隆人对天才人物十分崇拜,决心使毕加索成为一位闻名于世的大艺术家。此人在40多年后的回忆中写道:"我仍记得自己首次前往他画室的情景……毕加索站在通往大门的画室走廊里。在我走上前去向他道别时,我不由得为他周身散发的那种神奇的魔力所惊呆,这是一种魔术师般的神力,散发着令人惊讶和充满希望的才气。"

1900年1月,毕加索与新结识的朋友卡尔斯·卡萨吉马合租了一间大画室。毕加索在他们的新画室正面墙壁上画上了表达他们希望所拥有的东西:一张漂亮的床铺、一张摆满各种美味佳肴的餐桌、一个保险箱和男女仆人。他甚至把女仆的乳房画得出奇地大。

同年2月1日,在巴塞罗那的四猫酒店举行了一次毕加索画展,这次展出的大都是人物画。这次画展没有取得预期的效果。劳嘉美术学院的一位助教著文评论说,毕加索虽然有"超凡的手笔",但是他还"缺乏经验,粗制滥造"。

此时的毕加索非常向往巴黎。即将在那里举行的世界美术大展对他更是一个极大的诱惑,况且他创作的《最后的时刻》将代表西班牙参加这次大展。约瑟·理兹节衣缩食,为儿子凑足了前往巴黎的费用。这期间毕加索创作了许多斗牛场面的画。这些充满活力的画面,反映出他重新振作起来的精神面貌。

巴黎之行

1900年10月末,毕加索来到法国首都巴黎。当时的巴黎已成为西欧最繁华的大都市,其建筑艺术水平之高,是巴塞罗那和马德里所无法相比的。就在这一年,巴黎举行了国际博览会,展示出欧美各国经济发展的新水平。卢浮宫、大剧院、美术展览、卡巴莱酒店、灯红酒绿的妓院,令这位19岁的画家毕加索目不暇接;在咖啡馆和酒吧间,对对情侣当众接吻,在街巷中和公园里巴黎人在引吭高歌;大街上车水马龙,小贩的叫卖声不绝于耳。在巴黎,毕加索仿佛呼吸到真正自由的空气,他真正体会到巴黎人的性自由之风。不久,毕加索也过起了放荡不羁的生活,频繁地出没于妓院,尽情地发泄自己的一腔欲火,同时增强了他的自信心。毕加索在这期间创作了一些男女情人热烈拥抱的肖像画,其中的一幅画透露出男人高大身躯蕴含的一种粗野的性欲气息,仿佛这一对男女已融为一体,人物显得放荡、疯狂。

就在毕加索沉湎于与女性欢爱之时,与他住在一起的好朋友卡萨吉马却爱上了一个女模特——吉玛妮,可是他钟爱的吉玛妮并没有响应他的爱,因此,卡萨吉马陷入了绝望之中。他已经不再作画,整天酗酒,嘴上叨咕着要自杀。毕加索知道,他在巴塞罗那曾经有过一次未遂的自杀,所以对他时时加以保护,甚至不敢离开他。

没过多久,毕加索的密友帕拉利从巴塞罗那来到了巴黎。在这个朋友的规劝下,毕加索的放荡生活开始收敛了一些。

在巴黎,毕加索认识了一位名叫皮尔·曼雅克的艺术品收藏家。此人善于组织画展,愿意辅佐年轻的艺术人才。很快,曼雅克与毕加索达成协议:曼雅克收买毕加索的作品,每月支付给他150法郎,并且充当他在巴黎的保护人。从此,毕加索在经济、生活上有了保证,摆脱了贫困的境遇。

1900年12月20日,毕加索、帕拉利和卡萨吉马一起取道巴塞罗那回到了马拉加。他们在马拉加过得并不快活,毕加索的家人和亲戚看不惯他那新潮画派的穿戴,对他留着长长的头发也很反感,因此,他们不但没有受到礼貌的接待,而且还发生了争吵。

为了改善失恋的卡萨吉马的心境,毕加索带他去观看舞女演出,进出妓院,企图浇灭他对吉玛妮的一腔爱火,可是这一切都无济于事。在狂欢滥饮之后,卡萨吉马孤身一人悄悄地返回巴黎。在卡萨吉马离开马拉加之后,毕加索心情低沉,他一边挥毫作画,一边继续寻欢作乐,经常出没于妓院和酒吧间。这种自由放荡的生活很快使毕加索感到厌烦,于是他决定前往西班牙的首都马德里。

到了马德里之后,毕加索就去拜访当时住在马德里的几位他在巴黎结识的朋友。毕加索和他的作家朋友弗朗西斯科·阿西斯·索勒决定创办一个文学杂志《青年艺术》,毕加索担任该杂志的美术编辑。正当他们筹备创刊号时,毕加索收到了巴黎的来信:他的朋友卡萨吉马自杀身亡。卡萨吉马的母亲得知儿子死亡的噩耗,也在悲痛中离开了人世,这对毕加索来说,是双重的打击。

1901年3月10日,《青年艺术》面世了。先锋派的这本杂志只出版了5期,后来因为缺少资金而被迫于7月停刊了。毕加索为这5期杂志创作了精美的封面和插图。《青年艺术》停刊后,毕加索的情绪十分消沉,他决定离开马德里这座使自己心情沮丧的城市。

1901年3月,毕加索回到巴塞罗那自己的家里。他创作了不少作品。不久,他的保护人曼雅克从巴黎写信来说,他准备近期在巴黎给他举办一个画展。1901年6月,毕加索返回巴黎,在四猫酒店结识的老朋友杰马·安德鲁·彭索姆,此时与他形影不离。曼雅克让他们住在克里奇大街130号的一间画室里。这套画室里有一个大房间和小门厅，还有一个卫生间。不久，曼雅克也住进这套画室。毕加索在这里为曼雅克画了一幅肖像画，画中曼雅克系着红领带，一双眼睛望着前方，显得雄心勃勃，傲视一切。

曼雅克是一位爱惜人才的文人，并且很有远见。他不仅购买毕加索的作品，而且把他介绍给位于维克多·马斯大街25号的一个展览馆的主人——博萨·薇尔，人们称她为"薇尔小老太"。这个展览馆是巴黎艺术界的一个有影响的中心，这位"小老太"，其实并不老，实际上还很年轻。这位女馆长矮小健壮，朝气蓬勃，乐于助人。

曼雅克还把毕加索介绍给巴黎一位有名的画商伏拉。伏拉是位谨慎而挑剔的画商，他看了毕加索的作品之后，一反他那谨慎小心的态度，立即答应为毕加索组织画展。

1901年6月24日，画展开幕了。这次画展很成功。诗人兼评论家菲利西昂·法格斯在《艺术报》发表评论，称誉毕加索"是位名副其实和富有魅力的画家，他那善于识破事物本质的才能足以证明这一点"。通过这次展览，终于实现了毕加索梦寐以求的社会承认，几乎所有的报刊都对他施以赞美之辞。在这次画展上，毕加索又结识了一些文艺界的新朋友，其中就有迈克斯·雅各布。他是一位年轻的画家、诗人兼文艺评论家。雅各布出生在布里塔里的一个犹太人之家。这位文质彬彬、穿戴入时的年轻人，对于毕加索的精彩绘画作品十分欣赏，赞不绝口。从他们相识那一天起，两个年轻人就结下了深厚的友谊，这种友谊一直保持到雅各布于1944年死在纳粹集中营里为止。迈克斯·雅各布从各方面关心和帮助毕加索，几乎给予他所需要的一切。

10月，毕加索的朋友乔马·萨巴泰和马图·索托从西班牙来到法国巴黎，他们来到巴黎后，经常去毕加索的那个画室里。大部分时间，他们都待在一起。几周之后，马图·索托居然也搬进了毕加索的画室。萨巴泰也常来他们那里。三位朋友一同吃午饭，晚上大都在咖啡馆里度过，回到毕加索的画室，就以书当枕，以衣服当被子，打地铺，度过一个个寒夜。

随着朋友们的到来和欢聚，毕加索的忧郁心情有所好转，但是愉快的情绪不久又消逝了。代之而来的仍然是悒郁不乐和沉闷不安。他与曼雅克的关系也开始冷淡起来，因为巴黎人根本不欣赏毕加索创作的那些消极的、不健康的作品。他们不理解，为什么毕加索不创作色彩明快、健康向上的作品。

毕加索目睹社会的贫富差别和种种尖锐的矛盾，自己又无法解释上述现象。他内心里充满了忧伤和愤懑，他就用忧郁沉重的目光看待世界和表现世界，因此，从这个时候起，他就大多采用蓝色的色调描绘世界，他创作了许多充满悲怆、荒凉、孤寂的作品。蓝色是低沉的色调，蓝色适应表现忧郁的美。这就是他创作生涯中的"蓝色时期"（1900～1903）的由来。他在巴黎创作的一幅最大的油画《卡萨吉马的葬礼》，犹如一扇屏风一样，挂在他的画室里。他还在他这位朋友生前住过的画室里创作了几幅卡萨吉马躺在棺木中的画。从上述画中可以看到，朋友之死对毕加索内心深处的震撼多么强烈。

1901年12月1日之前，毕加索终于解除了与曼雅克的契约。这样，就中断了他的经济收入来源。他只好给父亲写信，要父亲寄给他返回巴塞罗那的车费。接到父亲寄来的车费后，毕加索就踏上了归国之路。他与曼雅克的亲密关系就此宣告结束，对此曼雅克感到很惋惜。

毕加索回到巴塞罗那。现在,他不再为吃住发愁,可以无忧无虑地生活在父母的身边。可是,不久,他又感到心情很沉重。20岁的人仍然像孩子一样依靠父母生活,他觉得自己受到了伤害,因此,他的内心又骚动不安起来,他实在不愿意在家里待下去了。几乎每天晚上他都和朋友去逛咖啡馆和夜总会,尽量避免与父母见面。白天,他就邀请萨巴泰去他的画室陪他作画。

1902年的春天,毕加索在巴塞罗那经历了生活中的一段浪漫插曲,他深深地爱上了女演员琪丽托。毕加索为这位女演员的娇艳所倾倒,他画了许多幅琪丽托姑娘的画像,从各个不同的角度勾画出她美妙动人的身姿。他的朋友萨巴泰在回忆这段生活时写道:"那位美丽的舞蹈家、歌唱家的魅力使毕加索深深为之着迷。他唯一能解脱自己的办法就是不停地画那些素描。他的那些素描是如此的精巧、美妙、充满魅力,它们忠实地记录了毕加索对那位女演员的印象,并为他提供了无限的遐想。每一幅素描都是一气呵成,详尽地描绘出那位女性优美、炽热、温柔、性感的身体及一切的一切!"

毕加索的心情越来越烦躁,他开始思念法国的朋友迈克斯·雅各布,又开始向往法国首都巴黎。他从朋友的来信中得知,曼雅克已经放弃了艺术经纪人的工作,回到了巴塞罗那。巴黎对毕加索来说,就更加具有吸引力了。

这时,毕加索已经到了该服兵役的年龄。但是他又不想去当兵。因此,父亲和萨尔瓦多叔叔为他凑够了一大笔款,于是他前往征兵站缴纳了免服兵役费。1902年10月19日,毕加索和画家约瑟普·拉卡罗一起,登上了开往巴黎的列车。

他们到了巴黎后,在拉丁区一所"学校旅馆"里租了一个房间。几天后,他们又住进一间更便宜的房间——实际上是房子顶层的一间阁楼。一张大铁床几乎占据整个房间,所以他们两个人中必须有一个人坐在床上工作。当时这两位画家十分贫困,甚至有时都没钱填饱肚子。

毕加索的朋友迈克斯·雅各布不久发现,毕加索生活在极端贫穷之中,于是就让他迁出了与拉卡罗合住的那间阁楼,搬进了他租住的一个房间。迈克斯·雅各布在一家百货商店找到了一份工作,因此,他们的生活才有了一些改善,但是仍然比较困难。这位朋友租住的房子虽然比较宽敞一点,可是仍然比较简陋,甚至连起码的生活必需品都买不起,他们两个人只好轮流睡一张床:晚上迈克斯睡觉,毕加索作画;白天毕加索睡觉,迈克斯到商店里上班。后来,毕加索经常讲起说明当时他们贫困境况的一件往事:有一次,两位朋友用仅有的一点钱买了一根大香肠,带回来准备煮一下再吃。他们把香肠放在锅里一煮,香肠一下子就破裂了,一股难闻的臭气冒了出来。再一看锅里,香肠不见了,只剩一点点皮。

毕加索这次来巴黎后,身心蒙受了很大的伤害。在为自己画的一幅裸体画上,他显得很憔悴和虚弱,简直是一个迷茫、困惑而潦倒的形象。

1902年11月,"薇尔小老太"为毕加索的新画举行了一次展览,但是在这次展销中一幅画也没有卖掉。不久,迈克斯·雅各布又失去了商店的工作。这两位朋友的生活又陷入困境。对于毕加索来说,继续在巴黎住下去已经没有意义了,曾经一度令他兴奋的巴黎仿佛也变得冷漠了。1903年1月，他终于卖掉了自己创作的一幅画——《海边母亲》，这样就有了返回巴塞罗那的车费。他把其余作品带到蒙马特尔他的一位朋友家里，请他代为保管。回到巴塞罗那之后，毕加索就在从前与卡萨吉马合用过的那间画室里继续从事创作。在他没回来之前，他的朋友安琪·索托已经住进了这间画室。1903年5月毕加索就在这间画室创作出了一幅画——《生活》，这是毕加索"蓝色时期"的代表作。

在《生活》这幅巨型作品中，卡萨吉马穿着三角裤，站在画室的中央，一位全身裸露的少女偎依在他的身上，她的头靠在他的身上。画室的背景墙上挂着两幅油画：在上面一幅油画上是拥抱在一起的两个裸体，下面一幅油画上是一个蜷缩成一个胎儿形状的裸体。这幅画的右边是一位赤脚古装的中年妇女，怀里抱着一个婴儿。她用一双责备的目光望着卡萨吉马，而卡萨吉马则微微地向这个中年妇女伸出了左手的食指。这幅画实际上表达了毕加索本人的困惑，表达了他企图寻找一个合适的性对象的渴望，并让站在一旁的母亲不要干涉他的性生活。

毕加索亲自经历了苦难，也目睹了人生的种种悲伤、痛苦、疾病和死亡，对穷苦不幸的人民由衷地同情。这些古老的问题在这个时期他所创作的作品中充分地反映出来，例如，《穷人之家》《病孩子》《海边的穷人》《老人与孩子》《禁欲者》，等等。

1904年春天，雕塑家加佳罗获得了去巴黎留学的一笔奖学金。毕加索就租下了他的画室。他的朋友萨巴泰也在同一条街上租了两间阁楼。两位朋友经常聚在一起。毕加索在他的这位朋友房间的墙上画了一幅壁画：一个半裸体的摩尔人被吊死在一棵树上，而在下面一对裸体的男女正狂吻热恋。他还在高处的窗子上填上了几笔，把它变成了一只眼睛。

1904年4月，毕加索还创作了一幅素描画，画中是一个赤身裸体的男子正纵身跃入虚无缥缈的云雾之中。这幅画表达了他决心闯荡未知世界的愿望。4月12日毕加索第四次前往巴黎。

生活和创作

毕加索来到巴黎，就住在被称之为"洗衣舫"的一座破旧的楼房里。这座建筑位于蒙马特尔山西南的一个斜坡上。这座楼房从远处看上去，就像塞纳河上供妇女洗衣服用的一艘船舫。这座楼房最上面一层与外面的地面平行。它的入口处是在顶层。只能从顶层的入口处进去后，才能下到下面的3层。毕加索的画室就在最顶层。他第四次来巴黎的最初5年，就是在这里度过的。毕加索在这里还养着两只小狗和一只大白鼠。

毕加索住进"洗衣舫"不久，他以前在巴黎结识的朋友就纷至沓来。毕加索兴奋地生活在朋友们的包围之中。当时蒙马特尔大街上歹徒恶棍成帮结伙，时常发生抢劫流血事件。因此，毕加索夜晚出去总是身不离枪，而且要有朋友陪伴。他的挚友迈克斯·雅各布实际上成了他的贴身保镖。为了帮助毕加索摆脱困境，改善他的生活条件，迈克斯·雅各布和安琪·索托四处奔波，为毕加索推销画，可是他们的努力收效甚微。巴黎的许多画商对毕加索的画作不屑一顾。

在"洗衣舫",毕加索有幸结识了令他心动的姑娘奥莉维娅。她有一头浓密的褐色秀发、一双俊俏的淡绿色大眼睛。1904年夏天,费南蒂·奥莉维娅和自己的女友坐在"洗衣舫"对面的古多广场一棵大树下乘凉。突然下起了滂沱大雨。她们急忙跑进"洗衣舫"避雨,当时她们的衣服已被大雨淋湿。在过道里费南蒂遇见了年轻的毕加索。他当时怀里抱着一只小猫,半玩笑似的挡住她的去路,一双乌黑发亮的眼睛深情地凝视着费南蒂。随后毕加索领她走进了自己的画室。费南蒂一走进去就看到一幅蓝色巨型画挂在墙壁上,桌子的抽屉里养着一窝白色的小老鼠。这次避雨使23岁的费南蒂成了毕加索后来6年的生活伴侣。她出生在巴黎,父母亲都是犹太人,专门做帽子生意。她母亲死后,她就搬到姑母家去住,但是后来她与姑母闹僵了,17岁时就离开了姑母,和一个名叫保罗·伯契伦的店员同居,生下一子,后来与保罗正式结了婚。不久,保罗带着儿子出走了。后来她又和雕塑家加斯顿·拉鲍曼结婚,没多久,她又离开了拉鲍曼。

这次幸遇,给毕加索的生活带来了温馨和愉悦。这也是他与异性首次建立真正爱情关系的开始,是他第一次对于一位他所钟爱的女人承担义务。费南蒂是一位富有创造精神和自然美的健壮女性,她情意绵绵,激情似火。费南蒂在"洗衣舫"公开地成为毕加索的情妇。有这样一位娇媚迷人的女人在自己身边,毕加索内心里感到兴奋。他喜爱她的娇艳、服饰,常常为她那优美的身段所陶醉。1904年秋天,他们正式同居了。"洗衣舫"的画室成了他们爱情的天堂。毕加索把这间画室布置得优雅而又极富浪漫色彩,屋里挂着费南蒂的一幅画像,旁边放着一个淡蓝色花瓶,瓶内插着一束假花。画像旁边挂着那件在他们相识那天费南蒂所穿的白色罩衫,上面别着一枝红色玫瑰花。

费南蒂的青春美貌和性感魅力,是维系他们两人关系的基石。娇艳的费南蒂可以满足毕加索那种无拘无束的性生活要求。令毕加索愉悦的性生活使他激动不安的情绪稳定下来;费南蒂的自然平静又安抚了他的焦躁心绪,她的豁达乐观情绪又是医治他那消沉心理的良药。

毕加索和费南蒂虽然幸福地生活在一起,但是他们当时的生活却十分清贫。费南蒂回忆说,当时她甚至没有鞋子穿,因此不能走出画室。在冬季的一天,燃料用尽了,他们只好待在床上,相互拥抱着取暖,直到好心的邻居给他们送来取暖用的煤炭。

贫困拮据的生活,并没有妨碍毕加索与朋友们的欢聚。他周围的一群朋友仍然保持着乐观浪漫的生活气氛,他与朋友相处十分融洽。毕加索的朋友们十分钦佩他的创造才华,都在尽力帮助他。他的朋友——雕塑家帕科·杜里奥得知毕加索断炊了,就悄悄地在他的门口放了一条沙丁鱼、一个面包和一公斤酒。

尽管费南蒂不是一个十分勤快的女人,但是她很会烧菜,她能在一个小炉子上做出美味可口的菜肴。她烧的菜很受毕加索及其朋友们的欢迎,而且花费不大,每天花两个法郎就使他们吃得很满意。

在毕加索所结识的众多朋友中,有一名荷兰作家席尔佩罗特,他对毕加索的艺术才华很欣赏。1905年夏天,席尔佩罗特邀请毕加索前往荷兰斯库列丹他的家里去做客。当时毕加索没有路费,他的朋友迈克斯·雅各布手头也没有钱,于是他跑到门房借了20法郎,给毕加索做路费。就这样,毕加索只带了20法郎就踏上去荷兰的路。毕加索在荷兰住了一个多月。他在荷兰欣赏到了秀丽的自然风光和身高体壮的荷兰姑娘。他带回了几幅描写荷兰姑娘的画,其中一幅是《美丽的荷兰姑娘和戴帽子的裸女》。画中的女性身材都很丰满,乳房画得很大,显然,作者有意突出了母性的特征。

1905年秋天,毕加索在他的朋友克劳维斯·萨格特的家里结识了利欧·斯坦和杰特鲁·斯坦兄妹。从此这兄妹俩就成了毕加索的挚友和生活保障人。杰特鲁·斯坦富有男人的气质,她不仅说话的声音像男人,而且走起路来也雄性昂然。她有一笔可观的收入,她的产业在美国由她弟弟管理。这位29岁的姑娘在完成医学学业后就从美国来到巴黎。她的兄长利欧则一直在佛罗伦萨研究绘画。一天晚上,兄妹二人与毕加索幸会。毕加索把自己的新作《提花篮的小姑娘》作为礼物送给了他们。此后,兄妹二人开始大量收集毕加索的画,并且从经济上给予他极大的援助。

杰特鲁后来回忆他们之间的友谊时说:"我们拥有他的第一幅作品,不管是叫'玫瑰期'还是'五彩期'之作,就是那幅《提花篮的小姑娘》。这幅作品创作于毕加索'玫瑰期'的全盛时期,充满优雅美妙的笔调,非常富有魅力。在此之后,毕加索的作品一点点强硬起来。他的作品线条简洁明快,色彩更加活泼绚丽。"

1906年春暖花开的时节,毕加索请求杰特鲁·斯坦允许为她画一幅肖像,杰特鲁欣然同意了。杰特鲁一连数小时坐在破旧的扶手椅子上,毕加索身穿沾满各种颜料的蓝色工作服,手拿调色板,在画布前作画。一天下午,毕加索终于画完了一幅头像画,杰特鲁看过后很满意,可是毕加索却不以为然。后来,毕加索突然把那幅头像给涂掉了。到了秋天,毕加索凭借记忆和想象又画了一幅杰特鲁的头像,并把它送给了杰特鲁·斯坦。这位美国女士很满意地收下了这幅画像,并且一直把它带在自己的身边,直到她逝世前才把它献给了纽约市艺术博物馆。认识杰特鲁的人们看了这幅肖像画,都认为这幅肖像画非常像她本人,简直惟妙惟肖。

这个时期毕加索还创作了自己的一幅肖像画。画中的毕加索身穿一件白衬衫,手里拿着一小块调色板,一双大大的眼睛,透露着自信的神情。

这期间在毕加索的生活中突然出现一件十分重要的事情。一天,毕加索正在"洗衣舫"内与迈克斯·雅各布及青年诗人安德莱·萨尔门闲聊。这时阿波利纳尔带来了一位来访者,他就是巴黎有名的画商费拉德。前几年,迈克斯曾经向他推荐过毕加索的一幅山水画,可是当时他看了一眼,就说"画上的钟楼歪了",说完拂袖而去。可是,这一次来访时,他一下子就买走毕加索的30幅作品,付给毕加索3000法郎。这在当时是一笔很大的数目,足够毕加索3年的生活费用。毕加索当时激动得两眼噙着泪水,一句话也说不出来。这笔巨大的收入,使毕加索告别了贫困。

1906年夏天,毕加索带着费南蒂回西班牙巴塞罗那探亲休假。一过边境,毕加索就判若两人,他兴高采烈,神采奕奕,与他平时的性格形成了鲜明的对比。他兴致勃勃地向费南蒂介绍自己的成长之地巴塞罗那、昔日漫步游玩的小巷、过去自己的画室,热情地把费南蒂介绍给自己的父母和亲朋好友。如今的毕加索已是一个经济独立、功成名就的大画家了,昔日穷困潦倒的毕加索已经不复存在。可是他与父亲更加疏远了,只有母亲玛丽娅还深深地眷恋着儿子。

毕加索只在巴塞罗那逗留了很短的几日,随后就带着费南蒂前往比利牛斯山区的高索尔村。这里有白雪皑皑的高耸入云的卡迪山峰,有清新明朗的蔚蓝色的天空,有善良朴实的村民。白天,毕加索一行去山中探险,晚上,回来听村民讲述民间的传说趣闻。在这里,毕加索创作了一系列赞美费南蒂美貌的油画,其中最优秀的一幅就是《梳妆》,画中的费南蒂裸露着美如白玉般的身体,正在借助于女仆拿着的镜子梳理头发。

这次高索尔村的愉快度假,被村里突然发生的流行病——伤寒打断了。毕加索一行只好匆匆地离开小山村,取道艾克斯返回了巴黎。

这期间,画家马蒂斯和安德莱·德莱恩也搬到蒙马特尔来住,加入了"洗衣舫"的艺术圈子。德莱恩和毕加索年龄相仿。他们每天除了作画就是讨论绘画问题。

马蒂斯在回忆录中写道:"在雷纳大街上,我经常路过一家旧货店,它的橱窗里常常陈列着一些神态各异的黑人雕像。一天,我被这些人物的个性和纯正的线条所吸引,并买下一只送给当天来拜访的杰特鲁·斯坦看。随后毕加索也来了,他立即迷上了这只小雕像。"这是毕加索第一次见到黑人木刻像。整个一晚上他都在看着这个黑人木刻像。第二天,迈克斯·雅各布走进毕加索画室的时候,他看到画室的地上铺着画布,上面分别画着同样的雕像:女人的脸上只有一只眼睛,长长的鼻子一直伸到嘴中,一缕长发垂到肩上,这就是立体主义的萌芽。

1907年春天,毕加索在画了大量素描之后决定画一幅大型油画,而且只用了几天就画完了。画中5个裸体女人的肉体色调在一片蔚蓝色的背景的衬托下显得非常突出。最左边的那一个女人用左手拉住赭红色的帷幕,似乎想让人们观看她右边姊妹的形象,而她自己侧面的表情显得很严肃。她们那娇嫩的粉红色肉体与蓝色的背景形成鲜明的对比。这3个女人的形象虽说不够文雅,但还算沉静,与右边的两个女人很不同,右边的两个女人简直就像从阴曹地府冒出来似的,面孔简直奇形怪状,蹲在下面的那个女人用两只直瞪瞪的蓝眼睛扭着头向前看,她的面孔与她们那粉红色的肉体格格不入。这幅将近8平方英尺的巨型油画就是《亚威农少女》。

毕加索的朋友们看了这幅画之后,几乎都持否定的态度。但是乔治·布拉格在1907年观看这幅画时才认识了毕加索。这位比毕加索小7个月的年轻画家,一看到《亚威农少女》,就知道毕加索向往革命。这幅画即使他感到吃惊,又使他受到空前的震撼。就是这位布拉格成了毕加索的亲密朋友,他们两人成为20世纪绘画艺术革命的先锋闯将。布拉格是一位英俊潇洒的小伙子,他父亲是位画家,他从小跟随父亲学绘画。1907年他与马蒂斯一起举办画展时,他的所有作品都销售一空。他很快就加入了"洗衣舫"艺术家们的行列。

毕加索圈子里的朋友越来越多了。诗人简·莫利斯尤、青年女画家玛丽·劳伦辛和德国画家威格尔也成了他的朋友。玛丽·劳伦辛年仅22岁,经毕加索介绍,她认识了诗人阿波利纳尔,后来她成为他钟爱的情人和他创作美妙诗篇的灵感源泉。

1908年6月的一天晚上,天气很闷热。当时毕加索正在自己的画室里作画,他的爱犬费利卡突然跑进来向他叫起来。毕加索跟着小狗跑出去,发现他的朋友威格尔已在自己画室里自缢身亡。威格尔的悬梁自尽,使他久久不能忘怀,他从内心里感到死亡的可怕。毕加索想摆脱"洗衣舫"的环境,于是就在费南蒂的陪同下前往巴黎以北30英里一个名叫"丛林幽径"的小村庄去解闷。这里的房舍比较简朴,但是还比较宽敞,房前有一个较大的庭院,可以用来作画和招待客人。这个村庄附近的森林和草地令毕加索陶醉。他在这里创作了一些充满田园山野风格的作品。

1908年11月,在维格农大街卡思维勒美术馆举办了一次画展,其中展出了毕加索和布拉格的几幅作品。这次展出可以称之为立体派的第一次画展。毕加索和布拉格都备受鼓舞。毕加索全身心地投入到与布拉格共同创作的立体派艺术之中。他们两人密切合作,共同成为立体派艺术的首创者和推动人。

1909年夏天,毕加索在费南蒂的陪伴下回到西班牙度假。途经巴塞罗那时,回家探望了父母并在这里小住了几日。每天都与父母共进午餐,随后就同朋友们去漫游,攀登高山,观赏这座城市。几天之后,毕加索告别了父母,同费南蒂一起冒着高温酷暑,前往偏僻宁静的霍尔塔山村。在这里毕加索仿佛获得了新生,焕发了青春活力,同时也汲取了新的艺术灵感。他与当地农民聊天,在咖啡馆里听老板弹奏吉他,玩多米诺骨牌。在这里他与费南蒂生活得十分融洽和幸福。

毕加索在这个小山村度过了一个美好的夏季。他在这里创作了大量作品。这些作品体现了毕加索创作的新风格。画商伏拉一改以前的犹豫不决的态度,很快就在自己的画廊里展出了这些作品。一个名叫谢尔盖·什楚金的俄国艺术收藏家一下子就买去了毕加索的50幅作品。从此毕加索真正告别了一个穷画家的生涯。毕加索终于有了迁出肮脏的"洗衣舫"的经济实力,搬进了位于皮加尔广场附近的克里希大街11号一幢公寓。这是一套豪华漂亮的公寓,里边有一间画室,一间卧室,一个餐厅,一间女佣住房。后来,他们真的雇用了女佣人。

毕加索搬进新居之后,开始购买一些新家具。他和费南蒂晚上很晚才睡,可是第二天几乎要睡到中午12点才起床。不久,女佣人也习惯了。毕加索从来不让女佣人去打扫他的画室,他不愿意让人去惹那些讨厌的灰尘,免得它们飞起来,落在他那些尚未干的画布上。毕加索全身心地扑在他与布拉格共同推动的新立体主义艺术的创作上。他们每天都见面,彼此观赏对方创作的画。他们那种亲密无间的关系成了毕加索生活中的主题。

这期间,毕加索和费南蒂已不像以前那样亲密,他们开始有些疏远了。毕加索的富有和名望已经开始腐蚀他们在艰苦岁月里建立起来的那种富有浪漫主义气息的爱恋关系。毕加索仿佛忘掉了在艰难的"洗衣舫"时期费南蒂对他的支持和帮助。毕加索全神贯注地从事创作,但他又常常感到苦闷忧郁,觉得自己的内心世界与现实十分遥远。有时他吃得很少,甚至把酒也戒掉了。

悲离恋歌

1910年是毕加索苦苦探索的一年。他企图寻找到一个对人的身体和面部进行创作的新方法。杰特鲁·斯坦后来写道，"毕加索是西班牙人，他始终明白人是他唯一感兴趣的东西……对他来说，生活的全部现实就是人的头颅、面部和身体"。

这一年年底，他创作了一幅卡恩威勒的肖像画，他在这幅画中肢解了人体的形态，抛弃了通常画法中那种追求人物的情感和比例的纯现实的东西，这种肢解人体形态的试验在这幅肖像画中表现得十分成功。毕加索为他的画商朋友卡恩威勒创作的肖像画，成为分析立体主义风格的典型代表作品之一。可是，当时的许多人，其中包括一些画家、艺术商人和收藏家，都不理解毕加索创作的分析立体主义的作品。他们几乎都不收购立体派的艺术作品，就连愿意接受新生事物的马诺洛也公开说："我从来就不理解立体派艺术，也不知其为何物。在观看毕加索最初创作的立体派作品后，我就想，假如第二天他要去车站接母亲，结果他母亲却以立体的形象出现在他面前，那他将何言以对！"

1911 年夏季到来了。毕加索带上自己的宠物一只猫和一只猴子及画布和画笔离开了巴黎，前往西里特 18 世纪一座废弃的修道院，这里距比利牛斯山不远。他的朋友马诺洛早已发现这处幽静的地方，并与妻子在这里住过 3 年。毕加索来这里不久，布拉格和迈克斯也来到这里。这个小市镇成了立体派画家休息和创作的一个营地。小镇的街道两旁长着遮天蔽日的大梧桐树，山里的农民赶着骡马挤满了狭窄的街道，骡马从咖啡店门前经过时，满座的顾客就可以听到叮叮咚咚的铃铛声。城外是绿油油的沃野，一片片杏树林和葡萄园点缀其间。毕加索的一位朋友买下了那座旧修道院。看起来，这是 18 世纪一座很豪华的建筑。周围是一个大花园，里面古木参天，一道急湍山溪流下来，绕过这座修道院。马诺洛夫妇已住在这里。毕加索这次没有带费南蒂来，但他还是占用了整个两层楼。他就在那间面对花园的大画室里工作，常常到靠近西班牙边界的山坡上的葡萄园和杏树林中去散步，在小镇的大咖啡馆里的阳台上招待他的朋友们。

8 月初，毕加索就不再迷恋这里的风景了，于是他开始思念起费南蒂来了。8 月 8 日他给费南蒂写了一封充满深情爱意的长信：

我亲爱的费南蒂：

昨天一整天没有接到你的来信，今天也是如此，这使我很失望。我是多么盼望你的来信。但愿今天下午我能如愿以偿。

今天上午接到布拉格的来信，得知 K 早已到了巴黎。因此，希望你能尽快来这里。

这里气候凉爽，景色宜人，对你的身体和情绪会大有好处。

别为我操心，坐我乘坐的那列高级火车来。你会很快来陪伴我的，对吗？

我的住处到马翁那里还有一段距离。如果你准备白天出发，就应该带上遮阳伞。

猴子非常可爱，我们给了它一块白铁皮盖子，结果它对着那上面自己的影子呆呆地看了一整天。

我现在仍在创作同样的作品，创作进行得很顺利。

　　　　　　　　　　　　　　　　　　　吻你爱你的帕布洛

费南蒂接到这封信后，很快来到了毕加索的身边，他们之间的关系又亲密起来。两个人在这个田园式的小镇上又度过了二十几天浪漫温馨的甜蜜生活。9 月 5 日，他们离开修道院返回了巴黎。

毕加索一回到巴黎就被卷入了与《蒙娜丽莎》被盗有关的一起事件。事情是这样的：1907年一个名叫格雷的比利时冒险家从卢浮宫偷出了两尊西班牙、罗马雕像。与冒险者相识的阿波利纳尔当时劝毕加索买下这件雕像。1911年的一天，那个比利时人来向诗人阿波利纳尔求取经济帮助，同时带来了从卢浮宫偷来的另一尊雕像。这个比利时人声称，他偷这件东西不仅仅是为了好玩，而且也想证明国家的艺术品看管得不好。阿波利纳尔出于善意，并没有赶他出去，而是劝他退还那件雕像，可是那个比利时人没有听劝。没过几天，卢浮宫里的名画《蒙娜丽莎》不翼而飞了，这个消息闹得巴黎满城风雨。

盗窃《蒙娜丽莎》的嫌疑自然落在那个比利时人的头上，尽管他与此事无关。可是他还是很惊慌，于是他就前往《巴黎日报》社，把他所了解的情况卖给了该报社，并把他手里的那件雕像留在了编辑部，然后他就逃出了巴黎。

他在越过法国国境后，每天都从新的地址给巴黎警察局写一封信，声称是他偷走了《蒙娜丽莎》。阿波利纳尔当时很紧张，于是就来警告刚刚回到巴黎的毕加索，他已经不记得从格雷手中买下的那件雕像放在什么地方了。经过一番寻找，最后在碗橱底下找到了，当时两个朋友惶恐不安起来，不知如何是好。最后他们俩决定，把雕像也送交《巴黎日报》匿名退还。可是格雷在逃出巴黎之前再一次来找阿波利纳尔，想从他那里多弄一点钱。阿波利纳尔把他送到了里昂火车站上了火车。因此，警察就怀疑起这位波兰诗人了。9月7日的报纸报道了30岁的波兰作家阿波利纳尔被捕的消息，罪名是伙同国际艺术品盗窃集团盗窃雕像和窝藏罪犯。

两天后的一个早晨，毕加索住宅的房门响起了敲门声。费南蒂没等女佣人下楼，亲自打开了房门。一位便衣警察亮了一下身份，走了进来，他要求毕加索跟他走一趟。

毕加索被带到警察局，没过多久，阿波利纳尔也被带进来。两位朋友都蓬头垢面，衣冠不整，在公堂上见面了。阿波利纳尔对警察说，毕加索不晓得他购买的古董是从卢浮宫里偷出来的；毕加索则说，他面前这位受审查的人是"当代最伟大的诗人"。检查官释放了毕加索，但警告他不要离开住所，以便随时听从传唤。阿波利纳尔被关押了5天，多次受审。格雷从报纸上看到阿波利纳尔被捕的消息后，就给巴黎警察局寄去了一份详细而坦诚的自白书，说明了事实真相，这样此事才算告一段落。9月12日阿波利纳尔被释放。这个事件使他蒙受了极大的屈辱，内心深处受到了很大震动。毕加索心里也很难过，他开始感到自己的身体每况愈下，食欲大减。

随着1911年冬天的逼近，毕加索与费南蒂的关系也发生微妙的变化。他们的朋友们，如杰特鲁·斯坦已经察觉到这对有情人关系的恶化。两个人争吵的次数增加了，费南蒂经常不戴耳环，因为她把耳环抵押给了当铺。为了生计，她还教一些美国朋友学习法语。

他们迁居到克里希大街后关系更加紧张。费南蒂感到特别痛苦的是，在贫苦的岁月里她与毕加索相依为命，忠实相伴，如今他富有了，她却不知道应该如何相处。当初毕加索对她怀有的那种炽热的爱恋，已经开始变得淡漠。

毕加索经常在克里希大街上的艾米塔奇酒店与朋友们相聚。在那里，他结识了玛茜尔并且深深地坠入了情网。玛茜尔比毕加索小4岁，出生在巴黎东郊，玛茜尔受过很好的教育,并且天赋很高。与费南蒂相比,她显得年轻娇媚,举止温文尔雅。毕加索随着与费南蒂关系的疏远,与玛茜尔的关系越来越密切。她在与毕加索相爱之前,曾经是青年画家马库斯的情人。但是马库斯整天忙于绘画和与朋友们的聚会,顾不上与玛茜尔卿卿我我,因此,玛茜尔感到很孤寂和痛苦。可是,她在马库斯身上得不到的,却在毕加索身上得到了。

这时费南蒂与毕加索的关系越来越恶化,为了引起毕加索的忌妒,费南蒂频繁地与一个年轻的意大利画家幽会,并且故意让毕加索知道,但是毕加索毫不理会。于是费南蒂竟采取了一个大胆的举动:在一个凉风习习的夜晚,她与那个意大利画家远走他乡了。可是毕加索对费南蒂的出走如同卸掉了重担一样,他请玛茜尔搬过来与他同居。玛茜尔的到来,使毕加索的生活发生了很大的变化,这一对有情人充分享受着炽热爱情的欢乐。毕加索为了表示对玛茜尔的珍爱,给她起了"伊娃"的名字。

5月,毕加索带着玛茜尔来到比利牛斯山脚下的那个小镇。可是他在这里遇到了他的老朋友皮乔特一家人。他们为毕加索与费南蒂决裂一事而谴责他,并且掀起一场风波,因为这一家人都很喜欢费南蒂。在这种情况下,毕加索只好带着玛茜尔匆匆离开这个小镇,前往西里特。

当费南蒂发现自己的出走并没有引起毕加索的注意时,她觉得自己失算了。她匆匆回到了克里希大街毕加索的家里,但是他已经不在了,她立即动身前往西里特。费南蒂很快到来的消息,使他感到既恼火,又心神不宁。1912年6月12日,他在给一位朋友的信中写道:"此事真使人心神不安。首先,我不愿意让自己对玛茜尔的伟大爱情遭受由此引起的麻烦,另外,我也不愿让她受到任何伤害。此外,我还需要一段平静的生活从事创作。"

不久,费南蒂真的来到西里特来寻找与她共同生活了7年的毕加索。费南蒂从责问、发火到诱惑、恳求,几乎使出了全身的解数,可是毫无结果,她不得不承认,她失败了。她与毕加索长达7年之久的事实婚姻生活结束了。

毕加索深深地爱着玛茜尔,他把"伊娃"的名字写在许多幅立体主义的绘画上。"我的丽人"这首情歌也被写在一些油画上,并且还配上了音乐符号。

起先,毕加索和玛茜尔躲在佩皮尼昂,后来又来到亚威农附近的索格斯。索格斯是亚威农以北6英里处的一个小镇,是一个幽静的便于隐居的好地方,位于通向巴黎的要道上。毕加索花90法郎租下了一座别墅,并在这里住了下来。毕加索和玛茜尔的蜜月生活十分甜美。新的隐居环境,明媚的阳光,绿茵茵的果园,斗牛表演,伊娃的绵绵深情,使他焕发出新的创作活力。不久,他的老朋友布拉格从巴黎赶来看他。这使他欣喜若狂,有一周的时间,他都没有进入画室,整天与布拉格聊天、散步、谈论艺术问题。

1912年9月,毕加索和伊娃回到了巴黎,此前,他已请朋友们帮他把家搬到了蒙帕纳斯区斯拉培尔大街242号。这条大街已成为来自世界各地的艺术家们新的聚居之地。诗人、画家、流亡政治家常常聚会,讨论热门话题。此时战争的阴云已经笼罩着巴黎的上空。毕加索的内心里充满了矛盾和斗争。1912年他在创作的一幅抽象派的作品《战斗打响了》中第一次使用政治性的题目,这既表示巴尔干战争的爆发,也表示他内心新与旧斗争的开始。

在毕加索的性格中有一种强烈的占有欲和支配欲,不论是与女人的关系中还是与朋友们相处中,他都要突出自我中心主义。他的这种性格特点也体现在他与父亲的关系中,毕加索从童年时代起就想成为主宰自己命运的主人,父亲的慈爱和严管,使他很反感,所以,他一直与父亲很疏远。1913年5月2日,他在西里特得知父亲病危,次日他父亲病逝,毕加索匆匆赶回去向父亲做最后的告别。这一年,对毕加索来说,真是祸不单行,夏天,伊娃病倒了,毕加索也染上了疾病。巴黎的报纸连续几天报道他生病的消息,可见,他已从一个默默无闻的小人物成长为一个知名度较高的大画家了。

9月,他和伊娃一起迁入了舒尔切大街,当时伊娃仍然身患疾病。

毕加索成为巴黎艺术圈中的杰出人物,他的声誉在迅速增长。1913年他的绘画作品先后在慕尼黑、柏林、科隆、布拉格和纽约展出。1914年3月2日在德鲁奥特宾馆举行的艺术品拍卖会上,毕加索于1908年以1000法郎售出的《萨尔蒂巴格》竟以11500法郎的高价卖掉。从此之后,他创作的绘画成为人们竞相购买的对象。

1914年8月,战争爆发了。与所有达到服兵役年龄的普通法国人一样,艺术家们当然也在服兵役之列。布拉格等画家已应征奔赴前线,一些在法国定居的外国人也参加了义勇军,卡恩威勒及其德国同胞逃往中立国去了,波兰诗人阿波利纳尔申请法国国籍,志愿加入了炮兵部队,他希望以此来表明自己对法国的热爱。

毕加索后来回忆说:"我送布拉格和德莱恩到拉维尼翁车站,我以后再也没有见到过他们了。"

战争开始几周后,整个巴黎发生了巨大变化。11月毕加索和伊娃回到巴黎的时候,这座城市几乎人去楼空,他的朋友中只剩下迈克斯·雅各布、杰特鲁·斯坦和瑞安·格利斯了。

毕加索作为中立国西班牙的公民,没有参战的义务。这期间他创作的作品减少了,而且有些作品呈现出严肃的风格,其中的一幅画画的是一个瘦高挑的小丑,其面部表情显得憔悴不堪。1914年夏天,毕加索开始创作一幅极端立体主义的作品《画家与模特》。一天晚上,他和杰特鲁·斯坦在斯拉培尔大街上散步,忽然看见一队伪装的炮兵部队,当时他对杰特鲁说:"这就是我的杰作。"

1914年的冬天,毕加索开始学习起俄语来,他简直对俄语着了迷,废寝忘食地读着写着俄语词句,因为当时他被俄国姑娘芭罗娜斯迷住了。他对这位漂亮的俄国作家一见钟情,为了能经常与她单独在一起,他请芭罗娜斯当他的俄语老师,让她教自己学习俄语。芭罗娜斯是俄国青年画家谢尔盖·法拉特的妹妹。每当毕加索跟他的俄语老师学习俄语的时候,可怜的伊娃就一个人孤零零地待在舒尔切大街的寓所中,而且常常咳嗽得很厉害。性格温柔而又内向的伊娃,对毕加索的这种行为毫无办法,只好以泪洗面,默默地忍受着。一天夜晚,毕加索、伊娃、杰特鲁和艾利斯在费罗鲁斯大街的一家餐馆聚餐。当时伊娃的病情渐渐加重,肺结核病折磨得她不得安宁,她一阵紧似一阵地咳嗽着,并且常常伴着咯血,为了不让毕加索知道,她不断地从餐厅跑进卫生间。突然外面响起了空袭警报,4个人急匆匆跑到楼下躲避。伊娃和艾利斯感到很困倦,就先回家了。而毕加索与杰特鲁却兴致勃勃，一直聊到次日凌晨两点。毕加索与杰特鲁仍然继续保持着十分亲密的关系。

当时肺结核病几乎是不治之症。伊娃病得越来越严重，已无法再掩饰自己的病情。这一年的秋天，她不得不住进位于巴黎郊区的一家医院。毕加索不得不把许多时间花费在往返郊区医院的路上，可是他还是没有停止创作。

1915年12月14日，伊娃离开人世。伊娃的病逝，使毕加索感到十分悲痛。1916年1月8日，他在写给杰特鲁·斯坦的一封信里说："我可怜的伊娃去世了……我悲痛已极……她向来待我那么好。"接着又写道，"你我别来已久，我也很想见你。我真想和你这样一位朋友畅谈别后之情。"杰特鲁是一位勇敢的唯物主义女性，同她过去的交往引起了毕加索对蒙马特尔的眷恋之情，同时又令他振奋，因为她思想自由豪放，行动朝气蓬勃。

漫漫的冬季长夜，使毕加索感到十分孤独。一个偶然的机会，使毕加索结识了嘉比·莉比娜丝。这位美丽动人的巴黎少妇，也住在斯拉培尔大街，当时她才27岁。他与嘉比相爱，使他的生活又充满了欢乐。他在一幅描绘嘉比娇媚的画上题写道："嘉比，你是我的天使，我亲爱的宝贝。我心里只有你，我发誓不会使你悲伤，不会使你失望，我愿让你抛弃其他东西，只是盯着厨房。我和你在一起是那样幸福……要知道，我是多么爱你，我们的爱地久天长。夜已深了，快睡吧，宝贝。一心爱你的毕加索。"

此时在毕加索的世界中，嘉比成了唯一光明的角落。只有这个光明的角落里才充满阳光、温馨和欢乐。这个角落也成为他创作灵感的源泉。他千方百计不让外界洞察到他与嘉比的热恋关系，因此外界对此一无所知。

毕加索曾经说过，"艺术家必须精通使别人相信诺言的方法"。事实上，他在向嘉比表示只爱她一个人时，他也请求一个美丽的黑人少女与他同居。他与嘉比的热恋关系不久就结束了，那位黑人姑娘也悻悻地离他而去。

与芭蕾舞团合作

1916年，常来毕加索住宅拜访的客人中有一个刚从前线回来休假的年轻诗人。这位聪慧潇洒的年轻人名叫约翰·科克蒂。此人与俄国芭蕾舞团有过密切的合作关系。早在1912年由他设计的第一个芭蕾舞剧《蓝色的上帝》，就由俄国芭蕾舞团在巴黎及伦敦公演过。几个月来，科克蒂一直在为俄国芭蕾舞团设计第二个剧目。他请作曲家伊利克·萨蒂为芭蕾舞剧谱曲。当1917年春天剧本准备就绪时，他请毕加索设计服装和背景，并且向毕加索介绍了法国作曲家伊利克·萨蒂。于是毕加索开始投入紧张的服装和布景设计工作。1917年2月16日，毕加索带着科克蒂来到杰特鲁·斯坦家拜访并宣布第二天就要去罗马参加演出设计。

毕加索和科克蒂到了意大利之后，找到了芭蕾舞团领导人达希列夫和舞蹈设计人马西奈。他了解到，原剧名为《展览》，里边安排了4个角色：一个中国杂技演员、两个艺人、一个女孩。毕加索建议再加上3个角色：两个剧团经理——一个法国人和一个美国人，还有一匹马。两个经理要由身材高大的人来扮演,在他们高大体形的衬托下其他演员简直就像侏儒一样;他设计的服装、布景、道具都带有立体主义的色彩。

在毕加索这一段的生活中,充满了浪漫主义的绯红色彩。在达希列夫芭蕾舞团中有60 位舞蹈演员,其中有一位端庄秀丽的女演员,使毕加索为之倾倒。此女名叫奥尔加·科克洛娃,年方 25 岁。奥尔加使他忘掉了伊娃、嘉比以及许多与他只有一夜之交的女性。她是俄国陆军上校的女儿,从小喜欢芭蕾舞。她在 21 岁时进入达希列夫芭蕾舞团,曾经演过《贤良淑女》。

对于生活放荡不羁的毕加索来说,他已尝试过妓女、女模特、女画家、娇媚的情人和肤色黧黑的姑娘的滋味。奥尔加的平易近人对他具有极大的吸引力,这位具有异国情调的俄国女芭蕾舞演员给他一种神秘的感觉。毕加索本人对俄国的一切都感到好奇。1917 年春天俄国发生的革命,沙皇的被推翻等等,都使毕加索备感兴趣。

对于奥尔加来说,毕加索那双炯炯有神的黑色大眼睛,一头黑色的头发,一双灵巧的双手,极富魅力,甚至使她着了迷。但是,奥尔加对绘画毫无兴趣,对于放荡不羁的生活方式也很反感,她是位极具自我克制能力的女性,不会被那种动物般的吸引力弄得神魂颠倒。

当时毕加索和达希列夫等人住在"俄罗斯"宾馆,而 60 名舞蹈演员住在"明诺娃"旅馆。为了拜访奥尔加,毕加索每天都要往返于两个旅馆之间。科克蒂也爱上了俄国芭蕾舞团的另一名演员。

俄国作曲家斯塔文斯基 3 月份也来到了达希列夫芭蕾舞团。从此他与毕加索成为一对要好的朋友。在为意大利红十字会举行的一次晚会上,达希列夫指挥乐队演奏了斯塔文斯基创作的《伏尔加船夫曲》《火鸟》和《烟花》。

1917 年 3 月中旬,达希列夫的芭蕾舞团离开罗马前往那不勒斯演出,毕加索和斯塔文斯基一同前往,这期间他们的友谊也在发展。4 月 30 日,毕加索和斯塔文斯基跟着舞蹈团来到了巴黎。巴黎的春天是美丽的,毕加索和奥尔加的热恋也像春天的兰花一样,散发着醉人的芬芳。这两个月他被卷入爱情的漩涡里,他感到无比的开心快活,他过去对女性有过炽热的性爱,也曾有过许多次与女性的一夜之欢,但是事过境迁之后,他把她们的名字和面孔几乎都忘记。不过,奥尔加却是一位纯洁的少女,她没有与男人的性生活体验,可是她作为一位女性,本能地懂得应给予对方一些甜蜜,而又不伤女性节操。她的愿望是想成为毕加索的妻子,而不是与他非法同居。毕加索当时已经 36 岁,但是他曾成功地逃避了婚姻的纠缠,这一次,他当然也同样想主宰自己的命运。

1917 年 5 月 18 日,由毕加索设计服装和布景的舞剧《游行》在巴黎首次公演了。可是,这出戏却遭到了法国观众的咒骂,他们根本不理解这种在情节上简单而在服装、舞蹈等方面又体现立体主义艺术特色的舞剧。巴黎演出之后,达希列夫芭蕾舞团前往西班牙首都马德里,尔后又去了巴塞罗那。毕加索也与剧团一起同行。

毕加索回到家乡,受到老朋友们的热情欢迎。他已经有五年没回家乡了,他的父亲已经过世,母亲住在刚结婚不久的妹妹家里。这次回来后,他住在港口附近的一家旅馆里。

这期间，毕加索画了许多肖像画，大都是为奥尔加画的。奥尔加要求毕加索用自然主义的风格为她作画，她希望自己能从为她画的肖像画中认出自己来。根据她的要求，毕加索还为她画了一幅戴披肩的肖像，在这幅画中，奥尔加露出了勉强的微笑，并且体现出她性格中的坚定刚强和富有占有欲的神色。在《戴披肩的奥尔加》及此时在巴塞罗那创作的《狂牛顶伤马》的那幅作品中，都透露出一种疑虑和忧郁感。

这时的毕加索一改以前的心态，他娶奥尔加为妻的念头越来越坚定。毕加索的母亲对奥尔加的到来表示欢迎，并且亲自去观看她的演出，但是她深知：任何女人和她儿子结婚都不会幸福，因为他是个只为自己而不管别人的人。

达希列夫芭蕾舞团即将赴拉丁美洲去演出了。奥尔加面临着两种选择：去南美洲或去巴黎。去南美洲，意味着她继续漂泊不定地生活，而且不能结婚，去巴黎，则意味着与毕加索结婚，过着富有而稳定的生活。她选择了后者，因此，她和毕加索搭上了驶往巴黎的列车。

同年11月，毕加索和奥尔加回到了巴黎，住在蒙特鲁日的住宅里。他们两人一起生活并不轻松，他们之间的交流也很困难，他们只能用带有一点儿俄国腔的西班牙式的法语交流。但是毕加索已为她定做了一橱柜的衣服，并让他的朋友为他们在巴黎寻找一套更宽敞的豪华住宅。

毕加索很理解奥尔加的思乡之情，于是在圣诞节前夕画了一幅雪景画，送给自己的未婚妻，作为圣诞节的礼物。这幅画十分生动地描绘出一个北方城市郊区的乡村风光，大地上覆盖着厚厚的积雪，天上闪烁着点点星光。

出身于贵族家庭的奥尔加，无法容忍再住在蒙特鲁日的小住宅里。他们新居的装修工作又拖得很久。所以春天一到，他们就搬到当时豪华的鲁特蒂娅宾馆里。

1918年7月12日，毕加索和奥尔加在巴黎的达鲁大街上的俄国教堂举行了隆重的结婚典礼。参加这次婚礼的有阿波利纳尔、迈克斯·雅各布、科克蒂、马蒂斯、达希列夫、马辛、保罗·罗森伯格等朋友。

这对新婚夫妇在婚礼之后就前往距离西班牙20公里的比亚里茨去度蜜月。他们住在爱拉苏里夫人的一栋漂亮的别墅里，这里远离战火，毕加索在这里生活得十分快活。他在这里创作了不少作品，其中的一幅画的是沙滩上面的一群年轻女人，其中的一些女人只穿着泳装——使用的都是线条——体现出一种单纯的线形美。

比亚里茨风景秀丽，气候宜人。大西洋的潮汐每天涨落两次，把沙滩冲洗得洁净细腻。毕加索与奥尔加在这里生活得很愉快。毕加索为爱拉苏里夫人的不少朋友画了肖像。

毕加索从这里写给他的朋友阿波利纳尔的一封信中说："我用你的诗篇装饰了我的房间。我在这里算不上不愉快，正如我告诉你的那样，我仍在搞创作。不过，请你给我多写几封信，再对你的妻子说几句最动听的话。献上我最纯真的友谊。"

阿波利纳尔从巴黎给他回信说："听到你用那种特殊方式来装饰别墅的墙壁，我很高兴。我为自己的诗句也能上墙深感自豪。我现在创作的诗篇会更加密切地与你目前关切的事物相联系。我正想更新诗歌的韵律。"

阿波利纳尔的头部在战争中受过伤，他的身体十分虚弱。此时的阿波利纳尔已经病入膏肓。在欧洲大陆盛行的西班牙流行感冒把他击倒了。1918 年 11 月 16 日这位年轻的诗人与世长辞了。

他的一位朋友打来电话，通知他阿波利纳尔死亡的消息。当时毕加索正在鲁特蒂娅宾馆的卫生间里刮脸。他从镜子里看到自己的表情时感到十分惊愕，于是他本能地迅速为自己画了一张肖像。画上那种不加掩饰的怪异神态凝视着他。这幅画简直就是死亡的象征。这幅自画像表达了两层意思：第一，他的一位好友去世了，为此他痛苦不堪；第二，他对死亡十分恐惧。从此之后，毕加索放弃了画逼真的自画像的习惯。

阿波利纳尔的去世，是毕加索人生中亲人突然消逝的又一次经历。他的小妹、卡萨吉马、伊娃和阿波利纳尔相继离开了他。亲人的每一次死亡都使他心碎。

1918 年 11 月 18 日，停战协议公布了，战争结束了。巴黎的街头彩旗招展，人们正在庆祝胜利，可是一大批敬佩阿波利纳尔的英勇果敢的朋友却沉浸在哀伤的气氛里。

上流社会的才子

第一次世界大战结束后，毕加索开始混迹于巴黎菩提大街的绘画商人和艺术馆之间。毕加索与奥尔加迁居到菩提大街新住宅后，曾经为奥尔加画了一张素描画。在这幅画里，奥尔加躺坐在一尘不染的会客室里，萨蒂、科克蒂和英国评论家克利夫·贝尔分别坐在椅子上，房间显得舒适而整洁，卧室里放着两张铜床，给人以豪华之感。奥尔加严格的管理约束了毕加索，迫使他的工作局限在一个房间里。于是毕加索只好在楼上又租了一套房子，作为他的画室和仓库，他的画室里很快就堆放起大量草图、画稿、黑人面具、各种书报等杂物。这些东西有的靠在墙上，有的放在地上。满地的烟蒂、灰尘和画迹，画室显得杂乱无章。这个房间的大门是关闭的，就连奥尔加和女佣人也不能随便进入。

1919 年春天，达希列夫的芭蕾舞团正在为夏季演出《三角帽》做准备。这部舞剧的脚本出于马提尼兹·西拉的手笔。马缪尔·法拉为这舞剧谱写了乐曲，毕加索承担了布景和服装设计的任务。

夏初时节，毕加索携奥尔加前往英国首都伦敦参加《三角帽》的彩排。19 年前他离开家乡巴塞罗那时，他还是一个穷困寒酸的小青年，访问伦敦只是他的一个美好的梦想。如今，梦想已变成了现实。这一次他来到伦敦的时候，他已不再是忍饥挨饿的艺术家，而是备受人们尊敬的高贵的嘉宾。他和奥尔加住在高级宾馆的豪华套房里，频频参加时髦的聚会，他定做大量华贵的服装，马甲口袋里装着金壳怀表，西装革履，穿戴入时，一展花花公子的气派，他在各种聚会和宴会中简直成为人们注目的焦点。

1919 年 7 月 22 日，《三角帽》在阿尔哈布剧场举行首次公演。毕加索工作十分投入，在开演前几分钟他还在布景和演员的服装上增添最后的几笔。这出舞剧在服装、布景、舞蹈和音乐等各方面都获得了巨大的成功，受到观众的热烈欢迎。毕加索身穿晚礼服，腰系宽腰带，向观众频频点头致意，绅士般的优雅表情蕴含异国的风韵，他显示出傲视一切的自信,俨然是位天才的艺术家。在众多赞美他的评论家的眼里,在众多抢购他作品的画商眼里,他简直是一个奇才,他们之所以赞美和购买他的作品,是因为那些作品出自奇才的手。从此之后,就不再是人以画而出名,而是画以人而出名。

在回到巴黎的最初一段时间里,毕加索除了创作一些立体主义的静物写生画外,他把主要精力都投入到新古典主义艺术的创作之中。

在 1919 年的盛夏时节,他前往科特达祖尔度假,回来时他带回来大批画稿。保罗·罗森伯格为他举办了一次大型的个人画展。这次画展获得了很大的成功,不仅他的许多作品被买走,而且使观众看到了毕加索绘画艺术的不同面貌。画展给人们留下了惊奇而深刻的印象。人们已经清楚地看到毕加索的才华:他那只创作过难以理解的立体主义作品的手,也可以创作出令人陶醉的容易看懂的美妙图画。

1919 年 12 月末,《三角帽》在巴黎大剧院的上演,更是赢得了一片赞扬声。尔后又在米希娅·舍特举办的大型晚会上演出过。当时阿瑟·鲁宾斯坦演奏了作曲家马缪尔·法拉的乐曲。毕加索一时心血来潮,拿起米希娅的眉笔,在法拉的秃头上画了一顶桂冠。来宾们对此举惊叹不已。

1920 年 2 月,毕加索从前的经纪人卡恩威勒回到了巴黎,他以他的合作者安德莱·西蒙的名义开设了一个艺术馆。可是毕加索对他的艺术馆并不热心,他仍然与保罗·罗森伯格继续合作,因为毕加索这样做对自己有利,他可以向保罗·罗森伯格索取更高的价钱。卡恩威勒对毕加索的做法很不满意。

在科克蒂的引见下,毕加索夫妇进入了巴黎灯红酒绿的上流社会之中,并且很快被列入浮华社交界的贵宾之列,其中就有波莉娜公主。在这位公主富丽华贵的沙龙里,云集着众多的才子佳人、富豪名流。伊蒂恩·比蒙伯爵是一位仪表堂堂的风雅之士,是他开创了战后舞风的先河,前不久,他才与翻译家艾蒂丝·泰森结婚。毕加索和奥尔加应比蒙夫妇的邀请,经常参加他们举办的舞会。

在上层社会的沙龙中,毕加索十分欣赏米希娅·舍特。在他们之间存在着一种心照不宣的密切关系。米希娅与约瑟·马利亚·舍特同居 12 年后才和他结婚。她在结识毕加索之后,承认她丈夫不是一个有才华的画家。在这种上流社会中,相互挖苦、讽刺中伤、造谣诬蔑已成为一种时尚。在这种冷嘲热讽、阿谀奉承之中,毕加索总是妙语横生,应对自如。尽管他也经常参加舞会和各种聚会,但是他只是应酬而已,并没花费太多的精力。他具有很强的自制能力,他总是强制自己集中精力进行创作。奥尔加则与他不同。她热衷于社交活动,为此投入的精力绝不亚于芭蕾舞的训练。她常常为参加舞会而选购衣帽,举办家庭宴会答谢朋友们的盛情。除此之外,她还要坚持每天锻炼身体,以保持体态的苗条。毕加索的许多朋友都被她拒之门外,她所接待的都是富豪和名流。

1920 年年初,毕加索与达希列夫开始第三次合作。毕加索担任芭蕾舞剧《普辛尼拉》的舞台布景设计,舞剧的乐曲是由斯塔文斯基谱写的。达希列夫对舞台设计和音乐不是很满意,但是这出剧在巴黎大剧院的首场演出还是获得巨大的成功。《普辛尼拉》是毕加索与达希列夫合作的几部芭蕾舞剧中令他最满意的一部作品。

《普辛尼拉》首场演出之后,举行了一个盛大而隆重的晚会。晚会的地点选在巴黎郊外罗宾逊村的一个小城堡里。晚会由波斯王子菲罗茨主持。参加这次晚会的有：比蒙伯爵夫妇、舍特夫妇、科克蒂和他的小情人，还有尤吉娜·莫拉特公主、简·雨果及其夫人凡伦汀·格罗丝，当然还有毕加索夫妇、达希列夫、马辛、斯塔文斯基。毕加索的魅力和俏皮话，也像他的绘画一样，常常令他的朋友叹为观止。

不久，毕加索携夫人离开巴黎，前往宁静的朱安莱潘小住。奥尔加怀孕了。数年来她一直保持着苗条的身材，可是现在她那怀孕之身已经显得臃肿不堪，为此她深感不安。

1921年2月4日，毕加索的儿子出世了，夫妻俩给儿子取名叫保罗。在毕加索的眼里，保罗简直是个小天使，他长得十分迷人。毕加索望着自己的儿子，满心欢喜，把一切烦恼都置于脑后，连续画了许多幅素描像，不断地画自己的儿子。此时的奥尔加几乎把自己的全部精力投在小保罗的身上。

5月22日，达希列夫指导的芭蕾舞剧《古阿德罗费拉门科》开始公演了。

本来，达希列夫已经委托瑞安·格利斯为该剧设计布景和服装，可是4月份格利斯到达剧团时，却发现毕加索揽走了这项工作。原来是毕加索采取了不光彩的手段，夺走了为该剧设计布景和服装的任务。他到处散布说，格利斯已经身患重病，不能承担这项工作。他把《普辛尼拉》的舞台布景设计加以改造，作为新剧的布景草图拿给达希列夫看。达希列夫竟然接受了他的方案。《古阿德罗费拉门科》的演出并没获得预期的效果，也没有给毕加索带来多少益处。他这样做的唯一动机是出于对瑞安·格利斯的忌妒。看到格利斯带着惆怅和难言的悲哀离开剧团所在地时，毕加索感到很开心。

1921年毕加索已经是西欧显赫的艺术家了。此时他已经名利双丰收。这一年他的收入已达到150万法郎。

1921年夏天是毕加索创作的丰收季节。正是在这个时期他创作出了惊世之作。有两幅画都叫作《戴面具的三乐师》，都是画着三个乐师戴着面具，他们在一张长桌后面坐成一排，其中的一幅色彩比较暗，画面上一个乐师犹如小丑，在吹奏管乐器，另一个弹奏吉他，第三个是僧人模样，手里拿着乐谱，桌子下面趴着一条狗。第二幅画中的两个小丑交换了位置，原来弹吉他的那一个现在拉小提琴，僧人则拉奏手风琴，桌子下面的小狗不见了。毕加索用严谨的立体主义综合技巧描绘了三个乐师，在此之前他还从没用过这种手法。其中的一幅现藏在纽约现代美术馆，堪称毕加索的最富有代表性的成功之作。摩里斯·雷纳尔在评论这幅画时写道："《三乐师》颇像一个富丽堂皇的橱窗，陈列着立体派的革新和发现，它是智慧和诗意相结合的杰作。毕加索用这幅画总结了他所描绘的许多意大利喜剧中的人物，他曾用愈来愈抽象的形式处理这些人物，而在这里达到极限。"

1921年9月14日，毕加索还画了一幅粉笔画，其用意是表现自己那双富有创造性的手。那是一双瘦骨嶙峋而看上去却十分有力的手，这双手足以担负起画家的重任：去发掘和创造。

1922年6月，毕加索和奥尔加带着小保罗前往游览胜地迪纳尔去度假，那里有沙滩、有晴朗的碧空，是一个迷人的好地方。那里还有两个俱乐部和一个大旅馆，周围有许多棕榈树。旅馆的环境舒适，每天晚上有舞会。毕加索在这里画了一些风景画和一些女人及孩子的画像，其中有一幅是描绘母性温柔的作品，温和的粉红色和灰色透露出"玫瑰时期"创作的神韵。

奥尔加突然病倒了。毕加索只好中断在迪纳尔的休假。他们急匆匆赶回巴黎。经医生调治,奥尔加才好起来。

科克蒂根据福克利斯的原著改编成芭蕾舞剧《昂蒂贡》。他请毕加索为该剧设计布景,毕加索欣然同意了,因为此剧揭露了成年人浮华世界的腐朽,并且是以对抗官场为主题的。这很符合毕加索的叛逆性格。科克蒂请保罗·霍尼格为此剧作曲,请柯科·查诺尔负责服装设计。

1922年12月20日,《昂蒂贡》的首演式在蒙马特查尔斯·都灵的一家剧院举行,演出十分成功,台下的观众热情赞扬这出剧的艺术创作。毕加索以娴熟的绘画技巧用了两天的时间,就创作出一幅令观众惊叹的舞台布景:这幅布景使整个舞台变成了一个大山洞,紫蓝色的基调透露出一种神秘感,近台形成了三个支柱,粉红色的山崖造成逼真的大理石效果。服装设计师柯科·查诺尔,也因该剧的演出成功而大出风头,她是米希娅·舍特的好朋友,她是在一次晚会上第一次结识毕加索的,当时她立即被毕加索迷住了。查诺尔的名字从此成为巴黎女子服装店时髦的象征,她那套装饰豪华的公寓对毕加索昼夜开放,她甚至还为他单独准备了一个房间。毕加索随时都可以来住。毕加索对于这位来自穷苦山村的才女也十分敬佩。查诺尔很快成为富姐,她的名字在巴黎已经家喻户晓。

《昂蒂贡》的成功,使毕加索的名望更加提高了。长篇专题采访录刊载在纽约的《艺术》杂志上。

1923年夏天,毕加索和奥尔加带着保罗去昂蒂布休假。他的母亲第一次来到他的身边,老人见到小孙子,十分高兴。不久,杰特鲁·斯坦和艾利斯·托克勒斯也来拜访毕加索,这里顿时又热闹起来。他们聚在一起,看着小保罗在沙滩上做泥饼,谈论着毕加索的天赋和创作。

毕加索在这里为母亲和妻子画了不少肖像画。他画的这些亲人们的肖像画,简直风姿绰约,楚楚动人,甚至远远地超过她们本人的相貌。

毕加索全力投入他的最后一部芭蕾舞剧《贼神》的舞台设计。萨蒂承担为《贼神》的作曲任务,被达希列夫解聘的马辛担任舞蹈设计。1924年6月14日,《贼神》的首演式开幕。呈现在观众面前的是一个全新的奇妙的布景,许多自由的画面由铁丝牵动着,整个舞台形成了一个神奇的富有动感的世界,毕加索的这种创造性的布景设计又一次使观众惊叹不已。《贼神》的舞台设计是毕加索告别芭蕾舞的最后之作,他与芭蕾舞的浪漫合作已经结束,但是他对芭蕾舞并没有失去兴趣,他和奥尔加时常去观看芭蕾舞演出。虚荣心很强的奥尔加更想借此向自己的同伴们炫耀自己的富贵,她不仅拥有漂亮的洋房、华贵的服饰,而且还买了一辆汽车,这在当时是富贵人家的象征。

生活在荣华富贵中的毕加索,又回到真实而孤独的自我创作天地之中。奥尔加与他的这种生活格格不入。她不仅对他的过去耿耿于怀,挖空心思地消除他生活中其他女性的痕迹,而且简直有点气急败坏。她甚至私拆毕加索的信件,毁掉阿波利纳尔和迈克斯·雅各布的来信,因为这些信中提到了费南蒂。有一次,杰特鲁·斯坦在她的家里给大家朗读她写的"洗衣舫"回忆录,当读到关于费南蒂时,奥尔加竟然大发雷霆,拂袖而去。

这时,毕加索和奥尔加之间出现了裂痕,他们的婚姻开始走下坡路。奥尔加的权力欲已发展成为占有丈夫的强烈欲望,她要求毕加索给予她更多的关心和爱护,可是她得到的却越来越少了,因此,她愤懑,她怒不可遏,她的这种粗暴和蛮横,深深地刺伤了毕加索的心。

这时,毕加索得知他的朋友拉蒙·皮切死了。他心里十分悲伤。这时,一种愤懑正在他心里形成:由对生活的不满和对奥尔加的不满引发他对所有女人的不满。他恨吉玛妮,卡萨吉马是因为她而自杀的,皮切也是被她毁了,因为她是皮切的妻子;他恨奥尔加,因为她太专横;他恨过去纠缠过他的所有女人。这种愤懑最终造成了一幅画作的问世。1925 年春,毕加索完成《三个舞蹈家》的创作,这是他对人体进行残酷分解的开始。他曾对他的朋友说:"《三个舞蹈家》其实应该叫作《皮切之死》。"

1926 年,毕加索创作了一幅大型拼贴画《吉他》,其主要材料是被钉子刺透的一块抹布,许多钉子尖儿凶狠地从画面上戳露出来。这幅画是毕加索内心狂怒的表现,他的狂怒既来自社会,也来自家庭,他的家庭正孕育着一场风暴。

玛丽·蒂蕾丝

1927 年 1 月是巴黎最寒冷的季节,毕加索的心情犹如这阴云布满的天气一样,郁郁寡欢,闷闷不乐,他不愿意走进令他烦恼的家庭,于是就在大街上慢悠悠地踱着。突然,从地铁的出口处走过来一位亭亭玉立的少女,这位金发碧眼的少女名叫玛丽·蒂蕾丝,她在毕加索的眼里显得十分娇媚动人。毕加索立即走向前去,猛地抓住对方的手,自我介绍说:"我是毕加索,你将和我一道创造伟大的奇迹。"蒂蕾丝虽然感到唐突,但她无法抗拒毕加索的诱惑。第三天,他们又在原来相遇的地铁站会面了,毕加索向这位少女作了自我介绍,并直言告诉她,自己已经结了婚,蒂蕾丝对此并不太在意,他们一起看了一场电影。蒂蕾丝 1909 年 7 月 13 日生于法国南部的皮鲁斯。她的母亲是瑞典人,对古典文学有很深的造诣,还喜欢弹奏钢琴古曲。她父亲是一位画家,但是在她的出生证上写着:父亲不详。蒂蕾丝喜欢游泳、骑车、体操,全身洋溢着青春活力和矫健之美,蒂蕾丝所具有的那种天真迷人的性感美,使毕加索着了迷。1927 年 7 月 13 日,是蒂蕾丝的 18 岁生日,也是他们两个人恋爱史上一个重要的日子,这一天他们开始同床了,从此之后,毕加索与蒂蕾丝开始了秘密的性生活。这年的 7 月中间,在迪纳尔山脚下的海滨举办了一次少年夏令营活动,玛丽·蒂蕾丝以此为掩护先期到达那里,毕加索和奥尔加带着小保罗及他的英国保姆也来到这里。这种安排使毕加索十分得意,在这里,毕加索可以欣赏青春健美的情妇在海里游泳、在沙滩上戏耍,然后他们钻到一个小木屋里,尽情地享受性爱的欢乐。这个时期毕加索简直无法无天了。当时蒂蕾丝尚未达到法定的婚龄,按当时法国的刑法,"引诱少女"是要被判处重罪的。可是毕加索公然蔑视法律,对抗传统的道德。

1928 年元月,毕加索创作了一幅拼贴画,画面上是一个奇特的人身牛头怪物——米诺陶。它是古代神话中的一个吃人怪兽,它生活在地下迷宫里,双目失明,两只手在黑暗中摸索,鼻子伸向天空。它正夹着生殖器拼命地逃窜,巨大的头和腿混为一体。这一形象反映出毕加索当时的心绪:回避奥尔加的蛮横,排解心中的痛苦,企图在与玛丽·蒂蕾丝的疯狂性关系中求得解脱。

他创作的素描《玛丽·马格达琳》表现了女性的极端痛苦和疯狂:她赤身裸体,在绝望中抽搐,头和双臂几乎联为一体,她的鼻眼就像是置于阴部的男性生殖器,整个画面构成疯狂、性感的混合体。

1930 年 2 月,毕加索创作了一幅轰动画坛的作品——《耶稣受难像》,画中的所有人物——基督、盗贼、兵士等都被扭曲了。画面上见不到同情和怜悯,就连圣母玛利亚的面上都显露着残忍和愤怒。

就在这个时期,毕加索在诺曼底附近租到了一座 16 世纪的小城堡,里面有一座哥特式的小教堂,后面是一大片郁郁苍苍的树林。在主要建筑物的对面,是一个长形大马厩,毕加索把它作为雕塑室,铜版画印刷机就安装在这里。

毕加索名画《耶稣受难像》

这个远离巴黎的小城堡为他的创作提供了一个安静的场所,还可以名正言顺地逃避奥尔加,也为玛丽·蒂蕾丝提供了隐蔽场所。到了秋天,毕加索竟然让蒂蕾丝住进了菩提大街 44 号的一套公寓,这里与他和奥尔加的住所只隔着一条马路。他这样做,不仅为了节省时间,而且显示他无所不能,尽管奥尔加忌妒成癖,他仍然可以在她的鼻子底下金屋藏娇而不露风声。

1930 年 10 月 25 日是毕加索 49 岁生日。这一天他完成了一幅蚀刻画《丘比特与希米尔之恋》。古代神话传说中的民女希米尔爱上了丘比特,请求他显示出全部光辉和威力,当丘比特这样做时,他的神火把她烧成了灰烬。显然,在这里毕加索把自己比作丘比特,蒂蕾丝就是希米尔。对于玛丽·蒂蕾丝来说,毕加索就是丘比特,也是古代印度神话传说中的牧女罗陀眼里的黑天,蒂蕾丝对毕加索一往情深,百依百顺。

1932 年是毕加索最繁忙的一年,他要为夏天的"毕加索绘画作品回顾展"做准备。6 月 15 日至 7 月 30 日展览在巴黎的小乔治艺术馆举行,9 月又要在瑞士的苏黎世艺术馆举行。两次展览都引起了很大震动。

1933 年夏,正当西班牙内战愈演愈烈的时候,毕加索携家人前往巴塞罗那,他一家人的故乡之行自然引起了不小的反响,当地报纸对此进行了报道。当他回到巴黎时,离开他 22 年之久的费南蒂在他的平静生活中掀起了波澜。费南蒂写的回忆录《毕加索和他的朋友们》的节选连载在《晚报》和《商神》两家报纸上。毕加索私生活的帷幔被稍稍撩开了一道缝,这使读者对这位名人的性格有了更深一步的了解。毕加索感到自己受到了打击,他非常气恼,有一次,他简直失去了理智,竟然向奥尔加发泄,他抓住她的头发在地上拖拉。1934 年 7 月,他的愤怒达到了极点,一系列斗牛场面的作品抒发了他的心情,在他的笔下,奥尔加成为马的形象,成为他发泄愤懑的对象:在画面上一头受伤的公牛正吞食着从马腹中掏出的内脏,作为受伤斗牛士形象出现的玛丽·蒂蕾丝正骑在五脏流出的马背上。

8 月末,毕加索又携带家眷前往西班牙,这一次故乡之行自然又赢得了一片赞扬声。在家乡他可以掩饰自己的苦恼和恐惧,但他无法从内心里将其抹去。回到巴黎后,他创作了一幅极富感染力的蚀刻画——《失明的米诺陶》。失明的米诺陶在海滩上挣扎着寻找道路,一个手捧鸽子的小女孩在向他指点迷津。小女孩的相貌看上去,很像玛丽·蒂蕾丝。

这时玛丽·蒂蕾丝已经怀孕了,毕加索开始考虑如何摆脱奥尔加了,于是他提出了离婚上诉。

奥尔加的律师说服法院暂时查封了毕加索那间位于菩提大街上的画室,这样,他就无法在结案之前再接触自己的作品。1935 年 7 月,奥尔加带着小保罗离开了这个家,毕加索在菩提大街的家里第一次孤身一人度过了 1935 年的夏天。怀孕 6 个月的蒂蕾丝和母亲住在巴黎郊外的公寓里,毕加索向她许诺,在孩子出生前后他们就可以结婚了。9 月 5 日,玛丽·蒂蕾丝生了一个女孩,毕加索为她取名为玛丽娅·孔塞茜昂,家里都叫她玛娅,可是在女儿的出生证上却写着父亲不详。小女儿的出世,令毕加索感到宽慰和满足,他有时会去为女儿洗那些肮脏的尿布,他这样做,一方面是为了补偿自己不经常在女儿身边之过,另一方面也是为了排遣心中的烦恼和孤寂。

这个时期,毕加索的创作与超现实主义的潮流越来越接近,他与超现实主义的诗人米歇尔·雷利及其妻子与保罗·艾吕雅夫妇来往频繁。1936 年 1 月,毕加索作品回顾展在巴塞罗那举行,年轻诗人艾吕雅专门赶来参加开幕式,并且在电台上发表了讲话。此后这个展览又在西班牙的其他两个城市展出。无疑,这次展览又一次提高了毕加索在他祖国的声誉。

1936 年 3 月 25 日,毕加索与玛丽·蒂蕾丝带着他们的女儿秘密地前往朱安莱藩小住,他想逃避眼前的烦恼,好好休息一下。这里的环境给人以清新、宁静的感觉,没有菩提大街那样的烦躁纷乱,每天晚上有 10 个小时的睡眠,白天到海港观赏渔舟,沐浴阳光。玛丽·蒂蕾丝在这里的主要活动是游泳,给女儿喂奶。

玛丽·蒂蕾丝是毕加索生活中唯一的一个愚昧卑微的女子,她从 18 岁起就被卷入性欲享乐的狂涛之中,除了性生活之外,她没有使毕加索感兴趣的地方。随着他对玛丽·蒂蕾丝的厌烦,在他画笔下的米诺陶开始由顽皮转为暴怒了,在 5 月 4 日他创作的一幅素描中,蒂蕾丝那赤裸裸的身体由两个裸体女人抬着走,其中一个女人长着朵拉·玛尔一样的黑色卷发。

这位朵拉·玛尔是毕加索在杜克·马果酒吧新结识的一位年轻优雅的女士,她的父亲是一位南斯拉夫建筑师,母亲是法国人,她当时是个职业摄影师。在毕加索的眼里,她是一位既聪明又长得十分好看的女人:淡蓝色的眼睛,一头黑亮的卷发,椭圆形的脸蛋,高高的颧骨,给人以高雅秀美之感,毕加索为她的美色和聪慧所倾倒。

1936年夏天,西班牙内战爆发了。毕加索坚定地站在共和政府的一边。西班牙共和政府任命他为普拉多博物馆的名誉主席。不过,当时半个西班牙已落入佛朗哥的手中。

8月初,毕加索独自一人乘坐他的轿车前往离坎城几英里的一个小山村莫京。这次毕加索选定的这个村子,是艾吕雅推荐的,艾吕雅和妻子娜什以及朵拉·玛尔早已在那里等候了,朵拉·玛尔出于谨慎考虑,还是住在一位朋友的家里等待邀请。

到达莫京几天之后,毕加索与艾吕雅夫妇等朋友一起前往朵拉的居住地,表面上,他们是去朵拉的女友家吃饭,而实际上是邀请朵拉去他的住地。他们吃过午饭后,毕加索与朵拉留在海滩上散步。朵拉在这里跨越了自己生活中的一道鸿沟,变成毕加索的公开情妇。

在这里,毕加索喜获新的情人,真是春风得意,每天去海滩散步,在葡萄架下和柏树林中野餐,毕加索感到十分开心和快活。

一天中午,毕加索乘坐自己的轿车从县纳回来时,与迎面开来的车子相撞,幸亏,他伤得不太严重,没有伤着骨头。他刚一康复,便又和朵拉、艾吕雅夫妇一起乘车到附近各个村庄去漫游。在一个村庄里,他看到了古老的制陶工艺。从而他萌发了探索制陶艺术的念头。

毕加索回到巴黎后,他与奥尔加关于财产分配的纠纷从法律上已经有了结果:那座曾经是玛丽·蒂蕾丝独占领地的古城堡,判归了奥尔加,菩提大街上的那套住宅判给了毕加索。

毕加索把自己的愤懑都发泄到多年来作为管家和朋友的萨巴泰身上,指责他干预法律诉讼,说他帮助奥尔加,并嘲笑他无能。萨巴泰忍无可忍,开始反抗了,毕加索于是翻了脸,把萨巴泰赶出了这个家。

来自莫京村的两个美丽的姐妹,接替了萨巴泰的管家差事。姐姐也叫萨巴泰,负责做饭;妹妹名叫英妮,做侍女。从此后,英妮作为女友和管家成为毕加索生活中的固定成员。这姐妹俩是毕加索在莫京村休假时认识的。她们俩是被毕加索和朵拉带回巴黎的。

毕加索在距凡尔赛10英里的一个村子里租了一个带花园和谷仓的老式宅院,他把玛丽·蒂蕾丝和女儿安顿在那里,每周去看望她们母女两到三次。其余时间,他都和朵拉生活在一起,朵拉在各方面都胜过玛丽·蒂蕾丝一筹。毕加索更羡慕她的勇气、才智和独立精神。

随着毕加索与朵拉关系的日益加深,他在写给玛丽·蒂蕾丝的信中就更加不断地表达对她炽热的感情。蒂蕾丝相信他的表白,并不是因为她愚昧,不了解另一个女人的存在,而是因为她已无路可走。她默默地接受了一个痛苦的现实:她虽然是毕加索的正式情妇,但是她不是,而且也不可能是他唯一的情妇。

战争期间

1936年年底,西班牙的战局进一步恶化了。在希特勒和墨索里尼的支援下,佛朗哥的军队紧紧地挤压民主共和政府的军队。

在这种形势下,毕加索于1937年年初愤慨地写一首讽刺佛朗哥的诗《佛朗哥的梦幻和诺言》,把他描写成一个令人恶心的脏乎乎的蛞蝓。同时诗文配有18幅蚀刻画来加以说明。诗画表现了反动派的疯狂和残暴。

1937年4月29日,佛朗哥雇用的德国法西斯的飞机轰炸格尔尼卡古城的消息传到了巴黎。格尔尼卡7000居民中有1600人丧生,古镇70%的建筑物被炸毁。毕加索得知这一消息后,义愤填膺,满腔怒火。法西斯的暴行激发了他创作的灵感,于是他用一个月的时间完成一幅大型油画《格尔尼卡》的创作。这幅巨型油画在巴黎世界博览会的西班牙馆展出前夕,毕加索在艾吕雅的帮助下发表了一个严正声明。他在声明中说:"西班牙进行的是反动势力对抗人民和自由的斗争。作为艺术家,我将把毕生精力用于反抗反动势力和置艺术于死地的行径。现在居然有人认为我赞同反动和死亡……通过正在创作并将称之为《格尔尼卡》的油画和近期所有艺术品,我明确表示了对军事特权阶层的仇恨,是它使西班牙深陷死亡的苦海。"

《格尔尼卡》的展出引起了极大的反响,当时出的一期《艺术手册》,几乎全是评论这幅油画的文章,《格尔尼卡》的艺术感染力是不可估量的,这是他40年绘画艺术的顶峰。毕加索的这幅油画被评论家称之为毁灭的不朽,是被天才之灵秀夸大的恐怖的怒吼。

在他创作《格尔尼卡》的过程中,朵拉·玛尔一直陪伴在他身边,形影不离地为他拍工作照。实际上,这幅杰作不仅是他个人智慧的结晶,而且也是他与朵拉合作的产物,朵拉启发他着力渲染祖国的悲剧性,有时甚至亲自动手去画上几笔。有一天,他们正在格兰奥古斯丁大街的画室作画,被冷落的玛丽·蒂蕾丝突然闯进来并对朵拉大声说道:"我和他已经有了孩子。在这里陪伴他的应当是我。你走吧!"

朵拉镇静地回答说:"我有充分的理由待在这里。我虽然没给他生过孩子,但这又有什么关系呢?"

这时候蒂蕾丝对毕加索说:"你决定吧,看我们谁应该走?"

他继续作画,对两位情人的争吵置若罔闻。后来他回忆说:"这真是个难下决断的决定。她们两个人我都喜欢,但却出于不同的原因。我喜欢玛丽·蒂蕾丝,是因为她温柔可爱,叫她怎样她就怎样,我喜欢朵拉,则是因为她聪明。我对在她俩之间做出选择不感兴趣,她们的现状已令我满意,我要她们自己决定。于是,她们开始扭打在一起。这是我记忆中最精彩的片段之一。"此时的毕加索,在艺术上正踌躇满志地创造辉煌,但在生活中却放荡不羁地戏弄人。当他的两个情妇在他的画室里大打出手的时候,他却心安理得地继续创作以强烈的感染力谴责人类战争的油画。

在画完《格尔尼卡》之后,毕加索带着朵拉·玛尔再次前往莫京去会见艾吕雅和娜什夫妇。在那里毕加索仍然过着放荡的生活,在艾吕雅的怂恿和朵拉无可奈何的默许下,他继续与娜什私通。在他为朵拉画的一幅画上,只有卖花女,却不见买花的人,这幅画的寓意是显而易见的。

回到巴黎后,毕加索又投入创作。1937年10月26日,他完成了《哭泣的女人》。这是一个女人的侧面像,眼睛很像朵拉·玛尔,她身着华贵的盛装,戴着一顶蓝红两色的帽子,上面装饰着一朵蓝色的小花,可是她的两眼流下痛苦的泪水。这幅故意扭曲他的情人朵拉的头像,竟成为20世纪的艺术杰作之一,这是他强加给朵拉头上的一种幻影。

1937年11月27日,他独自前往瑞士。他对别人说,他是去度假,并顺便处理一件意外的事情,实际上,他是为了处理他16岁的儿子保罗抢劫一家珠宝店的事情。他通过各种手段和关系证明:他儿子患有精神病,于是保罗·毕加索被送进一家为富翁们开的医院。

1937年12月中旬,毕加索致电美国艺术家代表大会。他在电报中声明:"值此我愿意再一次向各位表明,我一直相信,现在仍然相信,以高尚的精神从事创作和生活的艺术家,面临这场人类文明的最高成就遭到危险的斗争,不能也不应该无动于衷。"这是毕加索坚持正义,反对邪恶的政治宣言,他对于人类的不幸寄予了深切的同情。

1938年4月的一天下午,毕加索在街上散步时遇见了离开他一年之久的萨巴泰。他热情地邀请萨巴泰到他家里去。可是萨巴泰被他驱逐的屈辱的创伤仍在隐隐作痛,因此就借口有事匆匆离去。6月30日毕加索正式发信函,请萨巴泰来相聚,7月5日萨巴泰重新回到了毕加索的身边。

夏天,毕加索又和朵拉及艾吕雅夫妇前往莫京去度假,几天后,玛丽·蒂蕾丝带着小女儿玛娅来到莫京;不久,奥尔加也赶来了。

1938年8月,世界笼罩着法西斯恐怖的阴云。德国法西斯占领了捷克,佛朗哥准备把西班牙拱手相送。毕加索在旅馆里画了一幅风景画,画面是如此灰暗,显然,他想突出破坏与混乱的主题。8月21日他完成一部惊世之作——《耶稣受难图》。在画面上可以看到,圣母玛利亚正在贪婪地喝着从儿子身体中流出来的鲜血,玛娅·马格达琳站在一旁,用手紧紧抓住耶稣的生殖器。这幅画强烈地表现出厌女癖的主题。

12月20日早晨,萨巴泰就像每天一样早早地来到毕加索的画室。他看到毕加索已不能起床,坐骨神经痛使他无法坐起来。经过3个月的传统的治疗,按摩、热敷毫无效果。艺术品收藏商人皮尔·劳伯建议请他的叔叔克劳兹医生为他进行麻痹神经手术。当医生把一切都准备就绪时,毕加索心里十分恐惧。随后奇迹出现了:毕加索突然从床上爬起来,一只脚着地转了一圈,然后另一只脚也做了同样的动作,随后犹如马戏演员一样,鞠了一躬,说道:"现在不痛了,现在不痛了!"

12月末,西班牙的内战将近结束。共和国军队的失败已成定局。1939年1月26日,巴塞罗那被佛朗哥军队攻陷,50多万难民和败兵被迫逃入中立地区。1月13日,即巴塞罗那陷落前13天,毕加索的母亲去世了,享年85岁。他没有前去参加母亲的葬礼。

1939年7月,毕加索来到位于地中海海滨的昂蒂布度假。早晨他下海游泳,下午工作,晚饭后和朵拉到海边散步,有时还登舟去垂钓。

此时的国际形势已经紧张。希特勒占领了捷克,下一步就会侵占波兰。人们担心,巴黎会遭敌人的轰炸,巴黎笼罩在战争的气氛之中。他回到巴黎后发现,他的许多法国朋友都已应征入伍,艾吕雅已经离开巴黎,加入了自己的部队。毕加索忧心忡忡,不知道该怎么办。在听到各种相互矛盾的传言后,他决定抛下这里的一切,离开巴黎。9月1日他带着朵拉和萨巴泰夫妇前往鲁瓦扬,蒂蕾丝当时正带着玛娅在那里度假。9月3日战争爆发了。正当法国全民动员准备迎战的时候，毕加索正在为他的画展忙碌着，11 月份，纽约现代艺术博物馆要举办毕加索 40 年艺术成果回顾展，这期间，他两次返回巴黎，目的是办理暂住鲁瓦扬的特别许可证和购买画布。回到鲁瓦扬后，他继续来往于他的两位情人朵拉和蒂蕾丝之间。

战争爆发后，美国驻法国大使馆曾邀请他和马蒂斯前往美国，可是他们拒绝了。对毕加索来说，中断他在法国的生活，离开他钟爱的女人们是不可思议的。

1940 年的巴黎弥漫着恐怖气氛。德国法西斯军队已占领了波兰，并且侵占了丹麦和挪威。4 月，毕加索返回巴黎，把自己的作品及收藏品寄存在银行中。5 月，当德国军队越过中立国荷兰、比利时和卢森堡，把英国军队赶往大海并迫使法国军队向南败退的时候，毕加索匆匆乘火车赶回了鲁瓦扬，只比难民早一步离开巴黎。6 月，德军开进了鲁瓦扬。战争改变了他的生活场景，他回到德军占领下的巴黎，继续使用两处住宅。他最初住在菩提大街，每天回格兰奥格斯丁大街工作。没过多久，他就搬到格兰奥格斯丁大街的住宅。大战期间他一直在这里生活和工作。

1940 年年底，玛丽·蒂蕾丝和玛娅也返回了巴黎。她们原先的住处被德军占领。毕加索把她们娘儿俩安排在亨利四世大街上的一个住所里。他只在星期六和星期天去看望蒂蕾丝和玛娅。

1941 年 1 月 14 日，毕加索为自己画了一幅肖像：一个戴着老花镜的谢顶老人正在写作。他把这幅肖像作为他创作的剧本《尾巴捕获到的愿望》的卷首插图。这幅用钢笔画成的肖像画说明，毕加索已经意识到自己的衰老。

1942 年法国的抵抗运动蓬勃发展，并且取得一些战斗的胜利。这期间，毕加索深居简出。这时英妮和她丈夫来到他的身边，他们被安排在格兰奥格斯丁大街宅院下面的一个单元里。英妮开朗、漂亮、能干，她的到来使毕加索的这个家变了样：这个家像个真正家的样子了。她不但会管家，会做饭，而且更知道毕加索的习惯和性格，从不去整理他堆放东西的画室。

从 1943 年 5 月开始，德国军队被赶出北部非洲，墨索里尼的军队面临着崩溃，盟军已深入意大利腹地。法国的抵抗运动迅速发展壮大。在巴黎秘密组织也十分活跃。

5 月的一个晚上，毕加索带朵拉出席了法国著名演员阿兰·库尼举行的晚餐会。在这次宴会上，毕加索认识了一位年轻美丽的女画家费朗索娃。对他来说，费朗索娃是突然闯入他生活中的一位令他倾倒的奇美女性。费朗索娃经常来他画室欣赏他的作品。1944 年 2 月，费朗索娃经过犹豫徘徊，最后终于走进了毕加索的生活，从此，22 岁的她成为 62 岁的毕加索所钟爱的情人。

1944 年 8 月，随着盟军的进攻，战斗逼近了巴黎。当时巴黎的全城一夜之间筑起了防御工事，成千上万的男女参加战斗。有一次，毕加索从窗户向外看了一下，一颗子弹从他的耳边呼啸而过。尽管外出是危险的，但是他还是坚持前往一公里远的玛丽·蒂蕾丝的住所去。每天在那里以画女儿玛娅的肖像来消愁解闷。

不久，巴黎解放了。毕加索也与巴黎市民一样，兴高采烈地欢庆胜利。

在德军占领期间，有许多地下抵抗运动的人员曾经在毕加索画室里聚会。因此，这位战时不屈服的艺术家的画室就成为反抗法西斯的象征。这时,他不仅是举世闻名的艺术大师,而且成为一个传奇式的人物,成了战胜敌人、赢得胜利的象征,成为欧洲人的骄傲,成为人们仰慕的一座丰碑。每天来向他表示敬意的人们挤满了他的接待室。他对来访者说:"这不是一个允许富有创造性的人失败、畏缩和停止工作的时代。除了严肃认真、全心全意地工作,为生存而斗争,平静地与朋友交往及渴望自由外,我们没有别的事要做。"他的这番谈话立即被报道了。在世人的眼里,毕加索几乎和戴高乐将军一样,成为法国解放斗争中的伟大人物。

在战争年代,与毕加索同甘苦共患难的人们,在抵抗运动的斗争中表现出大无畏精神的人们,大多数是法国共产党人。共产党的力量在战争年代大大增强,共产党员的英勇果敢的战斗气概,忘我的牺牲精神,赢得了人们的尊敬。一批批新入党的人们相信,共产主义是一条使人们摆脱灾难的唯一的光明大道,法国共产党在群众中的威信很高。当时共产党领导的苏联又是一个与法西斯德国英勇作战的国家。因此,许多著名的知识分子、艺术家、诗人都加入了共产党的行列,如,诗人艾吕雅、路易斯·阿拉贡等都加入了共产党。

1944年10月5日,《人道报》发表了毕加索加入法国共产党的消息。10月24日《新大众》刊载了该报对毕加索的采访录,稍后又在《人道报》上转载。毕加索对记者说:"加入共产党是我全部生活的合乎逻辑的结果。因为我可以很高兴地说,我从来认为,作画并不只是给人乐趣的艺术或一种消遣。素描和色彩是我的武器,我要用它们来不断地进一步洞察世界和人们的意识,以使这种洞察所得每天都可以更进一步解放我们……这些年来,可怕的压迫已向我证明,我不但要为我的艺术进行斗争,而且应以我的全部生命进行斗争。所以,我加入共产党,没有一丝一毫的犹豫,根本原因是我一开始便与它结下了不解之缘。阿拉贡、艾吕雅等我所有的朋友都知道这一切,而我以前没有正式加入共产党则完全是出于'单纯幼稚';因为过去我常认为,有我工作和我心之所归的真实就足够了。不过,共产党现在已是我自己的党。难道共产党不尽最大努力,以求理解和塑造这个世界,帮助我们及我们的后代变得更清醒、更自由、更幸福吗?在法国、苏联以及在我自己的祖国西班牙,有谁比共产党更有大无畏的精神?还有什么能使我犹豫徘徊?我很想再找一个故乡,我一直是个离乡背井被流放的人,现在我再也不是了。在西班牙能够最后欢迎我回去之前,法国共产党对我张开双臂,我在这个党里找到了所有我最敬重的、最伟大的科学家,最伟大的诗人,还有所有我在8月那几天看见的武装的巴黎人美丽的面容。我又一次回到自己的兄弟们中间!"

毕加索的这番话是富有感情的,他的行动源于他内心的一种强烈的愿望。他希望真诚的友谊,以此排除他内心的孤独感。加入共产党的行动,使他得到了志同道合的满足感和一片喝彩声。党内的许多同志为有像他这样一位大艺术家作为党内同志而感到兴奋和骄傲。

1945年的夏天,欧洲的战争基本结束。从法西斯集中营里返回来的一些人,陆续回到了法国,其中大多数都骨瘦如柴,许多人患有结核病。毕加索看到了这样的人们并从他们那里听到了许多惨无人道的事件。毕加索心灵受到了震撼。于是他萌发了创作一幅类似《格尔尼卡》的作品——《停尸间》。这幅画没有采用别的色彩,只用黑白两色。灰色的画面上是一张白色的桌子,桌子上是一块起皱的布、水壶和汤锅,还有食物;桌子下面躺卧着一堆尸体:有男人,有女人,还有婴儿,他们血肉模糊,双手被捆绑着。这是一幅使人产生极大绝望感的作品,真正体现了立体派的风格。

这幅画创作于胜利的时刻。它向人们昭示的,正是我们人类惨遭屠杀时代的现实。它是一首无人吟唱的挽歌,是一个无人哀悼的葬礼。

战后生活

1946 年上半年,毕加索与朵拉的关系越来越冷漠了。5 月底,费朗索娃终于下定决心在格兰奥格斯丁大街毕加索的家里住下来。费朗索娃的到来,对英妮和萨巴泰都是一场巨大的考验。格兰奥格斯丁大街本来是英妮的领地,现在却住进了一位女王来。通常,英妮的脸上总是挂着美丽而迷人的微笑,自从费朗索娃住进来之后,她的笑容越来越少了。萨巴泰倒是挺高兴,因为费朗索娃能帮助他处理毕加索的许多繁杂的事务。

起初,费朗索娃大部分时间都在观看毕加索作画。毕加索在画布前一站就是七八个小时。她对毕加索的这种充沛的精力赞叹不已。有一次,她问毕加索是否觉得累。毕加索回答道:"不会,这就是为什么画家多能长寿的原因。"

不久,费朗索娃就怀孕了。这使 65 岁的毕加索仿佛又恢复了青春,他满面春风,心里充满了喜悦之情。1946 年冬,还有一件事使毕加索感到十分高兴,美国的一个画商萨姆·库茨在圣诞节过后从纽约赶来,他是毕加索的一位狂热崇拜者,他希望能购买几幅毕加索的画来为他的美术馆增加光彩。毕加索热情地款待了萨姆·库茨,并且卖给他 9 幅他自己选择的画作。后来萨姆·库茨写道:"我们举办了一个画展,1947 年 1 月中旬,画展正式开始了。为了维持秩序,警察排成了人墙。下午 3 点左右,我们已将画全部销售一空……我连夜把这个消息用电话告诉了毕加索,他既吃惊又高兴,但当我说起想回巴黎大量收购他的画时,他竟勃然大怒起来。这给了我一个很好的教训,我立刻明白并吸取了,那就是,毕加索喜欢自己做决定。"

1947 年 5 月 17 日,费朗索娃为毕加索生了一个儿子。起初,毕加索曾建议费朗索娃给儿子取名巴柏罗,可费朗索娃不赞成,因为奥尔加生的孩子叫保罗,而西班牙语中的巴柏罗就是法语中的保罗,这样两个孩子就重名了。费朗索娃建议给孩子取名为克劳德,毕加索表示同意,因为历史上有一位画家叫克劳德·吉罗。

年过 66 岁的毕加索为自己又一次做父亲而感到兴奋不已,他对费朗索娃更加恩爱。克劳德有一双黑色的眼睛和方形的脸,长得极像他父亲。毕加索简直被这孩子给迷住了。不久,毕加索一家就前往朱安湾了。

1947 年夏天,多米尼德·德桑蒂几次前往朱安湾去看望毕加索一家。她在回忆中写道:"他们两个人的反差之大,简直令人瞠目。一个是天姿国色,一个是突兀孟浪……他说话咄咄逼人,毫不留情,一味在别人面前贬低她,出她的洋相,但她却能充耳不闻,格格一笑，全当耳旁风，就这样淡淡地将矛盾化解了……在外人面前，她从不流露愤怒或羞辱的脸色，总让人感到他们是在演戏。"

在朱安湾的海滩上，或在饭店用餐的时候，毕加索一旦高兴，就会给自己装上一个假鼻子，学着卓别林的样子，用手指蘸上酒在餐巾纸上作画，他用芥末或咖啡画成非常醒目的图案。每当少女走过来请他签名时，他就把他的名字签在她们裸露的皮肤上。每当这时候，费朗索娃就会一边冷眼旁观一边和克劳德玩耍。这对老夫少妻的良辰美景是他们晚上在一起独处的时候。此时，费朗索娃会给他朗读诗歌；他也会为费朗索娃朗读自己喜爱诗人的诗，他朗诵最多的是他的朋友艾吕雅的作品。

有一次，在观看斗牛回来的路上，毕加索与费朗索娃争论起"不公正"的问题来。毕加索说："不公正是神圣的。"费朗索娃反驳他说："我最大的人生目的，就是要具备完全的人性，并在肉体上表现出来。要具有人性并非易事，但这是我的追求。那就是要理解别人，关心别人，光明磊落，平等待人。"毕加索说他事实上喜欢，而且确实喜欢不公正，因为这样可以使他更像一尊原始的神。

1947年8月，在瓦洛里经营马杜拉陶器厂的乔治和苏珊·拉米埃夫妇来朱安湾看望毕加索，并邀请他去观赏他去年做的三件小艺术品，毕加索去了并且留了下来。一种新的艺术表现手法令他着了迷，他全身心地投入了陶器的设计制作，陶器厂使毕加索感到很惬意。他的多才多艺，他那魔术般的创造力，在这里都得到充分的发挥，一个一码多高的花瓶坯胎，经他那双灵巧的手三捏五捏，就变成了一个优美的女神。

这一年，毕加索向巴黎现代艺术博物馆捐赠了10幅画，为了表示感谢，法国全国博物馆总馆长乔治·萨尔决定，先把这10幅画送入卢浮宫展出，并且于12月份邀请毕加索参观了卢浮宫。这样，毕加索就成为历史上有幸在卢浮宫看到自己作品的第一位画家。

第二次世界大战虽然结束了，但是世界并不太平。1948年6月，印度支那又爆发了战争。反对战争、保卫和平成为世界进步力量的强烈呼声。苏联作家伊利亚·爱伦堡给毕加索寄来邀请函，请他出席在波兰首都华沙举行的世界和平大会。毕加索接受了这一邀请，于是他带着自己的助手马希尔飞往华沙，参加了世界和平大会。大会结束后，波兰共和国总统授予他波兰文艺复兴金星司令十字勋章，以表彰他对人类艺术事业的杰出贡献。

10月，毕加索为费朗索娃画了一幅肖像画，画中的费朗索娃穿着他从波兰为她买来的刺绣外套。这幅画是表现主义阶段的一幅作品，画中透露出祥和宁静的气氛。

11月，法国思想馆举行了一次大型陶艺展览，毕加索为这次展览提供了149件作品，法国观众对他的陶器作品褒贬不一。展览并没有产生太大的反响，因此，毕加索十分失望，从此他对制陶艺术的热情也冷了下来。

1949年4月19日，第二届世界和平大会在巴黎召开，毕加索作为特邀嘉宾出席了这次大会。他为宣传和平大会的召开而画的招贴画——《和平鸽》，已贴满了巴黎的大街小巷。

就在大会开幕的当天晚上8点钟，费朗索娃为他生了一个女儿。智利诗人巴柏罗·聂鲁达为他的女儿诞生写了如下诗句：

毕加索的和平鸽在飞翔，
飞向世界各个地方，
任何力量也不能使它们
停止飞翔。

　　　　　　　　　　　　——为安·帕罗玛·吉洛特所作。

　　"帕罗玛"是毕加索为小女儿起的名字，"安"是费朗索娃祖母为她的重外孙女取的名字。

　　就在帕罗玛出生两周之后，毕加索的儿子保罗也做了父亲。毕加索的第一个孙子，跟祖父一样，也叫帕布洛，但家里人都叫他帕布利托。这小家伙的出世丝毫没有改变毕加索与保罗的紧张关系，多年来，毕加索一直为儿子的不争气而愤懑不已。战争期间，保罗一直住在中立国瑞士，因而逃避了服兵役，战后他才回到巴黎。他没有工作，只靠父亲的一点补贴来维持生活，可是他已染上了酗酒吸毒之癖。

　　1949年6月，毕加索一家离开巴黎，搬回瓦洛里了，保罗便又和他们生活在一起。保罗住在马希尔饭店，一天夜里，保罗和他的一个朋友把在一家酒吧里结识的两个姑娘带回了饭店，次日凌晨，喝得烂醉的保罗和他的朋友想把两个姑娘从窗口扔出去，两个姑娘连喊救命，结果警长赶来了，制止了保罗的行动。几小时后，警长来见毕加索，向他讲述了他儿子扰乱治安的行为。警长走后，毕加索命令费朗索娃把保罗叫来见他，吓得浑身发抖的保罗跟着费朗索娃走进来，毕加索一见到儿子，就怒气冲冲地操起身边的东西，向他劈头盖脸地打去，费朗索娃护挡着保罗，自然她也挨几下打。毕加索大发雷霆，大声骂保罗是"下流坯"，是"世界上最令人讨厌的儿子""资产阶级无政府主义者"，等等，骂完之后，他感到身心疲惫，一言不发地在床上整整躺了一天。

　　这期间，玛丽·蒂蕾丝和玛娅正在朱安莱藩度假，那里离毕加索的新居只有十几英里。每个星期四和星期六，马希尔都要开车把毕加索送到那里去。费朗索娃觉得再也不应该躲在一堵虚假的墙后面生活了，于是她就建议毕加索请玛丽·蒂蕾丝带着孩子过来见一见克劳德和帕罗玛，毕加索同意了。1949年夏天，玛丽·蒂蕾丝与费朗索娃见面了，当毕加索的这两个情人单独在一起的时候，蒂蕾丝对费朗索娃说："不管你怎么挖空心思，你也无法破坏我们之间的关系，你根本无法取代我！"费朗索娃坦然地说："我根本就没有想取代你。我现在所处的位置本来就是空的。"费朗索娃心里十分明白，玛丽·蒂蕾丝不是敌人，也很理解她的处境和心情。13岁的玛娅突然见到了一个小弟弟和一个躺在襁褓中的小妹妹，以及一个生活在父亲身边的陌生女人，她感到难以容忍。不过，过了一些日子，一切都变了，她倒成为两个幼儿的好姐姐了。玛娅的相貌极像她的父亲，性格也活泼好动，为人聪颖乖巧，很快她与费朗索娃交上了朋友。在费朗索娃的努力下，她现在已成为父亲那块天地里的一部分，对此她深表感激，费朗索娃也很喜爱她。玛娅经常给弟弟讲各种故事，她讲起故事来有声有色，十分动听。

　　费朗索娃在自己的生活中似乎已经应有尽有，她有一个才华横溢的丈夫，一双天真活泼的儿女。可是，她渐渐地开始明白，她自己的优势正在消逝，生下帕罗玛之后，她的身体就没有复原，经常流血，因此，她感到很虚弱。可是，毕加索对她却漠不关心，甚至还会责备她说:"我讨厌生病的女人!"费朗索娃伤心地说:"我开始感到,这一切多么不公正啊!为了满足他的需要,我一直在竭尽全力,从生孩子到生炉子。但我的努力不但未使我们的关系日益成熟,而且适得其反。"在帕罗玛出生之前,费朗索娃总是和毕加索在一起,现在,他却突然宣布,他要去巴黎几天,于是费朗索娃只能孤零零地和孩子们待在一起。费朗索娃说:"真没有想到,我们的生活会变成这样。以前,我对毕加索一往情深,忠贞不贰,因此,只要他不在身边,我就会感到窒息。过去,我是完全彻底追随帕布洛的;现在,我要重新寻找自我。"这时的费朗索娃已经调整了自己的心态,于是她集中精力从事自己的绘画事业和照顾自己的孩子。

这时,费朗索娃与卡恩威勒签订了一份关于收购她的绘画作品的合同,从此她第一次获得了经济上的独立。与此同时,费朗索娃与毕加索保持着一种不过分亲密的保护性距离。

1950年8月6日,许多人聚集在瓦洛里的中心广场上,参加毕加索赠给法国共产党瓦洛里市政会的《人与山羊》铸像的揭幕仪式。为答谢毕加索的馈赠,瓦洛里市长宣布授予毕加索瓦洛里市荣誉市民的称号。为铸像揭幕剪彩的共产党领导人劳伦·卡萨诺娃激动地高呼道:"向我们的老大哥毕加索致敬!"当地的报纸写道:"毕加索不但是一个伟大的艺术家,而且是一个热心的人。"

同年11月,毕加索被授予列宁和平奖。不久,他来到了英国伦敦的维多利亚火车站,前来参加在谢菲尔德举行的第三届世界和平大会。

毕加索从英国回来不久,就着手创作一幅名为《朝鲜大屠杀》的画,在这幅作品中他表达了对美国士兵屠杀朝鲜人民的愤懑和抗议。这幅画的右边是一群头戴钢盔的武装行刑士兵,一个带剑的军官正在下令向左边的一群人射击,这群人都是裸体的女性,有的带着孩子,有的怀孕在身。

亲朋离异

1951年10月25日,瓦洛里全城人民为毕加索庆祝了70岁生日。可是在他的朋友中唯独不见了马希尔,原来马希尔被毕加索解雇了。原因是,他在一个星期天开车带着妻子和女儿到巴黎60英里外的一个风景区去游玩,一不小心把车撞在了一棵树上,车被撞坏了。费朗索娃费尽口舌企图劝毕加索不要把马希尔赶走,她说:"你不能仅仅因为出了那样一桩事故就把他解雇,千万不能解雇像马希尔那样对你忠心耿耿的好人,他已经给你干了25年,不能把他一脚踢出门外,那种事故任何人都有可能遇上。"可是毕加索根本不听劝告。马希尔大声对毕加索说道:"我毕竟一直追随着你,可你现在居然什么机会也不给就把我辞退。太没有良心了,你将不得好报,我们走着瞧吧,你会把身边的好人一个个赶走,下一个就该轮到小姐她本人了。"马希尔所说的小姐就是费朗索娃,他总是这样称呼她。毕加索依然我行我素,只是又买了一辆汽车,他对儿子保罗说,要想得到更多的钱,就得当驾驶员,保罗毫不犹豫地同意了。

生日过后,毕加索多年没犯的腰痛病又犯了,他只好卧床休息。

毕加索晚年的生活并不是一帆风顺的,一方面是因为他经常犯腰部风湿痛,另一方面是因为他意识到自己确实到了垂暮之年。他经常显得精疲力竭、闷闷不乐。两个孩子又都得了慢性支气管炎,经常发出一阵阵咳嗽。整个家中笼罩着一种抑郁沉闷的气氛。

此时,费朗索娃正在忙于作画,为明年卡恩威勒为她举办的画展做准备。她仍然努力保持着她与毕加索共同生活的各种形式,对自己内心的痛苦毫不流露,从不提自己的要求,但是她对毕加索越来越冷淡,越来越疏远。

1952年4月1日,费朗索娃美术展开幕了。美术馆里有一本顾客留言簿,封面是路易·雷瑞斯亲笔所书:《费朗索娃·吉洛特画展》。画展开幕后不久,费朗索娃就收到国家计划收购她的静物画的通知,因为有一位美术检查官对画展上展出的那幅画特别赞赏。考克图评论说:"费朗索娃的绘画,用的是毕加索的句法,女人的词汇,优美而典雅。这一句法是她绘画的脊梁。"由于受到这次画展的鼓舞,费朗索娃在绘画方面倾注了更多的精力和时间,孜孜不倦地埋头于绘画创作。

1952年,根据瓦洛里市教堂的请求,毕加索开始创作《战争与和平》的巨型壁画。他一共用了两个月的时间,就完成了这组画。壁画的右边画的是棺材通过时那种令人震惊的场面,还有一匹备了鞍的战马,这就是战争部分;在和平部分,画的是鸟笼和鱼缸。这些画曾经在罗马举行的毕加索画展上展出,然后被移放在瓦洛里市的教堂里。这组画无论在思想性上还是在艺术性上都无法与《格尔尼卡》相媲美。

1952年10月,毕加索宣布他要去巴黎,费朗索娃也要求和他一块去,但是被毕加索拒绝了,于是,她警告说,他们分开的次数越多,她离开他的可能性就越大。毕加索听了哈哈大笑起来,并且轻蔑地说:"我相信,谁也不会离开像我这样的人。"毕加索说完就一个人去了巴黎,并在那里住了几个星期。他回到瓦洛里后,费朗索娃对他说,他们的结合再也没有任何"深刻的意义",因此,她看不到自己有"任何继续留下的理由"。而毕加索却以胡作非为的行动制造让她离开的理由:一个70多岁的老头子在乡间到处寻花问柳,每次回来时,他都是满脸的疲惫相。费朗索娃开始厌恶他了,她说:"他把一个我所钟爱的人变成了一个我所讨厌的人,对此我不能饶恕他。他忽然之间变成了一个脏老头子,这是多么地奇怪,多么地荒诞啊!我竟然全无醋意了。"

1952年年末,费朗索娃离开瓦洛里去了巴黎,她是为明年春天上演的芭蕾舞剧《赫拉克利》的道具和服装设计之事去巴黎的。她在巴黎给毕加索写了一封长信,她在信中讲了当面难以启齿的一些话:他不停地用各种手段玷污和亵渎他们的神圣的爱情,他给她造成了种种心灵上的痛苦和烦恼,最使她难以接受的是,他对他们生活中出现的第三者矢口否认。她最后写道,如果他不洗净双手和说出事实真相,她决不再回瓦洛里,决不再回到他的身边。

毕加索接到这封信后,匆匆赶到巴黎,以忏悔的态度请求费朗索娃原谅他,并且向她保证立即停止一切寻花问柳的行为,他哭了。这是他第一次哭着请求费朗索娃宽恕他,费朗索娃虽然不相信他会痛改前非,但是她还是决定再给他一次悔改的机会:决定留下来。回到瓦洛里后,她不再围着毕加索及其工作打转,开始专心做自己的事,毕加索就以

二六五

自杀相威胁。可是费朗索娃却坦然地说:"毫无疑问,这是目前解决你所有问题的一个行之有效的办法,我决不打算阻止你。"毕加索听后气得直翻白眼。

1953 年 3 月末,费朗索娃前往巴黎,为芭蕾舞剧设计服装和道具。在巴黎,她结识了柯斯塔·阿克西洛,两个人开始默默地相爱了。

4 月底,毕加索带着孩子也来到巴黎,并且出席了《赫拉克利》一剧的首演式,演出结束时,费朗索娃走向舞台,向舞蹈设计和乐队指挥表示谢意。当她走向后台时,等在那里的柯斯塔·阿克西洛走向前来吻了她,向她表示祝贺,随后就消逝在夜幕中了,费朗索娃和毕加索一起参加了当天晚上的庆祝宴会。

费朗索娃对毕加索说,她想一个人在巴黎多住一段时间,毕加索便带着孩子回瓦洛里了。6 月的一天晚上,费朗索娃和柯斯塔一起去看电影《于洛先生的假想》,只看一半,他们就退场了,那个晚上,他们这一对异性朋友终于变成了一对情侣。回到瓦洛里后,费朗索娃收到了柯斯塔寄来的大量情书和电报。当毕加索询问她时,她坦诚地向他讲了事情真相,并说,她已决定 9 月 30 日带着孩子离开这里。毕加索却不相信她会离开他。

在炎热的夏天,拉萨姆伯爵夫妇来访问毕加索,并且邀请毕加索和费朗索娃前往佩皮尼昂去小住。费朗索娃拒绝了,但是毕加索却接受了邀请,因为他为那位身材高大的伯爵夫人的娇媚所吸引。8 月的大部分时间和 9 月,毕加索都是在瓦洛里和佩皮尼昂两地度过的。9 月 29 日,他从佩皮尼昂回到家里,自我吹嘘说,他和伯爵夫人已达到难分难舍的程度,费朗索娃对他的行径早已置之不理,当天仍然忙于收拾行装。次日,出租汽车停在了门口,司机帮她装好行李,孩子和费朗索娃先后上了汽车。毕加索始终都没有说一句话,直到汽车开动后,他才骂了一句:"他妈的!"从此,他们的多年同居生活结束了。

1954 年圣诞节前夕,费朗索娃安排毕加索的两个孩子去陪他过节。复活节前夕,她给毕加索写了一封信,说她想去看看他并把孩子带回来,毕加索同意了。费朗索娃回到瓦洛里,跟孩子们在一起待了两个星期。在她即将带着孩子们离开的时候,毕加索对她说:"你走后,我寂寞极了。也许,我们的共同生活是有些别扭,但分居对我似乎更艰难。"可是费朗索娃并不相信他会洗心革面,她只是希望能与他保持朋友式的关系,他们约定,7 月初她再带着孩子回来住一个月。

自从费朗索娃出走之后,大多数时间都是雅克琳陪伴着毕加索。1954 年 6 月 3 日,毕加索创作了 3 幅雅克琳的肖像画,其中的一幅抱着手,另一幅拿着花,第三幅盘腿坐着,三幅都题写 E 夫人的头衔。当 7 月份费朗索娃来瓦洛里的时候,那位 E 夫人便退居到第二线了。

应毕加索的要求,费朗索娃主持了为他举行的一次斗牛活动,当她骑着一匹骏马走进斗牛场,并且让马踩着舞步绕场一周后宣布:为了向毕加索表示敬意,斗牛活动开始。这时全场响起了"帕布洛万岁"的欢呼声,毕加索非常高兴。他对费朗索娃说:"你真棒!绝对使人崇敬。你是唯一让我感到痛快的人。这次你该留下来。"但是,费朗索娃心里明白,毕加索之所以赞扬她,就是因为她自己的生活之马是按照她自己的意志行进的。她是绝不想留下来的,当天晚上她就回巴黎了。

1954 年 12 月,毕加索的儿子保罗在动过赫尼亚手术后患上了肺塞症,生命垂危。大夫给毕加索拍发了一份电报，请他赶快来医院，可是他却置之不理。1955年2月11日，当保罗还处在康复状态之中时，他的母亲奥尔加却在戛纳的一家医院里病逝了。她患肺癌已经很久了，而且身体的局部已开始瘫痪，她晚年受尽了折磨，死的时候孑然一身。安葬她的时候，只有她的儿子保罗和拉米埃夫妇在场。此时的毕加索正在巴黎绘制他的闺阁仕女画像。

有一天，费朗索娃给毕加索打了一个电话，告诉他，她要去看看他，并且还要通知他，她就要和鲁克·西蒙结婚了。

毕加索听到这个消息后简直气得不得了，过了一会儿，他突然消了气，并且和颜悦色地跟费朗索娃聊起天来了。费朗索娃来看他的目的，就是想解决孩子的托管问题。她提出，由鲁克和毕加索作为孩子的托管人，因为他们没有正式的父亲。万一她发生什么不幸，孩子们就会有人照顾了。毕加索听了费朗索娃的想法之后又生起气来了，并说她忘恩负义，说完就把她送给他的手表还给了她，而费朗索娃也照此办理，把他给自己的手表也还给了他。此时，两个人都觉得他们的行为太滑稽可笑了，于是两个人同时又笑起来。

毕加索在戛纳的一个山中看上了一幢漂亮的大别墅——拉加利福尼，于是就把它买了下来。这个建筑群原属于久负盛名的莫哀家族，站在这座别墅的上层，可以观赏到戛纳城的全景。从此毕加索和雅克琳就迁到这里来住了。

1955年夏天，维克多利娜电影制片厂的制片商乔治·克劳佐来到戛纳，与毕加索商定拍摄一部关于毕加索的纪录片，这部影片定名为《神秘的毕加索》。这并不是关于毕加索的第一部影片，但却是当时最长的一部彩色影片。在拍摄这部电影期间，雅克琳和玛娅一直在制片厂里陪伴着毕加索。这时，雅克琳的女儿埃格利娅也在拉加利福尼定居下来。英妮也经常出入毕加索的画室，经常来拉加利福尼小住。

在毕加索搬到拉加利福尼定居的第一个夏天，费朗索娃派人把克劳德和帕罗玛送到他们父亲身边度暑假了，她和鲁克仍然留在威尼斯度蜜月。她事先嘱咐玛娅在拉加利福尼照顾两个孩子。不久，费朗索娃从玛娅拍来的电报中得知，帕罗玛患了急性阑尾炎。费朗索娃立即于当天飞回，赶往瓦洛里毕加索的家里。她发现屋子里只剩下几张床和一些椅子。园丁告诉她，几天前雅克琳来这里，把所有的画，包括她的画、她的书籍和信件以及个人用品全带走了。费朗索娃当即给拉加利福尼打电话，质问毕加索为什么要这样做，毕加索回答说："你和我在一起的时候，一切都是属于你的；你离开了我，什么都不是你的了。"她听了十分震惊，觉得再没有与他讲理的必要，只是让他把帕罗玛立即送来，可是他却根本不予理睬。她又拨通电话，威胁要派警察去找他，这样，他才让保罗把帕罗玛送到瓦洛里。当时费朗索娃立即把女儿送往戛纳市的一家医院去动手术。

帕罗玛一痊愈，费朗索娃就带着两个孩子返回巴黎了。她从来都没有要求毕加索寄钱来抚养孩子，她继承了祖母的一笔遗产，她自己画画还赚一些钱，她生活并不困难。可是，毕加索现在的表现令她十分生气，他对待自己的孩子根本不像一个父亲。于是她通过自己的律师为两个孩子争得了一笔抚养费。此时的玛娅已是个20岁的大姑娘了。她亲眼目睹父亲多年来对待母亲的态度：许诺、奚落、撤退，她不想再成为像母亲那样的牺牲品，因此她也走了。

玛娅走了之后，雅克琳终于成了毕加索的管家、秘书和剪报人，而毕加索则成为她赖以把自己意志强加于人的工具，成为她赖以施展权力的手段，但她主要的角色还是充当他的情妇和看门人。

1956年，在毕加索75岁生日的前几天，他做了一个梦：突然一个人闯进来，告诉他狮子已经不中用了。这个噩梦令他十分不安，并预示着：他这头狮子快完蛋了。

1958年年初，毕加索为设在巴黎的联合国教科文组织的总部画了一幅巨型壁画，并为这幅画举行一次隆重的揭幕仪式。可是当幕布揭开的时候，兴高采烈的人们突然变得鸦雀无声了，人们简直不敢相信：这一幅巨大的信手涂抹而成的画真的是出于大师的手笔。这幅画给人留下的印象是：死亡赢得了胜利，这是人们公认的毕加索生活最后25年中绘画创作上一系列败笔之一。

1958年秋天，毕加索把18世纪沃雯纳格侯爵曾经住过的一座宫殿式的别墅买了下来。这是17世纪的一座古建筑，位于圣地维克多利山下的一个幽深的峡谷中。这处别墅十分美丽而幽静。毕加索把收藏在巴黎的名家的画作和自己的作品都运到这里，又从拉加利福尼拉回来不少雕塑作品。1959年2月他迁往新居，没过几个月，新的居住地带给他的新鲜感很快消逝了。于是他又买了一处别墅，它位于法国南部诺特丹姆德维的一座小山的斜坡上，这里有层层松柏和橄榄树环绕。

1960年夏天，在巴黎举行了毕加索作品回顾展，这次画展引起了强烈的反响，报刊杂志把毕加索捧为本世纪的天才，称其作品为不朽之作。

1961年3月2日，年近80岁的毕加索秘密地与雅克琳结了婚。从此后雅克琳从情妇变成了夫人，于是她开始对付起毕加索的孩子们来了。她不断地向毕加索讲述孩子们的坏话，说孩子们对他如何不关心，如何受他们母亲的唆使；克劳德14岁就吸毒，不应再让他来和全家人过复活节等等。孩子们有时来看望他们的父亲，雅克琳总是千方百计地羞辱他们，而且只让他们住很短的时间。

1961年10月28日，瓦洛里市为毕加索80岁生日举行了一次集会。参加庆祝集会的有法国共产党的代表、几个人民民主国家的代表、制陶工人工会的代表、地方群众组织的代表，还有文学艺术、电影、音乐界的知名人士等等。

从此之后，毕加索开始进入与世隔绝的状态。诺特丹姆德维别墅装上了电动大铁门，门上安装了用于识别来访者的通话装置，还养有警犬。

1963年年末，孩子们最后一次和他过圣诞节。他的子女们都认为雅克琳不好，保罗的女儿玛丽娜说："婚后，祖父就像失去了人性一般，我们根本无法见到他，从他那里什么也得不到。我认为，这主要是因为雅克琳，不可能是别人。"其实，雅克琳只不过是毕加索的一个附属品，在毕加索的内心世界里始终存在着黑暗和光明的斗争。但是他选择雅克琳这样一个女性陪伴他度过余生，这就使他大多数时间都站在黑暗的一边，两个人一起割断了人性情感的纽带，排斥了亲情之爱。

1964年夏天，费朗索娃撰写的关于她与毕加索共同生活的回忆录片段在《大西洋》月刊上连载。1965年年初，法文、德文、西班牙文版的《与毕加索生活在一起》一书相继出版。毕加索以该书侵犯了他的私生活为由向法院提起诉讼，3月22日，毕加索败诉。3

月25日,他要求法院禁止法国出版这部回忆录,可是法院经审理后宣布拒绝立案。两次起诉失败后,他并不死心,5月20日,他再次起诉,要求法院没收和销毁这部书。经过法院审理后,毕加索的起诉被驳回,法庭最后裁决:"毕加索常常曝光于众,以满足他们的好奇心。他深知宣传所起的作用……她并不是故意诽谤或以复仇的愿望来满足自己。"在费朗索娃获胜的第二天,毕加索竟出人意料地给她打了电话:"你再次获胜了,祝贺你。你知道,我只喜欢生活中的胜利者,我无法容忍失败者。"

费朗索娃回答道:"谢谢。可你却费尽心机地想使我成为失败者。"

垂暮之年

1965年11月,毕加索秘密地住进了纳伊的一家美国医院,并且接受胆囊和前列腺手术治疗。虽然他很快康复了,但这种康复却是表面的,他的身体日益衰弱。可是他却更加狂热地拼命画起画来。工作慢慢成为他生活的全部内容。他说:"我只剩下一个愿望,那就是不停地工作。绘画对我来说就像呼吸一样。"

1967年春天,位于格兰奥格斯丁大街上他的房子被市政府收回去了,为此他感到难过极了。

1968年2月13日,他的老朋友萨巴泰去世了,这使他感到死亡的可怕。他继续为亡友作画,以此寄托着自己的哀思。毕加索的身体越来越虚弱,他四肢无力,呼吸困难,听力衰退,视力很差,睡眠也很不好,他确实病了,而且心理的疾病要比肉体的疾病更可怕。他仿佛看到了死亡的阴影正在一步步向他逼近。

毕加索的亲人和热爱他的人们,都企图把他从自我封闭状态中解救出来。他的女儿玛娅曾带着两个儿子来到莫京那座电动大门前,但是得到的回答是"毕加索先生外出了",她几次打电话,都得到同样的回答。克劳德带着年轻的美国妻子也来到电动大门前,他的父亲仍然拒绝见他们。在过去的30年间,毕加索每个月都按时给玛丽·蒂蕾丝寄去一张支票,但是现在却突然停止了。玛丽·蒂蕾丝在绝望中给毕加索写了一封充满忧伤和爱恋的长信。可是毕加索却无动于衷。玛娅得知这一情况后,就给自己的一位艺术商人朋友帕尔斯写了一封信,向他述说这一切,并想请他帮助卖掉妈妈手中的一批毕加索的画。两天后,帕尔斯从洛杉矶飞到巴黎,在亨利四世大街见到了玛娅的母亲玛丽·蒂蕾丝。

1969年2月6日,帕尔斯和另一位艺术商人来到毕加索的住所。帕尔斯打开皮箱,请毕加索在他创作的这些画上签字,因为玛丽·蒂蕾丝急需用钱。毕加索说:"好的,好的,我会签字的。你们把画留下来我签,明天字迹就会干的,到时你们就可拿走。"

帕尔斯正在犹豫时,雅克琳忽然从隔壁房间冲出来,并且厉声叫道:"不许你签名!这些画是你的,只不过让玛丽·蒂蕾丝代为保存罢了……如果她需要钱,可以去当女佣人嘛。"她说完就冲出房间走了。毕加索灵机一动,装出一副可怜相,说道:"哎,我该怎么办呢?你们已看到她是多么恼火。我满心希望能助玛丽·蒂蕾丝一臂之力,我也希望能

艺术大师

帮你们一把,但实在是爱莫能助。"实际上,他根本不想为玛丽·蒂蕾丝的那些画签字,可是他却为另一位艺术商人带来的那些平版画签了名。

玛丽·蒂蕾丝在走投无路的情况下只好去找律师。通过律师双方达成了协议:玛丽·蒂蕾丝同意在毕加索在世期间不出售他的作品,毕加索给她写一封信,承认帕尔斯拿回去的那些未曾署名的作品归玛丽·蒂蕾丝个人所有。毕加索虽然没在那些画上签名,但他的这封信却可以证明,那些作品是出自他的手,因而就具备了应有的价值。毕加索被迫同意恢复每月寄给玛丽·蒂蕾丝的赡养费,而且略有增加。

1970年5月,在亚威农举办了毕加索的画展。艺术品收藏家道格拉斯·库珀出人意料地批评了毕加索的作品。他说,他曾经"长时间地研究"毕加索的作品,"但是所看到的只是一位垂死而疯狂的老人的信手涂鸦"。在他众多的崇拜者中,对他的生活和作品持批判态度的也不乏其人。

1971年10月25日是毕加索的90大寿。巴黎没有像1966年那样为他举行隆重的庆祝大会,但是却在卢浮宫的大画廊中挂起了毕加索的8幅作品。毕加索没有到场,只派他儿子保罗代表他去参加法国总统主持的揭幕仪式。

1972年6月30日,他从镜子里看到了自己那张充满恐惧的脸,于是就把它画了下来。这是他最后一幅自画像,是一幅充满痛苦和恐惧的令人生畏的脸谱画。

两个月后,毕加索的长孙帕布利托骑着摩托车来探拜祖父,他在门口出示了身份证,可是却遭到拒绝。帕布利托坚持要进去看望爷爷,这时警犬被放了出来,结果这位长孙被轰走了。

1972年秋天,毕加索由于肺部感染而被送进医院,他的朋友比侬夫妇几次打电话,家里都没有人接。几天后,他们才接到雅克琳派人送来的一张纸条:"一切都好。"尽管毕加索夫妇不愿意把他生病的事对任何人讲,可是巴黎人却在悄悄议论毕加索即将寿终正寝了。

1973年4月1日,毕加索给玛丽·蒂蕾丝写了一封信。他在信中说她是他毕生所爱的唯一女人。人们不晓得,这是他的肺腑之言,还是一个愚弄人的玩笑?

4月8日是星期天。早晨,雅克琳给住在巴黎的毕加索的心脏病医生伯纳尔打了一个电话,问他道:"你准备什么时候来我们这里?你将和我们一起过复活节,对吧?"

这位医生说:"不,很抱歉,5月份之前我不能去。复活节之后我要去美国。"

"那可太晚了……"雅克琳说。

"你是不是希望我马上就去?"医生问道。

"是的,这会使他感到意外的惊喜,他很想见到你。你来吧!"

伯纳尔医生上午赶到诺特丹姆德维时,当地的医生已守候在毕加索的身边。他穿着睡衣,痛苦地坐靠在枕头上,艰难地喘息着。伯纳尔对他进行了仔细的检查。他脸色发青,四肢浮肿,心电图上显示:他的两肺都不正常,左肺上出现大面积的肺塞现象。伯纳尔医生把雅克琳叫到隔壁房间,告诉她,毕加索的病已无法医治。

这时,毕加索的心脏急剧衰竭,他的嘴唇嚅动,看来,是想说话,但是已经说不出来。他拼命地喘息着,11点45分,伯纳尔发现他的心脏停止了跳动。这位艺术大师永远离开了人世，享年92岁。1973年4月10日，毕加索的遗体被安葬在沃雯格那座庞大的建筑群之中，墓地上竖起一尊手捧花瓶的女人青铜像。这座雕像原来是毕加索于1933年制作的，模特儿就是玛丽·蒂蕾丝，可是毕加索夫人雅克琳并不晓得。

毕加索的长孙帕布利托于1973年7月11日与世长辞了。他的长子保罗1975年6月6日死于肝硬化。

毕加索在身后留下一大笔遗产，据不完全统计，总价值为2.6亿美元，其中有作品45129件：绘画1885件，雕刻1228件，瓷器2880件，版画18095件，平版画6112件，素描和速写11748件，亚麻油毡浮雕3181件。

1977年9月法院审定了毕加索遗产继承案件，确定6个人为他的遗产合法继承人：雅克琳继承遗产的30%，玛娅、克劳德、帕罗玛各继承10%，保罗的一对子女——玛丽娜和伯纳德各继承20%，其中有10%是从祖母奥尔加那里按照第二继承序列继承的。

毕加索生前曾经说过："我不怕死亡。死亡是一种美。我所怕的是久病而不能工作，那是对时间的浪费。"的确像他所说的那样，他一生中从来没有浪费过时间。他孜孜不倦地工作了70多年，为人类的艺术宝库增添了不少艺术珍品，在世界艺术史上留下了光辉灿烂的一页。人们对他的绘画作品，可能，还对他的个人生活会做出不同的评价，也许会褒贬不一，但是他那种永不停止的创新精神是永远值得后人学习的。

浪漫主义的钢琴诗人

——肖邦

人物档案

简　　历:19 世纪波兰作曲家、钢琴家。1810 年 3 月 1 日,肖邦出生于波兰;1817 年开始创作;1818 年登台演出;1822 年至 1829 年在华沙国家音乐高等学校学习作曲和音乐理论。1829 年起以作曲家和钢琴家的身份在欧洲巡演。后因波兰起义失败而定居巴黎,从事教学和创作。1849 年 10 月 17 日,肖邦因肺结核逝世于巴黎。

生卒年月:1810 年 3 月 1 日~1849 年 10 月 17 日。

安葬之地:巴黎市内的拉雪兹神甫公墓。

性格特征:肖邦具有天生的幽默感,有很强的模仿能力,伶俐好学;性情异常孤僻,有点神经质,内敛,温柔如水,爱幻想。身材单薄,情感脆弱。

历史功过:一生创作了大约二百部作品,主要作品有:钢琴协奏曲 2 首、钢琴三重奏、钢琴奏鸣曲 3 首、叙事曲 4 首、谐谑曲 4 首、练习曲 27 首、波罗乃兹舞曲 16 首、圆舞曲 17 首、夜曲 21 首、即兴曲 4 首、埃科塞兹舞曲 3 首、歌曲 17 首;此外还有波莱罗舞曲、船歌、摇篮曲、幻想曲、回旋曲、变奏曲等,共 21 卷。作品体现了爱国主义思想感情,音乐史上唯一享有"钢琴诗人"美誉的作曲家。

名家评点:舒曼称赞肖邦的作品是"藏在花丛中的一尊大炮"。

华沙神童

弗里德时克·弗朗索瓦·肖邦于 1810 年 3 月 1 日出生在华沙西边的村庄——兹拉佐瓦·乌拉。肖邦的出生地如今建造了一所博物馆,缅怀这位伟大的音乐家。

幼年时的肖邦是个敏感、极富想象力的孩子,继承了母亲的特质。肖邦的父母在他出生不久后迁移到当时比省城稍大些的华沙，年轻的肖邦在华沙长大。他的父亲尼古拉斯在高中教法文，后来，他们住到城中最时髦的地区，为了支付舒适而富裕的生活开支，尼古拉斯还兼任了其他地方法文课程的教职。

肖邦具有天生的贵族气质，他举止高雅，并有社交魅力，这得益于良好高尚的家庭环境，并有父亲敏锐的判断力和逻辑观念的影响。肖邦很小的时候便已显露对音乐的热爱。有些故事流传说，当肖邦的母亲和姐姐露易丝在平台钢琴前演奏舞曲时肖邦会因听到乐声中的纯净、美丽和精致而流泪。不久之后，肖邦开始探索琴键，并十分乐于尝试。到了 7 岁，肖邦优异的钢琴表现令他的父母急着为他找名师。当时 61 岁的奥德伯特·芮尼就成为肖邦的第一位钢琴教师。如今人们仅知这位波希米亚籍的作曲家是肖邦的第一位老师，对他的生平了解不多。

芮尼是位称职的老师，他在五年当中循序渐进地向肖邦灌输巴赫和莫扎特的作品，并鼓励他尝试一些维也纳著名作曲家的音乐，同时也接触一些作曲者或许不是那么有名，但较为新潮的作品，为肖邦奠定了扎实的音乐基础。

除了芮尼的教导外，肖邦也有自己的想法和做法，在练习钢琴的过程中，即兴演奏或创作乐曲远较弹奏音阶或指法练习更令他愉快。

随芮尼学琴不到几个月，肖邦便开始公开演奏，到 1817 年底，他已被亚历山大·坦斯卡形容为"莫扎特的继承者"。对于一个只有 7 岁的小天才来说，肖邦喜欢那种广受欢迎的感觉，但也因为年纪实在太小，所以也不懂得因此自大、自夸、自傲。1818 年 2 月 24 日，继首次主要演奏会后，他参加了另一项慈善募捐演出，据说当他演奏基洛韦茨的协奏曲时，心里想的不是他的才能，而是观众喜不喜欢他当天穿的那套天鹅绒夹克和衣领。

肖邦很快受到几个波兰贵族家庭的注意，包括雷兹威尔和博多克。小小年纪的肖邦并未被众多的赞美和令人兴奋的关注而宠坏。也就是在这个时候，肖邦的父亲确定一般教育对肖邦是不够的，所以一直到 13 岁前，肖邦一直在父亲的监督下在家里自学。一向十分谨慎的尼古拉斯，不希望见到年轻的肖邦遭遇到许多天才一样的命运。

随芮尼习琴的最初几个月里，肖邦也开始作曲，1817 年 11 月，他出版了一首简短的 G 小调波兰舞曲。同年，还发表了一首军队进行曲，康斯坦丁大公十分欣赏这首曲子，下令将该曲以乐队的编制谱曲并且演奏。

肖邦在开始作曲前已经写了一些成形的诗词献给父母作为生日礼物。

除了沉浸在音乐中，肖邦幼年时的印象还包括一些常在他父亲家中聚会的诗人、作家和艺术家。对于自己的人生观，肖邦是个绝不夸耀，但也不甘平凡的孩子。此外，肖邦也是个具有幽默感的男孩，有很强的模仿能力，伶俐好学，而且对平常和他在一块儿的贵族子弟感到好奇。在这以后，他离开了启蒙老师芮尼，在 1823 年的秋天进入华沙中学，开始接受正规教育。以后三年，肖邦必须把音乐放在第二。他的拉丁语和希腊语都很好，但无论怎样努力，他的拼写仍然没有进步。

在远离华沙的乡村别墅里，每当漫长的夏季来临时，都会出现肖邦和朋友们的身影。在那里，肖邦开始受到波兰农夫和他们的音乐的影响。这件事，首次在一份由肖邦和妹妹艾米丽亚自己编纂的报纸专栏中透露出来。这份《沙伐尼亚快报》是肖邦和艾米丽亚于 1824 年夏天，在朋友家中度假时编的。

1825 年是对肖邦的未来具有决定性的关键一年。同年 5 月，肖邦受邀在华沙音乐学院大厅演奏簧风琴，当天肖邦在即兴演奏和弹奏当时受欢迎的作曲家莫舍勒斯的钢琴协奏曲时，给人留下难忘的印象。莫舍勒斯也是早期影响肖邦音乐的作曲家之一。几天后，沙皇亚历山大一世和他的兄弟康土坦丁大公命令肖邦示范演奏新的簧风琴，并赐给他一只钻戒作为演出酬劳。（实际上，这并不是肖邦第一次与皇族显要见面。早在 1818 年 9 月，沙皇的母亲玛丽亚·提德罗纳皇后访问华沙时，肖邦便已为她演奏过；1819 年，意大利著名的女高音安洁莉卡·卡塔拉妮也因肖邦为她演奏，慷慨地送他一只题了字的金表）。

1825 年 6 月 2 日，在肖邦为沙皇演奏后数天，《华沙快报》向大众公布了肖邦的第一首正式作品 C 小调回旋曲，并题献给他的校长夫人。这首作品加强了肖邦留给沙皇的印象，肖邦的父母在安东尼·雷兹威尔王子热烈的赞许和德国著名音乐杂志——莱比锡《大众音乐杂志》的赞许中，相信自己的儿子具有向职业音乐家发展的潜能。衡量肖邦先前的作品，当时年仅 15 岁的肖邦竟能谱出这样流畅的回旋曲，无疑是一项令人惊讶的成就。自从 1822 年离开芮尼后，肖邦课余还跟随华沙音乐学院的主任约瑟夫·爱尔斯那习乐。

高中的最后一年，肖邦专注于其他科目，父亲期望他在古典文学和数理方面有好的成绩。在学校学习期间，肖邦担任学校的管风琴手。虽然肖邦从来没有作过任何管风琴曲，管风琴却是影响肖邦音乐的重要乐器，肖邦弹奏管风琴的技巧相当高明。他经常在华沙的圣母纪念修道院中担任伴奏或即兴演奏。当时的一些听众生动描述过肖邦十分前卫大胆的演奏方式。不过，离开华沙后，肖邦便很少再碰管风琴了。

拜师学艺

埃尔斯纳和勃罗津斯基是肖邦家"文化沙龙"的核心人物。

埃尔斯纳是波兰民族歌剧的创始人之一，他是华沙著名的音乐家和教育家，1815 年创办了华沙音乐促进会，1821 年创建了华沙音乐学院。勃罗津斯基是个文学和美学方面的教授，他曾参加过拿破仑军队向俄国远征的运动，他还是个演说家、修辞学家，伟大的爱国主义诗人。

尼古拉在一次家里聚会时，把肖邦谱写的乐曲郑重地交给埃尔斯纳评阅，并诚恳地希望肖邦能够跟着他学习音乐。

埃尔斯纳曾多次看见过肖邦的演奏，他了解尼古拉的心情，他更了解肖邦的音乐天赋。他热情地招呼肖邦坐在他的身边，然后认真地读着肖邦的乐谱手稿。埃尔斯纳看出，肖邦的这首波兰舞曲，较偏重于外在的庄重与华丽，但音乐形象却光彩绮丽。这首乐曲情调基本是乐观向上的，但乐曲的思想深度却是有限的。

埃尔斯纳凝望曲子的作者，他在心里感叹这个少年的音乐天赋！

坐在一旁留着大胡子的、爱高谈阔论的勃罗津斯基看埃尔斯纳一直只是看着乐曲，一句话也没有说，沉不住气了：

"埃尔斯纳教授，您不会是看不懂这首曲子吧?"

"我当然是看不懂这并不合乎艺术规律的乐曲了，还是请您赐教吧!"埃尔斯纳这位音乐界精英也出语尖刻。

"如果我是从事音乐工作的，我早就收下这天才的钢琴家为自己的弟子了。"勃罗津斯基站起来激动地说，"只有打破规律，才能创新嘛，你总不能千篇一律地要求学生吧? 艺术规律是艺术实践的产物，完全可以通过新的艺术，突破以前实践总结出的规律嘛，这些我想埃尔斯纳先生比我要懂得多吧!"

屋子里的人都将目光注视到勃罗津斯基的身上。他调侃地说着这些并不着边际的话，只见他魔术般地打开了尼古拉家里的酒柜，迅速打开一瓶香槟酒说：

"我今天为肖邦能够拜到埃尔斯纳这样高水平的音乐老师而高兴，让我们喝酒祝贺吧!"

埃尔斯纳没有再和勃罗津斯基争辩什么，他紧紧地拉着肖邦的手说：

"肖邦，你的确是个才华出众的神童，从你的身上，我看到了熊熊燃烧的艺术火花，你要努力，要闯出一条新的艺术道路来。"

屋子里响起了热烈的掌声!

能够和埃尔斯纳老师学习，这是肖邦一生最大的荣幸。这位音乐名家的正确指导，对肖邦音乐的发展起了巨大的作用!

埃尔斯纳把自己创作的许多宗教作品和器乐曲，让肖邦学习。肖邦也拜读了埃尔斯纳创作的 30 多部歌剧。埃尔斯纳把他在艺术上许多新的观点，都毫不保留地教授给肖邦，他教育肖邦说：

"对于别的优秀艺术家的作品，只能学习和欣赏，却不能模仿和借鉴!"

这让肖邦明白了好的艺术作品，不是模仿产生的，而是作者天性的创造，是作者内心灵魂的再次深入发掘!

他在肖邦学习遇到困难时，又开导肖邦说："你的确是个可塑之才，但仍需要学习，造就!"肖邦就是听着这位思想深刻、胸怀博大的老师的谆谆教诲，一步步走向艺术殿堂的!

埃尔斯纳向他传授艺术理论，他对于有着"神童"之称的肖邦，在正规教育的同时，根据肖邦外柔内刚的个性，一步步点化，逐步将肖邦音乐的灵感，引到创作的境界上去。

埃尔斯纳的藏书很多，肖邦勤奋地钻研着这些前辈艺术大师们的书籍，他的音乐视野大大地开阔了! 他创作的灵感，创作的欲望，时时刻刻都在脑海里萦绕。肖邦如鱼得水，更加勤奋地练习弹琴，并开始进创作。在夜里他常常从睡梦中爬起，快速记录下脑海里瞬间跳跃的音符。在这个时期，他创作的乐曲里充满了温柔的抒情和幽默感。

"波兰太缺乏伟大的作曲家了!"

埃尔斯纳一面接过肖邦递交的音乐曲子，一面感慨地说，他多么希望肖邦能填补这个空白啊!

1825 年肖邦创作的音乐作品《G 小调回旋曲》发表了，这首作品又一次引起了华沙音

艺术大师

乐界的轰动!

《华沙信使报》又一次大篇幅介绍了肖邦,并说这是肖邦作品的第一号,他的这个乐曲卖了3个兹罗提。

这3个兹罗提的价格代表着肖邦的作品,已正式被社会认可了!代表着肖邦的乐曲已经有了一定的社会价值。

抉择时刻

1829年春天,俄罗斯的新沙皇尼古拉一世准备驾临华沙,举行波兰王国国王的加冕仪式。波兰人对残暴镇压12月革命的情景记忆犹新,对这件事的反应并不热烈。此时革命的浪潮不仅没有平息,反而再度涌动起来。在弗雷德里克经常与朋友聚会的咖啡馆,在布热齐卡夫人家,在"小洞穴"朗读的外国报刊,进行的政治讨论像剩余的青春活力一样搅得他激动不安。人们竞相对这次非同寻常的来访表示冷漠。连平时是那样腼腆的肖邦,也毅然决然地表明他的信念,公然蔑视那场庆典,认为它肮脏丑恶。

然而这场盛典有一条好处是不能否认的。这就是各地都举行了非同寻常的音乐会,演奏了巴赫、亨德尔、海顿和凯鲁比尼的作品!人们私下传告,说伟大的帕格尼尼这个"魔鬼小提琴家"要在音乐会上演奏自己的作品!

肖邦好不容易才挤进会场,听了帕格尼尼的演奏,并且留下了强烈的印象,一辈子都没有从记忆中抹去。这个身材单瘦,面色苍白的男子眼睛乌黑,头发蓬乱,可是他出神入化的演奏技艺简直不可思议,令人叹为观止。弗雷德里克散场出来后仍在想着那炉火纯青的技巧,发誓也要把钢琴练到这种地步。

这个时期不止一件事让肖邦激动。在接下来的音乐会——一场亨德尔作品的演唱会——他在合唱团中发现了一个迷人的金发姑娘,她那妩媚的仪态,蓝色的眼睛,让人心动的清亮嗓音立时就把他迷住了。不久前,他在中学走廊里也曾注意过康斯丹霞·格拉多夫斯卡,只是那时他还不敢交遇她的目光。如今他觉得有力量袒露自己的感情了。激动之下,他给回到外省管理家业的蒂图斯写信说:"我衷心崇拜她!每晚梦见她!"现在没有什么可犹豫的了。他必须不惜一切代价接近她,吸引她注意,表露他火一般的爱情!几天以后举行了一场祭礼。他设法谋到了管风琴师的职位,并在祭礼上弹奏了一些即兴创作的,与会场气氛极不协调的作品。曲子一弹完,他就从不满的信徒中间分出一条路,来到康斯丹霞面前作了自我介绍。然后,他赶快溜走了,以免引来众怒……可至少他得到了热烈盼望的约会。

迄今为止,肖邦一直厌恶为某个具体的重要事件作曲。现在,在爱情的鼓舞下,他竟然大胆写出了一部既忧郁又热烈的《钢琴协奏曲》,倾诉了自己的爱情烦恼。他与康斯丹霞见面越来越频繁。他挽着姑娘的手臂散步,骄傲得像只孔雀……

尽管他怀着真诚的爱情,这种外省一般的单调生活却日益使他感到无聊。很少有著名的作曲家或者演奏家来波兰京城驻留。他为何不到布拉格、维也纳或者巴黎走走呢?

在那儿，碰上激动人心的比赛，他至少可以和那些大名家同进同出，在钢琴上一争高下！肖邦在本地虽然有了名气，可是他已经不满足了。他渴望旅行，渴望桂冠，渴望光荣！

他在音乐学院的导师艾尔斯纳教授是个有远见的人，也持同样的看法：让这位弟子去外国试试运气的时候到了。

于是为儿子筹集必不可少的旅费的千斤重担就落在尼古拉身上。有一天晚上，尼古拉把一个满满的钱包扔到桌上，对肖邦说：

"钱总算凑齐了。这里的只够路上开支。还有一些记名期票，你到维也纳以后可以去取。你要答应我，千万不要摆阔，花钱不要大手大脚！你从没有过节俭的意识……"

事情来得太快，肖邦盯着钱，一时之间有些犹豫。

父亲严厉地打量着他：

"怎么？你又打不定主意了？"

"那当然不会。我只是想，还有几星期……"

让肖邦为难的是，他必须舍弃康斯丹霞。他跑去找她，告诉她这个消息，受到冷漠的接待。

过了几天，作了依依不舍的诀别之后，肖邦登上了驿车。

1829 年 7 月 31 日，肖邦与音乐学院的四位同学一起站在驿车顶层，进了维也纳城。

肖邦一到维也纳，乌尔费就赶忙把他介绍给自己的朋友，尤其是介绍给著名作曲家吉罗维茨和卡尔特纳托剧院经理加伦伯格。接待勉强够得上亲热，稍许有点腻烦。维也纳充满了音乐才子。这个赢弱的年轻人除了几支家乡的民间小调，似乎不可能带来什么新东西。

大出版商哈斯林格答应出版著名的《根据莫扎特的一段主旋律所做的变奏曲》，这就给新来者提供了一份足够的担保，使得人们愿意来听他演奏。一如惯例，第一次与维也纳贵族听众的接触是在一家著名沙龙举行的。听众反应较为谨慎，肖邦觉得很是悲辛。从童年起他听到的就是夸赞，对此太习以为常，受到冷落自然很不是滋味。不过现在他明白了，要成名成家还要走很远的路程。

然而加伦伯格提出免费把剧院大厅租给他举办一场音乐演奏会。肖邦受了小挫折，有些犹豫。他觉得自己距公众如此遥远，无法征服他们。失败的前景让他害怕，他甚至想回华沙。

加伦伯格预感到他想打退堂鼓，就决定来个既成事实，逼他答应。有一个星期六他在剧院见到肖邦，就突然问他：

"下星期四举行音乐会，您愿不愿意参加？我可以把您排在十分有利的位置。您说呢？"

肖邦只好答应，不过他心里十分清楚，他私下对朋友说：

"加伦伯格感兴趣的，是我不会让他掏钱。我只是因为热爱音乐才去演奏！"

老乌尔费将担任乐队指挥，他把节目内容告诉了肖邦。首先是贝多芬的曲子，接下来就由肖邦演奏他的《根据莫扎特的一段主旋律作的变奏曲》和稍在此之后创作的《克拉科夫回旋曲》。

到了最后的时刻，还是把《回旋曲》抽下来，换上一部即兴创作的作品。演出之夜终于到了。肖邦本来就惴惴不安，稀稀落落地坐着的听众就使他更是慌乱。他佝着背，低着头走上舞台，匆匆走到钢琴——他的避难所，他的知己前，连望也没有望一眼乐队……他轻轻地开始演奏，释放出他喜欢的那些温柔迷人的声音。他不是那类猛力敲击键盘的钢琴家。他厌恶乐队使出全力强迫乐器发出的声音。

听众开始时抱着怀疑的态度，慢慢地来了兴致。这种奇特的飘逸的演奏方法，与风靡一时的贝多芬的演奏技巧是如此不同，这是什么风格呢？有些听众喜欢这种对比，另一些则觉得不过瘾。这种轻灵的、柔和的风格更适合沙龙，而不适合巨大的音乐厅。不过，肖邦还是得到了热烈的掌声和许多谢幕的呼声。

父亲好不容易筹措的旅费几乎花光了，也该考虑回去了。

华沙的新闻界曾经谨慎地评价过肖邦的维也纳之行，从这种行动中看出了他对祖国的某种轻视。这时它简略地报道了肖邦回国的消息，提醒年轻音乐家不要忘了他真正的祖国在哪里。演出未获全面成功，肖邦本就有些苦恼，现在又挨了这么一通批评，心里就越发难受。

当他在音乐学院入口等她的时候，心里忽然冒出一个疑问：难道没有人趁他不在，向康斯丹霞大献殷勤？她还爱他吗？可是，那少女一见到肖邦，就快乐地叫起来，一路猛跑过来，扑到他怀里，紧紧地抱着他，于是肖邦的担心顿时烟消云散。

可是肖邦很快就再度陷入了无聊和愁闷之中。他明显地觉得在华沙很不自在，在这里永久居住的前景让他灰心。而作为一个植根于家乡热土的平常姑娘，康斯丹霞并不向往那种四处旅行、巡回演出、经常举行音乐会的生活。她并不理解驱使未婚夫出发去征服全世界的雄心壮志。他们在一块，这不就很好吗？他还不觉得满足吗？

在歌剧院当个无名演员，或者在音乐学院做个教师，这样来终老一生的打算，在肖邦看来简直是十分可怕。这种平庸生活他再也受不了了。

纸上雷鸣

1830 年，这是肖邦在波兰度过的最后一年。

从国外归来，肖邦的创作进入了第一个高潮。他的暴风雨般的创造欲望高涨起来，这种欲望使他创作出第一批杰作。凡是应该表达的一切，他都信任地托付给钢琴。他的音乐就是他感情的影像，其中凝聚着他对祖国和大自然的热爱，对民族历史的自豪以及他的忧伤、悲哀和愤懑。

1830 年 3 月 17 日，肖邦在华沙国家剧院第一次举行独奏音乐会。他演奏了《F 小调协奏曲》和《波兰主题幻想曲》，引起很大轰动。5 天后，音乐会再次举行。《克拉科夫风回旋曲》取代了《幻想曲》，民族化的节奏和辉煌的技巧的完美结合立即吸引了听众。虽然他们并不能完全欣赏他在协奏曲中取得的纯属音乐上的成功，但分享了音乐中的情感。他们用掌声欢迎肖邦，并深切地感受到他是自己民族的音乐家。

在波兰人的眼中,肖邦开始成为一个民族的作曲家。他们把肖邦视为将来的希望。埃尔斯纳对他说:"为人民写作吧!"

这时肖邦已经充分意识到自己对整个民族艺术的责任。但是对于一个20岁青年的柔弱的双肩来说,这责任使他有过于沉重的感觉。

也就是在这时,肖邦即使不是理智地却已经纯粹本能地感觉到对他来说,华沙不是一个合适的地方。他从音乐会的观众对他的夸奖声中,感到有某种格格不入的东西。他曾在致友人的信中说:"我没有用我所希望的风格来即兴演奏,因为那样就不适合这样的听众了。"他迫切地感到必须为他的艺术和他的生活寻找一个较大的活动空间。在当时的条件下,只有在国外才可以较为自由地发展,而波兰在沙皇的统治下,整个民族的文化正受到威胁。

肖邦决定再次出国。

在此期间,肖邦和双亲访问了他的诞生地。这是他最后一次回到这个安静的角落。在热拉左瓦·沃拉,当他独自沿着在庭院近旁、杨柳树荫下流过的乌特拉塔河徘徊的时候,是否预感到他将要奔向孤独,以至客死他乡,内心因而感觉悲痛?

是肖邦的父母和他的朋友们促使他下了最后的决心。他们这样做是因为当时波兰的上空已经乌云密布,正酝酿着一场电闪雷鸣的暴风雨。

在法国爆发的七月革命鼓舞了其他的国家。波兰爱国者的心里重新燃起了希望,一度销声匿迹的秘密组织又活跃起来。在别尔威德尔宫——总督康斯坦丁的邸宅——的墙上,出现了不知什么人贴的招贴:"该住宅于新年时开始出租"。警察开始进行搜捕,波兰首都的形势越来越紧张了。莫赫那茨基、那别里亚克以及军官雅索茨基、查里夫斯基等人已经组织了起义委员会。肖邦的父亲大约知道起义即将发生,由于他从事以青年为中心的教育工作,通过经常在他家集会的朋友们,他的消息是灵通的。肖邦的父母和他的朋友们显然是有意在暴动之前的几星期把他送出华沙的。因为他们了解,如果肖邦不走的话,他会变成怎样的一个"战士"! 1930年11月2日,《华沙快报》报道了肖邦出国的消息:

昨天,我们的同胞、音乐演奏大家和作曲家弗列德里克·肖邦为了出国访问而从华沙出发了。起初他将逗留在卡里什,从那里再赴柏林、德累斯顿、维也纳,然后访问意大利和法国。

1830年11月2日,肖邦告别华沙后,按事先的约定,在卡里什与好友蒂特·沃伊采霍夫斯基会合,然后一同前往维也纳。就在他们走后不久,11月29日夜,在华沙爆发了维索茨基和查里夫斯基领导下的"旗手学派"发动的武装起义。

起义者们高呼"自由万岁! 暴君该死!"的口号,唱着"波兰军团"的战歌"波兰还没有亡!"占领了军火库,武装了群众,并包围了总督康斯坦丁的官邸。华沙城内枪声不断,火光冲天,那些忠于沙皇的军官和俄国人的走狗死于起义者正义的愤怒中。康斯坦丁只是由于侥幸才得以逃出华沙。

11月30日,华沙全城沉浸在解放的狂喜之中。被奴役的国家的首都,重新宣布自己自由的权利。但起义者与占领军的战斗仍在继续。

当华沙起义的消息传到维也纳时,蒂特·沃伊采霍夫斯基认为自己必须立即回国参加已经开始的与沙皇制度的斗争。他彻夜劝告肖邦不要跟他去而应留在维也纳完成自己的使命,肖邦同意了他的理由。可是在蒂特走后不久,他就按捺不住自己。他决定要赶上蒂特,于是雇了一辆马车,去追赶他的朋友。很快他就意识到这是徒劳的,于是沮丧地又回到维也纳。

由于华沙起义,维也纳各界人们对于波兰人的态度变得很不友好,肖邦在各种公共场所都听到了反波兰的言论。他表面上不动声色,可一回到住所,就在钢琴上宣泄。他的朋友们正在出生入死地战斗,他怎么能穿着燕尾服和胸褶衬衫,在音乐会上弹琴、鞠躬,向美丽的维也纳女士们感谢她们的喝彩呢!肖邦决定离开维也纳。1831 年 7 月 20日,肖邦与朋友库美尔斯基从维也纳出发,途经慕尼黑和斯图加特前往法国。

同年 9 月 6 日沙俄军队向普拉加区,接着向华沙发起了攻击。在最后两天的保卫战中,牺牲了成千上万的士兵和平民——手工业者、农民和青年。9 月 8 日,华沙陷落,整个波兰国内布满了军队,接着即被并入帝国。恐怖气氛笼罩全国。

在斯图加特,肖邦得知了祖国这一悲痛的消息。他第一次体会到做一个波兰人意味着什么。他深深感到对自己民族的强烈的热爱。许多年来,已经有过多少灾难落在这个民族的头上!他第一次由于愤怒而痛哭,由于憎恨而咬牙切齿,他的感情终于爆发了。他在这时写的日记,沸腾着如此剧烈的激情。他一生中唯一一次不是在钢琴上,而是在白纸上做雷鸣;唯一一次不是借助音符,而是借助语言。他在日记中写道:

父亲,母亲,孩子们!我最珍爱的一切,你们都在哪里?——也许成了尸体?……

市郊被破坏,被焚毁了。雅希和维卢希一定在保卫战中阵亡了——我似乎看见马尔采被俘了——索温斯基,这位正直的人落入了这帮坏蛋的手中!——啊,上帝啊!你还在!——你还在,却不去报仇雪恨!——难道俄国佬的罪行你还没有看够吗?——或者——或者你自己也是俄国佬!我那可怜的父亲——他老人家可能正在忍饥挨饿,没有钱为母亲去买面包!也许我的姐妹们已遭这群放荡不羁的恶棍——俄国佬的疯狂蹂躏!帕斯凯维奇,来自莫古廖夫的这条狗要夺取欧洲最早的君主们的首府?俄国佬要成为世界的主宰?——哦——父亲,您晚年等来的是这般欣慰!——母亲,受苦受难的温存的母亲,您已经受了小女儿夭折的打击,难道还要等着让俄国佬踏着她的遗骨闯进来欺侮您?噢,波翁泽克墓地,他们尊重她的坟墓了吗?坟墓遭到了践踏——成千的死尸堆满了墓穴,他们烧毁了城市!!!唉,为什么我连一个俄国佬也不能打死呢?!……

肖邦胸中燃烧着的悲愤的火焰,已经全部凝结在他的作品中了,他把华沙的陷落看作是伟大民族的悲剧。

肖邦在斯图加特所创作的《华沙的陷落》(又名《革命练习曲》)和《D 小调前奏曲》,表明了他从青年的幻想性格转变为悲剧性格。但是他的新作品中的严峻色彩并不意味着暗无天日的绝望,而是觉醒了的伟大的愤怒。正如不久以后舒曼所指出的那样,肖邦的作品乃是"藏在花丛里的一尊大炮"。

在华沙起义期间及其失败以后,当时所有热爱祖国的人们所经历的痛苦,所蒙受的耻辱和所产生的愤怒,这一切都反映在波兰最优秀的儿女们的作品之中。肖邦和密茨凯维支是他们之中的两位最杰出的代表。他们生活在同一个时代,共同感受着民族的苦难,他们一起向祖国的敌人发出呐喊。

亚当·密茨凯维支在维尔那大学读书的时候就参加了青年爱国组织的活动,因此沙皇当局在 1824 年将他流放到俄罗斯。在那里他接触了十二月党人的活动家别斯图舍夫和雷列耶夫,并与诗人普希金建立了亲密的友谊。在流居国外时期(从 1829 年开始),他担任过《波兰巡礼者》和《人民论坛》两家报纸的评论员和编辑。1848 年,他以波兰军团的组织者的身份参加过意大利革命。他在置身于革命爱国事业的同时,以极大的魄力与热情,把波兰人民在那个悲剧性的历史时代中的苦难和波兰爱国志士们争取民族复兴的斗争表现在诗的语言中。他的创作无论在内容或体裁方面都是极其丰富多样的。争取民族自由的志士们的英雄气概和对社会上非正义行为的抗议,各族人民互相友好的理想和有关个人在道义上的责任的思考,当代人们的种种思想与热情——这一切都在他的作品中得到表现和刻画。

肖邦在华沙时就很崇敬这位比自己年长 12 岁的诗人,后来在巴黎时,他们经常见面,成了朋友,密茨凯维支的作品对肖邦的创作有十分显著的影响,他们的作品在历史的远景上互相补充,互相衔接。

肖邦的 4 首叙事曲都创作在巴黎的全盘时期。其中有的是直接同波兰的民族史诗和民间传说相联系的,如《C 小调叙事曲》的创作便是直接受到密茨凯维支的长诗《康德拉·华伦洛德》的启示。

肖邦把握了为民族献出生命的英雄华伦洛德的深沉、严肃、大无畏的性格,以及贯穿整个长诗的紧张的悲剧气氛,将它们体现在严整的奏鸣曲快板乐章的形式之中了。

肖邦的另一部作品《F 大调叙事曲》也是取材于密茨凯维支的作品——民间幻奇故事诗《希维德什扬卡》。原诗描写一个负心的少年猎人由于背叛了爱情誓言终于受到了惩罚,被希维德什扬卡仙女拖入湖底。肖邦在这首叙事曲中,没有企图去描绘或暗示原诗的故事情节,而是用高度概括的方法展现了两个相互对立的情境,通过它们之间矛盾冲突的发展来揭示原诗的意境和感情气氛。

正是由于上述原因,人们才把这两位光辉灿烂的艺术家的创作相提并论,他们共同喊出了受压迫受奴役的波兰民族的愤怒、反抗的声音,即使是发思古之幽情的作品,也总是同现实的感触融合在一起,形成一股汹涌澎湃的民族感情的巨流。他们以自己的作品向世界庄严宣告:波兰没有灭亡,也永远不会灭亡!

庄园之梦

1836 年冬,刚刚与初恋情人玛利娅断绝来往的肖邦,整个人都陷入了消极状态。好友李斯特千方百计地帮助他摆脱这种困境,他常常主动约肖邦来他家里做客,渐渐地,肖邦觉得自己的寂寞孤独,也只有在李斯特的家里才能消失掉,他开始频繁地出现在李斯特家的聚会上。

在李斯特家里,肖邦认识了女作家乔治·桑,32岁的乔治·桑,因早在1832年创作了《安蒂亚娜》和《瓦朗丁》这两部引起热烈反响的小说,已蜚声法国的文坛。

肖邦早就拜读过女作家的作品,感觉到她笔下的人物个性鲜明,有着与众不同的生活习惯和爱情观念,他曾惊赞过女作家用文字塑造了鲜明的文学典型人物形象,然而第一次见到这位比自己大6岁的女作家,她并没有给肖邦留下好印象。

初次见面后,乔治·桑请李斯特和肖邦去她的诺罕庄园做客,李斯特和夫人玛莉欣然前往,可肖邦却没有接受这个邀请!

1837年5月,在李斯特家里,肖邦又遇见了乔治·桑,那天肖邦苍白的面孔,神色忧郁地应邀弹奏了一首《即兴曲》,他在哀伤的曲调中倾泻着自己凄苦的心愿。

那天临别,乔治·桑悄悄递给肖邦一张纸条,上面写着火辣辣的话语:有人爱你,有人很爱你!

肖邦一直把这张纸条保留在身边。也许正是乔治·桑大胆的追求,才让肖邦明显地看到她身上拥有的独特魅力,那正是他所缺少的。他在自己的日记中写道:在我的身上有着一种与生俱来的女人气质,我非常需要一种全新的、强大的男子汉气魄来拯救我的灵魂。而上帝把乔治·桑送到我面前,她恰恰是拥有这种气概的女人!

在实际生活中,肖邦恪守着做人的清规戒律,喜欢穿华丽的衣服,喜欢宁静幽雅的气氛,在他创作的乐曲里,也充满了温柔和感伤!而乔治·桑却恰恰相反,她反对俗套的陈规旧习,她的玩世不恭、放荡不羁更让她与众不同。她在作品里和生活中,大胆地表露自己的爱情观点,用自己的言行描绘着她脑海里新奇亮丽的人生画卷!

可以说,乔治·桑和肖邦是一对互相补充的人,他们像一对配套的螺丝,一旦彼此之间有机会拧在一起,就谁也离不开谁。

乔治·桑这个特殊的女人,自从和肖邦相处后,给予了肖邦无微不至的母亲般的关爱,她面对经常被病痛折磨得很苦的肖邦,总是心疼地说:"我可怜的孩子!让我来帮助你吧!"

1838年3月1日,肖邦迎来了28岁的生日,和肖邦交往的许多名人都来祝贺。

创作精力旺盛的乔治·桑,把自己新出版的两部小说《莫普拉》和《制作镶嵌画的师傅们》送给肖邦,她还在肖邦的生日舞会上,把自己在报纸上发表的鼓吹妇女社会地位的文章读给肖邦听。

乔治·桑向肖邦接连不断地表达自己强烈的爱意,肖邦心中强大的控制力被她攻破了,从此乔治·桑和肖邦频繁结伴出现在音乐沙龙和上层社会的交际场合。

乔邦与乔治·桑之间,演绎了一场长达10年的爱情故事!

肖邦在生活上自理能力很差,明天做什么,下顿吃什么,该穿哪件衣服了,这些细小的事情,都被乔治·桑处理得井井有条。她在肖邦心里,像一位温顺的大姐姐,又像一位慈祥的母亲,给予了他无私的爱。她巧妙地调节着肖邦的生活节奏和情趣,他们沉浸在甜美的爱情伊甸园里。但他们还是保持着谨慎的态度,乔治·桑每晚都在奋笔勤耕,肖邦也是和往常一样,弹琴和给学生们上课。

和乔治·桑交往,更让肖邦感到愉快的是,他们彼此间有着共同的语言。一次,他们在一起细心地给家里一只雪白的狗洗澡,肖邦突然灵感大发,在钢琴上即兴弹奏着他以这只狗的名字命名的乐曲《雪儿》,一旁的女作家被他优美的乐曲感动了,她伴着肖邦的琴声,奋笔疾书了一篇也以《雪儿》命题的精灵的散文。

和乔治·桑交往后,肖邦创作了《摇篮曲》《夜曲》和24首《前奏曲》等音乐作品。他和乔治·桑在海岛上的修道院休养时,在一个下雨的晚上,他对乔治·桑说:"你听,我这支乐曲写的是什么?"

在他的手指下流淌出清新亮丽的乐曲,乔治·桑动情地解释这首乐曲说:"我听到了屋檐下雨滴的声音,让我看到了潺潺的小溪,让我联想到了一艘小船,在汹涌的海面上乘风前进!"

在和乔治·桑交往的日子里,肖邦无数次生病,每次乔治·桑都给他请回最好的医生,给他买回最好的药。一次,肖邦咳得非常厉害,他痛苦地想掐断自己的喉咙,乔治·桑把他疼爱地抱在怀里,心疼地哄着他,给他唱《摇篮曲》。等肖邦平静下来的时候,他动情地对乔治·桑说:"我想我能死在你的怀里,是我的幸福!"

病好后的肖邦,创作了酝酿已久的《葬礼奏鸣曲》。这首《奏鸣曲》是肖邦为华沙起义失败,为祖国沦亡写的一首感人至深的哀歌,整首乐曲的旋律都充满了悲痛,低沉的和弦伴奏有如在敲着丧钟,平稳的节奏象征着无数人在给为国捐躯的死难者送葬。

肖邦在疾病中还写了一首独立的《F小调幻想曲》,在这首乐曲里,蕴含着他浓重的爱国思想,乐曲庄严肃穆,近似葬礼进行曲,表达了他对祖国沦亡的悲痛。

听着肖邦缠绵忧郁的情调,引起了乔治·桑强烈的共鸣,她在肖邦的乐曲里,找到了自己难忘的儿童时代,于是她对肖邦说:"你童年时是那么喜欢华沙的乡下,那就让我带你去一个地方吧!"

1839年6月,肖邦第一次来到了诺罕庄园。乔治·桑说:"眼前这座漂亮的乡村别墅,是祖母留给我的!"

肖邦一下子扑入庄园,走在鲜花环绕的小道说:"这里的一切都是这么的温馨、舒适,使我真的回到了童年!"

在这个庄园里,乔治·桑一下子从女作家转到了女庄主的角色,她把庄园里大大小小的事情处理得有条不紊。每日三餐,她都亲自下厨,换样把饭菜端到肖邦面前,让肖邦享受到了有规律的家庭生活。

从此,每到度假时期,肖邦都要随乔治·桑在庄园里住上四个多月,直到1847年他们分手的日子,这个诺罕庄园成了他灵感的梦境之地。在他们相爱的日子里,肖邦和乔治·桑辗转在巴黎和诺罕庄园之间。

1841年4月26日,肖邦在普莱尔音乐大厅举行了一场音乐会,演出会场,彩灯高悬,红毡铺地,台下坐满了社会名流和贵族阶层人士,更显示了肖邦在巴黎音乐界的显赫地位和名望。

演出结束后,乔治·桑和她儿子莫里斯、女儿索朗日拥着肖邦高兴地回到住所,乔治·桑说:"亲爱的,你听见了吗?在你弹奏的时候,舒曼说你的乐曲是藏在花丛中的大炮!"

事实上,肖邦在这次音乐会上,演奏的乐曲的主题思想都和波兰的民族解放运动密切相关,他的乐曲充满了爱国的思想,的确具有战斗性!

1844 年春,肖邦刚过完 34 岁的生日,五月份就传来了尼古拉在华沙病逝的消息。肖邦一想到自己和 73 岁的老父亲连最后一面都没有见到,他感到悲痛万分,无法接受父亲去世这个事实,更加思念家人和故乡。

一想到自己有家不能回,有国不能归,遭到丧父之痛的肖邦,一直流泪到天亮!

在乔治·桑的关爱下,肖邦度过了 9 年的快乐时光。在这九年里,他又创作了许多脍炙人口的乐曲,这些作品里,都体现了他对波兰人的热爱之情。

1847 年,乔治·桑感到和肖邦情缘已尽,提出分手。再次经历爱情伤痛的肖邦,创作了一首著名的《D 大调前奏曲》送给乔治·桑,上面清楚地写着:"让我们共同怀念,诺罕庄园拥有的岁月吧!"

乔治·桑在肖邦后半生,是个很重要的人物,是她精心陪伴,周到照顾着登上音乐创作辉煌巅峰的肖邦,是她的存在,赋予了肖邦大量的创作灵感,也是她的离去,让肖邦感到万分的悲痛!

英年早逝

肖邦在与乔治·桑痛苦地决裂之后前往英国,但他大失所望。在这个以金钱衡量一切的国家里,他的音乐无用武之地。

肖邦有个苏格兰女学生,名叫珍妮·斯蒂尔林。她热爱和崇拜肖邦,曾多次邀请他访问英国。为了说服自己的老师,她坚持说,在英国他将会有更广阔的活动空间和更多的收入。

肖邦在与乔治·桑痛苦地决裂之后,也想换个环境医治心头的创伤。此外,他也确实需要更多的钱,于是,他决定到英国去。其实,这也是他定居巴黎之前本来预定要去的地方。

出发之前,他在巴黎举行了最后一次音乐会。上流社会的达官贵人都到场了,像是要和这位艺术家告别,同时又像是和过去的生活方式告别,因为一周之后,法国爆发了革命。

音乐会是在 1848 年 3 月 16 日举行的。在巴黎的普来埃尔大厅,肖邦与弗兰康姆一起演奏了自己的作品《大提琴奏鸣曲》的第三乐章,独奏了夜曲、练习曲、摇篮曲、序曲、玛祖卡舞曲和圆舞曲。这次演出对肖邦衰弱的身体来说,是过于沉重了,以至于演奏结束回到休息室几乎昏过去。

但音乐会是成功的。

几天以后,肖邦在他精通英语的忠心的意大利仆人的陪同下前往伦敦,于 4 月 20 日到达大不列颠的首都。珍妮·斯蒂尔林和她的姐姐热情接待了他。她们为他安排住所,为他照料马匹,为他寻找第一批学生,甚至给他口袋里装巧克力。

肖邦一到，立即受到伦敦上流社会的欢迎，他又开始进出贵族沙龙。

6月23日和7月7日，肖邦在伦敦开了两次半公开的早晨音乐会。一次是在著名的英国女歌唱家萨尔托利家；另一次是在一位音乐爱好者法尔穆特爵士家。肖邦演奏了夜曲、玛祖卡舞曲、练习曲、圆舞曲、摇篮曲、降B小调谐谑曲。

珍妮·斯蒂尔林为自己是肖邦的学生而感到荣耀，她希望肖邦能去拜访她的所有的朋友和熟人。肖邦不便拒绝，于是便开始了多得数不清的拜访、回访、午餐会、晚会，终于把他累得吐了血。

肖邦尽管累得吐了血，却没有赚到多少钱，英国人是个商业民族，他们讲求实际，缺乏慷慨的精神，缺少在法国常见的那种在艺术事业上表现出的豪华气派。

肖邦还发现英国人根本不把音乐当作艺术，难怪人们问他值多少钱。

在伦敦唯一使肖邦感到欣慰的是，他会见了自己的同胞。那是他去苏格兰之前，伦敦的波兰侨民为了对他表示敬意而举行了一次宴会，宴会结束以后，他将大家请到自己的住所，以感激的心情弹奏了《玛祖卡舞曲》及《波洛涅兹舞曲》，直到深夜两点钟。

8月初，肖邦前往苏格兰。

8月28日，肖邦在曼彻斯特的一个容纳1200人的宽敞的大厅中成功地举行了一次音乐会。

9月27日，肖邦在格拉斯哥又举行了一次音乐会。根据格拉斯哥音乐家协会主席的回忆，"肖邦弹奏的声音这样微弱，甚至都有些单调了。但是精细的耳朵可以捕捉到音色的无限变化和令人惊异的细致。"

从格拉斯哥出发，肖邦访问了凯尔城堡，这城堡是属于珍妮·斯蒂尔林祖父的。

10月4日，肖邦在爱丁堡又演奏了一次。他的音乐会的曲目已逐渐确定下来，那就是练习曲、前奏曲、玛祖卡舞曲、圆舞曲和一个叙事曲。

珍妮·斯蒂尔林经常陪伴着肖邦，于是，在巴黎，人们传说他们就要结婚了。这位老处女似乎梦想和肖邦结合，但肖邦显然十分理智，他在答友人询问此事的信中说：

"即使我爱上一个女子，而她也如我所希望的那样爱我，我也不会结婚的，因为我们没有吃的，也没有安身之地。有钱的女子要找有钱的男子，即使要找丈夫，也不会要病得要死的人，而会要美貌的青年。我可以一个人受苦，如果两个人一起受苦，那便是最大的不幸。我可以死在医院里，但是决不能在死后留下一个连面包都吃不上的妻子……所以，我要对你说，比之婚姻来，我更接近棺材了。"

肖邦于10月31日回到伦敦。他的健康状况继续恶化。

1848年11月23日，肖邦离开伦敦，结束了英国之行。这是他一生中最后一次旅行。

1848年11月16日，肖邦在伦敦参加完为"波兰文学之友协会"举行的募捐义演后，又回到了巴黎。

7个月的伦敦之行，使肖邦身体健康情况急剧下降。当时对肺结核没有更好的治疗办法，肖邦虽然不停地看医生，把所有的钱都花在了治病上，可他还是不停地咳嗽，最后发展到咳血。

这时肖邦处于困窘状态，常常是靠朋友的接济才交上房费。为了支付昂贵的医药费,他常常侧卧在床上,给学生讲课。豆大的汗滴常常从他的额头滚落下来。

肖邦的学生越来越少了,人们都在背后议论他痰里的血丝。只有他的好朋友和几位忠实的学生陪伴着他,照顾着他。

肖邦一看到血,就想起了埃尔米卡。他想到了,他就要不久于人世了。他在 1849 年 6 月,在给家里人的信上写道:

我正在走着小妹埃尔米卡曾经走过的路,我想我和父亲,我和妹妹马上就要在天国见面了。在这个时刻,我非常想见到我在华沙的母亲和姐妹!

在尼古拉去世后的 5 年里,朱丝蒂娜也是疾病缠身,她本想来见儿子一面的,可是已力不从心了!

在 1849 年的 8 月 9 日,肖邦终于盼来了华沙的亲人,姐姐露德维卡一家三口,来巴黎看他。

病榻上的肖邦紧紧拉着外甥女小露德维卡的手说:"舅舅的样子吓着你了吗?"

肖邦终于见到亲人了,悲伤兴奋的泪水交织在一起,他对姐姐说:"我觉得我不是从前那个孤独的人了!"

朋友们知道肖邦病重的消息,都前来看望他,善良的肖邦在病榻上和他们一一道别,他向朋友们说着感激和祝福的话语!

在最后的清醒时刻,他对姐姐和身边的朋友说:

"在我死后,让我长眠在意大利作曲家、我崇拜的贝里尼身旁吧,把我的心脏带回祖国波兰。生前我不能回到妈妈的怀抱,死后我也要回到祖国的土地。我要告诉波兰,我的心脏为波兰而跳动!"

1849 年 10 月 17 日凌晨,肖邦停止了呼吸!

文艺复兴中的博学者

——达·芬奇

人物档案

简　　历：意大利文艺复兴时期画家、自然科学家、工程师，与米开朗基罗、拉斐尔并称"文艺复兴后三杰"（又称"美术三杰"）。1452 年 4 月 15 日出生于意大利佛罗伦萨附近的一个小镇。童年时就对绘画表现出极大的兴趣。15 岁左右到佛罗伦萨拜师学艺，师从韦罗基奥，逐步成长为具有科学素养的画家、雕刻家。同时是军事工程师和建筑师。1482 年应聘到米兰公国后，在贵族宫廷中进行创作和研究活动。1513 年起漂泊于罗马和佛罗伦萨等地。1516 年侨居法国，受法王弗朗索瓦一世礼遇。1519 年 5 月 2 日病逝。

生卒年月：1452 年 4 月 15 日 ~ 1519 年 5 月 2 日。

安葬之地：法国中部的卢瓦河谷的昂布瓦兹。

性格特征：性格聪明伶俐，勤奋好学，善于观察、研究，兴趣广泛。

历史功过：是一位博学者，在绘画、音乐、建筑、数学、几何学、解剖学、生理学、动物学、植物学、天文学、气象学、地质学、地理学、物理学、光学、力学、发明、土木工程等领域都有显著的成就。创作了诸多精湛的绘画作品，其杰作《蒙娜·丽莎》是意大利文艺复兴时期最出色的肖像画之一，也是人类文化宝库中最珍贵的瑰宝之一。

名家评点：恩格斯称赞达·芬奇是"巨人中的巨人"，他"不仅是伟大的画家，同时也是伟大的数学家、力学家和工程师，他在物理学各种不同的部门中都有重要的发现"。

童年早慧

时代召唤巨人。达·芬奇走来了。

意大利离佛罗伦萨不远的地方，有一个起初并不怎么显眼的小镇，名叫芬奇镇。镇上有一个身材伟岸、相貌堂堂的公证人,他名叫皮耶罗·达·芬奇。他和一位乡村姑娘不知不觉地热恋并同居,他使这位美丽而纯朴的乡村姑娘未婚先孕了。

　　1452年4月15日,芬奇镇这位纯朴的乡村姑娘在草屋里生下的这个儿子,却真是一到世上就又活泼又天真,显得十分聪明可爱。他就是皮耶罗·达·芬奇和这个普通农家女生下的非婚儿子——列奥纳多·达·芬奇。

　　虽然皮耶罗·达·芬奇很爱这位乡村女子,但后来他却没有与她结婚,以致使小达·芬奇从小就没有生活在亲生母亲身边。

　　后来,皮耶罗娶了一位温柔的富家小姐为妻。于是,小达·芬奇就把那位叫阿丽琵耶拉的女子喊成了母亲。后妈温柔善良,把母爱全给了小达·芬奇,因此,他们母子的关系十分融洽。小时候,小达·芬奇不管去哪儿玩,总要采撷一些鲜花,带回家中,撒满后妈的头、脖颈。他觉得,后妈美如天仙,是那样疼他,爱他,关怀他。她常常独守门前,等待着这位可爱的美孩童从远处玩耍回来,然后热烈地拥抱着这位撒鲜花的儿子,把锅里的饭菜端出来,里面有新鲜的奶渣干酪,有芹菜油炸包子,有好香的猪肉,有浓浓的甜酒。那些,都是小达·芬奇最喜欢吃的东西。

　　他的亲生母亲却渐渐地被人遗忘了。

　　小时候,达·芬奇真是生活在蜜水里。

　　关爱他的不仅是后妈,还有一个慈祥的老祖母。

　　从史料上看,芬奇镇是一个手工业比较发达的地方,资本主义已经萌芽。西方"人文主义"的哲学思想已经产生,反对禁欲主义,反对封建教会,反对"神学",要求思想解放,恢复人的尊严,颂扬自然界的美丽,宣扬人类本性,相信自己力量无穷。这样一个时代,很适合诞生伟大的艺术家。用今天的话来说,就是艺术创作的外部环境比较宽松。

　　早在达·芬奇出生之前,芬奇镇及意大利其他地方的艺术家们,就已经致力于写实主义的探索和创作了。他们把《圣经》人物表现为现实生活中的常人,把呆滞的面孔改为和蔼的状貌,在人物的背景方面加上一些自然环境的描写。在达·芬奇之前,已有了契马勃、乔托、杜卓、提香、威罗内塞、丁托来托等画家,声名开始传播。

　　达·芬奇从懂事起,就常常听祖母讲些善良人的故事,其中也有画匠的坎坷动人的故事。

　　芬奇镇风光美丽,山水灵秀。家家户户建造在水边的小屋,飞檐翘角,极其精致。门前屋后多有竹、山楂林、草坪。石板街光溜溜,街两面是一爿爿门面,生意十分兴隆。有打铁的,有卖水果的,有补皮鞋的,也有养马卖马的。更兼有一些热爱音乐的小伙,常在晨空里或夜幕下,吹奏起悠悠的长笛,或弹起动人心弦的曼陀林琴。牛车从石板街骨碌碌地滚过去。

　　小达·芬奇就生长在这样的氛围里。

　　小芬奇和祖父的感情并不好。他知道是祖父拆散了父亲和母亲,也是祖父硬把母亲嫁给了现在的酒鬼丈夫。每当祖父叫他做什么的时候,他总是不情愿听。

　　到7岁时,他进了学堂读书,他也不大听老师的讲课,当时,老师给他们讲的是枯燥的拉丁文法。

他时常一清早就出门去了，但没到学校去，而是到一个长满芦苇的荒凉的峡谷中。他整天地在山上游荡，看到了无边无际的草地、树林、田野，然后精疲力竭地回到家中，全身都是灰尘，脸上晒得黑黑的，像个野孩子一样，但心里却很快活。

在学校里，小芬奇也跟别的同学不一样，他从不和同学们一起玩。同学们玩的那些游戏，他觉得一点意思也没有。有一次，他看见同学们捉来一只蝴蝶，把它的翅膀拔掉了，害得蝴蝶飞不起来，只能在地上爬来爬去。同学们都开心得嗷嗷直叫，他却呆呆地站在一旁，脸色发青，露出一副怜悯的神情，最后低着头走开了。

夏天的夜里，小芬奇常常趴在田野上，观察小小的萤火虫。这小镇的田野上，萤火虫真多，就像是仙女提着一个一个的灯笼。他想象着，这萤火虫，多么像奶奶故事中的那位公主的眼睛呵！那么，它是怎么发亮的呢？小芬奇追赶着，捉住几只萤火虫，认真地研究起来。啊，原来是它们的屁股上都有了盏灯，多好呵！这样，走夜路就不怕鬼了。他胡思乱想着。

广泛观察，实际上就是一种积累，是生活的积累，也是知识的积累。小芬奇的观察，与一般人确实是有些不同的。他是从小就养成了一种搜索性观察。凡是他感到好奇的或者是有趣的东西，他必定要搜索式地用儿童的目光扫过去，作儿童式的幻想，细致地研究一番。他是个兴趣十分广泛的人。一片石子，一株山花，一抹晚霞，一泓清泉，河边一景，山中一隅，街头一角，男人的皮衣，女人的帽子，一哭一笑，一只虫子，一只鸟，一条鱼，一只蝙蝠……他都会感兴趣。他是神童吗？显然不是。但他确实比一般孩子早慧。

观察，就是艺术家的生命！

达·芬奇是个左撇子。写字用左手，画画用左手，就连吃饭也是用左手。儿童时代的达·芬奇，可以说是无忧无虑。他常常抓起地上的木炭，就在木板上涂涂画画。有时候，他就悄悄地，跪到画匠那儿，摸了画匠的彩色颜料，带回来画。他画呀画呀，似乎永远有画不完的东西。蜻蜓，蝙蝠，青蛙，小鸟……就在这种大自然的启蒙中，他不知不觉地，长到了9岁。这之前，谁敢相信，他竟然还没有上过学校。

一天，他看见父亲的工作室窗口，有一只美丽的彩色蝴蝶，飘飘然地飞进去了。那是一只罕见的大蝴蝶，个大，翅宽，色彩缤纷，真是美极了。达·芬奇第一次心惊胆战地推开父亲工作室的门，父亲正专注地在写公证词。他看见那只美蝶在窗玻璃上碰撞、挣扎着。美蝶儿不愿意走人这个沉闷的工作间，它要寻找光明。当下，达·芬奇就从教堂里正在劳作的画家那里，找来了各种颜色的画料，他居然把这只美丽的大蝴蝶画下来了。连画家们都停下了修补圣像的活计，一齐欣赏这小孩童的佳作了。

自小涂涂画画，这是达·芬奇的一个癖好。这位天才，几乎无师自通。阿丽琵耶拉，那位真心爱护他的后妈忽然患了一种怪病。她不再在门口坐着等他放学归来；她郁郁寡欢，沉默起来；她不再邀请和她几乎差不多高的儿子，去花园里扑蝶，去采花；她的身子越来越虚弱。当地医生给她看了病，诊断说，她患了一种热病。渐渐地，后妈躺在床上，再也起不来了。

年轻活泼、可敬可爱的后妈的逝去，无疑给达·芬奇一家以沉重的打击。在这个打击面前，祖母常常独自饮泪，郁郁寡欢；父亲仿佛一下子老了许多，再也打不起精神来。

工作之余,父亲不再待在家中,而是在外面寻欢。他想用这种办法来排除他失去爱妻的痛苦。

而父亲的续弦,对于达·芬奇来说,也是一种提心吊胆的事儿。后妈如果对他不好,那么他将在这个家里就待不长了。他暗暗下决心,如果万一……那么,他就远走他乡,去求学,去画画儿。

但这一切担心,都在父亲领回一个少女的时候烟消云散。这少女,就是良家女子、住在乡村的佛朗切斯卡·朗费尔姬妮。我们把她的名字简称为姬妮。

姬妮羞羞答答来到公证人家的时候,她才刚满15岁。

她娇小玲珑,身材苗条,但比前妻的儿子达·芬奇还矮。她长相姣好,眉清目秀,一头金发。她天真无邪地笑着。在达·芬奇一家人眼中,她简直就还是个小姑娘。

姬妮的微笑是很有魅力的。达·芬奇很喜欢她笑,这微笑,令达·芬奇想起那些大师们绘制、塑造的圣母的微笑。她对这位新认识的儿子微笑着;他也对这位新妈妈报以腼腆一笑。渐渐地,他们就熟悉了,并在一起玩耍了。捉小鸟,摘野花,翻河里的螃蟹,摸鱼儿……笑声又回到了他的家。

新婚后不久,父亲便决定,举家迁移,义无反顾地朝意大利名城——佛罗伦萨出发了。

佛罗伦萨,世界一流艺术的荟萃之地。由于战乱,古希腊罗马艺术很多地方未能保全下来,而意大利则基本完好地保存了这些艺术遗产。佛罗伦萨是当时意大利精神文化活动的中心,这里的人艺术造诣高深;贵族爱艺术,老百姓爱艺术,地方官、银行家们也十分推崇艺术。这座艺术之城,聚集了来自各地的科学家、艺术家。艺术之火呈燎原之势。

青年论画

达·芬奇一家迁至佛罗伦萨城之后,小芬奇依旧对新城市的人和事、物品、动物等都留心观察。他常常去著名学者,在意大利有名的数学家托斯卡涅里的住所,并拜他为师,学习数学,科学家教给了他人生哲理和数学。

见达·奇一个劲的迷恋上了数学,他的父亲皮耶罗却十分着急。父亲是十分了解儿子的。儿子喜欢唱歌,骑马,跳舞,用泥巴捏个小鸟小人儿什么的,也喜欢玩昆虫,逛小街,但他更喜欢涂涂画画,而且已经表现出这方面的天才。父亲深深地知道,人的精力是十分有限的。人生短暂,不可能把所有的知识都学到手。但如果能发挥特长,扬长避短,有效地组织和运用自己的特长知识,那么,就可成大器。父亲久经风雨,且在学术方面也有所研究,他自然明白这一点。

父亲有些失望了。

儿子对他的公证职业一点都不感兴趣。因此,要靠儿子继承父业,看来是一点希望也没有了。

儿子究竟学什么好呢?

让他胡来，学科学吗？显然，儿子已经被那位奇怪的数学家所吸引了。数学家住在与世隔绝的地方，只有少数几个人在那儿炮制着那些异端邪说。儿子跟着他，会成功吗？

父亲苦苦地思索起来。达·芬奇的父亲，是一个善于进行逻辑推理的人。他苦苦地思考着。一般来说，人的能力与他所学习、所爱好、所从事的职业活动有关。儿子从小就喜欢画画，且已有天赋，为什么不给他找一个画师呢？在意大利，画匠艺术家，也是备受人尊重的呀！

对，让儿子学绘画。

父亲皮耶罗，当下决定去找一个画师，给儿子做老师，让儿子学画。父亲想起了他的朋友维洛启奥。维洛启奥是佛罗伦萨著名的画家、雕塑家。在当地，艺术家可以成为上流人物。儿子一表人才，仪表非凡，气宇轩昂，如果成为艺术家，打入宫廷去，谋个一官半职，也可光宗耀祖了。想定之后，父亲把达·芬奇送到了维洛启奥的工作室里来。

达·芬奇的成才，首先是因为他遇到了一些最重要的老师。这些老师，就像长明灯一样，一辈子照耀他前进的艺术之路。画家、雕塑家维洛启奥就是其中的一个。维洛启奥（1436～1488），著名画家和雕刻家，也是生于佛罗伦萨。他曾经是多那太罗的学生。他笔下的大卫，形态优美，自然而毫无拘谨。他的其他作品，也足以与老师的作品媲美。同时，他又是出身首饰匠，因而表现手法精巧美丽，他的银质浮雕头像等作品都是十分有名。他所开设的工场和画室，是意大利的艺术中心，在这里，他培养了许多颇有才华的艺术家。达·芬奇有幸拜他为师，在他这里得到最初的绘画和雕塑训练。

他对达·芬奇说，很少有一种单一的劳动和技能能够使人成为一个好的画家。不研究"人"这个自然，在塑造人的时候，就难于找到身体的正确比例。

在他的画室里，弟子们都在勤奋地作画。

他大声地教导他们："画好骨骼！在上面，嗯，在上面画上肌肉和腱，最后再用皮肤覆盖在上面，嗯，好了。"

他带头画。他画的是《圣约翰》。约翰的银质浮雕头像，学生们可以见到他虔诚的眼睛。他的手，青筋暴露，肌肉鼓起，健美而清晰。这是一双与岁月风雨战斗过的劳动之手。

达·芬奇继续在佛罗伦萨生活着。在维洛启奥的工场里，他交了几位好朋友。

有个叫洛佐伦的同学，年龄比较小，体弱多病，芬奇经常帮助他，有时师父叫他去采买物品，芬奇就代他去买。洛佐伦十分感激，处处以达·芬奇为榜样，连走路、说话和一些细小的动作都模仿达·芬奇。别人都说他是芬奇的影子，他也不争辩，反倒报以自豪的一笑。

一个叫波提切里的青年常常到工场里来，他以前也是师父的学生，后来自己开了画室。虽然他比达·芬奇大8岁，但他虚心地向芬奇学习，后来画出了闻名于世的作品。他给但丁的《神曲》画了90多幅插图，还画出名作《维纳斯的诞生》，成为文艺复兴时期著名画家之一。他善于观察，想象力丰富，达·芬奇也从他那儿学到了许多东西。

不过，和达·芬奇关系最亲密的还是师父。他俩既是师生，又是好朋友。

转眼间，达·芬奇已在维洛启奥的工场里学习七八年了，长成了一个20多岁的壮实而漂亮的小伙子。他不仅相貌俊美,而且一举手一投足,都有一种语言无法表达的安详和娴雅,风度翩翩。有个认识他的人说道:"他的全身如此之美,一见了他连最忧愁的灵魂也要快活起来。"

他满20岁了。他回了一次故乡。

他的祖母已去世。后妈也发胖了,性格冷漠。父亲也老多了。他发现故乡已无法容下他这个多才多艺的游子。他的事业在山外。

20岁时被艺术家们公认为是他天才创作的作品,是在他的老师作品《洗礼》上,画了一个跪着的天使,他的老师因此而不再提动画笔。达·芬奇可谓不鸣则已,一鸣惊人。

到了达·芬奇自己独立开画室时,他已经是28岁了。在此之前,他在1473年至1475年间,完成了板面油画《受胎告知》。

《受胎告知》这幅画虽然不是十分著名,但它已充分显露出年轻画家的才华。画面上一位美丽少妇怀孕了,她羞涩地将这喜讯告诉她最相知的人。背景似是客厅,窗外风景如画,宝塔、古树,历历在目。

1475年,达·芬奇还完成了板面油画《加罗法诺的圣母》。

以后的几年间,他在他的家中完成了油画《贝诺亚圣母》。

这些作品,大多是画圣母。作品里弥漫着成熟母性的爱。但这些作品,都未引起较大的反响。可以看出,这些作品,与达·芬奇儿时的生活体验有关。尤其是第一年后妈对他的爱和呵护,给他留下了永不磨灭的印象。

28岁,达·芬奇已经开始名扬整个佛罗伦萨的艺术界。

他的订货单如雪花一样源源不断地飘飞而来。

他开始进行板面油画《圣哲罗姆》的绘制。圣哲罗姆,即一个基督教苦行僧。而这一时期,他开始在自办的画室中绘制的比较有名的是两幅《报喜节》。

选择了当时艺术中最流行的题目之后,达·芬奇摒弃了那种把圣母的形象描绘成威严的、感伤的或者沉思的样子的传统画法。他塑造的圣母,大多是欢乐的、充满真善美的,纯粹是尘世罕见的美感的形象。

达·芬奇首先依据光学规律,广泛运用了明暗技术,使这种技法不仅成为造型的方法,而且也成为使画面人物"鲜活起来"的一种手段。

他为国王编织的一条豪华的地毯图样,其中设计了亚当和夏娃。亚当与夏娃的周围,是许多珍禽异兽,以及奇花异草。画家把这些东西画得惟妙惟肖,显示了他长期修炼的艺术功底。比如他画的棕榈树,袅袅婷婷,柔美至极!他逐步走向艺术家的成熟。

长期以来,达·芬奇在笔记本上积累了速写、草图,以及各式各样的趣事、歌谣、笑话、评价、哲学思考、讨论等等,他留下了洋洋7万页的笔记。广泛搜索,厚积博取,这是他成功的经验之一。

第一幅《报喜节》画的是圣母在露天下面的凉台口得知喜讯。美好的时刻——令人欢欣的风景,有盛开的百合,如画的树林,小山脚下蜿蜒的河流。圣母跪着,望着微笑的天使。

第二幅《报喜节》,不同于第一幅。画面上天使若有所思,而且严肃。圣母听到这一喜讯时十分惊喜。圣母的衣褶,打开的书本,小桌,都是用装饰纹样艺术地描绘出来。

达·芬奇在自办的画室中挥洒自如,创作大获丰收。

达·芬奇的成名作《拈花圣母》画的是一位美丽的母亲在和孩子玩耍,并用鲜花逗这孩子快乐。这位美丽少妇,看上去大约二十八九岁,她对生活充满幸福感,脸上是欢欣的微笑,她注视着自己的作品——孩子。孩子富态毕露,小手胖墩墩的,他正在揪住母亲手里的鲜花。全面看此画,你可以感觉到一种人间温情。如柔水脉脉流淌,清溪般的纯真。母子被年轻的画家描绘得栩栩如生。达·芬奇总结经验:从明部到阴影的过渡,要像轻烟一样美妙。他把这话记在笔记本上。

这是他在个人开的画室中的最高成就。

在办个人画室之前和求学这段时间,达·芬奇少不了还要靠那做公证人的父亲来资助他。

这段时间,达·芬奇创作《魔术师的崇拜》,但未最后完成。这幅绘画,形象众多,他画了大量的草图。现在能见到的,只是一个基色调。

他的素描越来越多,大多是风景。故乡芬奇村近郊的优美景色,在他的素描本上占很大的比重。山岭,树林,河流,城墙……

达·芬奇已开始独立谋生。

这段时间,达·芬奇还画了《丽达圣母》。这幅画概括性、综合性很强,他把生理上的美与灵魂上的美完善结合在一起。人的外表与心灵之美获得了和谐和统一。他断言:"如果灵魂是杂乱无绪的,那么,具有这个灵魂的人体本身也必定是杂乱无绪的。"

跳槽米兰

1478 年,佛罗伦萨城发生了一件大血案,轰动一时。

美弟奇是佛罗伦萨的统治者,他的家族是城里第一大家族,城里的另一大家族是巴茨家族,两家为了争占上风斗得死去活来。巴茨家族被摧毁了,几百人被判处死刑。大街上,不少尸体吊在绞架上,在风中摇晃着。

达·芬奇的心灵又一次被强烈地震撼了,血淋淋的现实使他觉得无法忍受,他不顾一切地想离开佛罗伦萨。

无论到哪里去都可以,只要能离开这个城市。达·芬奇甚至托人介绍,想到中东一个国家去当宫廷建筑师,结果没去成。

一件偶然的事发生了。达·芬奇发明了一种银琴,形状有点像马脑袋,上面有很多根弦,样式和声音都很新鲜。美弟奇本人很喜欢这件乐器,想把它献给米兰的公爵。他叫人招来达·芬奇,说道:

"听说你想离开佛罗伦萨,是吗?""尊敬的先生,我在这个城市住了十多年,想出去换换空气。"

"不用瞒我了,你想走,我给你一个机会,你把银琴送到米兰公爵那里去,他一定会喜欢的。上次我和他见面，他曾说过手下没有好的音乐家，你要是运气好，他会留下你。"

"谢谢您，尊敬的先生。"达·芬奇鞠了一躬，冷静地致谢。能离开佛罗伦萨，他当然很高兴，不过，这次到米兰去，他不是作为艺术家或学者，而是到那里去当宫廷音乐家，将来会怎么样，还不得而知。

1482 年，达·芬奇终于离开佛罗伦萨到米兰去。达·芬奇希望以自己多方面的才能，在米兰实现自己的一番抱负，而不是仅仅靠当宫廷音乐家过日子。

30 岁，正当而立之年，正是干大事业的宝贵年龄。然而，著名的艺术家达·芬奇却背起行囊，跳槽走了。佛罗伦萨所有热爱他、喜欢他的人都无一不为他感到惋惜。他们在街头巷尾议论着说："又走掉一个优异的人才！"

达·芬奇的跳槽米兰，是因为他对米兰充满了向往。实际上，他是离开了这个洛伦佐暴君，而又投靠到另一个米兰大公暴君名下。他仍然是暴君的工具，这是他一辈子的悲剧。但是，米兰大公与洛伦佐却不同。米兰大公久闻他的大名，十分敬仰他，而且珍惜他。米兰大公要他心情愉快地为他服务。于是，达·芬奇毅然前往米兰。他希望在米兰一展才华，实现理想。

当时的意大利，四处动荡不安，强者食弱者，叛乱迭起，狼烟遍地，到处都是阴谋、圈套、狡诈、纷扰。

而米兰，由于莫罗掌权，强者执政，得到短暂安宁，还颇为兴旺。但是莫罗，口是心非，叛乱起家，残忍凶暴，使米兰又危机四伏。

达·芬奇觉得，所有暴君，都要他为其服务。但他要选择的暴君，必须有较大的能力、财力，使他的理想得以实现。

达·芬奇走的是借助暴君外力来完善艺术的路子。

如此环境下进行艺术创作，真是谈何容易。

达·芬奇不得不常常被迫放弃手头的艺术创作，被召入宫廷。

当然，又是谈些取乐、过节、跳舞之类的小事。

达·芬奇为此十分痛苦，但他必须忍耐这种痛苦。

《哺乳的圣母》完成于 1885 年左右。

这是幅堪称艺术瑰宝之作，今藏于列宁格勒艾尔米塔什博物馆。

作画之前，泽慈莉娅曾经向达·芬奇表述过这样一个心愿：她愿意永远做画家的圣母模特儿。她希望画家能够以她为模特儿，画一张圣母领着圣子的充满了母性之爱的作品。当时，达·芬奇满口答应了她。

《哺乳的圣母》表现的就是母性之爱。柔美、温和的慈母，她正在哺育一位天使般的圣子。圣子的金发拳曲，光彩照人。而母亲的生命之泉乳房，被画家渲染为一片白光，洁白无瑕。圣母满心欢悦，她亲切地、慈爱地望着怀中的圣子。圣子显然是已经得到了极大的满足，他吃饱了乳汁，而嘴唇脱离了乳头，正望着圣母。他的眼神，是那么好奇，那么天真……

背景则是两扇窗户。

这幅表现人间真爱的母性题材的画。画成之后，立即引起反响。前来画室参观者络绎不绝。艺术家以其真善美的自然流露打动了千万观众的心。

《抚貂女人》是在构思著名作品《蒙娜·丽莎》之前的一幅代表作。在创作这幅画时,达·芬奇就已经意识到,他一定会画出一张更单纯更美妙的少妇的笑脸。那张笑脸不会有大公莫罗的阴影。

而《抚貂女人》,艺术成就也轰动一时。

而在这同幅肖像作品中,杰出的艺术家,着重表现出年轻女子天真单纯,积极向上,对生活充满美好向往的精神世界。

由于这幅《抚貂女人》一举成功,使达·芬奇在宫廷乃至在贵族阶层都引起了轰动。在米兰妇女界,人们纷纷谈论着年轻而俊美的艺术家。达·芬奇成了米兰妇女心目中崇拜的偶像。连日来,找他画女人肖像的人川流不息。几乎所有的名门贵族,知名女士,都想有一幅由达·芬奇——她们最崇拜的艺术家画的自己的肖像。

达·芬奇显得十分平静。他又有钱了。一则宫廷莫罗在美女泽慈莉娅的催促之下,拨给了他大笔赏钱;二则,他的画的订货者纷至沓来,他简直应接不暇。但他仍然保持了平静。

名盛时期

《岩间圣母》画于1440~1449年间,艺术家从构思到作画,历时较长。此画现存在巴黎卢佛尔博物馆。

按照合同,此画的本意是要把圣母画成在圣徒们的环绕之中。这是一般的平庸的宗教作品。达·芬奇没有这样作画。

他一个人悄悄地在工作间构思、描绘草图,作成此画。连他的那些学生都不知道他要画成什么样子。达·芬奇工作的时候,他喜欢一个人。

这本是一幅世俗性的作品,但达·芬奇创作的技艺的娴熟,使之几乎无懈可击。画面上的一切都是新的。对情节的处理十分精当,风景与人物的有机结合十分妥帖,采光十分自然而流畅,人物形象被某种特别的高尚的灵光普照而栩栩如生,光彩照人。

1493年初春之时,米兰人看见广场上那座塑像终于揭幕。这是几乎耗尽达·芬奇精力的弗西斯科·斯福查塑像。

从刚来米兰的时候,达·芬奇就差不多接手了这座"巨型塑像"的工作。这是莫罗祖父骑马全身塑像。泥塑模型于1493年完成,并在公爵城堡广场展出。要浇铸的话,得80吨铜。塑像浇铸一直没有实施,模型惨遭毁坏。1499年法国军队占领米兰,把模型当成了射击的靶子,这当然是后话了。

眼下,在隆重的开幕式上,这座高6米的塑像被安放在凯旋门下。

人们川流不息地前往参观。

塑像下面,人们看见艺术家达·芬奇写的字刻在上面:

"心灵在颤抖:塑像快竣工。"

另一行字刻的是：

"让沸腾的铜水听得一声喊：上帝哦。"

艺术家发出了痛苦的鸣叫。

然而，决定米兰的命运的事越来越迫近了……

达·芬奇有一个花园，花园里有许多桃树。

为了做试验，他把毒花液注入桃树中。除自己和学生外，他不准任何人接近这个桃园。这时，米兰全城突然传说姜·加列阿卓公爵病情严重是因为达·芬奇用有毒的桃子害了他，实际上是他要好的叔叔之妻下了毒。姜正慢慢地死去。他终于死了，全城居丧。

他十分忧伤地想，他在米兰怕是待不长了。

《最后的晚餐》作于 1495 年～1497 年间，这幅画现存圣马利亚·德拉·格拉齐耶隐修道院食堂之壁。

根据莫罗夫人的要求，既要快又不加修改地画这幅壁画。这使艺术家开始有些为难。这样大型壁画，他快不来。

他画了无数草图，确定一张后，他试着把颜料和土混用，这就决定了作品的悲惨命运。土粘不住色彩，色彩脱落。壁画绘制在艰难中进行。修道院院长看见达·芬奇几个钟头不动地在画幅前冥思苦想而不动笔画画。

艺术家回忆起自己来米兰之后的所见所闻。

他需要的是不同凡响的形象：凝神沉思的思想者。他们当中，又有两种面孔，一种是完美的化身，超凡脱俗，充满无边的爱；一种则完全与之相反，变节，贪财，自私，残忍……

文艺复兴早期的画家们在《最后的晚餐》结构中，一般都使一排人坐在桌子后面，互不相干，同一种姿势重复出现。而把叛徒犹大隔开，单独安排到桌子的另一面。

但杰出的艺术家达·芬奇摒弃了这种结构。

莫罗看见，艺术家把被他们中间隐藏着叛徒的消息震惊人们展示出来了。

照新约的传说，桌后面，耶稣和 12 门徒举行最后一次晚餐。达·芬奇的高明之处，就在于他选择的是晚餐中最令人激动的一瞬间，耶稣对门徒说："你们当中有一人将出卖我。"

他说完此语，便无可奈何地把手放在桌上，沉默下来。

一石击破水中天。这话引起周围 12 弟子的强烈反响。艺术家面临的是：要塑造出听到此话后 12 门徒灵魂深处掀起的波澜，塑造出性格迥异的人物，而绝不雷同和重复。

这就要求每个人表现出来的感情，都要符合他的性格气质。

达·芬奇高明地把叛徒放在一群可爱的门徒之中，像是我们常常见到的这种尴尬场景：叛变的人以朋友身份出现，藏隐在一群朋友之间，让你一下看不出来，尤其是未加提防的人。

犹大阴暗的侧面轮廓，被从明媚的日光照耀的其他人面孔中明显地突出起来。他紧握着装钱的钱包，紧张地等待着叫他的名字。

艺术家一语破的："灵魂应该通过手势和动作来表现。"

这幅画的群像，布置得十分合理。画家以几何学的精确性确定了构图的中心——耶稣像。像被窗外散射进来的光线突出出来,它的突出点便是他的头部。门徒对称坐在两旁,每边 6 人,照例是 3 人一组。

莫罗为之震惊:"简直是不可思议!我现在才明白,你为什么在这墙上下这么大的功夫!这是一幅无可比拟的杰作啊!"

但这幅壁画最后的命运不佳。

由于此画放在食堂墙壁上,正中还有一门。后来那修士敲厨房的门,使画受震,画的下部遭到破坏,墙也受到损坏,颜料层脱得厉害,加上厨房蒸汽落到画面上,加速了作品的破坏。后来人们进行过拙劣的修复工作,极大的歪曲了原作。

1443 年法军在轰炸米兰时,因炸弹落到修道院院子里,这座食堂被炸毁了。而画了《最后的晚餐》的这面墙得以保全下来。

此建筑物于 1446 年修复。1454 年,专家使用最新方法,成功地复原了这幅画,弄掉了后来画上去的东西,显示了由达·芬奇的手画上去的颜色,终于使这幅轰动米兰的杰作,恢复了原貌。

混乱的米兰使艺术家觉得惶惶不可终日。

是该动身的时候了。

达·芬奇在米兰第一时期即将结束。

这是他的全盛时期。标志这期间的辉煌艺术成就的就是壁画《最后的晚餐》。

他还为宫廷演出"丹娜族"戏而设计了布景。

值得一提的是:数学家、教授卢卡·巴却里迁居米兰,与他结为挚友。

到 1499 年法国人统治米兰止,这是达·芬奇艺术、科学硕果累累的"第一米兰时期"。

《蒙娜·丽莎》

回到佛罗伦萨后,达·芬奇开了个画室,并接受了几件订货。

一天,达·芬奇接到佛罗伦萨著名银行家佐贡多的邀请,到他家为他的夫人画像。

佐贡多先生年约 45 岁,人看上去很有精神,一个亮光光的秃顶。他礼貌地接待了达·芬奇,然后叫他的夫人蒙娜·丽莎出来和画家见面。

当美丽的夫人走进客厅时,连见多识广的达·芬奇也暗暗吃了一惊。她穿一件华美的连衣裙,卷曲的长发披散在双肩,有一种清水出芙蓉的韵味。她的脖子上、手上挂着一些贵重的宝石,显得雍容华贵。她腼腆地向画家走来,报以礼节性的微笑,这一瞬间被达·芬奇捕捉到了,这种微笑正是他一直在寻找的微笑。

"以后请您到这里来为她画像吧!"银行家说道。他已经结过三次婚,前两位夫人都在结婚不久去世了,第三次才娶了丽莎小姐,比他小十多岁,他一直以年轻的美妻为荣。"我可以为她画像,但不能在这里。要画肖像,必须有专门的画室,还是到我的画室去吧!"达·芬奇说道。

从此，蒙娜·丽莎常常和一个女仆来到达·芬奇的画室，让他画肖像。为了避免她在画像时感觉无聊，达·芬奇请来乐师、歌手、说书人和小丑到画室来，为她表演；同时，也可以使笑意能长久地保持在脸上。

达·芬奇细致而耐心地画着，3年过去了，还没有画完。到了后来，达·芬奇和蒙娜·丽莎之间似乎有了一种微妙的联系，她的脸上最微细的变化，都逃不过达·芬奇的眼睛。

一个晴朗的日子，蒙娜·丽莎坐在达·芬奇面前，略低着头，抚摸着她心爱的白猫，那纤细的手指在柔软的皮毛映衬下，显得格外温柔。达·芬奇拿起画笔开始工作，突然，他停住了。

"夫人，"他问，"您今天有什么不舒服吗？"

丽莎夫人抬起头，安静地看着达·芬奇，"是的，有一点儿，女儿生病了，我整夜没有睡觉。"她说的女儿并不是自己亲生的，而是丈夫前妻的女儿。

"您今天也许疲倦了，这样坐着是很累的，我们今天不画了吧？"

"不，不要紧，这样好的天气，不画，您会难过的。"她望着达·芬奇，脸上带着一丝理解的笑意。

达·芬奇点点头，又拿起了画笔。长期以来，两人中间，无须说一句话，只需示意一下，便能相互了解。

"讲个故事给我听吧！"丽莎夫人请求道。她不再需要达·芬奇为她请什么歌手和小丑之类，就喜欢听他讲故事，尤其喜欢听他讲自己的回忆、游历、自然观察，以及绘画计划等。他常常用简单的小孩子般的字句，配着轻轻的音乐，将这些故事讲给她听。

于是，达·芬奇给她起了美丽的"维纳斯"的故事。

达·芬奇轻轻地讲着，丽莎夫人那双明亮的眼睛望着他，好像已经脱离了现实，来到一个美丽的神话世界。那种神秘的微笑不知不觉又浮现在她的脸上，这是一种完全透明的、非常深沉的、任何人都不能探究到底的静水般的微笑。达·芬奇抓紧时机，全神贯注地画着……

达·芬奇看出来，丽莎夫人不仅想成为他的肖像画上的主人公，还想成为他生活中的朋友。但她已经是别人的妻子了，而自己的年龄又比她大许多。他克制着自己的感情，仅仅以一个画师的身份出现在她面前。

这时候，达·芬奇接到宫廷里传来的一个通知，让他离开佛罗伦萨，去管理一个正在紧张修建的运河。这是一件十分重要的事，必须很快出发。达·芬奇知道自己将要暂时离开丽莎夫人，心情很不平静，明天就是最后一次为丽莎夫人画像了，他觉得自己竟有些舍不得离开她了。

第二天是个画像的好天气，这天，丽莎夫人准时来到画室。但和往常不一样的是，这次她是单独一个人来，没有带女仆，她那明亮的眼睛，此时像有一丝水雾在幽幽地飘着。

画室中只有他们俩人。

达·芬奇认真地画着，丽莎夫人带着微笑，直盯着他的眼睛，这也是以前没有过的。突然，他发现丽莎夫人脸上闪过一种奇异的阴影，就好像一个人在镜面上吹气所留下的痕迹一般。他停下来，问道：

"怎么啦?"

她不作声。很久才反问:"您要到运河上去,明天动身吗?"

"不,今天夜里就得走。"

"噢,我马上也要离开这里了。"她说。

油画《蒙娜·丽莎》

达·芬奇看着她的眼睛,明白了,她之所以要离开佛罗伦萨,是因为知道了他要离开。

"佐贡多先生为了一件生意上的事情,要到外地去住三个月,我让他带我去,秋天才回来。"她解释说。

"好吧,"达·芬奇放下画笔,说道:"三个月后,我再来画。"

"不,经过三个月,我也许完全改变了,甚至您都会认不得我了。您说过,人的面貌,尤其是女人的面貌,改变得很快。所以,您不如今天就完成这幅肖像。"

"啊……"达·芬奇久久地看着丽莎夫人,说不出一句话来。他们都有一种预感,这次分别将是永久的,就像死去一样。他和丽莎夫人将来唯一的联系就是眼下这幅肖像了。

"是时候了,再见,达·芬奇先生。"丽莎夫人站了起来,同往常一样平淡地说道。她的眼神中似乎含着一丝责怪,责怪达·芬奇三年来在感情上的过分克制。

达·芬奇的杰作《蒙娜·丽莎》是文艺复兴时期最出色的肖像画之一,也是人类文化宝库中最珍贵的瑰宝之一。

这幅肖像画最重要的特征是蒙娜·丽莎的微笑。

那么,达·芬奇为什么一定要画蒙娜·丽莎的微笑呢?这里蕴藏着画家极为可贵的创作意图:在中世纪的黑暗岁月,西欧人经历了1000多年残酷蒙昧的封建统治和基督教禁欲主义的精神摧残,早已丧失了思想自由和幸福生活的权利。现世生活的一切喜怒哀乐都会被视为触犯上帝的天条。所以在中世纪的画像中,圣母、耶稣也好,普通的肖像也好,总是那样呆板、僵硬,面部毫无表情。文艺复兴的时代来了!一切都在发生变化,绘画中变化最明显最典型的标志,便是丧失已久的笑容又回到人间,特别是回到获得解放的妇女们的脸上。那笑容里充满着新时代新人物的自信和乐观,洋溢着他们对未来、对真善美的渴望。达·芬奇作为一个与时代休戚相关的艺术家,敏锐地感受到这一点,并天才地表现了这一点。他一扫过去肖像画上那郁郁寡欢、像幽灵一般的阴影,绘出自由的明朗笑容。他用艺术形象表明,人从禁欲主义下解放出来,它不再是徒具形质、没有七情六欲的模具,人能够向人微笑了!所以《蒙娜·丽莎》具有了强烈的特征,而且成为文艺复兴时期女性美的原型,成为画家可以放开手脚倾心颂扬真善美的象征,成为西欧人结束了漫长中世纪痛苦生活的标志。

另一说认为,"蒙娜·丽莎"这个名字可能是取自马童娜(Madonna——即圣母马利亚)的简写"Mona",马童娜本来是圣母的画像(或雕像)的通称,这样《蒙娜·丽莎》便多少带有圣母画像的含义了。

　　如果这一说符合历史的事实，《蒙娜·丽莎》这幅画的意义仍然不因此而减少。因为在"黑暗的中世纪"里，传统的宗教题材霸占了整个的画坛，形成抽象化、概念化的公式。那里的圣母画像，历来是头上戴着"圣光"，冰凉而毫无生命。文艺复兴的大师们，特别是达·芬奇，敢于向这种僵死的传统挑战，他们把神圣不可侵犯的教义变成平易近人的通俗故事，开始把宗教与世俗生活联系起来，使艺术只是披着宗教的外衣，反映的是现实的生活呼唤世俗的思想感情，目的是向人民群众进行人文主义的宣传教育。把宗教题材世俗化，这是狂飙突进的文艺复兴时期的一个浪潮。达·芬奇在《蒙娜·丽莎》中抹掉了圣母头上的圣光，使冰冷的圣母具有"人性化"的特征，用"人性"代替了"神性"，或者说，人也可以具有神的特质，这就更是一个了不起的成就了。

　　狄德罗说过："所有模仿的艺术都能在自然里找到它的模型。"达·芬奇创作杰作《蒙娜·丽莎》时，为了表现她那种似笑非笑的微妙特征，不仅运用解剖学的知识深入研究了隐藏在皮肤下面的脸部肌肉的活动特征，而且十分细微地观察了许多自然现象。他终于从微风吹起湖水的涟漪中得到启发，创作了蒙娜·丽莎的谜一般的微笑。你看她那配合着微微斜视的柔和明亮的眼神，抿着的嘴角微微翘起，形成轻盈的笑靥，这种非人工所为的线条和韵味，我们只能从"风乍起，吹皱一池春水"中找到类比。蒙娜·丽莎的微笑中显示出温雅、高尚、快乐，但不失其端庄、宁静。这是寓有深刻意义的最美的微笑。

　　这幅画，改变了蒙娜·丽莎的命运，她由一个庸俗的贵族妇女，重返天真无邪的少女时代。她默默地爱上了达·芬奇。但她又不敢表达，心灵承受着封建社会的重压。她不到 30 岁的时候，竟为爱情忧郁而逝。而达·芬奇，心中永远地爱着她，竟终身未娶。在他晚年病重的时候，画家叫学生把他画架上的绸布揭去。灰尘飘去，展现在他眼前的是永久的微笑！啊，《蒙娜·丽莎》，他的画中人，在她如花年龄时就忧郁而逝了。银行家的后人，将这幅画卖给了法国国王。而国王又把这幅画交给达·芬奇去修复。接到这幅画时达·芬奇全身颤抖，眼泪夺眶而出……

浪迹天涯

　　油画《蒙娜·丽莎》的美打动了无数人的心，达·芬奇又一次在故乡获得了极大的声誉，但他的内心却含着痛苦。这时，米兰人也在想念着他，经过法国总督的请求，佛罗伦萨执政官允许达·芬奇请几个月假，到米兰走一趟。

　　1506 年的春天，达·芬奇又一次来到米兰。他带了一幅在佛罗伦萨画的《纺纱圣母》，画的是幼时的耶稣把小脚伸进盛毛的提篮里，他笑着，调皮地抓住纺锤，要把它从母亲手中拿去。这幅作品在米兰引起了轰动，达·芬奇接到了大量的订货。

　　达·芬奇几乎忙不过来，连总督也请他为自己画肖像。几个月假期很快就到了，总督写了一封信，派人送到佛罗伦萨，信上说："我们还需要达·芬奇在这里工作一段时间，因此，请给达·芬奇无限期延长假期，使他能在米兰再停留一些时间。"

　　佛罗伦萨的执政官看到这封信后，大发雷霆，骂达·芬奇是"米兰骗子"。

达·芬奇曾在米兰生活和工作了十多年,佛罗伦萨有些官员对此很不满,说他对故乡缺乏爱恋,现在,更多的责骂声向达·芬奇飞来。

这种情况下,达·芬奇不能回佛罗伦萨,只好继续留在米兰。统治者总是把他当作仆人一样,要他尽可能地为自己的利益服务,并且为此钩心斗角,这是达·芬奇晚年漂泊的主要原因。他的心情变得十分沉重。

1513 年 9 月,由于米兰的局势动荡不安,达·芬奇带着弟子从米兰动身往罗马去,结束了他的"第二米兰时期"。但罗马的情形也好不到哪儿去,如果不是弗朗西斯科继承了父亲的遗产,拿钱帮助他的话,他可真要揭不开锅了。

第二年夏天,达·芬奇害了一场疟疾,这是他一生中第一次生重病。他不让徒弟们去请医生,唯有弗朗西斯科在床前照顾他,竟使他的病好转起来。达·芬奇非常喜欢这个小徒弟,他觉得是上帝派了这个孩子给他,做他的最后的朋友,做他的守护天使,安慰他的无家可归的老年生活。

这时,罗马教皇向达·芬奇预订了一幅小画,他却在想着研制一种永久性颜料。他的伟大作品《最后的晚餐》颜色逐渐变暗、发霉,使他决心发明一种色彩鲜艳持久的颜料。他和徒弟们全都投入了这个工作,日夜不停地进行试验。

达·芬奇在罗马陷入困境时,法国国王给他发来了邀请信。法王带兵出其不意地攻下了米兰,要举行一个盛大的庆祝会,请达·芬奇去参加筹备工作。

庆祝会举行那一天,一只威武的机器狮子出现在大殿上。它一步一步地走着,走到国王面前停下来,后脚直立,前腿高高地跃起。只听"哗啦"一声,它的胸前开了一个洞,一束鲜艳的百合花落在国王面前。顿时,全场掌声雷鸣,庆祝会达到了高潮。

这个机器狮正是达·芬奇制造的,他的声誉得到了很大的提高。大街小巷中,到处都有人在谈论达·芬奇和他制造的机器狮。

最后归宿

法王决定聘请达·芬奇,给他 700 块金币的年薪,并拨了一个小城堡给他住,达·芬奇接受了。1516 年初,他带着徒弟们离开米兰,前往法国,这一年,他已经 64 岁了。

达·芬奇的身体已经很衰弱了。每天下午,弗朗西斯科扶着师父走出门去,沿着幽静的小路走进树林深处,找一块石头坐下来。弗朗西斯科躺在草地上,读书给他听。在大自然的美景中,达·芬奇仍在不倦地思考着人和自然,他说过:

"人不是玩偶,大自然应该躺在他脚下。人本身就是大自然的一部分。人的生活,就是同大自然斗争,人得作很多努力,才能成为大自然的主人。"

其余的时间里,他仍旧待在画室里,画一幅《施洗约翰》。他感到了生命的紧迫,抓紧时间作画。

一天,达·芬奇正在画室里工作,听见窗外传来了脚步声和说话声。他对弗朗西斯科说道:"不要放人进来,什么人都不许进来,听到了吗? 你去告诉他们,我害病或者出门去了。"

弗朗西斯科来到大门,准备挡住那些不速之客,但他惊呆了,来人正是带着几个随从的法王。他一见国王,就恭恭敬敬地鞠了一躬,开门让他们进来了。

国王走进画室,达·芬奇也吃了一惊,差点来不及遮盖立在《施洗约翰》旁边的那幅画了。以往每次有人来,他都仔细地把那幅画遮盖起来,还没有其他人知道这幅画画的是什么。

国王穿着一身华丽的衣服,达·芬奇要依照礼节下跪,国王伸出手阻止了他,自己反而向达·芬奇鞠躬,还友好地拥抱了他一下。

"好久不见了,达·芬奇先生,您好吗?有什么新画吗?"国王问道。

"身体不大好,还没有画完。"达·芬奇指着那幅"约翰"像说,同时伸出一只手想把旁边那幅画推走。

"这是什么?"国王指着这幅画问。

"一幅旧画,没什么,陛下。"

"让我看看,您的画,每一幅都是好看的。"

达·芬奇犹豫起来,这时国王的随从走上前,把遮布揭开了,露出蒙娜·丽莎夫人的肖像。达·芬奇的眉头皱起来了。

"真神奇啊!"国王叫人拿过一把椅子坐下,看了半天,终于像从梦中醒过来一样,说道:"这个女人真美,我恐怕还没见过这样美的女人,她是谁呀?"

"蒙娜·丽莎夫人,佛罗伦萨人,她……已经去世了!"

"陛下,"旁边一个随从插道,"听说达·芬奇先生这幅画画了许多年,还没画好,至少他自己说还要继续画下去。"

"什么?还没画好?"国王吃了一惊,差点从椅子上跳起来,"还有什么没画上去的?她就跟活的一样,只差会说话了。"

国王又打量了一番画,对达·芬奇说道:"这两幅画我都要买,《施洗约翰》和《蒙娜·丽莎》,您开个价吧!"

"陛下,"达·芬奇小声地说道,"这两幅画确实都还没画完,等我……"

"不对,《施洗约翰》还没画完,我可以等着,可这幅《蒙娜·丽莎》,您再不要碰了,她已经很美了,我要马上带走,你只管开价,放心吧,我是不还价的。"国王大声说道。

达·芬奇沉默着,《蒙娜·丽莎》是他一生中最宝贵的,无论如何也不肯卖出去,可他怎样向国王解释呢?

国王以为达·芬奇不开口,是怕开出的价钱不合适,就自己开了个价钱:

"四千块金币怎么样?达·芬奇先生,大概够了吧?"

几个随从一阵交头接耳,露出非常吃惊的样子,在这以前,还没有人出这样高的价钱来买一幅图画。

达·芬奇更加说不出话来了,慌乱得几乎要给国王跪下去,但国王却以为达·芬奇同意了,就站起来要走,还再一次拥抱了达·芬奇。

到了夜里,达·芬奇叫上弗朗西斯科,举着火把,匆匆赶往国王落脚的地方。他已经下了决心,不能让这幅画离开自己的身边。

见到国王后,他直截了当地说道:"陛下,我请求您一件事,不要从我那里拿走《蒙娜

·丽莎》。我答应您，这幅画是您的，钱嘛，我不要，只请求您准许它再跟我一段时间吧，直到我死的时候……"

留住了《蒙娜·丽莎》，达·芬奇松了一口气。他终生没有结婚，进入晚年后，每时每刻都在想念着心中的她，一个有着神秘的微笑的女人，一个或许会在天国等待着他的女人。

随着时间的流逝，达·芬奇的身体一天比一天衰弱，他继续工作着，思考着。他的一生探索了人类知识的许多领域，尤其是在科学和艺术方面做出了空前的成就，现在，他像一个哲学家一样思考着：

"白天过得好，夜里睡觉也安稳；同样，一生活得充实，死时也平静。"

现在，他感到平静吗？不，他觉得自己还有许多事没做完，连《施洗约翰》都还没最后完成，更别说从前的许许多多事情了。要是还有精力，他一定会夜以继日地工作，思考宇宙间的一切秘密。

一天夜里，他做了一个梦，梦见自己还没有死便被人埋葬了，在地下醒过来，不能呼吸，拼命地拿双手去推棺材盖。第二天，他叮嘱弗朗西斯科，他死后要在床上放三天，才可埋葬。

他生病了，他知道，自己最后的归宿就要到来了。

他开始整理自己的笔记，那里面记录了他一生的观察和思考的结果。他知道，里面写下的发现可以缩短人类几百年的研究工作，可以改变人类命运，同时他又明白，这项整理工作自己也无法完成了。他觉得自己好像永远在开始，又永远无法完成。

达·芬奇的绘画是他留给后人的主要成就。在科学方面，他一生勤于思考和探索，有过无数的发现和构想，都记录在他的笔记里，在当时没有引起人们太大的注意。直到19世纪达·芬奇的笔记公诸于世，人们才开始重新认识达·芬奇，才知道他在人类科学的许多领域里都有杰出的发现。近代科学上的许多发明，其实在达·芬奇那里都得到了预见，并有了一定的研究结果。

他开始立下遗嘱，他的一切书籍、科学仪器、机器、手抄本，以及王室欠他的薪水，都赠送给他最亲爱的徒弟弗朗西斯科；城堡里的家具和半个葡萄园赠送给跟随他多年的老仆人，还有半个葡萄园赠送给他的另一个徒弟。1519年5月2日，达·芬奇躺在病床上，头枕在徒弟弗朗西斯科的手臂上，停止了呼吸，享年67岁。

达·芬奇这个名字，将在世界艺术史和科学史上永放光彩！

古典主义音乐作曲家

——莫扎特

人物档案

简　历：古典主义时期奥地利作曲家，维也纳古典乐派代表人物之一。1756 年 1 月 27 日出生于奥地利萨尔茨堡，天生就喜欢音乐，青年时期开始歌剧创作。1791 年 12 月 5 日卒于维也纳，终年 35 岁。

生卒年月：1756 年 1 月 27 日～1791 年 12 月 5 日。

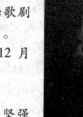

安葬之地：维也纳圣·马克斯墓地。

性格特征：天真活泼，机智幽默，独立不羁，坚强不屈。

历史功过：西方音乐史上公认的最伟大的音乐家之一，与海顿和贝多芬共同将维也纳古典主义乐派的成就推向顶峰。最出名的歌剧是《费加罗的婚礼》《唐璜》和《魔笛》。

名家评点：慕尼黑的《德国年谱》记下了这样一段话："如果莫扎特不是在温室中成长的花朵，他一定会成为历史上最伟大的作曲家之一。"

天才嗜好

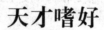

莫扎特 1756 年 1 月 27 日生于奥地利的山城小镇萨尔斯堡，起名为沃尔夫冈·阿马德乌斯·莫扎特。他 3 岁开始学钢琴和小提琴，5 岁涂鸦时竟写出一首钢琴协奏曲，6 岁随父亲赴英、法、德等国旅行演出，一时轰动了全欧洲，8 岁就写出第一部交响乐曲。

由于莫扎特是个天生就爱好音乐的孩子，所以当他 5 岁时提出要和成人一起拉完六首小提琴三重奏曲子时，父亲也只能答应了。

1758 年的一天，不知是因为地处山城还是这一天太阳特别明亮，萨尔斯堡小城像镀了一层金黄色，让人感到特别心旷神怡。一位年约 40 的中年男子从洛赫尔广场散步回来，正朝着自己所住的公寓走去。那是一栋五层楼的分租公寓，整个公寓建成方形，而中间是一片草地。整幢公寓的外表刷成了米黄色。这天,在和煦阳光的照射下,更显得金光闪烁,连这位男子心中也涌起了一种自豪感。

一个8岁小女孩身后的长辫子飞舞着,嘴里嚷着"爸爸,爸爸"向这位中年男子跑来。

突然,那位男子停下了脚步,把目光从女儿身上移开,并抬起了头,注视着公寓三层楼那三扇正对着洛赫尔广场的窗户,可女儿在身边,家里怎么传出悦耳的钢琴声?他也顾不上女儿,飞快地向家中跑去……

再说屋里那个3岁的小男孩,脑袋出奇地大,漂亮的金发下是一个宽阔的前额,一双从容的蓝色大眼睛特别逗人。他就是莫扎特。比他大5岁的南内尔当时正在学钢琴。每当悦耳的琴声从姐姐的手指间流出时,在地板上玩积木和小汽车的莫扎特就会松开手中的玩具,慢慢地把脚步挪到钢琴旁,站着听上好一会。有时等姐姐走了,他还会在琴上按上几下。

那一天,莫扎特看到姐姐弹完琴到下面去玩耍了,就坐上了琴凳弹了一个三度和音。那声音是如此动听,莫扎特高兴得咯咯地笑起来了。但他毕竟太小了,双手要举在头上弹钢琴,于是,莫扎特跑到爸爸的书房里,从胡桃木做的书架上使劲抱出一本精装的图书,放到琴凳上,然后又拿了第二本、第三本。莫扎特扶着钢琴,爬上了琴凳,坐在厚厚的书本上。于是,琴声就传出了窗外。

爸爸跑进屋里看见莫扎特双脚在琴凳上悬荡着,心里什么都明白了。看到进门的爸爸和姐姐,莫扎特高声叫道:"姐姐,我们来弹一首二重奏,好吗?""你刚会弹出几个音符,就想弹二重奏,真是异想天开……"姐姐笑着说道。

这时,女管家特蕾莎嚷着吃午饭了,可莫扎特却久久地不愿从琴凳上跳下来……

莫扎特只是草草地吃了几口就离开了餐桌。然而,他并没离开厨房,他口中嚷道:"你们大家先别走开,我来给你们表演一个节目!"于是,他拿过十几个杯子,并在里面装上了多少不等的清水,然后拿起一个钢叉,在杯沿上敲打起来。说来奇怪,那杯子伴着钢叉的颤抖,一曲莫扎特刚才弹过的钢琴练习曲竟又从杯沿上跳跃起来,而且那声音是如此美妙,如此动听。

莫扎特的父母利奥波德和安娜·玛丽亚是萨尔斯堡最漂亮的一对夫妻。利奥波德是萨尔斯堡宫廷乐团的小提琴手,以后又成为宫廷作曲家和歌咏队副指挥,而且还著有音乐理论书籍。他37岁时,也就是莫扎特出生那年,还出版了《小提琴演奏的基本原则》一书。

利奥波德夫妇生过7个孩子,而7人中有5个却夭折了,只剩下1751年出生的南内尔和最小的莫扎特。利奥波德的工作决定了他对音乐的偏爱。而奥地利人又有一个共同的嗜好,在他们眼中,音乐是第一位的,而上帝则是第二位的。正因为有了这三个因素,所以利奥波德更想把两个仅存的孩子培养成音乐天才。

利奥波德知道,光把孩子教成一个演技非凡的神童并非难事,而要把儿子培养成具有创作能力的音乐家却是很困难的。利奥波德要莫扎特从小树立不要让技巧妨碍流畅的思想,不要因为成功而自我陶醉,只有虚怀若谷的人才知道自己的真正价值。不要由于失败而退步不前……在父亲的指点下,莫扎特全身心地投入了音乐世界。

一天下午，做完祈祷的利奥波德回到家里发现家里怎么听不到钢琴声了，这真是有些破例了。他急急地推开了门，只见莫扎特在父亲的写字桌前坐着，手里拿着鹅毛笔，桌上铺着五线谱，墨水瓶里的墨水已经用完，而莫扎特的脸上手上全是墨水。"你在做什么呀？"父亲故意不解地问。

"写钢琴协奏曲！"莫扎特自豪地回答。

"哟，写钢琴曲，而且是协奏曲，你把曲子写在五线谱上还是写在脸上啊？"父亲又问。

莫扎特似乎没听见父亲的戏言，一边用沾满墨水的手拉着父亲往钢琴边走，一边说道："这曲子很难，所以叫协奏曲，我弹给你听听！"琴声响了起来。

利奥波德拿过五线谱，只见满纸涂鸦，但仔细看下去，却发现曲子不仅符合创作的规律与要求，而且有充实的内容，真像莫扎特所说，很难，因为曲子里有很深的演奏技巧。

看着看着，父亲的双眼睁大了，泪水在他的眼眶里滚动，他太激动了："这孩子真的写出了一首协奏曲，而且一般的人很难演奏它！"

"对，这叫协奏曲，所以难，但练得熟练了就不难了。"莫扎特用大人的口吻一本正经地说道，惹得父亲哈哈大笑起来。

姐姐知道这事后，把弟弟最初的创作手稿保存了下来。

莫扎特的童年生活是愉快的，无忧无虑的。他像小天使般在亲人身边跳来跳去。他非常听话，又很温顺；他非常可爱，又很聪明，所以谁见了他都很喜欢他。在莫扎特的童年生活中，从来没有为了达到某一种目的而撒娇，或是在地板上跺脚、狂叫。只要莫扎特在家里，窗户里总要飘出阵阵钢琴或小提琴声。有时音乐停止了，这是莫扎特在学习简单的数学，有时则在"作曲"。

1761 年 9 月，也就是莫扎特 5 岁的时候，莫扎特已经受人邀请而开始了"演出生涯"。

当时，萨尔斯堡中学为了庆祝年终而排演了一台节目。这台节目需要 150 名孩子同台演出，而莫扎特就是其中之一。虽说这种演出也许只是让孩子在台上热闹一下，但作为父亲的利奥波德却非常重视这种让孩子参与能吸引公众注意力的活动，而且这种活动能给孩子以一种艺术熏陶。

利奥波德看到了莫扎特罕见的音乐天才，在经过一段时期的培养以后，他开始考虑一个旅行演出的计划。这种计划有两方面的考虑，一是可以让孩子在旅行演出中提高演奏的技巧，二是可以让孩子早日出名。因为一个 6 岁的孩子的旅行演出极易引起轰动，而孩子只要在慕尼黑等地一出名，消息很快会传到萨尔斯堡，这样又可以有两方面的收益：一是孩子出了名，今后的生活就不用愁了；二是孩子的出名，无形中提高了父亲在大主教西吉斯蒙德面前的地位。这对父亲在宫廷乐团中的地位是很有影响的。于是父亲正式决定，让孩子到慕尼黑、维也纳等地开始旅行演出生活。

1762 年 9 月利奥波德的更大的计划就要实施了。

维也纳是奥地利的首都，由于这里的人们特别喜爱音乐，所以历来有"世界音乐之都"的美称。加上赫贝尔斯坦和帕尔费伯爵已在首都为这两个神童做了最直接最见效的宣传，所以整个维也纳的上层社会都急切地盼望早日一睹小神童的风采。首次的宫廷演出之后，莫扎特成了宫廷中的常客，他与同龄的王子公主成了好朋友。他们经常在宫廷后院的草坪上打羽毛球,玩转轮子游戏,还在假山花丛中捉迷藏。

莫扎特姐弟俩在宫廷的成功,立刻在贵族中刮起一阵旋风,大家争相邀请莫扎特到家中演出,并以邀请到的先后及排场的大小来比阔气,这真使利奥波德的大口张开得无法合拢了。

街头卖艺

应该说,除去莫扎特患猩红热之后的一段经历,维也纳的旅行演出是极其成功的。

在这一段时期里,利奥波德已在千方百计地搞一些能晋见小王朝统治者的推荐信,他知道,有了上层社会的推荐信,他就能被皇族贵族所召见。召见以后,凭着莫扎特姐弟的天才,他就可能得到有力的资助。那么,更大的成功和赏赐也就随之而来了。认识到这一点,利奥波德每次搞到推荐信,总把它们与皇族的赏赐珍藏在一起,以备日后之需。

在一切准备就绪之后,考虑到贵族通常在夏天离开首都,利奥波德于是选择了一条去乡间拜访他们的路线,并于1763年6月9日,开始了第三次旅行演出的生活,这次的最终目的地是巴黎。

父子二人在大街上漫步。经过几天阴沉多雨的讨厌天气之后,天空放晴了。利奥波德深情地欣赏着在狭窄的街道上行驶的一种华丽的敞篷四轮马车,上面坐着的王公们个个穿得阔绰,女士们人人打扮得时髦。他弄不明白,如此的豪华摆阔怎么能与这有损健康的污秽、积垢的街景协调一致。比较而言,萨尔茨堡要比这里干净多了。

从他们到达之日起,迄今没有人争着邀请他们。他一面在等待时机,一面鼓励孩子们要勤奋练习。他没有必要让孩子们为此而感到焦虑不安。尤其对莫扎特来说,他应该在乐谱前度过一生,并努力在音乐中找到快乐和消遣。

孩子越来越迷上了作曲。对他父亲给他的乐曲——尽管为了不引起他的不满,而绝口不说——他从内心觉得它们太平淡乏味和太陈旧了,他渴望得到新的乐曲。他请求王公们或者是相识的作曲者们给他提供主旋律,以便能够围绕这些主旋律像雕石琢玉般地精心推敲出小的曲子来。他对新的音乐很感兴趣,沉迷于对一个名叫约翰·舍伯特的德国人的作品的研究学习中。这个德国人把创新的想法,充满诗情画意的激情,以及忧伤的情感,在他的音乐中发挥得淋漓尽致。这种迷恋令利奥波德大为不快。

"这是恶劣的作品。"利奥波德大声申斥着,"相信我,孩子,如此失败的作品是没有前途的。你要记好,作曲是为了乐趣,而不是为了寻求刺激或引起轰动。这个舍伯特!真是一个下流坏……"

莫扎特仍然私下里偷偷地喜欢他。利奥波德的心情变得忧郁起来。他们长途跋涉到巴黎来,难道是为了吃闭门羹。他开始寻思是否直接去伦敦更为明智一些。日复一日没有独奏音乐会,使他们的积蓄日渐减少。小玩意儿、表、画像、鼻烟壶抵了他们平日工钱,可是这些东西在放债人那儿根本就值不了几个钱。

回到德·巴维耶尔大使临时给他们安排的位于郊外的鱼贩街的住处后,利奥波德看到了一份由信差送来的报纸。读着这张报纸,他露出了微笑。他的同胞梅尔基奥尔·冯·格里姆男爵,奥尔良大公的秘书,一份办得很成功的文学杂志"论坛"栏的撰稿人,他在报上写道:

"真正的神童是比较少的。萨尔茨堡的王宫诗班领班莫扎特先生带着他的两个孩子刚刚抵埠。他的十一岁的女儿弹管风琴的指法非常出色。而她的弟弟,只有七岁,更是一个难得的奇才。最难弹奏的曲子对他来说都算不了什么。难以置信的是,看他一丝不苟地认真演奏一个小时,并通过对他的才华的认识,便能感悟出令人陶醉的乐思。他谱写乐曲轻松自如,既不需要走近管风琴,也不需要和音。"

冯·格里姆的文章终于招来了举荐和邀请。其中就有来自国王路易十五本人的,是请他们在圣诞节期间去凡尔赛宫演出。一种难以描述的自豪——同时也是一个最大的慰藉——攫住了利奥波德的心。他终于达到目的了。在得到此殊荣之后,毫无疑问,整个巴黎都全争先恐后地来来聆听他的两位小天使的演奏了。

凡尔赛!让人眼花缭乱的凡尔赛!欧洲何处还会有这样的王宫?这是古典建筑艺术的名副其实的交响曲。

莫扎特和南内尔被眼前的豪华排场惊得张大了嘴巴。路易十五国王彬彬有礼、宽宏大度,王后非常和善,始终以极大的兴趣在欣赏他们的演奏。

像利奥波德所预料的,这次演出给他们带来了期待已久的名声和声誉。各个沙龙争先恐后地请他们演出。利奥波德,作为细心的管理人,懂得从这声誉中最大限度地获取所有的利润。有史以来第一次,莫扎特的四首管风琴奏鸣曲被印刷出版了。可是,又该上路了。

1764年夏,伦敦也开始充满了好奇地接待莫扎特一家了。他们很快便被邀请到白金汉宫进行演出,国王乔治三世和王后对莫扎特赞不绝口。上层社会的名流、显贵们十分怀疑,认为这是一出闹剧。一个八岁的小童能对一切过目成诵,能不加区别地为小提琴、管风琴,甚至管弦乐队作曲,这太不可思议了,绝对地不可能!但是他们不得不屈服于事实,莫扎特的情况没有任何商业上的欺诈,而且他们很快被这个可爱的、朴实稳重的小男孩征服了。

后来,他们与巴赫相遇了,并且他们相处得很融洽,并经常联袂为社会名流们演出。

很快十五个月过去了,他们要启程去海牙了,在路上姐弟俩都生了场大病,不过他们逐渐地恢复起来了。

他们决定,最终还是可以去阿姆斯特丹,因为那里大家都在等着他们。他们在那里举行了多场音乐会,赢得了赞颂,受到了热烈欢迎,甚至还挣了一点钱。

利奥波德明白,此次大胆的远行应该结束了。更何况他的主人,希基斯蒙德王爷已经很不耐烦地催促他们回去了。这次的冒险旅行并没能使他获得惊人的利益,但是,至少,他儿子的名字已经为全欧洲所知。他期待凭借这人所共知的声誉,说服他的主人,把唱诗班领班的位子委任给莫扎特。

他当即决定荷兰是最后一站,完事就带着孩子们踏上返乡之路。

在经过荷兰的时候,那品种繁多的郁金香使莫扎特姐弟大开了眼界。

1766 年 11 月 15 日,莫扎特一家踏进了慕尼黑市区。选帝侯想知道相隔三年后的莫扎特到底又变成怎样的孩子了,所以致函相邀。莫扎特一家在选帝侯家进餐时,选帝侯故意很随便地哼了几小节旋律,而且他知道这时的莫扎特正在与新朋友聊天呢,选帝侯然后对莫扎特说:"你能马上用我刚才哼的旋律谱成一曲吗?""那就让我试试吧,尊敬的殿下。"莫扎特随即用侍从拿来的纸笔在一边谱写起乐曲来,只转眼工夫,莫扎特已经把乐曲写成。

选帝侯接过乐谱,仔细地看了看,然后对利奥波德说:"你以这个孩子为傲是完全理所应当的!"然后,选帝侯要侍从把他所钟爱的一些陶艺品拿出来,对莫扎特说:"这些陶艺品是东方的友人送给我的,我很喜欢,今天我很高兴,请你挑一个留作纪念吧!"从这以后,利奥波德珍藏的值得骄傲的赏赐中就又多了一份东方的瑰宝。

打响罗马

意大利是人们熟悉的从中南欧向东南伸入地中海的形状像一只大皮靴似的多山的岛国,岛上的维苏威火山和比萨斜塔在世界上都享有盛名。从 13 世纪开始,该国就成为西方世界的文化中心,其中特别是她的音乐,已成为世界音乐成就中的塔顶。当时的人们已形成一个共识,只有在意大利的大城市中受过音乐训练并获得成就的人,才能被承认为真正的音乐家。

当时,世界上所有著名的音乐家、歌唱家可以说都是意大利人。如果不是意大利人那也是由意大利所培养的,如果不是意大利所培养的,那至少也是在意大利出名的。利奥波德就是想让莫扎特至少在世界音乐天堂的最顶层打响并大放异彩。

所以在莫扎特结束三年的德国、英国、法国、荷兰等地的旅行演出之后,爸爸又在故乡认真地让孩子学习了对位法,并把巴赫、亨德尔、哈塞和埃贝林的作品作为范例,认真研究,反复模仿。这样大约学习了两年的时间。

1767 年 9 月,莫扎特 12 岁的时候,那不勒斯年轻的国王将和玛丽娅·特蕾莎皇后的女儿玛丽娅·约瑟夫结婚,他们邀请莫扎特一家前往出席婚礼的庆典活动。利奥波德认为这是一个不能错过的千载难逢的好机会,就决定第二次去维也纳。但上路后第一天在高桥街上的旅馆过夜时,有人就告诉他们说维也纳正在流行天花,这是一种由病毒引起的烈性传染病。这种病传染性猛烈,病势凶险,会出现全身性中毒症状。初时皮肤出现斑疹、丘疹、疱疹,以后化脓直至结痂脱痂。在化脓期间,往往并发肺炎、衰竭、血压下降等症状,因此此病的死亡率很高。最有效和简单的方法就是预先接种牛痘。由于孩子最容易传染上天花,所以有人又对利奥波德说,应该让孩子马上去接种牛痘。但利奥波德却说:"我两个孩子的健康已经委诸于神的恩惠,我在上路时已为他们祈祷过了。"他们又出发了。

第二天,从维也纳过来的朋友告诉利奥波德,要做新娘的公主玛丽娅·约瑟夫也得了天花于日前去世了。但皇后又把次女玛丽娅·卡罗莉娜嫁给新丧爱侣的新郎,所以还是等着莫扎特的到来。但谁能想到,当天晚上,莫扎特就发起了高烧,双手冰凉,全身发起抖来,还不停地讲呓语,当地教堂长老会会长听说莫扎特得病了,立刻把他们接到教堂里住下了。莫扎特的眼睛也渐渐失明了,这可是件令人焦急万分的事情啊,于是爸爸又不断地用教堂里的圣水为莫扎特洗眼睛。八天以后,南内尔也得病了,也不能用眼了。他们只能躺在床上,轻轻地哼些乐曲,用音乐驱赶着身上的病魔。

也许是孩子长期的旅行生活有了一定的免疫能力,也许是教堂的祈祷和圣水的魔力,加上孩子们用音乐调整了自身的活力,几个星期之后,两个孩子竟奇迹般地康复了,而且只是视力受到些损害,其他什么病症也没留下。

1768 年 12 月 23 日,莫扎特一家来到了维也纳。当两个孩子重新迈入宫廷时,他们再也不是当年那种什么都新奇,什么都不懂的山城孩子了,他们的步伐是那样地老练,他们的目光只看着前方……

不久,约瑟夫二世让莫扎特为歌剧剧本《装痴卖傻》(K.51)写音乐总谱,莫扎特很快就完成了。有人见莫扎特把总谱写得有板有眼,怀疑这本来就不是小孩子的作品,就认定这是一对父子骗子。而且当时的维也纳歌剧院里明争暗斗,乐团演员去听一个乳臭未干的孩子的指挥,这不明显是降低自己身价的事情吗?所以当时维也纳的整个音乐界竟会掀起巨浪,抵制这部歌剧的演出。

约瑟夫明明知道这个歌剧总谱写得不错。因为莫扎特已在伦敦受到巴赫和曼佐利的指点,已经能写出像样的歌剧了。约瑟夫也明明知道,这是音乐地狱动员了一切力量,企图阻止一个孩子的天才得到普遍的承认,但迫于他当时尚未牢牢地控制住维也纳的艺术界,所以当利奥波德向其发火时,他也没有摆出理由,只是让剧院经理阿弗利乔付给利奥波德 100 个金币作为赔偿。就这样让这场在维也纳掀起一场轩然大波的事件平息了。

然而,有人把这一切都看在了眼里,而且感到非常地气愤,并力图帮助莫扎特。著名医生安东·梅斯梅尔大夫为了安慰莫扎特,特意出资让莫扎特谱写一出小歌剧——《巴斯蒂恩和巴斯蒂娜》。当莫扎特很快完稿后,梅斯梅尔又在他自己的私人剧团里为歌剧的演出提供了经费和场地。

不久,《装痴卖傻》的风波让故乡的西吉斯蒙德大主教知道了,他感到这出歌剧应该上演。于是让《装痴卖傻》在宫廷歌剧院上演了,并任命莫扎特为宫廷的"乐队指挥"。尽管这是一个较低的空有其名的职位,他只是常常要应召谱写些教会音乐,但这对莫扎特来说,却有了一个较早的接触教会音乐的机会。

1769 年 12 月,莫扎特跟随父亲由米兰向南进发,直插意大利半岛,而南内尔则留在了故乡。

来到罗马,利奥波德与莫扎特在一个星期三的下午去瞻仰西斯廷教堂。

西斯廷教堂是罗马 16 世纪 20 年代时期的最杰出的瑰宝,人们除了赞赏她的建筑之外,更惊叹于她的壁画。

西斯廷教堂中的礼拜堂是人们最常到达的地方,它的天顶总共有一千多平方米,天顶上面的画以旧约《创世纪》为题材排列而成。组画共分三组:叙述世界的创造;叙述人的堕落;叙述诺亚的故事。组画两侧各有 6 个高 280 公分的先知和巫女。

这些画是著名画家米开朗基罗花了 4 年 3 个月,每天爬在 18 米高的脚手架上,仰着脖子完成的。当杰作完成之后,他的颈椎已经向后变形,看书时只能把书放在身体的正上方才能阅读,而他只有 37 岁的人却已形如老翁。他那宏伟壮丽的组画让整个罗马为之轰动。人们感谢上帝让米开朗基罗与他们生活在同一个时代。

欣赏着那一幅幅形象逼真的画面,莫扎特赞叹着罗马艺术的伟大。突然,教堂里传来一阵悦耳的歌声,那是教堂唱诗班正在演唱著名的多声部赞美歌《愉快的圣咏》。这不正是莫扎特奉若神明、梦寐以求的乐曲吗?莫扎特多么想把曲谱借来一睹为快。然而,按照教规,教徒和演唱者是不得将圣咏的任何一部分带出教堂的,否则将立即遭到教会的驱逐。

这时的莫扎特,再也无心去欣赏宏伟的教堂,只是紧张地、全神贯注地倾听着唱诗班的演唱,表面上如同发呆的莫扎特却把每个音符都镌刻在他的记忆中了。圣咏一结束,莫扎特父子就急急地赶回旅馆,莫扎特迅速地找出纸笔,然后坐在桌子前,把整个《愉快的圣咏》乐谱全默写出来了。隔了一天,正好是星期五耶稣受难日,莫扎特又来到西斯廷教堂,再仔细地聆听了一遍《愉快的圣咏》,他发觉有两个地方的音符错了,而其余则完全准确。从此之后,这个"绝密的"从不外传的秘曲就再也不是什么秘密了。

这一奇迹成了当时人们的美谈,莫扎特也为此事感到得意。

命运多舛

应该说,莫扎特在意大利的成绩是喜人的,而且,在这一年不到的时间里,他还学习了意大利很多优秀歌曲的作曲方法和音乐知识,这对他的创作都将产生很重要的影响。这时,菲尔米安伯爵请莫扎特为米兰的宫廷庆典创作一部歌剧,莫扎特欣然应命。

1770 年夏末秋初,莫扎特把大部分时间用来谱写宣叙调,然后把乐谱寄给了米兰的导演。导演对莫扎特的乐谱非常满意,随即,莫扎特父子于 10 月 18 日来到米兰,准备完成歌剧《海洋之王,莱特里达特》(K.87)。由于莫扎特这时已受到了意大利歌剧的熏陶和名师的指点,再加上他已有过创作小歌剧的经验,所以写作进行还很顺利。但由于这个歌剧反映的是古代的一个悲剧,所以谱写乐谱必须进入感情,这甚至影响了他的情绪。莫扎特在创作中有时沉入了深深的思考,这时,他就又会写些家信以调节自己的情绪。莫扎特的烦恼和祈祷是有道理的,因为他要用音乐的音符达到叙述故事情节的目的,还要用音符表现出人们的对话,有时甚至要和剧中人说话吟诗的韵律相一致。

啊!终于完稿了,这是莫扎特真正掌握歌剧创作技巧后的第一部作品,也是他的即将正式上演的第一部歌剧,人们可以把这部歌剧看作是莫扎特歌剧创作上的处女作。这一炮到底能否打响呢?作者和音乐爱好者都翘首以待。

舞台上的大追光灯亮起来了,它首先照在饰有花纹的绛红色幕布上,帷幕渐渐拉开。追光灯又慢慢地照向舞台的一侧,一个矮小的身影向舞台中央走来,追光灯尾随着追向舞台中央。当那个身影刚刚站定,舞台上万盏灯火齐放光明,啊,那是个小孩,是个尚未成年的少年,那不是莫扎特吗?今天的首场公演难道让这个孩子担任指挥吗?喔,是的,一点也不错,莫扎特不但上台担任指挥,而且接受他指挥的是大名鼎鼎的意大利乐队。剧场里响起一阵热烈的掌声。

演出开始了,人们被剧情和音乐所陶醉,当演员每唱完一段时,台下就发出一片欢呼,有人狂喊:"大师万岁!"有人则把身上所喜爱的东西掷到台前。剧场里天天都是这种情景,这个歌剧连续演出了20场,场场满座。"大师万岁"的欢呼声也随着20场的演出,回响在剧场的上空。

莫扎特的歌剧,还使那些一向比较贫困的乐谱抄写员乐得合不拢嘴来。因为演出一旦成功,来自各方的人士就会索要歌剧的乐谱,那么抄写员就得拼命地抄写乐谱,然后是出卖、分送给各方人士,最后,他们这一次的所得竟比乐队指挥还多。这真是一个奇迹啊!

1771年,莫扎特在米兰创作了歌剧《路齐奥·西拉》(K.135),这出歌剧细节安排巧妙,乐曲配器丰富饱满,成为莫扎特歌剧创作中的一个里程碑。

这年8月,奥皇后的儿子费尔丁南德大公看到莫扎特音乐有成,但职位却卑微,就提议想聘请莫扎特为宫廷作曲家。但他的母亲玛丽娅·特蕾莎却很耿直,她对四处宣传小神童的莫扎特的父亲的做法非常反感,她痛恨那种四处攀结贵族的商贾作风,那种把儿子当作商品推销给各王侯的做法,因此她坚决不同意这一提议。皇后在信中说:那种"像乞丐似的在世界各地到处游荡的人,是会败坏宫廷风气的无益的人"。这使莫扎特错过了一次直接为宫廷服务的好机会。

然而,对莫扎特来说,他唯一追求的就是创作。这时,他在故乡完成了C大调弥撒曲"圣三位一体的祝日弥撒"。这使新主教非常满意。

1773年,莫扎特受海顿音乐的影响,做了6首弦乐四重奏曲。这时,莫扎特已先后创作了二百多部乐曲,然而,这对他来说,仅仅还是一个开始。

不久,莫扎特又在慕尼黑写出了歌剧《扮成园丁的姑娘》和《牧羊的国王》。

1775年1月13日,《牧羊的国王》在慕尼黑首次公演。这场公演之后,慕尼黑的《德国年谱》记下了这样一段话:"如果莫扎特不是在温室中成长的花朵,他一定会成为历史上最伟大的作曲家之一。"

1778年7月3日22点21分,莫扎特的母亲永远离开了他,母亲的去世使莫扎特悲痛不已。因为母亲是为了让自己去巴黎谋职业而陪着来巴黎的,她是在吃住和医疗条件都极差的情况下死在远离故乡的一个小旅馆里。莫扎特束手无策地一步步看着母亲走上死亡之路的,这使莫扎特心里更加难受。

母亲的去世,使莫扎特只身一人在巴黎谋生了,他的脑子里一下子要考虑的事情多了,他也一下子好像大了几岁,变得更懂事了。

旅行求职失败了,回萨尔斯堡又是无可奈何的,但莫扎特很害怕回故乡的时候,人们看到这个一事无成的年轻人回来了,都会从窗口伸出头来,指指点点地议论他。所以莫扎特在路过斯特拉斯堡的时候,就让堂妹陪着他回家乡,并给父亲写了一封很简短的信,他告诉父亲:"如果我的堂妹同意的话,我们将搭乘20日的快速驿车到家。"

利奥波德接到儿子的信，在约定的那天一早，他就早早地等在了山城的大路上，翘首盼望着儿子的归来。那是1779年1月的天气。北风在山镇上肆虐着，可父亲的心却是那样地热烈和急切。正在这时，利奥波德看到远处扬起了尘土，接着听到了马蹄的得得声，随后是马鞭的啪啪声，最后，随着车夫的一声吆喝，马车终于在身边停了下来。眼看着儿子和侄女从车厢里出来，利奥波德疾步地走向前，他刚一拥抱到儿子的身躯，就禁不住老泪纵横了。利奥波德想说些什么，但却一点也说不出来。

第二天，莫扎特就在父亲的陪同下来到了大主教的身边，他现在成为萨尔斯堡宫廷的正式雇员了，他将领取宫廷管风琴师的薪水。

任职当天，大主教就对莫扎特宣布了两条规定：第一，没有主教的允许，不得擅自离开萨尔斯堡；第二，没有主教允许，不得外出到任何地方演出。

从报到那天起，莫扎特就成了赫罗尼姆斯主教的仆人，每天清晨，莫扎特必须与仆人一起恭候在主教门前的走廊里等待分配一天的工作。吃饭的时候，莫扎特得和一帮他平时极其鄙视的宫廷乐师同桌，还有那些厨师、仆人和杂役也同桌进餐。莫扎特鄙视他们，倒并非是因为他们的社会地位低下，而是因为在这帮人中有不少是非常平庸、愚蠢、粗鲁的，所以莫扎特与他们坐在一起别说谈话的内容不同，就是吃的口味也截然不同，所以每当进餐莫扎特吃的谈得都很不高兴，就如同把他置于针毡之上。所以他拼命地干活，他写了大量的宗教音乐和许多交响曲，还写了一些钢琴作品，宫廷里规定要干的事情他都干了，而且有的还超额完成了。莫扎特似乎已经和萨尔斯堡人没有什么区别了，他也一样工作，他也一样参加消遣和玩乐，然而莫扎特只是在等待时机和消磨时间，他并不投入，也没热情。

一天，有个旅行剧团到镇上来演出，莫扎特就和导演埃马芬埃尔·席卡纳德尔聊了起来。那导演虽然很粗鲁，但却很有生意人的头脑。他看到莫扎特对音乐很内行，两人就一起尝试着创作一部东方情调的神话歌剧，这事虽然最终没能成功，但席卡奈德尔却与莫扎特结识了，后来他为莫扎特写作歌剧《魔笛》出了一份应有的贡献。

一天傍晚，利奥波德看到儿子非常高兴地闯进屋来，这使父亲感到很奇怪，因为儿子回到萨尔斯堡后很少有这样高兴的神情。莫扎特挥舞着一封来自慕尼黑的有选帝侯封印的信封对父亲说："选帝侯要我为明年慕尼黑的华年狂欢节写一部新歌剧，题目是《克莱塔之王，伊罗曼诺》（K.366），这是根据古希腊传说而改编的。克莱塔王伊罗曼诺自从特洛伊战争凯旋之后非常高兴，然而在归国的海上却遇到了暴风雨。为了平息海神的愤怒，伊多曼诺发誓，如果平安登陆，他将杀死他所遇见的第一个人而献给海神。誓言过后，海上果然平静下来了。但是，当伊罗曼诺上岸时，他遇到的第一个人却是前来迎接他的儿子。父亲当然不忍心亲手杀死儿子，他就设法蒙骗海神。海神发怒了，他让伊多曼诺成了疯子，最后伊多曼诺在疯狂中还是将儿子杀死了。莫扎特改编的新歌剧则按意大利歌剧的习惯，以幸福圆满来结局，他让海神宽恕了伊多曼诺，他的儿子也成了海神的祭司。"

1781年，为了去慕尼黑宫廷剧场首演《克莱塔之王，伊罗曼诺》，莫扎特向赫罗尼姆斯请假。不知是选帝侯的作用还是主教发了善心，莫扎特居然没碰到什么困难就去了慕尼黑。那年的 1 月 27 日,歌剧在慕尼黑首演成功,第一次显示了莫扎特对歌剧艺术的精深造诣和对于戏剧技巧及风格上的自信。

莫扎特天性文雅,与当时的传统和社会都很合拍,但也有灵魂的孤独,他原以为去向内侍索讨工钱是很正常的一件事,但内侍却只给了莫扎特很少的一点报酬,还争吵了一场。大主教闻声过来以后,凶狠地对莫扎特说:"你是我见过的人中最没有责任感的又是最不忠于职守的人,如果你再要争吵的话,我就终止支付你所有的薪水。就领取薪水的身份而言,你是一个多么不知羞耻而又低能的人呵!"

莫扎特与主教针锋相对。阿尔科伯爵见状,飞奔过来,一脚把莫扎特踢出了屋子,滚下了楼梯,莫扎特只觉得眼前一黑,就失去了知觉。这以后,莫扎特大病了一场。

然而,这一脚对莫扎特来说,却踢开了自由的生活,自由的创造,使他感到世界不一样了,他可以挺直腰杆了;这一脚,也踢开了维也纳的音乐之门,因为厄运虽然给人以无情的打击,但厄运也给人以抗衡无情打击的力量,莫扎特已经迈出了人生抗争的第一步,他不再能忍受人格的被侮辱。

莫扎特发誓,再也不回到萨尔斯堡宫廷中去了,除非让莫扎特踢回这一脚。

莫扎特这一年已经 25 岁了,现在,在人们眼中,已经是一个站直了的年轻人了,如果再回到主教身边,那么也就没有了莫扎特一生中音乐成就最辉煌的时期;如果再回到主教身边,那么也就没有了我们的莫扎特了。

歌剧创作

奥地利皇帝约瑟夫二世为了迎合人民的愿望,积极发展本民族的歌剧,1778 年他成立了维也纳民族剧院。有了剧院,当然要有新的歌剧,有人就来找莫扎特,要他创作一部新的德国歌剧。莫扎特就以土耳其的爱情故事作为素材,准备写作这部新歌剧《后宫诱逃》(K.384)。

想到此剧的成功,也就有了结婚的费用时,莫扎特工作更有劲了。

1782 年 7 月 16 日,德国第一部喜歌剧《后宫诱逃》正式上演了,而且剧中的女主角被允许定名为康施坦莎。前两次演出,剧场内嘘声不断,可他们还是压不过咏叹调演唱时观众的高声喝彩声,最后,那些阴谋者逐渐地散去,转而去危害别人了。

《后宫诱逃》的大获成功,使莫扎特又在考虑一个新问题了。为了所爱的姑娘,为了她的名誉,为了莫扎特自己的健康,为了摆脱父亲的管束,为了过上美满的家庭生活,结婚是势在必行的事了。然而父亲对莫扎特的哀求仍然是不理不睬,这使莫扎特也只能听其自然了。正当观众在欣赏着歌剧《后宫诱逃》,高兴地想向莫扎特贺喜时,可莫扎特早已来到了康施坦莎居住的神目旅店,莫扎特在窗下扔下了一颗小石子,然后把康施坦莎"诱逃"了。

1782 年 8 月 3 日莫扎特 26 岁时,他与康施坦莎订了婚约,婚礼在第二天,也就是 8 月 4 日,在维也纳的修德芳教堂里举行。由于莫扎特原先打算把结婚作为一种摆脱,但家里又都持不同意见，所以后来莫扎特把他的结婚称为"神目诱逃"，在写了《后宫诱逃》后不久于神目旅店"诱逃"了康施坦莎。原先那种忐忑不安的情绪，在"诱逃"成功后，一切似乎都平静了，而且还充满了亮色。

"神目诱逃"成功了，莫扎特对人说："我的新生活才刚刚开始。"

《后宫诱逃》成功了，莫扎特的名字在维也纳打响了，欢乐的黎明踮起了脚尖，已经站在雾漫漫的山头了。结婚似乎为莫扎特解决了一切困难，结婚确实也不失为一种灵丹妙药，莫扎特已经把阳光引进了自己幸福的小家庭。

1784 年，莫扎特和妻子康施坦莎从萨尔斯堡看望父亲，回到维也纳以后，也许是旅途给了莫扎特以灵感，他一到家就写出于他所有典雅的钢琴曲中最柔美的一首——两架钢琴合奏的 C 小调赋格曲（K.426）。这首钢琴曲写得真是如两位小情人在窃窃私语，让人感到一种难得的吸引力。也许正是因为作者自己也对此十分钟情，所以四年以后，莫扎特又把这首赋格曲改编成一首弦乐四重奏。而比莫扎特小了 14 岁的贝多芬当时就把这首曲子原原本本地抄录过一遍。那位被人称为"乐圣"的贝多芬为什么对莫扎特的作品那么偏爱呢？原来在贝多芬 6 岁时，曾到维也纳遇到过著名的音乐家莫扎特。莫扎特也已经注意到这个孩子的才能，并称赞勉励了小贝多芬，这使贝多芬对音乐更加痴迷了。

就在抄写莫扎特作品的当年，贝多芬风尘仆仆地从他的家乡德国波恩来到维也纳，来拜访他少年时就敬仰的音乐家莫扎特，而这时他自己也是一个成名的钢琴家了，那年贝多芬才 17 岁。

我们知道，歌德是一位伟大的德国诗人、剧作家和批评家。他一生创作各类剧本七十多部。他的《少年维特之烦恼》使他一举成名，他的《浮士德》使他留名于世，他的小说《威廉·麦斯特》表达了他晚年乌托邦式的社会理想和教育主张，这是一部能与《浮士德》媲美的另一部巨著。

还在歌德 14 岁时，他在母亲的陪伴下在法兰克福观看了 7 岁的莫扎特的演出。他曾入神地听着这个戴着涂了粉的假发、身挂佩剑的"小魔术师"的演奏。对艺术的热爱和成绩的突出，使歌德和莫扎特成了好朋友。1773 年，歌德准备取材 16 世纪的一个民间故事，写成诗剧《浮士德》。

歌德提出，应该让莫扎特来为此剧配曲。后来，歌德前后断续花了 60 年时间，才写完了全长 12111 行的诗剧，使歌德在那个时代就站在了反对封建桎梏，渴望走出书斋的高峰。该剧也因此被称为与荷马史诗、但丁的《神曲》、莎士比亚的《哈姆莱特》齐名的欧洲文学的四大名著。

1785 年，莫扎特看到了歌德的一首抒情诗《紫罗兰》。草原上生长着一朵美而壮丽的紫罗兰，一朵可爱的紫罗兰。而走来一位牧羊女，她轻盈的身体在草原上跳跃，手里拿着一只小竹笠，嘴里唱着歌。那紫罗兰想道，我将要成为世界上最美丽最幸福的花朵。如果她把我采下，紧贴着她的胸膛，只要短短的一刻。她并没有留神走上前，一脚把我踩在她脚下。我虽然死了，但我仍然是死在她脚下，可怜的花，那是朵可爱的紫罗兰！

真是太美了，莫扎特忍不住铺开五线谱稿纸，在纸上写下了曲谱。其实，莫扎特这一时期写的器乐作品越来越多，他正想谱写些声乐作品，以自我安慰和表达自己的心情。

而歌德的这首《紫罗兰》确实给莫扎特以一种美的享受。有了这种享受，莫扎特又写了四首声乐作品，而这五首声乐作品，成了莫扎特谱曲的最优美的德国歌曲。

1785年春夏期间，莫扎特忙碌得和利奥波德几乎没有联系，后来才得知莫扎特正着手创作另一出新歌剧《费加罗的婚礼》，他非常投入，根本没有时间做其他事。

《费加罗的婚礼》原来只是一个喜剧剧本，但经过罗伦佐和莫扎特的改编配以音乐，就显得更加吸引人了。

在音乐表现上，莫扎特用于近似道白、以古钢琴伴奏的"干念式"宣叙调将剧中的曲目贯串起来。莫扎特的音乐不仅表达了喜剧的气氛，描绘出人物的性格，莫扎特还安排了多种形式的重唱和规模宏伟的终场来发展戏剧冲突，刻画人物的心理状态。

完成了剧本的改编，谱写了音乐曲谱，得到了皇帝的恩准，《费加罗的婚礼》投入了紧张的排练。这时，那些阴谋家又四处活动了。

一天，皇帝的宠臣罗森贝格把罗伦佐叫去："听说你们的剧本里有一段芭蕾舞，可皇帝是禁止在他的剧院里出现舞蹈场面的呀！"

"阁下，我们不知道这一禁令。"罗伦佐说。

"好，那么你必须把这段舞蹈去掉！"罗森贝格还把写有芭蕾舞跳法说明的两张手稿烧了。

彩排开始了，皇帝想先睹为快，也到场了。聪明的罗伦佐又重新设计了一段芭蕾舞，莫扎特则指导苏珊娜的扮演者南希·斯特拉斯要把旋律唱得细腻婉转，娇嗔甜蜜，表现出少女的千种柔情。在苏珊娜和马尔斯琳的对唱中，莫扎特又要南希把苏珊娜表现得像一只凶恶的小猫。莫扎特最后还为苏珊娜安排了一段《快来吧，别迟延》的新娘之歌。彩排中，皇帝对这些歌曲和舞蹈非但没提出什么疑问，而且还不住地点头，这使罗伦佐、莫扎特感到了一种信任。歌剧中还有很多歌也是动人心弦的，其中咏叹调《爱神，请听我的祈求》《美妙的时光哪里去了》《加冕弥撒》《可知什么叫爱情》等都成为人们公认的最动听的歌典。

1789年5月到12月，《费加罗婚礼》重复演出了九次，直到另一出歌剧也大获成功为止。没过两年，莫扎特的《费加罗婚礼》完全被喜新厌旧又善变的维也纳民众所遗忘了。

事实上，真正首肯莫扎特的天分，并给他合理待遇的城市不是维也纳，而是波希米亚的布拉格。维也纳有以格鲁克和海顿为首的许多伟大作曲家，莫扎特仅是他们中的一位，但在布拉格，他被视为第一。自从1783年布拉格民众听了《后宫诱逃》之后，他们的耳朵非莫扎特莫属了。当《费加罗婚礼》首次于1786年12月在布拉格演出时，造成空前的轰动。剧院场场爆满，循环往复不停地演出，甚至有人从听众席顶层楼座，将自己的诗作丢下舞台，表示热情的敬意。

1787年春天，一个16岁大、短小精悍、皮肤黝黑的男孩拜访莫扎特，他就是路德维希·范·贝多芬。他被人送到莫扎特处拜师学习，但遗憾的是仅两周后他就不得不因母亲病重而返家。莫扎特深知这男孩的特殊才华，但又腾不出时间指导他。因为他要忙着写《唐·乔凡尼》。

现在莫扎特的工作压力相当沉重，但产量也相当丰富。工作之外，他还有家庭责任：

健康状况不佳的老婆,6个小孩,还有经常的经济危机。种种压力使他再度病倒,甚至一度暂停《唐·乔凡尼》的创作工作。

此时,他听到父亲病重的消息。利奥波德在5月28日去世,临终时有南内尔在身边,还好有个亲人陪伴。而莫扎特则病得根本无暇他顾,甚至连葬礼也没能参加。

莫扎特于10月偕康施坦莎来到布拉格,继续创作《唐·乔凡尼》,而将3岁大的卡尔留在维也纳。歌剧原定在10月14日演出,但没能及时完成,最后将日期定在10月29日。首演前两天,莫扎特尚未将序曲写出来,他的一些朋友十分担忧,但他们越是焦急,莫扎特就越冷静且觉得有趣。

首演这个关键时的前一晚,举行了一场盛大的晚会,莫扎特玩得兴趣盎然,毫不理会大家对他尚未完成序曲的批评。

到了深夜,他就不见踪影了,原来是躲起来写序曲去了,康施坦莎陪伴在他身旁。她为他泡了一大壶水果酒,并在他工作时讲故事给他听,免得他睡着了,不过他仍打了好几个小时的瞌睡,因为实在太疲倦了。清晨5点,康施坦莎将他叫醒,7点时,序曲总算完成。

对于莫扎特神速的写曲才能,有一点是值得一提的。他将音符写下来以前,早就打好了腹稿,剩下的工作,不过是将记忆里的东西抄录下来罢了。

此剧再度受到疯狂的喜爱,布拉格为莫扎特的音乐再度疯狂、沸腾。

著名的歌剧作曲家格鲁克在11月15日与世长辞。他所担任的宫廷作曲家职位需要人替补,于是莫扎特急忙奔回维也纳,希望接替这个职位。因为他知道所有的意大利音乐家都觊觎这个位子,并将千方百计加以阻挠,不让莫扎特坐上这个位子,所以他来不得半点轻视。况且,这可能是他在宫廷最终能获得长期任用的一大机会。

这次他的期望总算实现了,活尔夫冈·阿马德乌斯·莫扎特终于被指派为皇家宫廷作曲家。令人伤心的是,此时利奥波德已去世6个月而无缘目睹。

《魔笛》响起

这已经是莫扎特生活中的第34个年头了,但他怎么感到越走越昏暗了呢?是黄昏到了吗?还是因为远离了宫廷而感到暗淡无光了呢?还是因为自己的才能确实枯竭了?这一切都使莫扎特感到昏昏然。喔,他这时总感到有些不舒服,从来只知道照顾妻子和别人的他,现在多么希冀得到一点别人的照顾啊!譬如有人常常陪伴在身边;譬如吃些富有营养的好食品,没有好食品有足够的面包也行。莫扎特还感到想安静地躺一会,他实在太累了。他现在已是远离宫廷的平民百姓中的一员,他考虑的只是有吃的有睡的,至于原来出入于宫廷墙门,得意于贵族捧场的荣耀早已成了过眼烟云,所以选帝侯当年赐他的佩剑,如今也被扔到了一边。如今,莫扎特的生活中什么都可以不要,可以减少,然而,他对祖国的忠诚和对音乐的热爱却更强烈了,当然,还有对妻子的爱情,这些已成了莫扎特赖以生存的支柱。

出于对生活中这些有特殊意义的人和物的热爱，莫扎特又想到了创作歌剧。当年他曾对父亲说过，要是我在音乐领域内提高德意志民族在世界舞台上的地位，人们该会多么喜欢我啊！而在这方面，我是一定会成功的。他已成功地创作了歌剧《费加罗的婚礼》和《唐璜》，现在，他又想写《魔笛》了，而且这一次创作，莫扎特想用德语写作。按当时的习惯，创作歌剧一般都是用意大利语的，因为歌剧要请的演员一般都是意大利演员。而现在，莫扎特要用德语创作，也就是用自己国家的演员，从传统的习惯上也体现出了莫扎特对祖国的忠诚，这就是很不容易的事了。

这时，10年前在萨尔斯堡搞巡游演出的经理人埃马努埃尔·席卡奈德尔又与莫扎特相遇了。奇怪的是，这个经理每到穷途末路时，总会遇到莫扎特，而且莫扎特又总会帮他的忙。

《魔笛》的原作者是剧作家维兰德。剧情是很简单的。一位埃及王子塔米诺被巨蛇追赶，逃到了夜后的国度。他拿着夜后的嫔妃送给他的具有魔力的金笛，历尽了千难万险，在依细柳神的大司祭那里找到了夜后的女儿帕米娜，他们相爱了。一对恋人走进了依细柳光明的庙宇。光明终于战胜了黑暗。

正当席卡奈德尔还在紧张抄写剧本的时候，一个消息却泼了他们当头一盆凉水：利奥波德市民剧院正在上演一部歌剧，剧名为《吹笛子的塔米诺》，或称做《魔琴》。显然，他们用的是同一个剧本。

唯一的办法就是修改剧本，于是，夜女王从一个善良的天使变成了一个善使妖术的巫婆，本是一个心狠手辣的术士萨拉斯特罗摇身一变成了女神依细柳手下一位高贵的教士。他们还给夜女王和萨拉斯特罗各配上一批形影不离的侍从，这样，莫扎特的合唱就有了发挥的天地。为了保证莫扎特尽快地创作完歌剧总谱，席卡奈德尔让莫扎特住到离剧院不远的一座小凉亭里去工作，听起来这是关心莫扎特，实际上是席卡奈德尔控制莫扎特的一种手段。不过，当这部歌剧出名时，这个凉亭也成了人们流连忘返的"魔笛凉亭"。

1791年9月30日，《魔笛》举行了首场公演。作为创作音乐总谱的莫扎特，当然最关心的是演出效果如何了。但是第一幕结束了，可观众仍没发出过一下掌声。也许是歌剧的新颖形式使观众一时还没从瞠目结舌中缓过神来，所以都成了木头人。然而，当第二幕开始不久，几个聪明的观众已经"解冻"了，他们开始鼓起掌来。接着，更多的人理解了，鼓掌了。到演员谢幕时，观众竟向演员和乐队人员报以热烈的掌声。

已经演出10天了，可观众还是争相从远处赶来。最后，连那些上流社会的贵族小姐也赶到了小剧场来，想一睹那新奇而令人惊讶的音乐曲调。最后，莫扎特这位指挥当然又成了热门人物。

《魔笛》是莫扎特歌剧创作中的重要代表作，贝多芬认为这是莫扎特最杰出的歌剧。它成了德国民族歌剧发展的重要里程碑。

《魔笛》的成功使席卡奈德尔干瘪的衣袋又鼓得装不下了，席卡奈德尔笑裂了嘴，而脸色苍白的莫扎特又晕倒了……

人们绝对不会想到，《魔笛》竟是莫扎特去世前上演的最后一部大型歌剧。

最后十年

　　莫扎特生命的最后十年里,世界发生了巨大变化。18世纪末的最后20年间所发生的剧变,深远影响着我们的生活、思想和政治。在那20年间,欧洲的封建制度——领主蓄奴制——终于被1789年的法国大革命所粉碎。数以百万的农民参与暴动,对抗他们所痛恨的社会制度,痛恨这种建立在传统特权上的社会制度,而取得这种特权,不是看你的美德或成就,而是看你血统如何。若生在农家,很可能毕生只能当个贫农。我们看到莫扎特一直在与这样的制度对抗,他和同时代的人一样,认为一个人的荣耀取决于他的心灵、头脑和能力,而不是与生俱来的血统或爵位。

　　这种思想的变革正在整个欧洲蔓延,并首先在法国爆发,不过这次革命没有得到预期的成功,发生了不必要的恐怖流血冲突,自由、平等、博爱的宗旨湮没在暴力中。

　　莫扎特的婚姻生活在1782年开始进入动荡时期,从此风波不止。尽管康施坦莎生活散漫,不识家务,轻浮又自私,莫扎特仍深爱着她,不过她的这些习性不能为莫扎特创造一个他最需要的快乐的家庭环境。康施坦莎不是个坏女人,但嫁给一个活力充沛又善变的天才实非易事。对莫扎特而言,他是娶错新娘,但对她而言,何尝不是错嫁郎君。

　　婚后一个时期,莫扎特进入一个成就辉煌的时期。他并不看重没能在宫廷中拥有一个安稳的职位,他怡然自乐地做一个自由的作曲家。虽然意大利人试图在第一幕以嘘声和喝倒彩来破坏他的歌剧《后宫诱逃》的首演,但对他的生活仍旧毫无所损。他有不少的学生,可以靠教学为生,只不过得牺牲宝贵的晨间时光教学,因为他最喜欢在早上作曲,可是现在都得用来教学了。在维也纳的最初几年里,他经常在早上6点起床,然后上课上到下午2点才用餐,如果没有公演,便利用傍晚和晚上来作曲。

　　但是当他声名鹊起,到处受邀时,他发现个人自由一点也没有了。莫扎特善于交际,并且喜欢参加舞会、宴会,他和康施坦莎在婚后的头一个冬天举办一场舞会,从晚上6点持续到第二天清晨7点。

　　1783年6月,莫扎特的长子出生,就在康施坦莎的身体恢复到可以旅行时,他们便决定回萨尔茨堡一次。这将是她第一次和公公见面。他们将儿子留给养父母照顾,这种不近人情的做法,在18世纪是很风行的。但三个月后,当他们返回维也纳时,发现他们的小宝贝已经死了。两人非常难过,不过丧子在当时属平常之事,因为不适宜的婴儿食品和不良的卫生习惯,使得当时的婴儿夭折率是现代的十倍。莫扎特有六个小孩,只有两个存活下来。

　　冬天来了,莫扎特的生活更加忙碌。1784年初,他决定将自己的作品做一番整理。他的手稿相当凌乱,唯有登记列表才好管理。在他的记忆中,大概已写了450部作品,但要他仔细一一记起是不可能的,所以只好从现在开始至死亡为止,将所创作的曲目列在清单上。他毕生大概写了620部以上的作品。

　　莫扎特在这年冬天的晚上举办音乐会,为此,他得不断创作,本来就非常繁忙,这会儿必须创作到上台前最后一秒钟。有时，他为别人伴奏时，就当场即兴演奏自己的部分。

春天的时候，莫扎特病倒了，而且病情相当严重，症状是剧烈的腹痛，最后导致剧烈呕吐和急性关节风湿症。这场大病使莫扎特的肾受到致命的伤害，我们看到了七年后他的死亡的原因。

有生以来，这是最严重的一场疾病，花了一整个夏天休养，身体状况才恢复。复原后不久，康施坦莎又生了第二个小孩——这孩子最后活了下来，取名为卡尔。

利奥波德于1785年1月抵达维也纳，刚到就被自己出了名的儿子推进维也纳音乐世界的漩涡之中。第一天晚上他就去听了莫扎特的音乐会，被那高水准的管弦乐团、歌手和观众席上一大群的王公贵族迷住了（不愧是利奥波德）。隔天晚上，莫扎特又将父亲介绍给到家中参加音乐会的海顿认识。莫扎特已充分发挥天分甚至荣获一位伟人的盛赞，宣称莫扎特比自己更伟大。对于海顿的赞词，莫扎特以那年秋天由阿塔利亚所出版的六部弦乐四重奏：K.387、K.421、K.428、K.458、K.464和K.465。

时间流逝，利奥波德眼见儿子的成就蒸蒸日上，他喜欢听到掌声，但是这样紧张兴奋的日子，给这位老人身上增加的压力正一天天显现。

利奥波德再也承受不了这么紧张的生活节奏，所以虽然口里说玩得很愉快，他还是在5月时离开维也纳；回到萨尔茨堡和那令人厌恶的柯罗瑞多大主教身边。父子俩告别时，可没想到这将是莫扎特与父亲以及萨尔茨堡的永别。

对于那些值得赞赏的人，莫扎特总是慷慨发出赞美之词但是对于那些自命不凡的平庸之辈，他则非常轻蔑。莫扎特终其一生对虚伪的赞美感到不屑一顾，单单这一点就让他交结不少推心置腹的好友，但自然也树敌不少。

从《堂·乔万尼》之后，布拉格人第一次想起了他。为了几个星期后的利奥波德二世加冕波希米亚国王的庆典，剧院向他预约了一部歌剧。指定的主题滑稽可笑——一个憨厚的王特赦两个想要杀死他的年轻人。但莫扎特非常高兴这一机会的到来。他的苦难好像快到尽头，一只无形的手正在把他朝光明的地方拉。

没有停止对《魔笛》的创作，他马上又开始了《蒂托的仁慈》的创作。他以同样的激情同时创作这两部歌剧，日夜工作不辍。一个大风的黑夜，莫扎特受人之托谱写了一首《安魂曲》。

停下他的其他预约，莫扎特全身心地投入到《安魂曲》的创作中。在随后的日子里，这部作品完全攫住了他，日夜萦绕在他的心头，这种过度操劳只能加重他的头痛病，但他能战胜痛楚，直至要昏倒。被老师的行为举止弄得张皇失措的居斯迈尔甚至在想，他的老师是否已经丧失了理智。有时他消沉、低吟、目光呆滞，对周围一切都失去了兴趣。他越来越经常地把湿毛巾扎在前额，真的像个疯子一样了。"大师，您耗尽了您的体力，休息一下吧！这都是因为工作过度……"

"我必须完成这首《安魂曲》。否则人家不会原谅我的……我不是个行骗者。这个奇怪的人，这份奇怪的预约……这是要我的命呀！我是在给我自己创作的！"

没有任何理由让他歇手。时光荏苒，希卡内德和布拉格剧院的经理十分不安地看到他忽视了他们预约的歌剧。莫扎特违心地投入到《蒂托的仁慈》的创作中，终于在9月初,于法兰克福首场演出前几天完成了这部作品。它得到的反响一般。莫扎特返回维也纳,神情沮丧、躁动不安。

在整个旅行当中,他不停地往本子上记他对《安魂曲》的构思,尽管康施坦莎一再劝慰,他根本就不注意休息。他又瘦了许多。他的蜡黄脸色让人害怕。昔日充满笑意的眼中现在流露出来的是悲凄和消沉。

计划中的《安魂曲》共有 12 个乐章。莫扎特很珍惜从"另一个世界里借给他的时间",怀着无比的激情,争分夺秒,要完成他自己的丧曲。前两个乐章《进台经》和《慈悲经》完全是莫扎特自己完成的。以后的 6 个乐章莫扎特也已基本写成。在莫扎特病重期间,他的学生居斯迈尔也得到了莫扎特的口授,只要做些技术上的添补,也就完成了。第九、第十两个乐章《耶稣经》《献祭经》居斯迈尔根据莫扎特留下的粗略提纲写成的。最后两个乐章《圣哉经》和《降福经》则完全是居斯迈尔根据莫扎特的意思续完的。居斯迈尔完全根据了莫扎特的愿望以及莫扎特临终时口授的构思作为全曲的概括、高潮和结尾。

要理解《安魂曲》,就要懂得《末日经》里弦乐器逐渐增强的咆哮声的含义,那是一个人在劫难逃的神谴末日;要理解《安魂曲》,还要能听懂《洒泪经》里小提琴所托出的两个简洁、缓慢的小调旋律;要理解《安魂曲》,还应当明白,乐曲中明朗、欢快的空心和弦,正是莫扎特不愿垂头丧气地向亲朋好友洒泪挥别,而是带着欢乐的心情为自己那备尝艰辛的一生画上了个句号。任何一位有同样感受的人,听到这首《安魂曲》,都会得到无比的宽慰。世间有生必有死,这本是历史发展的必然观念,莫扎特则使死亡变成了超脱了空间的限制而与人们同在的一种东西,他使死亡升华到了一个比生存的地位更高的境界。

莫扎特的《安魂曲》成了人类永恒的一首史诗。

5 日凌晨 1 点,莫扎特那佝偻的身躯裹着厚厚的棉被,倒向了墙边,已经停止了呼吸。

开浪漫主义先河的音乐伟人

——贝多芬

人物档案

简　　历：维也纳古典乐派代表人物之一，欧洲古典主义时期作曲家。1770 年 12 月 16 日诞生在德国。4 岁时就因弹奏钢琴而名声大噪，15 岁开始作曲，22 岁开始终生定居于维也纳。1827 年 3 月 26 日，贝多芬于维也纳逝世，享年 57 岁。

生卒年月：1770 年 12 月 16 日~1827 年 3 月 26 日。

安葬之地：奥地利首都维也纳东南郊的维也纳中央公墓。

性格特征：性格倔强，敏感激动，情绪不稳定，时好时坏。

历史功过：一生创作 9 部交响曲、11 首管弦乐曲和戏剧配乐、5 首钢琴协奏曲、1 首小提琴协奏曲、16 首弦乐四重奏和其他形式的重奏曲、32 首钢琴奏鸣曲以及小提琴、大提琴奏鸣曲、变奏曲等。主要作品有：升 c 小调第十四钢琴奏鸣曲（月光奏鸣曲）、d 小调第九交响曲、c 小调第五交响曲、降 E 大调第三交响曲（英雄交响曲）等。

名家评点：罗曼·罗兰评价说："贝多芬的一切，他的敏锐，他对世界的感受，他那独特的智慧和意志，天公对他的独特构造方法，他的理想，还有他身体中的特有物质，他的脾性等等，都是欧洲那一特定时代的代表。"

天才少年

1770 年 12 月 16 日，路德维希·凡·贝多芬诞生在德国莱茵河畔波恩城一宫廷歌手的家里。

贝多芬的曾祖父本是法兰西人，后因生意潦倒而迁居德国波恩。贝多芬的祖父路德维希年轻时就是位小名气的音乐家，他在具有候选德国皇帝资格的侯爵宫廷里担任歌手。祖父对小贝多芬的降生感到十分高兴,他决定以自己的名字——路德维希为小贝多芬命名。贝多芬的父亲约翰继承了祖父的天赋,深通声乐,也做了宫廷歌手,并为那些达官显贵所赏识。贝多芬的母亲有很好的家世,她是在寡居后与贝多芬的父亲相识并结婚的。贝多芬是这个家庭中的长子,他的血管中融合了法兰西人和德国人的血液。贝多芬3周岁的时候,和蔼可亲的祖父去世了,祖父的离去,不仅使贝多芬失去了一份疼爱,更重要的是改变了贝多芬的命运。

自从祖父去世后,贝多芬一家的生活就只靠父亲从宫廷里所领取的微薄的薪水来维持,生活不够富裕。贝多芬的父亲不仅酗酒成性,而且性格固执、暴躁。本来,他在担任宫廷歌手之余,还兼任家庭音乐教师正作,这样可以适当增加一些收入,来补充家庭生活之需。可是,由于他的任性和放纵,往往是在一个家庭做了短短的一段音乐教师后就被辞退了。因此,父亲的家庭教师工作总是处于不稳定之中,家庭的全部负担都落在母亲身上。后来,贝多芬的弟弟安东·加斯巴·卡尔又出生了。这样,母亲不仅要照料终日酗酒的丈夫,还要照料两个不懂事的小男孩儿。童年的家庭生活给贝多芬留下的印象,除了祖父温和的笑容,就是父亲烂醉如泥和暴跳如雷的样子,以及母亲忙忙碌碌的身影。

1774年,小贝多芬4岁的时候,莫扎特已名声大噪,人们都已知道这位杰出的钢琴演奏家的名字。10岁的莫扎特相继在奥地利、德国、法国、意大利等地举行音乐会,收入相当可观。莫扎特的成功提醒了贝多芬的父亲,他决心要把贝多芬培养成像莫扎特一样的天才少年,以便能为他赚一笔钱。从此,小小的贝多芬成了他父亲暴力教育的对象。小贝多芬多么想象别的孩子一样到草地上捕蜻蜓和蝴蝶,到小河边捉小鱼啊!可是,父亲只让小贝多芬整日坐在钢琴前练习。有时,小贝多芬因为手指弹疼了拍子慢下来,也要遭到父亲的责骂甚至痛打。

1777年3月26日,7岁的小贝多芬举行了一生之中的第一场钢琴演奏会。这场演奏会是贝多芬的父亲一手安排的,地点在库恩城的音乐学校大厅,在演出海报上,父亲有意把贝多芬的年龄写成6岁,目的在于让人们把贝多芬看成是“神童音乐家”。演出获得了成功,这不仅给小贝多芬带来了声誉,而且也为他父亲带来了可观的收入和兴奋的情绪。后来,小贝多芬也偶尔被父亲带到外地去举行旅行演奏。

小贝多芬就是这样被埋在音乐之中,他没有体会过小孩子的游戏,也没有可以一道玩的小伙伴。陪伴着小贝多芬童年的,除了音乐,就是莱茵河在他心中形成的梦境——那拂着水面的白杨和细柳、那神秘肃穆的教堂、那矗立着的古堡……

几年的时间过去了,小贝多芬的钢琴演奏技巧不断提高。面对着小贝多芬,严厉粗暴的父亲觉得自己再也没有能力继续担任小贝多芬的钢琴教师了。于是,父亲先后请了几位技艺高明的朋友和自己从前的老师来指导小贝多芬。但不久,这些老师看着小贝多芬娴熟的技法,听着小贝多芬指下流泻出的流畅乐曲,便都自动告退了。

1780年,小贝多芬10周岁了。尼菲老师走进了他的生活。尼菲老师是个学识渊博的人,他是宫廷风琴演奏师。小贝多芬成为尼菲老师的学生后,不仅学钢琴和风琴的演奏技巧,更重要的是尼菲老师对音乐的独特感受和理解深深地陶冶和启蒙了小贝多芬。在尼菲老师的指导下,小贝多芬逐渐了解了音乐的美妙和深度,也体会出学习音乐的乐趣。

尼菲老师可以说是个真正的音乐教育家。这个长着一双灵活的大眼睛，看上去很风趣的中年人还很体谅小贝多芬的想法和需要，他采取了适用于孩子的亲切、耐心的教学方法。他了解到小贝多芬学钢琴是吃了许多苦头的，知道小贝多芬对音乐还没有产生浓厚的兴趣，只是在被迫学习，于是，尼菲老师经常带贝多芬去塞纳河边看落日，去郊外森林听小鸟唱歌……一边看，一边走，尼菲老师就一边向贝多芬讲解自然的美、生活的美，讲优美的音乐旋律是怎样表现自然之美、生活之美的。尼菲老师通过聊天向小贝多芬讲述音乐的神圣和迷人，有时，他还要像介绍神话中的英雄那样，向贝多芬介绍一些著名音乐大师的事情。就是在练琴时，尼菲老师也总是先向贝多芬讲解乐谱所表现的精神和情感，然后，再让贝多芬根据自己对音乐的理解去练习演奏技巧。

1781 年，贝多芬和母亲在年底前往鹿特丹，贝多芬结束跟新任宫廷管风琴师尼菲的通奏低音、作曲和键盘课程。11 岁的贝多芬在 1782 年代理尼菲的管风琴师职位，这对年轻人来说属于很困难的任务。翌年，曼海姆的哥兹将这位少年以德累斯勒的进行曲写成的钢琴变奏曲出版，这是他第一首付梓的作品。在 3 月 2 日克拉马的《音乐杂志》上，我们可以读到有关评价贝多芬的一篇文章："路德维希·范·贝多芬，前述男高音之子，是个 11 岁的男孩（其实是 12 岁），很有发展前途。他弹奏钢琴优雅从容，且底气十足。一看乐谱便能视奏出尼菲先生给他的巴赫《平均律钢琴曲集》。熟悉这套以各种调性写成的前奏曲与赋格的人就会理解这句话的意思。尼菲先生在其他工作允许的情况下，指导他演奏通奏低音。现在尼菲先生在教他作曲，……这位年轻的天才应该拿一份津贴，让他通过游历去开阔视野。如果他保持起步时的神速进展，必然会成为第二位莫扎特。"

这样，在尼菲老师的良好的教育下，本来对音乐并不喜欢的贝多芬，内心却渐渐充满了对音乐王国的无比激情。他的全部兴趣都被音乐吸引了，他身上潜在的音乐天赋被尼菲老师发掘出来。兴趣使小贝多芬自发产生了强大的动力，他主动勤奋地投入到学习中去。

1783 年，由于尼菲老师的推荐，13 岁的贝多芬成为宫廷管弦乐团的大键琴演奏者；第二年，贝多芬又成为宫廷礼拜堂风琴演奏者的助手，并且得到了相当的年俸。天天醉醺醺的爸爸对此十分高兴，他瞪着蒙眬醉眼对贝多芬说："路德维希，你能成为一个音乐家，我太高兴了，但你不要忘记，是我把你教育成音乐家的！你能有今天，得感谢我。"对于爸爸的话，贝多芬内心无法接受，他自幼形成的对爸爸的印象不会改变的。倒是妈妈那慈爱的眼神，使贝多芬从心里感到温暖和欣慰。

1783 年 10 月 14 日，史贝尔的波斯勒出版了贝多芬截至当时最重要的创作曲，三首《选帝侯》钢琴奏鸣曲，献给"我高贵的君主"——马克西米利安·弗里德里希。

波恩岁月

于是，贝多芬开始对作曲产生了浓厚的兴趣。他开始体味和揣摩乐曲的旋律、节奏、意境以及乐曲的表现力和感染力。

1783 年，贝多芬 15 岁那年，又发生了一件使贝多芬名声大噪的事。

受难节那天，贝多芬在教会为一位歌手伴奏《哀歌》，演唱正在进行，贝多芬的脑中突然产生了一个念头：如果能稍微改变一下伴奏的节拍，这首曲子也许会更有生气。想到这里，贝多芬的双手已在琴键上弹出了新的节奏。那位歌手不得不也改变了唱法。演唱结束后，那歌手抓住贝多芬，生气地说："你这小鬼，为什么要这么做？"贝多芬说："真对不起！可是，可是我觉得改变后的曲子旋律更美妙了。"歌手暴跳如雷，他向选帝侯报告了此事，但贝多芬并没有受到处罚，反而因此更加受到人们的关注。大家都似乎感受到这位"天才少年"的潜力。转眼到了 1787 年。17 岁的贝多芬又面临着一个新的人生驿站。

一天，尼菲老师郑重地对贝多芬说："你的演奏技巧已经比我高明，你不能再留在这里了。你必须到维也纳去！必须去拜莫扎特为师！"

"去见莫扎特！"贝多芬兴奋得说不出话来。

"是的！莫扎特。只有莫扎特才能使你充分地发挥你的音乐才能。"尼菲老师目光炯炯地向年轻的贝多芬说明自己的意见。

到维也纳去！见莫扎特先生去！对贝多芬来说简直是想都不敢想的事啊！要知道，自从贝多芬第一次坐在高大的钢琴前，他那幼小的还不成熟的意识里，莫扎特就成了崇拜的偶像。至于音乐之都维也纳，更是无时无刻地以她特有的神奇魅力吸引着贝多芬。

尼菲老师的计划让贝多芬兴奋得彻夜未眠。经过紧张的准备，贝多芬怀着兴奋和好奇来到维也纳。

当这个满怀敬慕和期待的小伙子站在莫扎特面前时，莫扎特以冷漠的态度问了贝多芬几个问题后，漫不经心地说："你能演奏一曲给我听听吗？"莫扎特的态度大大刺伤了贝多芬的自尊心，他对这位大名鼎鼎的音乐大师产生了强烈的敌意。于是，情绪激动的贝多芬说："老师，请您给我主题。"

"出个主题？你能用我出的主题演奏即兴曲？"莫扎特惊讶地问，然后稍加思索便出了个主题。贝多芬坐在琴前，根据自己对主题的理解和心里的感受弹起来。一曲完了，贝多芬抬起头，两眼盯着莫扎特，他从莫扎特的眼中看到了惊讶。果然，莫扎特连连说："不错，不错！你具有了不起的音乐才能！"贝多芬笑了，他从心里感到一种满足：莫扎特承认了我的天赋！贝多芬获得了莫扎特的赞赏，莫扎特对维也纳音乐圈里的权威们说："你们注意那个叫贝多芬的少年，他肯定有一天会成为震撼世界的伟大音乐家。"

由于当时莫扎特正在赶写一部大型歌剧，没有时间收贝多芬为学生。这时，贝多芬又收到了父亲的一封信，信上说母亲病情加重。贝多芬心急如焚，决定马上启程回波恩。

马车离波恩城愈来愈近了，贝多芬的心紧张得跳个不停。马车刚刚抵达家门，贝多芬立刻从车上跳下来，直跪到母亲的床前。幸好母亲还没有断气，看着匆匆赶回来的贝多芬，勉强支撑起虚弱的身子，眼中溢满了泪水。

"妈妈！"贝多芬扑在母亲怀里，紧紧地拥抱住她。

"路德维希，我的孩子，你回来了，太好了……我每天都在盼着你……真好，我能活着见到你……"母亲用瘦弱的手温柔地抚摸着贝多芬的头，一股强大的悲哀压得贝多芬说不出话来。

贝多芬的母亲得的是肺结核,这种病在当时是医生们都感到束手无措地。那段日子里,贝多芬心里装着哀忧和恐怖,默默地承担了家庭生活的全部担子。

白天,他去给别人家的孩子上音乐课,还要请医生、买药;晚上,他时时刻刻守在母亲身边。看着一天天衰弱下去的母亲,贝多芬心痛极了,他咬紧嘴唇,任泪水默默地流淌,却不敢哭出声来。

然而,贝多芬的祈祷和爱心并没能挽救重病的母亲。1787年7月17日,操劳一生的母亲,带着对丈夫的哀怨之情,带着对未成年的孩子们的牵挂离开了人世。贝多芬此时已经17岁,仍继续加厚他的各方面素养。尼菲对德国文学的兴趣,以及与布鲁宁一家和华尔斯坦伯爵的交往,不仅使他发现其他文学流派,甚至广泛涉猎科学、哲学和政治。虽然他在10岁时便离开学校,没有接受高等教育,但这并不能影响他到波恩新成立的大学去旁听哲学课程。

这种对知识的追求在波恩的文化气息中得到有益的滋养,即使在马克西米利安·弗朗茨登基后也没改变。1785年的嘉年华会上演了莱辛和席勒的剧作,以及加里克、伏尔泰、博马舍、莫里哀、谢里丹及莎士比亚等人经翻译过的作品(上述这些作品皆是老选帝侯时代的保留剧目),紧接而来的有其他活动,主要是一系列的歌剧,包括格鲁克的《阿尔塞斯特》和《奥菲斯》,以及萨利里的《阿米达》、帕西埃洛的各种作品和法国作品。1788年,波恩计划成立国家剧院,吸收了知名的所有演员,剧院乐师(多达31人)包括尼菲(钢琴手及歌剧舞台经理)、约瑟夫·莱夏(监督)、弗朗茨·里斯及安德瑞斯·罗姆伯格、伯纳德·罗姆伯格、西姆罗克(圆号手)及安东·莱夏(长笛手)都恰逢盛时。贝多芬拉中提琴(选帝侯的乐器),同时兼任管风琴师。在此后的音乐季中,贝多芬必然丰富了许多与一群优秀乐师在管弦乐团中合作的经验。

到了1789年,贝多芬通过很多方式广结贵族及社会地位崇高的家庭,他希望擢升自己地位的欲望开始在许多方面萌动出来。该年年底时,他成为一家之主,得以将他父亲一半的薪俸加到自己的薪俸上。此时约翰已是风烛残年,加之继续酗酒,贝多芬时常要从警方手中把他领回来,因此宫廷方面解除他的职务在所难免。除在管弦乐团演奏或履行其他的宫廷义务之外,贝多芬利用一切时间作曲。在1790年,他写了两首康塔塔,一首纪念约瑟夫二世溘然长逝,另一首则是为利奥波德二世即位所写。他还依据美因兹选帝侯宫廷乐长黎基尼的主题,写了一组24首的变奏曲,献给哈兹费尔德女伯爵。接着在1791年3月6日嘉年华会的星期天,表演了一曲骑士芭蕾,这是描述"古代日耳曼人喜爱征战、狩猎、爱情与饮酒"的假面哑剧,但属佚名之作。其他的作品包括歌曲、钢琴及室内乐。草稿簿(贝多芬早在当时便已使用草稿簿)上记载着一首小提琴协奏曲和双簧管协奏曲的构想。另外记录他很久就想写作的一些大型作品,比如C小调交响曲(Op.67)早在1788年至1789年便已开始构思。

至于出版物,哥兹于1791年8月在《维也纳日报》发表《黎基尼》变奏曲。斯特克尔神父是当时盛名的键盘乐手之一,他看到了这首变奏曲。大约一个月后与贝多芬见面时,便怀疑这位年轻的作曲家是否真的能够弹奏这些曲子。贝多芬面对这种诘难,以他惯有的桀骜不驯的态度，"不但尽可能凭记忆弹奏这些变奏曲(因为斯特克尔找不到谱)，而且还完美地弹了其他同样难度的曲子，令听众大感意外，而且他在演奏的气势上和斯特克尔一样迷人。"

不久之后，贝多芬以宫廷管弦乐团的团员身份沿着他最喜爱的莱茵河旅行，前往摩根特姆，马克西米利安·弗朗茨在此担任条顿骑士团的最高长官，举行骑士与司令的会议。

第五届戏剧季在10月份开始，也是贝多芬在选帝侯管弦乐团演奏的最后一季。然而旧日秩序发生了变化，气氛比较紧张，失去了往日的轻松欢乐。对法战争打了一段时间后，美因兹和莱茵河左岸失陷，波恩街头挤满了难民和葬礼行列，有钱人家被迫收拾细软，急忙撤离，贝多芬去维也纳投靠海顿，时为1792年11月2日，从此告别了波恩。

多产年代

自1792年11月2日，贝多芬离开波恩前往维也纳后，便一去不复返，再没回来过。

为了适应维也纳的新生活，他分秒必争。当时的维也纳似乎就是欧洲的心脏，富丽辉煌，如磁石般吸引着才子和名流。这位身形矮胖，衣衫褴褛的年轻人买了几身新衣服，花钱精打细算。他还去上舞蹈课，可他从没在舞池里成功过。

可是，他到达维也纳后没多久，就收到一封言，说他父亲去世了。这是一段悲伤又令人忧虑的时光。他担心父亲死后，他那笔抚养孩子的养老金也将付之东流。贝多芬马上写信给选帝侯，结果令他宽慰的是这笔钱不但不会停发，而且还要增加一倍。可见，选帝侯还在期待他能返回波恩。虽然他的音乐当时还不很受听众接纳，《维也纳日报》仍然报道"著名的贝多芬获得大众衷心的赞赏"。

次日还有另一次慈善演出，这次贝多芬即席演奏，他长期沉浸在这项艺术中，颇见他的艺术功力。三重奏(Op.1)代表着卓越的成就，1795年的夏天由阿塔利亚出版，预约名单达123人。正如罗宾斯·兰登所说，这名单囊括奥匈贵族精华，这些人都在贝多芬的生涯中起过重要的作用。结果共计卖出241份，贝多芬获益不少。在他来自波恩的经济援助停止之后，赞助人之一的李希诺夫斯基亲王帮了不少忙，使他脱离经济窘境，并不断给他鼓励，使贝多芬获得一种安全感。就目前所知，他并没有要求贝多芬承担什么义务。1794年，拿破仑率领的法国军队横扫欧洲。科隆的选帝侯——贝多芬昔日的雇主被赶出波恩。他和贝多芬的许多老朋友——法兰兹·魏格勒，瓦尔德斯特伯爵，史蒂芬·冯·布朗宁等都定居维也纳。

1795年，二十四岁的贝多芬第一次公开露面，这与以往在宫廷或私宅里举办的音乐会大相径庭。面对观众，他的反应可能有些局促不安，听说他在音乐会结束时站了起来，大喊大叫并爆发出大笑。谁知观众们对此却泰然处之，认为这不过是艺术家的气质和风度而已。

同年，他发表了他的作品1号——三首钢琴三重奏曲。紧张而忙碌的一年即将结

艺术大师

束,贝多芬最终获得了公众的认可。

贝多芬的作品独特、具感召力、令人震惊。他堪称是一位深受欢迎的钢琴家。1796年他两次到布拉格、德累斯顿、柏林和匈牙利巡回演出。

可在他周围——争夺欧洲的战争还在继续,拿破仑率领的军队所向披靡。1797年,奥地利被迫与法国签订和平条约。从此贝多芬和他的许多朋友一样,不再把拿破仑视为敌人,而视他为一个把欧洲从保守、狭隘的道路上解救出来,并给他们带来新的自由和希望的英雄。

1797年,26岁的贝多芬染上了一种很危险的病,叫斑疹伤寒。不但发高烧,还神志不清,胡言乱语,这病影响着他的一生——但只要他感觉好些,他就会重新回到紧张的教课、音乐会和作曲生活中。他需要为音乐工作,他还需要收入。

1797年贝多芬有更多的作品问世:两首大提琴奏鸣曲(Op.5)于2月出版,加上歌曲《阿黛莱德》。同年10月有羽管键琴或钢琴的大奏鸣曲,献给巴贝提·冯·克格勒维兹伯爵夫人,此曲表现独特,以其古典主义色彩以及更前卫的持续音部分著称。贝多芬教女伯爵弹钢琴,根据她侄子描述,贝多芬"习惯奇特,其中之一是因为他住在她对门,居然穿着睡衣、拖鞋、睡帽就来授课"。1796年9月23日保罗·瓦尼兹基的芭蕾舞剧《林中少女》在肯特纳门剧院上演,贝多芬以其中的俄罗斯舞曲谱成变奏曲,大受欢迎。这些变奏曲是献给安娜·玛格丽特·布朗伯爵夫人的,她是最早订购钢琴三重奏Op.1的人之一。

1797年有两场音乐会。4月6日星期四,包括舒帕契赫在内演奏贝多芬钢琴及管乐五重赛(Op.16),这首作品师法莫扎特,献给贝多芬另一名早期的赞助人约瑟夫;史瓦森伯格亲王,玛格达莲娜·威尔曼在这场音乐会中独唱。她是贝多芬在波恩的故交,贝多芬可能向她求过婚,不过被拒绝了,原因是贝多芬长得丑陋,还有那不拘小节的性格。11月再度演出他于1795年完成的迷人的舞曲,这又是一项成就。

1798年是高潮迭起的一年,3月9日贝多芬及舒帕契赫再度参加慈善音乐会,演出贝多芬尚未完成的小提琴奏鸣曲(Op.12)中的一部分(这作品到1798年底发表,阿塔利亚注明是献给萨利里的)。那个年代里,音乐家一般只在私人沙龙而很少在公众场合演出,因此这种演出自然不比寻常。

交响回旋

1800年4月2日,贝多芬的第一次个人音乐会上,他公开献上了自己的第一交响曲。当时他才二十九岁。

对贝多芬来说,这一年是他最忙的一年。他发表了第一交响曲,独奏奏鸣曲,几篇钢琴小品,一首圆号奏鸣曲,六首弦乐四重奏曲,一首七重奏曲和三首协奏曲。而贝多芬自己特别喜欢他的第22号奏鸣曲。

另外,他还受托为芭蕾舞剧《普罗米修斯》写曲,他以前没有为舞台剧写曲的经验。这个剧一年内演了二十三场,这在当时那个时代可是个了不起的数字。亲王李赫诺夫斯基从此每年付给贝多芬一大笔钱，但它并不是贝多芬的唯一收入来源。他还通过作曲、举办音乐会和教学生来挣钱。他虽然获得很大成功，但情绪始终不稳定，时好时坏，性格怪怪的。

甚至在李赫诺夫斯基举办的家庭音乐会上，贝多芬都要在进门前把"头伸进去看看有没有他不喜欢的人"，否则不进门。其他作曲家在这样的场合都会穿着优雅，贝多芬却"衣冠不整，头发乱蓬蓬地披在脸上"。据说他说话时鼻音很重，而且举止粗野、傲慢——不错，如果他不情愿时，便拒绝钢琴演奏。

虽然贝多芬体格健壮，骨架子大，肌肉发达，但多年来，他一直被反复发作的胃病折磨，体力逐渐不支，影响了工作。那时没人懂得这些，但这很可能影响了他体内维他命和蛋白质的吸收，从而加重了他的动脉疾病。

就在他经受反复发作的病痛折磨时，更严重的问题发生了。他开始注意到自己的听力在衰退。贝多芬变得越来越焦虑，他认为自己的耳聋多多少少和他的胃病有关，很可能是这样。可当他的胃病治愈之后，他的听力却愈发差了，这时他害怕起来。

对于他这样一个声音比任何事物都重要的人来说，即将面临的却是一个永久寂静孤独的世界，这多么可怕啊！

名医法兰兹·魏格勒是贝多芬在波恩时的朋友。他不遗余力地帮助贝多芬，建议专家为他会诊。可是到了1801年，贝多芬的听力更差了。7月里，贝多芬告诉魏格勒说他的耳朵"嗡嗡作响，日夜不停"。人们正常的谈话声他几乎听不清，可人们朝他大喊又令他痛苦，忍无可忍。他求魏格勒替他保守秘密，不要把耳聋的事告诉别人——以免别人取笑他。

到了11月，贝多芬似乎高兴了许多，他再次写道"我现在过着一种较惬意的生活，我可以经常出去找我的朋友。你一定想象不出我最近两年的生活有多么沉闷，多么悲伤。听力极差，这就像幽灵一样，无时无刻不在缠绕着我，我尽量回避人们。我看上去很像个厌世者，尽管我绝不是这种人"。

到1802年，他又写道：有一个"可爱迷人的姑娘，她爱我，我也爱她"。他一直梦想着结婚，但她比他的社会地位高出太多，在那个年代社会地位的悬殊可不是儿戏。

这位姑娘就是琪丽哀太。

他的希望和幸福是短暂的。他和琪丽哀太之间究竟发生了什么人们并不清楚，不过看得出他们在一起是不会有什么结果的。

他们心平气和地分手了，但不少人认为贝多芬那年夏天之所以显得痛苦不堪，与失去琪丽哀太有关。

然而，在后来的几年里，他告诉一位朋友说，这次分手是再好不过的了。因为他的全部生活都是音乐，已容不下爱情和家庭生活。对他来说，音乐是"更高尚，更好的事业"。

不过这件事肯定令他很伤心，才使他放弃了结婚的梦想。1802年夏天，他像前两年一样，到他所热爱的乡下生活了几个月。他在海里根城找了个住所，开始写他的第二交响曲。

可这次，无论是音乐还是他对乡村的热爱，都无法驱散他对未来的忧虑。他对全聋的前景提心吊胆。

贝多芬工作孜孜不倦,殚精竭虑。到了1804年春天,他的第三交响曲——《英雄》问世了。

这部交响曲本来是打算献给拿破仑·波拿巴的,可当他听说拿破仑从教皇手上接过皇冠称帝时,感到无比失望。这个他一直视为大英雄的人,竟是如此贪婪、狂妄和自私。他一气之下,把题有"为纪念一位伟大人物而作"字样的扉页撕得粉碎,只定名为《英雄交响曲》。

这部交响曲是在维也纳剧院排练和首演的。接着的一年是贝多芬一生中的创作高峰期。1805年,他埋头创作唯一的歌剧《菲岱里奥》。9月份,这部歌剧完成,但由于种种原因推迟至11月才上演。《菲岱里奥》是一次失败——不光是因为战争的影响,而是因为要它具备舞台形式及产生舞台效果还需做大量的修改。人们提出的一切,贝多芬都反对,直到最后,还是长期受累的史蒂芬·冯·布劳宁将它修改定型。

1806年,这部歌剧加了一段新的序曲(莱奥诺拉)No.3后,该剧又重新上演了。就是在1806年这年,贝多芬写下了伟大《拉苏莫夫斯基弦乐四重奏》。

拉苏莫夫斯基伯爵是位业余音乐家,他在家里设立了一支长期的四重奏乐团,这类乐团在奥地利是独一无二的。它后来成了贝多芬的乐团,演奏者全部由贝多芬指挥,也正是和他们在一起他才创作出了一些经典之作。这个时期,他已开始写第五交响曲,可他又把它搁到一边,先完成了这部轻松快活的第四交响曲,这部作品可能与他和泽雷特·冯·布伦斯维克的交往有某些偶合。

不久,贝多芬告别了泰丽莎、法兰兹和宁静的马尔顿巴加耳,回到维也纳,埋头于音乐创作。

从1807年到1808年,贝多芬陆续完成了《第五号交响曲·命运》和《第六号交响曲·田园》。《命运》是贝多芬用全副精神和心力完成的力作,也是世界音乐史上的不朽之作。首次公演时是由贝多芬亲自指挥的,那时他的听力几乎接近于零,但是,他以心灵去感受乐队,他站在台上很激动,不留心把乐谱架上的蜡烛都打翻了。全曲表现了一种与命运抗争、冲破痛苦、烦恼而获得喜悦的过程。对这首曲子,贝多芬进行了长期构思和酝酿,他用近四年的时间才完成了它。

《命运》正是贝多芬顽强精神的再现。

第一乐章整章的基调是四个具有预示性质的音符,人们称之为"命运在敲门"。人们以前从未听到过这样的音乐。

这个乐句反复出现,贯穿整个乐曲,起着连接各乐章的作用,这种作曲法被后来的作曲家们采用。

第二乐章呈献给我们的是一段轻快的旋律和进行曲般的主题,两种旋律交替出现,浑然一体。我们从贝多芬这一乐章的手稿中可以看出,为了寻找他所期望的东西,他曾进行过怎样的艰苦奋斗。

他的作品来之不易。他冥思苦想,写了再写,有时参考若干年前做的笔记。这部作品是非凡的。这些年来他的创作激情不断高涨,他此时又开始了第六交响曲的创作。

1807年和1808年的夏天，贝多芬在巴登和海里根乡村度过；第六交响曲《田园》是在海里根城写的，这部作品倾吐了他对乡村的无限眷恋和热爱。

任何对乡村生活有概念的人，都可以不借众多标题而了解作曲家的意念，而且如果没有标题，整首曲子将被视为更侧重于感受性而不仅是音乐。1809年，法国军队再次攻入奥国，不久维也纳又陷入法军手中。由于时局的紧张，维也纳物价飞涨，尤其是生活必需品的价格上涨极快，维也纳市民的生活苦不堪言。贝多芬虽然照例每年拿到四千格尔登的年俸，但由于物价上涨，贝多芬生活并不富裕，加上战争期间，乐谱无法拿到国外去卖，本国的销售量又不高，所以，贝多芬的生活又陷入困窘之中。

由于战争给人们造成的压抑气氛，加上工作的疲惫，以及失恋和耳病带来的痛苦，贝多芬性格变得越来越急躁，和周围的人相处得不够融洽，因而，也更加时常产生孤独感。他曾经对好朋友说："我懂得一个人在还能做事时，绝不可以自杀。不然我早就自杀了。"这说明贝多芬的内心多么苦闷。

就这样，生活在动乱之中的维也纳，贝多芬觉得就好像是一只漂泊在暴风雨中的小船，无依无靠，不知什么时候，在什么地方才能靠岸。只有他酷爱的音乐才能把贝多芬从痛苦中暂时解救出来。

这一阶段，贝多芬创作收获较大。1812年，他完成了《雅典的废墟》《史蒂芬王》《第七号交响曲》《第八号交响曲》和《小提琴奏鸣曲》等震惊世人的优秀作品。

到了1822年仅五十二岁的贝多芬，这时已在全欧洲被公认为最伟大的活着的作曲家了。这样一来各界名流纷至沓来，争相拜见他。他们都对心中偶像出人意料的和蔼形象感到惊讶。他饶有兴趣地了解他们的工作，鼓励他们，并且对他们的作品加以赞赏。

维也纳人的心，像少女的心一般变化莫测，当时他们正钟爱闪烁着音乐才华的罗西尼。可当贝多芬最终完成了《第九交响曲》并威胁说要在柏林首演时，维也纳人又急忙请求他在维也纳首演。于是，在1824年《第九交响曲》初演于维也纳。

这部交响曲似乎总结了贝多芬一生中所经历的和信仰的一切。通过乐曲他似乎在讲述人类的遭遇——迷惘、彷徨，这是超过了人类所能承受的莫大压力。

演出结束时，观众热烈欢呼鼓掌，是一位年轻的女低音歌唱家扶着他的手臂把他转向观众，他才看到了这狂热的场面。

最后乐章

1825年的新年，贝多芬接到了奈特的来信，告诉他《第九交响曲》已经到达当地而预备演出。

贝多芬想去指挥演出，并带去一首新曲给他们。英国社会对他赞不绝口，对伦敦交响音乐会反响十分强烈。一宗财产仍在等候着他，贝多芬答应他们在18个月中完成《第九交响曲》虽然他们在接到抄本之前，此曲已在维也纳演奏过了，但英国人也还是表示出了一种宽宏大度。

1826 年,贝多芬偏爱四重奏,他喜欢这四种简洁的声音。当 1824 年《第九交响曲》完成之后,四重奏变成贝多芬的全部生命了,一直持续到他去世。他为圣彼得堡的加力金王子写了三首四重奏:第一首为《降 E 大调弦乐四重奏》(作品第 127 号),完成于 1824 年;第二首为《A 小调弦乐四重奏》(作品第 132 号);第三首《降 B 大调弦乐四重奏》(作品第 130 号),都是在当年年底完成的。

到 1825 年 5 月,贝多芬又在病中写成第四首《A 小调弦乐四重奏》。人们从中不难看出贝多芬对古典宗教音乐形式的爱好。他把《A 小调弦乐四重奏》中慢板乐章的标题改为"感谢上帝使衰弱的人能够痊愈"的赞美诗。仿佛是神的恩典使他恢复了新的力量,重振了他的雄风。

转眼秋天已经过去,树叶飘落,天气也越来越冷。有时冷得厉害,贝多芬就会喊叫着,让约翰买些木材来取暖,可约翰总是买一点点,结果,贝多芬常常因断柴而受冻。但为了抓紧工作,贝多芬有时忍耐着这一切,积极作曲。《弦乐四重奏》很快完成了。他又开始谱写早已酝酿许久的《第十号交响曲》。

1827 年春天,贝多芬进行了两次抽水手术。但到了 3 月下旬,贝多芬的双脚、双腿已肿得很厉害,而且腹泻不止,胃部发炎,几乎吃不了多少食物,全身已经骨瘦如柴。

3 月 23 日,痛苦中的贝多芬感到死亡已经来临。但是,一闭上眼睛,一个念头突然闪现:我要死了! 对了,我要修改一下遗嘱。贝多芬最后一次修改了遗嘱。

贝多芬伸出皮包骨的手,颤颤地拿起笔,用力地在纸上写着:

我指定侄子卡尔为我的财产继承人。我的遗产均由他和他的子孙及他指定的财产继承人继承。

现在他已经到了接受最后一次洗礼的时候了,如果他愿意的话。

贝多芬同意了。仪式就在 3 月 26 日举行。他最后一次写下了自己的名字,同时将《升 C 小调弦乐四重奏》(作品第 131 号)的所有权送给了司格脱,并再次表示了对伦敦交响音乐会的感谢。大约在一小时之后,司格脱从梅耶那里取来了一瓶莱茵酒,将它放在病床边的桌上。贝多芬看见了,喃喃地说:"可怜,可怜,太迟了……"这是他所说的最后一句话。

3 月 29 日,悲哀笼罩着维也纳。这天,全维也纳的人们为贝多芬举行了隆重的葬礼。

荷兰后印象派画家

——梵高

人物档案

简　　历:荷兰后印象派画家。1853 年 3 月 30 日出生于荷兰乡村津德尔特的一个新教牧师家庭,早年的他做过职员和商行经纪人,还当过矿区的传教士,最后他投身于绘画。1890 年 7 月 29 日梵高在精神错乱中开枪自杀(一说,两个年轻人不小心走火开枪击中),年仅 37 岁。

生卒年月:1853 年 3 月 30 日~1890 年 7 月 29 日。

安葬之地:法国瓦兹河畔的奥维尔小镇的梵高墓。

性格特征:忧郁、自责、自扰、焦虑不安。

历史功过:19 世纪的最后十年现代画坛的一位大师,被称为后期印象主义画派最杰出的代表。代表作有《星月夜》、自画像系列、向日葵系列等。

名家评点:中国画家丰子恺评价说:"梵高的全生涯投入在艺术中。他的各时代的作品完全就是个时代生活的记录。在以艺术为生活的艺术家中,可说是一个极端的例。"

少年追梦

1853 年 3 月 30 日,温森特·梵高生于荷兰北部一个牧师家庭中。

自幼梵高性格孤僻,木讷而又羞怯。在家庭神秘宗教气氛的熏陶下,他表现得与绘画并不是特别有缘,手里拿的不是画笔,而是上帝的教科书《圣经》。在家里,只有弟弟提奥是唯一理解他的亲人。

据说他 9 岁时表现出了喜欢绘画的天性,他画过一些实物速写,并临摹看中的石版画,然而,并不宽裕的家境以及浓郁的宗教氛围却没有为梵高提供进入艺术学校的机会。中学毕业后他被送到海牙一家美术商店当学徒,不久他又先后来到巴黎总店和伦敦分店卖画。年仅16岁的梵高，就这样天天接触美术品，耳濡目染，认识和欣赏能力渐渐增强。可是这并没使他的工作受到赏识，得到认同。一次，一位有钱的妇人为自己的新居购画，她一边喋喋不休地胡乱发着议论，一边尽挑那些在梵高看来十分庸俗、低水平的画作，还自鸣得意地大声说："瞧，我选的都挺不错吧！""你即使闭上眼睛，也不会比现在挑得更糟了。"梵高忍不住顶了她一句。他觉得这位目空一切，浅薄无知的太太实在令人讨厌。难怪那妇人听见此话，顿时大怒："天哪！你不过是个乡巴佬而已！"店老板闻声赶来，训斥梵高不要毁了他的生意，警告他再不改过，便只好让他走人。梵·高却生气地打断老板的话，说："怎能为了赚钱向这种愚蠢的人卖画？""还有，为什么这不懂艺术的人有资格到这儿来，而那些对优秀艺术真正有鉴赏力的穷人，却拿不出一个铜板去买张画挂在自己的墙上呢？"这件事发生后不久，他不辞而别，回到家里。

　　1869年2月的一个上午，梵高的父亲新教牧师西奥多勒斯·梵高带着长子温森特和次子提奥步行到雷斯勃根去看望病人。

　　西奥多勒斯牧师已经连续多次带温森特出去工作，其目的是很明显的。温森特很快就16岁了，到了该工作的年龄。而梵高家族是世代相传的基督教家庭，牧师从温森特的身上看到了自己少年时代的影子，温森特有一种天生优良的品质，就是同情和关心穷苦的人，这使得他具备了做一名传教士的潜质，而且他对父亲的职业有一种独特的兴趣。他没有更多的爱好，除了呆呆地看某一种他认为美丽的自然界的景致，或者用棍子在地上画一匹驮稻草的马和一只流泪的狗（当然大多数时候他安不好动物的四条腿）。然后就是带着他的小跟屁虫提奥往穷人的地里钻，帮助他们挖土豆或者给蔬菜浇水。

　　金秋十月，一个阳光很好的日子。牧师带着温森特和提奥到海牙去拜望他的弟弟——与他的长子同名同姓的温森特·梵高。温森特是伦敦古比尔艺术公司的股东，在海牙有一家经营绘画作品的分店。小温森特被叔叔店里陈列的绘画惊呆了。他停留在法国画家德·格鲁的（穷人的长椅）前面，泪流满面。牧师被儿子这种感情深深打动。小温森特抽泣着对父亲说："我看到了一种难以言说的凄凉景象，排着长队等待施舍的穷人，他们是多么不幸啊！"而小提奥却在父亲和叔叔面前表现出了惊人的记忆力：他能闭上眼睛一口气数出二十多幅作品的名称和价格，使温森特叔叔对小侄儿发生了浓厚的兴趣。正像西奥多勒斯对长子所产生的兴趣一样。温森特并没有满足父亲的愿望去继承他的衣钵，父亲为此得了一场病。父亲是他们六兄弟中唯一接任爷爷职位的人。温森特为此感到内疚。

　　温森特叔叔帮助温森特获得了在古比尔公司当职员的权利，使他有机会接触更多的画家和他们优秀的作品。温森特对这个职业非常满意。

　　1871年5月，14岁的提奥从家乡赶到哥哥的画店里，这是温森特盼望已久的事情。两兄弟相聚，格外亲切。

　　温森特每次给家里写信，都要单独给小提奥写一页纸，几乎都是热情邀请弟弟到画店去看看。小提奥对哥哥选择的职业举双手赞成，如果说他心中有什么偶像的话，那就是温森特。况且提奥对自己将来的职业已经有了明确的选择。他得作一个画商，像温森特叔叔一样，甚至比他更加出色。

温森特向提奥喋喋不休地提起他购买和收藏的画。他喜欢那些描写下层人物的作品，那些东西能引起他的共鸣，牵引着他柔弱的情丝。他不厌其烦地向提奥讲他所崇拜的画家，比如米开朗琪罗、丢勒、伦勃朗、德拉克洛瓦、米勒等等。

窗外正下着雨，柏树和杨树被洗涤很像一个个精神抖擞的小伙子，两旁镶嵌着鹅卵石的小方砖道路闪闪发光，这是乌云开始撤退的象征。

"也许我们能看到美丽的彩虹！"温森特兴奋地说。

雨过天晴，彩虹真的出现了，装饰了温森特的窗口。温森特忽发奇想，他觉得如果把窗户以及它所包含的景致割下来会是一件多么神奇的作品啊！

温森特决不会放过自然界任何美好的景观，他拉着弟弟的手，沿着雷斯维克的小道奔跑。

他们来到旧运河旁边的一座磨坊里，一个老婆婆坐在里面，老婆婆的孙女在磨坊外的干草堆旁边挤牛奶。奶牛被拴在一棵柏树上，一切都显得那么宁静安详。

老婆婆请温森特和提奥喝鲜牛奶。温热的牛奶清醇可口。温森特忽然记起了海牙画家魏森勃鲁赫描绘一座磨坊的画，那幅风景画历历在目，他觉得魏森勃鲁赫画的正是这座磨坊。他一下子涌上一股激情，便问老婆婆和小姑娘。

"你说魏森勃鲁赫先生呀，"小姑娘抢着说，"我们村子里的人都叫他'愉快的魏斯'，他经常在这儿画画。"

温森特还是第一次走入画家所画过的景物中一时激动得难以形容。他拉着提奥围着磨坊转圈子，转了一圈又一圈，然后他说：

"亲爱的提奥，你看画家们多么伟大，他们理解大自然，热爱大自然，并且教导我们去欣赏大自然。谁要是真正热爱大自然的话，谁就能随处发现美的东西！"

提奥瞪大眼睛，看着温森特，认真地说："据我看温森特，你像艺术家一样伟大，你就是一个艺术家，至少你以后一定是！"

温森特被提奥的话惊呆了。

温森特一直在心里回味着小提奥的话，涌动着莫可名状的激情。但同时他觉得那些他所崇拜的众多的艺术家，都站在亚洲的喜马拉雅山上，高不可攀。

1877年5月，温森特来到阿姆斯特丹，住在海军中将约翰尼斯·梵高叔叔家里。经姨父斯特莱克牧师引荐在著名的牧师和学者曼德斯门下学习拉丁文和希腊文。

1878年8月中旬，温森特背着行李，来到了布鲁塞尔教会学校，他是放弃了在阿姆斯特丹神学院的学习后来到这里的。

这是一所比利时福音传道委员会开办的新学校，只收了三个学生，学校的负责人也是三个，他们是布林克校长和德容以及皮特森牧师。

温森特牢记父亲要学会宽容和忍让，多听朋友的叮嘱，努力想和另外两名同学建立感情。那两个都是不满20岁的小伙子，他们一拍即合，而与温森特却无法融洽，而且为了加强他俩之间的友谊，常常取笑温森特。令温森特气愤的是，他们的教师波克马先生居然和那两个学生站到一起，公然拿温森特取乐。

温森特觉得自己的口才缺乏先天性的优势，他渴望能够具备庄严地、动人地、流畅地、自然地向群众演说的能力,他越是心急,越是出乱子,因为波克马先生禁止他使用演讲稿。

于是,他和他的教师以及两个同学之间产生了不可弥合的分歧。

11月14日,他的两个同学被校方批准毕业,并被委派到两个教区去当传教士,而温森特因为波克马的"拒绝服从教导和不能即席演讲"的评语而不予安排工作。

1880年10月,温森特因为环境等一系列的原因,告别了相处近两年的"黑色王国",来到布鲁塞尔,主攻透视关和解剖关。同时,在布鲁塞尔有机会饱览一些展出的油画和素描,那些高档次的作品常常使得他激动亢奋,激起他新的创作灵感。第二年年初,饱经风霜的游子回到故乡埃顿,已经白发苍苍的父亲虽然不满意儿子的所作所为,但温森特毕竟是他曾经疼爱的长子,温森特的归来使他感慨万端,他原谅了这个固执的儿子。而经历了岁月磨炼的母亲见到面目全非的温森特,柔肠寸断,她把儿子搂在怀里,竟至于泪雨纷飞。

布拉邦特熟悉的乡情和父母弟妹们的温暖使温森特身心愉快,身体渐渐康复,绘画的渴望重在心头萌动。

他每天在农舍近郊的土地上徘徊,观看伐木工人在一片森林里忙碌,他常常对着一棵树痴呆地看上半天,并且从不与任何人搭讪。伐木工人们都知道他是西奥多勒斯牧师的儿子,他们常常在抽烟的空隙把温森特当作闲谈的话题,并且一致认为牧师的儿子在失踪六七年以后整个地变了,至少是在外面患上了痴呆症。从前活泼可爱的一个少年,变成了一个怪物。他们一方面为西奥多勒斯牧师感到惋惜,另一方面对温森特怀着猜忌和畏惧的心理。绕过他身边时总要用眼角的余光警惕他的举动,看看他的手里是否捏着石头什么的,谁也不能担保他不会猝然发难,去伤害一个无辜的人。

好在温森特从不伤害任何人,工人们对他的防备也开始松懈,认为他至少是一个善良的疯子。而这一切温森特不知道,他在专注于某一物体的时候,身旁的东西全消失了。

终于有一个晴朗的早晨,温森特的举动有了变化,他拿了纸和笔,坐在伐木工人不远的地方,专心致志地画着一根老树干。这使得工人们对他又多了一层防备。

温森特一坐就是一整天,忘记回去吃午饭。盘根错节的老树干上布满风雨剥蚀后留下的痕迹,看上去沟壑纵横,伤痕累累。他从树上看到了波里纳日矿工们饱经沧桑的脸,这使他想起了梅里恩,他力图在这张素描中表现出一种深沉的苦难。

开始父亲和母亲看到他致力于绘画,都有一种欣慰的感觉,母亲立即告诉他要学画可以到海牙去找毛威,毛威是海牙画派的代表人物,著名的风景画家,而且是温森特姨妈的女婿。她说毛威的作品每件可以卖到600个荷兰盾。父亲也认为这至少是一份可以谋生的职业,比游手好闲无所事事强得多。

温森特觉得他们都是从生计上考虑的,忽视了他作为一个有远大抱负的青年对艺术的一种执着追求。

这总是一个遗憾。

温森特把全部的时间和精力都投入到他的学习中。天气晴朗的时候,他背上画夹到村外去,更多的时候是到荒无人烟的野外树林里去,这是因为镇上的人仍然认为他古怪,并且跟他保持着一种距离。而家庭的温暖仅仅是人的本能所焕发出来的一种公式化的亲情,他觉得无论是在镇上其他地方,还是在自己家里,谁也不能真正理解他的内心。所以,他心灵深处仍然感到一种可怕的孤独。在荒地上他能体味到一种人与自然相互和谐的快乐,自然界美好的事物是诱发人灵感的绝妙因素。所以他甚至在荒地上动手盖了一个小茅屋,这是他灵魂得到安慰的场所。他就在茅屋附近画古老废旧的磨坊,画郁郁青青的榆树,画远处伐木工人劳动的身影,尽管他们仍然回避他,但对他的行为习以为常,并不继续笑话他。

天气坏的日子,他就在家里画素描,三个姐妹中最小的威莉敏性情温和,与其他姐妹相比对他倾注了更多的同情。她是一个正在学习缝纫的女孩,温森特常常把威莉敏和她的一个同伴做模特画速写,威莉敏总是有求必应。

此外,他购置了画家卡萨奈的《论水彩画》,并在家里潜心钻研,为此他掌握了暗红墨水画和水墨画的知识,并琢磨出用芦苇秆削尖蘸墨水勾画线条,可以画出较粗的笔道,看上去使画面更加体现一种粗犷而雄浑的美感。

海牙之恋

海牙之行对温森特来说具有重大的意义,他决定到海牙学。但是回到埃顿以后,他看见斯特莱克姨父的女儿、表姐凯·沃斯来到了他们家。

凯在一年前死了丈夫,父母不忍心她每日沉浸在对甜蜜往事的回忆之中,建议她换一个环境,到科莉尼亚姨妈家散散心。

温森特在走近自己家门的时候,远远地看到表姐柔弱的身躯倚在屋前的一棵榆树干上,微风吹过,她美丽的身姿像树叶一样发抖,她的面前有一个小男孩,那一定是凯和沃斯的儿子简,凯的目光被儿子牵引着,那里面有一丝凄婉的笑意。

四年以前,温森特在阿姆斯特丹神学院学习时第一次见到了凯,从此,表姐高贵而美丽的形象在他的心里打上了烙印,他记得他们在一起谈论过伦勃朗,凯具有一种卓越的天赋,他认为她是艺术圈子以外唯一能感受艺术之美的人。

在简短的交谈中,他们对伦勃朗达成了共识。然而那只是一束短暂的火花,为此他嫉妒过那位风度翩翩的表姐夫沃斯。凯的到来使温森特心潮起伏,他忘记了去海牙的事,有一种责任感在他心里萌动,他觉得他必须安慰和照顾她,使她重新获得快乐。况且还有一个更令他欣慰的理由:凯是迄今为止唯一能够真正理解他的人,和凯在一起,他的信心将会更加充足。

所以,温森特每天背着画箱,邀凯带着简一起到野外去写生。他们带上午饭,在森林里一待就是一整天。凯在充满生气的树林里,要么和简追逐嬉戏,要么伏在草地上,嗅着花草和泥土的芬芳。忧伤逐渐从她的脸上消失,她的苍白的脸上渐渐涌上了红潮。温森特因为有凯在身边,还有一个活蹦乱跳的小孩,心情格外愉悦,他甚至体会到一种小家庭的温暖,然后因此而产生了一种无法遏止的创作热情。他的脸与画板之间老是出现凯凄美的面容。凯有一张椭圆形的脸，一双充满哀怨、像碧潭一样深不见底的大眼睛，她的皮肤细腻而苍白，悲哀使她的美显得深沉而成熟。

每当这时候，温森特的创作灵感来得特别快，而且久久缠绕着他，令他激动不已。他的画也显示出异乎寻常的出色，炭笔在他手指间轻灵地盘旋，线条流畅而柔和，这简直是一个奇迹。

偶尔她不在他身边的时候，他感到坐立不安，灵感被她带走了，所有的焦灼向他袭来，他无法完成任何一幅习作。这时候，他清楚地意识到，他恋爱了。

他回顾自己走过的 28 年，是那么孤单寂寞，他觉得一个男人最悲哀的是莫过于在他的生活中没有一个他爱的和爱他的女人。从来没有一个女人哪怕是用一根柔滑的手指轻轻刮过他的脸颊，或者在他眼前吹气如兰，轻轻地对他说："温森特，我爱你！"这是多么不幸啊！

温森特把自己的爱情告诉了弟弟提奥：

我现在开始恋爱了，我始终爱着她，一直要等到她最后爱上我。瞧吧，你将要发现还有另外一种力量促使我们行动，那就是充满爱情的心，你一定会大吃一惊的。我迫不及待地需要发泄自己的感情，否则锅炉就会爆炸。

温森特选择了一个适当的时间，把他的恋爱告诉了他的父亲和母亲。父亲曾经为温森特和凯能够和睦相处甚感欣慰，所以温森特对父亲充满信心。但令他失望的是，母亲对此缄默不语，父亲脸上却毫无表情，他像没有听到温森特的话一样。他想，父亲是不是神经质了？父亲和母亲都不正面触及这个问题，好像这是一件与他们无关的事，这使温森特感到很伤心。但这并不能减少一丝一毫他对凯的爱。

他终于控制不住了，正像他说的，锅炉爆炸了。

那天他在他的小茅屋旁边画画，一种巨大的冲动使他不能自持，简枕在凯的腿上睡觉，凯用一种平静的眼光凝视着温森特的方向，实际上她没有看她眼前的东西，她只是注视着一个虚无的空间，从这种虚无里搜寻她甜美的往事。她的神态使温森特悲痛欲绝，他觉得她不应该把自己束缚在往事的痛苦之中，应该正视现实，因为现在他爱她！

温森特扑上去，张开双臂把凯柔弱的身子紧紧拥在怀里，像疯子一样发出呓语，他把所有的热情连珠炮一样发射出来，使凯惊恐万状。

最后他说："凯，我爱你胜过爱我自己，我一刻也不能离开你！"

凯在惊骇之后表现出极大的愤怒，她几乎是咬牙切齿地说："不！永远不！永远不！"然后她挣脱身子，抱起大哭不止的简飞快地跑了。

猝然的打击把温森特的心碾得粉碎。

凯在第二天就打点行李回阿姆斯特丹去了。

一种强烈的思念凯的情绪笼罩着温森特，使他夜不能寐。他赶到了阿姆斯特丹，他要见凯一面，听听她亲自表态。尽管在埃顿她已经说了，但他坚信那不是她内心所想的，她只是一时惊愕而措辞不当，说出了违心的话。

斯特莱克牧师并不理睬他。他的身子像一座山一样挡在温森特面前，然后自个儿背起那封信来，那听起来就像一件公文，或者是例常的传道讲经。

餐桌上点燃着的一盏汽灯,惨白的光正像温森特的脸。温森特把他的焦躁强压在心底,他用最大的耐心恳求姨父:"尊敬的姨父,我爱凯,爱您的女儿,我将用我的全部身心温暖她,照顾体贴她,给她幸福。您是侍奉上帝的,那么请您看在上帝的分上发发慈悲吧,请您给我一个机会,让我赢得她的爱!"

姨父一脸的冷漠,"这是不可能的,温森特。凯根本不爱你,你的出现对她只能是一种伤害。"

"尊敬的姨父,您听着,如果表姐是一个天使,那么我就攀不上她,我无法设想我能与一个天使恋爱。但我认为她是一个具有正常情感的纯粹的女人,而我十分爱她,这是天经地义的,我怎么会伤害她呢?"

此后,姨父拒绝回答温森特的任何问题,他像面对着一个无赖一样用一种置之不理的态度对他。

温森特气得浑身发抖,他觉得他的面前不是斯特莱克姨父,而是一堵教堂的冷冰冰的、坚硬的白色墙壁,那是无法逾越的障碍。但是他决不会因此而放弃。他突然像一头暴怒的雄狮,跳起来奔向那盏汽灯,他伸出左手插入汽灯的火焰上烧着,说:"我宁可烧焦我的手,这种疼痛还不如我的心灼痛得厉害。我一定要看到她,哪怕是我的手能够在火苗中坚持的那么一点时间。"

他手背上的皮肉立即变黑,又变红,一缕烟冒出来,伴随着皮肉烧灼的吱吱声,他的牙齿紧咬着,手臂始终一动不动。斯特莱克牧师忍受不了他那森森的目光和那惨烈而残酷的炙烤。他在惊愕之余一掌打掉了汽灯,他气得说不出话来。

梵高画像

温特森在阿姆斯特丹三天,天天待在姨父家里,但这样对抗毫无结果,他的精神几乎崩溃了,希望越来越渺茫。

在小旅馆里,他把自己像垃圾袋一样扔到床上,然后怔怔地反省自己。他想我一定是在什么地方搞错了,要不然为什么谁都反对我?是我不正常,还是他们不正常?我快30岁了,但我从来没有尝过女性温热的肉体之欢,那一定是妙不可言的,我来到这个世界并且生为男人,我就应该有享受女人的权利,我一定要去找一个女人,哪怕是一个妓女!

眼泪与鼻涕在窗外透入的灯光下闪耀,到后来他竟至于泣不成声。

后来有一天,梵高去酒店喝酒时,碰上了妓女克里斯汀。她已经不年轻了,也不算美丽,现在靠洗衣为生。她有五个孩子,现在肚子里还怀着一个。

他们俩聊得很投机。就这样,克里斯汀走入了梵高的生活。她每天给他当模特,给他做晚饭,给他洗内衣,上街买东西。

梵高每天付给她一个法郎。他知道这超出了他的支付能力,但是他喜欢她陪伴。他喜欢在新煮的咖啡气味中醒来,喜欢看一个态度亲切的女人在炉子周围忙碌。这是他头一回有个家了,他发现有个家是很惬意的。

等到他画她画得对她身体的线条了如指掌时,就决定画一幅道地的习作了。他让克里斯汀裸体坐在火炉旁的一小段圆木上。画面上,她那骨节粗大的手放在膝盖上;脸埋在瘦得皮包骨的臂弯中;稀疏的头发披在背后;松弛干瘪的乳房下垂到精瘦的腿上;踩在地上的扁平的双脚给人一种不稳定感。他给这幅画题名为《哀伤》,这是一幅生命力已被榨干的妇女的生动写照。

素描倒数

就这样两个人彼此相爱了,并且梵高向克里斯汀求婚了。几个月后,克里斯汀的小孩生下来了。梵高很高兴,虽然这个孩子并不是他的。

1885 年 3 月,温森特回到家乡的第三个年头(第十六个月),父亲西奥多勒斯因意外事故去世。提奥回来参加了葬礼,温森特也搬到家里住了一个时期。

因为巨大的悲痛缩小了温森特与弟弟科尔以及其他妹妹的距离,哀伤过后,全家人的关系较父亲在世时融洽多了。但是为了不妨碍弟妹们的正常生活,温森特还是决定搬出去住。他认为这样也许是维持他们之间友好关系最长远的明智之举。

从家里走出来,温森特租住在一个工人家里,他的邻居是一户农民,主人叫德格鲁特,是个五口之家。他们全都下地干活,脸晒得黑黑的。德格鲁特有一个 17 岁女孩叫斯蒂思,性格开朗,整天疯疯癫癫的,挺招人喜欢。她穿一件满是灰尘并打了补丁的蓝色裙子,一件紧身胸衣,由于田野的风与太阳的影响,她的服装看上去比城市贵妇人的服装更加优美。温森特经常请她做模特。

德格鲁特一家以土豆为主食,偶尔能喝上一杯清咖啡,过节的时候卖点土豆换一小块咸牛肉。种土豆、挖土豆和吃土豆就是这一家子的全部生活。

温森特每天晚上都到德格鲁特家里串门,他们对他很友好。他经常观察他们吃蒸土豆,一边想着一些问题。

那是一间被烟火熏得黑乎乎的小屋子,一屋子五口人脸色黝黑,围着桌子,占去了房子的大半空间,给人一种透不过气的感觉。桌子上摆着一盆热气腾腾的蒸土豆,硕大的土豆爆裂开它们的皮,香气从裂缝的地方浓郁地弥漫开来,充溢了整个房间。

他开始着手画这幅画,在闪着金黄色火苗的灯光下,一家五口人在吃着土豆,他们曾用伸进盘子里的同一双手去锄地,他们用诚实的劳动挣到了他们的食物。他们翘起的鼻尖在灯光下放着光,相互谦让传递着土豆。这种情景是和谐而宁静的,有一种朴素的幸福与温馨。

油画完成以后,他给起的标题为《吃土豆的人》。因为还没有干透的原因,他不能够立即进行一些必要的修改,又怕弄坏了,所以把画寄放到一个徒弟家里,并叮嘱他千万要小心,不要把画弄坏,干了以后他再去修改。

过不了多久，温森特到他朋友的家里，取出了那幅《吃土豆的人》，画面已经干了，上面布满灰尘，而且密密麻麻地粘上去许多苍蝇。温森特用刀子刮着这些"为艺术而献身"的小生灵的时候，竟把自己和它们比较，他感到非常有意思。

然后他做了一次细致的加工，画上最后收尾的笔触，再用蛋清涂上去，阳光下一幅成功的作品显示出了它勃勃的生命力。他觉得自己终于捕捉到了那正在消逝的事物中存在着的具有永恒意义的东西。从此，布拉邦特的农民获得了不朽的生命。

温森特决定在这个时候去安特卫普，那是比利时的艺术中心，他希望在那里能获得正规的教育。弟弟提奥邀他去巴黎深造，他觉得还为时过早，但总有一天，他得向巴黎进军的。对一个画家来说，安特卫普真是一个百花园。

温森特在激情催促下迅速投入了工作。一方面与美术学院取得联系，争取入院学油画，另一方面在街头或酒吧寻找模特。

他在一家咖啡馆里雇到了一个陪酒女郎，那是一个漂亮的姑娘，性格开朗、机智幽默。温森特已经越来越习惯于在作画时和模特谈话了，谈话时模特的脸部能保持着活泼的表情。

"你是一个非常快乐的姑娘，和你谈话是一种享受！你是否对喝酒感到惬意？"

"对我来说，香槟酒不是快乐，而是忧郁。"

温森特被这句富有哲理的话深深打动，自己观察人物竟是多么地缺乏洞察力。他由此懂得了在表现某种趋于表面的欢乐的同时，更应该着重刻画内在的悲哀和痛苦。

然后他准备为她画另一幅画。第一幅是一个巨大的头像，她的快乐像水一样清澈地在画面上流淌出来，他把那幅画送给了她。她对这件温森特认为是失败的作品还是感到很满意的，她说："画面上的我能冲淡我的痛苦。"

第二幅作品并没有画完，咖啡馆的老板严禁温森特影响他们的工作，他用近乎粗暴的举动把他赶走，并不准姑娘上门找他。

温森特就在自己租的画室里对着镜子画自己。他第一次画出了两幅自己的肖像。

在安特卫普只有一个多月，这个曾因为被人称做"船长"和"铁厂工人"而自豪的温森特就日渐消瘦下去了。

他的牙齿越来越多地掉了，最多还剩十个，吃东西的时候，他尽可能不使用它，一骨碌就吞下去，以免不小心磕碰下来一颗。此外，为了不至于太强烈地感到肚子饿，所以他抽很多烟，弄得咳嗽加重，还有可恶的胃病，这些病症弄得他看上去像一个四十多岁的人。他对弟弟提奥写信说：

谁要是想画画，他一定要设法活下去。

所以他为了自己的身体去看病，医生说，这是一种全面的衰退，一定要注意保养。

不过温森特并不太伤感，众多的艺术家都有类似的经历：缺乏金钱，健康不佳，遭受歧视，孤立无援，终生受罪。德拉克洛瓦说过：一个画家只有在牙齿掉光，头发全无的时候，才能弄明白成功的奥秘。看来，掉牙齿或许是接近成功了。

他决定三个月学习期满，就到巴黎去。

印象画派

巴黎称得上是欧洲的首都,虽然第三共和国提倡自由、平等、博爱,但作为艺术家,应当有艺术家的气质。有的艺术家在作品不被人理解的艰难时期穷困潦倒,成名以后还是会讲究起来。比如印象派,经过十多年的努力,已经拥有了越来越多的赞扬者,莫奈的处境就已经逐渐改变,经常改建他的画室。

当然这些话温森特几乎听不进去,他的心思是到古比尔画店去看印象派画,然后结识一些画家。提奥告诉他,继首批印象派画家之后,巴黎已越来越多地聚居了一批更年轻的画家,以印象派为楷模,并力图在其基础上有所创造。这才是温森特最感兴趣的事。

蒙马特尔林荫大道显得宽阔而壮观,兄弟俩晃过高大豪华的百货商场和富丽堂皇的酒店,来到古比尔公司分店。店内陈列的作品很快就吸引了他的注意力。

被称为印象派画家们的作品在琳琅满目的古典派与学院派作品中显得孤单而固执,它们仅仅占了一楼与二楼之间的楼厅。

温森特完全傻了眼!这些画无处不表现出一种对传统艺术的背叛。他从少年时代起,就接触那些死气沉沉的绘画,虽然构图稳定均衡,线条清晰优美,每一处都经过精雕细琢,但是画面上没有笔触,颜色之间的交接平淡冷漠,好像不是画出来的,而是用石头把颜色磨成了这个样子。

而你看他们!印象派的画,坚决大胆地否定了传统的黑色阴影,阳光的普照波及世间每一个角落,阴影的处理用青、紫色代替,在光波环绕中物体的氛围感表现得妙到极致!题材呢?天哪,甚至连题材都降低到服从于绘画色调的地位!

莫奈的《圣拉扎尔火车站》,描绘了溶解大气中的烟雾以及蒸汽中光的反射,敏锐地捕捉到了阳光下变化多端的空气的形状,并把这种自然现象解剖出来,就像解剖某一具血淋淋的动物的尸体,引发了人们心目中熟悉而又难以言状的感觉。如果说提奥的介绍趋于抽象,那么眼前的作品令温森特仿佛身临其境了。

另外两幅作品在掌握了色彩变化的同时,又注意了整体的气氛,笔触潇洒,构图巧妙,画面上人物神情自如,韵律无穷,两幅画看样子出自一个人之手,以完全不同的色调表现出了各异的情境,作品色彩的基调相当明亮。这是雷诺阿的《磨坊舞会》和《游艇上的午餐》。

此外还有德加的芭蕾舞演员、毕沙罗的农家女子折技图、塞尚的静物、西斯莱的乡村风景等等。

温森特在这些作品中徘徊,隐隐感到有某种不适,那是脖子酸痛的缘故。他没有时间去寻找和改善它的处境,他为整个这些新型的作品激动不已。他们发现了空气而且表现了它,表现得淋漓尽致。现在温森特为自己在安特卫普学生们中的表现羞愧得无地自容,他的作品与其他呆板的学生作品固然不同,他认识到作品中要表现鲜活的空气的流通,但他只是停留在梦想阶段,自己的作品是多么晦涩阴沉!

"请问,梵高先生!"他自言自语,"黑咕隆咚的画面上能够看到空气的流通吗?那是梦想吧?"

光!色彩!它们才能使空气活灵活现!

想这些问题的时候,他忘记了自己已经坐到了地毯上。温森特思索一阵,又站起来,重新逐件审视那些作品。半个小时以后,他发现了新的奥秘,在这同一派别中,实际上存在两种类型,一种重光和色彩,探求光与色的独立的审美价值,其典型代表是莫奈;另一种注重室内光,以光的转换表现迅速变化的运动,使静止的画面产生动感,并用光大胆地加重色调的反差,典型代表应首推德加。

温森特每天照常到科尔蒙画室去上课,画模特,这和在安特卫普画院没有两样。

温森特毅然从狂热中抽退出来,好在除去提奥的关系,朋友们大都不把他当作顶梁柱之类的人物来重视。其实,朋友们那种为某一个观点纠缠不休的状况令温森特深感厌恶,而温森特直率的性格也同样使一些人讨厌。也许他天生就是一个孤僻的人。

温森特向提奥提出了离开巴黎的想法,理由是他并不是一个城市画家,他的天地在田野与荒地,他希望找到一个燃烧着炽热的太阳的地方。因为他的心里有一团熊熊燃烧的欲望之火,随时要蹿出来呼应着太阳一起升腾。

他还知道,只要他离开巴黎,他就无法安排好自己的生活。提奥在他的能力范围之内寄再多的钱也只能是钱,一种人们通常称作货币的物体,它与面包和事业三者之间永远无法合理搭配。

但是,温森特决定走。他告诉朋友们的时候,劳特莱克和高更赞成他的举动,而高更也有同样的想法。

在这段时间里,他竭尽全力把自己的调色板往更令他满意的亮度上提。他初步考虑去非洲赤道附近的某一个地方,那么调色板就要力求达到燃烧起来的程度。他选择了阿尔。

红发疯子

阿尔是法国最南端罗讷河畔的一个小城镇。

雪一直下着,下了火车以后,积雪深到膝盖,影响了温森特徒步行走观赏雪景。马车即使在更深的雪地里也仍然拉客。

在到达阿尔之前,温森特看到了一个由巨大的黄色岩石组成的村子,看上去庄严而且气势雄伟。村子旁边有一排排小树,橄榄绿色的树叶与雪景相映成趣。村前是一马平川,种着一溜一溜的葡萄树,树根下露出一小圈没有被雪覆盖的红色土地。放眼望过去,雪中的风景,极白,天空像白雪一样亮丽,融化了天与地的分界线。温森特很激动,这正像日本画家所画的冬景。

有一种更奇特的景象使温森特为之倾倒——野地里零星开着一些杏花,与大雪斗艳。

马车经过一座小吊桥的时候，车夫告诉他，远处山脚下的镇子就是阿尔城。温森特跳下地来，伏在吊桥的栏杆上朝下看，纷纷扬扬的雪花飘进河中，迅速融化，河水湛蓝湛蓝，缓缓流去。看得久了，桥下的水就成了静止的，而桥身载着他往后游去，游去。

温森特沉浸在无与伦比的亢奋之中，他想，雪化以后，他就立即来画杏花和阿尔的小吊桥。

遗憾的是冬天里见不到他梦想的太阳。

两个月以后，天气逐渐转暖，太阳升上碧蓝的天空，光辉夺目，雪吸收着热量。在阳光中迅速融化。西北风狂啸着吹过来，残余的冷气从人们衣饰的每一个缝隙里钻进去，除了头顶的一点暖意，所有人全都浑身起鸡皮疙瘩。

温森特到阿尔以后住在一家旅馆里，到达的第一天就投入了工作。阿尔的时间对他来说太重要了，在巴黎猛醒后的反思使他更觉出一种紧迫感，这是区别于以前只要求进取而不顾忌生命长短的做法。那个送他来的马车夫的话多少让他有点心悸。他固然轻视生命，但没有生命就会断绝追求，而人一旦失去了他终生舍命相搏的目标，就变得没有半点意义。就是说，在没有画出令自己心满意足的画以前，他将死不瞑目！

老天是多么善解人意，他放下行李以后雪就停了。旅馆的侍者送茶水上楼去的时候，与背着画箱匆匆而下的温森特撞个满怀。侍者立即跑去告诉老板：阿尔又来了一个疯子！

第一幅画是雪地上的两株杏树，还有一幅背景画着阿尔城雪地风景画，这是两幅钢笔画的素描，这样的风景其实更适应用芦苇笔画。这些雪地风景的印象在头脑中是那样鲜明，他想以后一定得把它们画成油画。

那天他结识了一个同样在雪地上画画的丹麦人，他名叫莫里阿·佩特生，他住在阿尔的另一家豪华的旅馆，有足够的钱过好日子。

这真是一个好兆头，来到了阿尔找到了初步的好印象结识了朋友。温森特一生中是难得有这种机缘的。

天黑下来以后，雪地上还是显得很光亮，有走在月光下的感觉。回到旅馆，他强烈地觉出很有食欲，温森特知道他当不起富翁，他得计算着花钱，结果第一个晚上熬过去了。第二天在街上到处转转，满街都有廉价的饭馆。最后他在郊外的农民家里买些鸡蛋，每天早晨吃两个，晚上吃两个，外加点咖啡和牛奶。当然常常不能满足胃的需求，但对他来说，能够这样，已经很不错了。

天气转暖的时候，他已经画了大量习作，包括五本素描、速写画册子以及一些油画。他最满意的是那幅《阿尔的吊桥》：万里无云的碧蓝色天空与同样色彩的河水相映成趣，黄色的桥身和河堤，上面长出了绿草，一群穿着罩衫，戴着五颜六色帽子的阿尔女人在一只浸了水的破渔船边洗衣服。温森特想起经过这条小桥的情景，在桥上画了一部小马车。每天莫里阿与他一起出外画画。那是一个老好人，他的作品在温森特看来刻板、规矩，好像是用一根绳子把后脚捆绑在一起画出来的，显得很拘谨。他对温森特的作品一味地称赞，当温森特饶有兴趣地想要继续倾听他的高见时，就没有下文了，那种恭维看上去只是一个老好人随意表露的自然心境，不是感受，而是客套。因为他对温森特使用色彩的胆魄大为吃惊，它夸张到了令人难以置信的程度。温森特往往被这种客套打断创作思维，但他仍然是高兴地应酬着。对他来说，失去一个朋友容易，得到一个朋友却相当艰难，这是他经历过无数次失败的惨痛教训。

休息的时候，他们在一起谈论印象派。这是莫里阿首先提起的话题，因为他去年在巴黎参观了拉斐德路的印象派第八次画展，所以他看到温森特的作品以后，就说："你是印象派！"一句话把他们的距离拉近。莫里阿喜欢读莫泊桑和龚古尔兄弟的小说，两个人在这一点上达到了共鸣。

阿尔的空气使温森特感到身心愉快，烈日与星空，甚至有时候看来可恶的西北风，都能在他的身上引发一种奇妙的振奋，就像阿尔的一小杯白兰地同样使他陶醉一样，他常常觉得自己体内的血液像沸水一样翻腾不止。

他每天早晨四点半左右起床，背着画箱匆匆上城，沿着罗讷河畔或者随便的一条小溪流行走，他喜欢逆流而上，流水与步行的反差造成行动神速的感觉令他尤为兴奋。他的行动永远是激进的，超乎一个常人应有的闲适的心态。然后他被某一个地方牵引住，迅速支好画架，双眼牢牢地、紧张地攫住他所发现的景致，就像一个钓鱼的人发现了浮标被鱼牵动时的眼神，他得屏声静气，全神贯注地捕捉到它。

他成了一个机械的人，他根本不考虑自己在干什么，为什么这样干，他只是不厌其烦地一幅接一幅地画着。春暖花开的时节，乡村的自然景色太美了，他只感觉到时间的紧迫，他觉得应该把这些东西全部画下来，甚至在睡梦中常常半夜惊醒，全身虚汗淋漓，他梦见阿尔的果树花一瞬间被西北风卷起，消失在地中海的上空、留下一片黑暗和荒凉。这是人的自然属性，就如同贪心的淘金者忽然在某一个地窖里找到一个金库，而他又无法一下子搬走它，所以逐批拼命地运载一样。这种占有欲是永不会满足的。

整整八年的时光，他在逆流中奋然击水前行，周围没有船只和同伴，衰弱了的只是皮肉与容貌，力量却在枯槁而孱弱的外表下与日俱增。阿尔的飓风能像鞭子一样把这座城市抽打得狂乱不安，摔烂窗户，折断树干，但奈何不了温森特，他在与风的搏斗中同时享受到一种乐趣：人和绑好的画架在风中颤抖，他在颤抖中找到一种明快的节奏感。他觉得自己就像一把薄薄的刀片，刀口迎着风，悄然屹立，风狂啸着扑过来捕捉他，但反被他劈作两半，拖着绵绵不绝的受到伤害的躯体，嚎叫着逃走。

阿尔春天的果树园几乎画完了，那是 20 幅一组、25 幅一组和 30 幅一组的油画，此外还有一些自然风物和大量的素描与速写。旅馆的床下已经塞得满满的了，但是他没有运费寄给提奥。他给提奥写信，说他画完这些画，几乎累坏了，但是他仍然觉得不尽兴，"如果能完成它的两倍，对我来说也不算太多。"

阿尔城里的人每天都在中午和下午 2 时左右看到他背着一个沉沉的箱子，浑身色彩斑斓，像一个油漆匠，急急前行，不知道他上午是什么时候出去的，从哪里回来，又不知道他下午到哪里去。他的样子又怪怪的，目光呆滞，但神情激奋，从不与人讲话，他的手伸向前方，很急切的样子，好像是整个躯壳的向导或指挥官。他常常由于兴奋而手舞足蹈，跟自己打手势，或者以一种做结论的语调跟自己讲一句什么话，把经过他身边的某一个人吓一大跳。阿尔人从各种迹象中得出结论，这个红头发的人绝对是一个疯子。他们叫他疯子,一些流浪儿把发现和给他编顺口溜当作寻找物质以外的最大乐趣,他们跟在他后面十码远的地方,拍着手,踩着脚像小学生朗诵诗文一样整齐划一地喊。

"红头发!"一部分人喊。

"疯——子!"另一部分人呼应。

一个人发疯,在阿尔是正常现象,正像罗林说的,"谁都有点儿神经错乱的。"

又过了几个星期,温森特重新开始在太阳下画画,冬天的太阳更加辉煌灿烂,但他不能过分地操劳,画一画素描和小花小草,按时作息,避免过度的劳累和兴奋。阿尔人都以一种平常淡然的眼光看待他,倒没有人再叫他疯子,好像只有疯了以后才能在阿尔取得正常人的地位。

在这之后,意外的情况又一次发生了。那天早晨他清醒地产生一种不祥的预感,一种需要吵架的欲望强烈地在心头萌动。他背着画箱在外游荡了一整天,什么也没有做,然后走到一家小饭馆里吃晚餐。侍者把他的食物端上桌以后,他瞪着恐惧的眼睛再三审度餐盘,然后突然怒吼着扑向侍者,揪住他的衣领。"你在汤里放了毒!你为什么要毒死我!"

人们七手八脚地把他抬到医院里。

两个星期以后,他又恢复正常。但是从此阿尔人对他采取了一种防范态度,他的行为超出了阿尔人能够理解的范围,他们认为他发疯是因为喜欢画画。如果他空着手走在路上,他们觉得很安全,这会儿一定是正常的,而假如背着画箱子,那就得提防他了。但大多数时候他都是背着一个画箱的,所以阿尔居民对于温森特与他们生活在同一个地方感到一种日益逼近的危机,说不定这家伙哪天会变成一桶火药,点着了往你身前一滚——不难想象那是一个残酷的结果。

于是,有八十多个阿尔居民联名向市长写了一封请愿书,把温森特描写成一个随时都会伤害别人,不宜于自由行动的人。

市长下令警察局把温森特监禁起来。

温森特没有为自己做丝毫辩解,虽然第二次出院后近一个月来他从未出现任何神经错乱的现象,但是他感到这次打击是巨大的,而且令他非常伤心。

阿尔许多怯懦的人纠集在一起,倚仗警察局的势力反对一个虚弱的病人,并且往他的脑门上猛击拳头,这实在是无法忍受的。温森特觉得自己随时有被再次逼疯的危险。

温森特觉得生与死并不可怕,但如果一个人神志不清,面对美丽的大自然而无动于衷,那才是最可怕的事。所以他心灵深处萌发了一种痛苦,他把这种痛苦写信告诉了提奥:

许多画家变成疯子,竟成为事实!至少可以说,是生活使人变得精神恍惚。如果我能重新以全部精力投入绘画该多好,但不祥的预感时时侵袭着我,我总会发疯的。

三个月里,他画了大批新画。

百年孤独

病魔果然如期而至,这让梵高失去了康复的信心。一种巨大的恐惧不时袭击着他:也许有一天突然发生大病,可能永远破坏他作画的能力!

一天,大夫把梵高叫到办公室,交给他一封厚厚的挂号信,里面是一张400法郎的支票、一张报纸和提奥的一封信。信上说,梵高的《红葡萄园》被人以400法郎买下了。而乔安娜生了个儿子,并以梵高的名字命名。

"祝贺你,梵高!"大夫脸上很平静,声音却显得很兴奋。梵高木然地回到房间里,他不相信在希望接二连三地破灭之后,这个世界还有能令他兴奋的事情。他又把报纸打开来,有一篇文章这样写道:

温森特·梵高全部作品的特色就在于那非同寻常的力量和强烈的表现力,在他对事物本质的绝对肯定之中,在勇猛的斗士。

梵高回到巴黎。乔安娜原以为这个让丈夫牵挂了一生的哥哥是个虚弱的病夫,却不料梵高面色红润,笑容满面。她给梵高也留下了好印象。她有一双像母亲安娜一样温柔的褐色眼睛,充满善良。

四个月大的孩子在摇篮中蹬着小腿。见到伯父,他居然停止了活动,一双清澈的眼睛静静地瞪着他。这就是梵高家的后代!梵高顿时百感交集。因为他自己还孤身一人!

第二天早晨,提奥上班去了,乔安娜把婴儿车推到了街上,给孩子晒太阳。梵高待在屋里,只穿着衬衫望着墙壁走走停停。满墙都挂着他的画,饭厅壁炉上方的《吃土豆的人》,起居室挂着《阿尔的吊桥》和《罗纳河夜景》;卧室里是《开花的果园》。一种冲动促使他立即进行了一次大规模的搜寻。

"我要举行一次完全是我个人的画展!"

他把自己的画分成了三类:炭笔画集中在一个房间,水彩画集中在另一个房间里,油画集中在剩下的房间里。

中午,提奥和乔安娜带着孩子进门的时候,梵高堵在门口,满脸诡秘,举手投足都掩饰不住莫名的兴奋。

"我打算带你们去看一个梵高画展!"他说,"你们要经得起考验哟!"

"一个画展,在哪儿?"提奥问。

梵·高把门推开,三个人走进了门厅。提奥和乔安娜被室内魔幻般的色彩惊得半晌说不出话来。

夫妇俩按照梵高引导的顺序,从一个房间到另一个房间,看到了这位艺术家哥哥缓慢而痛苦的人生和艺术进程,看到了他对绘画的执着追求。提奥和乔安娜流下了感动的泪水。

提奥把梵高送到了加歇大夫那里。

把他留给我,我知道怎样对付画家们。我一个月之内就可以使他成为一个健康人。

我要让他工作,这可以治好他的病。我要让他给我画像,下午就开始。大夫说。

于是,梵高当天下午就投入了工作,他很快就画出了两幅画。而大夫就站在他旁边喋喋不休。

几天后,梵高为大夫画了一幅肖像——《加歇大夫》。大夫对这幅画像简直喜欢得发了疯,并且坚持要梵高再画一幅送给他。梵高只好答应了。

时间很快流逝。梵高感到活力已经从画中消失了,他作画只是出于习惯。十年繁重劳动的强大的惯性继续把他往前带动了一点儿。但过去曾经使他为之兴奋为之战栗的自然景象,如今只让他觉得平淡无奇。

而出人意料的是,提奥的孩子病了,公司也威胁提奥要把他解雇。这让梵高魂不守舍,全身乏力。

但加歇大夫却还让他拼命地画画,他完全不了解梵高的内心世界,反而以为这样有利于梵高的康复。梵高的心情非常烦躁。

一天,他拿上画架和画布,爬到了山上,在墓园对面黄色的麦田里坐下来。

中午,火热的太阳晒到他头顶时,天空中突然出现一大片乌鸦。它们哇哇叫着,遮暗了太阳,像厚厚的夜幕把梵高盖住,逼得他透不过气来。

梵高继续画下去。他画了黄色麦田上的乌鸦。他不知道自己画了多久,但是当他明白自己已经画完时,他在画布的角上写了《麦田里的乌鸦》几个字。

之后,他背起画架和油画,回到旅馆,倒头就睡。他觉得自己的生命就要结束了。醒来后,他提笔给提奥写了一封信,信中这么写道:

我在努力作画,但我几乎不敢相信我始终有着现在这么清醒的头脑。

从巴黎一回来,我感到很凄凉和极端的孤独,并且越来越觉得我在威胁着你,十年如一日。

我仍然十分热爱艺术和生活,正像我强烈地需要一个妻子和孩子。

画家们愈来愈走投无路。我的作品是冒着生命危险画出来的,我的理智已经垮掉了一半。

可惜你不是一个有实力的大画商。亲爱的提奥,你可以继续走你自己的路,怀着对艺术的爱与仁慈的心,继续走下去。

而我,该向这个世界告别了。

这是他对这个世界最后的表白!信里的内容杂乱无章,几乎没有说明一个什么问题,但可以反映出梵高当时的苦闷心情。对艺术的苦苦追寻使他几近痴狂,而现实中的种种困难又使他身心饱受痛苦。他终于难以承受了。

梵高抬起头,仰面对着太阳。他用左轮手枪压住自己的腹部,扣动扳机。他倒下去了,脸埋在那肥沃而散发着刺鼻气味的泥土之中。大地的儿子又回到了大地母亲的怀抱。

几个小时以后,梵高又醒过来,返回人间做最后的告别。1890 年 7 月 29 日,梵高在伤心欲绝的提奥的怀中安详地离去。一位艺术巨匠走完了他的生命历程,一个孤独而躁动的灵魂从此获得了永恒的安息。

加歇大夫在他的坟墓周围种满了向日葵。

梵高的逝世让提奥终日沉浸在无法减轻的巨大哀痛之中,精神崩溃了。六个月后,他追随哥哥去了天国。

乔安娜把他葬在了哥哥的墓旁。提奥在梵高繁茂的向日葵花的荫庇下安然长眠。

兄弟俩在母亲温暖的怀抱里永不分离……

37 岁的温森特·梵高和这个他热爱着的世界永别了。

美国喜剧大师

——卓别林

人物档案

简　　历：英国影视男演员、导演、编剧。1889年4月16日出生于下伦敦南沃克区东沃尔沃斯大街。从1915年开始卓别林开始自编自导自演，甚至还担任制片和剪辑。1931年来到伦敦，转年才返回，1952年移居瑞士。1967年他拍摄了他的最后一部影片《香港女伯爵》，1977年12月25日圣诞节早上于瑞士家中逝世，享年88岁。

生卒年月：1889年4月16日～1977年12月25日。

安葬之地：瑞士沃州科西尔·苏·沃韦村的一块墓地里。

性格特征：性格坚强，奋发进取，心境开朗，胸襟坦荡，刚中有柔，柔中有刚。

历史功过：英国电影和电视艺术学院奖终身成就奖，威尼斯电影节终身成就金狮奖，奥斯卡金像奖荣誉奖。代表作有《摩登时代》《城市之光》《大独裁者》等。

名家评点：萧伯纳称赞他是"电影界独一无二的才子"。

五岁登台

1889年4月16日夜晚8时，伦敦沃尔沃斯区一对年轻的喜剧演员家中添喜，娇小玲珑、能歌善舞的哈娜·希尔生下了一个男婴。身为父亲的卓别林先生，为孩子取名就叫查尔斯·卓别林，亲称查理，也跟做父亲的一样。

小查理睁眼看世界的时候，家境尚可。他父亲每周挣40个英镑，这在一般艺人中算高的了。一家人住了3间房子，还雇了一个女仆。

然而好景不长，他1岁时父母离婚。其中父亲每日嗜酒如命是主要缘故。在当时的英国,歌舞剧演员不喝酒反而是一件不容易做到的事。雾都伦敦所特有的潮湿空气和较长时间的低温寒冷,使得酒业发达、酒馆林立。所有的戏院里都设有酒吧,演员们演完戏后总要习惯性地在酒吧里泡一泡才回家。卓别林先生是其中一位典型人物,连每天演出之前都不吃饭,只吞下红葡萄酒浸泡的几个生鸡蛋。卓别林先生外表潇洒、个性安静、喜欢沉思,他嗓门洪亮,被称作次中音,这些当然都遗传给了小查理。但他一沾酒,就如中了魔法似的暴躁易怒,有时甚至动武。每次因此而与妻子发生冲突,然后禁不住到街上酒馆举杯消愁。如此恶性循环的结果是,小查理满了1岁后,老查理搬出了这个舒适的家。

小查理的母亲哈娜活泼幽默,直率热情,充满爱心与责任感,同时敢作敢为。哈娜与卓别林先生分手后,勇敢地独自一人带着两个孩子过日子,大的叫雪尼,与查理同母异父。她甚至连查理的赡养费都没向法院申请要卓别林先生出。她那时很走红,每周可拿到25英镑包银;而且1先令和1便士也不送进酒馆酒吧,她对杯中物已深恶痛绝。

20多岁的哈娜·希尔常常在周末把雪尼、查理打扮起来,给雪尼穿上一套贵族公立学校——伊顿中学校服式样的学生套装,给小查理穿上一件蓝色天鹅绒外套,加一副蓝色手套,然后整洁精神地出门。秀发垂肩、年轻漂亮的少妇打着花伞,领着两个手拿风车、气球、活泼可爱的孩子,沿着威斯敏斯特桥路漫步而游,那情景就像是一幅美术名作。

那是一些使小卓别林感到快乐开心的日子,跟着母亲乘坐游艇在泰晤士河上观光,走过古老的威斯敏斯特桥到水晶宫游乐场看杂耍。即使是搬到了兰贝斯区的肯宁顿路上,小卓别林的生活还是那么开心:可以去坎特伯雷杂剧场坐在红丝绒椅子上看表演,可以花6便士在娱乐场的木桶中摸彩。然后在夜色中坐着马车,在剧团乐手的号角和马蹄声、铃铛声还有大人们的嬉笑声中,回家做个甜蜜的好梦……

1894年的一天,在伦敦一个俱乐部里一个孩童为大家表演节目,这时,剧团一位工作人员赶快出来,笑着帮孩子捡起散落在台面上的便士。

孩子却着急起来:"先生,您可不能捡着归自己呀,这些都是给我的啊!"

他急巴巴地紧跟在工作人员的屁股后面,直看着他把钱交给了刚才那位女演员后,才又心满意足地回到台前,接着唱起歌来。

观众们被这小顽童的举动逗坏了,都笑得前仰后合,又有雨点般的便士在欢笑声中飞向孩童。直到演唱结束,女演员带着孩童出来谢幕,那掌声还不曾停止。

这5步的孩童便是我们的主人公查理·卓别林,而那位女演员便是卓别林亲爱的妈妈。

第一次登台就大获成功,使5岁的卓别林终生难忘。这拉开他"舞台生涯"的第一次大幕,但却是他母亲舞台生涯的最后一次。时令转入冬季,哈娜的嗓音不能恢复。寒冷使她无法登台,平时积攒起来的一点钱就只能流水似的花光。家境拮据起来,一搬再搬,那两年中房子从3间到2间到1间。哈娜的首饰和值钱的东西,也陆续出卖。她可以帮人家带孩子或找别的活干,但一箱子戏装绝不送进当铺。她顽强支撑着自己重返舞台的信念,期望有朝一日嗓子能恢复如初。她甚至为此而求助于上帝,信仰天主教,常去威斯敏斯特路教堂做礼拜。当巴哈的风琴乐曲悦耳地奏起来时,小卓别林看到了母亲跟中的虔诚的泪花……

　　8岁的查理结束了他留恋的学校生活。离开学校是查理所不愿意的,但贫穷的生活和母亲的操劳使他服从了这个选择。八童伶班顾名思义就是8个少年儿童组成的戏班,他们穿着木屐跳舞、演滑稽戏,有时和马戏班同台演出,是当时伦敦比较受欢迎的戏班。一旦入了这个行当,查理身上潜藏着的天赋就如粘合剂一样渗出来。他卖力地练习各种基本功,舞蹈、杂耍、翻跟斗、走软索,什么本领他都想学一点,摘出点名堂。他想在滑稽戏里耍杂技,就自己攒一点钱买了4个皮球和4个白铁盆子,每天站在床头连续练习几个小时。戏院早晨一开门,他就去练习翻跟斗和走软索……

　　在兰开夏八童伶戏班这一段演艺生活中,卓别林有幸看到了英、法一些著名丑角、喜剧演员的表演,并曾陪伴其中几个演出。如在喜剧中扮演流浪汉耍杂技的名演员查莫,训练非常严格,演出专注认真。他还爱给别人摸骨看相,他说卓别林无论学什么都会记得牢,而且会很好地利用这些知识与本领,这鼓舞查理练起功来十分刻苦投入。专门把狄更斯小说中的人物搬上舞台的威廉斯也很吸引查理,他将《大卫·科波菲尔》中的市井无赖希普、《雾都孤儿》中的恶棍比尔、《老古玩店》中的老者刻画得栩栩如生。这激起了卓别林对文学的兴趣,他买了这几本书来看,然后琢磨和模仿那几个角色。法国马戏名丑马塞林的滑稽戏新鲜奇特,他演钓鱼,鱼上钩后,他欣喜若狂地转着圈扳钓鱼竿,最后竟从水中提出来一只能模仿人动作的小狗。这使查理不愿在台上机械地重复每场演出的那套动作,他也要创新出奇。于是他在新开张的伦敦马术表演场,扮演马塞林上演的哑剧《灰姑娘》中的猫时,大胆地来了点新名堂。他带着猫的面具转到狗的后面去嗅狗的屁股,然后装出吃惊的样子举起一条腿,逗得观众大笑。而舞台监督急得跺脚,因为"你这样,皇家宫内大臣会封了我们的戏院!"

　　卓别林就是这样,具有想象力,不愿墨守成规,想把母亲教给他的技巧,想把他自己琢磨出来的新鲜名堂都表演出来。他不甘心跳集体舞,他很想成为一个演丑角的童伶,能演独角戏。自己1个人演1场,既可以多挣一些钱养家,又可以实现自己梦寐以求的理想——那就是成功的扮演一个流浪汉,剧名叫"百万富翁流浪汉卓别林和布里斯托尔",剧中将集中他认为能够招来观众笑声的一切噱头。他被自己这个设想所激动鼓舞,他努力模仿《老古玩店》中的老者,杰克逊先生发现后,惊喜地当着戏班其他孩子的面宣布"查理是一个天才演员"。

　　这时候把自己当成了成年的男子汉,他要做工养家。他一再争取,总算从母亲手中借了1先令。星期天下午放学后去花市买了两大束水仙花,分开扎成一些小束,然后到酒馆去向一些太太小姐推销:"买水仙花呀,太太""小姐,买一束花吧"。她们看到这小孩臂戴黑纱,一脸哀愁,知道他是为父亲戴孝,都争着买并多给几便士。靠哀伤的标志、酒馆的市场、太太小姐这些消费者,他一个下午卖了5先令,以后几天如法炮制。一天,他在一个酒馆卖完花,快步出门,竟撞到母亲的怀里。哈娜这个基督教徒,看到儿子在酒馆里卖花,坚决不许:"喝酒已经害死了你爸爸。在这种地方挣的钱只会给我们带来灾难。"

　　从10岁多到12岁半,小卓别林干过许多行当,诸如杂货店跑腿的小伙计、私人诊所的侍应生、有钱人家的小佣人、书报经售店的小报童、吹玻璃的小工友、制玩具的小贩子、印刷所的小工人，全都是临时性的。诊所的候诊病人很喜欢这个机灵的孩子，但清擦3米高的窗户却是他力所不逮。有钱人家的仆人也都欢迎这个聪明的孩子，但他在地下室把一根铁管子作喇叭吹时，马上就被主人辞退。在玻璃厂吹玻璃，一天没干完就被热气熏昏。在印刷所码纸，天没亮就去上工，只干了3周就患了流行性感冒。哈娜不愿让儿子做这样重体力劳动的童工，逼着他辞了这份工作重新上学。

从13岁起，卓别林在伦敦戏剧界渐为人识。1905年《福尔摩斯》的改编者、美国演员吉勒特来到伦敦续演此剧，剧团邀请16岁的卓别林为吉勒特配戏，继而在正剧中也用他饰比利一角。戏在伦敦西区上演，西区是上流社会所在，当了西区的演员，就意味着身份不同于那些小剧团了。卓别林跨过了泰晤士河，出入于约克公爵戏院。吉勒特的福尔摩斯一演而大红，后来欧美一些画家就以吉勒特的形象，为《福尔摩斯探案》作插图。就连希腊国王及王后也驾临约克公爵戏院观看这出戏。

演完这出戏后，卓别林又在一个马戏团待了一段，当过杂耍演员。然后在歌舞短剧和笑剧中，饰演一个名闻18世纪英国的大盗和一个以不流血施行外科手术著名的博迪医生。他在外形上把自己打扮得跟博迪医生惟妙惟肖，并竭力刻画一个学者和教授式人物的性格。虽然是取笑而已，但他已在注意将自己训练成喜剧演员了。同时从16岁起，他每天练习小提琴、大提琴4～6小时，每周都请戏院的乐队指挥或乐手教他。

卓别林的青春期自然也在这一时期开始，他向往那些富有热情、轻率莽撞的事情和浪漫惊险的生活。在当时那光怪陆离的社会环境中，有时难免想入非非、陷入空茫。例如那时犹太喜剧演员在伦敦最叫座，他就从美国笑话书里摘编出歌曲和对话，带上一大把假胡子模仿犹太人说话，排了一出轻歌舞。没想到在台下排起来还不错，一登台就不行了，假胡子遮不住他的青春年少，那些笑话观众早已耳熟能详；他的犹太口音听起来也别扭，更要命的是剧中内容是反犹太人的，而他竟不知道。于是与他5岁登台时相反，人们扔上台的不是便士而是橘子皮。他恐慌地从台上逃也似的下来，连那几本笑话和音乐书都没带走。

这可怕的一晚，给少年得志的卓别林一个教训，使他认清了自己，知道自己不属于演轻歌舞剧的喜剧演员类型。

闯荡海外

1909年春，卓别林第一次出国，固然非常激动，还有一点因素，就是他以前听一位叔叔夸耀说：英国的卓别林家族，是一位18世纪初法国将军的后裔。在"花都"巴黎豪华富丽、金碧辉煌的女神剧院观看他们演出的，有珠光宝气的印度王子、趄趄武夫的土耳其军官、美丽优雅的法国太太、小姐。

大名鼎鼎的德国作曲家、印象主义派音乐创始人德彪西，在看了卓别林的戏后，把他请到包厢见面，夸他"是一位天生的音乐家和舞蹈家""是一位真正的艺术家"。卓别林诚惶诚恐,他知道自己距离真正的艺术家还有一段路程,因为他连德彪西这样一位真正的大音乐家都还不知道呢。

这时,他觉得自己那几下子不过是雕虫小技,在英国的发展似乎到头。他很早就辍学打工,没读过什么书。如果老是在英国演丑角,一旦失败除了去干一些粗活以外,就没有什么机会去做别的事了。但若能换一个环境,例如越过大西洋去美国,去那个独立了106 年的新兴的移民国家,说不定有更光明的前景。

恰在此时,卓别林主演的新编短剧《溜冰》正走红时,卡尔诺剧团美国分部经理里夫斯回到英国。他来物色一个喜剧演员,准备带到美国去演出。他看了卓别林的戏后,向卡尔诺先生提出要这个人。卡尔诺便挑选卓别林和《银猿》这出戏,赴美国演出。那年 9 月,卓别林随戏班乘船经加拿大到了美国纽约。

他们一路演出经过温尼伯、西雅图、亚特兰大等地,看到很多英国人移民到了这些城市。1910 年,他们到达加利福尼亚州,看到经历了 1906 年大地震的旧金山已奇迹般地恢复了,城市充满了活力,充满了乐观向上和奋发有为的精神。哪怕是在剧场,也反映了这种鼓舞人的精神。《银猿》虽然沉闷,观众却都热情、场场客满、笑声不绝,戏报上第一次单独登出了卓别林的名字。

回到纽约之后,卡尔诺剧团被人留下来,在第 42 街美国音乐厅里演出所有的剧目。如此,6 周的演出大受欢迎。卓别林另一个人生转折点的信号在这儿发出,可惜他当时没接受到。一个年轻人和他的友人为消磨夜晚时光,在街上散步时进入音乐厅,看到了《英国游艺场之夜》中卓别林扮演的醉鬼,这个年轻人当场说:"若是我有一天当了老板,就要邀请那个角色来演戏。"此人即两年后(1912 年)好莱坞启斯东电影制片公司的创办人,也是粗鲁滑稽的启斯东喜剧电影的导演塞纳特。

赴美演出结束后回到英国,25 岁的哥哥雪尼在车站接车时告诉弟弟,他已经结婚成家,兄弟俩原来租住的房子已经退掉了。卓别林在祝贺兄长时,又感到心灵上受到一次沉重打击。家没有了,母亲也还在疯人院里,他成了一个无家可归的人。兄弟俩把母亲转入了一家有名的私人医院。经济上,卓别林已无后顾之忧,只是一天天感到孤寂。然后,他在浪漫可爱的春末夏初度过了 21 岁生日。

他很爱自己的祖国,更爱自己的母亲。但是在当时的社会环境中,总有一些人对别人的出身门第、社会地位,存有一种落后的势利偏见,喜欢划分阶级、区别社会等级。卓别林心中总是感到不安,认为自己虽红极一时,但今后终将郁郁不得志。他还是要去美国发展,寻找属于自己的那片天地。

卡尔诺剧团 1913 年再次应邀赴美。在各地巡回演出时,卓别林总是单独租住在外面,以便多学习一些东西。他说,当时他是带有一点虚荣心才这么做的。他之所以要获取一些知识,并非是出于爱好知识,而是想用学到的东西作护身符,免得因为读书少而无知被人瞧不起。当然,随着时间的推移,他这种想法转变了。他找了不少书,如著名的美国作家马克·吐温、惠特曼、霍桑、欧文,著名的哲学家和诗人爱默生、被称为"伟大的不可知论者"英格索尔、英国的文艺批评家黑兹科特、著名的德国唯心主义哲学家叔本华等人的作品。

独立制片

卓别林自编自导的第一部影片是《遇雨》，它只有一本（胶片长度在 290 公尺左右）。在无声片即默片时代之初，一部影片一般都是一本，10 多分钟时间。《遇雨》很卖座，从这时起，卓别林在启斯东影片公司享有百分之百的创作自由。他主演的片子，都由自己编、导和组织演员班子。他埋头工作，在公司里钻研演技、导演技巧、摄影风格、剪接艺术。他学会了不少玩意儿，也向同仁们传授了不少东西，如舞台艺术。早期的电影首先是模拟戏剧表演，如哑剧表演手法，有情节的无声片即哑剧，卓别林在这方面显然占有自己的优势。

1914 年他拍了 35 部笑片，其中 2/3 是一本，1/3 在两本以上。有《遇雨》《夏尔洛跳舞》《夏尔洛当牙医》《夏尔洛当画家》《夏尔洛当看门人》《他的史前生活》等，他还在《忙碌的一天》中反串一个泼妇。这些影片都很受观众欢迎，1915 年初《纽约日报》评论说"卓别林热看来取代了壁克馥热（即玛丽·壁克馥，时称'美国甜心小姐'）"。实际上，卓别林还是刚刚开始塑造这个滑稽幽默的闹剧人物。

卓别林大名一出，就是各种各样要求做广告的联系函件，也使他应接不暇。如书籍、服装、香烟、牙膏、玩具、蜡烛等，还有今天一叠明天一堆的影迷来信。更有甚者，有次洛杉矶《考察家报》给卓别林打了一个紧急电话，转告一家公司拍来的电报电文：愿出 2.5 万美元请卓别林来纽约马戏场登台，每晚 15 分钟，为期两周，此举并不妨碍其正式工作。这诱使卓别林向安德森先生请假 2 周而未果，但答应只要卓别林再给埃山奈公司拍一部 2 本的笑片，就由公司偿付这 2.5 万元。雪尼与启斯东公司的合同一满，赶紧过来帮弟弟的忙，做他的经纪人。

埃山奈影片公司把卓别林喜剧片的拷贝，成百上千的卖向市场。1915 年卓别林在这家公司拍了 12 部片子，1916 年拍了 2 部，1918 年还给他们拍了 1 部，共 15 部喜剧片。除了《公园里》《在海边》是一本的长度，《卡门》是四本的长度外，其他均为 2 本。这其中就有让人笑得肚子痛的《流浪汉》《赛拳》《夏尔洛当水手》《游艺场之夜》等片。

《夏尔洛当提琴手》《夏尔洛拍电影》《夏尔洛溜冰》《当铺》《流浪汉》《移民》《越狱》一部一部的精品推出来了。在《夏尔洛在游艺场》一片中，他大胆尝试一身兼演绅士与懒汉两角色。从 1916 年 4 月至 1917 年，他为互助影片公司共创作、导演、主演了 12 部 2 本以上的喜剧片。技巧上日渐成熟，对影片结构与影片的社会功能的把握也加强了，历史感与社会批判已渗入到追打笑闹之中，体现在流浪汉与他人的关系上。

1918 年的春天来临。1 月 21 日，卓别林的电影制片厂落成揭幕，他成了好莱坞也是世界上第一个真正独立制片的艺术家。他也像锡德·格劳曼那样在厂门前新铺上湿水泥路面，穿着那双出了名的破皮鞋踏了个印记，然后又用他那根出了名的手杖在路面上签下"查尔斯·卓别林"的大名。怀着对电影艺术和个人事业的美好希望，他还在 5 英亩绿地上种植了柠檬、橘树、桃树和花草…

当时,各国一些到洛杉矶演出、拍片和游历的艺术家、名演员,都慕名拜访了卓别林,参观了他的制片厂。这些操着各国语言的艺术家们,同时也带来了本民族的文化、本门艺术的精华。

卓别林通过观看各门类艺术代表人物的演出,通过与这些享有世界声誉的名家们的交往,触类旁通,了解学习了各门类艺术的特点和不同的表现力,获益匪浅。

后来卓别林在不是练习芭蕾的年龄练习芭蕾,竟也跳得十分好。有些难度动作如双脚腾空连续击打等,竟能达到舞蹈专业水平。而他在影片中的流浪汉形象,不管多么引人发笑,只要略一停顿转换,那遭到伤害或不幸之后仍然和善忧郁的目光,就能使观众潸然泪下……

1918 年卓别林拍了 4 部片子(其中一部是为埃山奈公司拍的),《狗的生涯》是在他的新制片厂摄制的第一部片子。他开始从结构的意义上来构思一部喜剧片:第一组镜头是失业者夏尔洛,为了争取生存权利在职业介绍所同其他找职业的人打架的场面。同时,介绍所门外的街上,一群大狗正围住一只衔了根骨头的小狗在咬。这样,引出了下一组镜头,当受了屈辱又没被介绍职业的夏尔洛,走出介绍所时,从打架争食的群狗中救出了那条可怜的小狗。接下去的一组镜头是夏尔洛训练了这条小狗,带着它进行错综复杂的冒险活动,从卖夹肉面包的商人(卓别林哥哥雪尼饰)等老板眼皮子底下偷东西吃……当来到一家酒店中准备冒险时,又引出下一组镜头:他看到了一个也过着"狗的生活"的美丽姑娘(艾娜饰),为生存不得不卖唱,却受到老板欺负。他带着狗智斗老板,救出姑娘。这又引出了下一组镜头,卖唱的姑娘对夏尔洛产生好感……后来,夏尔洛与卖唱女战胜了恶霸、老板,并巧妙地从两个窃贼那里偷来一些钱。他们带着狗来到乡下,结婚安家,自食其力。夏尔洛做了农民,沿着犁沟用手指挖洞播种。片尾闪出字幕"当梦想成为现实的时候",夏尔洛与妻子幸福地在一起看着摇篮:里面是他的那条狗刚生下的几只小狗崽……

这部 3 本的影片不只是结构方面的杰作,他的思想性是有目共睹的。第一次世界大战自 1914 年 7 月 28 日爆发以后,开始人们估计它大概几个月后就会结束,结果整整持续了 4 年。真正吃亏的是广大的老百姓和士兵们,千百万人从战壕中、工厂里、田野里,发出了"我们是人不是狗"的反抗呼声。1912 年沙皇在俄国被赶下台,法、德的工人、士兵、学生、妇女也在反战,英、美大罢工的群众也喊出同样的口号。卓别林是在年底构思这部片子,在 1918 年初拍摄,4 月开始发行的。

法国评论家路易·德吕克曾把《狗的生涯》称作电影界的"第一部完整的艺术作品"。虽不无夸大,但有一定的道理。如片中,夏尔洛与妻子兴奋地笑着俯身向着摇篮,而摇篮中蠕动着几只可爱的狗崽的镜头,是蒙太奇思维运用得非常好的镜头。当观众看到前一个镜头时,都认为夏尔洛与姑娘结了婚、播了种,应收获爱情的结晶——孩子了。摇篮也提示了这个信息,结果呢却是一窝小狗崽。这个镜头既出人意料又符合情理,暗示出他们自己的孩子睡在摇篮中是迟早的事。

"电影艺术的基础是蒙太奇"(电影艺术家普多夫金语)。"蒙太奇"来自法语,借用到电影艺术中即组接、构成的意思。它是电影反映生活与现实的独特的形象思维方法,是电影的基本结构手段、叙述方式，包括分镜头和镜头、段落的安排与组合的全部艺术技巧，以及电影剪辑的具体技巧和技法。电影获得了自己这个独特的表现方法，才成为一门独立的艺术。20 世纪上半叶，特别是在三四十年代，电影形式的探索主要表现在对蒙太奇的探索。

作为最早的探索者之一的卓别林，不仅这部片子中的这个镜头，常被各国电影教科书作为蒙太奇的典型例子，而且他更早一些的片子中的镜头、场面、段落，也常被理论家、导演们奉作范本。

卓别林于是与相同境况的好友道格拉斯、玛丽·璧克馥和格里菲斯联起手来，在原财政部长、威尔逊总统女婿麦克·阿杜的支持下，于 1919 年 4 月成立了联美影片公司。由于有三大明星的金字招牌，联美成了好莱坞第一流的影片公司，在全球各地成立了分公司。

衣锦还乡

休息段时间后，他在 1921 年 8 月拍成《有闲阶级》一片。另一部片子的故事情节他也已构思好了，取名为《发工资的日子》。但这时，他感到身心疲惫，再也无法集中精力和思维了。连续工作多年的卓别林觉得，此时自己的心在急切地向往一个地方那个生他养他的国家。

1921 年 9 月初，查理·卓别林乘坐当年来美的"奥林匹克"号轮船返回英国。

拼搏了 8 年的他，终于有一刻清闲是属于自己的了。他可以悠闲地躺在甲板的休闲椅上，观看海上的日落日出；也可以倚在船舷边垂钓，与上钩的大鱼来个"拉锯战"；他还可以进到船上的小酒馆中享受各式各样的美味……然而，名人的清闲只是短暂的，他竟然在船上发现了纽约两家大报社的跟踪报道他的记者！于是各类电报像成群结队的飞鸟一般落到这漂行的轮船上：

"卓别林衣锦还乡！沿途将有欢迎盛况！"

"客轮每天沿途发布的新闻和查理在船上的活动，均由本社每小时从船上发出简报，并在街头出售号外，介绍这位大名鼎鼎、小矮个子、撇着一双怪脚的演员。"

"《查理，我的亲爱的》这首在英国广为传唱的歌曲，具体表现了一周以来，整个英国对卓别林的狂热，这种狂热随着这艘'奥林匹克'号的逐渐驶近，而不断加剧。"

"'奥林匹克'号今晚将在浓雾中停靠港口，已有大群影迷聚集该地，欢迎这位矮小的喜剧演员。警察局为此正忙于安排，以维持现场秩序。……一如既往，举行游行时，我报将报道：在什么地点，什么角度可以最清楚地一睹这位游子的风采。"

'奥林匹克'号深夜横渡英吉利海峡，卓别林辗转难眠。虽然妈妈已移居美国，他离开洛杉矶之前还探望了老人。然而，他此时的心情就如漂泊的游子去见母亲。

祖国啊！您就是母亲，伦敦啊，您就是妈妈……卓别林是如此激动，直到远处的钟声响过 4 下，船靠岸了，听到英国人说话的声音了，他这才觉得一阵倦意袭来，赶忙抓紧时间打了个盹儿。

天亮了,卓别林像只快乐的鸟儿一样从床上跳到地上。侍者把当日早报送进舱内,大黑体字母组成了通栏标题"喜剧演员归国盛况不亚于狂欢节""卓别林抵伦敦将受到盛大欢迎";另一版是"伦敦家家户户谈卓别林来访",还有一条"看啦,我们的儿子"……

大群大群的影迷守候在卓别林下榻的旅馆前的草坪上欢迎他,卓别林发表了简短的致词,卓别林回到楼上的房间后,又听到影迷们在下面喊:"查理,好样的!"

"查理,你为英国人争了光!"

"查理,走出来吧! 我们想见见你!"

于是他几次走到阳台上,向人们挥手致意,还将一大把玫瑰花扔了下去。可马上就有一个胖警官气喘吁吁地跑上来:

"什么也别扔,卓别林先生,楼下的人为抢您的花打起来了,有人会被踩死的! 这我们可负不起责任啊! 怎样都行,可别扔花,不,什么也不能扔,我可求您了!"……

一直到下午 4 点,卓别林的房间里还是坐满了记者,这可把他愁坏了:我回祖国,可不是为了来陪记者先生们聊天的呀!

忽然,他灵机一动,长长地打了个哈欠,又挪了挪坐进沙发里的屁股。

"记者先生们,从昨天到今天下午,我还一直没合眼呢,我想你们也有些累了吧! 请侍者带你们去楼下随便用些咖啡,吃点儿点心,我也好忙里偷闲,小憩片刻。各位意下如何?"

记者们见卓别林没下"逐客令",只是"暂停"采访,也乐得休息一下,于是便离开了他的房间。

一见记者们走了,卓别林立即改换行头:脱掉黑色礼服,换上普通衣服,扣了一顶帽子一直遮到眼睛。他悄悄地开启房门,左右看看——走道里并没有人,便一转身带上房门,乘了运行李的电梯下楼,从后门悄悄溜了出去。

卓别林来到那所时常在梦中出现的旧阁楼前,抬头看到顶楼的窗户紧紧地闭着。当年,妈妈就是站在这扇窗子旁,教自己如何观察路上的行人的。他走上嘎嘎作响的楼梯,敲开顶楼的门。这个房间跟他为拍摄《寻子遇仙记》搭的房间布景一样,与 10 年前他和母亲离开时相比,没什么变化。

卓别林下了楼,又去了肯宁顿公园,那是他幼时身着蓝色天鹅绒外套游玩过的地方,现在那里的草地仍然一片葱郁。他又走进号角酒馆,当年一些好心人曾在那里为治父亲的病组织过义演。他又去过肯宁顿学校,在运动场上回忆了往昔短暂的学校生活……

面前的一切使卓别林有一种恍如隔世之感,却又觉得如此地亲切与熟悉。

在旅馆里,闹剧还在上演着。记者们慌忙地找寻着卓别林的踪迹时,打字员小姐们却在卓别林秘书的指点下,把寄给卓别林的 7.3 万封信、明信片、电报、包裹分门别类。这其中 2.8 万封是请求援助,借钱的,从 20 先令到 1 万英镑的都有。几千个女子吐露爱慕之情,671 人想与他攀亲。有一个人竟然寄上当票,请求卓别林赎出他祖母典当进当铺的假牙(金子做的)! 更有甚者,有人向卓别林索要 7 先令 6 便士,因他在旅馆楼下抢扔下的玫瑰花时,挤掉了帽子! ……

　　避开狂热的影迷不提,卓别林此次回英,结交了一些作家、艺术家、戏剧家、画家、演员和建筑师。他们有的因在某一领域的成就巨大,而被英国皇家册封为贵族封号。他们开拓了卓别林的眼界,使他获得了新知,也影响了卓别林今后的发展道路。

　　卓别林是在事先并未声张的情况下,前往法国巴黎的,但这也未逃脱影迷们敏锐的触觉。他们高呼着"夏尔洛万岁!",冲破警戒线,热情地拥挤着。卓别林几乎是被警察举起来,塞进汽车,送到旅馆的。

　　卓别林在法国受到了全国人民的欢迎。法国政府副总理甚至为他佩戴了文艺勋章。奖状上面的字样是"查尔斯·卓别林:戏剧家,艺人,民众教育学士"。能得到如此的光荣,卓别林感到十分荣幸与快乐。

　　接下去,卓别林想工作了,旧地重游已了却了一桩心事。虽然他舍不得离开祖国,但他的事业在美国。想到深情厚谊的影迷和朋友们,想到盛情款待他,给予他表彰与赞扬的名流、艺术家们,他觉得,只有埋头工作,拿出更多更好的作品来,才会感到生活方向明确,对他们有所交代。

　　《寻子遇仙记》和《巴黎一妇人》的成功,并未使卓别林沾沾自喜、坐享其成。朋友们和影迷们又是那么热烈地盼望他主演下一部片子,而他在息影了一段时间后,也决定为联美公司拍摄一部笑片。并且是由自己主演,标准是比《寻子遇仙记》艺术品位更高,更有震撼力。

　　他集中思想、精力,寻找题材与主题,构思剧情与人物。心中不断地催促和激励自己"下一部影片一定要拍成一首史诗! 一首最伟大的史诗!"

　　他整整构思了半年之久,设计了主要的人物、情节和大部分镜头。他给这个动作喜剧片取片名《淘金记》,开头字幕写道:在阿拉斯加形成疯狂般的淘金热潮时期,成千上万的人从世界各个角落蜂拥而来。但是,很多人从来没有想过,在艰苦、严寒、缺乏食物和冰天雪地、人迹罕至的这块地方,不知道要经受多么大的困难。但是,等待他们的就是这样的困难。《淘金记》成了1925年至1926占年最走红的影片。影评家评述它:真实而夸张地描写了发生在北极圈的淘金热潮,及淘金者面对危险和暴力的奋斗态度,影片是肯定人类意志的。影片在艺术上也非常成功,诙谐、幽默、夸张、滑稽,每一部分都有悬念和各自的情调、节奏,具有音乐的结构特点。如第二部分——谐谑曲,第三部分——快板,第四部分——慢板,第五部分——由慢板到快板。而查理的"小面包舞"、煮吃皮鞋、查理与吉姆在小木屋里的几场戏,成了电影艺术史上的经典场面。

　　总之,《淘金记》在卓别林的艺术生涯中具有承前启后的意义。它既是这位喜剧大师和电影艺术家前期作品的总结,又为他中、后期更成熟的作品奠定了基础。

　　整个电影界为之侧目,各国演评家为之倾倒。法国评论家吕西安1926年在巴黎的《电影杂志》上写道:"如果设立诺贝尔电影奖金,卓别林应当得奖。""卓别林热"再次掀起,欧、美、澳一些观众甚至一连看几遍《淘金记》。《淘金记》在商业价值上也是非常成功的作品。拷贝总共卖了600多万美元,给卓别林带来了200万的进账。同时《寻子遇仙记》放映后,分给他的红利也达100万美元。

　　1928年,他创作、主演了他一生中最杰出的艺术片之一《城市之光》。这部影片后来在好莱坞庆祝它诞生一百周年的时候，由著名的电影史学家、影评家组成的评委会，把它评为美国电影史上的"十佳影片"之一。

这一年即1931年，卓别林又登上"奥林匹克"号轮船，去伦敦主持《城市之光》在欧洲的首映。《城市之光》在伦敦西区首映相当成功。虽然那天暴雨如注，交通不便，但伦敦的观众争相先睹为快，冒雨前往。影院座无虚席，丘吉尔、萧伯纳等名人高士莅临首映式。卓别林是第一次在自己的国家出席自己的影片首映，心情非常激动。他与萧伯纳并肩坐在楼座前排，观众们纷纷向大文豪和喜剧大师不停地鼓掌示意。他俩只好一同站起来鞠躬，这又引起了观众们的欢笑。

萧伯纳看了卓别林这部自编、自导、自演、自己作曲、自己指挥、自己制片的电影，称赞他是"电影界独一无二的才子"。有些评论家则评论喜剧和悲剧达到高度融合的《城市之光》，不仅在卓别林的创作道路上，同时在世界电影艺术发展史上，都是一座卓越的历史丰碑。

1932年的秋天起，卓别林构思写作一部他称为"第五号作品"的《群众》（暂名）。他边写边设计各个角色与场景镜头，到1934年夏他第一次独自写出完整的分镜头剧本，把它更名为《摩登时代》。

秋高气爽的10月，《摩登时代》在好莱坞开拍。重场戏外景则在洛杉矶的码头区设置，卓别林在那里不惜工本，花50万元搭起了面积为2公顷的工厂区与街道……10个月过去，到1935年7月拍摄完，然后在两个朋友帮助下，谱写、整理音乐与配器。试片后，再剪辑一次。全片耗费7万米胶片，制成后全长2320米。

夏天里，几年来他第一次破例在制片厂举行了记者招待会，宣布创作、拍摄3年的作品名字。年轻的新闻界人士看到卓别林制片厂的建筑后，均有昨日黄花之感。因为大公司设在好莱坞的制片厂，全都已拥有巨大的摄影棚，成为电影企业了。唯有卓别林仍保留着17年前的、手工业式的矮小厂房，全世界也只有他一个人在拍无声片。《摩登时代》是卓别林在艺术上最大胆的一部作品，是世界上最后一部无声故事片。但在片中，他运用了很多音响效果。虽然人物没有对白，但在影片尾声，他让观众第一次听到他唱的歌，一首国际闻名的流行曲《我在寻找蒂蒂纳》。他混用英、德、意、俄、西班牙，可能还有犹太文的单词来合成这首歌的歌词。各国报刊、电台纷纷报道"夏尔洛终于开口！""流浪汉第一次发出了声音""卓别林以一首歌来告别他的无声时代"。

《摩登时代》放映后，群众和观众说，影片诅咒了大资本家为榨取高额利润，不断增加工人劳动强度。影片表现了很强的社会责任感。各界人士评说，卓别林以极其高明的艺术技巧和极其荒诞的艺术形式，揭露了大机器时代制度的荒谬、反常，具有很强的思想深度和认识价值。它描写了"本来应该使人摆脱繁重劳动的完善的机器，却把人变成了机器的奴隶"的过程。有的评论家说，可以从这部影片中，学习到"比听哲学家的学术演讲的更多的东西"。有的评论家说，这影片是艺术形式的《资本论》有的人甚至编了这么个故事，说爱因斯坦看了这部片子后，曾写了一封信给卓别林，信中说"亲爱的查理，你的电影《摩登时代》世界上每个都能看懂，你一定能成为一个伟人"。

但是1937年的世界局势，使他最终放下了上述计划与已经在创作的关于俄罗斯贵族后裔的剧本。

1937年下半年,他秘密地创作后来被命名为《大独裁者》的剧本。到1939年春,他用3个月的时间完成了分镜头剧本。他构思设计了相貌相似的托曼尼亚国独裁者、双十字党党魁兴格尔,和犹太理发师两个主角,均由分扮演。一个犹太姑娘哈娜,由宝莲扮演。而巴克特里亚总统拿帕隆尼,是隐喻轴心国之一的意大利的独裁者墨索里尼的。随着战争阴云的逼近,卓别林决定写一个反对战争,讽刺希特勒的剧本。这是一部有声影片,他可以在戏中扮演两个角色,一个是以希特勒为原型的独裁者兴格尔,他可以当着观众胡说八道,另一个是依旧不开口的流浪汉犹太理发匠。

这位有良知和大无畏精神的艺术家,就这样决心以天下安危为己任。他说:

"一场战争正在酝酿中……阿道夫·希特勒这个丑恶的怪物,正在煽起战争狂热,不应再沉迷于爱情故事和浪漫生活,让我们运用手中的武器进行反抗吧!……"

而他的武器,便是他那受到全世界反法西斯人民喜爱的影片《大独裁者》。

一些报刊发表了《大独裁者》的初稿。德国为如此露骨地反对希特勒纳粹主义的内容大为光火,对这个卓别林恨之入骨。

一天,卓别林正在拍摄《大独裁者》,一个脸色发白的工作人员,气喘吁吁地冲进摄影棚,递给卓别林一个厚厚的牛皮纸信封:

"查理,这是刚才在大门口捡到的。"

纳粹分子在这封信中,用赤裸裸的语气叫嚣:"如果你不停止拍摄这部电影的话,将来无论在哪个城市,哪座影院放映它,我们就要在哪里放臭气弹,向银幕开枪!"

面对这种凶焰万丈的嚎叫,制片厂的人们不安的心头和脸上又添了几分紧张:

同样内容的恫吓、威胁信件已经塞进卓别林的住处。

人们似乎看到了游荡在制片厂门外,卓别林的别墅周围和影院中那些冷酷凶恶的面孔,和他们怀中藏掖着的刀、枪、铁条、臭气弹……

人们为卓别林担心,片场中的寂静令人难受,人们的心跳都似乎彼此可闻。

正当盛年的卓别林压下满腔怒火,把那些恫吓的信轻轻扔到废纸篓里。他嘴角边浮起一丝轻蔑的微笑,耸耸肩说:"没什么了不起,那就让他们开枪吧!我非要嘲笑希特勒不可!这就是我的回答。来,各部门准备,开拍!"…

第二次世界大战全面爆发。这时,需要同仇敌忾地唤起全世界人民反对法西斯的意志,需要充分揭露希特勒战争狂人的可恶嘴脸,需要增强战胜人类共同敌人的信心。

原本因为受德国威胁,还有些犹豫的美国发行商,现在恨不得一天之内,在所有的影剧院上映卓别林的《大独裁者》。

影片要放映了,卓别林却又担心起观众们的安全来。他找到一个工会会长,想请几十位工人到时帮忙维持秩序。会长一听哈哈大笑:

"我不相信事情会闹成那样,查理,你有的是你自己的观众去对付那些坏蛋,只要有他们维持影院的秩序就够了,何况那些是纳粹分子写的,在美国,他们是不敢在光天化日之下出现的!"

卓别林勇气大增,1940年影片正式上映。其轰动效应持续了几年。先是纽约人如痴如狂地争看,两家影院一起连续放映了三个多月。然后,影片运到英国,尽管是在战时,但观看影片的盛况空前。第二次世界大战期间和结束之后,它陆续在世界各地上映,受到了空前的欢迎和好评,给全世界人民增强了战胜法西斯的信心与力量。

卓别林在影片中极为出色地串演了一个悲剧角色和一个滑稽角色。他扮演的犹太理发师使人笑中含泪,他扮演的独裁者使人笑中带恨。他那样辛辣、尖刻,看似信手拈来却又合乎情理地讽刺、嘲笑、挖苦、抨击独裁者,简直将生活中的希特勒批驳得体无完肤。这使盟军战士和全世界的观众看了之后,大快人心。

有的文艺理论评价《大独裁者》,是一部"笑与怒的史诗"。

难怪在得知影片拍摄完毕之后,不可一世的战争狂人希特勒暴跳如雷,竟下令处死远在大西洋彼岸的卓别林。他恼羞成怒地挥舞手掌,本来口吃的嘴里喷出泡沫:

"可恶,可恶! 这个该死的小丑!"

是的,按角色分工来说,卓别林在影片中扮演的人物是丑角。所不同的是,在历史长河中,在人生舞台上,希特勒是一个遗臭万年的真正小丑;而卓别林却是一个名垂青史的伟大的喜剧电影艺术家。

1954年6月,世界和平理事会在柏林举行。卓别林因为他的"丰富多彩的活动对和平事业及各国人民之间的友谊,做出了特殊的贡献",被评为国际和平奖获得者。

卓别林的第79部影片,是在安宁的新居完成的。莱莱湖畔环境幽静,但后来常常听到附近的排炮声,原来是瑞士军方在那修了个大炮发射演习场。乌娜曾对此提出过抗议,答复是"不能把卓别林先生的工作放在瑞士国防之上"。但在乌娜委婉而执着的交涉下,军方做了让步,表现了对文化人的最大尊重。第29部影片片名是《一个国王在纽约》68岁的卓别林和乌娜带着3个孩子出席了首映式。8岁的约瑟芬在人群中挤丢了,一个门卫找到了她,把喜剧皇帝的小公主送进父母的包厢,引得观众们齐声欢笑……翌日起,影院外排成长蛇队形的购票者有增无减。

9月下旬,卓别林夫妇到意大利乡间小住,并为罗马报界放映《一个国王在纽约》,又引起不小的轰动。

影片在法国的首映式,10月23日在欧洲最大的影院"高蒙宫"举行。5000多热情的观众出席。放映结束后,5000多人声震"高蒙宫":"好啊,夏尔洛! 下次再见!"最公正、宽容的观众和电影评论家,总是在法国。

《一个国王在纽约》被电影史学家乔治·萨杜尔和法国影评家认为,是一部莫里哀式的喜剧杰作。它与卓别林其他巨片,一齐在世纪的影坛上放射着灿烂的光华。

永恒形象

从1958年开始,69岁的喜剧皇帝退出影坛。他潜心在德邦别业庄园撰写他的自传,笔耕不辍5、6年,据说出版商觉得它太长,结构也乱,几次要他压缩或重写,但有时奏效,有时效果不大。这期间,1962年英国历史最悠久的大学牛津大学授予他名誉博士学位。

同时,乌娜给他生下第 8 个也是最后一个孩子。

《卓别林自传》于 1964 年在伦敦,由博德利·黑德出版公司出版。他在此书扉页上写道:献给——乌娜。《卓别林自传》内容真实、史料丰富、文字优美、语言流畅,既详细地叙说了本人的不平凡的身世家事,又生动地描绘了 20 世纪上叶的电影概况。自传中所涉他对电影艺术的见解,尤其是对喜剧艺术的钻研。和对人物形象的塑造,颇有研究意义。至于书中不少篇幅提到的,他与各国政要、科学文化名人、艺术大师、财阀富翁等的交往,也很有历史价值。尽管自传中也有语焉不详之处和疏漏遗珠之憾,如很多重要事件发生的时间没有记下来,也没有记清创作年表,几部巨作如何诞生行世只点到为止,等等。但它仍不失为卓别林的又一部巨作,和了解研究卓别林一生及其电影的宝贵史料。因此它在全球范围被翻译成各种文字的版本(译成中文即 42 万 7000 字),极受各国读者、影迷欢迎。

75 岁的卓别林完成了他人生的一件大事:出版了自传后,如他所说"我永远不服老"那样,艺术灵魂又不安分起来,决定重出江湖。当年为拍摄《大独裁者》放弃的那部作品,他在 1964 年 10 月至 1965 年 10 月又将它重新修改编写出来。因为他发现正走红国际影坛的意大利女影星索菲娅·罗兰,很适合演他剧本中的女主角。

这是他的第 80 部电影,名曰《香港女伯爵》。影片仍由他自己导演、作曲,只是他不再担任男主角,他出演只有几个镜头的客轮老侍者。他聘请了索菲娅·罗兰担任女主角,一个沦落香港的俄国女伯爵。男主角,一个美国驻外大使,系著名美国影星马龙·白兰度饰,他是卓别林二儿子雪尼的朋友。雪尼在影片中即饰大使密友(雪尼 1948～1952 年与几个好友在好莱坞创建了一家影剧院,卓别林曾帮他导演了几部戏),卓别林与乌娜生的第一个孩子杰拉尔丁也在影片中饰一小孩。1922 年 9 月在第 33 届威尼斯国际电影节期间举行的"卓别林影展",一共放映了他 80 部影片中的 73 部,就更令他感慨万千了。

3 年后,英国皇室在 1975 年 1 月,宣布册封卓别林为"爵士"。他的姓名中间嵌入"斯宾塞",成了查尔斯·斯宾塞·卓别林爵士。85 岁高龄的老艺术家视觉、听觉、行走与说话能力减退,阳春三月,他是坐着轮椅飞回祖国、进宫晋见伊丽莎白女王二世的。女王在授封仪式上对他说:"您的电影我全看过了,它们实在太好了。"卓别林激动得只能以手势答谢女王。他事后对人说:"我一句话也说不出来,真的说不出来。"

关于卓别林生平和作品的影片《流浪汉先生》,经过几年的准备、拍摄,由美国 R.B.C 制片公司制片,由理查德·帕特逊编剧,由著名的莎士比亚剧演员劳伦斯·奥立弗和沃尔特,马太解说,于 1977 年 3 月上映发行。

1977 年 12 月 25 日,西方欢乐的圣诞节。就在这天清晨 4 时,20 世纪最卓越的喜剧电影大师、伟大的批判现实主义艺术家、反法西斯的和平、民主战士卓别林,留下 80 部电影组成的"人间喜剧"丰碑,在瑞士洛桑莱蒙湖畔的别墅中,静静地、安详地告别了人世,终年 88 岁。

现代舞蹈的创始人

——伊莎多拉·邓肯

人物档案

简　　历:美国舞蹈家,现代舞的创始人,是世界上第一位赤脚在舞台上表演的艺术家。1877年5月26日出生在旧金山一个贫困而破碎的家里,6岁时她的舞蹈天才就显露出来了,一生热爱舞蹈事业。1927年9月14日,邓肯在法国尼斯和朋友聚会后,她的长围巾脱落,被汽车轮绞住,虽然汽车立即停住,但她颈骨骨折身亡。

生卒年月:1877年5月26日~1927年9月14日。

安葬之地:巴黎拉雪兹神父公墓。

性格特征:倔犟,是她与生俱来的性格。

历史功过:创立了一种基于古希腊艺术的自由舞蹈而首先在欧洲扬名。主要作品有根据《马赛曲》、贝多芬的《第七交响曲》、门德尔松的《春》和柴可夫斯基的《斯拉夫进行曲》改编的舞蹈。著有《邓肯自传》和《论舞蹈艺术》。

名家评点:雕塑家乔治·格雷·巴纳德评价说:"伊莎多拉·邓肯,你是青年美国的象征。你的舞蹈就是美国在舞蹈,美国人不理解只是暂时的,你不要离开。我总有一天会让美国人明白,邓肯的舞蹈就是我们自己的舞蹈。"

天才舞蹈家

1877年,邓肯出生在旧金山一个贫困而破碎的家庭里,出生前,父母正闹着离婚。父亲远走他乡,母亲为生活疲于奔命,备尝艰辛。

母亲是个音乐家,靠当家庭音乐教师谋生。因而经常整天不在家,晚上很晚才回来。邓肯的兄弟姊妹过着贫穷但无拘无束的自由生活,散学后就可以漫步海滨,纵情幻想。

邓肯的母亲出身于爱尔兰天主教家庭,一直是个虔诚的天主教徒。后来她发现丈夫并不是她理想的那样完美无缺,就离了婚。从此带着4个孩子独自闯荡。她彻底背叛了天主教信仰,转而相信无神论,她把无神论思想传给了她的女儿邓肯。

邓肯5岁开始上学。

开学的第一天,老师布置她的学生们写一篇作文,介绍各自的家庭,写完就念给她听。当她听到一个又一个"幸福、美满的家庭"情况以后,下面站起来的是她这个班上最小、最穷的学生,依莎多拉·邓肯。只见她念道:

我五岁的时候,我们家住在23号街上一所小房子里。由于付不起房租,就不能再住下去,只好搬到17号街。不久,由于缺钱,房东不让我们住下去,又搬到22号街。在那里也不允许我们安然住下去,于是又搬到10号街……

没完没了的搬家把老师惹恼了,她拍案而起,骂邓肯是捣蛋鬼,故意用恶作剧耍弄老师。

这可是担待不起的罪名。邓肯被送到了校长面前。校长冷冰冰地说道:"叫她母亲来领人。"

邓肯的母亲来了。可怜的母亲读了女儿写的作文,泪水夺眶而出。她发誓说,这些都是实实在在的真话,我们的流浪生活就是这样。

贫困和屈辱,已使得这位虔诚的天主教徒,成了一名彻底的无神论者。她的宗教情感,慢慢地转化成另一种能量,与命运抗争,教子女成人。

从公立学校出来,邓肯反而受到了真正的教育。每天晚上,母亲给她的四个子女弹贝多芬、舒曼、莫扎特、肖邦的曲子,或者朗诵莎士比亚、雪莱、拜伦、济慈的作品。白天,邓肯一个人悄悄地去库尔勃利丝的图书馆,贪婪地攻读荷马、狄更斯、萨克雷的全部著作。

最让她不忍释卷的是惠特曼的诗,那充满激情的句子深深地打动了她,她一不小心就忘乎所以地在座位上念出声来:

我轻松愉快地走上大路,

我健康,我自由,整个世界展开在我面前,

漫长的黄土道路可引我到想去的地方。

从此我不再希求幸福,我自己便是幸福,

从此我不再啜泣,不再踌躇,也不要求什么,

消除了家中的嗔怨,放下书本,停止苛酷的非难。

我强壮而满足地走在大路上。

地球,有它就够了,

我不要求星星们更和我接近,

我知道它们所在的地位很适宜,

我知道它们能够满足属于它们的一切。

邓肯试着写了一部小说,还自己编了一份报纸,新闻、社论及文学作品,均出自她一人之手。这些东西,她只给库尔勃利丝看过。她从那里得到了意想不到的夸奖:

"孩子,你会比我和你爸爸都了不起。"

海滩是依莎多拉·邓肯常去的地方。她凝望着起伏的海浪,或迂回,或直接,或急

厉,或舒缓,偶尔有长尾巴鱼腾挪蹦越,使神秘的潮汐洋溢了生命的气息。从这里,邓肯悟到了关于运动、舞蹈的最初的观念。

依莎多拉·邓肯的舞蹈天分最先被一位年逾古稀的老太太发现。

她对邓肯的母亲说,邓肯的舞姿让她想起了意大利著名的芭蕾舞演员范妮·艾斯勒。这句话增添了邓肯的信心,也鼓舞了邓肯的母亲。第二天,她便把女儿送到旧金山最负盛名的芭蕾舞教师那里。那位教师端详了邓肯半天,认为她姿质不错,可以一试。

于是开始试了。

他让邓肯用脚尖着地,走一段路给他看看。

邓肯奇怪地问道:

"这是为什么?"

"这样才美。"

"不,这很丑,我做不来。这不是自然的。"

邓肯扭头就走了。母亲紧跟在后,攀住她的肩膀说:

"孩子,我同意你的观点。"

邓肯没有去做学生,而是继续当她的"老师"。她有些名声了,孩子们都愿意上她的课。她从不斥责学生,她尊重每一个学生的想法,并鼓励他们异想天开。她教孩子们背诵朗费罗、拜伦的诗,先让他们领会其中的含义,然后根据诗意轮流做出动作,以此评估每一个学生对诗歌和舞蹈的理解能力。

很显然,邓肯追求的不是芭蕾舞蹈。她虽然说不清她的追求究竟是一个什么样子,但她在探索着,努力探索着。她深知,她的艺术潜伏在她心中,一旦找到钥匙,她就能进入这个世界。

由于邓肯有舞蹈天赋,加上母亲对她的教育和影响,6岁时她的舞蹈天才就显露出来了。有一天,她召集了六七个街坊上的孩子(有的小孩甚至还不会走路),让他们坐在她身边。邓肯则教他们挥动手臂。原来她在给他们当"老师"教小朋友们跳舞。

由于邓肯全家经济拮据,加之所读书籍的影响,全家人决定离开旧金山到国外去寻求发展。这一天终于来到了。

闯荡英法

邓肯千方百计想离开旧金山到外面去发展——随同某个大剧团外出演出。

于是,有一天,她毛遂自荐,去拜访一家巡回剧团的经理,请求允许她表演舞蹈。一个上午,在一个又大又黑、空荡荡的舞台上试演。母亲为邓肯伴奏,邓肯穿一件小"图尼克"跳了一段德国作曲家门德尔松的《无词歌》。跳完以后,经理沉默了一下,然后转身对邓肯的母亲说:"这种玩意儿不适合在剧场演出,它更适合于教堂。您还是把小姑娘领回家去吧!"

第一次初试,邓肯大失所望,但她并不甘心。又开始想别的主意出国。她发动全家人来商量,她一人侃侃而谈一个多小时,向家里人讲清楚为什么在旧金山再也不能待下去的种种理由。母亲有点困惑不解,但很乐意跟邓肯到任何地方去。

最后决定:邓肯和母亲先去芝加哥,姐姐和两个哥哥仍留在旧金山,等挣些钱后再来接他们。

到达芝加哥,正是酷暑六月天,邓肯随身只带了一只小提箱,里面有祖母的一些老式首饰,外加 25 美元。她盼望能立刻得到聘用,可事情并非如此简单。她穿着希腊式的白色小"图尼克"拜访了一位又一位经理,给他们表演舞蹈。但他们都像最初的那位一样,"好倒是很好,只恐怕不适合舞台演出。"

过了几星期,25 美元花光了,祖母的首饰也典押了。由于付不出房租,行李全被旅馆扣留。两个人身无分文,只得流浪街头。

邓肯想起自己外衣衣领上有一个小小的但非常漂亮的爱尔兰上等真丝花边,在炎炎烈日下,她东奔西走,转了一整天想卖掉它,总算在傍晚时候有人出 10 美元买下了它。邓肯用 10 美元租了一间房子,剩下的钱买一箱西红柿。以后接连一个星期,母女俩就靠这些西红柿度日。由于吃不上面包和盐,可怜的母亲身体衰弱,连坐都坐不起来了。而邓肯呢,每天一大早就出门,想尽办法去见经理。最后,邓肯只好决定,只要有工作,干什么都行。于是,她便去找一家职业介绍所。

"你会干什么?"柜上的那个女人冷冰冰地问道。

"什么都会。"邓肯回答。

"哼,依我看,你什么也不会!"

绝望之中,有一天,邓肯去找共济会教堂屋顶花园的经理。他嘴里叼着一根很粗的雪茄,帽子压住一只眼睛,傲慢地看完了邓肯表演的舞蹈后,说:"嗯,你长得不错,风度也挺优美。如果你肯改变一下,不跳这些,跳点有刺激性的玩意,那么我可以雇佣你。"

想到家里最后剩下的一点点西红柿,想起饿得发晕的妈妈,邓肯豁出去了,便问经理:"你说的'刺激性'是什么?"

"嗯,"他说,"不是你跳的这些,得穿短裙,加点花边,还得甩大腿。你可以先跳点希腊舞蹈,然后再转动花边裙子,甩开大腿,那就引人注目了。"

可是上哪儿去找这些花边裙子呢?邓肯知道,开口借支或预支是没有好处的。邓肯徘徊在大街上,又饿又累,差点晕倒,忽然看见马歇尔·菲尔德百货公司的一家分店就在跟前,就走进店去求见经理。当邓肯被引进办公室,见一位年轻人坐在写字台后面,看上去很和气,于是邓肯向他解释,明天上午需要有一件带花边的裙子,如果能赊给她,她一定领到工资后就付款。年轻人答应了她的请求。邓肯买了做裙子的白色和红色的料子,还有荷叶花边,夹着一大包衣料回家一看,母亲已经气息奄奄了。但她勇敢地从床上坐起来,为邓肯赶制服装。干了整整一夜,直到黎明才缝完最后一个褶子。

邓肯带着这套服装再去拜访经理,乐队已经做好了试演的准备。

"你用什么音乐?"他问。

由于事先没考虑到,邓肯随口说出了当时的一首流行歌曲《华盛顿邮车》。音乐奏了起来,邓肯尽最大努力给经理跳了一段"刺激性"的舞蹈,边跳边编。经理高兴极了,从嘴

里取出雪茄,鼓掌说道:

"跳得不赖。你明天晚上就可以上台,我要替你宣布一个特别节目。"

经理给邓肯周薪 50 元,并且慷慨地预付了一个星期。

邓肯用一个艺名在这家屋顶花园登台表演,获得很大成功,观众掌声不断。但她心里腻味透了。她认为这是违背自己的理想,取悦于观众的事,一生中只能干一次,对,干最后一次。经理后来要求与邓肯签订巡回演出的合同,邓肯坚决拒绝了。

她偶然结识了芝加哥某报社的女助理编辑安勃,这位年过半百的妇人,以充沛的精力组织着一个"波希米亚人俱乐部"。波希米亚原系捷克斯洛伐克波希米亚地区的一个民族,因其热情奔放、浪荡不羁而成为诗人艺术家部落的代名词。

邓肯很快就成了这个俱乐部最受欢迎的客人。那些艺术狂徒们歇斯底里的叫嚣和莫名其妙的举止虽然令人不敢恭维,但他们对舞蹈的理解却使邓肯感到宾至如归。邓肯美妙的形体、流畅的线条以及符合内心律动的节奏,牵扯出"波希米亚人"被劣质啤酒淹没的宗教情绪,他们亲切地称邓肯为"希腊小姑娘"。如果说安勃以其经济上强大的支持而成为这个俱乐部的天神宙斯,那么,依莎多拉·邓肯则以她优美绝伦的舞蹈标榜了自己爱与美的神位——维纳斯。

在困难之中也会出现奇迹。邓肯发出的求助电报应有人给她寄钱,她和哥姐前往纽约,邓肯从一开始就认为哑剧是一种贫瘠无聊的东西,根本谈不上艺术。为了生活,她强迫自己去排练那生硬呆板的一招一式,而内心无时无刻不在抵触着它,这当然是不能进入状态的。

排练中,邓肯遭到了大主角梅的一个耳光,这对邓肯来说,太刺激了!贫困与饥饿,羞辱和痛苦,像一块巨大的针毡,裹紧了这个尚未成年的姑娘。血,一滴滴地从心头渗出,模糊了过去的辛劳和未来的期待。依莎多拉·邓肯忍不住大放悲声,簌簌滚落的泪珠织成了一张苦涩的帘子。

在纽约演出两星期后,接着就是巡回演出,邓肯又恢复了那种沉闷的旅行和寻找客栈的生活。

一年就这样过去了。

邓肯非常难过,现在生活令她不堪回首。她的美梦、理想、抱负,全都化成了泡影。她常常捧着古罗马诗人马库斯·奥列留斯的书,在布景后面走来走去,她试着采取斯多噶学派的哲学来减轻自己心中的痛苦。

戴利为了票房收入,挖空心思把艺妓搬上舞台,她要邓肯也加入艺妓的四重唱。邓肯看出剧团接二连三干的蠢事,她再也不能忍受了。她对剧团和戴利感到厌恶,鼓足勇气申请了辞职。

姐姐伊丽莎白的舞蹈学校却越办越兴旺。邓肯全家搬进温莎旅馆底层的两个大房间,每星期的租金是 90 美元。但不久就发觉学生所交的学费还不够支付房租和其他费用。表面上看来很成功,其实银行账户上却出现了赤字。

怎么办?邓肯全家非常着急,又毫无办法。

一天下午,温莎旅馆突然失火,邓肯全家和学生们逃出旅馆后,才发现自己丧失了全部家当，连换洗的衣服也没有。全家陷入了山穷水尽的地步。回想在纽约的种种不幸和遭遇，邓肯陷入了辛酸的幻灭之中。

邓肯想到了去伦敦的计划，全家人都赞成去伦敦。没有一分钱，怎么去？她不得不去找曾经在她们大厅里跳过舞的有钱太太们，她一家一家地去乞讨，受尽了冷遇和教训，最后总算凑足了300美元，弟弟雷蒙德在各个码头附近兜圈子，终于找到了一艘运牲口到赫尔的小船。船长被雷蒙德的诉说所感动，答应把他们当作旅客带去，虽然这样做是违反船上规章制度的。

他们终于一路辛苦的到达了伦敦。

在伦敦邓肯赢得了上流社会的尊重，爱德华国王和威尔斯亲王都接见了她，并对她赞不绝口。她取得了曾经看来是梦幻般的成功。

除了跳舞，邓肯的业余时间就被他人占据着，要么听诗人朗诵诗歌，要么偕画家出去散步。他们都是真正的朋友。邓肯在他们中间感到非常快乐，可心里却不十分惬意，因为，她的舞蹈虽然获得了诗人、画家们的狂热赞赏，但所有的剧场经理都无动于衷，这就使得她的艺术无法面对大众。

她要去寻找更加适合于她的舞蹈艺术的土壤。

她想到了"欧洲之都"——巴黎。

邓肯在巴黎的首演获得了极大的成功和赞誉，她的信心更足了。在朋友们的帮助下，她很快便能相当流利地阅读法文和讲法语。博尼埃常常一连几个下午和黄昏在工作室里为邓肯高声朗读，声调抑扬顿挫，十分悦耳。他把莫里哀、福楼拜、狄奥菲·高地叶和莫泊桑的作品读给邓肯听，让邓肯了解当时流行的各种法国现代名著。博尼埃还向邓肯介绍塞纳河上的风光，介绍巴黎圣母院建筑物正面上的每个塑像以及每一块石头的来历……

这段时间内，邓肯除了演出外，大多数时间在工作室里潜心探索着她的舞蹈理论。邓肯的舞蹈理论虽然很难用语言表达出来，但当她在舞蹈训练班里，面对最幼小、最无知的孩子们，"用你的心灵来聆听音乐。现在，你一边聆听，一边是不是感受到有一个内在的自我在你的内心深处觉醒？——正是由于它的力量，你才昂首举臂，你才缓缓走向脚灯——她们都能领会。这种觉醒就是邓肯所设想的舞蹈的第一步。"

在邓肯研究和总结自己的舞蹈理论的时候，母亲不知疲倦地帮助她，鼓励她，为她一遍又一遍地弹奏《奥菲乌斯》的整个钢琴曲，直到窗户上曙光闪耀。工作室的窗户很高，覆盖着整个天花板，没有窗帘——因此母亲一抬头总是能看到天空、月亮、星星——有时大雨倾盆而下，雨水的细流就淌到地板上。到了冬天，朔风凛冽，冷得可怕，而夏天则闷热得像蒸笼一样。全家人在这样的工作室里生活，其困难可想而知；邓肯在这样的工作室研究，困难可想而知；母亲在这样的工作室里为儿女服务，其刻苦耐劳、自我牺牲的精神可想而知。

除了潜心感悟外，邓肯还求助于图书馆。那里的管理员对她的研究工作非常关心，不管什么样的书籍，只要是关于舞蹈的，关于希腊音乐和戏剧艺术的，都搬出来让她随意选用。邓肯聚精会神地阅读上自古埃及，下至当代的一切有关舞蹈艺术的书籍，边读边记。在阅读中，她发现自己能够求教的大师只有三人——卢梭、惠特曼和尼采。

在巴黎，邓肯全家的经济状况很不宽裕，无论是王公贵族们的赏识，或是邓肯本人名声的与日俱增，都不能解决温饱问题。但邓肯抵制住了金钱的诱惑，潜心于她的舞蹈理论。

玫瑰正红

一天，美国现代舞的另一位奠基人洛伊·富勒找到了邓肯的工作室。她是开创舞台艺术光色变化的先驱，正经营着日本舞蹈家贞八重子的演出，准备去柏林。柏林并没有好消息等待着她。

贞八重子的演出也许是曲高和寡，富勒遭到了惨败。邓肯待不下去，只好转道布达佩斯，找一位邂逅过的匈牙利剧场经理亚历山大·格罗斯。

于是，邓肯有了第一次在剧场为观众献舞的机会。合同一签就是 30 个晚上。

果然，30 个晚上，场场爆满。

格罗斯带她去市面上的一些小餐馆进餐。在那里，可以听到吉卜赛人美妙的演奏。踢踏的快板，含有飞扬尘土的乐曲，让人联想到马车团队和林荫大道的天籁。邓肯尝试着把吉卜赛管弦乐队搬上舞台，为她伴奏。这种长期以来为贵族们嗤之以鼻的下里巴人的音乐一登上大雅之堂，即以其无拘无束的形体语言和奔放嘹亮的音乐表现风靡全城。邓肯也常常陷入那种充满渴望与动荡不安的旋律里不能自拔，她就是从那时起开始穿上红色舞衣。

因为，红色象征着火一般的热情和不屈的意志。

在匈牙利，伊莎多拉·邓肯的名字简直有了魔力。

到匈牙利后不久，邓肯便陷入了情网之中，不能自拔。她和青年演员赫曼·巴尔爱恋着一段时间，但赫曼·巴尔很快就移情别恋，使得邓肯非常伤感，大病一场之后，吸取了惨痛的教训，邓肯发誓再不背弃艺术去追求爱情。邓肯把烦恼、痛苦和爱情的幻灭都转化为艺术，把伊菲吉尼娅在祭坛上跟生命告别的故事编成舞蹈。为减轻邓肯的悲伤，这时格罗斯又安排邓肯到慕尼黑去巡回演出。

在德国演出期间，邓肯开始学习德语，并阅读叔本华和康德的原著，以便丰富自己的舞蹈理论基础，进而从中找到灵感的启迪。

在柏林演出成功后，邓肯的弟弟雷蒙德也从美国来到了德国。兄弟团聚后，兴奋不已，他们提出了孕育已久的计划——去朝拜最神圣的艺术圣地——雅典。于是经过一个短短的柏林演出季节后，他们不顾经理人格罗斯的恳求和惋惜，坚持离开了德国，全家人登上了去意大利的火车，经过威尼斯，前往雅典。

在雅典，邓肯希望恢复原来的希腊合唱队，为此，她组织并选拔了 10 个全雅典声音最美的男孩组成一个合唱队，并进行了多次演出，最后以失败而告终。在雅典，邓肯对梦想已久的创办舞蹈学校的欲望再一次被激发出来。这对以后她创办舞蹈学校有了思想和理论基础。

雅典失败后，邓肯不得不重新回到德国旅行演出。

1905 年，邓肯第一次去了俄国。

在圣彼得堡演出一个星期以后，邓肯到了莫斯科。这里的观众不像圣彼得堡的观众那样热情，但她的舞蹈却在斯坦尼斯拉夫斯基的剧院引起巨大反响。

在访问莫斯科之后，邓肯在基辅作了短暂停留。一群群学生站在剧院门口的公共广场上拦住她，热情地请求她在广场上举行一次表演，让他们这些买不起票的穷学生一饱眼福。于是邓肯在雪橇上站起来向他们讲话。她说："如果我的艺术能够鼓舞俄国的青年知识界，那我将是何等自豪和高兴，因为世界上没有一个国家的学生能像俄国学生那样关心理想和艺术。"

邓肯对俄罗斯的第一次访问，由于不得不履行原有访问柏林的约定而中断。临走以前，她签订了春天再来演出的合同。尽管这次演出时间较短，但给邓肯留下了极为深刻的印象。围绕着她的理想发生了不少争论，有赞成的，有反对的。在狂热的芭蕾舞迷和热心邓肯艺术的人之间真像是进行了一次决斗。也正是从邓肯在俄罗斯访问演出之后，俄国芭蕾舞开始采用肖邦和舒曼的音乐，穿古希腊服装；某些芭蕾舞演员甚至走得更远——脱下了她们的舞鞋和舞袜。

舞蹈学校

回到柏林，在莫斯科皇家舞蹈学校见到的情景依然历历在目。邓肯决意马上创办一所学校。再也不能拖延了！

她和姐姐伊丽莎白在格吕内瓦尔德的陶登大街买了一栋新落成的别墅，又订购了 40 张小床加上布帐。学校就有了。

布置好学校后，在夜深人静的夜晚，邓肯开始为学生们备课，她写出了自己对练习体操和舞蹈的基本设想。

舞蹈讲究和谐的境界。为了达到这一和谐的境界，学生们必须每天做些按照一个目标选编出来的练习。而这些练习则一定要设计得与他们内心的愿望相吻合，使他们能够情绪饱满，非常热心地去完成它们，而不是感到枯燥乏味。每个练习不仅应该是达到某一目的的手段，而且本身也是目的，这一目的就是使生活日趋完美和幸福。这些练习就其本质来说乃是按照身体发育的每一种状态，把它变成尽可能完善的工具，变成一种用以表达和谐，并与自然融为一体的工具。这些练习开始是训练肌肉的简单体操动作，其目的是获得肌肉的柔软灵活和刚健有力。只有经过这些体操练习之后，才可以开始学习舞蹈。

邓肯认为体操是一切形体训练的基础。体操教师的责任就是循序渐进地引导身体的发育，并挖掘和发挥身体的有生力量，促使身体最充分地发育。身体和谐发育到最大限度，舞蹈精神才能进入身体之中。体操能手和舞蹈演员的区别在于：体操能手对身体的动作和素养的训练本身就是目的,而舞蹈演员对身体的动作和素养的训练只是一种手段,演员们只有把身体忘掉,把它看成是一个已经和谐,而且调理得恰到好处的乐器。身体的动作不像体操那样仅仅表现身体的动作,只有这样,舞蹈演员才能通过身体表现心灵的情感和思想,从而产生优美和谐的舞蹈。邓肯认为学习舞蹈的第一步是学会有节奏的简单步伐行进——合着简单的节奏缓缓移动,再按照比较复杂的节奏快速走步或行进,然后才是跑步,先是慢跑,最后是在节奏的某一段中慢慢地跳。通过这样一些练习,人们可以学习乐音音阶的音符,学生们则可以学习动作音阶的音符。因此,这些音符可以代表最不相同、最微妙的结构的和谐。然而,这些练习只是她们学习的一部分。在运动时,在操场上,在森林里散步时,孩子们穿着宽大雅致的薄纱舞衣,无拘无束地跳和跑,直到他们学会轻快自如地用动作来表达自己的感情。正如别人用讲演和歌唱来表达自己的感情一样。

邓肯还认为学生们的学习和观察,应不局限于艺术的某种形式,应提倡多种方式,而首先是从自然界各种运动出发的。风吹云朵,树木摇曳,禽鸟飞翔,树叶飘落,这些现象都应该对他们有特殊的意义。他们必须学会观察每一运动特有的性质,都要在自己的灵魂中感觉到一种对别人来说是无法理解的秘密的媒介物,引导他们进入大自然的奥秘。因为他们身体的各个部分已受训练,柔软灵活,能与大自然的旋律相呼应,同它一起歌唱。

舞蹈学校的创办,使邓肯在柏林名声大振,几乎到了令人难以置信的程度。人们称她为"圣洁的伊莎多拉",把她视为神的化身,许多人谣传说只要把病人抬进她的剧场,病就会奇迹般地好起来。因而每一场演出,都可见到担架把病人抬进剧场的奇怪现象。最让邓肯高兴的是一大帮学生狂热地热爱她,热爱她的舞蹈艺术。

正当邓肯创办的舞蹈学校很有起色的时候,1905年的一天,她在柏林结识了英国著名女演员埃伦·特里的儿子——著名的导演和舞台设计家克雷格,共同对艺术的理解和追求很快使他们陷入了情网之中,这给舞蹈学校的经济运转带来了一场小小的风波。

邓肯的姐姐伊丽莎白为了格吕内瓦尔德学校的顺利运转,筹备成立了一个董事会,成员几乎囊括了柏林的名流贵族妇女。当她们知道了邓肯和克雷格的风流韵事后,便委派大银行家的妻子门德尔松夫人送给邓肯一封措辞严厉的信,谴责说:"作为正经的资产阶级社会成员,鉴于这所学校领导人对于道德竟有如此越轨的观念,她们不便再充任该校校董……"邓肯收到来信后,明显被激怒了,为此,她借了爱乐协会的大厅专门做了一次讲演,专讲舞蹈是解放的艺术,还提倡妇女应享有自由恋爱的权利。

由于学校董事会的解散,加上学校开支浩大,邓肯的全部积蓄已用得差不多了。她不得不签订去丹麦、瑞典和德国其他城市的旅行演出合同。在旅途中,邓肯发现自己怀孕了,接着又闹了一场大病。回到德国后,在北海海滨的一个叫诺德维克的小村租下了"玛丽亚别墅",开始了她的孕妇生活。

邓肯在德国的学校步履维艰,资金匮乏。普鲁士的高压统治方式更是容不得新生事物的萌芽。德国皇后去参观雕塑家的工作室时,总要派她的御前侍卫在她驾到前把那些裸体雕像全部用布遮盖起来。那块布遮盖的不仅仅是一尊石头或泥质的裸体塑像,而是清教徒式的极端脆弱与君主专制的极度骄横。

1907 年 1 月，邓肯同姐姐伊丽莎白一道去了圣彼得堡，希望奇迹能在沙皇统治下的俄国发生。

1908 年夏天，邓肯又去了伦敦。演出的效果倒是相当不错，但办学校，没门儿。然而，1908 年 8 月，邓肯不得不在纽约百老汇接受她的舞蹈遭到家乡人民冷落的现实。她一个劲地表演贝多芬的第七交响乐和格鲁克的《伊菲惹尼亚》，尚未完场，本来少得可怜的观众都陆续退出了演出大厅。他们不认为舞蹈不好，但是觉得没必要为了看舞蹈而耽搁自己的事，比如做生意、打工、赌博等等。

对邓肯表示友好祝贺和热情鼓励的，还是一些诗人和画家，其中的代表人物是雕塑家乔治·格雷·巴纳德。这位以雕塑亚伯拉罕·林肯而青史留名的杰出艺术家，兴冲冲地跑进邓肯的化妆室："依莎多拉·邓肯，你是青年美国的象征。你的舞蹈就是美国在舞蹈。美国人不理解只是暂时的，你不要离开。我总有一天要让美国人明白，邓肯的舞蹈就是我们自己的舞蹈。"

邓肯被这番奇异的谈话怔住了，她没有返回欧洲，而真的留在了美国。

在美国的这次巡回演出是邓肯一生中最快乐的时光。在华盛顿，她表演的舞蹈遭到几位部长们的反对。但有一天日场，西奥多·罗斯福总统亲临包厢来看她的演出。总统很喜欢邓肯的表演。每一个节目演完之后都带头鼓掌。巡回演出结束回到纽约，演出的收入也相当可观，就这样，她再一次离别祖国，回欧洲去了。

英华早逝

1917 年 10 月，俄国爆发革命的消息传到了纽约，它宛如一剂强心针，振作了依莎多拉·邓肯。

"一想到受苦受难的人们，一想到那么多为人类解放事业献身的人们，我的心在燃烧，热血在沸腾。"

邓肯又浑身充溢了艺术的活力，她在大都会歌剧院登台表演，主题是世界对自由、复兴和文明的希望。每场演出的最后，邓肯必跳《马赛曲》，红色纱巾在强劲激昂的旋律中飘荡。她的表演引起了许多人的响应，也引起了许多人的不安，最不安的一个人是洛亨格林。

洛亨格林一连几天都在包厢里观看邓肯的舞蹈，他警告她，这样下去，一个优雅的天才舞蹈家将变成危险分子，使他和他的百万财产一起归于毁灭。

邓肯去了一趟旧金山。她要见见母亲，她们已经好多年没见面了。母亲形容枯槁，已远非 19 年前开始闯荡欧洲时充满想象和活力。她们一起到克里弗饭店吃饭，母亲一言不发，吃也吃得很少。这一切都说明，她老了。

人总得老，总得死。邓肯想，她的心中涌起一股莫名的悲凉，泪水差点夺眶而出。

邓肯取道纽约，乘船再往欧洲。船票是一个朋友赞助的。

欧洲还处在战争之中。每天大炮轰隆不止,每天都有不幸的消息传来。自相残杀正在消耗着人类的元气,几千年文明孕育的精、气、神,以及文学的韵致、音乐的旋律、舞蹈的曼妙、雕塑的凝重,都在浓浓的硝烟中被一点点蚕食。

此刻的邓肯,既无法登台演出,又穷愁潦倒,一文不名。

1921 年春,邓肯收到苏联政府发来的一封电报,电文是:"只有苏俄政府能了解您。欢迎速来,将为您建立学校。"

邓肯激动不已,以为电文是从天外传来的。她马上给苏维埃政府回电:"欣悉来电,同意来俄,愿教育贵国儿童,唯一条件为一工作室及工作经费。"

于是,邓肯乘船顺泰晤士河而下,离开伦敦到雷维尔,于 1921 年 7 月 24 日早晨 4 时抵达莫斯科。

在去莫斯科途中,邓肯有一种超然的感觉,好像是灵魂死后向另一个境界前进。邓肯确信这个理想之国,卡尔·马克思和列宁所梦想的理想国现在奇迹般地在世界上创造出来了。她屡经尝试,要在欧洲实现自己的种种艺术理想,都失败了。现在,她要以全部精力进入这个共产主义理想国土。

邓肯抵达苏联,伊莎多拉·邓肯公立学校于 1921 年 12 月 3 日正式开学,邓肯选拔了50 名天赋最高的孩子作为学校的学生。

冬天,漫长而寒冷。列宁著名的新经济政策尚没有出台,房子又大又空,缺乏足够的燃料供暖。令人奇怪的是,申请木柴的报告从一个机关转到另一个机关,从一个领导批到另一个领导,最后还是不了了之。开始,邓肯几乎所有的精力都花在这些杂事上,教与学都难以为继。

于是,邓肯在济明剧院首次营业,她用这些演出赚到的钱为学生买木柴,买食物,还买了一株漂亮的冷杉树摆在大厅庆贺圣诞节。她还清楚地记得,自己就是因为圣诞节的一场演讲被逐出了校门。

1924 年 1 月 21 日,列宁逝世。

依莎多拉在一位朋友的陪伴下,站在工会大厦外面从全国各地赶来哀悼的工人农民的行列中。她冒雪等待了好几个小时,刺骨的严寒冻掉了她同伴的一只耳朵,她也几乎被冻僵了。但几十万群众列队缓缓绕过遗体的悲壮场面,给了邓肯无穷的力量。她特意为列宁创作了两首葬礼进行曲以寄托自己的哀思。以后,在苏联所有的演出中,邓肯都是以这两支葬礼进行曲作为开场戏,场场爆满。在古老的拥有 50 万人口的乌克兰首府基辅,邓肯连演 18 场,满城都在欢呼:

"邓肯,邓肯,美丽的女士。"

邓肯卓绝的舞姿和非凡的表现,使苏联人民深切地感到:列宁永远活着!

1924 年 9 月 28 日,依莎多拉·邓肯在这个难忘的周末举行了告别俄国的演出。

9 月 30 日凌晨,邓肯步履蹒跚地登上了飞往康尼格斯堡的飞机,她频频回头,是留恋俄国,还是盼着一个人的出现?谁也不知道。

1926 年 9 月 10 日,依莎多拉·邓肯在巴黎举行了一场李斯特专场作品的演出。期间,法国诗人让·科克多朗诵了他的成名作《埃菲尔铁塔的婚礼》,而后,又即兴朗诵新作

《俄耳浦斯》。

　　1927年9月14日,邓肯在法国的尼斯准备坐车去参加邀请宴会,小型赛车启动时,人们见到邓肯将围在脖子上的长围巾的流苏甩到左肩上。汽车全速向前冲去,围巾垂落在车轮旁边的地上。这时她的朋友玛丽·德斯蒂用法语尖叫起来"你的围巾,伊莎多拉,捡起你的围巾。"

　　汽车戛然而止,旁观者以为这是为了让邓肯提起拖在地面上的围巾的一角,人们走上前去,却发现邓肯的头部已经向前倒了下去。司机正在边做手势边用意大利语哀号:"我杀死了圣母! 我杀死了圣母!"

　　原来,丝围巾的一部分和流苏被紧紧地缠在车轴上,当疾驶的汽车在距离工作室20米处突然颠簸时,围巾裹紧了邓肯的颈部,挤碎了她的喉部,折断了她的脖颈,压裂了她的颈动脉。

　　伊莎多拉·邓肯,这位现代舞蹈的先驱者、创始人就这样离我们远去。

　　作为艺术家的伊莎多拉·邓肯,却永远活在人们心中。

法国雕塑艺术家

——奥古斯特·罗丹

人物档案

简　　历：法国雕塑艺术家。1840 年 11 月 12 日出生于法国巴黎拉丁区一个普通雇员家庭。1854 年他进入波提特设计学校学习，与雕刻结下不解之缘。1862 年进入圣体隐修道院，完成了院长艾马尔胸像。1875 年他到意大利旅行，并细心研究了多那太罗、米开朗基罗等人的作品，深受其启发。1886 年他为文学家雨果塑像。1898 年完成为文学家巴尔扎克的塑像。1916 年他把自己的全部作品捐给法国政府。1917 年 11 月 17 日，罗丹去世，享年 77 岁。

生卒年月：1840 年 11 月 12 日～1917 年 11 月 17 日。

安葬之地：自己别墅的花园里。

性格特征：伟大的人格，面对命运不屈服的精神。

历史功过：欧洲雕刻"三大支柱"之一。主要作品有《思想者》《加莱义民》《青铜时代》《手》《雨果》《吻》《巴尔扎克》等

名家评点：布歇评价说："罗丹的雕塑技巧是显而易见的，对此提出疑义是愚蠢的，或者是有意的。"

少年罗丹

1840 年 11 月 12 日，伟大的雕塑家奥古斯特·罗丹在法国巴黎诞生。他的父亲是一名下级警务部门的公务员，母亲做女佣和洗衣工。他们为这个到了 38 岁才得到的唯一的儿子而激动不已，希望他能成为一名有文化的高级警官，但罗丹却从小喜欢画画。

小罗丹 5 岁时，父亲便把他送到附近的耶稣会学校。这是所专为穷人孩子开办的学校，以宗教教育为主，此外还讲授算术和拉丁文等。前者他理解不了，后者他十分讨厌，

而他唯一喜欢的画画,学校却是禁止的。

一次,小罗丹画了一幅罗马帝国的地图,戒尺就狠狠地落到了他的手上,使他有一个星期不能拿笔。老师第二次抓住他画画时,用鞭子狠狠地抽了他一顿,但他并不屈服,反而把老师那毫无人性、铁板似的面孔画成了漫画,心里感到一阵说不出的痛快。

其实,小罗丹很想做个听话的孩子,然而画画却是他唯一爱做的事情。他常常偷偷拿来妈妈买食物拿回来的包装纸,趴在地板上画妈妈的手、爸爸的皮鞋。为此,妈妈只好每次都将包装纸藏起来,但小罗丹总能想办法找到东西来画。爸爸的皮鞋也毫无用处,最后爸爸精疲力尽,一见他就不住地唉声叹气:"唉,我算养了个白痴儿子!"

罗丹14岁时,爸爸认为他该找个工作了。"问题是,干哪一行?"爸爸说:"要是你识字的话,我还可以在警察局给你找份差事,可你……"

"我不想当警官,我想学画画!"罗丹镇定地说。

爸爸忍了好一会才没有又抽他一顿皮带。

"爸爸,他也许该去学美术的。"一向温顺而忧郁的姐姐玛丽开了口。

"不,"爸爸说:"光是巴黎就有几千名画家,可他们有几个能吃上这样的饭菜?"他边说边嚼着一大块牛肉。

的确,艺术是个苦行当。在当时只有少数为官方所喜爱的画家才能过上富裕的生活。

玛丽说:"我知道有一所免费的美术学校,就是工艺美术学校。这所学校培养的是描图员,不是画家。奥古斯特毕业了,就可以当一名雕刻师或家具木工。况且,我可以卖宗教纪念章供他上学。"

温柔的玛丽终于说服了固执的父亲,罗丹得以进了工艺美术学校。

工艺美术学校是1765年法国国王路易十六的情妇蓬巴杜尔夫人宠幸的画家巴歇利埃创办的,是一所学习装帧艺术的学校。后来的印象派画家凡天拉图尔、卢古罗、埃德加·德加以及官派雕刻家达鲁都和罗丹一道是从这所学校毕业的,他们的导师就是奥拉斯·勒考克。

勒考克十分讨厌美术学校,他认为那个地方已经变成了一所古典主义的学校,循规蹈矩的已没有什么创造力和生命。然而在当时,法国的艺术是由政府主管的,美术学校、法兰西学校和沙龙控制并指导艺术工作,画家的作品必须经过艺术官员组成的评选团评选通过方能展出,所以许多不满足于一味模仿古典主义作品而有所创新的画家经常受到压制和打击。

勒考克第一次见到罗丹就说:"这里有两种学生,一种是制图员,他们要画直线,虽然自然界并没有直线;他们想循规蹈矩,虽然生活中并不存在规矩。他们通常的结局就是考上美术学院,临摹古典名作。但是,还有第二种学生,他们是难得的几个,你永远也不知道他们从哪里来。就是这些人,像伦勃朗一样,学会了通过自己的眼睛去观察事物。"

罗丹沮丧地意识到自己从未认真观察过什么东西,但他想到了爸爸,他便根据记忆画出爸爸听到他想学画画时生气的样子。勒考克见了说:"很丑。画不一定都得漂亮——但必须有生气。"罗丹得到了极大的鼓励。

罗丹的学习生活走上了正轨:上午在工艺美术学校上课,下午同其他人一起到卢浮宫去临摹大师的名画,每周有两个晚上做人体写生。

当罗丹第一次在卢浮宫看到达·芬奇、提香、拉斐尔、鲁本斯、伦勃朗和米开朗琪罗的作品时,他激动万分,他最喜欢的是米开朗琪罗和伦勃朗。米开朗琪罗的作品生气勃勃、苍劲有力,而伦勃朗的作品充满感情、不落俗套。多年以后,罗丹游历了荷兰和意大利,专程去看这两位大师的作品,这对罗丹一生的创作都有至关重要的影响。

罗丹的进步很快,他的素描很快过关了。该画油画了,然而罗丹没钱买颜料,他只能在找到一些有钱的学生扔掉的颜料管时才能画,但最好的颜料总是被挤得光光的,他只有不停地画草图。罗丹越来越感到绝望,他打算退学,勒考克阻止了他。罗丹是他最好的学生之一,他不能看着这个孩子因缺少几个法郎而断送了前途。他说:"到雕塑室吧?罗丹,你是个身强力壮的小伙子,即使不能成为一名雕刻家,也能成为一个很好的造型工或铸工。"

然而当他来到雕塑室时,他就明白自己不会只成为一名铸工,这里的一切吸引着他。那一座座完美而有力感的著名雕像复制品、那一堆堆粘土和一块块大理石使他浑身充满了新的激情。"我要成为一名雕塑家。"从那一刻起,他就非常清楚自己该做什么了。

当他把打算当雕刻家的决定告诉家里时,爸爸叫起来:"你疯了!当雕塑家需要多长时间? 一年?"

"五年,如果我有进步的话。没有什么可以打保票的,爸爸,但却是免费的。"

玛丽主动地说:"跟以前一样,我替他付食宿费。"

"你也是个傻瓜,像他一样。"爸爸转而对罗丹说:"记着,一定要学会石匠的活,要不你死的时候将会比我还穷。"

在此后的几年里,罗丹没日没夜地学习,每天工作学习 18 个小时。他几乎没钱吃午饭,经常疲惫不堪,但他不能不以近乎疯狂的速度工作——他要报考美术学院,虽然勒考克及已经上了美院的巴努万、凡天·拉图尔等把美院说得一钱不值。但罗丹还是给自己加油:要学习、学习! 雕塑、雕塑!

三年后,他感到自己可以考美术学院了,他想受到正规的教育。勒考克虽然反对美术学院那一套,但他还是给罗丹找到了美术学院的推荐人。他连续考了三年,第一年按自己对模特的理解塑,落选了;第二年按美院那种光滑但毫无生气的罗马人物像塑,也落选了;第三年他以传统的希腊风格进行创作,当整个塑像完成时,他看到别的考生都投之以忌妒的目光,但主考官又在表格上写下了"落选"两字,并在旁边加了一行字:"此生毫无才能,继续报考,纯属浪费。"——就因为罗丹是勒考克的得意门生。

罗丹绝望了,他感到,作为雕塑家,他的生命已经结束了。为了生活,罗丹到一个叫克律歇的装帧师那儿以少得可怜的工资替他工作。做装帧工作主要是点缀美化楼房建筑,这可不是雕塑,但除了雕塑外也就算是最好的工作了。

他依然不时地来听勒考克和解剖学家巴里的课,但总有一种遭流放的感觉。他怀疑自己成不了真正的雕塑家,但又发现要他放弃雕塑已经不可能了。哪一天他不花上两个小时用粘土进行创作,他就觉得问心有愧,好像虚度了年华。每次下班后,他都在自己的房间里一直工作到深夜。

生命总是充满着磨难。生活上的艰辛并不能摧毁罗丹追求艺术的决心，可精神上的重怆却差一点断送了罗丹的艺术生涯——玛丽死了！他最亲爱的姐姐终于没能逃脱失恋的痛苦折磨，郁郁病故。22岁的罗丹无法接受这残酷的现实，他再也没有勇气去面对工作，再也无法进行热爱的雕塑了。玛丽虽然是一个普通的年轻女孩，但她在精神上与罗丹是相通的。她一直是他艺术追求上最有力的支持者，是他的知己、他的慰藉，是他在生活中唯一可以信赖的人。玛丽的死对罗丹来说是前所未有的重怆，他无法再待在家里，这里的一切都会引起有关玛丽的回忆。罗丹决定去修道院，他没有勇气去向勒考克辞行，他知道他肯定会发怒的。

1862年的冬天，一个下雨的日子，罗丹开始了在圣雅克街上圣餐长老会的修道院里的修道士生活。修道院院长艾玛神父，是一位尊严的、享有学者盛名的年长教士。他那宽宽的额头、沉思的双眼和刚劲的下巴，具有罗马人严峻的特征，但当他微笑时，脸上好像焕发出某种光泽，显得神采奕奕。他同罗丹打过招呼后，问他："你是位雕塑家吧，奥古斯特兄弟？""神父，我只不过是个学生，"罗丹不安地动了一下说，"艺术对我来说已经无所谓了。"艾玛神父睁大了眼睛："如果上帝赐予一个人艺术才能，他就不能草率地将它抛弃。一个人可以同时为美和上帝服务。菲利波兄弟和巴托洛米欧兄弟就曾同时为两者服务，他们得到了荣誉和盛名。慢慢的你就会知道你是不是适合当个教士，不管怎样，一个人不应当把出家看作是逃避现实，而应当看作是履行职责。"

事实正如艾玛神父所预言，罗丹虽然努力遵守教规，希望在苦行和顺从中、在孤寂和祈祷中寻求安慰，但他心里越来越清楚他无论如何摆脱不了雕塑制作的欲望。

他的苦闷被艾玛神父看在眼里，他给罗丹拿来了新版的但丁的《神曲》，上面有多雷的蚀刻画。多雷的蚀刻画有一种奇特的魔力。奥古斯特·罗丹坐在修道院的图书馆里，画着自己想象中的《神曲》，比多雷的画更优美，更富有感性，几个月来，他第一次感到满足。

艾玛神父看了一眼他的画，说道："好！好！你没有白费时间。"他意识到罗丹需要用他的手进行创作，因此安排他到花园里去干活，并给他拿来粘土，罗丹非常感激和理解。就在这个花园里，罗丹给他所崇敬的艾玛神父塑了一个胸像——这是罗丹签了名的第一件作品。这个胸像没有美化艾玛神父，就像艾玛本人一样干而瘦弱、硬而优美、平凡而坚定、严肃而仁慈，瘠薄的面孔紧绷在突起的颧骨上，两颊被太多的忧患拉扯得隐落下去，额骨高而阔、眼睛大而明亮，流露出爱的凄悲神色。它显露出艾玛神父宗教感很深的性格，似乎他专为了走艰难坎坷的道路而来到人间的。当艾玛神父看到自己的胸像时，他说道："这是个很好的塑像。它使我看到了我普普通通的长相，使我免于自负，但它又充满了感情，使我感到我是个人，真正的人。"

艾玛神父明白修道院不再适合罗丹呆了，罗丹的生命在他的艺术创作里，他劝罗丹还俗："你现在需要的不是安慰，而是信仰和希望。"

几天之后，罗丹带着对艾玛神父的深深敬意离开了修道院，他在那里待了一年时间。

不能忽视罗丹的这段修行生活，短促的修行生活培养了罗丹的宗教情操。激烈的宗教使他对生命、对艺术都看得更为严肃。宗教感对他以后的创作过程起着重要的影响，引导罗丹一次一次地倾向人生悲苦情感的体验，使罗丹的作品，从整体来看，是悲剧的内省。

献身教会有一定的象征意义，忽略这一点，就不能透彻地了解罗丹，也就不能充分了解西方文化许多关键的地方。

艰难前行

重感情的罗丹回到久别的家里，目睹姐姐玛丽的遗物，伤感郁闷，不得不离家另居。

他在埃尔梅尔大街，租了一间小小的鸽子笼般的屋子安顿了下来。他是为剧院做装饰雕刻，工作显得单调而乏味。他仍旧使用着布瓦博德朗的工作室，而且每周有几个晚上要到著名的动物雕塑家巴里那里学习。

1864年，一批在沙龙落选的画家，来到盖尔布瓦咖啡馆聚会，商议对策。他们通过报刊的呼吁，亲朋好友和知名人士的游说，终于使拿破仑三世决定在有名的工业宫辟出一个地方展出这些落选作品，称作"落选画家展览会"。在朋友的感染、激励下，年轻的罗丹精神大振，决定塑一尊头像参加展出。

"落选画家展览会"上交预展作品截止的当天，罗丹仍在重塑那个头像。

以后的几周，罗丹更加努力地工作。他的父亲已经退休，只拿半薪，母亲有病，他需要帮助父母，还要维持自己的生计，购买粘土，支付老仆人的酒饭钱等等。一有空闲，他就疯狂地雕塑，常常干到深夜。许多晚上，他本来想躺下休息一会儿再干，但却和衣睡着了。

一天，罗丹正在为一家剧院雕刻门楣和柱子上的叶饰，一位叫康士坦的工匠在旁边看着。他对罗丹说："罗丹，你不要这样干，你雕的叶子都显得平板，看起来不像真的。做叶子时应该把它的尖端突出来朝着你，这样观众看到叶子才有立体感。"罗丹听了很高兴，于是就按照康士坦说的去干，果然植物叶子显得活生生了。

康士坦又继续郑重地说："好好记住我的话吧！以后再做雕塑时，千万不要只看形体的宽度，而要特别注意它的深度。要把物体的表面看作体积的一端，看成是向着你的具有深度的一个尖端。这样，你就学会科学的雕塑了。"

康士坦关于"雕塑的科学"这一番话，对于罗丹来说，真是个终生难忘的收获。他很快就掌握了雕塑的深度、空间、体积等要领。他还发现，古代的艺术大师就是严格遵循这一雕塑原则，才使他们的作品那么优美，那么富有长久而迷人的生命力。

新法雕刻叶子的启迪，使罗丹对老仆人的形象产生了全新的想法。他刻苦地研究了荷兰艺术大师伦勃朗晚年的各种油画。他很感兴趣地发现，老仆人的脸上不仅留着凄苦、衰老和劳累的痕迹，执着的追求和抗争更使整个面部斑痕累累，前额内倾和鼻梁下陷。伦勃朗的高超技术对他的创作也有很大的启迪。罗丹利用周末休息的机会，请求老仆人在支架的支持下，连续坐了4个小时。经过长久的探索，他又发现老仆人的面孔是充满波动和起伏的,光在他的额头上恬静地移动。啊！静是根本不存在的。他苦苦思索着,明白了即使是死也都是在变化,宇宙的一切都在运动。基于这种发现,罗丹又用了一个多月的时间,对老仆人的塑像进行加工和雕琢。阴影运用得当,使塑像活了起来。

这时,已经到了1864年的年末,罗丹赶忙送去沙龙展出。评选委员会成员看着这个头像惊骇不已。那塌陷的边缘成钝角的鼻子,增加了脸上无限痛苦的神情,使面庞洋溢着无限的生命力。如果把它拿在手里旋转,就会使人惊讶地看到头像各个侧面的不断变化,而这种变化又不是偶然、犹豫或模糊的。整个头像上没有一根线条、一个交错点、一个轮廓,不是经过罗丹的深思熟虑创作出来的。

这尊塑像的生动活泼的处理手法,与官方学院派所欣赏的那种流行的完善、冷漠和静止的形式感,大相径庭。继惊叹不已之后,有些人愤怒了,有些人加以冷嘲热讽,最后以"粗俗、古怪、丑陋"拒绝了它。

罗丹痛苦万分,决定再也不塑头像了。不论当时评选委员如何对待《塌鼻人》,但几年以后就被他们接受了。《塌鼻人》和《艾马尔神父》,是公认的罗丹早期的代表作。作品尽管还不够成熟,却已显示出罗丹深入观察和特异的表现对象的非凡能力。

一天,罗丹正在剧院门口雕刻花饰的时候,突然看见一个优雅健美的女工正走过来,强烈的事业心使他停下手中的活计,两眼盯住姑娘。同大多数肤色灰黄、身材矮小的巴黎女子不同,她身材修长,两颊红润,好像刚沐浴过似的。她戴一顶无檐女帽,穿一身深蓝色的衣服,走路潇洒,昂首挺胸,很有风度,是个理想的模特儿。

他们相互通了姓名,便分开了。罗丹得知她叫玛丽·罗斯·伯雷,法国洛林地区的农村人。

第二天,他们如约相见,罗丹领着她来到布瓦博德朗的工作室,罗丹点好灯,生好炉子,搬好凳子,让她坐下来,然后开始工作。

在以后的几周里,罗斯一有空便到工作室来,她一遍又一遍地观看了草图,一次又一次地抚摸着自己的头像。她深信罗丹是个勤奋、俭朴而又有前途的画家、雕塑家,她从心坎里爱上了这个年轻的小伙子。他们在两个月的工作时间内,没有轻浮的调情,没有情人之间的甜言蜜语,而两人的配合又是那么的融洽。罗斯感到奇怪,他精心为自己塑着头像,但对她并不是那么富有深情。尽管如此,罗斯并不轻易放弃这个勤奋而又英俊的青年人。

由于贫困,由于专注于雕塑的驱动力,罗丹暗暗地打定主意,现在必须笼络住她,等头像一定成,再各奔东西。

在无可奈何的情况下,6月的一个星期天,他顺从了罗斯的要求,来到卢森堡公园。那里有巴黎最好的户外塑像,离工作室也很近,如果过一会儿他想继续雕塑的话,也不会浪费太多时间,而对罗斯来说,有罗丹在身旁,只要他不把自己当成模特儿而当成一个女人看待,也就心满意足了。

1864年10月,在朋友们的帮助下,罗丹在勒布伦大街找到了一个旧马厩,建起了自己的工作室。

几天以后,马厩焕然一新。一天晚上,罗斯把她从洛林带来的小皮箱搬进了工作室隔壁的小屋,他们同居了。

被称为《女祭司》的塑像在不断完善,罗丹对雕塑完美的追求是那样的执着,竟始终没有向罗斯说过一句"我爱你"。但这句话却是罗斯渴望的。

就这样,罗丹与罗斯边工作边享受着爱情与快乐,很快他们就有了爱情的结晶。

1866年1月18日,罗斯在产科医院生下一个男婴,泰蕾丝姨妈和罗丹对她照顾得很周到,使她很高兴。在区里登记时,罗丹将小孩写成了奥古斯特·伯雷。

等到罗斯可以活动时,罗丹又继续雕塑《女祭司》,可是工作进行得并不顺利。罗斯总是惦记孩子,思想不能集中。对于罗丹来说,塑这样的全身像还是第一次,难度够大的了。他为了让《女祭司》能及时在今年的沙龙上展出,对罗斯摆不好姿态竟发起了脾气,结果使罗斯和孩子都大哭起来。罗丹在这种情况下,决定把儿子送给母亲抚养。为此,罗斯心里很难过,最终只能服从雕塑工作的需要,勉强地同意了。

小奥古斯特出生40天,就送交他祖父母抚养。罗丹的父亲因为他们没有正式办理结婚手续对儿子大为不满,但得知是个男婴也就转怒为喜了。母亲因为女儿玛丽的去世,一直心情郁闷,当见到可爱的红头发的孙子时,也高兴起来。罗丹答应每周都同罗斯回家看孩子,所以罗斯也比较安心了。

在那以后的日子里,罗丹和罗斯之间的恩爱达到了高峰。那尊《女祭司》也获得了新的生命。罗丹以极大的热情继续创作。他们决心将《女祭司》塑成无忧无虑,充满生命活力的女神,送交沙龙展出。这尊《女祭司》终于完成了,它有两米来高,神态活泼,无拘无束。《女祭司》塑像的成功,受到了许多艺术家的祝贺,也招来了一些顾客的光临。

为了招揽更多的顾主,罗丹在朋友们的鼓励下,花了比原房价高一倍的价钱,在蒙帕纳斯大街找到了一间比较满意的工作室,但他付了房钱之后,已经没有搬家的钱了。

于是,罗丹通过爸爸借到一辆旧马车,由达鲁、莫奈、雷诺阿、德加等朋友帮助拉车搬家。5月的一天早晨,这几位艺术家,罗丹的作品、衣被、工具一件件往车上装,当揭开湿布看到《女祭司》时,雷诺阿大叫起来:"看她那完美的骨盆,漂亮的胸脯,丰满的臀部,微笑的小口,真是太动人了。"

大家说笑着上路了,身强力壮的莫奈帮助罗丹拉着那辆装得满满的大车,雷诺阿捧着《女祭司》的头像,德加拿着《塌鼻人》,达鲁拿着几件工具,其他的人帮助推车,有说有笑,热闹异常。

他们拐了两道街,上了一个小山岗,再往下走200米的行程,就要到达目的地了。大家兴高采烈,像打了胜仗似的。突然一声爆响,一个车轮飞出车身,车子翻了,《女祭司》掉下来撞在一根灯柱上,摔成了碎片。

罗丹惊呆了,站在路上发愣。

艺术家们怀着遗憾的心情,告别了罗丹。

罗丹像丢了魂似的,几乎丧失了继续工作的勇气。

1870年7月19日,野心勃勃的法国皇帝拿破仑三世对普鲁士宣战。法军初获胜利,以后却接连败退,战场转入法国境内。普鲁士军队长驱直入,9月19日包围了巴黎。巴黎危在旦夕,法国人民组织国民自卫军,奋勇作战,抗击侵略者。在国家危亡的关键时刻，罗丹同许多法国青年一样，怀着爱国激情应征入伍，加入国民自卫队，决心好好教训野蛮的普鲁士人。可是他却被编入后备军团，因为他认字能读，所以被任命为下士。

普军对巴黎进行猛烈轰击，并以饥饿迫使法国投降。停战后，法国精简军队，罗丹因近视，被迫离开了军队。

1871 年初罗丹含泪告别亲人，同比莱斯去到普法战争的中立国——比利时。

1871 年 3 月，法国爆发了内战，巴黎公社控制了巴黎。此后一个多月，公社社员同拿破仑三世的军队爆发了血腥的巷战。传到布鲁塞尔的消息令人毛骨悚然。饥饿更为严重，巴黎同外界的联系完全被切断。有流言说巴黎许多市区已被夷为平地，又说罗丹家所居住的地区已变成一片坟墓。他想到家里的人可能遭到残害，终日惶惶不安。他想回去看个究竟，但既缺路费，又因通往巴黎的道路已被拿破仑三世的军队严密封锁，任何人也不能进入。他只好在异国他乡焦急度日。

一天，屋门被突然打开了，他惊奇地发现来的是约瑟夫·范·拉斯布尔。那是他在比莱斯工作室的一个伙伴，荷兰人，年纪比他稍大一些。他听说罗丹被解雇了，认为这是一件大好事。他说他早就想离开比莱斯的工作室，但需要一个伙伴，没想到比莱斯竟把罗丹给送来了。范·拉斯布尔讲清楚两人合伙，挣钱平分。罗丹主要负责搞设计、做雕像，他张罗找买主，在比利时卖出的作品上刻范·拉斯布尔的名字，在法国卖出的作品上刻罗丹的名字。随后，他们签订了合同书，他并给了罗丹 50 法郎现金，任他支配。

到 1871 年底的严冬，罗丹的妈妈死了。罗丹为此感到孤寂、痛苦，甚至达到不能忍受的程度。他急不可待地想见到罗斯。

1872 年 2 月，天气逐渐温暖一些，罗斯风尘仆仆来到比利时的出了布鲁塞尔火车站，她依然为妈妈戴着黑纱。罗丹听说，所有在法国的塑像也运来了，他异常高兴，吻了罗斯，久久说不出话来。

罗斯住在租赁的小屋里，做饭、洗衣，生活过得倒也惬意。她挤出时间还做些剪裁缝纫的活计，以增加收入。他们定期向巴黎的泰蕾丝姨妈寄钱，因为父亲和儿子都住在那里，由她照顾着。

在范·拉斯布尔的建议下，罗丹把《塌鼻人》送交 1872 年布鲁塞尔沙龙，作品被接受了。这是他第一个被沙龙接受的展品。但是，这个塑像并没有引起人们的注意。他决定雕塑一个大型作品，塑什么，他心里没有谱，他感到苦闷，心里充满了悲愤之情。范·拉斯布尔了解到罗丹的烦闷，建议他到荷兰，去看看伦勃朗的作品，并给了他 100 法郎，作为临别赠礼。

罗丹一到荷兰首都阿姆斯特丹，便径直来到国家博物馆，欣赏他从未见过的伦勃朗的原作。他认真细致地观看，欣喜万分，几乎到了如痴如醉的境界。罗丹从《女祭司》被毁坏之后，一直处于休眠状态的创作欲望，第一次被伦勃朗的作品和精神激发了起来。他感到有一种压倒一切的冲动，促使他投身于新的创作。

几个星期以后，罗丹回到了布鲁塞尔。他精神大振，工作格外刻苦，把大部分时间用于雕塑头像，而且每次都同时塑好几个。但是，他仍很不满意，觉得始终塑不出一个像样的头像来。直到 1875 年，他再也待不住了，告诉拉斯布尔说，要到意大利亲眼看看米开朗琪罗的作品。拉斯布尔了解罗丹的性格，知道只要是他已经决定的事情，是谁也改变不了的。只好给他预支了工资，让他到遥远的意大利去参观米开朗琪罗的作品。

在佛罗伦萨，罗丹参观了所有的大型美术陈列馆，但他并不满足，又来到了美术学院。突然间，米开朗琪罗的《大卫》原作呈现在他的眼前。他细心地观察着，感到一种纯粹的人体美。

这是一个年轻的裸体巨人，高5.5米，气魄雄伟，头和手臂与身体相比稍大一些。这个巨人正准备战斗，全身肌肉突起，显得十分健壮有力。他英俊的面孔非常严肃，双眉紧皱，眼睛凝视前方；左手握着搭在肩头的武器——投石器。这是一个为正义而战的英雄形象。

在以后的一个星期里，罗丹观看了能见到的每一件米开朗琪罗的作品。

他又来到西斯廷教堂，那里挤满了成群的旅游者。他挤在人丛中看那些油画，直看得精疲力尽。正当他要走开时，他看到几个人躺在地板上往上看米开朗琪罗创作的巨型顶壁画。他也以同样的方式躺下仰脸向上看着。他情不自禁地笑了，米开朗琪罗对肌肉和血管的位置，研究得多么细致入微啊！不管是什么姿态和动作，都极为自然流畅。他用自己的方式，赋予了人物以新的生命。

罗丹一连几天在博物馆，在西斯庭教堂里临摹大师的作品，忘记了吃饭，忘记了时间。他完全被这些肌肉、人体和力量所征服。他说："米开朗琪罗使我跟学院派彻底决裂。他给了我全面对抗学院派的立足点，他向我伸出了有信心的手。我能从一个圈子转到另一个圈子，正是由于这座桥梁，引导我向前的正是这位强有力的巨人。"

由于盘费有限，罗丹不能在意大利久留，只好恋恋不舍地告别了这个艺术之乡，赶快又回到了比利时。

雕塑风波

罗丹在从意大利返回比利时的途中，经济的困扰，对巴黎的怀念，对自己创作起伏的回忆，再一次激起他对普法战争的愤恨。

国家割地赔款，自己生活困扰，创作停滞，母亲死亡，这些悲惨的遭遇，使他深深认识到被征服者的痛苦。他觉醒了，他开始塑造一个称之为《被征服者》的裸体像。这是一尊与真人一般大小的塑像，塑的是一个体型修长、多愁善感的青年。他站立着，右手痛苦地抓着脑袋，左手紧张地塑着一根长杆，表现出失败后极度的痛苦和反抗。

罗丹白天仍在工作室和范·拉斯布尔合作工作，利用晚上和星期日争分夺秒地塑这个全身像。模特儿的名字叫奈伊，是个对艺术一窍不通的青年。经过好几个月的训练，奈伊才自然起来。当罗丹要他光着身子摆架子时，他感到受到了莫大的侮辱，认为这是十分卑下的勾当。不过奈伊已经被他自身复制品迷住了。罗丹胸有成竹地握着，胶泥在他手中好像活了一样。经过18个月，他在塑像的脖子和肩膀上塑了最后一个凹部，塑像完成了。

罗丹以成功者的态度,审视着这尊塑像,认为它不像《大卫》那样英雄,但它是个活人,是每一个在战争后敢于面对失败的勇士。

奈伊仔细地打量着完成的塑像。他吃惊地睁大眼睛说:"这是我所见过的最像活人的塑像。你把它展出以后,我就不敢在布鲁塞尔大街上行走了。每个人都会认出我的。"

他穿好衣服,又瞟了《被征服者》一眼,说道:"这个塑像赤裸裸的一丝不挂,肯定会引起人们说长道短。我现在都能这样感到。"

奈伊的疑虑使罗丹很烦恼,他请范·拉斯布尔来鉴赏,罗斯也被请来了。他们站在工作室门口,惊讶得目瞪口呆。罗斯简直不相信自己的眼睛,大声叫道:"太像真人了。"

《被征服者》被1877年荷兰沙龙接受了。

罗丹在范·拉斯布尔和罗斯的陪同下,到艺术广场去参观展览。他们找呀,找呀,最后终于在展览室的最后一间屋子里,找到了《被征服者》。它被安放在一个黑暗的角落,人们只能从正面看。当时塑像周围一片混乱,一群人在像前大声说笑着、讥讽着。塑像上还挂着一块牌子,上面嘲讽地写着:"本铜像是按模特儿之身体浇铸而成。"

罗丹感到前途毁灭了,名誉扫地了。他绝望地低下了头。但罗斯却推开众人挤进去,把牌子撕个粉碎,然后带着往日的骄傲,挺着胸膛,大步回到罗丹的身边。罗丹拉起罗斯的手,同范·拉斯布尔一起走了出去。

很快,关于这尊塑像的诽谤性的文字在布鲁塞尔各家报纸上相继出现了。罗丹给报社写信,说明塑像并不是用真人身体浇铸成的,但他抗争越多,遭到的漫骂愈加激烈。

展览会结束了,《被征服者》被运回工作室。罗丹拿起一根铁棍就想将它打成碎块。这时,站在门口的范·拉斯布尔一个箭步窜到罗丹面前,阻止住他。并说:"这样,你无损于攻击者一根毫毛,只能损坏了你自己。"

"我现在在大街上走着,就有人在耻笑我。"

"它能引起公众的议论,就是你的成功,就是你的胜利。但雕像还有缺点,它的名称不适于比利时的国情,我给他起了个新的名字,叫作《青铜时代》。那根长杆是否削弱了人物的形象?我看应该突出人物的大山压顶不弯腰的精神。"

几个星期以后,罗丹露出了笑脸。他一句话也没说就取下了那根长杆。

1877年一个晴朗的冬日,罗丹兴高采烈地回到巴黎。

罗丹经过多种渠道,打通了关节,几天之后,沙龙接受了《青铜时代》,梦寐以求的理想将要实现了。但是他的作品又一次被安放在靠近后面的一间窄小的展览室里,没有谁注意到它。而且这个塑像又是那么高,和周围的作品完全不成比例,结果给人留下的最深刻的印象,竟是它那赤裸裸的身体。

《青铜时代》又一次交了厄运。接着,巴黎一家报纸重复了布鲁塞尔报刊的腔调,对《青铜时代》进行了恶意的诽谤,指责这尊铜像是用活人的身体浇铸而成的,并加油添醋地说它"庸俗、放肆、下流"。

第二天,在塑像旁边,罗丹差点被大喊大叫的人们挤倒,到处都是讥讽声和蔑视的诅咒声,人们都把这座塑像当作是伤风败俗的裸体像。罗丹渴望得到公众的承认,但招来的却是公众的辱骂。罗丹成了十恶不赦的坏蛋,成了欺世盗名的骗子。沙龙评选团被这

艺术大师

轰动一时的丑闻搞得十分尴尬,便命令把《青铜时代》搬出了展室。

罗丹跑遍了整个巴黎,想找个工作室安放这尊塑像却找不到。他的美术界的那些朋友,也被攻击得无地容身,当然爱莫能助了。当服务人员正在为搬走《青铜时代》做准备时,罗丹突然发现布瓦博德朗老师正站在塑像的面前。他对罗丹说:"如果你愿意的话,可以把塑像存放在我的工作室里。至于因《青铜时代》引起的轰动,这在今天来说是很自然,很有必要的。"

罗丹向美术部提出抗议之后,引起了不少麻烦。他不得不交出制造塑像的铸型和模特儿的照片,不得不供出模特儿的姓名、住址,供他们去调查了解,但都未得到满意的答复。

一个星期天,布瓦博德朗邀请罗丹和一些艺术家到他的工作室会面。他说:"这是为《青铜时代》正名而成立的一个委员会。"

艺术家们再次审视着《青铜时代》,他们面对的塑像,是一个大梦初醒的年轻男子。他侧仰着脸,右手抓头,似乎是要用手臂遮挡还不习惯的炫目的阳光;左手握拳,手臂弯曲;健壮的胸膛,正在吸收清新的空气。

一天,欧仁·纪尧姆带着布歇等5名雕塑家组成的评选团来到了工作室,他让罗丹即兴创作。

对于宿敌纪尧姆的阴险,布歇早有警告。这次创作是罗丹对于敌人刁难的回敬,意义重大,关系未来。他胸有成竹地按照意大利人佩皮诺典雅而迷人的姿势塑了起来。他往骨架上堆塑着躯干。随着整个形象逐渐逼真起来,人的结构似乎源源不断地从他的想象中涌现出来。这使布歇等人惊叹不已。

罗丹似乎忘记了评选团在场。他把臀部塑得十分准确而无粗糙之感,使这个难以处理的部位十分突出显明。他发挥着在布鲁塞尔练就的独特风格,努力地塑造。悲愤、委屈的感情消失了。

他让塑像左腿跨前一步,并着重表现了随着腿部的运动而引起腹肌的变化。他忘记了时间,发疯似的创作着,直到把两条腿和躯干部的动态全部塑完才停了下来。时间已经过去了几个小时,但他心里感到舒畅和愉快。

纪尧姆挑剔地说:"没有头,也没有胳臂,这尊像塑完了吗?"

"作为即席创作,完了。"罗丹停了一下,又接着说,"但作为一件完整的艺术品,当然还差得很远。没有哪件像样的雕塑艺术品是可以一次完成的。"

纪尧姆又说:"你对赤裸裸的人体着了迷?"

"艺术从本质上说来自人体。贝尼尼用男性人体装饰宫殿的大门,米开朗琪罗在西斯廷教堂画满了赤裸人体,还有提香、鲁本斯和波提切利等。你看过他们的画吗?"

纪尧姆当众受到羞辱,满脸通红,尴尬地站在那里。与此同时,布歇却一边审视着塑像,一边评论说:"这是个真正的人,有运动,有生命,还有不加美化的真实感。"他又强调说,"罗丹的雕塑技巧是显而易见的,对此提出疑义是愚蠢的,或者是有意的。"

纪尧姆仍挑剔说:"他虽然能够即席创作,但这尊像缺少静感。"

罗丹被激怒了,他反驳说:"在自然界中就不存在静态,连死亡也不是静止的。尸体的腐烂也是一种运动。宇宙、自然、我们自己,都在运动。即使我们处于熟睡状态,我们的心脏还在跳动,血液还在流动,大脑还在漫无边际地漫游。"

纪尧姆无言以对了。沉默了一阵,他问道:"那你把这尊塑像叫什么呢?"

"《散步的人》。好了,现在请您谈谈对《青铜时代》的指责吧!我是用活人浇铸的吗?"

纪尧姆让步了,他说:"我们从来没有那样说过。那是报纸上无根据的责难,你现在已经用事实否定了那种说法。《青铜时代》将重新展出。如果不引起什么骚动的话,政府将把它买下来。"

评选团大部分成员离开了。只有布歇留了下来。他再次审视着这个《散步的人》。他觉得,正是由于他没有头,没有双臂,"走"的姿态才更突出,更强烈。他刚健、猛壮,大步前行,好像任何障碍都阻挡不住。即使只剩下断躯,也要阔步向前。

追求探索

罗丹的工作方法很独特。在他的工作室里,常有好几个裸体的模特儿,有男有女,来回地走着,或者坐着。

罗丹雇佣这些模特儿,是要他们经常供给他各种裸形的意象,用生命的全部自由来活动的裸形的意象。他不断地静观默察,长期地积累,以使自己和这些运动着的肌肉的景象相熟悉。古希腊的人体雕塑,之所以那种准确、娴熟,正是因为他们细心观察竞技场的演习、投铁饼、戴手套的角斗、拳击和赛跑等,从而获得了有关人体的丰富而娴熟的知识,使这些艺术家们能够自然地讲"裸体的语言"。

人的面部,通常被看成是灵魂的唯一的镜子。而实际上,没有一条人体的肌肉不表达内心的变化的。对罗丹来说,人体是富有"表情"的,一切肌肉都在表示快乐和悲哀、兴奋与失望、静穆和狂怒……伸展的双臂、斜倚的躯干,和眼睛与嘴唇同样能温柔地微笑。这也是罗丹酷爱人体雕塑的原因。

《夏娃》原是《地狱之门》上的一个形象,罗丹选择了一个已怀了孕的模特儿。为了塑这个像,他让模特儿不停地来回走动,以便观察她那丰腴的身体,但应该采取什么样的姿势还一直确定不下来。一天,他让模特儿一动不动地站在那儿,而他则摸着她的肚子以确定曲线的精确位置。女模特儿本能地用双臂遮住了脸部和乳房,显出一种害羞的样子——这正是罗丹所寻求的姿势。她膝关节上那条升高了的曲线使人想到她的羞涩和窘迫,这正是被驱逐出伊甸园的夏娃的形象!

维纳斯和夏娃,是西方描写女体的两个重要题材。维纳斯来自希腊思想,她是属于理性的又是享世的,她是纯美的,又是有诱惑性的,这种诱惑性并不排斥她的神性。而夏娃来自基督教教义,她带有原罪,是诱惑的罪过,她被驱逐出伊甸园,她的肉体将要受难。

罗丹的《夏娃》正是做了这样一种选择,一种有别于维纳斯光洁完美的躯体的选择。罗丹的《夏娃》不但不是处女,而且不是少妇。她的身体不再丰润,而是粗壮厚实。这是一个成熟的女体,也是一个正在一步步走向人世间准备用容忍和坚毅来捍卫未来的生命的母体。而对将至的艰辛和苦难,她有迟疑,也有坚定;有屈辱,更有倔强。这粗糙的皮肤,如老树根般盘扭的肌肉、宽厚的躯体、遮羞的动作就是罗丹所理解的人体的"表情"。

作为一个雕塑家,罗丹比别人更热爱女人美丽的面孔及躯体。他认为女人的身体可以唤起种种不同的意象。有时像一朵花:体态的婀娜仿佛花茎,乳房和面容的微笑、发丝的辉煌,宛如花萼的吐放;有时像柔轻的长青藤;有时像劲健的小树;有时人体向后弯曲,好像小爱神射出无形之箭的良方;而坐着的女人,那背影的曲线又像一只轮廓精美的花瓶……罗丹盛赞女人,并塑造了一系列青春美丽的女人体,但他不仅仅注重发现形体的外在的美,他更注重内含的实质的美,这种美就是人的形体、肌肤及动作所传达出来的情感及思想。所以罗丹不仅塑了《纳达依德》《吻》《永恒的春天》等一系列以青春美丽的女人体为主的雕像,而且也塑了粗壮的并不美丽的中年女人《夏娃》,而在几年之后,罗丹塑了更为老丑的女人《老媳妓》。

这是一个曾经年轻美貌、容光焕发的姑娘,然而现在,她的肌肤松弛无力,包在隐隐可见的骷髅上,僵硬的关节在遮盖的皮下显露出来——在摇动、战栗。老女人弯着腰很踞着,她望着自己干瘪的胸膛、堆满皱纹的肚子,双臂枯藤般地下垂着,回想当年的青春与美貌,悲哀而绝望。

当这件作品展出时,许多人扭过头去,不愿意看她。他们不理解为什么罗丹要雕塑出这样一个又老又丑的女人,这与他们一贯的审美观相去太远了。但一些有见识的艺术家却认为这是一件真正好的艺术作品,因为她真实、自然、有独特的性格,在艺术中,有性格的作品,能给人以深切的感受引起人强烈的感情的作品就是美的。文艺复兴时期的西班牙画家委拉斯凯兹画了菲利浦四世的侏儒赛巴斯提恩,他的目光使人看了,立刻明白这个残废者内心的苦痛——为了自己的生存,不得不出卖他作为一个人的尊严,而变成一个玩物、一个傀儡……他内心的痛苦越强烈,给人的感受越深。19世纪的法国画家画了一个扶锄的农夫,一个被疲劳所摧残的、被太阳所炙晒的穷人,像一头遍体鳞伤的牲口似的呆钝,扶在锹柄上微喘,在这受奴役者的脸上,画家刻画出了他任凭命运的安排的神态。可见,艺术的美丑是不以自然的美丑为衡量标准的。艺术的美在于性格、在于力量。

《老媳妓》就是这样一尊有着悲剧性格和力量的作品。它同中年的《夏娃》一道构成了罗丹所刻画的人的历史及命运悲美的一景。

1883年,罗丹在其艺术生涯的辉煌时期,碰到了他人生旅途中的第二个恋人迦密儿·克劳岱尔。当时罗丹的工作室已经有好多学生和助手,所以当他的朋友布歇说有一个女学生将要跟他学习时,他很不耐烦,的确,这种事他已遇见好多了。然而,当19岁的克劳岱尔站在他面前时,他不由暗暗吃了一惊。她非常漂亮,亭亭玉立,而且热情洋溢。

共同的兴趣和追求、相互的仰慕,使他们很快坠入爱河,一向严肃而深沉的罗丹变得有点不顾一切,狂热的爱情使他以克劳岱尔为模特塑了一系列充满春青热情的塑像:热情奔放的《彩虹女神》、细腻温柔迷蒙期待的《思》等。而更多的则是燃烧着爱情火焰的双人裸像——《永恒的春天》《吻》《诗人和女神》《山林女神的游戏》《永恒的偶像》等等。

这些表现男女情爱和性爱的大理石雕像,过去人们有过许多的误会。每次展出,都会遭到一些"色情"或"不道德"的诽谤。这些作品是罗丹和克劳岱尔炽烈爱情的结晶，他把人间转瞬即逝的感情之水，物化为一种凝固的崇拜物，凝固成为《吻》、成为《永恒的春天》。

可这炽烈的爱情依然无法把罗丹从雕塑创作中拉回到一般意义的现实生活中。让克劳岱尔无法忍受的是，罗丹常常因为忘情地工作而无视她的存在，而且常常忘记他们之间的约会。一次，在克劳岱尔又为罗丹答应好的约会而空等了一场之后，她怒气冲冲地走进罗丹的工作室，而罗丹却兴致勃勃地给她讲正在塑的两果缘，克劳岱尔气愤地说："我真想把它们砸掉!"又有一次，当罗丹陶醉于《吻》中克劳岱尔美丽的脊背时，克劳岱尔悲哀地想："他热爱雕塑中的肌体多于热爱我的。"

克劳岱尔不仅仅是罗丹的学生、模特和情人，而且也是一位天资聪颖的雕塑家。她博学多才，没有传统的偏见，雕塑的作品不落俗套，艺术才能丝毫不让须眉，是罗丹的学生中最有前途的雕塑家之一。她雕塑的罗丹的头像就是一件杰作。在这里，罗丹的特征和性格都被有力地刻画出来了：强有力的额头、寻索的鼻子、稚趣而肯定的目光。她认识他比任何人都更深。在这座雕像里，我们可以感觉到她对罗丹如痴如醉的爱。克劳岱尔似乎就为了塑出这一件优秀的作品而献出了一生，就为了爱而且歌颂这一个情人而烧毁了自己。

克劳岱尔追随罗丹整整 15 年，给过罗丹无数的创作灵感。而最终，他们的爱情以悲剧告终。作为一个美丽的女艺术家，克劳岱尔有一颗完整专一的心，要求绝对，而这种绝对是罗丹无法给予她的。他们之间还有罗斯，她曾坚强地和罗丹分担过穷困、忍耐和遥远的希望，罗丹无法抛弃她。于罗丹来说，罗斯是一泓温柔沉静的潭水，而克劳岱尔则是一条急湍奔腾的小河；罗斯是值得信赖的女人，而克劳岱尔是值得珍爱的女人。罗斯给他温和无言的等待，而克劳岱尔则给他无尽的激情和灵感。在这二者之间，罗丹无法做出取舍的选择。敏感而自尊的克劳岱尔终于选择了离去，而罗丹也坠入痛苦的深渊。

与罗丹分手后，克劳岱尔隐退到巴黎塞纳河中央圣路易岛的一所古屋里去，初期她还在继续雕刻，但过了不久，这一个热烈而敏感的心灵就完全崩溃了，她把手边的作品全部捣毁，陷入神经错乱的状态。1913 年被送入疯人院，1943 年死于疯人院。克劳岱尔的变故给罗丹以巨大的打击，她的死更是使老年的罗丹变得沉郁。

这两位雕塑天才的爱情是一场悲剧，然而这段爱情留给后人的却是永恒的青春的偶像。

在罗丹的工作室里，有一座法国政论家亨利·罗歇福尔的胸像。他突出的额头像是一个好斗的、常和同伴打架的孩子的额头，火焰似的头发好像发出起义的信号，因讥笑而弯着的嘴，愤怒的须，表现出一种不断的反抗，人们一眼就能认出这是副暴动者的面孔。罗丹认为批评和战斗的精神本身就是一个值得赞美的形象。这个形象反映出 19 世纪 70 年代一大批法国人的精神状态。

1871 年的巴黎公社起义，对法国人精神世界的影响是重大的。虽然这次起义很快就被残酷地镇压了，然而它为反抗暴政而不屈不挠的斗争精神却给欧洲乃至世界的无产阶级的革命都带来了深远的影响。

罗丹一向不太关心政治,也不懂巴黎公社革命对世界无产阶级革命的意义。然而,当1883年他重新遇到刚刚被大赦从英国回来的老友达鲁时,他深深地为达鲁那因革命和流亡而饱含忧患的面孔所打动了。

达鲁是罗丹在工艺美术学校的同学,同罗丹一样,是位天才的优秀雕塑家,他也曾和罗丹一样,为开创自己独特的艺术风格而不为官派艺术所接受,他们同当时的印象派画家们一起经受贫困但仍不挠不挠地进行抗争。1871年,达鲁积极地投身于如火如荼又悲壮惨烈的巴黎公社革命。巴黎公社革命失败后,他被判处流亡,饱经沧桑与苦难。

罗丹激动地为达鲁塑了一个胸像,胸像是以裸露的上身、倔强地昂扬起的脖子的形象来展现达鲁悲愤与忧患的气质的。雕像上有高傲的挑战似的头面、郊区瘦弱儿童露出青筋的脖子、手工艺人凌乱的胡须、紧皱的眉头和当年巴黎公社社员的粗眉毛深隐憔悴却充满力量的眼。这是一个饱经沧桑而又高贵的头颅,它充分显露了革命者高傲的不屈的神气。

这个完美地体现了人物性格特征的作品,因其对象是流亡的革命者而招致官方严厉的批判与无端的攻击。他被诬为"红色政治的工具",一度受到当局的监视。

后来达鲁投机而成了官方所宠爱的雕塑家,成了罗丹的对立派。然而,罗丹在其《艺术论》中还是评价达鲁是位"伟大的艺术家","他的许多雕像有着壮丽的图案意味,这使得他这些作品能和17世纪最美的作品放在一起。如果他没有贪图官方地位的弱点,那么他所做的,也许都是些杰作"。

罗丹认为,同时做两种事业,对一个艺术家来说是不可能的。费尽心力地去拉拢有利益的关系,以及想扮演一个重要的角色,对于艺术是无补于事的。艺术需要虔诚,需要专注。执着、专注、顽强地坚持自己的追求探索,这也许就是罗丹成为一代雕塑大师的原因。

思想体现

1880年,罗丹在夏庞蒂埃夫人的沙龙里,认识了维克多·雨果。他在法国,不仅是一位诗人、小说家、剧作家,而且是一位政界领袖。他为了抗议第二帝国的拿破仑三世,流亡到格思西岛。他是反对第二帝国的精神领袖,也是共和体制的象征。他在许多法国人的心目中,已经被神化了。

当年,当罗丹远远地看到这位老人时,被他那丰满的嘴唇、充满激情的双眼和那布满皱纹的面容迷住了,他欣喜地想着:"这是一个多么值得雕塑的脑袋啊!"

1883年春天,在亲友的劝说下,雨果同意给他雕塑头像。一个叫维林的平庸的雕塑家接受了这个任务。雨果每天都要一动不动地坐上几个小时,为了塑这个头像,他整整坐了8次,害得这位83岁的老人腰酸背痛,头昏眼花,他发誓不再搞塑像了。当罗丹畏怯地表示给他做塑像时,雨果皱起眉头说:"我不能阻止你的工作,但是我告诉你,叫我再一动不动地坐着可不行!你不能干涉我的行动,你要怎么处理都可以。"同时,他还提出,工具和粘土也不能弄到屋里来,以免影响他的工作。这些要求,对已经塑过他头像的罗丹来说,是不困难的。于是他痛快地允诺了。

工作开始后,罗丹每天都要到雨果家里来。雨果或在书房伏案写作,或在花园散步,或在客厅会客,罗丹都在一边默默地细心观察,或用铅笔从不同角度画下多幅草图。并试着将雨果的形象牢记心中,然后赶快跑到放着粘土和工具的凉台上,把刚才一刹那得到的印象、感受,固定在黏土上。但是,往往有这种情况,他一走开,印象便模糊了。他不得不又回到雨果身边,再次观察。就这样,来回往返了不知多少次。

凭着训练有素的默记能力,凭着艺术家的敏锐眼光和对雨果的崇敬,罗丹终于完成了《雨果》胸像的雕塑任务。《雨果》低着头,聚精会神地思索着,好像在吟哦一首诗歌。他双眉紧皱,头发如同白色的火焰。他双肩耸起,前胸凹陷,肌肉起伏,那茂密的大胡子,突出了充沛的生命力。

当胸像送给雨果过目时,老人看看胸像,再望望镜中的自己,不禁向罗丹投以惊异的目光。他为罗丹特殊的塑造方式,为他这样直率的雕塑语言和深刻的洞察力所深深感动。

罗丹用了两年时间,雕塑成雨果的海边坐像。可是,巴黎市政府没有接受,说这尊坐像与雨果墓的宏伟建筑不相称,不协调。

罗丹出于对伟大诗人雨果的崇敬,又以 1882 年所做的胸像为基础,创作了雨果的立像,可是仍没有结果。

罗丹没有因为官方拒绝而停止工作,为了完成《雨果》雕塑,他又创作了十几个变体稿,简直成了《雨果》的系列雕塑集成。

1888 年,罗丹和莫奈联合举行艺术展。雨果的各种雕像得到了广大观众的好评。这次联展获得了很大成功,罗丹第一次获得了荣誉勋章。

1890 年,罗丹获得荣誉勋章。

1900 年,罗丹个人展览会又获得了好评,《雨果》塑像受到了国内外人士的赞扬。

但后来,迫于社会舆论的压力,巴黎市政府将《雨果》的坐像安置在卢森堡博物馆里,并为此举行了盛大的揭幕典礼。

《巴尔扎克》

1891 年法国文学家协会委托他雕塑该协会创始人巴尔扎克的雕像纪念碑。早在 1883 年,巴尔扎克逝世 33 周年纪念时,法国文学家协会就提出了要为他建立纪念碑。最早承担这个任务的是一位学院派老雕刻家夏彼。可惜纪念碑尚未完成,夏彼就去世了。1891 年文学家协会主席,著名作家左拉建议把这项光荣而艰巨的任务,交给当代最优秀的雕塑家罗丹。左拉一向支持勇于创新的艺术家,过去他曾为遭受排斥和打击的印象派画家大声疾呼,如今他也深刻理解罗丹雕塑的生命力。虽然文学家协会内部有人反对左拉的提名,但是投票表决的结果,罗丹还是中选了。

罗丹十分激动地接受了为巴尔扎克雕塑纪念碑的任务,并表示:"我要做一番非同寻常的事业。"

经过 7 年的努力,《巴尔扎克》纪念碑终于完成了。

1898 年沙龙,可以称为"巴尔扎克沙龙",人们都想去看一看。人们争夺预展的请帖简直像发了疯。展览会上还展出了卡里埃、沙晚创作的一些作品。开馆才 10 分钟,就有几千名观众,包括许多没有得到请帖的观众,都拥进了陈列室。他们很快就把《巴尔扎克》《吻》和罗丹围个水泄不通。呈现在观众面前的《巴尔扎克》是漫步于不眠之夜的文豪形象:他被莫大的幻想所迷惑,抖动着他的病体像抖动他的睡衣一样,由于病魔使他失眠,逼他受苦。《巴尔扎克》苦恼地仰首凝视,那蒙胧的睡眼,紧闭的嘴唇和蓬乱的头发,都表现出一种被失眠折磨得无可奈何的神态,但又好像在静静地构思,推敲着关键的词句。一条人生的哲理即将脱颖而出,一句讥诮的话语顷刻就要流于笔端。罗丹把握住这"欲飞而未翔"的瞬间,用那宽敞的睡衣缠绕着屹立的躯体,使塑像的整体形式达到完美的统一。这完全摒弃了一般纪念碑雕塑表面的庄重和均衡,而着力于表现巴尔扎克丰富的内心世界和敏感、易于激动的气质。用极其简练的手法,将这位批判现实主义大师顽强的毅力和火一样的热情塑造出来了。罗丹这尊不同凡响的石膏塑像震惊了观众,人们望着这位才华横溢的批判现实主义大师的塑像,仿佛能感觉到他那颗伟大的心脏在怦怦地跳动。

罗丹在展出《巴尔扎克纪念碑》的同时,还展出了他在 1886 年制作的大理石雕《吻》,其目的是说明自己创作的艺术道路,用实物来教育青年艺术家,给他们指出应遵循的创作方法。

1939 年,罗丹逝世 22 年后,法国正在筹办国际博览会。在社会舆论的影响下,罗丹的《巴尔扎克》被复制成铜像,树立在巴黎市中心,塞纳河左岸的蒙巴纳斯大街和拉斯巴依大街交叉口的林荫中。伟大作家的不朽形象,受到川流不息的人们的礼赞。罗丹生前的预言终于实现了,真理终于战胜了保守和愚昧。

巴黎正在准备空前规模的 1900 年国际博览会,以迎接 20 世纪的到来。罗丹决定用所有作品参加展览以回敬敌人。

当时,法国国内的和解取代了分裂,爱国主义热情高涨。成千上万的观众都要来看一看未塑完的《地狱之门》,都想来目睹一下那被说成魔鬼的《巴尔扎克》,但人们最感兴趣的是那些成对的裸体像,特别是《吻》。

仍然有人在恶毒辱骂罗丹,但对法国之外的世界,罗丹却成了法兰西第三共和国的光荣。琳琅满目的展品震动了来自世界各国的艺术家。

正在巴黎的俄国沙皇尼古拉二世参观了罗丹的展览厅。英国王储威尔士亲王在这里整整度过了一个下午。共和国总统卢贝也兴高采烈地来了。

各国的博物馆争先恐后地抢购他的作品,这使罗丹的作品成了国家的骄傲。哥本哈根博物馆购买了罗丹价值 8 万法郎的作品,费城博物馆购买了《思》、芝加哥博物馆购买了《吻》,布达佩斯、德累斯顿、布拉格、伦敦等地的博物馆也都从罗丹那里购买了很多的作品。

私人收藏家向他提出了多得难以接受的订货项目。当他企图通过提高价格来阻挡那些不愿意接受的项目时,他的作品反倒更使人垂涎了。他要的价格越高,收藏家买得就越多。得到一件罗丹的作品竟成了时髦的事情。

此次展出给罗丹带来了极高的声誉,法国美术家协会也肯定了罗丹的雕塑艺术是一个重要的学派。

1900 年 5 月,法国政府又给他颁发了一枚荣誉勋章。

展览会后,罗丹集中精力进行《地狱之门》的雕塑。

1902 年,一天下午,里尔克问道:"为什么你不把坐在《地狱之门》顶上的那个男性裸体像单独搞个塑像呢?"

"你指的是那个诗人但丁吗?"

"他看起来不像个诗人,相貌凶悍,肌肉发达,更像个野蛮的人。"

罗丹拿不准这个批评是使他反感,还是使他高兴。他坐下来思考着,用手托着下巴,两肘支在膝上。

"先生,你现在的样子就很像、就像你在用心思索。"里尔克突然叫起来。

"思索",啊! 对了,思索就是斗争,而这个塑像正在用全力思索。罗丹忽然得到了极大的启发。从那时起,诗人但丁的塑像,就逐渐被改塑成《思想者》了。

左拉死了,亨利也死了,凡天也去世了,泰蕾丝姨妈也病故了。朋友和亲人的相继去世,使罗丹感到孤独,感到痛苦。他用创作来排除自己的苦闷。

他把全部精力都倾注在《思想者》上。但他遇到了新的难题,常常感到精力不足,但他决心要和衰老抗争。他决心把《思想者》雕塑成能震撼人们灵魂,鼓舞人们思索的巨作。

他反复做了修改,将塑像的右臂支撑在左腿上面,并对此进行了反复推敲。他着重表现《思想者》那种苦思冥想而坚定不屈的力量,他突出地塑造了那个用来思索的大脑袋和那承受着巨大重量的大手。他用六七英尺高的规格,塑造了这个《思想者》,以显示思索的艰巨和伟大。当《思想者》逐渐变得栩栩如生时,罗丹也越来越感到精疲力尽了。

《思想者》在 1904 年沙龙展出了。开展那天上午,观众很快就将《思想者》围住了,展现在他们眼前的是一个强有力的男性裸体巨人,痛苦地弯着腰,屈着膝,右手托着下颚,嘴咬着自己的粗手,俯瞰着大地,在苦苦地思索。他的鼻子在呼吸,心在跳动,内心充满痛苦和斗争。他已完全沉浸在冥想之中。在沉重的思想压力下,在那强壮的躯体上,每一块肌肉都因专注的思考而紧张地隆起,甚至连脚趾也翘了起来,似乎他不仅用脑子,而且是用全身的细胞、力量在思索。这种内在的痛苦情感,通过对面部表情和四肢肌肉起伏的艺术处理,生动地表现了出来。那突出的前额和眉弓,使双目凹陷,隐没在阴影之中,增强了苦闷沉思的表情。那紧张收屈的下腿肌腱,是一种隐藏于内的苦痛。《思想者》坐在那里,陷入永不停息的思索。在《思想者》的感召下,人们把它看成自己的化身,去瞻仰、去歌颂、去探讨、去思考。

罗丹创造的这个形象,是 19 世纪末知识分子思想苦闷、彷徨、苦苦寻求出路的化身。到了 20 世纪初,欧洲各国革命思潮空前高涨,《思想者》又成为鼓舞理性思考和采取行动的象征,具有更加积极的意义。

《思想者》充分体现了罗丹自己的思想,所以后来他要求在他死后,把这尊塑像作为他的墓石和碑文。

生命不朽

1907 年,罗丹获得了牛津大学的荣誉学位。

1908 年,罗丹搬进了比隆公寓。比隆公寓坐落在僻静的瓦雷纳大街上,是一座已改成住宅的 18 世纪的幽雅城堡。著名的舞蹈家伊沙多拉·邓肯和野兽派画家马蒂斯等都住在这里。这是一个很好的工作环境,罗丹下决心要在这里度过自己的晚年。

然而,事情并不像他想象的那么如意。罗丹被告知说,他必须搬出去,因为国家决定把比隆公寓以 600 万法郎的价钱卖给一个商号。他刚刚能安下心来进行创作,并且已经上了年纪,而不想再搬来搬去。他找到了克列孟梭总理,要求政府的理解。克列孟梭虽然觉得他的想法很天真,但他还是答应尽力而为。

最后,政府花了差不多 600 万法郎买下了这座公寓。罗丹以为就此安心了。然而,不久他就接到命令让他三个月之内搬出比隆公寓,因为有人指责伊莎多拉·邓肯在这所以前的女修道院里举行那些"放荡"的舞会。

快要 71 岁的罗丹对卷入另一场没完没了的争斗的前景厌倦透了。现在他的精力已经不足以忘我地进行创作了,他不想把这仅存的精力花在这些扯皮的事情上去。于是,他想出了一个简单的计划——把他所有的作品都交给法国,以此换得他晚年的安静。

罗丹渴望宁静。但是,1914 年的夏季,第一次世界大战爆发了。几个星期之内,德国人打到马恩,离侔峒不远了。政府命令他撤走。他们不能让他当俘虏,他是国家的财富。他发现自己成了法兰西的财富,感到很滑稽。

1915 年,罗丹被请去为教皇塑像,他为此感到欣慰,他将走上米开朗琪罗所走过的道路;最重要的是,这将使他有机会去影响教皇本尼迪克十五世,让他看到法国的事业是正义的。这位教皇迄今为止还令人痛苦地保持着中立。

但他的想法很快就被证明是天真的。教皇是一个很傲慢的人,他不肯为罗丹坐很久,不肯像其他模特儿一样走来走去,更不肯让罗丹像对待其他人那样去摸教皇的脸以取得轮廓线,他坚持要坐在一个造得像御座似的高台上。而且,教皇丝毫不理会罗丹关于战争的想法。这个至尊的教皇像也终于没有如愿地完成。

战争平息下来,双方处于对峙的局面中。凭记忆,教皇的胸像很难完成。每件作品都很难完成。他根据卡缪初次和他相见时的那个样子为她雕塑了一个头像,同时还雕塑着《基督》像,但好几个月过去,这两个头像还是没有塑完。

他时常被迫躺下休息,以保存他那逐渐衰竭的精力。但他的心他的创作欲望却使他无法安下心来。不管怎样躺着,他的身体都感到疼痛。

罗丹在巴黎发现了一个上面钉着耶稣的巨大的中世纪栎木十字架,就花了几百法郎把它买了下来。就在他调整着十字架的位置时，突然感到脑袋像刀扎般地疼痛起来，来势之猛竟使他不得不扶住十字架来支撑自己以免摔倒。

1917 年 11 月 12 日，他 77 岁生日的那天，他又犯了支气管炎，不得不再次躺在床上。他望着屋子对面的耶稣，突然失去了知觉。

在以后几天里，随着体温的升高，肺部出现了瘀血，他觉得自己好像漂泊在汪洋大海上。在他面前出现了很多面孔，玛丽、爸爸、妈妈、埃马尔神父、毕比、皮诺、勒考克，但迦密儿和罗斯在哪儿呢？他找不到她们。难道她们终于抛弃他了吗？随即，他又仿佛听到罗斯的悄悄细语："没有我，他可怎么办呢？"就像她临死前那样。但所有这一切都漂浮在白茫茫的雾海中，他找不见罗斯。他回忆起同爸爸商量要进工艺学校的事情——多么激烈的一场争论啊！他又想起了他见到的第一个裸体模特儿。他还看见迦密儿，神情激动而兴高采烈，人的一生太短暂了，他发现自己这样想着。

接着他又一次看见《巴尔扎克》《雨果》《加莱义民》和《地狱之门》了。他不凭空捏造，而是观察自然，要按照自然雕塑：一个女人、一块岩石、一个脑袋，都是按照同一原理塑成的。

他感到自己什么也说不出来，正在忽忽悠悠地离开这个世界。

他闭上了双眼，进入了无梦的长眠，看起来颇像他自己的雕塑作品。

六天以后，他的宿敌——法兰西学院把他选为院士。

罗丹的作品带给人的是一种将美好的东西砸碎了让人看的悲壮感。美学家里普斯说："我看到悲痛，但是同时看到为悲痛所打动的爱。"正是这种悲怜的深切的爱，使罗丹的作品不朽于世。

浪漫乐派抒情风景画大师

——门德尔松

人物档案

简　　历：德国著名的作曲家、钢琴家、风琴弹奏家、指挥家，19世纪中叶欧洲浪漫主义音乐的杰出代表之一。1809年2月3日生于德国的一个犹太人家庭。9岁表演钢琴独奏，14岁开始音乐创作。1847年11月4日，门德尔松逝世于莱比锡，享年38岁。

生卒年月：1809年2月3日~1847年11月4日。

安葬之地：柏林三一公墓。

性格特征：平静、文雅、温存。

历史功过：是继莫扎特之后最完美的曲式大师，作品以精美、优雅、华丽著称。代表作有《仲夏夜之梦》《婚礼进行曲》《e小调小提琴协奏曲》等。

名家评点：舒曼称他为"当代最有修养的艺术家。"

良好的家教

菲利克斯出生在德国汉堡一个富有的犹太人家庭。他的祖父摩西·门德尔松是欧洲著名的哲学家，被誉为"犹太人的苏格拉底"（苏格拉底为古希腊著名哲学家），曾在腓特烈大帝宫廷中任职，以辛辣的机智而著称。摩西曾经说过，他从钻研学问上得到了两样东西：一个是聪明的脑子，一个是畸形的驼背。菲利克斯继承了祖父的聪明才智，以后在音乐上得到充分的发挥。

摩西的儿子、菲利克斯的父亲亚伯拉罕·门德尔松是一位实业家。早年在法国银行任职员，后提升为主任出纳员。以后，亚伯拉罕和普鲁士宫廷珠宝商的女儿里拉·莎洛蒙结婚，并回到德国商港汉堡，创办私人银行，从而成为大银行家，是富有的亿万大亨。在法奥战争中，亚伯拉罕捐款给野战医院，拿破仑战败后，他因为战争中做过贡献，荣膺为柏林市议员。亚伯拉罕自认为自己不成器，他没有发挥父亲的天才，所以，他自己说他是两个富有灵感的音节之间的破折号。亚伯拉罕到了晚年，认为自己没有独立的地位，又说："从前我是父亲的儿子，现在则是儿子的父亲。"其实，正是他为自己的儿子创造一切优越的条件，才使菲利克斯成为多才多艺的音乐大师。

母亲里拉·莎洛蒙，出身富裕的犹太家庭，受过高等教育，懂得艺术，又有音乐素养，是菲利克斯的启蒙老师。为使儿女成才她和亚伯拉罕一样，花费了很大的心血。

在 19 世纪的德国，犹太人受到排斥和迫害，犹太人的道路充满了艰险。为此，由父母做主，菲利克斯皈依了基督教，他们在犹太姓氏门德尔松之后又加上"巴尔托迪"（这是他舅舅的名字），他的全名是菲利克斯·门德尔松·巴尔托迪。

1809 年正值法奥交战之时，汉堡也遭到法军的围困，亚伯拉罕的银行也开不下去了，于是他把财产汇集起来，于 1812 年安全地移居到柏林。

门德尔松一家搬到伯林后，亚伯拉罕买下了莱比锡大街 3 号一所豪华住宅，这个宫殿般的住宅后面还有一个面积很大的花园，这原是腓特烈大帝狩猎场的一部分。花园中央有一个美丽壮观的门廊形建筑，亚伯拉罕将它改建成可容好几百人的音乐厅兼剧场。这座大厅对小门德尔松的成长起到很大作用。

迁居柏林后，小门德尔松开始接受音乐教育。同他一起学习的还有比他大 4 岁的姐姐——范妮。她也同样富有音乐天赋，她的母亲说，范妮生下来就具有弹"巴赫赋格的手指"。开始是母亲教授小菲利克斯弹奏钢琴，为他以后的钢琴创作打下了基础。小门德尔松从 5 岁开始接受多学科、广泛的文化教育，父母不惜重金聘请最优秀、第一流的老师到家里为他授课，如著名的语言学家鲁德威格·黑斯教他拉丁文、希腊文和历史，著名钢琴家路德维希·柏尔格教他钢琴，柏林皇家管弦乐队首席提琴手查理和海宁教他小提琴与大提琴，还请老师教他素描、绘画等。此外，小门德尔松还学习舞蹈、击剑、骑马、游泳等。为了培养小门德尔松学会指挥乐队和合唱，他的父母就邀请专业管弦乐队和合唱队来家里演出，这时，小门德尔松站在椅子上，挥动指挥棒来指挥乐队或是合唱队。

对小门德尔松影响最大的老师是卡尔·采尔特，他是柏林声乐学院院长、柏林合唱团团长、著名学院派音乐家。采尔特教他作曲、和声、对位，使门德尔松很小就掌握了系统的创作技巧。采尔特指引他从古典音乐传统中汲取营养，培养对民间音乐的兴趣，启迪他的想象力和灵感。但是，学院派的音乐教育体系是：只承认贝多芬以前时期的音乐，采尔特的狭隘、保守的艺术趣味，影响并束缚了门德尔松的创新精神，抑制了创作激情，只注意创作形式的和谐美。

小门德尔松的学习很努力，进步很快，钢琴家柏尔格教他学得一手钢琴弹奏技巧，他的钢琴演奏水平提高得很快，柏尔格感到实在教不上去了，怕影响孩子的发展，便建议他的父母另请高手。他们就另请当时欧洲著名钢琴家莫舍列斯，可是，莫舍列斯婉言推辞说，菲利克斯根本用不着上课，如果他发现我的演奏风格中有什么可取之处的话，他立刻就能把它吸收过去。但是在小门德尔松的父母再三请求下，莫舍列斯只好答应给小门德尔松做些辅导,不久,就开始上课了。后来,莫舍列斯在自己的日记中这样记载说:今天,2点到3点,我给菲利克斯上了第一课,但是我无时无刻不意识到,我是在跟我的老师,而不是跟我的学生打交道,他真是心灵手巧、聪明过人,常常是不等我开口,就对我的意图心领神会了。

在诸位名师的教授和引导下,小门德尔松的学习取得了优秀的成绩。他很早就显露出他的音乐天才,成为神童莫扎特式的人物。

1818年,小门德尔松9岁时,就表演钢琴独奏,11岁开始音乐创作,谱写出1部大合唱、1部喜歌剧、1部钢琴三重奏、两首钢琴奏鸣曲、1首小提琴奏鸣曲、4首风琴曲、3首歌曲及其他作品。在12岁至14岁的3年中,他竟创作了13部弦乐交响曲。1821年春天,德国作曲家别涅提克特到门德尔松家访问,看到12岁的小门德尔松伏在桌子上聚精会神地写作,便问道:"菲利克斯,你在写什么呢?"小门德尔松边写边回答说:"我在完成一首新的钢琴与弦乐四重奏。"别涅提克特上前仔细一看,总谱抄写得那么清晰、整洁。这部作品就是后来被定为他的作品第1号的《c小调钢琴四重奏》。这部作品至今还被人们演奏。门德尔松的少年时代创作的乐曲遗失不少,他在13岁创作的《d小调小提琴协奏曲》,就是到1951年才由当代小提琴大师梅纽因发现的。

小门德尔松多才多艺,他还是个业余画家,他的素描、水彩画都达到了一定水平。他阅读过许多文学名著,写作能力很强,他的不少书信就是一篇篇散文,文字优美动人。

小门德尔松的父母很好客,善交际,所以,他们的家——莱比锡大街3号成了最吸引人的文化沙龙。几乎每个星期日,他们都在后院的音乐厅里举办家庭音乐会,当时,德国许多文化界知名人士都来参加聚会,当中有诗人海涅,哲学家里格尔,科学家洪堡,音乐家韦伯、洪美尔、莫舍列斯及美术家史文德等。门德尔松的父亲亚伯拉罕经常雇请专业管弦乐队和合唱团到家来演出。小门德尔松是家庭音乐会的核心人物,他有时指挥管弦乐队、合唱团演出,有时是钢琴独奏、小提琴独奏,有时是同姐姐范妮弹钢琴二重奏或是为妹妹的独唱、弟弟的大提琴来伴奏。他创作的新作品也经常在家庭音乐会上表演(这样可以检验自己的作品、听取意见,不断修订自己的作品),他的艺术才华受到这些知名人士的欣赏。在家庭音乐会上,小门德尔松也积极地接近这些知名人士,向他们请教各种问题。在这样的环境中,在新的、进步思想的影响下,在各学科和各门类艺术的熏陶下,小门德尔松在思想、艺术上迅速成熟了。

与歌德的友谊

门德尔松的老师采尔特是歌德(1749~1832)近亲的朋友,他们之间有来往。1821年11月,采尔特带着自己的得意门生,去魏玛拜访大诗人歌德。门德尔松非常高兴地拜见了歌德,他在写给父母的信中说:"在星期天,魏玛的太阳歌德出现了……他非常友好……任何人都不会觉得他已经72岁,而会觉得他只有50岁。""老人家的身材并没有给我留下什么深刻的印象。他比爸爸高不了多少,但是他的精神、他的语言、他的名字——

这些，都教人印象深刻。他的头发还没有白，步子稳健，态度温和，可是音量大得惊人，能像千万名战士那样发出吼声。"这一天，门德尔松为歌德演奏了巴赫的赋格、莫扎特的歌剧《唐璜》选曲以及贝多芬的一些作品。他在演奏巴赫的赋格时，因那时没有乐谱，在弹奏中难免出差错，但是每当出现小的失误时，门德尔松都能从容自如、毫不慌张地即兴演奏下去。他的演奏使歌德迷住了，他的出众才华博得了歌德的欢心和好感。歌德热情地招待门德尔松，让他住下来，成为大诗人的嘉宾。

门德尔松在给父母的另一封信中说："每天早上《浮士德》和《维特》的作者吻我一次，每天下午他又像父亲和朋友似的给我两个吻。""你们无法想象出他对我多么和善、友好。"他们经常到花园里散步，小门德尔松挽着老歌德的手边走边谈，这一老一小相处得非常亲密、融洽。门德尔松每天都要给歌德演奏，歌德称这是他"每日必听的音乐课"。门德尔松在给父母的信中又说："我在这里练琴比在家还要多……我弹琴时歌德坐在我旁边。"门德尔松给歌德弹奏巴赫、海顿、莫扎特一直到现代音乐家的作品，按着年代次序演奏各家作品，并予以解释。

歌德也非常关心门德尔松的成长，为了把门德尔松介绍给社会，让更多人知道门德尔松，歌德以自己的名望，专门为门德尔松举办好几场音乐晚会，很多社会名流、文化界人士来聆听门德尔松的演奏。在演出之前，歌德都要首先讲话，表示欢迎并宣传门德尔松。

两个星期过去了，门德尔松告别歌德，回到了柏林。临行前，歌德送给他不少礼品，其中还有专门为门德尔松作的一首小诗。从此之后，门德尔松时常来，并且有时长期在魏玛同歌德住在一起。门德尔松也以自己创作的作品回赠歌德。他在1825年1月28日完成的《b小调钢琴四重奏》，是门德尔松自己创作的最好的器乐作品之一，他把此曲敬献给歌德，大诗人愉快地接受了。以后，门德尔松还将歌德的诗作配曲歌唱。

歌德与门德尔松的友谊保持很长时间，直到1832年歌德逝世，真可谓"忘年之交"。歌德深邃、博大的思想，他那热爱生活、不屈不挠的进取精神以及崇尚古典美的情趣对门德尔松世界观、艺术观的形成都有很大的影响。

德国浪漫主义音乐的创始人韦伯（1786～1826）的音乐作品对门德尔松的艺术观也有很大的影响。1821年6月，韦伯的歌剧《自由射手》在柏林上演，并获得很大成功。门德尔松观看了这部歌剧。《自由射手》取自民间题材，用德国歌剧形式写成，歌剧主题反映了光明与黑暗、善与恶的斗争，而光明终于战胜了邪恶。音乐风格接近德国民谣，配器充满浪漫主义色彩，其中对森林的描绘是梦幻般的流光溢彩的意境。这部歌剧把民歌型的旋律和德国歌剧的特点融为一体，是浪漫因素与古典形式的结合。韦伯以后又创作两部歌剧《尤利安特》和《奥布龙》，同样是色调奇特，气氛神秘，同样是两部带有浪漫主义色彩的作品。韦伯是德国浪漫主义音乐的先驱，同时，他也是一位崇尚古典主义音乐的作曲家。

韦伯这种经常兼有两个主题之间的特色，使门德尔松得到启发。他感受到古典主义音乐的思维与形式的严整性，也感受到浪漫主义音乐的民间神话题材和配器的神韵。

门德尔松在早年还受到堤包特理论的影响。堤包特是著名法学教授。1826年前后，门德尔松曾读过他的论文《论音乐艺术的纯粹性》，他在文章中提道：现在新艺术的发展方向，应重新由古意大利的理性精神出发，以避免狂飙文学的激情污染了音乐艺术的"纯粹性"。门德尔松非常同意这个观点。1827年暑期旅行时，在海德堡会见了堤包特教授，两人一见如故，谈得很投机。门德尔松在给家人的信中说："我从他那儿学到的东西，实在多得无以言谢。他让我认识到意大利音乐的无上价值，并且提醒我要更加关注古典艺术。"在堤包特的影响下，门德尔松确定了自己"纯粹"音乐的创作理念。

1830年11月，门德尔松在意大利罗马时，曾会见法国作曲家柏辽兹（1803～1869）。门德尔松对他的音乐并不热爱。他听了柏辽兹的音乐后反倒有些反感。门德尔松无法理解他的音乐风格，他感到太夸张、太极端。门德尔松说："音乐的内容由谋杀、受苦和无病呻吟组成，即使写得再好，也令人觉得残忍。"可是，柏辽兹却认为："门德尔松太敬爱死人了！"门德尔松就是在"纯粹性"的创作理念下，抛开人世间的忧愁烦恼，以纯真的心境来创作纯粹的音乐。

门德尔松所置身的时代，正是欧洲资产阶级革命兴起、资产阶级民主主义思想和浪漫主义思潮发展的时期，这种思潮推动了浪漫主义音乐艺术的发展，因而也促进了门德尔松的思想成长和音乐创作的进步。

走向成熟

由于优越的家境和父母的精心培育，门德尔松从小就受到良好的音乐教育。他在乐器演奏技巧、音阶技巧、音乐语言和音响等方面都掌握得很好，他已成为一流的钢琴家、管风琴家，他的小提琴、中提琴的演奏也很有水平。他早年创作大量的室内乐作品，并不断在自家的音乐会上演奏。通过音乐实践，他的音乐创作逐渐走向成熟。

1824年2月3日是门德尔松的15岁生日，他的父母特别为他举办了生日晚宴，门德尔松的亲人、老师、朋友……许多人前来参加庆贺。在这热烈欢乐的气氛中，他的老师采尔特讲话，兴奋地向他宣布：从今天起，亲爱的孩子，你已不再是一个学生了，而是我的同事，是音乐大家庭中独立的一员了。我以海顿、莫扎特和音乐之父巴赫的名义，授予你"同事"的称号。在这以后，门德尔松几乎每年都创作出新的作品。

1825年年初，门德尔松创作了《b小调钢琴四重奏》，这便是敬献歌德的那部作品。同年，门德尔松又创作了《弦乐八重奏》（有四把小提琴、两把中提琴及两把大提琴参加演奏），这部作品充满生机盎然的青春活力和德国古代神话的色彩，它的灵感来自歌德的《浮士德》第一部《瓦甫吉司之夜的梦》，加之作者的娴熟的作曲技巧，这些都体现了门德尔松的创作才华和他的浪漫主义倾向，同时也说明了门德尔松的创新精神和创作个性。《弦乐八重奏》的问世，表明门德尔松的音乐创作已趋向成熟。有的音乐评论家在谈到这部作品时认为：这或许是任何少年作曲家都无法达到的最惊人的成就，就连莫扎特、舒伯特在16岁时也没有写出比这更好的作品。

同年，门德尔松随同父亲再次来到法国巴黎。有幸在巴黎见到意大利作曲家罗西尼

（1792～1868），这时，罗西尼已经创作了24部歌剧。门德尔松有可能受罗西尼的影响，也动笔谱写了两幕喜歌剧《马卡霍婚礼》（剧本根据《堂吉诃德》中的故事改编）。其实，在前一年(15岁时)，他就创作了三幕歌剧《两个奈劳》。

1826年，17岁的门德尔松创作了《仲夏夜之梦》。

《仲夏夜之梦》是英国大剧作家莎士比亚写的一部喜剧。门德尔松同他的姐姐一起阅读了莎氏的不朽之作，剧中那大自然的诗趣，民间神话的虚幻境界以及戏谑的情调，深深地吸引着他，成为《仲夏夜之梦》配乐的创作灵感。门德尔松开始用钢琴四手联弹的形式，以后又编成管弦乐曲，创作成该剧《序曲》。《序曲》采用奏鸣曲的形式，曲调明朗欢快，充满着春天般的清新气息。引子是安详、柔和的音色，描写明月之夜，迷人的大森林那样的宁静、幽邃，使人感到神奇、虚幻，仿佛来到虚无缥缈的仙境。随后出现轻盈、灵巧的主题，描写精灵在朦胧的月光下追逐嬉戏，这个描写精灵的主题贯穿全曲。接着又奏出欢乐明快的主题，又有雄壮号角声伴随粗犷有力的舞蹈性音乐，表现了仙王、仙后带着众仙女欢腾跳舞的场面。接下去，象征着爱情的热情、优美、甜蜜、温柔的副主题出现，时而又插入描写精灵舞蹈音乐的欢跃、幽默，表明精灵戏弄几对恋人。之后三个主题交融一起，把全曲引向高潮，象征仙王、仙后重归于好，几对青年恋人喜结良缘。随后，又响起乐曲开始时那种神秘、轻柔的和弦，仙人们离开森林重返天国的仙境，仲夏之夜美好的梦幻渐渐消逝。

《仲夏夜之梦序曲》显示了门德尔松作品中的浪漫主义风格。这是音乐史上第一部专为管弦乐队在音乐会上演奏用的又带有标题的序曲。全曲于1826年8月6日完成。次年2月20日在斯德汀的音乐会上演奏，公演引起轰动，受到赞誉。俄罗斯作曲家柴可夫斯基听了门德尔松的《仲夏夜之梦序曲》，赞叹地说："这部美妙的作品的艺术命运是多么奇怪啊！它是出自一位18岁（创作时17岁）的学生之手，这位学生后来获得了全世界的声望……我想当《仲夏夜之梦序曲》的音乐第一次出现的时候，一定给人以惊人的印象，因为它的新奇和充满灵感与诗意都达到了惊人的地步。"

门德尔松的许多作品除在音乐会上由别人演奏外，他还以一位钢琴家的身份也经常在音乐会上演奏自己的作品，同时，门德尔松还参加音乐会的指挥活动。1829年，20岁的他作为指挥家指挥演奏音乐大师巴赫(1685～1750)的《马太受难曲》。

这是巴赫根据圣经马太福音书上记载的耶稣受难的故事情节而创作的清唱剧，在复活节前一周期间演出。这是巴赫宗教音乐的最高成就之一。这部作品在1729年首演于莱比锡圣马多教堂。

巴赫的许多优秀作品在他生前没有得到传播，也没有整理出版。他的创作手稿只在家人、朋友之间小范围内流传。在巴赫逝世70多年后，门德尔松从祖母那里得到这部巴赫的受难曲原稿抄本。1828年10月，门德尔松和朋友们拜读了《马太受难曲》，就深深地被它那圣洁、宏伟而又哀婉悲壮的音乐所吸引、所感动，他原拟在家庭音乐会上演唱，后改为公开演出。演奏巴赫的作品并非容易之事，连门德尔松的老师采尔特都感到很难，最后他说服了老师，并派合唱团的人参加，由于他的不懈努力，克服不少困难。经过几个月的充分的排练，1829年3月11日，巴赫的《马太受难曲》在门德尔松的指挥下公演了。

这一天,剧场满座,场外还围着许多听众,哲学家黑格尔等知名人士出席了音乐会。这部埋没了整整100年的杰作,经门德尔松的手复活了、再生了,世人才能聆听到"名曲中的名曲",演出获得极大的成功,轰动了整个柏林。10天后,在巴赫的诞辰日,《马太受难曲》再次公演,再次获得成功。由于门德尔松主持演出了巴赫的《马太受难曲》,才使人们认识到巴赫的伟大,并引起人们对巴赫被遗忘的作品的注意和重视。这是门德尔松的一大功绩。

一个音乐家必须具备各方面的文化素养,门德尔松在创作音乐作品的同时,也十分注意文化知识的学习,门德尔松18岁时,自己学完了柏林大学史学、语言学的课程。另外,他还掌握6种语言。多学科、多方面知识的充实,使他成为一位素质高、有教养的音乐家。作曲家舒曼就认为,门德尔松是"当代最有修养的艺术家"。

国外生活

1829年,英国伦敦爱乐协会乔治·斯玛特邀请门德尔松到伦敦访问演出。父亲支持他出访,并说:"你可以有机会让其他国家的人知道你的才能,去伦敦会是一个好的起点。"

同年4月,门德尔松从汉堡登船赴伦敦,开始了欧洲之行。在伦敦,他的老师莫舍列斯早已为他做好多方面的准备工作。门德尔松的到来受到伦敦各界的热烈欢迎,他那英俊潇洒、举止优雅的高尚气质,也像他的音乐才能那样受到人们的敬爱。门德尔松到伦敦后不久,伦敦爱乐交响乐团演奏了他的《第一交响曲》,门德尔松亲自指挥,演出非常成功,听众报以热烈的掌声,并要求重奏。几天后,他的音乐会再次举行,音乐厅挤满了听众,同样,门德尔松和他的作品受到热烈的欢迎。又过几天,门德尔松又以钢琴家的身份独奏乐曲,音乐厅又是挤得水泄不通。他那娴熟的演奏技巧,再次征服了听众。7月中旬,门德尔松倡议,同在伦敦的音乐家一起,为支援西里西亚灾民义演,演出盛况空前。伦敦的报刊上发表文章介绍他,宣传他。门德尔松本人(在给家人的信中)也说:"我在这儿弹得比在柏林好,为什么呢?因为这儿的人在听我演奏的时候表现了更大的兴趣,更大的满足。"倾向古典主义艺术审美趣味的英国听众喜爱门德尔松的音乐,他的音乐持久地深入到英国音乐生活中了。门德尔松对英国、对伦敦抱有好感,比起欧洲其他国家来,他最喜爱英国。他先后10次到伦敦,他的好几部作品都是在伦敦首演的,伦敦成为门德尔松的第二故乡。

7月底,门德尔松同友人一起到苏格兰旅行。到达首府爱丁堡的第二天,便听到民间的芦笛声。他对苏格兰民歌、民间传说产生极大的兴趣。那雄浑的高地风光、优美如画的自然景色唤起了他的创作激情。第三天,门德尔松便游览了古宫堡遗址霍里路德。4个多世纪前的1566年3月5日,苏格兰女王玛丽·斯图亚特的恋人黎齐奥在这里被害。这段情史故事流传下来,由此,门德尔松浮想联翩。他在给家人的信中说:"宫堡礼堂有屋顶,到处长满了杂草苔藓,玛丽·斯图亚特女王加冕的神坛已经倒塌,这是一片荒芜的景象……我觉得找到了《苏格兰交响曲》的开端。"当夜,门德尔松就开始构思,并谱写出曲首的16节旋律,后来作为这部交响曲的引子。

以后,由于门德尔松的创作和演出活动的繁忙,《苏格兰交响曲》的创作直到1842年才完成。《苏格兰交响曲》(又称《第三交响曲》)浑厚、宏伟、悲壮,乐曲不仅描绘了苏格兰大自然的美丽风光,苏格兰田园充满生气的景象,并从几个侧面展现了苏格兰民族的历史,它是一部民族史诗。同年3月3日,在莱比锡音乐厅首演,由门德尔松亲自指挥。6月2日,又在英国伦敦演出。演出均获得成功。

1829年8月,门德尔松一行到苏格兰西部的赫布里底群岛旅游,并来到其中的斯塔法小岛。岛上有十分宏伟高大的苏格尔山洞。它高达30米,宽约70米,洞里耸立着根根玄武岩列柱,绿色、褐蓝色的海草和苔藓覆盖着岩石。洞顶晶亮的水珠不断落下,发出美妙的声响。洞外沉寂的海岸上空海鸥在翱翔,那碧绿的海面上浪花飞溅,这简直就是一幅美丽的水彩画。壮丽奇异的山洞,还有荒寂的斯塔法小岛,拨动了门德尔松的心弦,勾引出他的乐思。于是他使用21小节曲谱记录了苏格尔山洞的感受。1829年8月7日,他将曲谱随信寄给他的姐姐范妮。这段旋律,以后便成为创作《序曲》全曲的结构基础。

1830年冬,门德尔松在意大利罗马完成了标题《为一个孤寂的小岛而写的序曲》。后来,这首《序曲》经过了3次修改才定稿。3年后,1832年3月14日,《序曲》在伦敦爱乐协会的音乐会上首演,演出获得成功。1835年,《序曲》正式出版才定名《苏格尔山洞序曲》。《苏格尔山洞序曲》充满浪漫主义的幻想色彩,诗情画意的境界,正如著名作曲家瓦格纳赞誉的:这是第一流风景画画家创作的一幅水彩画。另一位著名作曲家勃拉姆斯也认真地说过,宁愿用自己的全部创作,换取门德尔松的《苏格尔山洞序曲》那样完美的音乐作品。

门德尔松从苏格兰回到伦敦后,便开始创作两部(首)有特殊意义的作品,一是为父母的银婚纪念日创作一部小歌剧《儿子与陌生人》,以此表达对双亲的养育之恩;二是为姐姐范妮与画家威廉·亨泽尔结婚创作一首风琴曲,祝贺他俩美满幸福。然而,不幸的意外事情发生了,门德尔松外出乘坐的马车突然翻车了,把他压在车子底下,膝部受了重伤,他不能带着作品回家参加双重的庆祝了。门德尔松卧床两个月后,才恢复健康。

1830年10月初,门德尔松开始到意大利旅行。从伦敦出发途经魏玛时,他又一次拜见了大诗人歌德。他向歌德敬献自己创作的《平静的海洋和幸福的航行序曲》,这是用歌德的两首诗为题材创作的。歌德回赠他自己撰写的《到意大利旅行》一书,并向门德尔松讲述了自己游历意大利的观感,使他对意大利有了初步的认识和了解。

门德尔松来到意大利,在一年多的时间里,他先后游览了水城威尼斯、文艺复兴的"摇篮"佛罗伦萨、首都罗马等地。他参观游览了宏大的古罗马建筑——科洛西姆角斗场,"亚得里亚海的一串明珠"——威尼斯的圣马可广场、钟楼、大教堂,佛罗伦萨的博物馆、美术馆和大教堂;他还观赏到许多艺术精品和珍贵文物,如米开朗琪罗的雕像以及拉斐尔、提香、波提切利的"神品";他参加了罗马狂欢节,也欣赏过露天马戏在舞台上的表演;他巧遇了一年一度的圣约翰节以及教皇葬礼……他在罗马会见了老朋友,又结识许多新朋友,他多次在聚会上即兴演奏,还参加化装假面舞会,狂欢到天亮。

　　意大利的美丽大自然、名胜古迹、艺术珍品、民间歌舞……都触发他的创作灵感，于是他开始创作一部反映自己对意大利印象和感受的乐曲。1833年3月13日创作完成，由于这部作品是在意大利开始创作的，其中又采用了一些意大利民间音乐素材，所以，门德尔松称它为《意大利交响曲》（即《第四交响曲》）。同年5月13日在伦敦举行首演，由门德尔松亲自指挥，演出获得极大的成功。《意大利交响曲》热情奔放，愉快狂喜，是一曲无比欢乐的生活颂歌。

　　1830年，门德尔松在旅行中开始创作《无言歌》，这是门德尔松首创的器乐小品中一种独特的体裁，这种新的体裁充实了钢琴艺术的创作。他的这种钢琴小品，体现了门德尔松的创作风格和浪漫主义音乐追求器乐"声乐化"的特征，《无言歌》就是"在钢琴上歌唱"。

　　门德尔松最早创作的一首《无言歌》写于威尼斯。门德尔松到意大利旅行首先来到威尼斯。它是建在亚得里亚海滨的118座小岛上的水城，用400座桥梁相连，市内有117条河道纵横交错，真是开门见水，出门便乘舟；还有威尼斯的"亚得里亚海滨的一串明珠"。门德尔松深深被这里的独特风光所吸引，他便把这些感受用音符记录在一首《无言歌》——《威尼斯船歌》里。

　　门德尔松说："如果你问我：当我写作《无言歌》时有什么想法，我说：就像《无言歌》所表现的那样。虽然写作某几首《无言歌》时，在我心中有明确的诗句，但我还是不想把它告诉任何人，因为文字对于每个人的意义并不是相同的，只有《无言歌》本身可以对于每个人说出同样的话，唤起同样的感觉。"但是，后人还是给他创作的大部分《无言歌》加上标题，虽然这不是作曲家的本意，但是加上曲名就会突出了音乐形象，更使人容易理解。

　　1830年至1845年间，门德尔松共创做出48首《无言歌》，占他创作的钢琴曲中的很大比重。共编成8集出版（每集有6首），《无言歌》第1集于1832年在英国出版。《无言歌》内容丰富，题材广泛，有描写大自然风光的《羊毛似的云霞》（收入第4期，下简略）、《浮云》（4）、《海滨》（4）、《春之歌》（5）、《五月的薰风》（5）、《田园的风味》（8）等；有描写现实劳动生活的《牧人》（1）、《民谣》（4）、《纺纱歌》（6）、《快乐的农夫》（8）、《威尼斯船歌》（共写5首）等；有抒发个人情感的《甜蜜的回忆》（1）、《失去的幸福》（3）、《二重唱〈情侣〉》（3）、《摇篮曲》（6）、《宁静的快板》（6）等。这些抒情作品曲调悠扬，节奏鲜明，手法简洁，风格纯朴，旋律优雅流畅，轻盈灵秀。门德尔松的《无言歌》同舒伯特、舒曼、李斯特、肖邦的钢琴小品一样为广大听众所喜爱。不仅如此，就是那些作曲家、音乐评论家也对这种作品大加肯定和赞赏。作曲家兼钢琴家李斯特就十分赞赏，他认为《无言歌》"表达出一种介于图画和诗歌之间的美好意境"。"当你看到花朵盛开，芳香四溢的玫瑰树，或是在月夜里闪烁的幸福光芒向着你注视的眼睛，你还会有什么疑虑吗？"

　　1830年6月，门德尔松前往意大利途中，曾在慕尼黑停留，他受到这里音乐界人士的欢迎。在一次音乐会上，门德尔松认识了16岁的约翰芬·兰克，这是一位英国富家少女。他对天真美丽的兰克产生好感，尔后便成为兰克的音乐老师，教兰克弹钢琴的技巧、教作曲对位法，他们在一起散步、一起去听歌剧，他还帮助兰克学骑高轮脚踏车。兰克很愿意同门德尔松在一起，他们在相处中交流了情感，共同度过一段美好的时光，也解除了门德尔松身处异乡的孤寂。兰克很精灵，鬼点子也很多，刁钻起来，不讲道理，是被宠坏了的女孩，最后他们之间的微妙情感不了了之。门德尔松到意大利后，不忘约翰芬·兰克，甜美的回忆激发他的创作热情，便构思了以后谱写成的《g小调第一钢琴协奏曲》。第二年10月，门德尔松从意大利回到慕尼黑，仅用3天时间就完成了此曲。10月17日，在慕尼黑音乐会上，门德尔松独奏《g小调第一钢琴协奏曲》，赢得听众热烈的掌声。这是一曲赞美青春、赞美生活，充满青春活力，热情奔放的钢琴协奏曲。

是年冬，门德尔松再次到巴黎访问。

19世纪中期，浪漫主义音乐处于全盛时期，当时许多浪漫主义艺术家聚集在巴黎。门德尔松在这里见到肖邦等老朋友，又结识了音乐界的新朋友，如德国作曲家梅耶贝尔（1791~1864）、意大利作曲家凯鲁比尼（1760~1842）和匈牙利作曲家、钢琴家李斯特（1811~1886）等。他们经常一起进行艺术交流，并加深了相互了解，增进了友谊。此外，在音乐会上，巴黎音乐学院管弦乐团专门演奏门德尔松的《仲夏夜之梦序曲》及室内乐作品。门德尔松自己也演奏了贝多芬的《g大调钢琴协奏曲》等曲目。门德尔松的作曲、独奏均受到同行和广大听众的欢迎和赞扬。但是，门德尔松不习惯这里浓浓的政治气氛，不久，又由于巴黎流行霍乱，不宜久留，4月，他便回伦敦了。

门德尔松在巴黎时，他的忘年之交老朋友、大文豪歌德于3月22日去世。当他听到这一噩耗后，非常哀痛，在巴黎的艺术家们对歌德的去世同样也感到十分悲痛。

伦敦已成为门德尔松的第二故乡，他说："但愿我能形容出我再度来到这里是如何快乐，是多么喜爱这儿的一切，这儿的所有亲热的老朋友使我感到满足！"在伦敦，门德尔松基本完成了《b小调明丽狂想曲》，全曲明快而华丽，这正是他在伦敦的愉快心情的写照。

在伦敦，唯一使门德尔松不愉快的事是，5月15日他的老师采尔特逝世了。这使门德尔松陷入无限的悲痛之中。他从小就跟这位老师学音乐，他是在采尔特的关怀和帮助下成长起来的。

1832年夏，门德尔松结束了两年多的旅行生活，回到了柏林。

乐坛新星

1830年后，门德尔松不仅作为作曲家、一流的钢琴演奏家，还以音乐社会活动家、音乐启蒙教育者的身份，活跃在德国乐坛上，为促进德国音乐文化的发展做出了贡献。

门德尔松回到柏林后，在音乐社会活动中所遇到的第一件事情，就是他的老师采尔特逝世后，谁来担任柏林声乐学院院长？其人选有两人：一位是门德尔松；另一位是采尔特的助手，平庸的手艺匠伦根哈根。按门德尔松的才华和名望，完全可以胜任院长职务。但是，伦根哈根的支持者（主要是官方人士）放出流言蜚语，诽谤门德尔松，说什么他太年轻、没有经验；又说他的父亲想用钱买下声乐学院；甚至说声乐学院是基督教徒的学校，岂能让一个犹太人来当院长。最后投票选举，结果门德尔松落选了。门德尔松通过这件事及以后遇到的多起事情，认识到德国保守势力的顽固和卑劣。一直是一帆风顺的门德尔松在现实生活、在人生道路上也要受到打击和考验。

1833年3月，门德尔松在创作完成《意大利交响曲》之后，5月间，他应邀到杜塞尔多夫市，担任"下莱茵音乐节"的指挥，在他的组织和指挥下，音乐节开得很成功，当地报刊高度评价了这次音乐节和指挥门德尔松。因此，他受聘担任杜塞尔多夫市所有官方和私人音乐团体的指挥，这时门德尔松开始拿到薪俸，正式从事音乐艺术职业。

门德尔松掌管了杜塞尔多夫市的音乐大权。他恢复了演奏古典音乐名作。在他的组织和指挥下，演出了巴赫的作品、亨德尔的清唱剧等；又在他直接参与下上演了莫扎特的歌剧《唐璜》等。在门德尔松的领导下，杜塞尔多夫市的音乐文化生活活跃起来了。

门德尔松还革新了传统的管弦乐队的指挥法，采用指挥棒，看谱架上总谱来指挥，这样指挥提高了管弦乐队的演奏水平，从而为现代指挥法奠定了基础。

门德尔松在繁忙工作之余，他仍创作一些音乐作品，如第36号的6首歌曲，其中第二首《乘着那歌声的翅膀》（海涅词），就是流传最广的独唱歌曲。曲调温馨舒畅，轻盈浪漫：乘着那歌声的翅膀，在恒河两岸，在甜美的梦乡自由地飞翔。

1834年5月，门德尔松来到阿肯参加这里的"下莱茵音乐节"。在这里遇到老朋友、钢琴演奏家肖邦（1810~1849）和斐迪南·希勒，他们三人住在一起，并一起练琴，彼此切磋，又共同参加演出。门德尔松对肖邦和希勒的演奏给予很高的评价，他在给母亲的信中说："他们两人在钢琴技巧上都有长足的进步。就钢琴演奏而言，肖邦可说是目前的第一把交椅，他创造的一些新的技法，就像帕格尼尼在小提琴上的造诣一样。他甚至还完成了一些奇妙的作品，这都是前所未有的。希勒也是个令人佩服的演奏家，浑身充满活力而且风趣。"作为同是杰出的钢琴演奏家的门德尔松，对同行予以充分的肯定，这也表现出他谦虚大度的美好品德。

1835年夏末，莱比锡城的布业大厦（"格万特豪斯"）管弦乐团聘请门德尔松为乐团指挥，他欣然同意了。莱比锡是德国最大的工商业城市和出版业中心，也是德国的文化中心。歌德早年曾在此就读大学，这里还是哲学家莱布尼兹诞生地。音乐大师巴赫在此工作（任圣托马斯大教堂合唱指挥兼附属学校教师）直到逝世，所以，这里有好的音乐传统。后来，门德尔松也移居莱比锡。这座"经常令他感到温暖"的城市，就成了他"最后的家"。

舒曼（1810~1856）也在莱比锡，当时他只是个穷乐师，1834年年初创办《新音乐报》（周刊）。舒曼对门德尔松早有好感，喜爱门德尔松的作品，在他的《新音乐报》发刊词中说："贝多芬、韦伯、舒伯特的时期刚刚过去不久，是的，一颗新星门德尔松正在升起。"舒曼热情地宣传门德尔松的作品，称他是"现代第一个音乐家"。现在他们两人同在一个城市里，一起工作，并结成莫逆之交。

门德尔松刚来到莱比锡不久，1835年11月19日，他的父亲亚伯拉罕·门德尔松因心脏病逝世，他悲痛万分。父亲是他的挚友、导师、顾问，是父亲为他创造一切极好的、十分优越的条件，才使自己成才。

门德尔松回柏林办完丧事后，便返回莱比锡接手乐团的工作。他首先给乐团成员加薪,使他们的生活得到保障和提高。他还聘请一些著名演奏家加盟,充实壮大乐团阵容,如聘请著名小提琴演奏家戴卫为乐团首席。他又对乐团精心训练,加强指导。经过几年努力,乐团成为欧洲第一流的交响乐团。

门德尔松在音乐会的曲目上,除了保留传统的著名曲目、新作曲目外,还安排了许多被人遗忘、不为世人重视和很少演奏的优秀作品。他不但演出这些作品,还将这些曲目的手稿重新校订整理、安排出版。首先,他举办了纪念巴赫的专场音乐会,巴赫从1723年起在莱比锡工作生活了27年,这次活动在莱比锡引起很大反响。门德尔松在圣托马斯教堂举行一场风琴音乐会,演奏巴赫的《马太受难曲》等作品。《马太受难曲》于1729年在巴赫亲自指挥下在此首演,以后在莱比锡再没有演出过,这次演出引起很大轰动。门德尔松还组织专场音乐会,分别演奏了亨德尔的清唱剧、海顿的交响乐和清唱剧,以及贝多芬的《庄严弥撒曲》等作品。还有,1839年被舒曼发现的舒伯特的《C大调交响曲》(又称《伟大交响曲》),也是在门德尔松亲自指挥下第一次演出。

门德尔松邀请国内外著名作曲家参加布业大厦的音乐会,李斯特、柏辽兹、肖邦等都来莱比锡献艺,在音乐会上介绍自己的曲作。1841年,名不见经传的舒曼创作了《降B大调第一交响曲》(即《春天交响曲》),请门德尔松阅稿,他很快安排此曲在布业大厦音乐厅演出,并亲自指挥,演出获得很大成功,有人说,这是"自贝多芬以来最热烈的喝彩"。从此,舒曼才引起人们的关注。几年后,舒曼创作的《a小调钢琴协奏曲》也是在此首演,舒曼夫人克拉克独奏,仍由门德尔松指挥。1843年,柏辽兹希望自己的作品能在莱比锡布业大厦音乐厅演出,门德尔松欣然同意。虽然门德尔松并不喜欢柏辽兹的音乐风格,他仍然伸出友谊之手,热情帮助柏辽兹,排练时校正总谱,乐团竖琴演奏缺人时,他兼任竖琴的演奏任务,使乐曲顺利演出了。肖邦也来莱比锡布业大厦音乐厅献上新曲,并亲自独奏,门德尔松再一次给予很高的评价:"他的演奏技巧太使我着迷了……他的钢琴演奏流露出完美的主题原意,而且技巧极为熟练。他称得上是一流的钢琴家,他的音乐风格简直令我叫绝……"门德尔松还邀请一流演奏家莫舍列斯等来布业大厦音乐厅演出。

门德尔松的音乐启蒙运动,还表现在主持组织有史以来连续的音乐会,按欧洲音乐史的发展次序,介绍从巴赫到现代音乐家的作品,这类音乐会吸引许多听众,受到热烈欢迎。

由于门德尔松广泛开展音乐社会活动,促进了莱比锡音乐文化的发展。因此莱比锡成了德国的音乐文化中心。鉴于门德尔松"在音乐方面的突出成就",莱比锡大学授予他荣誉哲学博士学位。

1836年6月,门德尔松怀着愉快的心情来到法兰克福演出。音乐会上,他指挥演出了亨德尔的清唱剧《参孙》和巴赫的作品等。演出结束后,门德尔松在法兰克福短暂停留一个多月进行休息。在这期间他拨动了爱情琴弦,结识了一位美丽漂亮、文雅温柔的女子,她就是法兰克福法国新教派牧师的女儿,名叫塞西尔·夏洛蒂·索非。门德尔松对她一见钟情,"她的娴静与令人愉快的气质对于我的好动不安,真像一杯冷饮那样沁人心脾"。门德尔松花费不少时间和精力去追随她、靠近她,利用一切机会接触她、同她交谈。门德尔松深深地爱上了她,他简直如痴似醉,近似发狂。他在给妹妹的信中说:"在我的生命中,不曾有过此刻这般奇特的经验。我陷入了狂热的恋爱中,这是从来未曾体验过的,我不知如何是好。……可是,我仍不知道她是否真正爱我;而且,我也不知道该如何使她爱我。我只清楚一件事,那就是:到了这个年龄,我才第一次领会到异性赐予的真正幸福。此刻,我觉得自己真正活着,而且满怀希望。"他为了认真考虑,专程到荷兰西部的疗养胜地舍维宁根洗海水浴,但是,冰凉的海水也冷却不了他那火热的心。于是,门德尔松毅然回到法兰克福,勇敢地向塞西尔求婚,她羞怯地答应了。1836年9月9日举行了订婚仪式。此时,门德尔松专为未婚妻谱写了钢琴小品《无言歌》——《二重唱〈情侣〉》。大作曲家订婚喜讯也传回到莱比锡,同年12月12日,在布业大厦音乐会上,特意将贝多芬的歌剧《夫妇之爱》第二幕终场的《喜获美妻》安插进去演奏,全场听众兴奋地热烈鼓掌,表示祝贺。

1837年3月28日,27岁的门德尔松同17岁的塞西尔在法兰克福举行婚礼,这使门德尔松本来幸福的生活更加幸福美满了。随后,这对伉俪开始蜜月旅行。门德尔松在给朋友信中这样写道:"正如你知道的,我和塞西尔到这儿来是做蜜月旅行。6个星期很快就过去了,我们成了一对老夫妻。"他在另一封信中还说:"一切都很愉快,你是一定想象得到的。一到午后时分,我们就徜徉在暖和的阳光下,时而驻足远眺,时而谈论未来。我心里的感激之情油然涌现,再也没有人比我更幸福了。"塞西尔在蜜月中的日记这样写道:"星期一,我不太舒服,躺在床上和睡椅上。菲利克斯细心地照料我,像妈妈一样宠着我。这一天晚上,天气好极了,没有雾幕遮盖的壮丽风景展现在我们面前。我们躺在环绕教堂的幼树下,在薄薄的草地上唱歌、跳舞,彼此爱得更深了。"他们婚后的生活充满愉快、欢乐和温馨。门德尔松在一生中最幸福的时刻,创作了《d小调第一钢琴三重奏》,全曲旋律生气蓬勃,流畅华丽,充满喜悦之情。次年2月,门德尔松又创作一首《D大调弦乐四重奏》(作品44之3),作品仍然洋溢着欢乐的情绪,这乐曲令人格外赏心悦目,反映了他们婚姻的幸福、美满、甜蜜。

从1834年起,门德尔松还先后到其他城市演出,如科隆、德累斯顿、阿肯、古腾堡、什未林、波茨坦等地;他到英国伦敦、伯明翰、曼彻斯特等地演出。门德尔松指挥演出作品(也包括自己的作品),有时也独奏钢琴曲目。单是在1842年的一年里,门德尔松到了7个地方演出。这一年的5月底,门德尔松接受英国爱乐协会的邀请,再次赴英国演出,塞西尔也随同前往。6月2日在伦敦,门德尔松亲自指挥演奏了《苏格兰交响曲》等曲目,之后访问白金汉宫,英国维多利亚女王和艾伯特亲王一起接见了门德尔松。他为女王表演了风琴独奏,并将《苏格兰交响曲》奏献给女王。为此,女王特意歌唱一首门德尔松的作品,接着,亲王也参加了演唱。最后,女王陪他参观皇家保育室,又与天真可爱的孩子们欢聚,门德尔松在友好愉快的气氛里度过了难忘的一天。门德尔松在伦敦的心情一直是很好的,他的《无言歌》——《春之歌》就是这时写成的,乐曲优美、柔美、纯美。

门德尔松忙碌的旅行演出,搞得他精疲力竭,身体健康也受到损害。同年12月12日,又一噩耗传来,门德尔松的母亲猝然故去,他又一次陷入悲痛之中。母亲是他的音乐启蒙老师,他与母亲的感情很深,可是母亲却在他事业有成时离开了人世。

1843年年初,门德尔松在莱比锡创办音乐学院。过去的音乐专业教育都是由宫廷和教会掌握。现在由门德尔松办成专门的、独立的高等学府,培养高素质的音乐专业人才。门德尔松以极大的热情和心力投身于学院的工作上。他除了自己执教外,还邀请作曲家兼音乐理论家舒曼、钢琴家莫舍列斯、小提琴家戴卫等来校任教授课。除了吸收本国的学生外,还吸收外国学生入学。他为学生设立了奖学金,这样家境贫苦而又有才华的学生也有机会求学了。门德尔松教授钢琴和作曲,他对教学十分认真和严格,学生认为他是好老师。门德尔松建立一整套教授古典音乐教学体系,为德国培养了一大批作曲家、演奏家。由此形成了以门德尔松为核心的"莱比锡学派",该学派对19世纪中叶以后德国音乐的发展产生了深远的影响。

十年创作

　　繁忙的音乐社会活动和多次的旅行演出占去了门德尔松的许多时间,但是,门德尔松仍然没有放弃乐曲的创作。在他生命最后的10年,也正是他创作的鼎盛时期,他的创作完全成熟了,并且达到炉火纯青的地步。门德尔松除完成《苏格兰交响曲》之外,还创作完成了《颂赞交响曲》、戏剧音乐《仲夏夜之梦》、清唱剧《圣保罗》《伊利亚》《俄狄浦斯王在科罗努斯》《e小调小提琴协奏曲》《第二钢琴协奏曲》《钢琴三重奏》《弦乐四重奏》以及《无言歌》第三集至第八集等。

　　清唱剧《圣保罗》。门德尔松的父亲生前就希望儿子能创作一部完美的神剧,他秉承父亲的遗愿,于1836年创作了清唱剧《圣保罗》,这是门德尔松根据《圣经·新约》中的故事创作的,为女高音、女低音、男高音、男低音、合唱和交响乐而作。1836年5月,在杜塞尔多夫首演,门德尔松亲自指挥。这部神剧多次在各地演出。

　　《颂赞交响曲》是1840年6月,门德尔松应邀为纪念古腾堡印刷发明400周年而创作的大合唱交响乐。这部交响乐像贝多芬《第九交响乐》一样,末乐章有合唱,乐曲庄严雄伟,绚丽辉煌,这部交响曲多次演出,很快就成为通俗的圣乐。

　　戏剧音乐《仲夏夜之梦》。1826年,17岁的门德尔松创作了《仲夏夜之梦序曲》,15年后,柏林要演出《仲夏夜之梦》全剧,请他配乐。门德尔松于1843年开始谱曲,他将《序曲》作为全剧的音乐基础,又谱出12段音乐,《仲夏夜之梦》的总谱是由5首交响曲(序曲与4首间奏曲:谐谑曲、间奏曲、夜曲、婚礼进行曲)及两首合唱曲与插乐剧的音乐组成的(但在音乐会上一般只演奏5首交响曲)。它以生动鲜明的音乐意象揭示了全剧的内容,其中的《婚礼进行曲》是在人们喜庆的婚礼上是经常演奏的乐曲。1843年10月18日《仲夏夜之梦》全剧在波茨坦首演,第二年5月,英国伦敦爱乐管弦乐团演出《仲夏夜之梦》全部乐曲,门德尔松亲自指挥。曲毕,英国的听众热烈鼓掌,给予充分的肯定。

　　《e小调小提琴协作曲》。门德尔松曾将此曲献给小提琴家戴卫。少年时代他俩就结为朋友,1835年后二人在莱比锡布业大厦乐团密切合作,每当门德尔松外出时,就由戴卫代替他担任指挥。1838年7月,门德尔松就曾表示,要为戴卫写一首小提琴协奏曲,并且已经有了这首乐曲开头的乐思。可是由于门德尔松的音乐活动太多,迟迟无法最后实现凤愿。后来，他经过 6 年的琢磨终于动笔了。门德尔松在创作过程中虚怀若谷，不时向戴卫请教，戴卫对协奏曲的演奏技巧提出不少宝贵意见，经过门德尔松一丝不苟的抛光细磨终于创作完毕。1845 年 3 月 17 日，在莱比锡布业大厦音乐厅首演，由于门德尔松生病未能出席，由丹麦作曲家加德指挥，小提琴演奏家戴卫担任独奏，演出获得空前的成功。

《e 小调小提琴协奏曲》共由 3 个乐章组成。乐曲旋律甜美，基调优雅，技巧华丽；全曲充满青春活力，热情欢快，感情质朴深邃，它那富有诗意的情趣和浓郁的抒情色彩脍炙人口。乐曲倾注了作曲家的全部思想情感，是他一生体验的总结，是门德尔松短暂一生的缩影。音乐评论家波兹纳说："门德尔松的（这首）小提琴协奏曲是他本人的最佳杰作，它从第一个音符到最后一个音符，都是如此流畅洗练，而且深具优美的诗意表现。因此，它是所有小提琴协奏曲目中，真正最完全的纯粹小提琴作品。"另一位评论家薛灵也说："时至今日，它更表现出小提琴之美的最高典范。"门德尔松的这部协奏曲同贝多芬的《d 大调小提琴协奏曲》和勃拉姆斯的《d 大调小提琴协奏曲》被誉为世界三大小提琴协奏曲，是世界上经常演奏的小提琴独奏曲目。

骄子逝世

门德尔松孜孜不倦的创作、频繁的演出活动，以及旅行演出的长期奔波，使他的健康受到极大的损害，他的身体已极为虚弱。1847 年 2 月，门德尔松刚过了 38 岁生日，便抱病去英国演出，这是他第十次英国之行。5 月中旬返回法兰克福不久，姐姐范妮猝死的噩耗传来，5 月 14 日，范妮在音乐会的预演中突然失去知觉，当晚便逝世了。门德尔松听到范妮猝死的消息，万分悲痛，当场便休克了，经过很长时间的急救，才苏醒过来。他对姐姐的感情很深，他俩从小在一起学音乐，一起成长，姐姐关心他、爱护他，是他的知心朋友。

虚弱多病的门德尔松经不起这沉重的打击，他的病情更加恶化。为了使门德尔松的身体早日康复，妻子塞西尔同他一起到瑞士疗养。在瑞士，门德尔松精神还好，他画了许多风景水彩画，并创作了《f 小调弦乐四重奏》，这是献给姐姐范妮的。

门德尔松的健康状况在瑞士经过调养似乎有所好转，9 月，他们便回到莱比锡，但到了 10 月底，门德尔松又病倒了。11 月 4 日，他已经无法起床，塞西尔精心守护在床前，忠实的听众也焦急地守候在门前，他的病情公告每小时发布一次。9 时，门德尔松微弱地、喃喃地说："好累、好累、好累……"说完，他就停止了呼吸。

德国著名的、杰出的作曲家、钢琴家、指挥家门德尔松逝世了，莱比锡举城哀悼。当时莱比锡音乐学院的一位学生回忆说："一种可怕的沉寂笼罩全城，就好像是国王驾崩了。"11 月 7 日举行葬礼，一支管弦乐队在灵柩前面，戴卫、莫舍列斯、舒曼等音乐家护送灵柩，后面跟着长长的一列队伍、有他的妻子、子女、亲人、朋友、学生、莱比锡的社会名流及上千的群众，还有很多人是从外地赶来的，大家在他的《葬礼进行曲》（《无言歌》第五集中的 e 小调曲子)的伴奏下缓缓前行。门德尔松的灵柩移入教堂时,举行隆重的追悼仪式。之后,巴赫的《马太受难曲》的壮丽歌声传唱开来。当晚 8 时,1000 多名群众举着火炬,把门德尔松的灵柩送到车站,运送灵柩火车直接向柏林进发。途经的车站,人们聚集在站台上向音乐家致哀。次日黎明,灵车到柏林,又有几千人护送灵柩至门德尔松家族墓园,他要葬在姐姐范妮的墓旁。

门德尔松生长在 19 世纪二三十年代,欧洲政治局势暂时安定时期,他又出生在十分富有的家庭,门德尔松的一生,事业上一帆风顺、生活上美满幸福、安定富足,这就铸就了他那平静、文雅、温存的内心世界,所以,他的音乐旋律明亮轻快、优雅平和、甜美动听,又富有诗意幻想。由于他只看到光明、幸福,没有看到黑暗、痛苦,所以,他的音乐缺乏深刻的现实内容及强烈的憎爱,看不到多少变化,极少有矛盾冲突。但是,门德尔松的作品所表现的纯真感情,乐观的进取精神,以及与大自然的交融,却深受人们的尊敬和热爱。鲁宾斯坦对门德尔松评论说,"和其他伟大的作曲家比较起来,他不够深刻严肃和伟大",但是"他的创作是形式和技巧完美的典范,是美好悦耳的典范"。门德尔松自己也说过:"我所创作的音乐正是我所想象的东西。只有这样,才能写出伟大的作品。因此,我所写的每个片段,都是我内心世界真实感情的流露。我不会失去信念,我坚信,这就是我尽的天职。"

在第二次世界大战期间,在希特勒法西斯统治下,因为门德尔松是犹太人的缘故,当时德国的音乐史书上删掉了门德尔松的名字和涂掉他对德国音乐的贡献的记载,门德尔松的音乐作品被禁演,这是希特勒法西斯反犹种族歧视的罪证之一。然而,门德尔松对德国音乐、对世界音乐所做的贡献是抹杀不了的。门德尔松的音乐作品深为广大人民所喜爱,并广为流传,正如著名小提琴演奏家、犹太人海菲茨说:"如果门德尔松的音乐从世界上消失,则其他一切音乐将会终结。"

身残艺精的小提琴大师

——伊扎克·帕尔曼

人物档案

简　历:以色列小提琴演奏者。4 岁时因患小儿麻痹症成为终身残疾。自幼表现出酷爱音乐的天性,十岁上电台演奏,后进特拉维夫音乐学院学习。1958 年曾赴美国参加"埃德·沙利文表演节"演出。移居美国后进朱利亚特音乐学校。曾获格莱美最佳室内乐演奏奖。

生卒年月:1945 年 8 月 31 日~

性格特征:顽强、旺盛、不屈服于命运的精神。

历史功过:。帕尔曼于 20 世纪 70 年代录制的《帕格尼尼 24 首随想曲》是此曲众多版本中演奏水准与录音水准俱佳的经典之作,入选日本《唱片艺术》最佳唱片,可谓实至名归。

名家评点:他被众多音乐评论家称为"小提琴王子"。《留声机》评价说:"凝听帕尔曼演绎这些依然困难重重的作品的确是令人愉悦的经历。"

身残志坚

伊扎克·帕尔曼(1945~　)是当今世界乐坛上最活跃的中生代小提琴家,同时也是最受欢迎的艺术家之一他将天分和坚忍结合在一起,形成了独特的艺术风格和魅力,以完美的技巧、丰富的音色以及演奏中所表达的热情和欢快著称于世。他的演出曲目包括古典和现代的作品,他的演奏录音次数在专业演奏家中首屈一指,被众多音乐评论家称为"小提琴王子"。他拖着残疾的双腿奔波于世界各地,凭着顽强的毅力和执着的追求,奉献出自己的艺术才华,征服了亿万听众的心。

伊扎克·帕尔曼于 1945 年 8 月 31 日出生于特拉维夫,他的双亲是从波兰移居来的犹太人。他自幼表现出酷爱音乐的天性，据他本人说："大约在 3 岁半的时候，小提琴的声音开始吸引我。那时因为我听到了电台的播音，逐渐意识到我喜欢它。"于是，父母亲给他拿来一把小提琴。不幸的是帕尔曼 4 岁时患了小儿麻痹症，造成双腿残疾，从此不得不借助双拐走路。然而他没有向命运屈服，5 岁那年正式开始学习小提琴，第一位老师是特拉维夫舒拉米特学校的里夫卡·戈德加特。

帕尔曼跟戈德加特学习了 8 年，一直到 13 岁。戈德加特出身于一个擅长小提琴的家庭，在俄罗斯长大。她采用俄罗斯学派的教学体系，要求学生一定要做到音准，每天拉练习曲，做音阶练习。帕尔曼不能直立，只好坐着拉小提琴。但是他对音乐有非凡的感悟力，对小提琴有一种执着的爱，每日练琴，数年不辍。他从 7 岁起一天练习 3 小时，第一个小时基本上是进行各种基础训练，第二个小时拉练习曲，第三个小时练习协奏曲。在那些年里，他接受了系统的严格训练，做了大量的弓法练习，学过顿特、罗特、加瓦内、克莱采尔、东尼斯、卡索蒂、舍夫契克等人的乐曲，还做过克莱什的许多琶音练习。那些训练为他的艺术生涯打下了坚实基础。他在 10 岁时曾和以色列广播乐团一起在电台演出，举行音乐会和独奏会。

美国深造

1958 年，帕尔曼在一次小提琴新秀比赛中获胜。当时，美国人埃德·苏利义正在以色列筹划周日晚上电视节目，非常欣赏帕尔曼的小提琴演奏，于是把他选入"埃德明星旅行团"，到美国演出。这一偶然的机遇使 13 岁的帕尔曼和其他获胜者到了美国，到纽约电视台演出。此后，帕尔曼获得以美文化基金奖学金和朱丽亚奖学金，顺利进入世界著名音乐学府——纽约的朱丽亚音乐学院学习。

在音乐学院里，帕尔曼遇到了加拉米安和狄雷两位良师，隔周轮流跟他们上课。加拉米安在弓法训练方面有自己的一套训练体系，对学生的要求相当严格。他采用"我教你学"的方式：他听学生演奏，然后做出评论，指出他认为好的和不好的方面，讲解应当如何做。他特别强调运弓方法，要求帕尔曼拉出有力的小提琴声音。狄雷博学多识，对乐曲结构有独到的解释。狄雷主要关心形成优秀小提琴演奏的要素，总是提出问题让学生思考。她讲述音乐的结构、乐句的高潮和低潮等等；她也谈论运弓的方法，但是要学生自己进行分析。两位老师的风格完全不同，但是他们的演奏方法从某些方面来说是相同的。他们都强调运弓发出的声音，要求帕尔曼不要总是快速运弓，而要更多地使用比较慢的但是持续的运弓。帕尔曼由此改变了运弓方式，即由典型的俄罗斯式的运弓变为法国—比利时学派的运弓。帕尔曼还跟金戈尔德学习室内乐。金戈尔德使用法比学派和俄罗斯学派的综合运弓方式，演奏时手腕非常松弛。帕尔曼得到了这一真传，可以不停地演奏，在帕格尼尼的《无穷动》演奏比赛中总是拉的时间最久。那些名师的教学巧妙地结合在一起，对帕尔曼产生了深远的影响，使他的演奏技巧突飞猛进。

技艺非凡

　　1963年,帕尔曼在纽约卡内基音乐厅开始了职业生涯的首演。1964年3月,他在美国的利文特里特小提琴比赛中获得最高奖。于是,美国和欧洲的许多大乐团,包括纽约爱乐乐团,纷纷同帕尔曼签订演出合同。从那时起,他开始与许多大型乐团和世界一流的艺术家一起在世界各地演出,举行交响音乐会和独奏会。1965年,帕尔曼回到他的故乡以色列,举行了一系列音乐会。1968年,他和伦敦交响乐团在节日音乐厅进行了他在英国的第一次演出;1968年至1969年参加伦敦南岸夏季系列音乐会的演出;1970年参加美国的梅多布鲁克斯音乐节演出。帕尔曼在欧美著名乐坛上的一系列演出,取得了显著成功,受到听众的热烈欢呼,由此成为世界上的小提琴名家。

　　帕尔曼的声望日益提高,演出地点也扩大到世界各地。1987年11月,帕尔曼和以色列爱乐乐团首次到华沙演出,然后又到布达佩斯演出。1990年4月到5月间,他又和以色列爱乐乐团一起到苏联访问,在莫斯科和列宁格勒举行的独奏会和交响乐音乐会受到听众的热烈欢迎。他也到亚洲国家旅行演出,处处听到喝彩声。

　　帕尔曼具有非凡的技艺,他的演奏准确灵巧,轻松自如,风格优雅,把浪漫主义的热情和古典主义的理性完美地结合在一起。音色纯净、饱满,丰润而不失细腻。他很注意音乐作品处理的逻辑性,整个演奏线条清晰、一气呵成、浑然一体。帕尔曼能够自如地演奏不同时代的各种风格的作品,以变幻无穷的音色来表达不同的内容。例如,他演奏莫扎特的作品时,完全按照古典风格精心雕琢;演奏柴可夫斯基的作品时,倾注了淡雅、真挚的柔情;演奏勃拉姆斯的作品时,则带着厚重、深沉的伤感。帕尔曼总是全身心地投入演奏,以出神入化的演奏技巧来表达丰富的内心世界,与听众进行内在感情的交流。他完满地完成每一个音符,琴声中闪耀着理想的火花,传达新的艺术感受,具有强烈的感染力。他通过内心情感与娴熟技巧的结合所展示的气度,已经超越了音乐本身。

　　帕尔曼有一双大手,有助于实现完美的演奏;在别人需要换把的地方,他只需伸展开手指。但是与灵巧的双手相对照,帕尔曼残疾的双腿形成强烈的反差。他不能独自站立,只能坐着演出。帕尔曼挂着双拐走上舞台,通常在乐队指挥左边的椅子上坐下来,然后把双拐放在地板上,从乐队首席那里接过小提琴和琴弓。可以想象,这位行踪遍及世界的小提琴家要克服多少行动上的困难。但是帕尔曼具有乐观的天性,总是从容地面对各种挑战。因此有人说:帕尔曼具有海菲茨所说的那种小提琴演奏家必须具备的斗牛士般的坚强精神、夜总会女明星的旺盛精力、和尚修行时高度集中精神的能力,还有马戏团的丑角那样爱开玩笑的性格。然而当他坐下来演奏的时候,马戏团丑角的诙谐就消失了。他完全沉浸在音乐中,纵情表达自己的内心感受。帕尔曼演奏的每一个音符中都饱含着顽强的生命力,给人以新的渴望和追求。他的演奏除了表现出高超的艺术技巧外,还展示出强烈的人类尊严和伟大的人格力量。他的动态表演如同春天的轻风细雨,夏天的电闪雷鸣;而他的静态形象如同一尊永恒的雕像。他的出色演奏和顽强毅力,总是在听众中引起强烈的震撼。

成就惊人

帕尔曼的艺术成就来自他对音乐的强烈爱好、艺术天分和刻苦训练。帕尔曼注重小提琴演奏中声音的优美，为此不断进行探索，努力完善自己的演奏风格。他曾采用快速运弓和大量快速揉弦，以后采用较大幅度的揉弦以奏出丰满的音乐，及至使用恰如其分的揉弦和弓法。帕尔曼成为世界级的小提琴演奏家后，一如既往地认真处理每一个作品，严肃对待每一次演奏。他每次练习新作品，都仔细分析乐谱，认真听唱片，形成自己的理解，然后进行反复练习。因此，在每次演出时，他都可以通过熟练的演奏把自己的理解和感受充分表达出来，给听众以美的享受。也正是美好的音乐为他带来幸福的爱情。在梅多芒特暑期音乐学校里，帕尔曼的勤奋和出色表演吸引了一个姑娘——托贝·弗里兰达的注意。他们由音乐的沟通而相识相爱，于1967年结为伉俪。

帕尔曼的演出曲目范围很大，包括所有的标准小提琴曲目，还有许多当代作曲家的作品。他非常喜欢戈德马克的《小提琴协奏曲》和布鲁赫的《第二小提琴协奏曲》，也擅长演奏亨德米特和伯格的小提琴协奏曲。1995年，在他50岁生日之际，帕尔曼在伦敦的4场系列音乐会上演奏了主要的小提琴协奏曲。同年，他被任命为EMI唱片公司的年度艺术家。也是在1995年，在柏林爱乐乐团的伴奏下，他同巴伦博伊姆和马友友一起演奏了贝多芬的小提琴三重协奏曲，EMI公司发行了演奏的原声CD唱盘。

近年来，除了在美国音乐厅里的大量演出外，帕尔曼也经常到欧洲及其他地区演出，每年举行的音乐会在100场以上。1997年，他与柏林乐团一起在柏林举办音乐会，与巴黎交响乐团在巴黎举行音乐会和独奏会。1996年~1997年间，他还在里昂、埃维昂、卢加诺、都灵、布鲁塞尔等地举行独奏音乐会。1997年~1998年间，他除了演出之外，还担任伦敦室内交响乐团的音乐总监。1998年11月，他在伦敦举行独奏会，还和伦敦室内交响乐团一起到英国、意大利、西班牙各地旅行演出。1999年~2000年间，他继续在欧洲各地演出，并且同欧洲的其他乐队合作，担任乐队指挥。

帕尔曼在21岁时第一次录制唱片。从70年代起，帕尔曼长期为EMI唱片公司录音，也为其他一些公司录音，录音数量在专业演奏家中首屈一指。他的唱片和CD唱盘经常出现在最佳销售排行榜上，多次获得大奖，许多唱盘已成为世人珍爱的名盘。

在帕尔曼的艺术生涯中，值得一提的是他同著名作曲家约翰·威廉姆斯的合作——制作获得1994年多项奥斯卡大奖的电影《辛德勒名单》的音乐。帕尔曼演奏了影片里的全部小提琴音乐，将超凡的技艺和深沉的情感投入到演奏中。伴随着犹太人遭受纳粹迫害和杀戮的画面，优雅而舒缓的犹太人传统风格的悲怆音乐在回响。琴声如泣如诉，述说人类的苦难，感叹人性和良知。乐曲荡气回肠，发人深省。影片音乐获得奥斯卡最佳原作电影配乐奖。

作为一位杰出的艺术家，帕尔曼1986年获得美国总统颁发的自由奖章，美国的哈佛大学、耶鲁大学和耶路撒冷的希伯来大学等许多大学授予他荣誉学位。2001 年 4 月 21 日,美国古典名人堂在辛辛那提大学音乐学院举行仪式,宣布帕尔曼等 12 位音乐家成为名人堂成员,以表彰他们对美国古典音乐的发展做出的突出贡献。美国底特律交响乐团正式邀请帕尔曼担任该团客座指挥。帕尔曼与这个乐团合作 30 余年,如今成为该乐团第一位常任客座指挥。

作为一个事业有成的残疾人,帕尔曼深知残疾人在生活中遭遇的艰难,总是对残疾人怀有一种特殊的感情,尽力从多方面资助残疾人。他担任纽约瓦哈拉的布里西道尔儿童医院和耶路撒冷阿里恩医院这两家残疾儿童医院的董事会成员。他还积极参与维护残疾人权益的活动,推动便于残疾人进入公共建筑和利用交通设施的国家立法。

帕尔曼对中国人民怀有友好的感情,曾于 1994 年随以色列爱乐乐团到中国访问演出。11 月 23 日,以色列爱乐乐团在北京的人民大会堂演奏了海顿的《诗篇》、柴可夫斯基的《D 大调小提琴协奏曲》、贝多芬的《第七交响曲》,加演了德沃夏克、贺绿汀和威尔第的作品;11 月 24 日,在上海市政府礼堂里演奏了莫扎特的《第四十交响曲》、门德尔松的《E 小调小提琴协奏曲》和勃拉姆斯的《第二交响曲》,也加演了其他一些作品。乐团精湛的演技、谨严的台风和对艺术的投入精神,帕尔曼对先辈作曲家的精彩演绎,深深地打动了听众。帕尔曼与乐团的合作达到了珠联璧合、相得益彰的完美境界。帕尔曼不用轮椅,不用人搀扶,顽强地拄着双拐走上乐坛演出,并且多次返场谢幕,听众无不为之感动,报以热烈的掌声。他出神入化的弓法,自然流畅的演奏,以及真挚的情感,显示出一个艺术家非凡的音乐才华和伟大的人格力量。荣毅仁副主席为以色列乐团题词"艺术使者,友谊津梁",赞扬该乐团的精彩演出和为中以友好做出的贡献。

俄罗斯音乐大师

——彼得·柴可夫斯基

人物档案

简　　历:俄罗斯浪漫乐派作曲家。1840年5月7日诞生在俄罗斯的沃特金斯克。从小就喜爱音乐,4岁学琴,6岁成为演奏高手。1893年11月6日凌晨患重病逝世。

生卒年月:1840年5月7日~1893年11月6日。

安葬之地:圣彼得堡季赫温公墓。

性格特征:性格内向而且脆弱,感情丰富,与疯狂崇拜自己的女学生的婚姻破裂后,企图自杀,他的朋友把他送到外国疗养。

历史功过:代表作有幻想序曲《罗密欧与朱丽叶》、芭蕾舞剧《天鹅湖》《胡桃夹子》、歌剧《叶甫盖尼·奥涅金》等。

名家评点:作曲家肖斯塔科维奇评价说:"柴可夫斯基的音乐和哲学,在我的意识里留下了不可磨灭的印象……我特别赞赏柴可夫斯基对作品所持的自我批判态度,以及在创作中所追求的明确而高尚的目的。"

酷爱音乐

彼得·柴可夫斯基,19世纪俄国伟大的作曲家。由于在芭蕾舞剧创作方面做出了杰出贡献,他被誉为"近代芭蕾舞剧的开拓者"。

柴可夫斯基诞生在俄罗斯的沃特金斯克。父亲是乌拉尔地区矿山的督察官,同时也是一位音乐爱好者,常在家里举行音乐会。母亲具有一定的文化修养,喜爱音乐,擅长弹琴。在父母的影响下,柴可夫斯基也热爱音乐,并显露出非凡的音乐才华。他4岁学琴,6岁就成为演奏高手。

父母期望柴可夫斯基成为一名法官,送他去圣彼得堡法律学校学习。毕业后在司法部任文官。柴可夫斯基深感司法工作索然无味,对音乐的热爱却日益强烈,无法抑制。他决定利用业余时间接受正规的音乐教育,于是进入了音乐家安东·鲁宾斯坦创办的音乐班学习。后来音乐班升格为圣彼得堡音乐学院,柴可夫斯基毅然辞掉司法部的职务,决心完全投身于所热爱的音乐事业。在音乐学院他如饥似渴地学习,终以优异的成绩毕业。

毕业后,柴可夫斯基来到莫斯科,接受安东·鲁宾斯坦的弟弟尼古拉·鲁宾斯坦的邀请,在他创办的莫斯科音乐学院中担任教授。

执教创作

柴可夫斯基一面执教,一面创作。这一时期他创作了大量各种体裁的作品,有歌剧《督军》《水妖》《近卫军》,芭蕾舞剧《天鹅湖》及第一、二、三交响曲等等。受当时俄国社会进步文化思想的影响,这些作品大都反映了俄罗斯的现实生活,具有鲜明的民族特色。其中以《第一弦乐四重奏曲》和《天鹅湖》舞曲最为著名。

早在1868年,柴可夫斯基与法国女歌唱家德基莱·阿卡特有过一段恋情。他们已订好了婚期,不久发生矛盾,阿卡特撕毁婚约,弃之而去。这件事给了柴可夫斯基沉重的打击,直到若干年后他还念念不忘这段旧情。

就在与阿卡特分手几年后,柴可夫斯基与拼命追求他的女学生米留柯娃结了婚。但这是一场错误的婚姻。米留柯娃毫不关心柴可夫斯基,对他的事业也不理解。婚姻的失败使柴可夫斯基一度企图自杀,遇救后他借了一笔巨款才解除了这桩痛苦的婚姻。

柴可夫斯基在婚姻上的挫折,使他的身心受到沉重的打击,此后他把自己的全部精力投入到了音乐创作中去。

创作卓著

柴可夫斯基在1876年末经朋友介绍与富孀梅克夫人建立了通讯关系。梅克夫人热爱音乐,经常周济穷困的音乐家。当他得知柴可夫斯基由于经济原因,还需要靠教书来维持生活时,便答应每年资助一笔不菲的赞助,以保证柴可夫斯基可以将全部精力投入到作曲上。他们还约定仅以书信来往,永不见面。

梅克夫人对柴可夫斯基的赞助长达14年之久,但从未正式见过面。他们在信中无所不谈,是心灵相通的密友。柴可夫斯基称她为"能够了解我的灵魂的友人"。

后来,梅克夫人由于深感忽略了对儿子的关心而停止了与柴可夫斯基的这种精神交往,柴可夫斯基由此非常难过。在他临终前仍在念叨梅克夫人的名字。

由于没有后顾之忧,柴可夫斯基的后期创作中有许多最成功的作品,比如说歌剧《黑桃皇后》,第四、五、六交响曲,芭蕾舞剧《睡美人》《胡桃夹子》等等。此时柴可夫斯基的思想处于矛盾中,他一方面不满沙皇统治,一方面又反对暴力革命,这种思想状况使他的许多作品呈现出了悲剧性冲突。

1893年,英国剑桥大学为了表彰他在音乐艺术上的巨大贡献,授予他荣誉音乐博士学位。回国后,他在圣彼得堡指挥了他的著名的第六交响曲《悲怆交响曲》的首次演奏。几天后他不幸传染上了霍乱,于11月6日病故。

圆舞曲之父

——约翰·施特劳斯

人物档案

简　　历：维也纳音乐家。1804 年 3 月 14 日出生在维也纳郊区一户平民家中。从小喜爱音乐，后来师从约瑟夫·兰纳。影响最大、流行最广的当属《拉德斯基进行曲》。1849 年 9 月 25 日，约翰·施特劳斯在维也纳逝世，享年四十五岁。

生卒年月：1804 年 3 月 14 日~1849 年 9 月 25 日。

安葬之地：维也纳中央公墓。

性格特征：性格孤僻、偏执。

历史功过：施特劳斯一生共写过 200 多首乐曲，其中圆舞曲 150 多首，占一半以上，被人们尊称为"圆舞曲之父"。

名家评点：老约翰任指挥时，用琴弓做指挥棒，站着乐池里，时而指挥，时而拉琴，激情澎湃，才华横溢。舞池中"男人们紧紧地搂着他们的女伴，在欢快热烈的气氛中翩翩起舞。"这是当时维也纳舞场的真实写照。

平民家庭

1804 年 3 月 14 日，约翰·施特劳斯出生在维也纳郊区一户平民家中。他的父亲弗朗茨·施特劳斯是一家小酒馆的老板，母亲是家庭主妇。

小酒馆里一年到头都有流浪艺人与食客们演奏音乐，施特劳斯非常爱听。每当艺人们一曲完毕，他就主动捧着帽子替他们收取顾客的赏金。

弗朗茨见儿子喜好音乐，便给他买了一把小提琴。不久，施特劳斯就能跟着艺人们一道演奏了。

施特劳斯渐渐长大了，父亲认为儿子不能总这样混下去，便送他去当学徒工，装订书籍。然而，施特劳斯很快就逃离了这个岗位，因为他实在不喜欢那种枯燥乏味、千篇一律的工作与生活。

15 岁的施特劳斯以拉提琴谋生,不久,他认识了约瑟夫·兰纳。兰纳比施特劳斯大3 岁,是一位职业舞会作曲家兼演奏家。他们共同合作,创办了一个弦乐四重奏小组。他们的事业渐渐兴旺发达起来,四重奏小组经过 5 年的发展已成为一个很像样的职业乐团,经常一分为二,同时在两处举办大型的舞会。

施特劳斯的才华明显地在兰纳之上,但他创作的舞曲却要以兰纳的名义来发表。1825 年,两位乐团领导人之间终于爆发了尖锐的冲突,在一场大吵大闹之后,他们分道扬镳了。

建立乐队

施特劳斯组建起自己的乐团,从此走上完全独立的奋斗之路。或许是老天爷的有意安排,他的第一个儿子就在这个时候来到了人间。他在激动、兴奋中给长子起了一个与自己完全相同的名字:约翰·施特劳斯。当然,他做梦也想不到,自己的"小化身"也能成为誉满全球的舞蹈家。

与兰纳分手之后,施特劳斯的才华充分显示出来。他的圆舞曲愈来愈受维也纳人的青睐,以致有时可以左右他们的言谈举止与日常生活。一位德国作家曾这样描绘当时的维也纳:如果人们争论得僵持不下,大师施特劳斯就用琴弓敲打他的小提琴,请大家安静。每逢此时,吵闹的人群就会立即停止喧哗,在大师优美的华尔兹旋律中握手言和,翩翩起舞。

云游四海

施特劳斯的羽翼丰满了,他率领着自己的乐团云游四海,很快,欧洲各国都刮起了"华尔兹旋风"。

施特劳斯功成名就,他的乐团在鼎盛时期多达 200 余人。他把乐手们分开,在十几个地点同时举办舞会,而他本人则乘坐马车不断地从这里奔向那里,以便到处都能宣布乐队是由大师本人"亲自指挥"。

为了应付演出需要,施特劳斯必须不停地拿出新的作品,因而,他的头脑总是处于高度的紧张状态中。他在指挥乐队时心里常常会蹦出新的"灵感",为使灵感不致溜掉,他总是随手将它们写在袖口或衬衣上。这个非凡的习惯后来遗传给他的儿子,并且得到了发扬光大!

使施特劳斯费心的事情数不胜数。除作曲外,他与众多乐手的各种矛盾,家庭内部的复杂纠葛,社交方面的应酬、谈判,经济上的争吵、官司等等,没完没了,永无休止。长期过度的紧张劳累彻底摧毁了他的身心健康。1849 年 9 月 25 日,施特劳斯在维也纳去世，年仅 45 岁。

　　施特劳斯一生共写过 200 多首乐曲，其中圆舞曲 150 多首，占一半以上。尽管在今天的音乐会与舞会上已很少再听到他的作品，但人们还是恰如其分地将他尊为"圆舞曲之父"。

圆舞曲之王

——小约翰·施特劳斯

人物档案

简　　历：奥地利著名作曲家，小提琴演奏兼指挥家。1825 年 10 月 25 日出生于维也纳自幼受父亲音乐的熏陶，深深地爱上了音乐，继承了先父和兰纳等前辈的传统。1899 年 6 月 3 日，小约翰·施特劳斯因患肺炎在维也纳去世，享年 74 岁。

生卒年月：1825 年 10 月 25 日~1899 年 6 月 3 日。

安葬之地：维也纳公墓。在勃拉姆斯墓旁边，舒伯特墓对面。

性格特征：欢快、热情、幽默。

历史功过：一生多产，大概写了 400 多首乐曲，几十首波尔卡和进行曲。其中《蓝色多瑙河》《维也纳森林的故事》等是他的代表作，被称为世界"圆舞曲之王。"

名家评点：法国音乐家德彪西曾称他为"绝妙的魔术家"，并说"他亲自指挥演奏自己的作品，使我获得了前所未有的音乐享受"。

酷爱音乐

约翰·施特劳斯，奥地利著名作曲家、小提琴演奏家兼指挥家。他的代表作《蓝色的多瑙河》是家喻户晓的世界名曲。由于创作了大量优美的圆舞曲，他被人们称为"圆舞曲之王"。

施特劳斯的父亲老施特劳斯是一名著名的作曲家，被人们称为"圆舞曲之父"。久经风霜的老施特劳斯深感音乐事业竞争日益激烈，又疲于奔命，所以不希望子女从事音乐工作。但是，施特劳斯自幼受父亲音乐的熏陶，耳濡目染，深深地爱上了音乐，他下决心要当一名音乐家。

老施特劳斯为了阻止施特劳斯学习音乐，在他中学毕业后送他去学商业，后来又让他当了银行的职员。但是这一切都未能阻挡施特劳斯从事音乐工作的决心。在母亲的

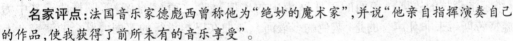

暗中支持下,他偷偷买乐器,请老师指导。他先是向老施特劳斯的乐队领班亚蒙学习拉小提琴,后来又向在教堂里当乐长的德列克斯勒学习乐理和作曲,取得了很快的进步。老施特劳斯得知儿子违背自己的意愿后,到法院去控告儿子,结果败诉,由此父子关系不和。老施特劳斯一怒之下,离家出走。

父亲离家后,施特劳斯得以更加自由地去学习自己喜爱的音乐。1844年,19岁的施特劳斯组织了一个15人的乐队,决心和父亲在音乐上较量一番。同年,施特劳斯在维也纳举行了首次演出,获得了极大成功。第二天,报纸以"晚安,老施特劳斯!早安,小施特劳斯!"为题做了报道。此时的老施特劳斯正当盛年,在乐坛享有极高的声誉,他当然不甘心败在儿子的手下。于是,父子二人展开对抗,各自大显身手,为争夺"圆舞曲之王"而竞争。几年后,由于朋友们的劝说,父子俩才取得了表面上的和解。

1849年,老施特劳斯在维也纳逝世。施特劳斯接管了父亲的乐队,和自己的乐队合并,成为当时维也纳最有声望的乐队。

青出于蓝

施特劳斯晚年曾说过,他的音乐继承了先父和兰纳等前辈的传统。青出于蓝而胜于蓝。他的成就超越了父亲,因此被誉为"圆舞曲之王"。

施特劳斯每天抓紧时间作曲,他将助手叫到跟前,让他们在一旁等候。这时他坐在桌旁埋头作曲,一张乐谱接着一张乐谱诞生,助手们立即配器、抄分谱、排练,如同工厂的流水作业。这样,当天晚上就可以欣赏到白天刚创作的新作品了。

1863年后,施特劳斯将乐队交给两个弟弟,自己专心从事创作。他一生创作了462首乐曲,绝大部分是圆舞曲和舞曲。他的著名作品有《蓝色的多瑙河》《艺术家的生涯》《维也纳森林的故事》《美丽的五月》《南国的玫瑰》《春之声》《皇帝》等圆舞曲。其中为施特劳斯带来非凡声誉的是《蓝色的多瑙河》,该曲在巴黎举行的万国博览会的演奏会上公演时,引起了轰动,掌声经久不息。《蓝色的多瑙河》以它优美的旋律、明朗的风格深受群众喜爱,一百多年来经久不衰。

圆舞曲是整个19世纪欧美音乐中占主导地位的舞曲,施特劳斯是这一领域无与伦比的大师,他在其他体裁上也有不懈的探索。

19世纪70年代初,受法国作曲家奥芬·巴赫的影响,施特劳斯开始创作轻歌剧,至90年代末逝世时为止,他共创作了16部轻歌剧。他的轻歌剧以《蝙蝠》和《吉卜赛男爵》最为有名,这两部维也纳轻歌剧中的代表作,直到今天仍是久演不衰的经典剧目。

施特劳斯于1899年6月3日死于肺炎,终年73岁。维也纳人民为他举行了隆重的葬礼,有10万多人为他送葬,可见他在人民心目中的地位。

一生创作不辍的施特劳斯留下了大量作品,其中圆舞曲168首、波尔卡舞曲117首、卡得罗尔舞曲73首等等。施特劳斯的作品对后世许多音乐家如勃拉姆斯、柴可夫斯基都产生了较大的影响。

现代绘画之父

——保罗·塞尚

人物档案

简　历:法国著名画家,是后期印象派的主将,风格介于印象派到立体主义画派之间。1839 年 1 月 19 日出生在普罗旺斯地区艾克斯的一个商业世家,1906 年,外出画《儒尔当的乡间小屋》时遇暴风雨而罹患肺炎,不久后过世。

生卒年月:1839 年 1 月 19 日~1906 年 10 月 22 日。

安葬之地:普罗旺斯地区艾克斯的旧墓地。

性格特征:性情暴戾,喜怒无常。

历史功过:有着"新艺术之父""现代艺术之父""造型之父"或"现代绘画之父"等美誉,他的代表作为《圣维克多山》《法黎耶肖像》等。

名家评点:著名立体主义大师勃拉克评价说:"塞尚的伟大,在于他古典的约制,在于他不表现个人。"

后印象派

保罗·塞尚因其毕生追求表现形式,对运用色彩、造型有新的创造,而被称为"现代绘画之父",同时也是"后印象主义"的代表。

"后印象主义"一词,是由英国美术批评家罗杰·弗莱发明的。

据说,1910 年在伦敦准备举办一个"现代"法国画展,但是临近开幕,画展的名称还没有确定下来。作为展览组织者的罗杰·弗莱事急无奈,便不耐烦地说:"权且把它称作后印象主义吧!"

这一偶然而得的名称,毕竟还切合实际,因为参展者都是印象派之后的画家。以后,

"后印象主义"便被用来泛指那些曾经追随印象主义，后来又极力反对印象主义的束缚，从而形成独特艺术风格的画家，其中杰出者有塞尚、梵高、高更和劳特累克等。实际上，后印象主义并不是一个社团或派别，也没有共同的美学纲领和宣言，而且画家们的艺术风格也是千差万别。之所以称之为"后印象主义"，主要是美术评论家为了从风格上将其与印象主义明确区别开来。

后印象主义者不喜欢印象主义画家在描绘大自然转瞬即逝的光色变幻效果时，所采取的过于客观的科学态度。

他们主张，艺术形象要有别于客观物象，同时饱含着艺术家的主观感受。

塞尚认为："画画——并不意味着盲目地去复制现实；它意味着寻求诸种关系的和谐。"他所关注的，是在画中通过明晰的形，来组建严整有序的结构。梵高和高更则专注于精神与情感的表现，其作品渗透着某种内在的表现力和引人深思的象征内涵。

后印象主义绘画偏离了西方客观再现的艺术传统，启迪了两大现代主义艺术潮流，即强调结构秩序的抽象艺术（如主义、风格主义等）也强调主观情感的表现主义（如野兽主义、德国表现主义等）。

所以，在艺术史上，后印象主义被称为西方现代艺术的起源。

追求艺术

塞尚鄙弃印象主义者追摹自然界表面色光反射的做法，提倡应该按照画家的思想和精神重新认识外界事物，并且在自己的作品中依照这种认识重新组构外界事物。塞尚重视绘画的形式美，强调画面视觉要素的构成秩序。这种追求其实在西方古典艺术传统中早已出现。而塞尚始终对古典艺术抱着崇敬之情。他最崇拜法国古典主义画家普桑。

他曾说："我的目标是以自然为对象，画出普桑式的作品。"他力图使自己的画，达到普桑作品中那种绝妙的均衡和完美。他向着这方面进行异常执着的追求，以至于对传统的再现法则却不以为然。他走向极端，脱离了西方艺术的传统。塞尚的画具有鲜明的特色。他强调绘画的纯粹性，重视绘画的形式构成。

通过绘画，他要在自然表象之下发掘某种简单的形式，同时将眼见的散乱视像构成秩序化的图像。他强调画中物象的明晰性与坚实感。他认为，倘若画中物象模糊不清，那么便无法寻求画面的构成意味。

因此，他反对印象主义那种忽视素描、把物象弄得朦胧不清的绘画语言。他立志要"将印象主义变得像博物馆中的艺术那样坚固而恒久"。于是，他极力追求一种能塑造出鲜明、结实的形体的绘画语言。他作画常以黑色的线条勾画物体的轮廓，甚至要将空气、河水、云雾等，都勾画出轮廓来。

在他的画中，无论是近景还是远景的物象，在清晰度上都被拉到同一个平面上来。这样处理，既与传统表现手法拉开距离，又为画面构成留下表现的余地。其次，他在创作中排除烦琐的细节描绘，而着力于对物象的简化、概括的处理。他曾说："要用圆柱体、圆锥体和球体来表现自然。"他的作品中,景物描绘都很简约,而且富于几何意味。塞尚认为"线是不存在的,明暗也不存在,只存在色彩之间的对比。物象的体积是从色调准确的相互关系中表现出来"。他的作品大都是他自己艺术思想的体现,表现出结实的几何体感,忽略物体的质感及造型的准确性,强调厚重、沉稳的体积感,物体之间的整体关系,有时候甚至为了寻求各种关系的和谐而放弃个体的独立和真实性。他最早摆脱了千百年来西方艺术传统的再现法则对画家的限制。在塞尚的画作中,经常出现对客观造型的有意歪曲,如透视不准、人物变形等。他无意于再现自然。而他对自然物象的描绘,根本上是为了创造一种形与色构成的韵律。他曾说:"画家作画,至于它是一只苹果还是一张脸孔,对于画家那是一种凭借,为的是一场线与色的演出,别无其他的。"塞尚的成熟见解,是以他的方式经过了长期痛苦思考、研究和实践之后才达到的。在他的后期生活中,用语言怎么也讲不清楚这种理论见解。他的成功,也许更多的是通过在画布上的发现,即通过在画上所画的大自然的片段取得的,而不是靠在博物馆里所做的研究。

他反对传统绘画观念中把素描和色彩割裂开来的做法,追求通过色彩表现物体的透视。他的画面,色彩和谐美丽。面对写生对象,他总是极其审慎地观察、思考和组织画面的色调,反复推敲,反复修改,以至许多画总像是没有完成一般。为了长久地反复钻研,他经常画的题材是静物画。在这些精心组织的静物画中,塞尚并不过多地重视空间、体积和透视关系的科学性,而是更加注重画面形和色的平面布局,力求达到一种类似图案一样的平面的和谐与均衡。比如在《静物苹果篮子》以及其他许多静物中,塞尚在表现上所获得的成功甚至超过了巴尔扎克的言语描述。对于塞尚来说,如同其他的前辈和后辈艺术家一样,静物的魅力显然在于,它所涉及的主题,也像风景或被画者那样是可以刻画和能够掌握的。塞尚仔细地安排了倾斜的苹果篮子和酒瓶,把另外一些苹果随意地散落在桌布形成的山峰之间,将盛有糕点的盘子放在桌子后部,垂直地看也是桌子的一个顶点,在做完这些之后,他只是看个不停,一直看到所有这些要素相互之间开始形成某种关系为止,这些关系就是最后的绘画基础。这些苹果使塞尚着了迷,这是因为散开物体的三度立体形式是最难控制的,也是最难融进画面的更大整体中的。为了达到目标,同时又保持单个物体的特征,他用小而扁平的笔触来调整那些圆形,使之变形或放松或打破轮廓线,从而在物体之间建立起空间的紧密关系,并且把它们当成色块统一起来。塞尚让酒瓶偏出了垂直线,弄扁并歪曲了盘子的透视,错动了桌布下桌子边缘的方向,这样,在保持真正面貌的幻觉的同时,他就把静物从它原来的环境中转移到绘画形式中的新环境里来了。在这个新环境里,不是物体的关系,而是存在于物体之间并相互作用的紧密关系,变为有意义的视觉体验。画完此画70年之后的今天,当我们来看这幅画的时候,仍然难以用语言来表达这一切微妙的东西,塞尚就是通过这些东西取得了他的最后成果的。不过,我们现在能在不同的水平上领悟到他所达到的美了。他是绘画史上的一位伟大的造型者,伟大的色彩家和明察秋毫的观察家,也是一位思绪极为敏捷的人。

但是,他这样反复地去画人物时,常常使当模特儿的人无法忍受长时间的枯坐,因此,他越来越难以寻找合意的模特儿。而最为耐心最为善良的模特儿便是年轻的塞尚夫人。他的作品中,以夫人为模特儿的便有25件。这一幅《红沙发上的塞尚夫人》便是其中之一。塞尚夫人名叫马利·奥尔丹斯·菲格,1869 年与塞尚结婚。在这之前,她是一家装订工厂的女工,业余为塞尚作模特儿,她的耐心和顺从使塞尚十分感动。结婚之后,她不但操持家务,照料画家的起居,而且继续为画家当模特儿。在这幅画中,画家将红色沙发和模特儿身上的蓝绿色调,构成十分鲜明的对照,色彩明亮而协调。

艺术大师

　　塞尚是那样一心一意地献身于风景、肖像和静物等各个主题,世界上的艺术家很少有人能比得上他对艺术史的贡献。1890 年以后,塞尚的笔触变大,更具有抽象表现性。轮廓线也变得更破碎、更松弛。色彩漂浮在物体上,以保持独立于对象之外的自身的特征。他是一位要求我们景仰却拒绝我们热爱的画家。他与这世界的关系是一种对峙的关系,通过绘画保持着他与所有东西的距离,高高在上,君临着一切。H·H·阿纳森著《现代艺术史》讲到早期的塞尚,说:"他在谋杀与抢劫的场面中,驱散了自己内心的冲突。"

　　他是典型的"纯粹的画家",对于做他绘画的模特,他不恨她们,但是也不爱她们,他研究她们,重新创造她们。女性的性别特征对塞尚来说,意义似乎也仅仅在于这里。所以德·斯佩泽尔和福斯卡合著的《欧洲绘画史》中说:"由于塞尚是一个纯粹的画家,他只能发现绘画的问题,当他面对着一个模特儿时,虽然他在画肖像,但他不是一个肖像画家。他对表现他的模特儿的人的特点不感兴趣,而仅对表现体积有兴趣,就好像画水果或瓦罐一样。"所谓"纯粹的画家",换句话说,也许意味着塞尚是美术史上第一个真正到位的画家。

　　这一特点同样表现在他给妻子画的肖像画《暖房里的赛尚夫人》里。据约翰·利伏尔德《塞尚传》说:"必须同意做最辛苦的模特儿的是妻子菲格,因为塞尚要求模特儿不能动。有时工作数小时,模特儿疲劳而感到厌烦,他完全不介意。……塞尚的工作进展是非常缓慢的,在画布上画一下模特儿的轮廓及一些阴影和色调的关系,模特儿必须一周时间每天不缺地来摆姿势。画静物的时候,必须用假花和玩具水果,因为在工作完成之前花凋零了,水果也腐烂了。画一幅肖像画要用数百次模特儿,那样的事绝不算稀奇。"在那些画里,妻子总是漠然地看着塞尚,实际上塞尚也漠然地看着她,但是塞尚是胜利者。他把生命的东西变成永恒的东西。塞尚的画里没有任何浮华成分,他不需要女人表现出愉悦和兴奋。妻子的肖像有 25 幅之多,算来她一共在画布前坐了不少年吧!这可怜的女人,由着塞尚冷静而审慎地把她的头、颈部、手臂和下半身分别画成圆柱体、球体和锥体等,慢慢地也像一朵花似的凋零了。

　　只有塞尚才谈得上是前无古人,成就这样一位大师谈何容易。

古典音乐最后一位巨匠

——彼得·舒伯特

人物档案

简　历：奥地利作曲家，被称为"歌曲之王"。1797 年 1 月 31 日出生于维也纳的近郊的里希田塔尔。童年时代就对音乐表现了很大兴趣。1828 年 3 月 26 日，举办了其生前仅有的一次正式音乐会；同年 11 月 19 日，舒伯特病逝，终年 31 岁。

生卒年月：1797 年 1 月 31 日～1828 年 11 月 19 日。

安葬之地：维也纳魏林格公墓。

性格特征：性情平和，小富即安。

历史功过：在他短暂的一生中，给后世留下了丰厚的音乐遗产，包括 600 多首歌曲、18 部歌剧、歌唱剧和配剧音乐，9 部交响曲、10 余首弦乐四重奏、22 首钢琴奏鸣曲以及其他作品。

名家评点：德国作曲家罗伯特·舒曼评价说："在舒伯特的音乐之外，根本没有音乐在主题思想进展和联想上以及在看似合乎逻辑的跳跃上赢得如此的心理学关注，很少有人像他一样怀藏着如此独一无二的个性，能推出形式各异的音乐描述，也极少有人为他自己、为自己的内心写了这么多东西。"

辞师从艺

　　1818 年，彼得·舒伯特不顾父亲的坚决反对，抱着对艺术和生活的天真的幻想，毅然辞去了教师的职位，决心当一名"自由艺术家"。然而，他哪里料想得到，像他这样出身低微的作曲家，在 19 世纪初叶的维也纳，将会是多么的不自由啊！

　　舒伯特（1797 年～1828 年）是 19 世纪奥地利的天才作曲家，出生于维也纳近郊的里希田塔尔，父亲是中学教师。童年时代，他从家庭音乐生活中学会了演奏风琴、钢琴和小提琴，也掌握了基本的作曲方法和合唱艺术。11 岁起，他进免费的神学院读书。在学校里他参加了学生乐队,有时还担任指挥,熟悉了维也纳古典乐派作曲家的许多作品。与此同时,他从 13 岁起就开始了紧张的创作活动。1813 年,16 岁的舒伯特离开神学院后,在父亲的学校里担任助理教师。这时他虽然忙于教课,但仍然创作出许多焕发着活力的作品。1818 年舒伯特毅然辞去教学职务,全心投入音乐创作。由于没有固定收入,他穷困潦倒,31 岁就英年早逝。人们根据他的遗愿,把他葬在他所崇拜的贝多芬的墓旁。

1811 年,舒伯特创作了第一首歌曲《哈加尔的悲哀》,14 岁作第一交响曲,17 岁为歌德的诗篇《纺车旁的葛莱卿》《野玫瑰》《魔王》等谱曲。18 岁完成第二、三交响曲,两部弥撒曲,5 部歌剧及 140 多首歌曲。舒伯特采用和声上的色彩变化,用各种音乐体裁形式来刻画个人的心理活动,富有大自然的和谐和生命力的气息,他将瞬息间的遐想行之于乐谱,把感受到的一切化为音乐形象,构成了他独特的浪漫主义的旋律。他对后来浪漫主义音乐的发展起到了极其深远的影响。虽然 31 岁就夭折,但给后世留下了大量的音乐财富,尤以歌曲著称,被称为"歌曲之王"。他总共写下 14 部歌剧、9 部交响曲、100 多首合唱曲、567 首歌曲等近千件作品。其中最著名的有:《未完成交响曲》《C 大调交响曲》《死神与少女》四重奏、《鳟鱼》五重奏、声乐套曲《美丽的磨坊姑娘》《冬之旅》及《天鹅之歌》、剧乐《罗莎蒙德》等。

反对现实

舒伯特生活在古典主义和浪漫主义的交接时期。他的交响性风格继承的是古典主义的传统,但他的艺术歌曲和钢琴作品却完全是浪漫主义的。他绝妙的抒情性使李斯特称他为"前所未有的最富诗意的音乐家"。舒伯特在传统的室内乐中注入了自己的精神特性。他的室内乐作品都带有真正的舒伯特的印记,它们也是维也纳古典主义的最后一批作品。

舒伯特生活的 19 世纪初叶的维也纳,社会极其黑暗,到处是皇帝的秘密警察,官方严密地监视着社会上的书报、戏剧、演出以及一切文化生活,不允许有一丝一毫的民主空气。但是,另一方面,为了腐蚀、麻痹人民,政府却大力提倡享乐主义的文化艺术,粉饰太平。

舒伯特既不愿依附于权贵的门下,去做他们的忠实奴仆,也不愿用自己的艺术为统治者粉饰太平,去写那些专供娱乐用的浮华、空虚的作品。他要用自己那才气横溢的音乐去倾吐出当时一部分进步知识分子内心的痛苦,唱出市民阶层所憧憬美好希望。正因为这样,舒伯特的作品很快地受到了市民阶层的欢迎。正因如此,他当然不会受到当局者的重视和欢迎。奥地利皇帝曾经说过这么一句话:"我们不需要天才,我们只要忠于职守的臣仆"。像舒伯特这样一位艺术家,当然不是皇帝的忠诚"臣仆"。在国家警察的档案中,舒伯特被记录为是一个"鲁莽的人",而当他的一个具有自由思想的朋友被警察逮捕时,他也因受牵连而被拘留。虽然舒伯特的歌曲和音乐作品当时在维也纳的市民中已家喻户晓、广为流传了,但却因得不到官方的赏识而难于出版和演出。舒伯特在生前,甚至还没能听到过自己创作的交响曲的演出。1815 年,他写出了不朽的名曲《魔王》,但是一直过了 5 年,出版商才勉强答应为他出版这首歌曲,其条件是不付给他稿费。他写的歌曲《流浪者》出版后，只拿到两盾钱，而出版商却从这个作品中总共赚取了二万七千盾。舒伯特是一位多产的作曲家，他把许多歌曲送到出版商那里去，又多又快，而每首歌曲却只值两毛钱。因此，虽然不朽的作品连连问世，舒伯特却连温饱问题也无法解决。有一次，舒伯特又冷又饿，却已身无分文。他不得已走进了一家饭馆，在菜谱上做了一首曲。起初，饭馆老板以为他是个要饭的，想轰走他，后来看到乐谱，便知道他是一位作曲家。于是老板收下了乐谱，并免费给了舒伯特一盘土豆。这首乐曲就是著名的《摇篮曲》。他逝世前病在床上没钱买药时，朋友们把他写的《冬之旅》送到出版商那里去，但出版商仅给其中的《菩提树》一歌付了一盾钱。在出版商的残酷剥削下，舒伯特艰难地生活着。

　　舒伯特和贝多芬被后人称为世界乐坛上两颗最灿烂的金星。这两位大师都处于当时封建王朝的黑暗统治时期，他们一生都用音乐艺术来反抗这种统治。他们尽管交往不多，但却是相知很深的朋友。在贝多芬生命的最后一段日子里，他经常谈起舒伯特，说他对舒伯特相知恨晚，并预言他的音乐将震惊世界。在舒伯特生命的最后时刻，经常提到他所钟爱的贝多芬，说自己愿意和贝多芬在一起。在他死后，他的哥哥花完了自己所有的积蓄满足了弟弟的这一要求。

创作惊人

　　舒伯特的一生是短暂的，贫困潦倒的，可是他以惊人的毅力创作了抒情歌曲600多首，被誉为"歌曲大王"，是世界上歌曲创作最多的伟大作曲家，也是18世纪、19世纪以来第一个以优秀的歌曲创作闻名于世的音乐家。当他写出那首动人心弦的歌曲《纺车旁的马格丽塔》时，才只有17岁。而《魔王》《野玫瑰》等至今仍在世界上广为流传的优秀歌曲，是他18岁那年写成的。据说，贝多芬临死前在病床上读了几首舒伯特的歌曲后，曾惊叹地说道："真的，在这个舒伯特身上闪耀着神奇的火花！"此外，舒伯特还创作有歌剧14部，清歌剧6部，交响曲13部，序曲6首，弦乐四重奏15首等大量作品。由于舒伯特在世时的地位所致，这些作品大部分都是在后来被人们挖掘整理出来的。

　　舒伯特一生都在同黑暗势力做斗争。在他的作品中，除去对黑暗势力的描写，同时还表现出对未来生活的美好期望。其作品风格是以抒情性为主，结构较为自由，旋律性很强。在钢琴曲和交响曲方面，舒伯特承袭和发展了维也纳古典音乐的传统。而在歌曲方面，舒伯特在民间音乐中寻找源泉，开创了浪漫派抒情歌曲的先河。

法国印象派大师

——克劳德·莫奈

人物档案

简　　历:法国画家,被誉为"印象派领导者",是印象派代表人物和创始人之一。1840 年 11 月出生于巴黎,18 岁同朋友户外学习写生,最喜欢画水。1926 年 12 月 5 日病逝于吉维尼家中,享年 86 岁。

生卒年月:1840 年 11 月~1926 年 12 月 5 日。

安葬之地:Giverny 的教堂公墓。

性格特征:像个隐士,有很强的孤独感。生性沉默寡言,喜爱思索。

历史功过:2019 年 5 月 14 日,作品《干草堆》在纽约苏富比拍卖行以破纪录的 1.107 亿美元(当时 1 美元约合人民币 6.87 元)高价拍出。这是莫奈作品拍卖价格的最高纪录,也是印象派画作拍卖最高纪录。

名家评点:塞尚评价说:"莫奈只是只眼睛,可是我的天,那是多么了不起的眼睛啊!"

开创画派

"疯狂、怪诞、反胃、不堪入目!"这是 1874 年巴黎一位艺术批评家的怒斥,对象是一些不落俗套的油画、蜡笔画和其他绘画展览。主办人是一群不肯在官方巴黎沙龙展出作品的朋友。这群青年叛逆者的作品,着色怪异,下笔粗放,以简朴的日常生活为题材,不随时尚绘画端严人像和宏伟的历史场面。画展迅即成为巴黎街谈巷议的话题,群众不但前往讪笑,甚或向画布吐口水。

在这其中,克劳德·莫奈所绘的一小幅海景,受讥嘲最多。这幅画画的是哈佛港晨景,题名为《日出印象》。一个好讥讽别人的评论家就用此题名挖苦那群画家,称他们为"印象派"。

从经济上着眼,画展完全失败,一张也没有卖出。但这种新作风的画自此有了名,后来竟响彻全球。自此之后，印象派作品疯魔了千百万人，大家不惜重金争购。专家相信，莫奈那一小幅海景现在至少要值 200 万美元。

莫奈劝他的朋友就用评论家送给他们的诨号作画派名称，以示反抗，并于不久后成为这一画派公认的领袖。他那壮健的身材、浓密的棕色长发、炯炯有神的黑眼睛、蓄须的清秀面庞，处处充满了自信。他坚持大家继续用同一风格来作画，让法国人学习欣赏他们的作品。

才能初显

莫奈于 1840 年 11 月生于巴黎，父亲是杂货商，莫奈为长子。出生后不久，全家迁往曼诺第。他的漫画才能为风景画家布丹所赏识。18 岁时，布丹邀他同往户外写生，那时管装颜料刚刚发明，户外写生还是新鲜玩意儿。莫奈起初不以为然，后来方知师法自然之妙，认为户外写生确是风景画家最好的作业方法。有位青年画家向他求教，他指着云天河树说："它们是老师，向它们请教，好好地听从它们的教导。"

那时莫奈还没有发展他那革命性的印象派技巧。有好几幅画都获得了官方巴黎沙龙的接受。26 岁那年，一位鉴赏家对他的《绿衣女郎》大为赞赏。那是一幅清新活泼的人像，画的是他的心上人唐秀。唐秀是个弱质纤纤的黑发女郎，多年来莫奈从她那里获得灵感。可是他那中产阶级的家庭对于他们的结合非常愤怒。1867 年，莫奈家中闻悉此事，就断绝所有对他们的经济援助。这个不名一文的小家庭屡次迁居都为房东逐出。他的朋友亥诺瓦，自己也穷得要命，偷偷把他母亲餐桌上的面包送给莫奈，莫奈一家因此得免饿死。

就在那年夏天，莫奈和亥诺瓦二人都在创作上有了极高成就。为了要画阳光在水面闪烁和树叶颤动，他们采用新法，把幽暗的色彩通通抛弃，改用纯色小点和短线，密布在画布上，从远处看，这些点和线就融为一体了。那时还未命名的印象主义画法，就在那年夏天诞生了。

普法战争爆发后，莫奈把唐秀托付给朋友照顾，自己只身前往伦敦。伦敦缥缈的轻烟和浑浊的浓雾使他着了迷，后来他又去过几次伦敦，前后用晕色画了很多幅泰晤士河上的大小桥梁和英国议会大厦，一种恍非尘世的诡异色彩笼罩着整个画面。

战争结束后，莫奈回到法国，1871 年冬天，他带着妻儿到塞纳河上的阿乡德尔市居住了 6 年。莫奈每天从早到晚都在户外写生。他还弄到了一艘小船，辟为画室。不论阴晴寒暑，他都不在室内工作。塞纳河封冻了，他在冰上凿孔置放画架和小凳。手指冻僵了，就叫人送个暖水袋来。他在海岛上、沙滩上作画，因大西洋风势疾劲，便把自己和画架缚在岩石上(有几幅海景，至今还看得见嵌着的沙粒)。他以同样刻苦的精神应付生命中的逆境。1878 年，他们的次子米歇尔出世，唐秀患重病。莫奈既要看护病人，又要照顾婴儿和洗衣做饭，还得抽空在街上兜售油画，虽然幅幅都是杰作，但收入微不足道。第二年，唐秀还未到 30 岁，便溘然长逝。

1883 年，莫奈的作品在巴黎、伦敦、波士顿三地展出。这时印象派画家已渐渐受到了人们的注意。

荣获勋章

1886 年在纽约举行的画展，展出了莫奈的精品 45 件，这是他生命的转折点。他的作品成为收藏家猎取的对象，自己也成了名人。1888 年连法国也公开承认了他的地位，要颁赠"荣誉勋章"给他，他愤然拒绝了。

1880 年，莫奈首次享受到了快乐而富裕的生活。他带着两个小男孩和一个有 6 个儿女的寡妇霍施黛组织了新家庭。他们住在巴黎市外 75 公里的席芬尼一幢盖得不很整齐、有灰色百叶窗的农舍里。草地上有一条透迤的小溪蜿蜒流过，花园旁有条单线铁路，每天有 4 班火车往来。席芬尼是莫奈的人间乐土，前后 43 年，他喜爱这个地方，以它入画，并在这里终老。

一天，他和助手在屋后山坡作画，画的是夕阳下的干草堆。15 分钟后，光线变了，使他无法继续，他大为苦恼。于是叫助手回家去再拿块画布来，没过多久，他不得不再换一块。著名的"系列"油画就这样产生了。莫奈一年四季，晨昏早晚都画这个干草堆，出门时带着十几块画布，随光线或天气的改变而一块块地换着画。他又用同样的方法画卢昂市歌德式大教堂的正面，画了两年。

莫奈最喜欢画水。他搬到席芬尼后不久，就引溪水筑池，在池里种了黄、红、蓝、白和玫瑰色的睡莲。他对这些花的爱好与日俱增，前后将近 30 年，屡画不厌，并且越画越大越抽象。在他晚年所绘的巨幅油画前，观者会有悬身于怪异水世界上空的感觉，看着白云的倒影从睡莲巨叶间的水面滑过。

莫奈晚年最得力的朋友，是第一次世界大战时的法国总理克雷芒梭。有一天莫奈对克雷芒梭说，他想造一间陈列室，四壁挂满巨幅睡莲画，好让人在这炮火连天的世界里，有个可以静思的地方。克雷芒梭鼓励他进行这项计划。

可是莫奈的视力日渐衰退，常因力不从心而愤怒地把画布割破，并曾有一两次说要放弃这个计划。忙得不可开交的总理听了，便从内阁办公室赶往席芬尼劝这位老人不要气馁："画吧，画吧，不管你自己知道不知道，会有不朽之作的。"克雷芒梭没有说错。莫奈为纪念第一次世界大战休战献给法国的在巴黎橙园陈列的《睡莲补壁》油画，被公认为是莫奈最伟大的作品。

莫奈接受白内障手术后，视力得到了恢复，因此得以在暮年继续作画。有时他仍会暴躁地把画布割破。不过在得心应手的时候，他自知自己几乎实现了少年梦想，把"不可能画得出的空气美"差不多画了出来。他 86 岁去世，死前不久，他还在信里提到，他在一天工作中得到无比欢乐。

莫奈使世人学会了新的看法。他的朋友塞尚说得好："莫奈只是只眼睛，可是我的天，那是多么了不起的眼睛啊！"

钢琴之王

——弗朗茨·李斯特

人物档案

简　　历：匈牙利著名作曲家、钢琴家、指挥家，伟大的浪漫主义大师，是浪漫主义前期最杰出的代表人物之一。1811 年 10 月 22 日生于匈牙利雷汀，六岁起学钢琴，先后是多位钢琴名家的弟子，十六岁定居巴黎。1886 年 7 月 31 日，李斯特因肺炎发作，在德国逝世，享年 75 岁。

生卒年月：1811 年 10 月 22 日～1886 年 7 月 31 日。

安葬之地：拜罗伊特城市公墓。

性格特征：性格豪爽、高调且爱炫耀。

历史功过：他首创了交响诗，还创建了背谱演奏法，也因在钢琴及以上的巨大贡献而获得了"钢琴之王"的美称。

名家评点：瓦格纳评价说："如果他不是一个名人，或者不如这样说，如果人们不是让他出了名，他可能而且应该是一个自由的艺术家，一个小小的神，而不至于沦为最愚蠢的人们——专捧技巧的听众的奴隶。这些听众不惜任何代价地向他索取惊人的表演和愚蠢的把戏，他给了他们想要的。"

家庭熏陶

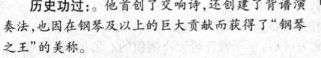

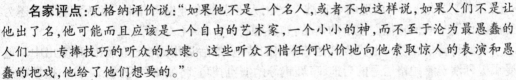

　　弗朗茨·李斯特，匈牙利杰出的钢琴家、作曲家、音乐评论家。他一生都在勤奋地不断丰富和革新钢琴演奏技巧，因而被誉为"钢琴之王"。

　　李斯特出生于匈牙利西部的莱丁村，父亲是个业余音乐家，擅长钢琴、小提琴等多种乐器的演奏。李斯特生活的艺术环境十分优越，父亲是埃斯特哈奇公爵庄园的管家，公爵的父亲曾拥有驰名欧洲的由海顿指挥的乐队。在这样的熏陶下，李斯特在音乐方面的

神童出世

他6岁时就能用钢琴弹奏自己所听过的曲子,9岁时便能正式登台表演。李斯特的表现轰动了匈牙利,被人们誉为"小神童""莫扎特再世"。家乡的父老们都盼着李斯特能早日成才,纷纷解囊相助,资助他去维也纳深造。

1821年,李斯特10岁时随家人来到维也纳,开始了音乐旅途上的跋涉。李斯特学习非常刻苦。他家离上课的地方很远,往返需要走两个小时,但李斯特风雨无阻,从不缺课,使老师深为感动。一分辛劳一分才。李斯特的勤奋刻苦取得了艺术上惊人的进步,一年后他在维也纳的首次演出获得了巨大成功。贝多芬参加了李斯特的第二次音乐会,并预言道:"这孩子将以自己的音乐震惊世界。"

在老师的建议下,李斯特又随全家迁往巴黎,但是巴黎音乐学院以他是外国人为由拒绝他入学,于是他只好自己拜师求学。李斯特在巴黎的音乐会也获得了巨大成功,巴黎人称他为"莫扎特再世"。

音乐皇帝

李斯特16岁时,父亲染病身亡,全家人的重担就落在他的肩上。他一边举办音乐会、教人音乐来赚钱,一边发奋读书,提高艺术修养。

李斯特非常关注身边风起云涌的革命运动。七月革命后他创作了《革命交响曲》,后改写为《英雄悼歌》。里昂工人起义失败后,李斯特怀着无比激愤的心情创作了钢琴曲《里昂》,这是欧洲最早出现的表现战斗的工人形象的专业钢琴作品。此后,李斯特还为工人创作了一些反映他们生活的作品,如《铁匠》《工人大合唱》等。

李斯特善于在艺术上吸收其他艺术家的特色,然后运用到自己的创作和演出中。他受小提琴演奏家帕格尼尼的启迪,革新钢琴的演奏技巧,将帕格尼尼的《24首小提琴随想曲》改编成钢琴曲,演奏出了前所未有的绝妙乐章。他还受肖邦诗一般优美演奏的启发,将文学的婉转细腻应用到钢琴演奏上来。由于在思想上和艺术上汲取了新的营养,他的艺术攀登上了新的高度。他在欧洲各国旅行演出,所到之处受到人们的热情欢迎,把他当作"音乐皇帝"一样拥戴。

李斯特是一位热爱祖国的艺术家,在外多年一直念念不忘自己的祖国。

1838年,他在意大利访问时得悉匈牙利遭受特大水灾,心急如焚,立即赶到维也纳,一连举办了10场义演,将全部收入汇回祖国赈济受灾的人民。

1848年匈牙利爆发革命后,为了表达对祖解放事业的衷心祝愿,李斯特创作了具有高昂爱国主义激情的《匈牙利大合唱》。这场革命遭到欧洲反动势力的绞杀最终失败了,李斯特怀着悲愤的心情创作了钢琴曲《送葬曲》。

　　李斯特还是一位出色的教育家,他在担任魏玛宫廷乐师时总是给予所有年轻的新作曲家演奏其作品的机会,他家的大门总是为具有音乐天赋的青年音乐家敞开着。凡是登门求教的,他分文不取,把自己的经验与心得毫无保留地传授给对方。

当代男高音之王

——卢西亚诺·帕瓦罗蒂

人物档案

简　　历：意大利男高音歌唱家。1935 年 10 月 12 日出生在意在利亚平宁半岛上的小城市摩德纳城郊。1955 年毕业于师范学校，放弃了上大学而选择了学音乐。2007 年 9 月 6 日，因病在意大利摩德纳家中去世，享年 71 岁。

生卒年月：1935 年 10 月 12 日～2007 年 9 月 6 日。

安葬之地：摩德纳的兰戈内墓地。

性格特征：乐观、豁达和极具包容。

历史功过：世界三大男高音之一，别号"高音 C 之王"。

名家评点：前法国文化部长雅克·朗评价说："他们说，歌剧已经死了。但是，帕瓦罗蒂让歌剧在世界又流行起来，他对歌剧的复兴做出不可磨灭的贡献。"

艺术之花

卢西亚诺·帕瓦罗蒂 1935 年 10 月 12 日出生在亚平宁半岛上的小城市摩德纳城郊。这里承袭着意大利文艺复兴的余韵，滋养了一代又一代的艺术之花。

帕瓦罗蒂的父亲是个出色的男高音，曾一度想成为职业歌唱家，可惜的是，他没有出众的音乐听觉。

帕瓦罗蒂的母亲是个感情丰富的女人，她爱听音乐，优美的音乐往往能唤起她心中的狂澜。帕瓦罗蒂十分幸运，他既继承了父亲动人的歌喉，又继承了母亲丰富的情感。

帕瓦罗蒂从 5 岁开始，便跟着唱片模仿唱歌。那时，他的嗓子像漂亮的女低音，唱起歌来很好听。他经常在卧室中拴上门，高唱《女人爱变卦》，一遍又一遍……

帕瓦罗蒂9岁那年，进入了教堂的唱经班。放学了，他踢完足球，回家吃完饭后，总是和父母一道去参加晚祷时的唱经，有时，还能幸运地担任领唱。

在他12岁时，有一次，他所崇拜的著名男高音吉里来摩德纳歌剧院演出，帕瓦罗蒂喜出望外，特意跑去听吉里练声。在剧院里，帕瓦罗蒂初次欣赏到世界上第一流的声音，他为此而激动万分，兴奋地告诉歌唱家说："我也想成为男高音！"

选择音乐

1955年，帕瓦罗蒂由师范学校毕业。他放弃了上大学而毅然决然地选择了学音乐。对此，母亲支持他的选择，然而父亲却对他直泼冷水："想成为歌唱家？没那么容易，那真是千里挑一。吃那碗饭难得很，不必去冒风险！"他向父亲提出，请他们再供养他几年学声乐，如果在30岁之前仍然一事无成，他就改弦易辙，另谋出路，自食其力。

于是，学艺生涯开始了。帕瓦罗蒂父亲的朋友，男高音歌唱家阿里戈·波拉答应免费收他为徒。当然，这个决定是在他听了这个小青年唱的歌剧片段之后做出的。

在七年半的学艺生涯中，帕瓦罗蒂在一个小城市举办过两场独唱音乐会，可惜不成功，这使得他想成为职业歌唱家的凤愿就像是一个遥远的梦。他一度由自信、乐观变为自卑、消沉，忧郁成疾的帕瓦罗蒂的声带上也长起了小结。在费拉拉演出时，他的男高音变成了"男中音"，连一般歌手的水平也够不上。帕瓦罗蒂以为自己成为歌唱家的美梦彻底幻灭了。他绝望地对后来成为他妻子的阿杜阿·维罗尼说："没希望了，再到萨尔索马焦雷演一场，从此与舞台告别。"没想到，奇迹出现了！由于解除了精神负担，帕瓦罗蒂在萨尔索马焦雷的独唱音乐会获得了巨大的成功。他自己多年来付出大量辛勤的汗水，从阿里戈·波拉和康波加利安尼那里学来的全部技巧，他自己与生俱来的美妙嗓音都在这次音乐会上一下子全表现了出来。

他激动的心久久不能平静：但愿这是生命中的一个转折点。帕瓦罗蒂应邀在勒佐·艾米利亚的阿里斯托大厅演出，他选唱难度很大的男高音咏叹调《弄臣》中的《我似乎看见了眼泪》。

走上舞台，帕瓦罗蒂看到坐在观众席位上的世界著名男高音歌唱家费鲁齐·塔利阿维尼。他感到在大师面前演山，无异于关公面前舞大刀，他顿时紧张了起来，呼吸急促。他极力控制住自己，努力把自己的特长发挥出来。演出后，塔利阿维尼对帕瓦罗蒂的演唱十分满意，当即表示："我还要看你的《波希米亚人》演出。"帕瓦罗蒂深感荣幸，兴奋得几乎要跳起来。

1961年，帕瓦罗蒂以《波希米亚人》中鲁道夫的一个唱段参加了阿基米·佩里国际声乐比赛，一举夺得了第一名。

1963年，歌剧界巨头琼·英格彭在爱尔兰都柏林歌剧院看了帕瓦罗蒂的演出后，立即请他到英国科文特加登歌剧院献艺。不久，帕瓦罗蒂又在伦敦电视台举办的"星期日之夜"中露面,借助于电视台,帕瓦罗蒂的歌声飞进了千家万户。英国观众对他的表演发出了"疯狂的反响"。

一举成功

1965 年,帕瓦罗蒂首次跨过大西洋,登上了美国歌剧院的舞台。他和萨瑟兰同演《拉美莫尔的露契亚》,又博得了美国观众的狂热喝彩。接着,澳大利亚也响起了帕瓦罗蒂迷人的歌声——他和萨瑟兰在澳洲进行巡回演出。

1967 年,帕瓦罗蒂在旧金山一举成功。

1972 年他在大都会歌剧院又与萨瑟兰合作,演出《团队的女儿》,在一个咏叹调中,帕瓦罗蒂从容不迫地从胸中连续唱出了 9 个"高音 C"!在演出另外两个剧目《清教徒》和《游吟诗人》时,帕瓦罗蒂竟然唱出了"高音降 D","高音 D"直至"超高音"。这是音乐史上记载过而 20 世纪还没有人耳闻过的声音!至此,他已经用自己的歌声冲开了地球上任何一个歌剧院的大门!帕瓦罗蒂终于以他华丽辉煌的嗓音和纯熟精湛的歌唱艺术征服了全世界。他被人们置于世界十大男高音歌唱家之首,登上了"当代歌王"的宝座。

1975 年 12 月,39 岁的帕瓦罗蒂在回米兰的飞机上,险遇失事。1992 年 4 月,法国外长罗兰得·杜马斯在巴士底歌剧院授予帕瓦罗蒂骑士荣誉勋章。2005 年 12 月 6 日上海演唱会上,整场演出由于身体状况不佳都是"坐"着演唱。帕瓦罗蒂是一位抒情男高音歌唱家,与多明戈、卡雷拉斯并称世界三大歌王。他以浑厚而美妙的歌喉和能够唱到男高音最高音调 C 的超高音而闻名遐迩,誉满全球。他被人们置于世界十大男高音歌唱家之首,登上了"当代歌王"的宝座。

歌王辞世

帕瓦罗蒂于 2006 年被诊断患有胰腺癌。同年 7 月在纽约一家医院做了肿瘤摘除手术。2007 年 8 月,他因发烧,再次住进医院,经过近 2 周的治疗,于 8 月 25 日出院回家静养。进入 9 月份后,多次出现昏迷的情况,但每次都很短暂。9 月 6 日,帕瓦罗蒂的经纪人罗伯森在发给媒体的一条短信中称:"帕瓦罗蒂于一小时前去世。"享年 71 岁。

帕瓦罗蒂一个响亮而辉煌的名字!从上个世纪六十年代至今,伴着在世界各地的无数的歌剧和音乐会演出,以及数以亿计的唱片发行,帕瓦罗蒂以高亢激越、具有无比的穿透力和震撼的声音,感动了世界上亿万观众的心,赢得了热烈而持久的喜爱。